TRAITÉ

THÉORIQUE ET PRATIQUE

DES

DÉCLARATIONS DE SUCCESSIONS

EXTRAIT ENTIÈREMENT REFONDU DU TOME V

DU

RÉPERTOIRE RAISONNÉ

DE LA

PRATIQUE DES AFFAIRES

PAR

HIPPOLYTE BERTHEAU

Docteur en droit

OUVRAGE POSTHUME

PARIS

A L'ADMINISTRATION DU RÉPERTOIRE RAISONNÉ

RUE DENFERT-ROCHEREAU, 106 (14e ARR'.)

1908

COMMENTAIRE APPROFONDI

DU

TARIF LÉGAL

DES

NOTAIRES

DE FRANCE ET D'ALGÉRIE

SUIVI DU TARIF DES

ADMINISTRATEURS JUDICIAIRES A PARIS

EXTRAITS LITTÉRALEMENT DU TOME IX DU

RÉPERTOIRE RAISONNÉ

DE LA

PRATIQUE DES AFFAIRES

PAR

HIPPOLYTE BERTHEAU

DOCTEUR EN DROIT

———————

PARIS

A L'ADMINISTRATION DU RÉPERTOIRE RAISONNÉ

RUE DENFERT-ROCHEREAU, 106 (XIVᵉ ARRONDᵗ)

1904

Tous droits réservés.

NOTICE SUR LE COMMENTAIRE DU TARIF LÉGAL

Qu'il soit le plus exact et le plus commode à consulter, à peine convient-il de le faire observer, car ce n'est là qu'un mérite tout matériel : mais son incontestable supériorité s'affirme à deux autres points de vue, qu'il y a lieu de signaler en insistant davantage.

D'abord, ce commentaire est aussi le plus complet : il contient et solutionne de nombreuses difficultés, petites et grandes, qui ne sont pas même prévues ailleurs, quoiqu'elles se présentent journellement.

Ensuite et surtout, ses conclusions se trouvent presque toujours être, et de beaucoup ! les plus profitables au Notariat, pour toutes les études : rurales ou urbaines, dont les produits s'élèveront sensiblement, par l'application de cette interprétation, plus juridique et plus rationnelle qu'auparavant, du Tarif.

Quand il l'a entreprise, — avec l'unique souci, comme dans tout ce qu'il fait, de la vérité légale et du juste, — M. Hippolyte Bertheau ne se doutait certes pas lui-même des résultats inattendus auxquels il allait arriver, à quel point il différerait souvent de ses devanciers. Mais il apportait à ce travail sa puissante personnalité, son expérience accomplie des questions notariales, la pénétration qu'elle seule est capable d'inspirer, sa logique rigoureuse pour en tirer les conclusions, son irrésistible dialectique pour justifier celles-ci et les mettre à l'abri des tentatives de réfutation superficielle.

De là, une œuvre absolument originale, de pure science, par conséquent irréfutable en principe, appelée sans doute à faire autorité, et dans la pratique, et devant les tribunaux, que les notaires peuvent dès lors appliquer sans crainte, et sur laquelle ils ne s'appuieront pas en vain, lorsqu'il leur faut résister à des contestations illégitimes ou erronées de leurs honoraires, tels qu'ils sont, en réalité, alloués par le Tarif.

Elle est la plus utile au Notariat qui ait paru depuis longtemps.

On sait combien M. Bertheau, loin de redouter des rapprochements, en désire et les provoque. Aussi, documente-t-il toujours soigneusement, en doctrine et en jurisprudence, toutes ses solutions. Il en résulte la grande utilité encore d'avoir, dans les cas douteux, non seulement son avis personnel, mais, en outre, celui — pour ou contre — des autres auteurs, seul moyen d'être sérieusement renseigné.

En résumé, le Commentaire approfondi du Tarif offre un guide aussi sûr que fructueux dans la perception des honoraires et des émoluments accessoires. On ne dressera bientôt plus, sans lui, une seule note de frais, tellement elle en est parfois avantageusement modifiée. Chaque notaire a donc le plus pressant intérêt à l'acquérir, quelques ouvrages qu'il possède déjà, celui-ci s'en écartant trop pour faire avec eux double emploi.

In-8° — Prix : broché, 6 francs ; relié demi-chagrin, 8 francs.

Envoi franco contre un mandat-poste ou carte de pareille somme au nom de l'Administration du *Répertoire Raisonné de la Pratique des Affaires,*

106, rue Denfert-Rochereau, PARIS (XIV° arr¹.

TRAITÉ

THÉORIQUE ET PRATIQUE

DES

DÉCLARATIONS DE SUCCESSIONS

EXTRAIT ENTIÈREMENT REFONDU DU TOME V

DU

RÉPERTOIRE RAISONNÉ

DE LA

PRATIQUE DES AFFAIRES

PAR

HIPPOLYTE BERTHEAU

Docteur en droit

———

OUVRAGE POSTHUME

PARIS

A L'ADMINISTRATION DU RÉPERTOIRE RAISONNÉ

RUE DENFERT-ROCHEREAU, 106 (14ᵉ ARRᵗ.)

1908

———

TRAITÉ

THÉORIQUE ET PRATIQUE

DES

DÉCLARATIONS DE SUCCESSIONS

DÉCLARATION DE SUCCESSIONS

Déclaration au fisc, exigée de ceux qui, soit *ab intestat*, soit par testament, recueillent tout ou partie d'une hérédité, afin qu'il perçoive sur celle-ci le droit de mutation par décès.

Législation usuelle. — LL. 22 frim. an VII, art. 14, 24, 27, 28, 32, 39, 61, 69, § 1er no 3, § 3 no 4, § 4 no 2, § 6 no 3, § 8 no 2; 6 prair. an VII ; 27 vent. an IX ; 28 avril 1816, art. 40, 53 ; 21 avril 1832, art. 33 ; 25 juin 1841, art. 6 à 11 ; 18 mai 1850, art. 7 ; 8 juill. 1852, art. 25, 26 ; 16 mai 1863, art. 11 ; 23 août 1871, art. 3, 4 ; 21 juin 1875, art. 2, 3, 6, 28 déc. 1880, art, 4 ; 29 déc. 1884, art. 9 ; 16 avril 1895 ; 6 déc. 1897 ; 25 fév. 1901, art. 2 à 22 ; 30 mars 1902, art. 11 ; 31 mars 1903, art. 6.

Sommaire alphabétique

A

Abandonnement, 106, 463.
Absence de déclaration. — *V. Défaut de déclaration.*
Absent, 2071 et s.
Acceptation d'effets de commerce, 1298.
Acceptation de la succession, de la donation ou du legs, 10, 57 et s., 123, 222 et s., 226 et s., 1521, 1524 et s., 1528, 1533.
Acceptation après renonciation, 72.
Acceptation libre, 234 et s., 1525 et s.
Acceptation présumée, 1757.
Acceptation provisoire, 1534 et s.,
Acceptation sous bénéfice d'inventaire, 13 et s., 64, 123, 130, 189, 672, 924, 1016 et s., 1664, 1893.
Acceptation tacite, 2028.

Accessoires, 603, 686, 737, 738, 745, 752, 1010.
Accidents du travail, 602.
Accouchement, 196.
Accroissement, 9, 30, 56, 71, 78, 196, 933 et s., 983, 1390, 1392.
Accueil inacceptable, 296, 2029.
Achalandage. — *V. Fonds de commerce.*
Acompte versé, 213, 218.
Acquisitions, 1016 et s.
Acquisitions secrètes, 453.
Acte à l'étranger, 1305, 1341 et s.
Acte administratif, 1136.
Acte authentique, 1137, 1220 et s., 1222 et s., 1268 et s., 1289 et s., 1293, 1306, 1319 et s.
Acte d'héritier. — *V. Prise de qualité.*
Acte de commerce, 1135, 1166.
Acte de décès, 163, 281.

Acte de naissance, 1435, 1436.
Acte de vente publique, 829 et s.
Acte en conséquence, 1235.
Acte estimatif, 496, 829 et s.
Acte judiciaire, 1137 et s.
Acte non enregistré ou timbré, 1236.
Acte notarié, 67, 149, 1137, 1139, 1218 et s., 1272 et s., 1819.
Acte sous seing privé, 149 et s., 285, 385 et s., 1140, 1192 et s., 1218 et s., 1226 et s., 1268, 1272, 1296 et s., 1303, 1305, 1319 et s., 1819.
Acte sous seing privé non enregistré, 285, 1226.
Acte sous seing privé signé du mari seul, 1140.
Actif apparent non déclaré, 1854 et s.
Actif brut, 491 et s.
Actif insignifiant, 211.
Actif net, 491. — *V. aussi Charges déductibles. Dettes déductibles Société.*

Action de société, 275, 474, 496, 510, 810, 943 et s., 958, 1609 et s., 1772.
Action de la Banque de France, 957.
Action du Canal du Midi, 1426.
Action en justice, 1604, 1660, 1670, 1695, 1741 et s., 1753, 1834 et s., 1845 et s.
Action en restitution, 1372, 1393 et s., 1431, 1436 et s.
Action en revendication, 458, 702, 2007.
Action personnelle, 1860, 1862 et s., 1894.
Action réelle, 1862 et s.
Action résolutoire, 459.
Action subrogatoire, 146.
Administrateur, 1201.
Administrateur légal. — *V. Mari, Père, Tuteur.*
Administrateur provisoire, 145.
Adoptant. — *V. Mère adoptive, Père adoptif.*
Adopté. — *V. Enfant adoptif.*
Affectation au passif, 404, 1016 et s.

DIVISION

§ 1er. — **Droit civil et fiscal** (Nos 1 et s.);
§ 2. — **Conseils et renseignements pratiques** (Nos 2028 et s.);
§ 3 — **Honoraires** (Nos 2039 et s.);
§ 4. — **Législations étrangères et droit international privé** (Nos 2054 et s.);
§ 5. — **Barème.**

§ 1er

DROIT CIVIL ET FISCAL

Vu l'extrême importance pratique du sujet et sa longueur, d'où la nécessité d'y multiplier même surabondamment les moyens de recherches, nous croyons devoir donner d'abord la division entière du paragraphe.

PREMIERE PARTIE. — **Perception du droit de mutation par décès.**

GÉNÉRALITÈS (nos 1 et s.).

SECTION PREMIÈRE. — *Débiteurs de l'impôt* (nos 10 et s.).

CHAPITRE PREMIER. — Qualités.
1ent *Héritiers* (nos 13 et s.).
2ent *Donataires éventuels et légataires* (nos 16 et s.).
CHAPITRE II. — Acceptation ou renonciation.
1ent *Acceptation* (nos 57 et s.).
2ent *Renonciation* (nos 63 et s.).
CHAPITRE III. — Partages.
Partage antérieur à la déclaration (nos 101 et s.).
Partage postérieur (nos 116 et s.).

APPENDICE

Solidarité (nos 122 et s.).

SECTION II. — *Obligés à la déclaration* (nos 129 et s.).

SECTION III. — *Délais accordés pour la déclaration* (nos 162 et s.).

APPENDICE

Legs dont l'acceptation est soumise à une autorisation administrative (nos 222 et s.).

SECTION IV. — *Bureau où la déclaration doit être faite* (nos 237 et s.).

SECTION V. — *Forme de la déclaration.*

CHAPITRE PREMIER. — Forme extrinsèque (nos 250 et s.).
CHAPITRE II. — Forme intrinsèque (nos 304 et s.).

APPENDICE

Paiement du droit de timbre des valeurs étrangères énoncées dans un inventaire (no 303 bis).

SECTION VI. — *Exigibilité de l'impôt.*

CHAPITRE PREMIER. — Biens à distraire ou à prélever (nos 344 et s.).
1ent *Biens n'appartenant pas au défunt et dont il n'était que détenteur précaire* (nos 346 et s.).
2ent *Biens ayant appartenu au défunt, mais sortis de son patrimoine* (nos 361 et s.).
Biens sortis avant le décès (nos 362 et s.).
Biens sortis par le fait même du décès (nos 406 et s.).

APPENDICE

Biens qu'il a été décidé ne pas appartenir au défunt (nos 412 et s.).

CHAPITRE II. — Biens à ne point distraire quoique n'appartenant pas ou pouvant cesser d'appartenir au défunt.
1ent *Propriété apparente* (nos 423 et s.).
2ent *Biens n'appartenant au défunt que sous condition résolutoire* (nos 441 et s.).

APPENDICE

Biens qu'il a été décidé appartenir au défunt (nos 448 et s.).

CHAPITRE III. — Biens à ajouter (nos 451 et s.).
CHAPITRE IV. — Biens finalement soumis a l'impôt (nos 476 et s.).

SECTION VII. — *Etablissement de la valeur imposable.*

1ent *Meubles* (nos 496 et s.).
2ent *Immeubles* (nos 499 et s.).
Immeubles à revenus (nos 500 et s.).
Immeubles dont la destination actuelle n'est pas de procurer un revenu (nos 504 et s.).

SECTION VIII. — *Déclaration des biens* (nos 507 et s.).

Observations diverses (nos 960 et s.).

SECTION IX. — *Charges dont la distraction ou la déduction sont admises ou non.*

SOUS-SECTION I. — *Choses et sommes à défalquer ou à prélever* (nos 984 et s.).

SOUS-SECTION II. — *Dettes à déduire ou non* (nos 1015 et s.).
CHAPITRE PREMIER. — Dettes déductibles (nos 1016 et s.).
1ent *Principe* (nos 1016 et s.).
2ent *Caractères des dettes déductibles* (nos 1020 et s.).

PREMIÈRE PARTIE

Perception du droit de mutation par décès

GÉNÉRALITÉS

1. La transmission des biens laissés par un défunt est assujettie à un impôt spécial au profit de l'État : le droit de mutation par décès.

2. Cet impôt est maintenant progressif, et se perçoit, en principe, sur l'actif net de la succession, ou plutôt sur la part nette recueillie par chaque ayant-droit. — V. I. G. 3049.

3. Il n'en est ainsi que depuis la loi du 25 fév. 1901.

Or cette loi, insérée le lendemain 26 au *Journal Officiel*, est devenue exécutoire, conformément au décret du 5-11 nov. 1870 :

À Paris, un jour franc après, c'est-à-dire le 28 février ;

Et, partout ailleurs, dans l'étendue de chaque arrondissement, un jour franc après l'arrivée du *Journal Officiel* au chef-lieu de cet arrondissement (constatée sur le registre spécial à la promulgation des lois, tenu au secrétariat de chaque préfecture et sous-préfecture), c'est-à-dire le surlendemain de la réception ; en fait et sauf exception, la loi s'est trouvée généralement exécutoire le 1er mars 1901 ;

Le tout dès minuit. V. I. G. 2422, 3049.

4. Suivant le principe de l'art. 2, C. civ., elle n'a disposé que pour l'avenir, sans effet rétroactif ; la règle est d'ailleurs, en matière fiscale, qu'un impôt se trouve acquis au Trésor par cela seul qu'il a été exigible, de sorte qu'à n'importe quelle époque il est perçu, il doit être liquidé comme si la liquidation en eût été faite sur-le-champ. — V. Cass., 4 fév. 1834 (S., 34. 1. 97), 31 mai 1836 (S., 36. 1. 464), 26 juill. 1859 (S., 59. 1. 698), 31 janv. 1876 (S., 76. 1. 425) ; I. G. 2030, 2542, § 3 ;

5. La loi du 25 fév. 1901 n'opère donc qu'à partir du jour où elle est devenue exécutoire au lieu de l'ouverture de la succession dont il s'agit. — V. I. G. 3049, 3058.

6. Mais les successions antérieures sont demeurées régies par les lois précédentes, alors même que l'expiration du délai accordé aux parties pour acquitter le droit de mutation n'ait eu lieu qu'après l'entrée en vigueur du nouveau régime. — V. I. G. 3049, 3058.

Par conséquent, c'est le tarif existant lors de leur ouverture qui leur est applicable (L., 27 vent. an IX, art. 1er). — V. Defrénois, Comment. n° 9 ; Dict. réd. v° Succ., n° 972 ; Garnier, eod. v° n° 450 ; Maguéro, eod. v° n° 571 bis ; Cass., 4 fév. 1834 (S., 34. 1. 97), 31 mai 1836 (S., 36. 1. 464). 26 juill. 1859 et 31 janv. 1876, précités ; Déc. min. fin., 22 juin 1901 ;

Même à l'égard des décimes. — V. Dict. réd., v° Succ., n° 993 ; Sol. 2 juill., 12 et 18 août 1873.

7. Cette règle atteint spécialement :

Les biens rentrés dans l'hérédité. — V. Dict. réd. v° Succ. n° 983 ; Cass., 30 janv. 1809 ; Seine 15 fév. 1856 (D., 71, 1. 313) ; Bazas, 15 janv. 1873 ; Sol. 8 mars et 16 déc. 1872, 7 janv. 1873, 17 mars 1877 et 9 mars 1878 ,

Les legs affectés d'une condition suspensive (C. civ. art. 1181). — V. Dict. réd. v° Succ. n° 975 ; Garnier, eod. v° n° 451 ; Seine, 6 juin 1851 ; Dél. 20 déc. 1851 ; Sol. 18 janv. 1864 et 20 nov. 1879 ;

Les legs faits au profit des établissements publics, précisément parce que la nécessité pour eux d'obtenir une autorisation d'accepter constitue une condition suspensive. — V. Dict. réd. v° Succ., n° 982 ; Cass., 13 nov. 1849, 4 déc. 1866 (S., 67. 1. 66 ; D., 67. 1. 107), 7 juill. 1868 et 9 août 1871 ; Déc. min. fin., 22 juin 1901 ;

Les perceptions complémentaires occasionnées soit par certaines dispositions du partage intervenu. — V. Dict. réd. v° Succ. n° 985 ; Sol. 3 oct. 1863 ;

Soit par une renonciation à la communauté. — V. Dict. réd. v° Succ., n° 986 ; Cass., 5 déc. 1838.

8. Il en est de même au cas de créanciers qui se seraient fait autoriser, en vertu des art. 1166 et s. C. civ., à accepter la succession du chef de leur débiteur. — V. Dict. réd. v° Succ., n° 1039 ; Garnier, eod. v° n°s 462, 641 ; Maguéro, eod. v° n° 597.

9. Lorsqu'un nouveau droit est exigible à raison d'un accroissement ou d'une réversibilité de rente viagère ou d'usufruit, il est dû d'après le degré de propre parenté du nouveau bénéficiaire avec le de cujus et suivant le tarif en vigueur à l'époque du décès du testateur et non celui au jour de l'accroissement ou de la réversion, spécialement à l'égard des décimes. — V. G. Demante, op. cit., II, n° 749 ; Dict. réd. v° Succ. n° 978 ; Garnier, eod. v° n° 452 ; Le Havre, 25 juill. 1832 ; Cass., 30 déc. 1834 ; Seine, 2 fév. 1842, 6 juin 1851, 10 fév. 1855, 6 et 15 fév. 1856 ; Lyon, 26 juill. 1867 ; Cass., 23 mars 1869 et 4 janv. 1871 (S., 71. 1. 82) ; Pontoise, 31 déc. 1873 (S., 74. 2. 257 ; D., 74. 5. 210) ; Seine, 25 juill. 1874 ; Pau, 3 janv. 1878 ; Versailles, 17 déc. 1878 ; Doullens, 21 juill. 1881 ; I. G. 1200, § 15, 1422, § 8, 1481, § 9 ; Cpr. I. G. 3049.

Sans qu'il y ait lieu de distinguer entre la rente viagère et l'usufruit. — V. Dict. réd. v° Succ., n° 981 ; Garnier, eod. v° n° 452-4 ; Saint-Amand, 17 mai 1866 ; Rennes, 4 août 1868 ; Colmar, 9 juin 1870 ; (D., 72, 5. 194) ; Dél. 20 déc. 1851 ; Contrà ; Dél. 19 fév. 1851 ;

Mais la valeur imposable se liquide au jour de la réversion, et non en se reportant au décès du testateur. — V. Seine, 15 fév. 1856. Cass. 4 janv. 1871 (S.. 71. 1. 82) ;

SECTION PREMIÈRE

Débiteurs de l'impôt.

10. Le droit de mutation par décès est dû par les héritiers, donataires ou légataires (L. 22 frim. an VII, art. 24, 27 et 32).

Il faut donc pour l'encourir :

Etre appelé à tout ou partie du patrimoine du défunt à titre d'héritier, de donataire à cause de mort ou de légataire ;

Et accepter la transmission.

Ajoutons, surabondamment peut-être : recueillir des biens héréditaires ; c'est que certains biens peuvent avoir ou non ce caractère, suivant l'effet d'un partage. — Cpr. E. Naquet, Traité des droits d'enregistrement, II, n° 1006.

Mais alors, même si le testateur a mis le droit de mutation à la charge de ses héritiers, car, envers l'Etat, les légataires n'en sont pas moins tenus personnellement. — V. Dict. réd. v° Succ., n° 2167 ; Garnier, eod. v° n° 1393-3 ; Maguéro, eod. v°, n° 618 ; Carpentras, 22 août 1855 ; Saint-Amand, 17 mai 1866 ; Redon, 23 fév. 1870 ; Seine, 17 juill. 1875 ;

Pithiviers, 3 janv. 1878 ; Bordeaux, 26 déc. 1888 ; Condom, 20 juin 1903 ; *Contrà*, Rennes, 4 août 1868 ;

Ou le légataire eût-il abandonné ses droits aux héritiers. — V. Saint-Nazaire, 20 juin 1890.

11. Tels sont les principes, que nous allons reprendre un à un, afin d'y ajouter tous les détails complémentaires utiles, après avoir fait cette observation préliminaire qui domine toute la matière, à savoir : que la vocation des héritiers, donataires éventuels ou légataires doit être actuellement effective, c'est-à-dire non subordonnée à une condition suspensive, auquel cas le droit ne deviendrait exigible que par l'accomplissement de cette condition.

Quant à la condition résolutoire, n'affectant nullement la vocation elle-même et portant seulement sur sa résolution, elle reste sans aucune action sur l'exigibilité ;

Toutefois, lorsque la résolution s'accomplit avant le paiement du droit, la cause de l'exigibilité de celui-ci ayant disparu, il ne saurait plus logiquement être réclamé. — V. Cass., 28 janv. 1890. (S. 90. 1. 225) ; Sol. 12 janv. 1896.

Au surplus, l'effet des conditions à cet égard est plus amplement expliqué ci-après, à propos du point de départ des délais accordés pour la déclaration (Nos 199 et s.).

12. En cas de décès dans un même événement de plusieurs personnes respectivement appelées à la succession l'une de l'autre, l'ordre des décès et par suite des vocations, est réglé, même au point de vue fiscal, par les présomptions des art. 720 et s. C. civ. — V. G. Demante, *op. cit.*, II, n° 679 ; Maguéro, v° *Succ.*, N° 9 ; E. Naquet, *op. cit.*, II, n° 860 ; *Contrà* Garnier, Rép. gén. 1re éd., n° 16106.

Il peut en résulter des perceptions stupéfiantes, et la Régie a dû parfois reculer elle-même devant l'énormité des résultats. « Ce sont là, dit Demante *(Ibid.)*, des concessions toutes *gracieuses*, et les agents administratifs ne les peuvent consentir que sous leur responsabilité personnelle. (L. frim. art. 59). »

CHAPITRE PREMIER

Qualités

1^{ent} HÉRITIERS

13. L'acceptation, même sous bénéfice d'inventaire, rend l'héritier ou le légataire universel débiteur personnel du droit de mutation à payer, la succession ne dût-elle, suivant toute probabilité, lui laisser aucun actif. (L. 22 frim. an VII, art. 27 et 32). — V. Cass., 1er févr. 1830 ; Seine, 23 nov. 1861 ; Rouen, 3 juin 1891 ; I. G. 1320, § 5 ;

Même pour l'acceptation bénéficiaire, bien qu'alors une renonciation fût plus naturelle, en cas de legs à un tiers du reliquat de la succession après paiement des dettes. — V. Versailles, 6 janv. 1905 ;

14. Et il ne saurait s'affranchir ensuite, par une renonciation, de l'obligation ainsi contractée : *semel heres, semper heres* ; l'acceptation bénéficiaire n'a donc aucune influence sur l'exigibilité, ni à aucun autre point de vue. — V. G. Demante, *Principes de l'enregistrement*, II, n° 675 ; E. Naquet, *op. cit.*, III n°s 869 et 873. Cass., 1er févr. 1830 et 21 avril 1831 ; Seine, 18 janv. 1861.

15. On a vu que sur les legs soumis à une condition suspensive, le droit de mutation par décès ne devient exigible que si et lorsque la condition se réalise ; les héritiers doivent donc alors commencer par acquitter l'impôt comme en l'absence de legs.

2^{ent}. DONATAIRES ÉVENTUELS ET LÉGATAIRES

16. Ils doivent tous le droit de succession sur ce qu'ils recueillent ; spécialement :

17. Les dispositions entre époux, faites soit dans leur contrat, soit pendant leur mariage, rendent exigible le droit de mutation par décès sur les biens qui en sont l'objet ; dans la limite de la quotité disponible, bien entendu ;

18. La clause d'un contrat de mariage par laquelle il est convenu que le survivant des époux jouira d'un certain délai à partir du décès du prémourant pour remettre aux héritiers de celui-ci les biens restituables en nature, pendant tout ou partie duquel il bénéficiera des fruits et revenus de ces biens, constitue une donation d'usufruit, passible du droit de mutation par décès, et non la simple rémunération d'un mandat de gérer. — V. Fontainebleau, 14 juin 1888 ;

19. Le droit de mutation par décès est exigible sur tous les legs à titre particulier qui présentent le caractère d'une libéralité ; c'est ce qui a été décidé notamment pour les dispositions suivantes :

Legs de la créance par le créancier au débiteur. — V. Dict. réd. v° *Legs*, n° 131 ; Garnier, Rép. v° *Succ.*, n° 998 ; Maguéro, v° *Legs*, n° 31 ; Valenciennes, 14 févr. 1877 ; Seine, 8 nov. 1889 ; Laval, 19 nov. 1897 ; Bagnères, 11 févr. 1898 ;

Legs de la dette par un débiteur à son créancier, dont le titre était anéanti ou périmé. — V. Dict. réd. v° *Legs*, n° 124 ; Garnier, Rép. v° *Succ.*, n° 993 ; Rouen, 22 déc. 1866 ; Dél. 14 déc. 1829 ;

Et même indépendamment de cette circonstance. — V. E. Naquet, *op. cit.*, II, n° 1011 ; Moissac, 29 mars 1871 ; Sol. 14 août 1867 ;

Spécialement, d'après l'Administration, le legs par le tuteur officieux d'une certaine somme à son pupille pour se libérer de sa dette d'éducation envers lui. — V. *Contrà* : E. Naquet, *op. cit.*, II, n° 1013 ;

Legs à un domestique en compensation de ses gages. — V. Dict. réd. v° *Legs*, n° 218 ; Garnier, Rép., v° *Succ.* n° 1001 ; Maguéro, *eod.* v°, n° 309 et *Legs*, n° 45 ;

2

Ou pour soins donnés pendant la maladie. — V. Toulon, 9 mai 1899 ;

Legs d'honoraires à un tuteur testamentaire, parce que la tutelle est essentiellement gratuite. — V. Dict. réd. v° *Legs*, n° 216 ; Garnier. Rép. v° *Succ.*, n° 994 ; Maguéro, v° *Legs* ; n° 45 ; Valognes, 3 janv. 1860 ;

Même le legs, le *diamant !* à un exécuteur testamentaire pour l'indemniser de ses peines, de ses soins, parce que la mission d'un exécuteur testamentaire est gratuite de nature. — V. Dict. réd. v° *Legs*, n° 215 ; Garnier, Rép. v° *Succ.*, n° 990 ; Maguéro, v° *Legs*, n° 45 ; Villefranche, 10 mars 1870 ; Lisieux, 9 mai 1899 ; Dél. 14 déc. 1830, 7 déc. 1833. — V. cependant Clermont, 29 nov. 1878 ;

Toutefois en principe seulement, et le point de savoir si la rémunération allouée par le testateur constitue un legs, et non pas un simple salaire, est une question de fait laissée à l'appréciation souveraine des tribunaux. — V. Lisieux, 9 mai 1899 ; Bourgoin, 20 nov. 1903.

Legs par un mari à sa femme d'une somme qu'il aurait reçue d'elle. — V. Villefranche, 14 août 1829 ; Dél. 23 avril 1830 ;

20. Quant aux legs pieux, il faut distinguer, ce qui ne peut guère s'apprécier qu'en fait, s'ils ne constituent que de simples charges pour les héritiers ou s'ils transmettent vraiment la propriété ou l'usufruit de certains biens à une personne ou à un établissement ; dans ce dernier cas, le droit de mutation est dû, et non dans le premier ;

21. Décidé, par exemple, que le droit n'est pas exigible sur la charge imposée aux héritiers de faire dire des messes, même dans des églises déterminées ; d'employer telle somme en bonnes œuvres, sans spécifier des établissements charitables pour en être l'intermédiaire. — V. Dict. réd. v° *Legs*, n° 205 et *Fondation*, n° 40 ; Garnier, Rép. v° *Succ.*, n° 1002 ; Maguéro, *eod.* v°, n° 303 et *Legs*, n° 44. Cass., 16 juill. 1834 ; Grenoble, 23 août 1851 ; Douai, 30 mai 1853 ; Bordeaux, 23 juin 1856 ; Cass., 6 juill. 1871 et 27 nov. 1876 ; Clermont, 29 nov. 1878 ; Sol. 22 avril et 11 oct. 1867, 14 et 28 janv. 1898 ; I. G. 2426, § 2 ;

Ni sur celle de vendre certains biens pour en distribuer le prix à des établissements de bienfaisance, si ceux-ci ne sont pas personnellement désignés. — V. Dict. réd. v° *Fondation*, n°s 46 et s. ; Garnier, Rép. v° *Succ.* n° 1002 ; Maguéro, v° *Fondation*, n°s 26 et s. ; Neufchâteau, 11 févr. 1836 ; Cass., 6 juill. 1871 et 8 août 1874 ; Sol. 19 août 1831, 22 avril 1866 ;

22. Mais qu'il est dû sur le legs à un établissement public déterminé, à l'effet de faire dire des messes. — V. Maguéro, v° *Fond.*, n° 31 ; Mortain, 31 déc. 1891 ; Sol. 7 nov. 1868 ;

Même pour le montant du legs. — Déc. min. Fin. 9 oct. 1877 ; Sol. 24 juill. 1877 ;

23. Et sur le legs au profit des pauvres d'une commune. — V. Cass. 14 juin 1875 ; Toulouse, 4 nov. 1890 ; Cass. 26 janv. 1893 ;

24. Un legs verbal doit l'impôt aussi bien qu'un legs écrit.

À la condition qu'il soit bien constaté ; aussi la présence du légataire aux actes d'exécution est-elle, en principe, exigée. — V. Maguéro, v° *Succ.* n° 302 ; Cass. 9 fév. 1880 ; Die, 28 juill. 1898 ; Beauvais, 4 nov. 1898 ;

25. Jugé que le fait que le défunt a tiré deux jours avant de mourir, un chèque qui a été touché le jour même de sa mort et employé suivant ses intentions établit suffisamment l'existence de legs verbaux. — V. Vienne, 1er mai 1879 ;

26. Il en est de même de la délibération de la commission administrative d'un hospice acceptant une somme remise par un tiers, en exécution des intentions charitables d'une certaine personne défunte. — V. Vienne, 11 avril 1878 ; Limoges, 3 mars 1882 ;

27. Enfin, les legs déguisés doivent également le droit de mutation par décès ;

28. Décidé, en Belgique, que la clause d'un testament portant que tels des titres au porteur qui se trouvent dans le coffre-fort du testateur sont la propriété d'une personne désignée, constitue un legs déguisé, si cette personne ne justifie pas autrement de sa propriété. — V. Bruxelles, 20 déc. 1876 ;

Ici, par application de sa théorie de la *propriété apparente*, que nous exposerons plus loin, l'Administration considèrerait sans doute les titres comme étant la propriété du défunt, malgré la déclaration de celui-ci, et ferait payer le droit de mutation par décès aux héritiers ; sauf, bien entendu, le cas où la déclaration se trouverait par suite des circonstances, avoir le caractère d'un legs.

29. A l'égard de la Régie, le légataire particulier reste personnellement tenu du droit de mutation afférent à son legs, quand même le testateur, l'aurait mis, directement ou indirectement, à la charge de sa succession ; mais, évidemment, sauf son recours contre les héritiers ou le légataire universel. — V. Dict. réd. v° *Succ.*, n° 2167 ; Maguéro, *eod.* v°, n° 618 ; E. Naquet, *op cit.*, III, n° 1219 ; Carpentras, 22 août 1855 ; Saint-Amand, 17 mai 1866 ; Redon, 23 févr. 1870 ; Seine, 17 juill. 1875 ; Pithiviers, 3 janv. 1878 ; Chaumont, 8 avril 1885 ; Seine, 16 mars 1888 ; Bordeaux, 26 déc. 1888 ; Versailles, 9 déc. 1892 ; Seine, 25 mars 1893 ; Condom, 20 juin 1903 ; *Contrà :* Rennes, 4 août 1868 ;

30. Si les donations éventuelles ou les legs excèdent la quotité disponible, les donataires ou légataires ne doivent payer que sur l'émolument qu'ils reçoivent après réduction. — V. Garnier, Rép, v° *Succ.*, n° 806-1 ; Seine, 10 févr. 1866 et 10 fév. 1888 ; Sol. 27 juin et 9 déc. 1872 ;

De même, en cas de legs conjoint, par exemple le legs d'une rente viagère ou d'un usufruit laissé conjointement à plusieurs, avec accroissement de la part des prémourants au profit des survivants, le droit n'est d'abord dû par chacun que sur ce qu'il recueille actuellement, sauf à subir ultérieurement, comme on l'a vu, et s'il y a lieu, un droit supplémentaire, quand l'accroissement se produira.

31. Le bénéfice d'une clause de réversibilité s'acquiert en principe, et sauf ce qui sera dit plus loin, à titre héréditaire ; lorsqu'il en est ainsi, sa réalisation opère donc l'exigibilité du droit de mutation par décès. — V. Saint-Amand, 17 mai 1866 ; Lyon, 26 janv. 1867 ; Rennes, 4 août 1868 ; Seine, 20 mars 1869 ; Cass., 23 mai 1869 ; Colmar, 9 juin 1870 : Cass., 4 janv. 1871 (S., 71. 1. 82) ; Pontoise, 31 déc. 1873 ; Lyon, 11 mai 1877 ; Dél. 9 déc. 1836 ; Cpr. G. Demante, *op. cit.*, II, n° 749 ; E. Naquet, *op, cit.*. II, n° 862 ; Cass., 23 mars 1869 ;

32. La clause fût-elle stipulée dans un contrat à titre onéreux, tel qu'une vente, si c'est au profit d'un tiers. — V. Dict. réd. *v° Réversion*, n° 65 ; Garnier, Rép. *v° Donation*. n° 384 ; Maguéro, *v° Révers*. n° 42 ; Cass., 28 déc. 1862, 11 mars 1863 ; Lyon, 7 avril 1865 ; Cass., 23 juill. 1866 ; Saint-Quentin, 21 nov. 1866 ; Rouen, 18 mars 1869 ; Lyon, 7 févr. 1878 ; I. G. 2349, § 5 ;

33. Nonobstant la cession de leurs droits qu'auraient consentie les premiers bénéficiaires aux suivants, même par acte enregistré. — V. Dict. réd. *v° Succ.*, n° 980 ; Garnier eod. *v°*, n° 1193 ; Lyon, 26 janv. 1867 ;

34. Ou la renonciation par le nouveau bénéficiaire en faveur des nu-propriétaires. — V. Dict. réd. *v° Succ.*, n° 1823 ; Guéret, 27 déc. 1892 ; Rouen, 14 déc. 1899 ;

35. Et sans imputabilité, sur le droit dû pour la réversion qui s'opère, de celui payé par l'héritier ou le légataire universel sur une quote-part de l'hérédité représentant le capital de la rente, parce que ce capital, qui a été déduit lors de la déclaration de succession originaire, représente l'importance de la rente pendant toute sa durée ; il en est de même lorsque, tout en créant deux rentes distinctes, l'une actuelle, l'autre conditionnelle, le testateur a ordonné que la seconde ne soit payable qu'après l'extinction de la première (L. 22 frim. an VII, art. 14). — V. Sol. 1er sept. 1876 et 9 avril 1892 ; *Contrà* ; Saint-Amand, 17 mai 1866.

36. En résumé, pour être passible du droit de mutation dont il s'agit, il faut venir à une succession en qualité d'héritier, de donataire ou de légataire ;

37. C'est dire aussi qu'on peut profiter d'un décès sans que le droit de mutation soit encouru pour cela.

38. Ainsi, les avantages entre époux par contrat de mariage sont exempts du droit de mutation par décès s'ils ont été stipulés à titre de simple convention de mariage, dans les cas où le droit civil le permet ;

Au contraire, le droit est dû lorsqu'ils constituent des libéralités. — *V. Rép. de la pratique des affaires. v°. Communauté, les mots qui suivent, et au nom des divers régimes matrimoniaux.*

39. Notamment, comme nous l'avons expliqué déjà plus longuement en traitant de la communauté (t. III, n°s 17535 et s.) le préciput à prélever sur les biens d'une communauté n'est, en principe, qu'une convention de mariage (C. civ. art. 1516) ;

Mais, s'il a été stipulé qu'il pourrait être pris par la femme, même en renonçant à la communauté, ce cas échéant, c'est juridiquement une donation, passible dès lors du droit de mutation par décès. — V. G, Demante *op. cit.* II, n° 623 ; Dict. réd. *v° Communauté*, n° 1147 ; Garnier, Rép. *eod. v°*, n° 370 ; Maguéro, *eod v°*, n° 535 ; Cass. 12 juin 1872 ; Tonnerre, 13 fév. 1873 ; Déc. min. Fin. 6 mai 1828 ; I. G. 1256-4°, 2456-2°, *Contrà*, Championnière et Rigaud, *Traité des dr. d'enregistr.* n° 2907 ; Paris, 12 avril 1900 (S. 04, 2. 39) ;

A plus forte raison, lorsqu'il est prélevé sur les biens propres du mari, avec ou sans renonciation à la communauté. — V. Dict. réd. *v° Comm.*, n° 1137 ; Maguéro, *eod. v°*, n° 537 *bis* ; Cass. 15 fév. 1832, 15 fév. 1844 ; 21 déc. 1850, 12 juin 1872 (S. 72. 1. 308), Tonnerre, 13 févr. 1873 ; I. G. 2456-2°.

40. Ne constituent pareillement qu'une convention de mariage :

41. L'attribution de la communauté en totalité au survivant des époux (C. civ. art. 1520 et 1525) — V. Saint-Quentin, 22 août 1832 ; Cass. 7 déc. 1886 (S. 88. 1. 161) ; 19 déc. 1890 (S. 91. 1. 129, D. 91. 1. 417) ; 2 août 1899 (S. 1900. 1. 233 ; D. 01. 1. 453) ; Dél. 21 déc. 1832 ;

42. A plus forte raison l'attribution de parts inégales (art. 1520) — V. Sol., 25 janv. 1892 ;

43. Ainsi que le forfait de communauté autorisé par les art. 1520 et 1522, C. civ. ;

Forfait maintenant déductible de la communauté, puisqu'il en forme une sorte de passif. — V. Dict. réd. *v° Succ.*, n° 1964 : Garnier. Rép. *eod. v°*, n° 1265 ; Maguéro, *eod. v°*, n° 500 : Cpr. Cass. 17 janv. 1854 ; Soissons, 18 déc. 1889 ; I. G. 2010, § 7 ;

44. Même l'attribution au survivant d'une part plus considérable que la moitié de la communauté, dont le résultat serait de lui transmettre certains apports en capitaux tombés dans la communauté du chef de l'époux prédécédé ;

Ou des immeubles ameublis — V. Saint-Quentin, 22 août 1832 ; Cass. 7 déc. 1886, 19 déc. 1890 et 2 août 1899, précités ; — V. aussi ce qui est dit plus loin de l'ameublissement (Sect. VIII) ;

Pourvu que cette attribution n'excède pas la totalité de la communauté telle qu'elle existerait déduction faite de ces apports ou meublissements — V. Cass., 19 déc. 1890. *Ch. réunies*, précité.

45. Enfin, allant plus loin, et nonobstant la restriction de l'art. 1525, l'attribution totale de la communauté à l'un des époux, sans reprises des apports. — V. Cass. 2 août 1899 (D. 01. 1. 433);

46. Plus spécialement, l'attribution par contrat de mariage au conjoint survivant de l'usufruit de la part du prémourant, y compris les apports de ce dernier. — V. Dict. réd. *vº Communauté*, nº 1224; Garnier, Rép. *eod.* *vº*, nº 872 et s.; Maguéro, *eod.* *vº*, nº 560; Cass. 1er août 1855; Douai, 12 avril et 14 juill. 1865; Arras, 12 mai 1880; Lille, 28 mars et 31 déc. 1885; Dunkerque, 28 juill. 1890; Cass. 19 déc. 1890 et 2 août 1899 précités; *Contrà*, Cass. 24 déc. 1850, 7 déc. 1870, 15 janv. et 22 juill. 1872, 9 fév. 1875, 5 juill. 1876, 7 déc. 1886, 18 janv. 1888; (S. 90. 1. 179); Sol. 25 janv. 1892;

47. A plus forte raison, l'usufruit attribué par convention de mariage au conjoint survivant, de la part du prémourant dans la communauté *stricto sensu*, est-il affranchi du droit de mutation par décès;

48. A plus forte raison encore, les avantages résultant pour l'époux survivant du régime adopté ne donnent-ils pas lieu au droit de mutation par décès, puisque c'est de la loi même qu'il les tient plutôt que de son conjoint;

49. Fussent-ils sujets à retranchement, conformément aux art. 1496 et 1527 C. civ., à raison de l'existence d'enfants d'un premier lit. — V. Defrénois, *Rép. prat.*, nº 14025; Dict. réd. *vº Comm.*, nº 1309; Garnier, *Rép. per.*, nº 2702.

50. Toutefois, l'adoption d'une communauté universelle a été considérée comme une véritable donation déguisée, dans un cas où l'un des époux avait une grande fortune et l'autre aucune. — V. Cass. 18 janv. 1888;

Néanmoins, en principe, la communauté universelle n'est qu'une convention de mariage. — V. Defrénois, *Rép. prat.*, nº 14025.

51. Décidé aussi que la clause d'un contrat de mariage qui, par un seul contexte, porte donation entre époux de l'usufruit des biens dépendant de la communauté et d'une somme déterminée à prendre sur les propres du prédécédé, ne peut être scindée en une convention de mariage et une donation, mais constitue une libéralité pour le tout, soumise entièrement, dès lors, au droit de mutation par décès. — V. Sol., 13 août 1900.

52. Quelques points restent encore à signaler sur cette partie du sujet:

53. Aux yeux de la loi, l'enfant qui n'est pas né viable, est non avenu; mais, s'il est né viable, fût-il mort très peu après, il a pu légalement avoir un patrimoine, donc succéder et transmettre; s'il en est ainsi, le droit de mutation est dû à raison de son propre décès sur ce qui compose son hérédité. — V. E.

Naquet, *op. cit.*, II, nº 861; Dél. 24 nov. 1829 et 7 janv. 1831; I. G. 1307, § 10;

54. Un cessionnaire de droits successifs, même chargé par le transport de l'acquit du droit de mutation n'est pas débiteur direct envers la Régie. — V. Vendôme, 26 févr. 1819; Melle, 26 mars 1852; Déc. min. Fin., 24 sept. 1819; Sol., 26 juin 1827;

55. L'Etat légataire ou venant par déshérence n'a pas à payer le droit de mutation non pas, comme on le dit parfois, à raison du caractère précaire de sa possession, mais parce qu'autrement, il se paierait d'un côté ce que, de l'autre, il recevrait de lui-même (L. 22 frim. an VII, art. 70, § II, 1º). — V. Dict. réd. *vº Succ.*, nº 1047; Garnier, *vº Déshérence*, nº 19; Maguéro, *vº Succ.*, nº 349;

Et par «l'Etat» il faut entendre tout ce qui constitue un service public;

Ainsi, par exemple, la Caisse des invalides de la marine. — V. Déc. min. Fin., 14 avril 1891;

Le Conservatoire des arts et métiers (L., 13 avril 1900, art. 32); — V. Déc. min. Fin., 3 juill. et 27 sept. 1905; I. G. 3174. § 14;

Etc., etc.

56. Quant aux congrégations, communautés et associations religieuses, autorisées ou non et les autres sociétés et associations civiles qui admettent l'adjonction de nouveaux membres avec clauses de réversion au profit des membres restants de la part de ceux qui cessent d'en faire partie, elles sont soumises par la loi du 16 avril 1895, art. 3, à une taxe annuelle qui remplace le droit de mutation par décès.

V. Répertoire raisonné de la pratique des affaires *Vis Congrégation religieuse et Droit d'accroissement*.

CHAPITRE II

Acceptation ou renonciation

1ᵉᵗ ACCEPTATION

57. La vocation susindiquée ne suffit pas: l'acceptation, au moins tacite, du bénéficiaire est, en outre, indispensable; car, s'il renonce en temps utile, la libéralité s'évanouit et, par suite, rien n'est dû;

58. Spécialement, le conjoint survivant a le droit de renoncer à l'usufruit que lui attribue le nouvel art. 767 C. civ. (L. 9 mars 1891). — V. Sol., 1er avril 1892;

Bien plus, lorsque des libéralités supérieures aux avantages établis par la loi du 9 mars 1891 ont été faites à l'époux survivant soit entre-vifs, soit par testament, cette loi ne lui est pas applicable et il n'est pas tenu, contrairement à ce qui va être dit au numéro suivant, de renoncer expressément au bénéfice qu'elle confère; il suffit qu'il ne le réclame pas. — V. Sol., 9 juin 1872 (*Revue prat. de l'enreg.*, nº 3436);

59. L'acceptation est d'ailleurs présumée ; il n'y a donc pas besoin que la succession soit acceptée formellement, que les héritiers aient pris possession ou que le legs ait été délivré ni même demandé, pour que l'obligation de passer la déclaration incombe, avec ses conséquences en cas de défaut, à l'héritier ou au légataire ; seule, une renonciation les en affranchit. — V. Garnier, *v° Succ.*, n° 1393 ; E. Naquet, *op. cit.*, II, n° 866 ; Cass., 18 niv. an XIII, 4 févr. 1807, 16 janv. 1811, 4 fév. 1812, 10 mars 1829 ; Seine, 15 mars 1838 ; Blois, 5 déc. 1848 ; Angoulême, 23 janv. 1850 ; Seine, 22 févr. 1849 et 8 août 1850 ; Montpellier, 20 mai 1861 ; Seine, 5 avril 1870 et 10 juill. 1873 ; Cass. 28 janv. 1877, 21 janv. 1880 (S. 80, 1. 217) ; Rouen, 3 juin 1891 ; Chambon, 11 juill. 1891 ; Toulouse, 23 juill. 1904 ; Déc. min. Fin., 21 oct. 1829 ; I. G 1307, § 9 ;

60. Et l'héritier ou le légataire fût-il mineur, même si son tuteur n'a pas encore été autorisé à accepter pour lui la succession ou le legs. — V. Cass. 10 mars 1829 ;

61. Par conséquent, l'Administration n'a jamais à prouver l'acceptation des héritiers ou autres successeurs. — V. Dict. réd., *v° Succ.*, n° 1121 ; Garnier, *eod. v°*, n° 491 ; Maguéro, *eod. v°.* n° 66 : Cass., 21 oct. 1829 et 7 mars 1842 (S., 42. 1. 341.) ; I. G, 1075, § 6, 1307, § 9, 1675, § 7 ;

Ni la prise de possession par eux de l'hérédité. — V. Rouen, 3 juin 1891 ; Compiègne, 24 mars 1897 ;

Ni la demande en délivrance des légataires universels. — V. Dict. réd., *v° Succ.*, n° 1125 ; Garnier, *eod. v°*, n° 493 ; Maguéro ; *eod. v°*, n° 66 ; Cass., 16 janv. 1811 et 4 févr. 1812 ; Saint-Flour, 29 déc. 1825 ; Cass., 10 mars 1829 ; Orléans, 23 déc. 1834 ; Seine, 15 mars 1838 ; Lyon, 6 déc. 1843 ; Cass. 9 janv. 1899 ; Seine, 29 juill. 1899 ; I. G. 1307, § 9 ;

Ni celle des légataires à titre particulier. — V. Dict. réd., *v° Succ.*, n° 1125 ; Garnier, *eod. v°*, n° 494 ; Maguéro, *eod. v°*, n° 66 ; Seine, 22 févr. 1849, 8 août 1850 ; Millau, 31 août 1855 ; Seine, 1er févr. 1862 ;

Leurs legs fussent-ils en usufruit seulement. — V. Dict. réd., *v° Succ.*, n° 1127 ; Garnier, *eod. v°*, n° 497 ; Cass., 4 févr. 1812, 21 août 1861 ;

62. Toutefois, la Régie admet que, lorsqu'un légataire d'usufruit ou d'une rente viagère est décédé lui-même sans avoir manifesté l'intention d'accepter le legs à lui fait, le droit de mutation ne peut pas être réclamé à ses héritiers. — V. Dict. réd., *v° Succ.*, n° 1128 ; Garnier, *eod. v°*, n° 497 ; Maguéro, *eod. v°*, n° 66 ; E. Naquet, *op. cit.*, II, n° 866 ; Déc. min. Fin., 7 août 1815 ; Dél., 26 oct. 1826 ; Sol., 16 oct. 1872, 28 avril 1875 et 29 oct. 1880.

2^{ent} RENONCIATION

63. Une renonciation, avons-nous dit, anté-rieure à la déclaration affranchit de l'obligation au droit de mutation par décès ;

Qu'elle soit formelle, ou même simplement tacite, peu importe. — V. Péronne, 27 mai 1892 ; Cass., 24 fév. 1880 (S., 80. 1. 217. ; D., 80. 1. 319).

Et qu'il s'agisse de propriété, de nue-propriété ou simplement d'usufruit. — V. Cass., 24 nov. 1857 (S., 58. 1. 240 ; D., 57. 1. 425).

64. Mais : 1° à la condition d'abord, qu'on n'ait pas déjà pris qualité. — V. E. Naquet, *op. cit.*, II, n° 873 ; Seine, 6 janv. 1841 ; Cass., 12 nov. 1902 ;

Soi-même ou par son auteur. — V. Dict. réd ; *v° Renonciation*, n° 368 ; Garnier, *eod. v°* n° 184 ; Maguéro, *eod. v°.* n° 104 ; Cass., 27 juin 1837 ; Blois, 5 août 1851 ;

Ou un pupille, par son tuteur dûment autorisé. — V. Vienne, 18 mars 1880 ; Saint-Etienne, 10 déc. 1883 ; Sol., 8 mai 1900 ;

Les circonstances desquelles l'Administration a fait résulter cette prise de qualité sont notamment les suivantes, dont certaines même ne s'expliquent, du reste, que par la rédaction imprudente des actes :

Acceptation sous bénéfice d'inventaire. — V. Dict. réd. *v° Bénéf. d'inv.*, n° 45 ; Garnier, *eod. v°*, n° 43 ; Maguéro, *v° Renonciation*, n° 106 ; Cass., 1er févr. 1830, 24 avril 1833 ; Douai, 20 juin 1842 ; Seine, 11 janv. 1873 ; Lille, 27 nov. 1874 ; Annecy, 24 juin 1875 ; Vouziers, 25 mai 1892 ; Ussel, 5 déc. 1896 ; Montpellier, 17 avril 1899 ;

Affermage d'un immeuble de la succession comme héritier proprement dit, et non pas comme habile à succéder seulement. — V. Dict. réd. *v°, Renonciation*, n°s 12, 206 ; Garnier, *eod. v°*, n°s 89, 97 ; Maguéro, *eod. v°*, n° 110 ; Cass., 24 juin 1837, 7 mars 1855, 13 mars 1860, 17 août et 18 nov. 1863 et 1er juill. 1874 (S., 74. 1. 485) ; Valenciennes, 8 mai 1882 ; Mayenne, 13 févr. 1884 ;

Demande en délivrance judiciaire d'un legs. — V. Montpellier, 20 avril 1861 ; Avranches, 27 août 1877 ; Vouziers, 25 mai 1892 ;

Surtout lorsque la renonciation ne se produit qu'après l'avoir obtenue. — V. Cass., 2 déc. 1839, 30 mars 1858, 16 août 1859, 12 déc. 1865, 30 janv. 1866 ; Saint-Girons, 21 juill. 1875 ; Seine, 10 août 1877 ; Vouziers, 25 mai 1892 ;

Demande en partage. — V. Cass., 1er juill. 1874 (S., 74. 1. 485) ; Grenoble, 12 janv. 1901 ; I. G. 2495, § 2 ;

Hypothèque de biens héréditaires. — V. Garnier, *v° Renonciation*, n° 91 ; Hazebrouck, 27 nov. 1880 ;

Mainlevée d'inscription. — V. Garnier, *v° Renonciation*, n° 109 ; V. toutefois Mortagne, 22 mai 1885 ;

Partage de l'hérédité. — V. Vesoul, 8 mars 1852 ; Cpr. Sol., 15 avril 1878 ;

Prise formelle de la qualité d'héritier ou de légataire dans un acte quelconque, même un inventaire. — V. Dict. réd. *v°* *Renonciation*, n° 222 ; Garnier, *eod.* *v°*, n° 108 ; Maguéro, *eod. v°*, n° 121 ; Cass., 4 avril 1849 et 1er juill. 1874 (S., 74.1. 485) ; Saint-Girons, 21 juill. 1875 ; Limoges, 16 nov. 1876 ; Mauriac, 7 août 1895 ;

Même au nom d'un mineur par son tuteur, si ce dernier était dûment autorisé à accepter la succession. — V. Vienne, 18 mars 1880 ; Saint-Etienne, 10 déc. 1883 ;

Procuration donnée pour gérer les biens héréditaires. — V. Dict. réd. *v°* *Renonciation*, n°s 204, 219 ; Garnier, *eod.* *v°*, n° 113 ; Maguéro, *eod. v°*, n° 124 ; Cass., 4 avril 1849 (S., 49. 1. 438) ; Saint-Amand, 5 déc. 1857 ; Saint-Claude, 27 févr. 1896 ; I. G., 1844, § 8 ;

A plus forte raison pour les hypothéquer ou les vendre. — V. Gex, 26 déc. 1900 ;

Quittance à des débiteurs de la succession. — V. Montauban, 13 mai 1874 ; Villefranche, 3 août 1888 ; Toulouse, 14 août 1899 ; Sol., 19 avril et 15 sept. 1873. — V. toutefois Fontainebleau, 29 août 1839 ;

Même par un tuteur, s'il avait été autorisé par le Conseil de famille à accepter la succession. — V. Sol., 8 mai 1900 ;

Vente de biens héréditaires. — V. Avesnes, 6 avril 1859 ; Valenciennes, 8 mai 1862 ; Saint-Omer, 16 avril 1875 ;

Même par un tuteur, s'il est dûment autorisé. — V. Périgueux, 24 juill. 1891 ; Brest, 24 nov. 1898.

63. Mais les faits suivants n'ont pas été considérés comme impliquant prise de qualité:

Concours du légataire universel à un bail dont le renouvellement s'imposait dans l'intérêt de la succession. — V. Cass., 4 nov. 1890 ;

Ou d'une veuve à un transport de créance, alors que les circonstances indiquent qu'elle a agi à titre de commune en biens, et non de donataire. — V. Saint-Nazaire, 25 juin 1892 ;

Inaction de l'héritier contre un légataire à titre particulier s'étant mis de sa propre autorité en possession de son legs. — V. Cass., 18 déc. 1889.

66 Strictement, pour être opposables, les renonciations à communauté, à legs universel et à titre universel ou à succession doivent être passées au greffe du tribunal de première instance (C. civ., art. 784). — V. Garnier, *v° Renonciation*, n° 19 ; Maguéro, *eod.* *v°*, n°s 74, 86 ; Le Havre, 24 juin 1839 ; Rennes, 5 févr. 1849 ; Avranches, 28 déc. 1855 ; Riom, 26 juill. 1862 ; Châteauroux, 5 févr. 1873 ; Cass., 9 déc. 1874 (S., 75. 1. 249. — D., 75. 1. 132) ; Narbonne, 17 juin 1890 ; Besançon, 25 mars 1891 ; Sol., 13 août 1877 et 4 oct. 1888 ; *Contrà*, pour la renonciation aux legs à titre universel, Castelsarrazin, 13 août 1892 ; Toulouse, 27 févr. 1893 ; Cass., 3 déc. 1900 (S., 1904. 1. 110).

67. Néanmoins, la Régie accepte les renonciations faites par acte notarié. — V. Dict. réd. *v° Renonciation*, n° 167 ; Garnier, *eod. v°*.

n°s 15, 20 ; Maguéro, *eod.* *v°* n°s 77, 92 ; Cass., 4 mars 1856 et 24 nov. 1857 ; (S., 58. 1. 240 ; D., 57. 1. 425) ; Déc. min. Fin., 29 juin 1808 ; Sol., 1er avril 1892 ; I. G., 386 ; *Contrà* : Narbonne, 17 juin 1890 ; Besançon, 25 mars 1891 ;

Spécialement celles du conjoint survivant à son usufruit légal. (C. civ., art. 767). — V. Sol., 1er avril 1892.

68. Un acte sous seing privé suffit même, à la rigueur, pour la renonciation à un legs particulier, surtout quand il a été déposé pour minute. — V. Dict. réd., *v° Renonciation*, n° 168 ; Garnier, *eod. v°*, n° 23 ; Maguéro, *eod. v°*, n°s 93, 94 ; Cass., 10 mars 1870 ; Toulouse, 20 janv. 1881 ; Sol., 27 mars et 4 juill. 1878, 5 févr. 1885 ;

69. Toutefois, l'Administration n'admet jamais qu'une renonciation soit faite dans la déclaration même. — V. Dict. réd., *v° Renonciation*. n° 168 ; Avesnes, 14 mars 1879.

70. Réserve étant faite, bien entendu, des droits d'enregistrement que les renonciations peuvent rendre exigibles par elles-mêmes. — V. à ce sujet, *Rép. raisonné de la pratique des affaires. V° Renonciation et les mots qui suivent.*

71. L'accroissement qui semble s'opérer par suite de la renonciation d'un cohéritier n'est, au fond et logiquement analysé, qu'un non-décroissement; il ne produit donc par lui-même aucune mutation; par conséquent, il ne donne ouverture à aucun droit particulier. — V. Dél., 9 nov. 1830 ; I. G., 1354, § 6 ;

Il en est de même de la dévolution d'un ordre d'héritiers à un autre, et même d'une ligne à une autre. (C. civ., art. 755). — V. G. Demante, *op. cit.*, II., n° 675 ;

Seulement, ceux qui bénéficient de l'accroissement ou de la dévolution ont à payer l'impôt sur tout ce qu'ils se trouvent ainsi recueillir. — V. Pithiviers, 7 janv. 1869.

72. Evidemment la renonciation tombe et ses effets disparaissent (sauf que le délai primitif est remplacé par un nouveau), en cas de rétractation, c'est-à-dire d'acceptation ultérieure, soit expresse, soit tacite. — V. Cass., 17 janv. 1866 ; Saint-Omer, 16 avril 1875 ; Mayenne, 13 févr. 1884 ; Vienne, 12 janv. 1893 ; Châteauroux, 30 janvier 1906 ; I. G., 2348, § 1er.

73. La preuve de la rétractation est à la charge de la Régie. — V. Dict. réd., *v° Renonciation*, n° 145 ;

74. On l'a induite des faits suivants :

Participation par un héritier renonçant à la vente d'un immeuble de la succession. — V. Arras, 17 juill. 1895 ;

Vente d'un tel immeuble, en qualité d'usufruitière, après renonciation à son usufruit, — au moins en ce qui concerne cet immeuble. — V. Vienne, 12 janv. 1893.

75. Mais la rétraction a été considérée comme générale au cas d'une veuve participant avec ses enfants au bail d'un immeuble héréditaire, et ayant pris la qualité d'usufruitière dans le contrat de mariage de l'un d'eux. — V. Le Havre, 5 mai 1894.

76. — 2° A la condition, en second lieu, qu'il s'agisse d'une véritable renonciation ; or, ne sont pas, en réalité, des renonciations les actes portant bien ce nom, mais qui sont faits soit gratuitement au profit de l'un ou de plusieurs seulement des successibles. — V. Dict. réd., v° *Renonciation*, n° 339 ; Garnier, *eod.* v°, n°s 57, 59 ; Maguéro, *eod.* v°, n° 142 ; G. Demante, *op. cit.*, II, n° 676 ; E. Naquet, *op. cit.*, II, n° 875 ; Cass., 10 nov. 1847 ; Lyon 27 mars 1858 ; Loches, 3 nov. 1904.

77. Soit au profit de tous, mais moyennant un prix. — V. Dict. réd., v° *Renonciation*, n° 350 ; Garnier, *eod.* v°, n° 68 ; G. Demante et E. Naquet, *loc. cit.* ; Sol., 19 août 1830.

Tels que :

Constitution d'une rente viagère ou d'un usufruit. — V. Dict. réd., v° *Renonciation* n° 263 ; Garnier, *eod.* v°, n° 71 ; Maguéro, *eod.* v°, n° 154 ; Arras, 14 août 1814 ; Béthune, 9 juill. 1844 ; Alençon, 18 nov. 1850 ; Seine, 25 juill. 1850 ; Pont-Audemer, 14 janv. 1851 ; Cass., 27 mars 1855 ; Cusset, 30 août 1856 ; Coutances, 4 avril 1857 ; Lille, 15 mai 1858 ; Brignoles, 17 déc. 1858 ; Cass., 18 juill. 1860 ; Beaune, 25 août 1864 ; Cass., 17 janv. 1866 ; Saint-Amand, 5 déc. 1867 ; La Flèche, 28 avril 1868 ; Cass., 31 déc. 1872 (S., 73. 1. 78) ; Montauban, 22 févr. 1889 ; Pontoise, 31 oct. 1892 ; Lure, 6 déc. 1894 ; Reims, 28 mars 1900 ; *Contrà* : Nancy, 17 févr. 1862 ;

Surtout lorsque le renonçant n'avait pas de ressources suffisantes en dehors du droit abandonné, et qu'une pension alimentaire lui a été constituée par ceux qui profitent de sa renonciation, suivant acte du même jour, et devant le même notaire. — V. Lure, précité ;

Désistement par des collatéraux du legs universel à eux fait, antérieurement à la naissance d'un enfant du testateur, pour le cas où cet enfant se marierait et aurait lui-même des enfants, en stipulant, par contre, que le testament recevrait tout son effet en cas de prédécès sans postérité de l'enfant réservataire ; c'est-à-dire, pour généraliser, que l'Administration n'admet pas les renonciations conditionnelles. — V. E. Naquet, *op. cit.*, II, n° 878 ; Dél., 16 avril 1825 ; Sol., 25 août 1865 et 29 mars 1884 ; I. G., 1173, § 7 ;

Partage anticipé procurant à l'ascendant donateur l'équivalent des droits abandonnés. — V. Dict. réd., v° *Renonciation*, n° 267 ; Garnier, *eod.* v°. n° 75 ; Maguéro, *eod.* v°, n° 174 ; Rambouillet, 12 déc. 1845 ; Saint-Quentin, 1er juill. 1846 ; Pont-Lévêque, 17 oct. 1846 ; Alençon, 21 déc. 1846 ; Mortagne, 22 juill. 1847 ; Montpellier, 1er juill. 1850 ; Montmédy, 20 juin 1852 ; Nogent-le-Rotrou, 19 août 1854 ; Avesnes, 6 avril 1859 ; Sens, 15 juill. 1864 ; Saint-Omer, 2 juin 1866 ; Dunkerque 18 juill. 1867 ; Montargis, 28 mai 1872 ; Fontainebleau,

30 janv. 1879 ; Dieppe, 24 mars 1881 ; Mamers, 29 déc. 1884 ; Le Havre, 10 déc. 1885 ; Forcalquier, 24 nov. 1887 ; Rouen, 1er mai 1888 ; Montauban, 22 févr. 1889 ; Marmande, 12 déc. 1894 ; *Contrà*, Macon, 30 juill. 1894 ; Cpr., Prades, 14 déc. 1887 ;

Jugé toutefois que, lorsqu'un conjoint survivant, après avoir renoncé à une donation d'usufruit à lui faite par son époux prédécédé, consent le partage anticipé de ses biens entre ses enfants, en se réservant l'usufruit des biens composant la succession du défunt, la Régie n'est point fondée à critiquer la renonciation comme frauduleuse, si, à raison de l'importance relative des biens par lui donnés, l'ascendant survivant a pu se réserver l'usufruit, *jure proprio*, comme condition de sa propre donation ; et qu'en conséquence, le droit de mutation par décès n'est pas exigible sur l'usufruit répudié. — V. Périgueux, 6 août 1898 ;

Plus généralement, le caractère onéreux de la renonciation s'induit ici du fait que les avantages stipulés au profit de l'ascendant dans le partage, spécialement une rente viagère élevée, sont supérieurs à l'importance des biens donnés par lui. — V. Dict. réd., v° *Renonciation*, n° 267 ; Garnier, *eod.* v°, n° 76 ; Maguéro, *eod.* v°, n° 174 ; Saint-Quentin, 19 août 1868 ; Les Andelys, 21 déc. 1869 ; Abbeville, 23 mars 1876 ; Aix, 5 avril 1876 ; Melun, 29 févr. 1884 ; Prades, 14 déc. 1887 ;

Mais non lorsque ces avantages ne semblent pas excessifs, notamment d'après les tarifs des compagnies d'assurances sur la vie. — V. Macon, 31 juill. 1874 ; Mortagne, 27 août 1874 ; Grenoble, 5 fév. 1875 ; Pontoise, 27 mars 1876 ; Chalon-sur-Saône, 31 juill. 1894 ; Sol., 11 juin 1873, 26 avril 1876, 8 janv. 1877, 21 avril et 5 oct. 1881, 7 oct. 1885, 14 janv. 1889, 7 fév. 1890 ;

Renonciation à un legs, comme conséquence ou condition d'une transaction avec l'héritier. — V. Saint-Nazaire, 20 juin 1890 ; Soissons, 22 avril 1896 ; Nérac, 24 mars 1899 ; Cass., 12 nov. 1902 ; Fontenay-le-Comte, 2 mars 1904 ;

Renonciation par un époux survivant au legs en usufruit que lui a fait son conjoint décédé, moyennant la décharge d'une obligation de garantie qui lui incombe envers un des héritiers d'une rente constituée en dot à ce dernier. — V. Poitiers, 5 févr. 1889 ;

78. La jurisprudence a vu également une renonciation translative, n'exonérant pas du droit de mutation par décès, dans le fait par le légataire universel de renoncer à l'accroissement de son legs en présence des enfants de son colégataire. — V. Cass., 12 nov. 1822 ;

Ou de payer aux héritiers leurs droits *ab intestat*, en déclarant qu'il ne veut retirer aucun profit personnel de son legs. — V. Seine, 20 févr. 1858.

79. C'est naturellement à la Régie d'établir que la renonciation à elle opposée n'est pas pure et simple. — V. Fontenay-le-Comte, 2 mars 1904; V. toutefois Castres, 23 janv. 1901.

80. Mais constitue une véritable renonciation, et dès lors opposable, celle consentie par une veuve à la communauté ayant existé entre elle et son mari, au profit de tous les héritiers de celui-ci, à la condition que ceux-ci lui paieront ses reprises. — V. Garnier, v° *Renonciat.* n° 74; Dél., 19 août 1830;

Ou qu'elle sera déchargée de toute contribution aux dettes. — V. Dél., 20 mai 1834 et 24 juill. 1838;

Car ce sont là des conditions surabondamment exprimées, puisqu'elles sont inhérentes à toute renonciation à la communauté, ou plutôt de telles clauses ne constituent pas de véritables conditions, et la renonciation n'en est pas moins juridiquement pure et simple. — V. Aubry et Rau, IV, § 302, texte et note 2, p. 60;

81. De même, la renonciation par l'époux survivant à l'usufruit qui lui a été légué par le prémourant, quoique le même jour il eût acquis les droits successifs des héritiers pour un prix inférieur à la valeur de la pleine propriété, s'il est constaté que ce prix a pu être déterminé par des considérations spéciales, notamment par ce fait qu'il s'agissait de valeurs mobilières et que le conjoint survivant était dispensé de caution et d'emploi. — V. Clermont, 11 avril 1900;

82. Décidé aussi que, lorsqu'un donateur a imposé à son donataire, comme charge de la donation, l'obligation de servir à partir de son décès une rente viagère à sa femme survivante, la renonciation de celle-ci au bénéfice de cette stipulation peut être considérée comme purement extinctive. — V. Sol., 31 mars 1892;

83. — 3° A la condition, enfin, que la renonciation ne soit pas frauduleuse à l'égard de la Régie, c'est-à-dire que, tout en paraissant pure et simple, elle n'ait pas été consentie seulement en échange d'avantages tenus secrets. — V. Dict. réd., v° *Renonciat.*, n° 197; Garnier, *eod.* v°, n° 69; Maguéro, *eod.* v°, n° 164; Cass., 27 mars 1855 (S., 55. 1. 378), 17 janv. 1866; Pontoise, 31 oct. 1892; Castres, 23 janv. 1901; I. G., 2042, § 8, 2348, § 1er.

84. La Régie doit alors établir la simulation qu'elle allègue. — V. Saint-Quentin, 19 août 1868; Les Andelys. 21 déc. 1869; Abbeville, 23 mars 1876; Seine, 8 févr. 1878; Mantes, 26 avril 1879; Melun, 29 févr. 1884; Prades, 14 déc. 1887;

Et elle peut le faire notamment au moyen des renseignements recueillis dans les sociétés soumises à son contrôle. — V. Vassy, 6 janv. 1898;

85. Par un jugement du 23 janv. 1901, le tribunal de Castres est allé bien plus loin : il a admis la fraude en se contentant d'intentions présumées pour toute démonstration. C'est le renversement de la charge de la preuve, par

violation de l'art. 2268. C. civ., aux termes formels duquel : «La bonne foi, est toujours présumée et c'est à celui qui allègue la mauvaise foi à la prouver.» La prouver! c'est-à-dire l'établir au moyen de faits précis, et non par des insinuations, si bien échafaudées qu'elles fussent.

86. Il ne suffit évidemment pas que la renonciation profite à quelqu'un pour qu'elle ne soit pas sincère;

Dans cet ordre d'idées, le tribunal de la Seine a admis, comme renonciation opposable à la Régie, la répudiation par un époux survivant d'une institution contractuelle qu'avait faite à son profit son conjoint décédé, quoiqu'elle ait eu pour but de rendre efficace un legs de celui-ci. — V. Dict. réd., v° *Renonciat.*, n° 347; Garnier, *eod.* v°, n° 63; Maguéro, *eod.* v°, n° 148; Seine; 27 août 1874.

87. Notons enfin que la renonciation faite pour éviter le paiement du droit de mutation par décès est très valable, du moment qu'elle est sincère. — V. Cass., 30 mai 1849, 24 avril 1854 (S., 54. 1. 361; D., 54. 1. 157); Seine, 8 févr. 1878; Reims, 28 mars 1900;

88. Il est donc permis de renoncer non seulement à la succession, à la donation éventuelle ou au legs auxquels on est appelé soi-même et directement, mais aussi, du chef du *de cujus*, aux successions, donations ou legs ouverts au profit de celui-ci et qu'il est mort sans avoir ni acceptés ni répudiés, pour y venir de son propre chef ou par accroissement;

C'est même un moyen très licite et absolument légitime d'éviter le paiement d'un second droit de mutation sur les mêmes biens, c'est-à-dire de s'affranchir du paiement d'un droit sur deux. — V. Dict. réd., v° *Renonciat.*, n° 365; Garnier, *eod.* v°, n° 180; Maguéro, *eod.* v°, n° 202; E. Naquet, *op. cit.*, II, n° 874; Villefranche, 4 mars 1836; Caen, 17 juin 1847; Cass., 30 mai 1849 (S., 49. 1. 522); Valence, 13 juill. 1853; Cass., 29 avril 1854 (S., 54. 1, 361; D., 54. 1. 157); Pont-Lévêque, 30 juill. 1847; Valence, 14 juill. 1853; Bergerac, 24 avril 1854; Sol., 28 avril 1875 et 25 sept. 1876; Dél., 5 juill. 1836 et 28 août 1879;

Et ce, même du chef d'un mineur décédé, pourvu, naturellement, que si c'est le tuteur d'un autre mineur, il y soit dûment autorisé. — Dict. réd., v° *Renonciat.*, n° 367; Garnier, *eod.* v°, n° 185; Maguéro, *eod.* v°, n° 209; Valence, 13 juill. 1853.

89. La Régie exige, pour adhérer à cette conséquence, que la renonciation émane de tous les représentants du défunt. — V. Sol., 8 févr. 1878; Cpr. Seine, 6 déc. 1878;

Et qu'il n'ait pas fait lui-même acte d'héritier. — V. Cass., 27 juin 1837 (S., 37. 1. 1028); Tours, 28 déc. 1849; Blois, 5 août 1851; Cass., 18 nov. 1851 (S., 51. 1. 769), 11 août 1869 (S., 69. 1. 477; D., 70. 1. 153); I. G., 1562, § 16, 1912, § 5.

90. Il est, d'ailleurs, une renonciation tout

à fait impossible, c'est celle qu'un mari prétendrait faire à sa propre communauté, même du chef de sa femme décédée, dont il serait donataire ou légataire universel. — V. Dict. réd., *v*° *Renonciat.*, n° 188, et *Succ.*, n° 1608; Garnier, *eod. v*°, n° 87; Maguéro, *eod. v*°, n° 64; Cass., 8 mars 1842 (S., 42. 1. 93); Péronne, 17 juill. 1844; Seine, 7 déc. 1848; Cass., 26 nov. 1849 (D., 50. 1. 580); Seine, 22 déc. 1849; Lyon, 21 mars 1865; Saint-Amand, 12 juill. 1888; Domfront, 23 avril 1890; Saint-Dié, 13 nov. 1890; I. G., 1675, § 4, 1857, § 6; V. aussi n° 677, ci-après.

91. Maintenant, *quid* des renonciations partielles?

Sauf le cas de retour légal, ou elle admet que l'ascendant donateur se borne aux biens qui font l'objet de son droit de retour et renonce à la succession pour le surplus, c'est-à-dire s'en tient à la succession anomale,

La Régie, — non seulement les repousse absolument, tant à l'égard de la communauté que de la vocation *ab intestat*, comme antijuridiques à raison de l'indivisibilité d'un titre universel, et surtout, peut-être, comme non sincères le plus souvent, — mais, en sus du droit de mutation par décès sur l'ensemble, prétend au droit de donation sur les biens compris dans le désistement gratuit. — V. Dict. réd., *v*° *Renonciat.*, n°s 290. 297; Garnier, *v*° *Renonciat.*, n°s 125, 132, 137; *v*° *Succ.*. n° 253; Maguéro, *v*° *Renonciat.*, n°s 175, 185; Cass., 13 août 1851; Bar-le-Duc, 4 mai 1843; Saint-Omer, 15 mars 1845; Bordeaux, 23 janv. 1849; Seine, 19 janv. 1867; Mâcon, 31 juill. 1894; Remiremont, 23 nov. 1899;

Toutefois, elle accepte que l'époux survivant renonce partiellement à son usufruit légal, par exemple, en tant qu'il porte sur le rapport des dots constituées aux enfants, ou qu'il peut provenir du fait de ces rapports. — V. Sol., 18 août 1896;

92. Quant aux donations éventuelles et aux legs, elle consent, après certaines résistances, à faire une distinction:

93. Elle admet une renonciation partielle en cas de dispositions distinctes faites au même bénéficiaire et lorsque l'objet d'une même disposition est vraiment multiple et peut être scindé; par exemple, dans les cas suivants:

Legs ou donation éventuelle d'un capital et d'une rente viagère. — V. Sol., 19 mars 1872 et 18 févr. 1873;

Legs par préciput à l'un des héritiers;

Legs de la propriété des meubles et de l'usufruit des immeubles. — V. Garnier, *v*° *Renonciat.*, n° 156; Cass., 5 mai 1866 et 8 juill. 1874 (S., 74. 1. 492; D., 74. 1. 457); Langres, 4 déc. 1872; Valenciennes, 18 déc. 1879; Beauvais, 24 févr. 1880; Saint-Malo, 24 avril 1880; Sol., 27 sept. 1897;

Legs d'un quart en propriété et d'un quart en usufruit. — V. Valenciennes, 18 déc. 1879:

Sol., 24 juill. 1886 et 4 mars 1887; Cpr. Seine, 19 déc. 1874; Sedan, 18 avril 1883;

Auquel cas le donataire éventuel ou le légataire peut même renoncer à la nue propriété du quart qui lui est offert en pleine propriété, pour s'en tenir à l'usufruit de moitié. — V. Marseille, 13 juill. 1886;

Legs à titre particulier de biens français et de biens étrangers, mais non universel ou à titre universel;

Legs universel et legs d'usufruit de certains objets déterminés. — V. Sol., 1er juill. 1873, 31 mars 1875 et 12 juin 1886;

Legs de l'universalité en usufruit fait à l'un des cohéritiers, pour s'en tenir à l'usufruit d'un bien déterminé, tel qu'une maison en renonçant au surplus, parce qu'il ne constitue au fond qu'un legs particulier. — V. Dict. réd., *v*° *Renonciat.*, n°s 309, 331; Garnier, *eod. v*°, n° 146; Maguéro, *eod. v*°, n°s 189, 192; Cass., 8 juill. 1874 (S., 74. 1. 492; D., 74. 1. 457.); Hazebrouck, 30 août 1878; Tours, 28 juin 1879; Beauvais, 24 févr. 1880; Saint-Malo, 21 avril 1880; Vouziers, 25 mai 1892; Sol., 18 août 1896; 27 sept. 1897;

De sorte qu'un conjoint survivant, lorsque la succession du prédécédé comprend des biens en pleine propriété et d'autres en nue propriété seulement, peut très bien renoncer à son usufruit légal sur ces derniers, quand s'éteint l'usufruit qui les grevait au profit d'autrui. — V. Defrénois, *Rép. prat.*, n° 13178.

Préciput de communauté et donation éventuelle par contrat de mariage;

En tout cas, faut-il qu'il n'y ait pas eu déjà acceptation; ainsi, la renonciation partielle à un legs d'usufruit antérieurement accepté, n'en laisse pas moins subsister l'exigibilité du droit de mutation par décès sur la totalité du legs. — V. Civray, 10 mai 1900.

95. L'Administration accepte aussi une renonciation partielle à une libéralité excédant la quotité disponible et pour la ramener à cette quotité. — V. Dict. réd., *v*° *Renonciat.* n°.205 ; Garnier, *eod. v*°, n° 143; Laval, 14 mai 1832; Versailles, 10 déc. 1886; Dél., 28 déc. 1832 et 18 oct. 1833; I. G., 1451, § 5;

96. Autrement, elle ne tient pas compte de la renonciation invoquée, c'est-à-dire que, sans s'occuper des conséquences que l'acte peut produire au point de vue civil, elle réclame le droit de mutation par décès comme si la renonciation n'existait pas. — V. Bar-le-Duc, 4 mai 1843; Cass., 8 juill. 1874; Dél., 16 avril 1825 et 26 juin 1827; I. G., 1173, § 7, 1229, § 11; Cpr. E. Naquet, *op. cit.*, II, n°s 877 et s.

97. Nous citerons à cet égard quelques espèces qui ont été résolues dans le sens de la Régie par des décisions dont plusieurs paraissent contestables et ne seraient peut-être pas renouvelées depuis la jurisprudence inaugurée pour ainsi dire par l'arrêt précité de la Cour suprême en date du 8 juill. 1874:

Renonciation à la moitié, au tiers, etc., d'une

chose léguée en pleine propriété.— V. Nancy, 26 févr. 1855 ;

Renonciation consentie par un légataire universel relativement à la jouissance d'un immeuble légué à titre particulier à un autre — V. Bordeaux, 23 janv. 1849 ;

Renonciation à la nue propriété, pour s'en tenir à l'usufruit, d'un immeuble légué en pleine propriété. — V. Dél., 11 avril 1817 ;

Ou réciproquement. — V. Cass., 18 nov. 1851 ;

Renonciation à partie d'un usufruit donné éventuellement ou légué. — V. Gray, 22 août 1851 ; Tulle, 15 déc. 1852; Seine, 18 avril 1857; Bonneville, 5 déc. 1874 ;

Renonciation par un héritier réservataire, légataire de la quotité disponible à une portion de son legs. — V. Seine, 6 juill. 1894 ;

Renonciation par le père ou la mère survivant à l'usufruit du tiers des biens attribués aux collatéraux (C. civ., art. 753 et 754). — V. Garnier, v° *Renonciat.* n° 136 ; Dél., 4 nov. 1840 ;

Transaction intervenue entre le légataire et les héritiers, comme il a été dit plus haut.

98. Si l'époux survivant usufruitier légal de son conjoint, d'après l'art. 767, C. civ., en est à la fois donataire ou légataire et ne veut rien accepter, il doit renoncer à tous titres.— V. Defrénois, n° 12094.

99. Il peut être bon de faire observer, quoique cela ne concerne pas directement les déclarations de succession, que la renonciation à un usufruit résultant d'une convention matrimoniale est, à cause de l'immutabilité des contrats de mariage, translative et non purement abdicative.— V. Dict. réd., v° *Renonciat.* n° 338 ; Garnier, Rép. *eod.* v°, n°s 121, 165 ; Maguéro, *eod.* v°, n°s 35, 38 ; Saint-Pol, 10 mai 1900 ; Lille, 7 mai 1903 ;

100. Cela nous suggère une observation pour finir sur ce point.

On a vu la prétention de la Régie, de traiter la renonciation partielle comme une transmission à titre gratuit des biens qui en sont l'objet ; il faut avouer que ce sont souvent les parties qui lui en fournissent maladroitement l'occasion en exprimant les motifs qui ont inspiré la renonciation ; or c'est en général tout-à-fait superflu ; il suffit de la faire purement et simplement ; on a toute chance ainsi d'éviter des droits bien inutiles.

CHAPITRE III

Partage

101. Quelle est l'influence d'un partage sur la déclaration de succession ? Il faut distinguer suivant que ce partage la précède ou la suit :

Partage antérieur à la déclaration

102. Si la succession a été liquidée avant la déclaration, le partage doit, à raison de son effet déclaratif, être pris pour base, c'est-à-dire qu'il détermine la composition de la succession soumise au droit de mutation, tant au profit de la Régie que contre elle. — V. G. Demante, *op. cit.*, II. n° 720; Cass., 21 juin 1875 (S., 75. 1. 378 ; D., 75. 1. 429) ; Cass., 5 mars 1883 et 19 juill. 1887; I. G., 2741 ;

A moins que le partage ne contienne soulte. — V. Cass., 10 févr. 1869 (S., 69. 1. 230) ; Cpr. Lille, 9 août 1895.— *Contrà* ; Seine, 7 avril 1906 ;

Sauf à rétablir la masse imposable d'après les modes d'évaluation de la loi fiscale et à ne tenir compte que du passif dont elle admet la déduction. — V. I. G., 2519 ;

103. Et à la condition que l'acte invoqué ait bien le caractère d'un partage. — V. Seine, 16 avril 1886, Cpr. Cass., 29 mars 1854 (S., 56. 1. 49; D., 54. 1. 331) ;

Que ce partage soit définitif et non provisionnel seulement. — V. Dict. réd., v° *Succ.*, n° 1341 Garnier, *eod.* v°, n° 2112 Maguéro, *eod.* v°, n° 93 ; Cass., 4 juin 1817 ; Seine, 25 janv. 1868 ; Sol., 7 oct. 1874 ;

Qu'il soit sincère et n'ait pas pour but de frauder le Trésor, soit en altérant les droits respectifs des parties, soit autrement. — V. Dict. réd., v° *Succ.*, n° 2112 ; Garnier, *eod.* v°, n° 1341 ; Seine, 16 mars 1842 ; Sarrebourg, 30 mars 1849 ; Corbeil, 23 janv. 1854 ; Amiens, 12 juin 1856 ; Embrun, 25 avril 1849 ; Seine, 13 mars 1858 et 26 mars 1862 ; Dijon, 15 févr. 1864 ; Cass., 10 févr. et 4 août 1869 ; Dél., 10 déc. 1830 ;

Et, comme garantie même de cette sincérité, qu'il ait date certaine antérieurement à la déclaration, sans que, du reste, la Régie ait l'obligation d'invoquer ce moyen ;

104. Il suffit d'ailleurs, que le partage soit antérieur à la déclaration, le délai fût-il expiré. — V. Cass., 18 déc. 1839 ;

Et eût-il été fait le même jour. — V. Dict. réd., v° *Succ.*, n°s 2098, 2108; Garnier, *eod.* v°, n° 1327 ; Maguéro, *eod.* v°, n° 93 ; Tours, 1er sept. 1849 ; Cass., 14 mars 1851 ; Nîmes, 19 juill. 1882; Sol. 27 août 1873 et 16 sept. 1875.

105. La règle du partage déclaratif s'applique à tous les biens à déclarer : ceux de communauté. — V. Dict. réd., v° *Succ.*, n° 2098; Garnier, *eod.* v°, n° 1326 ; Maguéro, *eod.* v°, n° 93 ; Cass., 16 juill. 1823; Montmorillon, 16 janv. 1861; Seine, 15 janv. 1866 ; Sol., 5 juill. 1826 ;

Comme ceux de succession. — V. Tours, 19 sept. 1849; Cass., 11 mars 1851 (S., 51. 1. 263; D., 51. 1. 120); Saint-Amand, 15 juill. 1854 ; Seine, 19 janv. 1867 ;

Ainsi qu'aux biens rapportés, soit en nature, soit en moins prenant. — V. Cass., 28 oct. 1889 (S., 91. 1. 545 ; D., 90. 1. 275);

106. Et quelles que soient les attributions faites. — V. Cass., 28 oct. 1889 ;

Par exemple, que le rapport ait été attribué aux cohéritiers du donataire et non pas à lui-même. — V. Dict. réd., v° *Succ.*, n° 1435; Garnier, Rép. *eod. v°*, n° 841 ; Maguéro, *eod. v°*, n° 243 ; Cass., 28 oct. 1889 ; Périgueux, 8 août 1891 ;

Que l'un des héritiers ait reçu tous les meubles et l'autre tous les immeubles. — V. Garnier, *v° Succ.*, n° 1328 ; Boulogne-sur-Mer, 13 avril 1839 ;

Ou que l'usufruit du tout ait été conféré à l'un et la nue propriété du tout donnée à l'autre, par une sorte de pacte de famille. — V. Dict. réd., *v° Succ.*, n° 2103 ; Garnier, *eod. v°*, n° 1329 ; Cass., 21 mai 1835 ; Le Mans, 21 nov. 1843 ; Cass., 4 janv. 1865 (S., 65. 1. 96 ; D., 65. 1. 35) et 20 nov. 1866 (S., 67. 1. 41) ; Seine, 9 févr. 1867 et 7 juin 1878, Montpellier, 11 févr. 1875 ; Cass., 5 mars 1883 ; Pont-Audemer, 21 août 1883 ; Cass., 19 juill. 1887 ; Sol., 11 juin 1833 ; I. G., 775, 1437, § 8, 1668, § 2, 2325, § 2 ;

Et alors l'usufruit et la nue propriété sont évalués conformément à l'art. 13. L. 25 févr. 1901, comme il sera dit plus loin à l'*Evaluation des droits des parties.*

107. Quand le partage stipule une soulte au profit de l'héritier, celui-ci doit la comprendre, dans la déclaration, en sus des biens qu'il reçoit en nature, et, si cette soulte représente une portion d'immeuble, c'est cette portion d'immeuble, et non la soulte, qui est à déclarer, en l'évaluant d'après son revenu, conformément au principe de liquidation des immeubles. — V. Dict. réd., *v° Succ.*, n° 2112 ; Garnier, *eod. v°*, n° 1336 ; Maguéro, *eod. v°*, n°s 96, 103 ; Seine, 25 août 1841 ; Saint-Amand, 15 juill. 1854 ; Seine, 13 juin 1874 ; Sol., 26 déc. 1834, 23 mai 1845, 29 nov. 1873, 11 sept. 1875 et 2 févr. 1877 ; I. G., 1743, § 7, 1482, § 6 ; *Contrà.* Lille, 9 août 1895 ;

Même si la soulte provient du partage inégal de biens situés à l'étranger. — V. Dict. réd., *v° Succ.*, n°s 2113, 2116 ; Garnier, *eod v°*, n° 1336 ; Cass., 10 févr. 1869 (S., 69. 1. 230) et 21 juin 1875 précité ; Cpr. Seine, 1er déc. 1905.

108. Une licitation est assimilable au partage avec soulte, c'est-à-dire qu'il faut toujours déclarer les biens eux-mêmes et non pas le prix de licitation. — V. Dict. réd., *v° Succ.*, n° 2137 ; Garnier, *eod. v°*, n° 1338 ; Cass., 18 déc. 1839 (S., 40. 1. 26) ; Seine, 6 janv. 1846 ; Montargis, 31 août 1835 ; Seine, 13 juin 1874 ; I. G., 1615, § 4 ;

Sans, toutefois, que la licitation empêche aucunement que le partage qui l'a suivie et qui a été présenté en même temps qu'elle à la formalité, ne soit pris pour base de la déclaration. — V. Dict. réd., *v° Succ.*, n° 2138 ; Garnier, *eod. v°*, n° 1339-1 ; Mamers, 31 août 1847 ;

109. Pareillement, en cas de transport de droits successifs. — V. Cass., 19 nov. 1834 (S., 35. 1. 446) ; Sarrebourg, 29 mars 1849 ; I. G., 1481, § 8.

110. On a vu tout à l'heure que la première condition pour que l'acte invoqué puisse être opposable, est qu'il soit bien un partage, c'est-à-dire qu'il fasse cesser une indivision ; or il n'y a pas d'indivision entre le nu propriétaire et l'usufruitier d'une même chose.— V. Garnier, Rép., *v°s Licitation* et *Partage* ; Angers, 4 déc. 1862 (S., 63. 2. 145) ; Cass., 27 juill. 1869 ; (S., 69. 1. 468) ;

Par conséquent, l'acte suivant lequel les héritiers d'un mari abandonnent à la veuve partie des biens de la sucession en toute propriété, pour la remplir d'une donation de l'usufruit de la totalité de ces biens, et sous la condition par eux de payer en outre les dettes de la succession, constitue, non un partage, mais un échange et un retour d'échange. — V. Cass., 14 août 1838 (S., 38. 1. 710) ;

De même, lorsque le légataire d'une nue propriété abandonne au légataire de l'usufruit une partie de cette nue propriété, moyennant la rétrocession par ce dernier d'une portion de son usufruit. — V. Versailles, 6 fév. 1851 ;

111. L'acte par lequel un époux légataire en usufruit et les héritiers de l'autre conjoint investis de la nue propriété conviennent de transformer : lui, son usufruit, eux, leur nue propriété en une portion de la pleine propriété, a également le caractère, non d'un partage, mais d'un échange ; il ne saurait donc servir de base à la déclaration de succession pour la perception du droit de mutation par décès, qui n'en doit pas moins être établi sur la dévolution testamentaire et légale des biens héréditaires. — V. Cass., 4 août 1869 (S., 69. 1, 476 ; D., 70. 1. 37) ;

112. Jugé toutefois que l'acte par lequel, en partageant une succession dévolue pour partie à un donataire en usufruit, les héritiers et le donataire convertissent cet usufruit en une portion de pleine propriété, d'après l'évaluation qu'ils donnent à l'usufruit, constitue un partage. — V. Cass., 4 janv., 1865 (S., 65. 1. 96) ;

Mais l'époux survivant se trouvait ici dans l'indivision avec les héritiers de son conjoint tant pour la jouissance que pour la propriété ; de sorte qu'on avait pu confondre tous ces droits indivis dans une seule opération, afin de déterminer d'un seul coup l'état de la communauté ; tandis que, dans l'hypothèse de l'arrêt précédent, l'époux survivant n'était commun avec les héritiers qu'à l'égard de la nue propriété, et était maître exclusif de la jouissance ; d'où il résultait que cette jouissance ne pouvait à aucun titre figurer dans le partage. — V. note sous Cass., 4 août 1869, précité.

113. En résumé, si un usufruitier est rempli de tout ou partie de ses droits par de la pleine propriété, il s'opère un échange inopposable à la Régie et la déclaration doit se faire comme s'il n'avait pas eu lieu. — V. Bayeux, 1er juill. 1898 ;

114. Quand un immeuble resté indivis entre deux héritiers, a été, dans un partage qui a suivi leur décès, attribué pour la nue propriété au légataire de l'un d'eux et pour l'usufruit au légataire de l'autre, ce partage ne doit pas être pris rétroactivement pour base de la déclaration souscrite au décès de l'auteur commun, car il n'a pas eu pour effet d'opérer la rentrée de l'immeuble dans cette hérédité, tout usufruit impliquant nécessairement l'existence corrélative d'un usufruitier. — V. Domfront, 1er déc. 1899.

115. Enfin il a été jugé que quand une succession comprend des biens français et des biens situés à l'étranger, le partage qui attribue les biens étrangers à la communauté et à la succession dans une proportion autre que celle de leurs droits respectifs, ne peut servir de base à la liquidation des droits de mutation. — V. Seine, 1er déc. 1905.

Partage postérieur.

116. Lorsqu'au contraire le partage n'a été fait qu'après la déclaration, les parties ne sauraient s'en autoriser pour réclamer la restitution de sommes régulièrement perçues sur la déclaration (L. 22 frim. an VII, art. 60). — V. Dict. réd., vo *Succ.*, no 2140; Garnier, *eod.* vo, no 1346. — V. Cass., 1er déc. 1835; 11 mars 1851 (S., 51. 1. 263; D., 51. 1.¶120); Seine, 28 juill. 1899.

117. Mais, malgré l'équité qui exigerait la réciprocité, le partage postérieur peut très bien donner lieu à la réclamation d'un supplément de droit, si les abandonnements faits aux parties s'y prêtent; tel le cas, par exemple, où la nue propriété aurait été attribuée aux uns et seulement de l'usufruit aux autres. — V. Dict. réd., vo *Succ.*, no 2141; Garnier, *eod.* vo, no 1347; Maguéro, *eod.* vo, no 95; Seine, 4 juin 1850, Chartres, 15 avril 1864; Seine, 7 juin 1878 et 2 mai 1879; Versailles, 6 avril 1880; Nogent-le-Rotrou, 4 mars 1880; Pontoise, 13 juill. 1891; Seine, 12 mai 1893; Sol., 21 juin 1851, 18 janv. 1857, 17 août 1858 et 24 août 1861; Cass., 5 mars 1883 (S., 84. 1. 133; D., 83. 1. 396) et 19 juill. 1887 (S., 88 1. 387; D., 88. 1. 121); Seine, 28 juill. 1899; *Contrà* : Meaux, 20 août 1829; Tours, 28 févr. 1840; Etampes, 8 août 1840; Nancy, 28 avril 1841 : Pontoise, 26 mai 1842; Mantes, 15 déc. 1843; Seine, 12 déc. 1849. Cass., 11 mars 1851 (S., 51. 1. 263); Seine, 2 juill. 1856 et 25 juill. 1863; Péronne, 13 janv. 1864; Le Mans, 26 août 1864; Cass., 20 nov. 1866; Seine, 2 mai 1879; Nogent-le-Rotrou, 14 mai 1880 (S., 84. 1. 133); Dieppe, 10 avril 1884 (S., 88. 1. 387); Dél. 8 janv. 1830.

118. Spécialement, lorsqu'après le décès de l'un des époux communs, ses héritiers ont acquitté le droit de mutation sur la moitié des biens et que, par un partage ultérieur, ces biens sont attribués en totalité, pour l'usufruit au conjoint survivant, et pour la nue propriété aux héritiers du prédécédé, un supplément de droit peut se trouver exigible à raison de la différence d'évaluation de ces éléments de la pleine propriété : quotité légale dans la déclaration et estimation différente et supérieure dans le partage ensuite. — V. Dict. réd., vo *Succ.*, no 2155; Garnier, *eod.* vo, no 1347; Versailles, 6 avril 1880; Cass., 5 mars 1883, 19 juill. 1887; *Contrà* : Tours, 28 févr. 1840; Etampes, 18 août 1840; Nancy, 28 avril 1841; Cass., 2 août 1841; Pontoise, 20 mai 1842; Mantes, 15 déc. 1843; Seine, 12 déc. 1849; Cass., 20 nov. 1866; Seine, 2 mai 1879; Dieppe, 10 avril 1884;

119. De même, si l'on n'avait pas tenu compte des récompenses dues à la communauté par la succession. — V. Pont-Lévêque, 21 janv. 1886; Cpr. Château-Chinon, 10 mai 1889;

120. De même aussi, quand l'imputation des reprises du survivant sur les biens de la communauté n'est pas maintenue dans le règlement ultérieur des droits des parties telle qu'elle a été faite dans la déclaration de succession, leur paiement étant fait par les héritiers directement et non par l'attribution de valeurs communes, la Régie a la faculté de réclamer un complément de droit à raison de ceux de ces biens qui peuvent être considérés comme étant rentrés dans l'hérédité par suite de ce règlement, et même avec une amende pour omission. — V. Dict. réd., vo *Succ.*, nos 1426, 2139; Garnier, *eod.* vo, no 1350; Maguéro, *eod.* vo, no 246; Verdun, 8 févr. 1887; Agen, 19 déc. 1889; Rocroi, 20 févr. 1890; Château-Gontier, 15 mars 1892; Sol., 7 août 1897;

Sauf déduction des reprises comme dettes de la succession s'il y a lieu.

121. Un complément de droit est encore exigible quand la différence dans la consistance des biens provient du mode adopté pour l'évaluation des immeubles. — V. Pontoise, 13 juill. 1891.

APPENDICE.

Solidarité.

122. Aux termes dudit art. 32, L. 22 frim. an VII, — que la loi du 25 févr. 1901 laisse pleinement subsister, puisqu'elle se borne à établir un nouveau mode de liquidation, — les cohéritiers sont solidaires pour le paiement du droit de succession par décès;

Même si la succession se divise en plusieurs branches. — V. Seine, 1er févr. 1878; Seine, 31 mars 1906;

Même si la succession est déclarée partiellement vacante, l'héritier acceptant est tenu au paiement du droit. — V. Marseille, 1er juill. 1890;

Et il s'agit ici d'une solidarité parfaite, c'est-à-dire que chaque héritier est tenu non pas seulement d'acquitter le droit comme s'il était héritier unique, mais de verser tout ce qui est dû tant par ses cohéritiers que par lui-même ; par exemple, un ascendant concourant avec des collatéraux au cinquième degré doit payer, non pas à ses propres taux sur le tout, mais à eux sur sa part et à ceux de parents au cinquième degré sur la portion de l'hérédité qui revient à d'autres. — V. G. Demante, *Principes de l'enregistrement*, II, n° 660.

123. Il y a solidarité, que la succession soit acceptée purement et simplement ou sous bénéfice d'inventaire seulement. — V. Dict. réd., *v°* *Succ.*, n°s 2223 et 2225 ; Garnier, *eod. v°*, n° 1391, 1398 et s. ; Maguéro, *eod.*, *v°* n° 616 ; Cass., 27 oct. 1806 et 27 juin 1809 ; Grenoble, 11 août 1840 ; Angoulême, 23 janv. 1850 ; Rouen, 3 juin 1891 ; Ussel, 5 déc. 1896 ; I. G., 386-26, 495 ;

124. Et elle persiste même après un partage effectué. — V. Dict. réd., *v° Succ.*, n° 2226.

125. Mais si l'un des cohéritiers décède lui-même avant la déclaration, ses propres héritiers ne sont tenus des droits à raison de la succession à laquelle il était appelé que pour la part lui revenant dans cette succession ; ils ne peuvent donc pas faire la déclaration générale ;

Et même chacun pour sa portion seulement de cette part, sans solidarité entre eux. — V. Dict. réd., *v°. Succ.*, n° 2244 ; Garnier, *eod. v°*, n° 1413 ; Le Havre, 29 août 1872 (S., 73. 2. 121).— Bazas, 14 mai 1889 ;

Il en est encore pareillement des légataires universels de l'héritier. — V. Bazas, précité.

Ainsi que des hériters d'un légataire. — V. Sol., 4 avril 1877, 19 févr., 1878, 8 avril 1882, 24 nov., 1885, 27 fév. 1886 ;

Néanmoins, quoique cela paraisse contradictoire, l'héritier unique d'un cohéritier est considéré comme solidaire avec les cohéritiers de son auteur. — V. Garnier, Rép., *v° Succ.*, n°. 1414 ; Sol., 22 mai 1886, 4 déc. 1890.

126. La solidarité n'existe qu'entre cohéritiers exclusivement, c'est-à-dire les parents venant *ab intestat*, en qualité d'héritiers, ce qui comprend, d'ailleurs, les enfants copartagés, sauf le cas où ils renonceraient à la succession pour s'en tenir à la donation ou au legs (L. 22 frim. an VII, art. 32). — V. G. Demante, *op. cit.*, II, n° 661 ; E. Naquet, *op. cit.*, III, n° 1221 ; Trib. Aix, 28 janv. 1890 ; C. Aix, 4 déc. 1890 ;

127. Et aussi, depuis la loi du 25 mars 1896, les enfants naturels (C. civ., nouvel art., 756). — V. Maguéro, *v° Succ.*, n° 41, *note*.

128. N'ont donc pas la qualité de *cohéritiers* dans le sens de la loi et, par conséquent, ne sont pas tenus solidairement avec les *héritiers* proprement dits, réservataires ou non :

Les donataires éventuels ;

Les légataires universels ou à titre universel. — V. Dict. réd., *v° Succ.*, n° 2235 ; Gar-nier, Rép., *eod. v°*, n° 1406 ; Maguéro, *v° Succ.*, n°s 28 et 620 ; Seine, 23 nov. 1861 ; Toulouse, 3 juill. 1862 ; Bazas, 14 mai 1889 ; Aix, 28 janv. et 4 déc. 1890 ; Sol., 5 mars 1872, 12 nov. 1873, 14 nov. 1875, 12 juin 1876, 6 mars et 4 avril 1877, 19 févr. 1878, 19 mars 1879, 5 avril, 27 nov. et 1er déc. 1880, 8 avril 1882, 24 avril 1884, 24 nov. 1885, 27 févr. 1886, 27 mai 1890 ; Tours, 21 juill. 1904 ; I. G., 239 et 386, § 36 ;

Même entre eux. — V. Dict. réd., *v° Succ.* n°s 2230, 2235 ; Garnier, Rép., *eod. v°*, n° 1406 et 1410 ; Seine, 6 déc. 1848 ; Beaupréau, 26 août 1856 ; Seine, 23 nov. 1861 (D., 62. 3. 40) ; Toulouse, 3 févr. 1862 ; Lyon, 20 févr. 1868 (S., 69. 2. 58 ; D., 69. 3. 8) ; Chaumont, 8 avril 1885 ; Le Puy, 20 nov. 1885 ; Bordeaux, 26 déc. 1888 ; Sol., 20 juin 1874, 3 août 1875, 7 févr. 1876, 6 avril et 21 août 1877, 25 janv. 1878, 3 déc. 1878, 21 févr. et 5 avril 1880, 21 déc. 1882, 13 févr. et 27 mars 1883 ; *Contrà ;* Bordeaux, 10 févr. 1857 ; Paris, 16 juin 1874 (D., 75. 2. 31) ;

Les usufruitiers et les nus propriétaires. — V. Dict. réd., *v° Succ.*, n° 2176 ; Garnier, Rép., *eod. v°*, n° 1401 ; Maguéro, *eod. v°*, n° 39 ; Cass., 9 mai ou juin 1813 ;

Ni le conjoint survivant. — V. Garnier, Rép., *v° Succ.*, n° 1416 *bis ;* Maguéro, *eod. v°*, n°s 41, 621 ; Rocroi, 9 févr. 1894 ; Sol., 5 oct. 1892, 19 juin 1897.

SECTION II

Obligés à la déclaration.

129. La déclaration d'une succession est à la charge de ceux qui sont débiteurs du droit de mutation par décès, c'est-à-dire, pour le répéter, les héritiers, donataires ou légataires (universels, à titre universel, ou particuliers) (L. 22 frim. an VII, art. 27 et 32) ;

130. L'acceptation eût-elle eu lieu par les successeurs généraux sous bénéfice d'inventaire seulement. — Dict. réd., *v° Succ.*, n°s 1054 et 2182 ; Garnier, Rép., *v° Bénéf. d'inv.*, n° 51 et *Succ.*, n° 648 ; Maguéro, *eod v°*, n° 13 ; Cass., 23 prair. an VII, 27 mars 1811, 11 févr. 1827, 23 avril 1833, 7 avril 1835, 12 juill. 1836, 28 août 1837 ; Rouen, 5 avril 1845 ; Bordeaux, 1er déc. 1846 : Aurillac, 9 janv. 1849 ; Bordeaux, 15 févr. 1849 ; Seine, 2 mai 1849 ; 10 janv. 1850 ; Belfort, 17 févr. 1851 ; Tulle, 27 déc. 1854 ; Lyon, 30 mars 1855 ; Cass., 24 juin 1857 ; Seine, 23 nov. 1861, 19 août 1864 ; Calvi, 15 janv. 1866 ; Cass., 13 mars 1866, 2 avril 1866, 19 janv. 1867, 2 juin 1869 (S., 69. 1. 326) ; Pont-Audemer, 29 août 1876 ; Seine, 30 janv. 1885 ; Tarbes, 12 nov. 1890 ; Rouen, 3 juin 1891 ; Trévoux, 26 mai 1898 ; Baugé, 28 oct. 1902 ; Seine, 20 déc. 1902 ; Déc. min. Fin., 18 mess. an VIII ;

131. Et l'héritier bénéficiaire fût-il un mineur. — V. Garnier, Rép., *v° Bénéf. d'inv.*

nº 51; Seine, 13 juin 1855; Toulouse, 5 mars 1863; Baume-les-Dames, 3 août 1876.

132. Ils passent eux-mêmes la déclaration s'ils sont capables à cet égard:

Le mineur émancipé ainsi que l'individu pourvu d'un conseil judiciaire, sont considérés comme pouvant valablement la faire seuls et sans aucune autorisation ou assistance. — V. Dict. réd.,*vº Succ.*, nº 2196; Garnier, *eod. vº*, nº 646; Maguéro, *eod. vº*, nº 42; Sol., 23 mai 1872;

De même, la femme mariée quant aux propres lui échéant, dont elle aura l'administration en vertu de son régime matrimonial.

133. Ou bien par leurs représentants légaux, s'ils sont incapables (L. 22 frim. an VII, art. 27);

C'est-à-dire que le mari agit pour sa femme, lorsque l'administration des biens à déclarer doit lui appartenir;

Et le tuteur d'un mineur ou d'un interdit, pour ceux-ci;

134. Le tuteur est même personnellement tenu de faire la déclaration (L. 22 frim. an VII, art. 39);

Et, par tuteur, il faut entendre également le cotuteur et le protuteur;

135. Il en est de même du curateur d'un mineur émancipé et du curateur au ventre, sans qu'il y ait, pour décider ainsi, d'autre raison que le texte littéral dudit art. 39, où le mot curateur est peut-être pris dans un autre sens. — V. G. Demante, *op. cit.*, II, nº 813; E. Naquet, *op. cit.*, III, nº 1220.

136. Du père administrateur légal. — V. Dict. réd., *vº Succ.*, nº 2189; Garnier, *eod. vº*, nº 632; Maguéro, *eod. vº*, nºs 33, 74: Toulouse, 5 mars 1863; Marseille, 12 mars 1869; Pithiviers 3 janv. 1878; Seine, 1er févr. 1902; Béziers, 14 mai 1904; *Contrà* : Bellac, 4 août 1861; Cpr. E. Naquet, *op. cit.*, III, nº 1220;

137. Mais le syndic de la faillite du défunt n'a pas à faire la déclaration, l'obligation d'y procéder restant aux héritiers ou, s'ils renoncent, au curateur à la succession vacante. — V. Dict. réd., *vº Succ.*, nº 2205; Garnier, *eod. vº*, nº 642; Maguéro, *eod. vº*, nº 34; Rouen, 5 mai 1847, 16 mai 1876; Bourgouin, 14 août 1847; Seine, 29 mars 1862; Lure, 14 juin 1873; Grasse, 15 juin 1892; *Contrà* : Lyon, 15 déc. 1847;

138. Aux représentants légaux, en ce qu'ils peuvent faire la déclaration, il convient d'assimiler le consul d'un étranger décédé. — V. Dict. réd.,*vº Succ.*, nº 2217; Maguéro, *eod. vº*, nº 38.

139. Un seul des cohéritiers a qualité pour passer la déclaration au nom de tous, puisqu'ils sont solidaires pour le paiement des droits (L. 22. frim. an VII, art. 32). — V. Cass., 21 mai 1806; Angoulême, 23 janv. 1850; I. G., 386, § 26 et 495;

140. Mais des cohéritiers proprement dits seulement, c'est-à-dire les parents venant *ab*

intestat, à l'exclusion des légataires même universels, suivant ce qui a été expliqué plus haut (nºs 126 et s.). — V. Maguéro, *vº Succ.*, nº 28; *Contrà* : Defrénois, Traité Formulaire, 9e édit., nº 12026.

141. Quant aux intéressés non solidaires, chacun n'étant tenu qu'à raison de ce qui lui est transmis, doit faire et peut faire isolément sa propre déclaration. — V. G. Demante, *op. cit.*, II, nº 662.

142. Si donc une succession revient, par exemple, à un enfant du défunt et à son conjoint survivant donataire, légataire ou bénéficiant de l'art. 767 C. civ., la déclaration doit être passée par les deux, à moins, bien entendu, que l'enfant ne soit un enfant commun et mineur sous la tutelle légale de celui-ci, qui pourrait dès lors faire seul la déclaration tant en son nom personnel qu'en celui de l'enfant; Cpr. Cass., 23 févr. 1890; I. G., 2967, § 1er, Sol., 1er avril 1901.

143. Mais, naturellement, rien n'empêche les intéressés non solidaires de se réunir aux redevables solidaires ou entre eux, pour passer une déclaration d'ensemble, chacun en ce qui le concerne.

144. Nul autre que les intéressés ne peut en principe, faire la déclaration à leur place; une telle déclaration serait nulle et non avenue et ne les dégagerait ni ne les engagerait. (LL. 22 frim. an VII, art. 24; 21 juin 1875, art. 3). — V. Dict., réd. *vº Succ.*, nº 2106; Garnier, Rép. *eod. vº*, nº 628; Sol., 31 août et 14 nov. 1872, 23 nov. 1876, 6 déc. 1899, 30 avril 1901; I. G., 3080, § 16;

Sauf, toutefois, ratification ultérieure, expresse ou implicite, par eux, en temps utile, c'est-à-dire avant l'expiration du délai. — V. Tours, 21 juill. 1904; Sol., 6 déc. 1899;

145. Ainsi, ni un administrateur provisoire de la succession, du moins en principe. — V. Limoges, 30 oct. 1903;

Ni les héritiers, pour des légataires. ou réciproquement. — V. Seine, 6 mars 1903; I. G., 3080, § 16; Sol., 30 avril 1901;

Jugé notamment que les héritiers ne sont pas obligés à la déclaration d'un immeuble légué en nature à titre particulier ou du prix à provenir de la réalisation de la promesse de vente de cet immeuble consentie par le défunt. V. Bordeaux, 12 févr. 1906;

Ni un légataire universel pour un légataire à titre universel. — V. Tours, 21 juill. 1904;

Même quand le testateur a mis le droit de mutation sur ses legs particuliers à la charge de sa succession. — V. Condom. 20 juin 1903;

Ni un exécuteur testamentaire, lors même qu'il aurait la saisine. — V. Dict. réd., *vº Succ.*, nº 2213; Garnier, *eod. vº*, nº 639; Maguéro, *eod. vº*, nº 30; Marseille, 25 juill. 1867; Limoges, 30 oct. 1903; Sol., 19 févr. 1879; V. toutefois E. Naquet, *op. cit.*, III, nº 1220;

Ni surtout un commissaire-priseur, quoique

commis judiciairement pour vendre le mobilier, acquitter le passif privilégié et payer les droits de succession. — V. Dict. réd., v° *Succ.* n° 2215; Garnier, *eod.* v°, n° 639; Sol.,19 févr. 1879; Cpr. toutefois Cass., 15 févr. 1850;

Ni un séquestre nommé dans les mêmes condititions, en raison de renonciation des héritiers. — V. Dict. réd., v° *Succ.* n° 2204; Garnier, *eod.* v°, n° 634; Maguéro, *eod.* v°, n° 35; Lyon, 18 août 1874;

Ni même le notaire de la succession, fût-il commis de cette manière. — V. Dict, réd., v° *Succ.* n° 2215; Garnier, *eod.* v°,n° 639;

Ni, enfin, le légataire de l'usufruit universel ou à titre universel pour les nus propriétaires. — V. Dict. réd., v° *Succ.* n° 2176; Garnier, *eod.* v°, n° 645; Maguéro, *eod.* v°, n° 39; Cass., 18 déc. 1811; Dél. 27 janv. 1826.

Spécialement l'époux survivant, usufruitier en vertu du nouvel art. 767 C. civ. — V. Maguéro, v° *Succ.* n° 41; Rocroi, 9 févr 1894; Sol.,5 oct. 1892.

146. Mais, à notre avis, le cessionnaire des droits successifs, s'il ne peut y être contraint, car il ne revêt pas la qualité personnelle d'héritier (Avis Cons. d'Et., 21 sept. 1810). — V. Dict réd., v° *Succ.* n° 2214; Garnier, *eod.* v°, n° 643; Maguéro, *eod.* v°, n° 36; Vendôme, 26 févr. 1819; Melle, 26 mars 1852; Déc. min. Fin. 24 sept. 1819; Melle, 26 mars 1852, Déc. min. Fin. 24 sept. 1819; Sol., 26 juin 1827 et 31 déc. 1872; I. G., 1229, § 11;

Doit être admis à faire la déclaration, car le transport vaut au moins pouvoir à cet effet; à plus forte raison si une clause spéciale de l'acte l'y oblige. — V. Garnier, *loc. cit.*, Déc. min. Fin., 24 sept. 1819:

Ainsi que des créanciers qui se seraient fait autoriser à accepter la succession du chef de leur débiteur (C. civ., art. 1166 et s.). — V. Dict. réd., v° *Succ.* n° 1039; Garnier, *eod.* v°, n°s 462, 641; Maguéro, *eod.* v°, n° 597.

147. Assurément, et sans parler des incapables, les intéressés ne sont pas tenus d'aller en personne passer la déclaration; ils ont la faculté de se faire remplacer par un mandataire, en restant naturellement responsables des erreurs, insuffisances ou omissions qu'il pourrait commettre. V. Dict. réd., v° *Succ.*, n° 2181; Garnier, *eod.* v°, n° 637 Cass., 18 août 1829; Sol., 15 avril 1872;

148. Mais alors, la déclaration ne peut être valablement souscrite qu'en vertu d'un mandat *spécial*, et, dans ce cas, la Régie prescrit à ses agents que la déclaration indique très exactement en quelle qualité son auteur a comparu, et qu'elle énonce les nom, prénoms et qualité (héritier, donataire ou légataire) de tous les mandants; de plus, elle exige du signataire l'attestation de son mandat. — V. I. G., 443 et 1318;

149. Ce mandataire peut être constitué par acte notarié ou par acte sous seing privé, et qui reste au bureau. — V. Garnier, v° *Succ.*,

n° 637; Maguéro, *eod.* v°, n° 29; I. G., 443 et 1318;

150. Le pouvoir sous seing privé est soumis au timbre de dimension, mais dispensé d'enregistrement; on peut très bien le rédiger sur la même feuille de papier timbré que l'état descriptif et estimatif du mobilier exigé lorsqu'il n'y a pas d'inventaire ni de police d'assurance, à la condition de ne faire qu'un seul et même acte avec cet état; voici comment une solution du 17 mai 1881 s'exprime sur ce point :

Lorsque la procuration est donnée dans le même contexte que l'état estimatif de mobilier, elle constitue, avec cet état, non daté ni signé séparément, un seul et même acte pouvant être écrit sur la même feuille de papier timbré.

Lorsque l'état de mobilier, bien que signé par l'héritier, n'est pas daté et que le premier est inscrit à la suite avec une seule date, il est admis que la procuration peut être considérée comme la suite de l'état et formant avec lui un seul acte placé sous une date unique.

Quand le premier, au lieu de suivre l'état de mobilier, le précède et est daté, le premier acte est complet lorsque l'état de mobilier est rédigé : l'amende est exigible.

La contravention existe également lorsque les états et les pouvoirs, quoique ces pouvoirs précèdent les états ou qu'ils les suivent, sont revêtus, l'un de la signature de l'héritier qui donne mandat de le représenter et l'autre du mandataire qui certifie la consistance du mobilier compris dans l'état : chacune des deux dispositions, émanant de personnes différentes et ayant l'une et l'autre un objet spécial, constituent deux actes distincts qui ne peuvent être écrits sur la même feuille de papier timbré.

Quant aux états de mobilier écrits à la suite du pouvoir, mais non signés ni datés, ils ne constituent pas des actes, mais le vœu de l'art. 27, L. 22 frim. an VII n'est pas rempli, puisque les états doivent être certifiés.

151. Si la déclaration comprend des créances dont les débiteurs sont en faillite ou en déconfiture, de sorte qu'on voudrait ne payer que sur leur valeur réelle et non sur le montant nominal, il faut avoir soin d'insérer dans la procuration le pouvoir spécial, exigé par la Régie, d'obliger le mandant à des déclarations complémentaires, s'il y a lieu;

152. Le versement opéré par le préposé de la Caisse des dépôts et consignations au receveur de l'enregistrement sur des deniers déposés pour le compte d'une succession bénéficiaire n'est régulier que s'il a été opéré en l'absence d'opposition de la part de tout autre créancier et avec l'intervention des héritiers bénéficiaires; autrement les fonds devraient être reversés à la Caisse pour rentrer dans la masse. — V. Sol., 26 juill. 1899.

153. Le receveur est obligé d'admettre la déclaration de toute personne ayant qualité pour la faire; il doit la refuser dans le cas contraire. — V. Cass., 3 févr. 1869 ; Seine, 13 févr. 1906.

154. Il en résulte que le défaut de déclaration ne peut être opposé aux personnes qui n'étaient pas obligées de faire cette déclaration, notamment les créanciers de la succession. — V. Seine, 13 févr. 1906, précité.

155. En cas d'erreur ou d'omission dans une déclaration faite au nom d'autrui par une personne non solidaire ou sans un pouvoir, il ne serait dû qu'un demi-droit en sus, à défaut de régularisation dans le délai. — V. Dict. réd., *v° Succ.*, n° 2168 ; Vienne, 5 déc. 1889 ;

156. Et si le légataire, pour lequel des héritiers auraient payé, renonçait ensuite, l'excédent de droits perçus à son occasion devrait être restitué. — V. Sol., 30 avril 1901 ; V. toutefois Cass., 15 janv. 1850.

157. Puisque la loi n'impose la nécessité d'une déclaration qu'aux débiteurs du droit et au cas seulement d'une transmission à leur profit, il en résulte qu'une déclaration négative n'est pas obligatoire relativement à une succession nulle et sur laquelle il n'y a rien à payer. — V. Dict. réd., *v° Succ.*, n° 2402 ; Garnier, *eod v°*, n° 660 ; Orange, 13 avril 1853 ; Tulle, 27 févr. 1854 ; Saint-Julien, 8 déc. 1886 ; Castres, 9 août 1887 (D., 89. 5. 222) ; Cpr. Seine, 13 févr. 1906 ; *Contrà* : Murat, 10 déc. 1885 ; I. G., 1189, § 5.

V. toutefois N° 1856 ci-après, le cas de contrainte décernée.

158. Mais lorsqu'il existe un actif appréciable, quoique balancé et même excédé par des charges dont la déduction ou le prélèvement sont admis, il doit en être passé déclaration. — V. Cass., 26 avril 1870 (S., 70. 1. 337) ; Bayeux, 13 mai 1880 ; Nice, 7 févr. 1881 ; *Contrà* : Castres, 9 août 1887. précité ;

159. D'autre part, comme pas de certificats d'acquit, sans déclaration, lorsque des titres nominatifs se trouvent dans une succession, aucun droit ne fût-il exigible à leur égard, il faut néanmoins passer une déclaration négative, afin que le receveur puisse délivrer les certificats nécessaires pour les mutations ou transferts à effectuer.

160. L'époux survivant peut avoir un certain intérêt à ce qu'une déclaration soit faite, quoiqu'il n'y ait rien à payer : c'est au cas où ses reprises absorbent l'actif de la communauté et afin de constater l'existence de ces reprises.

161. Il est aussi loisible aux compagnies d'assurances sur la vie de faire elles-mêmes la déclaration des assurances qu'elles doivent payer et surlesquelles aucun droit de mutation par décès n'est exigible, afin d'obtenir le certificat négatif qui les couvre. — V. I. G.. 3051.

SECTION III

Délais accordés pour la déclaration.

162. Aux termes de l'art. 24, L. 22 frim. an VII, ces délais sont de :

Six mois, si le *de cujus* est décédé en France ;

Huit mois, s'il est décédé dans toute autre partie de l'Europe ;

Une année, s'il est mort en Amérique ;

Et deux années, si c'est en Afrique, ce qui comprend l'Algérie (V. G. Demante, *op. cit.*, II, n° 779 ; E. Naquet, *op. cit.*, III. n° 1176), ou en Asie ;

Aucun délai n'étant fixé pour l'Océanie, sauf ce qui sera dit plus loin ; certains assimilent pourtant à cet égard l'Océanie à l'Asie. — V. André, *Manuel des décl. de Succ.*, n° 64 ;

Le tout à partir du jour du décès, parce que le patrimoine du défunt est transmis par le seul fait de ce décès. — V. G. Demante, *op. cit.*, II, n° 674 ; E. Naquet, *op. cit.*, III, n° 1177 ;

Toutefois, en cas de mort violente hors du domicile du défunt (accident, assassinat, suicide), le délai ne court que du jour de la reconnaissance légale du cadavre. — V. Maguéro, *v° Succ.*, n° 68-7° ;

163. La preuve de la date du décès résulte de l'acte qui en est dressé sur les registres de l'état civil, ou d'un jugement déclaratif de décès (accidents dans les mines, disparition en mer, etc. ; D., 3 janv. 1813, art. 19 ; L. 8 juin 1893 ; C. civ., art. 87 et s.).

164. A défaut d'acte de décès ou de jugement déclaratif, la Régie est recevable à prouver le décès et sa date de toute manière, et notamment en établissant une prise de possession de l'hérédité par les ayants droit. — V. Cass., 5 nov. 1821, 24 janv. 1827 ; Le Puy, 2 déc. 1899.

165. Les donations éventuelles, plus spécialement les institutions contractuelles, faites aux futurs époux par contrat de mariage doivent donc être déclarées dans les six mois du décès du donateur. — V. Cass., 21 déc. 1870 (S., 71. 1. 37 ; D., 71. 1. 87) ; I. G., 1173 ;

166. Il en est de même des dispositions entre époux. — V. I. G., 1173 ;

Mais, lorsque la succession d'un époux est dévolue à son conjoint survivant, en vertu de l'art. 767 C. civ., à défaut de parents au degré successible et d'enfants naturels, le délai ne court qu'à partir du jugement d'envoi en possession. — V. Garnier, Rép. gén., *v° Succ.*, n° 534 ; Maguéro, *eod. v°*, n° 68-13° ; Dél. 13 oct. 1829 ; Sol. 22 mars 1867 et 12 janv. 1877 ; *Contrà* : E. Naquet, *op. cit.*, III. n° 1177 ;

167. Pratique semblable autrefois pour les enfants naturels appelés à défaut de parents. — V. Sol., 5 juill. 1873, 22 oct. 1873, 5 mai 1876, 16 et 18 janv. 1877 ; *Contrà* : E. Naquet, *loc. cit.* ;

Mais, étant maintenant saisis de plein droit, d'après le nouvel art. 724, sans plus avoir besoin d'envoi en possession, l'exception a disparu avec la raison qui la motivait ; le délai part donc contre eux du jour même du décès.

168. Les avantages en usufruit que l'art. 767, modifié par la loi du 9 mars 1891, attribuent à l'époux survivant doivent également être déclarés dans les six mois du décès ;

169. De même, les majorats. — V. Ville-franche-Lauraguais, 11 août 1880 ; Sol., 20 juin 1874. — En ce qui concerne la nouvelle législation sur les majorats. V. nᵒˢ 800 et s. ci-après.

170. Le délai ne commence à courir que de la mise en possession pour la succession qui serait recueillie par indivis avec l'Etat, au cas où une personne, sans parent au degré successible, a institué un légataire pour une quotité seulement (L. 22 frim. an VII, art 24). — V. G. Demante, *op. cit.*, II, nᵒ 782.

171. Les héritiers ou autres ayants droit qui, se présentent en temps utile, obtiennent la restitution de biens dévolus d'abord à l'Etat à titre de succession en déshérence, doivent faire la déclaration de ces biens dans les six mois du jour où ils ont été autorisés à en prendre possession. — V. Dict. réd., *vᵒ Succ.*, nᵒ 1166 ; Garnier, *vᵒ Succ.*, nᵒ 544 *bis*, Maguéro, *vᵒ Succ.*, nᵒ 68-8 ; Déc. min. Fin., 8 frim. an IX ;

172. Et les droits à payer, sont ceux qui étaient en vigueur à l'époque du décès. — V. Dict. réd. *vᵒ Succ.*, nᵒ 1047 ; Garnier, *vᵒ Déshérence*, nᵒ 18-3 ; Maguéro, *vᵒ Succ.*, nᵒ 349 ; I. G., 2602-76 et 85 ; Déc. min. Fin. 8 frim. an IX.

173. Pour les biens dits « rentrés dans l'hérédité » postérieurement au décès, si c'est dans l'intervalle du décès à la déclaration, ils doivent naturellement y être compris. — V. Dict. réd., *vᵒ Succ.*; nᵒ 1177 ; Maguéro, *eod. vᵒ*, nᵒ 239 ; Cass., 3 sept. 1810 ; Sol., 19 juin 1873 ;

N'est-ce qu'après la déclaration de succession ? le délai est de six mois à partir du jour de leur rentrée. — V. Dict. réd., *vᵒ Succ.*, nᵒ 1177 ; Garnier, *eod. vᵒ*, nᵒ 542 ; Maguéro, *eod. vᵒ*, nᵒ 239. E. Naquet, *op. cit.*, II, nᵒˢ 1002 et 1003 ; III, nᵒ 1178 ; Cass., 30 janv. 1809, 30 mars 1813, 15 mars 1814, 20 août 1816, 24 août 1841 ; Seine, 3 juin 1859, 21 juill. 1865 ; Calvi, 15 janv. 1866 ; Cass., 26 avril 1870 ; Bagnères, 13 mai 1872 ; Angoulême, 16 déc. 1872 ; Seine, 12 févr. 1876 ; Cass., 5 mars 1883, 10 juill. 1887 (S., 88. 1. 387) ; Gaillac, 5 nov. 1896 ; Marseille 7 mai 1902 ; Déc. min. Fin. 22 avril 1806, Dél. 7 août 1842 ; I. G. 245 ; Sol. 27 fév. 1897.

174. Cette règle s'applique spécialement aux droits litigieux, pour lesquels les héritiers ont six mois à compter de la décision ou de la transaction par laquelle le procès finit. — V. Dict. réd.. *vᵒ Succ.*, nᵒ 1178 ; Garnier *eod. vᵒ*, nᵒ 504, Maguéro; *eod. vᵒ*, nᵒ 240 ; Cass., 24 août 1841, et les autres arrêts et jugements précités ;

Si c'est une décision judiciaire qui les y a fait rentrer, le délai court à partir du jugement, et non de l'expiration des délais d'appel. — V. Seine, 25 oct. 1889 ; Lyon, 8 août 1898 ;

Ou de l'arrêt, sur appel. — V. Dict. réd., *vᵒ Succ.*, nᵒ 1429 ; Cass., 20 août 1816, 28 juin 1820 ; Calvi, 15 janv. 1866 ; Vervins, 20 juin 1889 ; *Contrà* : Cass., 13 févr. 1878.

175. De même, les héritiers jouissent d'un délai de six mois à partir de l'encaissement, pour ce qu'ils recevraient d'un failli concordataire payant volontairement sur les remises à lui faites ;

176. Aux biens rentrés dans l'hérédité se rapportent naturellement les objets ou sommes qui auraient été cachés par le défunt dans un endroit secret et découverts plus tard seulement ; les six mois courent du jour où ils ont été trouvés. — V. Dél., 1ᵉʳ juill. 1813 ;

Néanmoins, il est peu probable que l'Administration suive encore sa décision de 1813, car chaque fois qu'un héritier commettrait une omission dans sa déclaration, il lui serait trop facile d'alléguer que les valeurs omises avaient été cachées par le défunt et qu'il vient seulement de les découvrir ; il y aurait là une source d'abus et de procès ;

De même, les sommes et valeurs qui auraient été déposées dans une banque par une femme mariée, en son nom personnel, et dont les héritiers ignoraient l'existence : six mois à partir du jugement qui en détermine la propriété. — V. Marseille, 7 mai 1902 ;

De même aussi du cas de recel par l'époux survivant. — V. Dict. réd., *vᵒ Recel*, nᵒ 20 : Garnier, *vᵒ Succ.*, nᵒˢ 796, 799 ; Maguéro, *vᵒ Recel*, nᵒˢ 20, 22, 23 ; Bagnères, 13 mai 1872 ; Auxerre, 28 févr. 1877 ; Yvetot, 30 oct. 1885 ; Cass., 23 févr. 1898.

177. Nous y rattacherons aussi les titres perdus par le défunt ou à lui volés ; le délai de six mois pour en faire la déclaration court à partir de l'ordonnance du président qui autorise les héritiers à en toucher les revenus et le capital en cas de remboursement. — V. Charolles, 18 mars 1881 ; Versailles, 12 fév. 1886 ; Sol., 9 août 1893 ;

Mais il n'y aurait rien de changé, c'est-à-dire que le délai commencerait au décès même, si c'étaient les héritiers qui les eussent perdus ou eussent été victimes du vol. — V. Garnier, Rép., *vᵒ Succ.*, nᵒ 785 ; Maguéro, *eod. vᵒ*, nᵒ 256 ; Amiens, 23 janv. 1897 ; Sol., 9 août 1893.

178. On peut encore rapprocher du cas de biens rentrés dans l'hérédité celui d'un supplément de droit rendu exigible par les clauses d'un partage postérieur à la déclaration ; une déclaration complémentaire doit être faite dans les six mois à compter du partage. — V. Dict. réd., *vᵒ Succ.*, nᵒ 2155 ; Garnier, *eod. vᵒ*, nᵒ 1347 ; Versailles, 6 avril 1880 ; Cass., 5 mars 1883 (S., 84. 1. 133 ; D., 83. 1. 396) et 19 juill. 1887 ;

Mais, comme on l'a vu plus haut, nᵒˢ 117 et s., le point est très controversé.

179. L'art. 24 précité L. 22 frim. an VII abrège lui-même, dans certains cas, les délais exceptionnels qu'il accorde. « Si, dit-il, avant les derniers six mois des délais fixés pour les déclarations des successions des personnes décédées hors de France, les héritiers prennent possession des biens, il ne restera d'autre délai à courir, pour passer déclaration, que celui de six mois, à compter du jour de la prise de possession » ;

En effet, les motifs de prolongation n'existent plus. — V. Nancy, 16 mai 1888 ; Le Puy, 2 déc. 1899 ; Sol.,1er mars 1900.

180. Le fait d'une prise de possession détermine donc indirectement un délai pour l'Océanie ;

Mais, dans le silence de la loi, l'inscription ou le dépôt en France de l'acte de décès ne nous paraissent pas constituer des équivalents de la prise de possession, car il s'agit de l'application d'une peine ; or, les pénalités ne s'étendent pas par analogie. — V. *Contrà* : Defrénois, n° 12051 ;

Non plus que la présentation au président du tribunal d'un testament fait à l'étranger et le dépôt en l'étude d'un notaire, si ces formalités ont été accomplies sans le concours du légataire. — V. Sol.,1er mars 1900.

181. Mais on assimile à la prise de possession une procuration donnée par les héritiers ou légataires pour recueillir la succession, pour en gérer, louer ou vendre les biens, ainsi que la confection d'un inventaire à leur requête, une cession des droits successifs,un partage, l'inscription des héritiers au rôle de la contribution foncière. — V. Cass., 5 nov. 1821,24 janv. 1827,12 mai 1834 (S., 34. 1. 437); Pau, 22 janv. 1859 ; Le Puy, 2 déc. 1899 ; Déc. min. Fin, 18 août 1814 ;

182. — Ledit art. 24 est étendu, par identité de motifs,à l'époux successible qui appréhende les biens avant l'envoi en possession qu'il devrait attendre ; il perd par là même le bénéfice de l'augmentation de délai qui lui était accordée,et le délai court désormais contre lui à partir de la prise de possession. — V. Sol.; 22 mars 1867, 22 oct. 1873, 20 janv. 1876, 5 mai 1876, 16 janv. 1877, 15 janv. 1879 et 2 juin 1881.

183. Relativement au délai, aucune distinction n'est à faire entre des héritiers, des donataires, des légataires universels, des légataires à titre universel et des légataires particuliers. — V. Maguéro, v° *Succ.*, n° 66, Seine , 17 juill. 1875, 25 mars 1893 ;

184. Spécialement, le point de départ en est le même pour les héritiers et légataires de nue propriété; ils ne peuvent prétendre reculer leur déclaration jusqu'à l'extinction de l'usufruit. — V. Cass., 16 flor. an IX, 20 frim. an XIV, 9 juin 1823 et 21 août 1861 (S., 62. 1. 315); Cpr. E. Naquet, *op. cit.*, III, n° 1177.

185. Mais, lorsqu'un usufruit ou une rente viagère a été légué à plusieurs successivement, ou quand l'usufruit porte sur des biens dont le *de cujus* n'avait que la nue propriété lors de son décès, le délai ne commence à courir

que du décès de l'usufruitier ou du rentier précédent, parce qu'il y a alors condition suspensive : la survie du nouveau bénéficiaire. — V. Dict. réd., v° *Succ.*, n° 1188 ; G. Demante, *op. cit.*, II, n° 749 ; Garnier, v° *Succ.*, n° 518; Maguéro, *eod* v°, n° 68-11° ; E. Naquet, *op. cit.*,III, n° 1178 ; le Havre, 25 juill. 1832; Cass., 30 déc. 1834 ;Rouen, 15 avril 1847 ; Seine, 6 févr. 1855 ; Cass., 4 janv. 1871 (S., 71. 1. 82 ; D., 71. 1. 313) ; Nogent-le-Rotrou, 23 déc. 1876; Guéret, 27 déc. 1892 ; Versailles, 20 févr. 1903; Sol., 14 août 1825, 14 avril 1826, 5 mai 1891 ; I. G., 1187, § 7, 1200, § 5, 1422, § 8, 1481, § 9.

186. Par conséquent, au cas d'un époux donataire ou légataire en usufruit des biens de son conjoint prédécédé laissant comme héritiers des enfants communs mineurs de dix-huit ans, pour jouir de cet usufruit, soit au jour du décès du disposant, soit à la cessation de la jouissance légale, lorsque l'époux survivant opte pour l'ajournement de l'usufruit donné à l'extinction de la jouissance légale, le droit de mutation n'est dû sur cet usufruit, s'il se réalise, qu'à partir de cette époque; la déclaration en sera donc à faire dans les six mois seulement de l'ouverture dudit usufruit. — V. Defrénois, *Rép. prat.*,n° 13524 ; V.aussi n° 1419 ci-après.

187. Il a été cependant jugé qu'au cas de legs d'une rente à un particulier pendant la vie de celui-ci, avec réversion au profit d'un bureau de bienfaisance pour en jouir au décès du premier légataire, ce legs, du moment que cet établissement public a été autorisé à l'accepter, doit être déclaré dans le délai légal, sans attendre le décès du crédit rentier. — V. Seine, 4 août 1905.

188. En cas d'usufruits conjoints, lorsqu'un droit complémentaire devient exigible par le décès d'un des légataires, nouvelle déclaration dans les six mois de ce décès. — V. Pontoise, 31 déc. 1873 (S., 74. 2. 257); Versailles, 17 déc. 1878 ; Sol., 10 août 1880 ;

189. Le délai ne subit aucune modification du fait que la succession n'est acceptée que sous bénéfice d'inventaire. — V. Cass. 1er fév. 1830 ; Angoulême, 23 janv. 1850 ; Tarbes, 12 nov. 1891 ; Rouen, 3 juin 1890 ; I. G.,290,§ 32;

Ni même de ce que le délai pour faire inventaire et pour délibérer n'est pas encore expiré, par suite de prorogation judiciaire. — V.G. Demante, *op.cit.*, II, n° 674 ;

190. Ni de ce qu'elle constitue un retour légal, car le donateur recueille alors à titre d'héritier ;

191. Ni de ce que les biens à déclarer dépendent de la succession d'un étranger, s'il est décédé en France. — V. Déc. min. Fin.,26 mai 1853;Sol.,29 sept. 1876 ; I. G., 2003, § 2 ;

192. Ni de ce que le successible est un enfant simplement conçu, sauf restitution du droit s'il ne naît pas viable. — V. Déc. min. Fin. et Just., 9 oct. 1810 ;

193. Ni parce qu'il existerait des contestations de nature à faire varier la consistance de l'actif à déclarer. — V. Seine, 13 juill. 1894;

194. Ni, pour les legs, de ce que le légataire les ignorait. — V. Sol., 6 avril 1864;

Ou qu'ils n'existaient pas en nature dans la succession. — V. Millau, 31 août 1855;

Ou même de ce qu'il y a des contestations sur leur validité ou celle du testament. — V. Dict. réd., v° *Succ.*, n° 1142; Garnier, Rép. *eod.* v°, n° 503; Blois, 5 déc. 1848; Seine, 22 févr. 1849, 8 août 1850; Montpellier, 20 mai 1871; Seine, 7 juill. 1866; Grenoble, 4 déc. 1878; Villefranche, 11 août 1880; Seine, 25 mars 1893; Dôle, 31 oct. 1894; Nice, 26 mai 1898; Seine, 13 juill. 1904;

Lorsqu'un legs est contesté, le légataire doit donc s'abstenir de payer le droit de mutation, au besoin en demandant à la Régie une prorogation de délai, qu'il serait vraiment inique de lui refuser dans sa situation, presser la décision de son procès, de manière qu'elle intervienne avant paiement, et alors, s'il est définivement évincé, il se trouvera rétroactivement affranchi du droit de mutation. — V. Cass., 28 janv. 1890 (S., 90. 1. 225); Cpr., Sol., 12 janv. 1896;

195. Ni enfin du fait que les biens de la succession sont sous séquestre; mais seulement s'il s'agit d'un séquestre conventionnel ou établi sur la réquisition des parties. — V. Dict. réd., v° *Succ.*, n° 1133; Garnier, *eod.* v°, n° 523; Cass., 6 août 1810; Sol., 2 juin 1877, 5 mars 1884 (S., 85. 2. 91);

Au contraire, le délai ne court que du jour de la mise en possession pour les biens séquestrés d'un condamné (L. 22 frim. an VII, art 24). — V. E. Naquet, *op. cit.*, III, n° 1178; Sol., 5 mars 1884 (S., 85. 2. 91), 22 avril 1899;

Même par contumace. — V. Sol., 22 avril et 6 mai 1899; (S., 1900. 2. 255); *Contrà:* Sol., 5 mars 1884;

Ainsi qu'à l'égard de biens mis sous séquestre par l'autorité administrative. (Même art. 24). — V. Dict. réd., v° *Succ.*, n° 1163; Garnier, *eod.* v°, n° 555; Maguéro, *eod.* v°, n° 68-2; Cass., 22 vend. an IX, 23 brum. an XIII, 14 août 1811 et 9 nov. 1813, Déc. min. Fin., 4 janv. 1816,

196. Lorsque les qualités héréditaires établies d'abord viennent à changer, les nouveaux ayants droit jouissent d'un propre délai de six mois pour faire la déclaration ou une nouvelle déclaration, à partir de l'événement qui établit ou manifeste leur vocation. — V. Cass., 11 févr. 1807; Seine, 25 mars 1852; Brignoles, 1er juin 1858; Cpr., G. Demante, *op. cit.*, II, n° 675.

Par exemple:

Accouchement d'un enfant non viable. — V. Dict. réd., v° *Succ.*, n° 1173; Garnier, *eod*, v°, n° 546; Dél., 7 août 1822;

Adoption annulée. — V. Cass., 8 avril 1874, 1er août 1878 (S., 79. 1. 231; D., 78. 1. 457);

Indignité successorale déclarée. — V. Dict. réd., v° *Succ.*, n° 1172; Garnier, *eod.* v°, n° 548; E. Naquet, *op. cit.*, III, n° 1178; Déc. min. Fin. 7 juin 1808· I. G., 386-37;

Legs annulé ou réduit. — V. Dict. réd., v° *Succ.*, n° 1180; Cass., 11 févr. 1807; Bernay, 19 déc. 1849; Langres, 14 nov. 1855; Bagnères, 18 avril 1859; Seine, 6 juill. 1894; Sol. 18, août et 18 déc. 1878; *Contrà:* Périgueux, 8 août 1891;

Qualité héréditaire reconnue contre l'héritier apparent, sur pétition d'hérédité. — V. E. Naquet, *op. cit.*, III, n° 1178;

Renonciation à la communauté par la veuve, d'où sa part se trouve, au point de vue fiscal, revenir à la succession du mari. — V. Seine, 16 févr. 1822, 28 août 1857, 12 juill. 1873, 7 juill. 1894;

Renonciation à la succession par les successibles préférables, ce qui constitue la dévolution, ou par certains seulement d'entre eux, opérant alors ce qu'on nomme improprement le droit d'accroissement, car c'est plutôt un non décroissement qui a lieu. — V. Dict. réd., v° *Succ.*, n°s 1170, 1181; Garnier, *eod.* v°, n° 516; E. Naquet, *op. cit.*, III, n° 1178; Seine, 16 févr. 1821, 30 nov. 1842, 7 déc. 1848; Avranches, 12 nov. 1849; Seine, 25 mars 1852, 30 mai 1868, 17 août 1872, 12 juill. 1873, 7 juill. 1894; Dél., 21 oct. 1814; Sol., 31 mai 1883, 5 janv. 1893;

En observant que si le renonçant avait déjà fait sa déclaration, il pourrait n'y avoir à payer qu'un complément, ou même rien, suivant les cas.

Rétractation d'une renonciation faite, le délai ne courant alors que du jour de la rétractation. — V. Dict. réd., v° *Succession*, n° 1171; Garnier, v° *Succ.*, n° 517; Maguéro, v° *Renonciat.*, n°s 132, 133; E. Naquet, *op. cit.*, III, n° 1178; Seine, 22 nov. 1873; Auch, 9 déc. 1878; Cambrai, 13 mai 1898;

Et testament inconnu découvert. — V. Dict. réd., v° *Succ.*, n° 1167; Garnier, *eod.* v°, n° 557-2; Maguéro, *eod.* v°, n°s 68 et s.; Cass., 26 juill. 1825, Déc. min. Fin., 11 oct, 1808, Sol. 26 mars 1874, 11 mai 1875, 25 sept. 1877 et 24 janv. 1880; I. G. 1200, § 14.

197. L'appelé à une substitution a six mois pour passer la déclaration des biens, à partir de l'ouverture de cette substitution. — V. Cass., 11 nov. 1860 et 5 mars 1866; Déc. min. Fin., 24 août 1831;

198. Il en est de même du legs *de eo quod supererit* ou *de residuo*, le délai ne court qu'à compter de la mort du grevé. — V. E. Naquet, *op. cit.*, II, n° 863; Cass., 1er juill. 1868; Arcis-sur-Aube, 8 juill. 1875; I. G., 2372, § 4.

199. En cas de legs sous condition suspensive, l'accomplissement de la condition fait seul courir le délai. — V. Dict. réd., v° *Succ.*, n° 1187, Garnier, *eod.* v°, n° 499; Maguéro, *eod.* v°, n° 298; E. Naquet, *op. cit.*, III, n°

1178; Château-Gontier, 27 août 1842; Seine, 6 juin 1851; Nîmes, 30 août 1859; Cass, 26 avril 1870, 18 avril 1883; Seine, 26 mars 1886; Déc. min. Fin., 22 avril 1806; Sol., 25 janv. 1899; I. G., 2405, § 1er.

200. Au point de vue qui nous occupe, ont été, plus ou moins justement, considérées comme affectées d'une telle condition, notamment les dispositions suivantes:

Legs d'une somme payable au légataire le jour de son mariage ou lorsqu'il atteindra sa vingt-cinquième année. — V. Dict. réd., v° *Legs*, n° 156; Garnier, v° *Succ.*, n° 992-3; Maguéro, eod. v°, n° 298; Seine, 26 mars 1886;

Legs d'usufruit, avec clause que le légataire y réunira la nue propriété à la majorité de l'enfant qui lui surviendrait, et, à défaut d'enfant, legs de cette nue propriété à un autre. — V. Marseille, 8 août 1901;

Legs de la nue propriété à l'usufruitier, s'il se marie et a des enfants. — V. Bayonne, 6 avril 1880;

Ou bien s'il décède sans postérité. — V. Cass., 9 août 1871;

Legs d'usufruit auquel le bénificiaire réunira la nue propriété à l'âge de vingt-cinq ans. — V. Valognes, 21 juill. 1892; Caen, 31 janv. 1893;

Legs par une mère: à son frère, de la quotité disponible de ses biens, et, à sa fille de l'usufruit de cette quotité, avec la clause que le legs sera considéré comme nul si cette dernière meurt sans enfants, — du moins à l'égard du frère. — V. Seine, 28 juill. 1865;

Le legs de l'usufruit d'une créance, qui ne produira d'intérêts qu'à compter d'une certaine époque, présente aussi le caractère conditionnel, puisqu'il n'est pas certain que l'usufruitier vive encore alors; le délai ne courra donc, s'il y a lieu, qu'à partir de cette époque. — V. Garnier, Rép., v° *Succ.*, n° 1191 *bis*; Sol.,5 mai 1891. (D., 92. 3. 32).

De même, par identité de raison, le legs universel d'usufruit, en tant qu'il porte sur une nue propriété qu'avait le testateur, soumise à l'usufruit d'un tiers; le délai ne pourra commencer à courir, le cas échéant, qu'au décès de celui-ci. — V. Guéret, 27 déc. 1892.

201. Mais la condition résolutoire dont un legs est affecté ne modifie rien à l'exigibilité immédiate du droit, ni au point de départ du délai. — V. Dict. réd.,v° *Succ.*, n° 1187; Garnier, eod. v°, n° 499; Maguéro, eod. v°, n° 68; E. Naquet, *op. cit.*, III, n° 1178; Cass., 29 oct. 1895(S.,97. 1. 53).

202. Par exemple, le caractère d'une condition résolutoire affectant la disposition à été reconnu, avec plus ou moins de raison, dans les cas suivants:

Legs universel, qui devra être considéré comme fait seulement en usufruit si l'institué ne se marie pas, ou n'atteint pas l'âge de vingt cinq ans. — V. Cass., 26 juin 1895;

Legs d'une somme d'argent payable au léga-

taire seulement lorsqu'il se mariera ou aura atteint sa majorité, mais dont, en attendant, il touche les intérêts. —V. Seine, 24 nov. 1900;

Legs universel, sous la clause qu'un légataire particulier en usufruit y réunira la nue propriété, soit lors de son mariage, soit à l'âge de vingt-cinq ans. — V. Cass., 29 oct. 1895;

Legs de la nue propriété d'un immeuble, à la condition que cette nue propriété ira de plein droit au légataire de l'usufruit, si celui-ci se marie ou quand il aura atteint un âge déterminé. — V. Le Havre, 8 févr. 1849; Rouen, 1er mai 1849; Neufchâtel, 14 mai 1849; Nogent-le-Rotrou, 23 déc. 1876; Bayonne,6 avril 1880; Cass, 26 nov. 1883; Seine, 11 juill. 1891; V. toutefois Reims,23 déc. 1891;

Legs: à une mère pour l'usufruit et à ses enfants pour la nue propriété, avec clause que si ces derniers décèdent avant leur majorité la nue propriété appartiendra à tels collatéraux, — du moins à l'égard de ceux-ci. — V. Nice, 27 déc. 1898;

Legs de la quotité disponible, avec stipulation que ce legs sera payable à la majorité ou au jour du mariage du bénéficiaire, pour, jusque-là, les intérêts en être capitalisés à son profit, avec clause que si le légataire meurt avant d'avoir atteint sa majorité ou célibataire, le legs reviendra à l'un des enfants du *de cujus*, et qu'à défaut de celui-ci, il sera caduc. — V. Seine, 25 févr. 1905;

Legs de la quotité disponible avec stipulation que ce legs deviendrait nul au cas où l'héritier atteindrait un âge déterminé ou se marierait. — V. Lyon, 16 mai 1906;

Legs à une mère pour le cas où elle se séparerait de son fils. — V. Dél.,15 janv. 1833;

Legs de l'usufruit à une personne, plus de la nue propriété à elle-même pourvu qu'elle laisse à son décès des enfants légitimes; cette nue propriété étant, pour le cas contraire, léguée à une autre personne, dans la succession de laquelle elle se trouve, par conséquent, au cas où elle décède avant l'usufruitière. — V. Mayenne, 20 mai 1903;

Legs subordonné à l'abstention par le légataire de réclamer ses droits dans la succession de ses ascendants encore vivants. — V. Dél., 17-22 janv. 1834;

Legs qui sera caduc en cas du retour d'un absent. — V. Dict. réd., v° *Legs*, n° 194; Garnier, v° *Succ.*,n° 992-1; Maguéro, v° *Legs*, n° 39; Reims, 10 mars 1880;

203. Il faut avoir bien soin de ne pas confondre un terme avec une condition; ainsi, le legs particulier d'une somme payable au décès de l'héritier ou du légataire universel est,malgré son échéance peut-être très éloignée, un legs pur et simple, pour lequel le délai commence au décès du testateur et non à celui de l'héritier ou du légataire universel. —V. Dict. réd., v° *Succ.*, n° 1131; Garnier, eod. v°, n° 502; Maguéro, eod. v°, n° 299; Confolens, 26 juill. 1833 ; Dél., 26 nov. 1833 ; I. G., 1451, § 4 ; Cpr. E. Naquet, *op. cit.*, III, n° 1178.

204. Les mois du délai se calculent de quantième à quantième, sans tenir compte du nombre différent de jours composant ces mois, et le jour de l'ouverture de la succession, ou plus généralement celui où se produit l'événement qui donne naissance à l'exigibilité du droit de mutation par décès, n'est pas compté dans le délai (L. 22 frim. an VII, art. 25). — V. G. Demante, *op. cit.*, II, n° 837 ; E. Naquet, *op. cit.*, III. n° 1161 ;

205. Si le dernier jour se trouve être un dimanche ou un jour de fête légale, ce jour-là n'est point compté non plus et l'expiration du délai est reportée au lendemain. (Même art. et D. 18 germ. an X). — V. Dict. réd., *v°* Succ., n° 1100 ; Garnier ; *eod. v°*, n° 474 ; Maguéro, *eod. v°*, n° 63 ; E. Naquet. *loc. cit.* ; Béthune, 5 mars 1844 ; Déc. min. Fin. 9 déc. 1816 et 19 juill. 1824 ; I. G., 499. 2640 ;

206. Par conséquent, en supposant que le décès soit arrivé le 1er janvier, le dernier jour du délai ordinaire de six mois est le 1er juillet suivant, inclusivement ; et, si le 1er juillet tombe un dimanche ou un jour de fête légale, la déclaration peut encore être passée utilement le 2 ; — V. Béthune, 5 mars 1844 ; Déc. min. Fin. 9 déc. 1816, 19 juill. 1824 ;

S'il avait eu lieu le 28 ou le 29 février, on aurait jusqu'au 31 août. — V. Dict. réd., *v°* Succ., n° 1102 ; Sol., 13 avril et 19 sept. 1872, 28 juin 1875, 23 déc. 1876 et 6 déc. 1877.

207. Les heures de fermeture des bureaux d'enregistrement sont opposables au contribuable ; le délai est expiré contre lui par cela seul qu'il ne s'est pas présenté avant l'heure réglementaire, quoique le jour légal ne soit pas encore expiré, et fût-on au dernier jour. — V. Garnier, *v°* Succ., n° 567 ; E. Naquet, *op. cit.*, III, n°s 1161 et 1179 ; Cass., 28 févr. 1838 ; Gien 11 nov. 1840 : Déc. min. Fin. 9 mars 1839 ; I. G., 1586 ; Cpr., Troyes, 23 août 1849 ;

Mais il ne serait pas déchu en cas de fermeture avant l'heure, ce qu'il pourrait faire constater par exploit d'huissier. — V. Béthune, 5 mars 1844.

208. En cas de décès d'un héritier ou d'un légataire en pleine ou en nue propriété, qui n'a pas encore fait sa déclaration, avant l'expiration des six mois qui lui sont accordés, ses représentants ne jouissent que du temps restant alors à courir sur ce délai ; ils n'ont un nouveau délai de six mois qu'en ce qui concerne la succession de leur auteur. — V. Mortagne, 9 mars 1899 ; Toulouse, 23 juill. 1904.

209. Aucune autorité n'a le pouvoir, quelles que soient les circonstances, d'exempter du paiement du droit ; ce serait, en effet, faire acte de pouvoir législatif. — V. Cass., 7 févr. 1876 ;

Pour la même raison, les tribunaux ne peuvent, sous aucun prétexte, accorder même une simple prorogation du délai légal (L. 22 frim. an VII, art. 59). — V. Dic. réd., *v°* Succ., n° 1103 ; Garnier, *eod. v°*, n° 476 ; Maguéro, *eod. v°*, n° 64 ; Cass., 4 févr. 1807, 20 mars 1833 (S., 33. 1. 659), 16 août 1843 (S., 43. 1. 1822), 13 nov. 1848 (S., 49. 1. 60 ; D. 49. 1. 264) ; Seine, 22 févr. 1849 ; Angoulême, 23 janv. 1850 ; Grenoble, 4 déc. 1878 ; Vitré, 30 déc. 1878 ; Sarlat, 16 juin 1882 ; Versailles, 20 févr. 1883 ; Cass., 18 août 1884 ; Château-Thierry, 9 mars 1887 ; Rouen, 9 mai 1888 ; Dieppe, 12 janv. 1898 ; Condom, 20 juin 1903 ; Sol. 6 et 12 janv. 1882 et 13 déc. 1888 ; I. G., 1537, § 75, 1710, § 4, 1837, § 10, 2705, § 6 ;

210. Et, strictement, seul le Président de la République, en vertu de son droit de grâce, lui permettant de faire remise de toutes les amendes, pourrait relever de la peine encourue pour défaut de déclaration dans le délai. — V. G. Demante, *op. cit.*, II, n° 881 ; Cpr. E. Naquet, *op. cit.*, III, n° 1150 ;

Mais l'usage s'est établi, en fait, que le ministre des Finances et, sur sa délégation, le directeur général de l'enregistrement, à l'exclusion de tous autres préposés de la Régie, accordent des prorogations, s'ils jugent équitable de le faire, à raison des circonstances spéciales qui leur sont exposées et dont nous indiquerons les principales ci-après. — V. Circ. Direct. gén., 9 mai 1867 ;

211. On voit par là, que même l'extrême pauvreté ne saurait être accueillie comme cause de dispense du paiement du droit simple, d'autant plus qu'ici le seul fait d'avoir à payer implique beaucoup plus à recevoir ; il n'y a donc jamais impossibilité matérielle.

Toutefois, lorsque l'Administration constate, par exemple, que le crédit modique d'un livret de caisse d'épargne a été touché après le décès du titulaire sans qu'une déclaration ait été passée, elle fait venir le redevable, entend ses explications et si sa situation lui paraît vraiment pitoyable, elle s'abstient de le poursuivre, à la condition qu'il rapporte un certificat d'indigence délivré : à Paris et dans les grandes villes, par le commissaire de police de son quartier, et, ailleurs, par le maire de sa commune.

De même, en tout autre cas d'actif insignifiant.

Mais, lorsqu'il y a déclaration, comme alors la Régie ne peut plus feindre bénévolement d'ignorer la mutation, si minime que soit le droit simple, il n'en est jamais fait remise, puisque personne n'en a le droit.

212. Deux arrêtés du ministre des Finances, en date des 26 janv. 1887 et 26 avril 1888, ont institué, sous la présidence du ministre, un comité spécial permanent chargé de l'examen des remises et transactions concernant notamment l'Administration de l'enregistrement, lorsque leur importance excède 3.000 francs.

213. Pour obtenir une prolongation de délai,

il faut en faire la demande motivée au ministre des Finances (par le directeur départemental de l'enregistrement), sur une feuille de papier timbré de dimension à 0 fr. 60.

214. Les raisons qui déterminent ordinairement l'Administration et qui sont, par conséquent, à invoquer lorsqu'elles existent et en les justifiant, sont :

Au point de vue des retards :

L'ignorance prolongée du décès, ou du legs,

· Des affaires complexes et embrouillées,

Leur extrême dissémination,

Le défaut de renseignement sur les opérations du défunt,

L'importance même de la succession donnant lieu à un travail matériel d'inventaire considérable,

L'impossibilité où l'on s'est trouvé de commencer l'inventaire à temps pour l'avoir alors terminé, parce que les héritiers étaient à l'étranger,

Un procès pendant ou imminent, soit sur la qualité des héritiers ou des légataires, soit sur la validité du testament,

Des contestations sur la consistance de l'actif ou du passif de la succession,

Etc.

Au point de vue du manque d'argent pour acquitter le droit :

L'insuffisance du mobilier,

Un actif consistant soit en créances à long terme, soit en nues propriétés, ainsi difficilement réalisable,

Ou en droits indivis non liquidés, par suite soit de litige, soit de la longueur des formalités à remplir,

Ou en immeubles qu'on n'a pu vendre encore ou bien dont le prix ne sera exigible que plus tard, à cause des délais de transcription et de purge légale,

Etc.

V. Circul. Direct. gén. de l'Enregistr., 9 mai 1867 (S., 67. 2. 241 ; D., 67. 3. 85).

215. Un accueil favorable est d'autant plus à espérer qu'on aura fait preuve de bon vouloir en versant le plus possible à compte ; il est donc utile d'indiquer dans la pétition l'importance du versement effectué et de combien il approche du montant probable du droit.

216. La demande doit être signée par les intéressés, ou l'un d'eux seulement au nom de tous s'ils sont solidaires ;

La signature du notaire chargé de la succession est même considérée comme suffisante.

217. Ce n'est pas au ministre directement qu'il est préférable d'adresser la demande, car elle serait renvoyée, pour l'instruction, au receveur que la succession concerne et il en résulterait au moins des retards ;

Le mieux est de la remettre, avec un projet de la déclaration telle qu'il est alors possible de l'établir, au receveur du bureau où elle doit être passée ; celui-ci fait un rapport motivé concluant, suivant son opinion personnelle, à la concession ou au refus du délai, envoie le tout au directeur départemental, qui, après y avoir joint son propre avis, transmet le dossier au directeur général de l'enregistrement, lequel statue ou fait statuer par le ministre ; la réponse est donnée par la même voie, en sens inverse.

218. Pour se prémunir contre les *habiletés* et, en tout cas, intéresser les parties à ne pas recourir trop aisément à une prolongation qui ne leur serait pas absolument indispensable, l'Administration n'accorde la plupart du temps, avec le délai demandé, qu'une remise partielle du demi-droit en sus, par exemple les neuf dixièmes seulement ;

Souvent aussi elle met à son adhésion la condition du versement d'un à-compte ; c'est pourquoi nous avons conseillé plus haut de prendre les devants ;

219. Elle ne la donne, en tout cas, et ne peut même la donner que sous réserve des mesures conservatoires qu'il y aurait lieu de prendre dans l'intérêt du Trésor. — V. Dict. réd., v° *Succ.*, n° 1104 ; Garnier, *eod.* v°, n° 476-2 ; Maguéro, *eod.* v°, n° 65 ; E. Naquet, *op. cit.*, III, n° 1162 ; Cass., 23 flor. an IX ; Reims, 31 juill. 1851 ; Circ., 9 mai 1867 ; I. G. 2366, § 3 ;

Aussi les frais en sont-ils toujours à la charge des héritiers. — V. Sol. 7 mars 1873.

220. Si le fait n'avait pas été contesté, il paraîtrait bien inutile d'ajouter que l'obtention d'un délai ne dispense point, même en cas de paiement d'un acompte, de souscrire la déclaration prescrite par la loi avant l'expiration du délai supplémentaire accordé, sous peine d'un demi-droit en sus du droit dû pour la mutation. — V. Seine, 17 mars 1899 ; Cass., 4 août 1902 (S., 03. 1. 53).

221. L'Administration n'aime pas les demandes tardives, celles faites au dernier moment et qu'elle n'a plus vraiment le temps d'apprécier ; c'est pourquoi elle autorise ses directeurs à ne pas facilement donner suite aux demandes formées dans le dernier mois du délai, mais à la charge d'avertir immédiatement les intéressés et d'instruire leurs demandes comme simples pétitions en remise du demi-droit en sus. — V. Dict. réd., v° *Succ.*, n° 1107 ; Garnier, *eod* v°, n° 476 ; Circ. 8 mai 1867.

V. aussi *l'Appendice qui suit.*

APPENDICE

Legs dont l'acceptation est soumise a une autorisation administrative.

222. A l'égard des communes, hospices et autres établissements publics ou d'utilité publique légataires, dont l'acceptation est soumise à la nécessité d'une autorisation administrative (C. civ., art. 910), c'est seulement l'autorisation d'accepter qui fait courir le délai pour passer la déclaration. — V. E. Naquet, *op. cit.*, III, n° 1178 ; Lodève, 8 déc. 1869 ; Nice, 28 août 1871 ; Sol., 15 déc. 1897 ; *Contrà* : Valence, 29 mai 1873 ;

223. Mais, en cas de prise de possession par la commune, l'hospice ou l'établissement, sans attendre l'autorisation requise, le droit de mutation à sa charge deviendrait immédiatement exigible. — V. Sol., 20 oct. 1856 ,

224. Et une fois l'autorisation obtenue, le paiement du droit ne peut être retardé au delà du délai, sous prétexte que la disposition est soumise à une demande en réduction. — V. Pont-l'Evêque, 11 mars 1890.

225. Avant la loi du 25 fév. 1901, la Régie avait strictement la faculté, laissée à son appréciation exclusive, d'exiger, en attendant l'autorisation, que l'héritier, le successeur ou le légataire universel versât, dans le délai qui lui était imparti à lui-même, sauf imputation et recours, le droit auquel il serait définitivement tenu si l'autorisation n'était pas accordée.

L'Administration s'abstenait, en général, de réclamer le paiement du droit aux héritiers ou au légataire universel, tant qu'il n'y avait pas péril pour le Trésor et qu'il n'était pas certain, soit que l'établissement public avait renoncé à demander l'autorisation d'accepter, soit que cette autorisation lui avait été refusée.

Mais, pour obvier à des abus, elle imposait aux héritiers ou légataires qui désiraient être ainsi dispensés provisoirement du paiement du droit sur les biens faisant l'objet de legs au profit des communes, des hospices ou autres établissements publics, l'obligation de faire connaître, dans une pétition sur timbre, les raisons pour lesquelles ces biens n'étaient pas compris dans la déclaration et de solliciter un délai pour se libérer du droit afférent à ces legs ; il était statué sur ces demandes dans la forme indiquée par les I. G. 1926 et 2261, suivant l'appréciation des circonstances ; chaque affaire devait faire l'objet d'un rapport spécial et de propositions motivées.

226. L'art. 19, 4° alinéa de ladite loi, transforme en disposition légale ce qui n'était ainsi qu'une gracieuseté arbitraire.

En vertu de ce texte, les délais fixés pour le paiement des droits de succession, par l'art. 24, L. 22 frim. an VII, ne courent plus contre les héritiers ou légataires saisis de la succession, à l'égard des biens de toute nature légués aux communes, aux départements et à tous autres établissements publics ou d'utilité publique, qu'à compter du jour où l'autorité compétente a statué sur la demande en autorisation d'accepter le legs.

227. Signalons que le mot « commune » ne figure pas dans l'énumération de la loi ; mais il n'y a certainement, dans cette omission, qu'une pure inadvertance des rédacteurs. — V. Evariste Lepage, *Revue du Notariat*, n° 10717, 46°.

228. Ne faisant aucune réserve, la disposition précitée vise tous les legs faits aux collectivités désignées qu'ils aient ou non un caractère de bienfaisance. — V. I. G. 3058.

229. Toutefois, ajoute l'art. 19, sans que le paiement de l'impôt puisse être différé au delà de deux années à compter du jour du décès ; en d'autres termes, alors même que la décision de l'autorité supérieure ne serait pas encore intervenue, l'héritier ou le légataire universel aurait à verser avant l'expiration du délai de deux ans à compter du jour de l'ouverture de la succession, les droits afférents aux biens légués d'après le taux réglé suivant son degré de parenté avec le défunt. — V. I. G. 3058.

230. Sous l'empire de la loi du 25 fév. 1901 (art. 19) lorsque l'héritier ou le légataire universel, grevé d'un legs au profit d'un établissement public, venait à décéder avant l'autorisation, la Régie prétendait que le nouvel héritier devait verser dans les six mois du nouveau décès, le droit de mutation sur ce legs, quand bien même le délai fixé par l'art. 19 ne fut pas expiré.

Deux inconvénients sérieux résultaient de cette prétention. D'abord ce nouvel héritier devait payer à son taux de parenté avec celui dont il héritait et ensuite si l'autorisation administrative n'arrivait qu'après l'expiration du délai de deux ans, les droits qu'il avait ainsi avancés ne lui étaient pas restitués.

Pour faire disparaître cet état de chose la loi de finances du 17 avril 1906 dans son art. 7 a décidé que : « doivent être entendues « comme s'appliquant à toute succession comprenant des biens légués aux départements « et autres établissements publics ou d'utilité « publique les dispositions du quatrième para- « graphe de l'art. 19 de la loi du 25 février « 1901 relatives au délai dans lequel les héri- « tiers ou légataires saisis de la succession « sont tenus de payer les droits de mutation « par décès sur ces biens. Ce délai ne courra, « pour chaque hérédité, qu'à compter du jour « où l'autorité compétente aura statué sur la « demande en autorisation d'accepter le legs, « sans que le paiement des droits puisse être « différé au-delà de deux années à compter du « décès de l'auteur de la succession. »

231. Le complément de droit auquel l'autorisation ultérieure d'accepter la libéralité peut, le cas échéant, donner ouverture, devient, suivant les règles du droit commun, exigible dans les délais ordinaires, c'est-à-dire dans les six mois, à compter du jour de l'autorisation. — V. I. G. 3058.

232. Le 5° alinéa dudit art. 19 spécifie expressément que la prolongation des délais ordinaires accordée à l'héritier « ne porte pas atteinte à l'exercice du privilège que l'art. 32. L. 22 frim. an VII accorde au Trésor sur les revenus des biens à déclarer » ;

233. Les mesures conservatoires autorisées

par cette disposition peuvent donc, s'il y a lieu, êtres prises, comme par le passé, aussitôt que la créance du Trésor est ouverte, par exemple une saisie-arrêt serait valablement faite. — V. Ch. Defrénois, *Comment.*, no 533; I. G. 3058;

234. Il est à remarquer qu'un délai de faveur n'est ainsi accordé pour le paiement des droits que pour les legs dont l'effet est subordonné par l'art. 910. C. civ., à une autorisation de l'Administration supérieure. — V. I. G. 3058 ;

235. Toutes les fois que cette autorisation n'est pas exigée, la condition suspensive qui a motivé une exception à la règle générale fait défaut, et les établissements gratifiés se trouvent dans la même situation que tout autre légataire particulier ; les droits applicables aux legs faits en leur faveur doivent, par conséquent, être acquittés dans les délais de droit commun. — V. I. G. 3058.

236. A ce qui précède, il faut ajouter l'I. G. 3154, du 30 juill. 1904, ainsi conçue :

« En matière de legs, les délais fixés par l'art. 24 de la loi du 22 frim. an VII pour le paiement du droit de mutation par décès en ce qui concerne les biens de toute nature légués aux départements, aux communes, aux établissements publics et d'utilité publique, ne courent, dans aucun cas, tant que l'opposition des familles est possible, puisque, pendant toute cette période, les legs doivent être considérés comme subordonnés à une condition suspensive. Mais le délai de trois mois prévu par l'art. 3 du décret du 1er fév. 1896, une fois expiré, le legs peut cesser d'être conditionnel, s'il ne s'est produit aucune opposition. Il doit être alors déclaré dans les six mois qui ont suivi l'expiration de ce délai. En cas de réclamation des familles, ou s'il s'agit d'un legs soumis en toute hypothèse à l'autorisation le payement de l'impôt n'est obligatoire que dans les six mois à compter du jour où l'autorité compétente a statué sur la demande en autorisation. Il n'est pas nécessaire, pour faire courir les délais prévus par l'art. 24 de la loi du 22 frim. an VII que les établissements aient accepté formellement les dispositions testamentaires faites à leur profit. Il suffit que l'acceptation définitive soit possible, c'est-à-dire que l'éventualité à laquelle pouvait être subordonné le legs ait disparu. Il est de règle, en effet, que le droit de mutation par décès est dû par cela seul que la vocation héréditaire ou testamentaire existe d'une manière certaine et que les redevables ne peuvent se soustraire au paiement de cet impôt qu'à charge de rapporter la preuve de leur renonciation à la libéralité. Lorsqu'ils recevront des déclarations relatives à des legs faits à des personnes morales, les agents devront, en conséquence, demander aux déclarants de faire connaître la date à laquelle le legs a cessé d'être soumis à une condition suspensive, c'est-à-dire, selon les cas, la date de l'autorisation, ou celle de l'expiration du délai prévu par l'art. 4 du décret du 1er févr. 1896. Ce renseignement est, en effet, indispensable pour l'exacte liquidation de l'impôt. Afin d'indiquer aussi complètement que possible les règles applicables en cette matière, il convient de prévoir quelques difficultés particulières :

1o Les conseils municipaux doivent donner leur avis sur l'acceptation ou le refus des dons et legs faits à certains établissements publics communaux (hospices, bureaux de bienfaisance, bureaux d'assistance) et, en cas de désaccord entre la commune et l'établissement, la libéralité est soumise à l'autorisation par arrêté du préfet. En ce qui concerne les legs, le délai pour le payement de l'impôt courra du jour de la délibération du conseil municipal si celui-ci est favorable à l'acceptation du don, et, dans le cas où cette assemblée a négligé ou refusé de statuer du jour où elle a été régulièrement convoquée pour donner son avis. Dans cette double hypothèse, en effet, l'acceptation de l'établissement se trouve soustraite à la nécessité de l'autorisation. Mais il en serait différemment si l'établissement avait, soit antérieurement à la délibération du conseil municipal, soit postérieurement, déclaré refuser la libéralité ; ou si le conseil municipal s'était, contrairement à l'avis de la commission administrative, prononcé pour le refus ; dans ces deux cas l'intervention de l'autorité supérieure serait nécessaire, et la disposition testamentaire devrait être considérée jusqu'à la décision de cette autorité, tout au moins comme conditionnelle. Quant aux dons qui sont faits aux mêmes établissements communaux, l'acte d'acceptation indiquera nécessairement si l'avis du conseil municipal a été donné, et si cet avis est conforme à celui de la commission administrative. En cas de désaccord entre les deux assemblées, l'acceptation devrait être considérée comme provisoire, et il y aurait lieu de s'abstenir d'exiger le droit proportionnel jusqu'à ce que l'autorité supérieure se fût prononcée.

2o Les dons et legs faits à la Ville de Paris ne pouvant être acceptés que s'il y a accord entre le conseil municipal et le préfet de la Seine, et étant soumis à l'autorisation par arrêté préfectoral en cas de désaccord entre ces deux autorités doivent être également considérés comme conditionnels tant que l'accord ne s'est pas produit. Il en résulte notamment que le délai pour le payement du droit de mutation par décès sur les legs faits à la Ville de Paris court, selon les cas, soit de la délibération du conseil municipal autorisant l'acceptation et visant l'avis conforme du préfet, soit de l'arrêté d'autorisation pris par ce magistrat.

3o Les délibérations par lesquelles les conseils généraux ou les conseils municipaux statuent définitivement sur l'acceptation des dons et legs sont, ainsi qu'on la expliqué, susceptibles d'être annulées pendant un certain délai. L'éventualité de cette annulation n'a pas pour effet d'imprimer à la libéralité un caractère suspensif ; il n'y a donc pas à en tenir compte pour la détermination du point de départ du délai dans lequel les droits doivent être payés. En ce qui concerne le tarif applicable aux dons et legs faits aux départements, communes, établissements publics et d'utilité publique, et la dispense accordée aux héritiers naturels d'acquitter, dans les délais ordinaires, l'impôt sur les biens légués aux diverses personnes morales, les dispositions de l'Instruction n° 3058 continueront à être suivies, sous réserve toutefois, de l'observation suivante : Tous les legs faits aux personnes morales étant, en définitive, soumis d'une manière tout au moins éventuelle à l'autorisation du Gouvernement, le délai de six mois pour souscrire la déclaration des biens faisant l'objet de ces legs ne court, dans aucun cas, à partir du décès, contre les héritiers ou légataires qui sont chargés de les acquitter. Le paragraphe 4 de l'art. 19 de la loi du 25 fév. 1901 ne contient sans doute de dérogation expresse à la règle générale de l'art. 24 de la loi du 22 frim. an VII que pour le cas où l'autorité supérieure doit, en fait, intervenir, puisqu'il ne fait courir le délai que du jour où cette autorité a statué. Mais il est certain qu'en édictant la disposition dont il s'agit, le législateur a voulu exonérer, dans la mesure compatible avec les intérêts du Trésor, les héritiers du testateur de l'obligation d'avancer l'impôt sur tous les biens dont ils ne sont saisis que provisoirement, et qui doivent revenir aux personnes morales une fois que celles-ci auront rempli les formalités qui lui permettent d'accepter purement et simplement. Cette disposition doit par conséquent s'appliquer aux legs qui ne sont soumis à l'autorisation que dans le cas de réclamation des familles comme à ceux qui y sont assujettis en toute hypothèse. Les agents remarqueront, d'ailleurs, qu'à défaut de réclamation des familles dans le délai prévu par l'art. 4 du décret du 1er fév. 1896, les établissements légataires se trouveraient saisis *de plano* des biens qui leur ont été légués et que les héritiers ou légataires dans le patrimoine desquels ils ont été jusque-là cesseraient par le même d'être débiteurs de l'impôt. Ceux-ci n'auront guère, dès lors, à acquitter l'impôt que dans les deux cas suivants : 1° si l'établissement a refusé la libéralité ; 2° si le sort de cette libéralité n'a pas été fixé dans les deux ans à compter du décès. »

SECTION IV

Bureaux où la déclaration doit être faite.

237. Sous le régime de la loi du 22 frim. an VII, la mutation par décès des biens meubles ayant une assiette déterminée et des immeubles se déclarait aux divers bureaux de leur situation respective. (Art. 27.)

Par conséquent, si les biens étaient situés dans le ressort de plusieurs bureaux, il y avait lieu à autant de déclarations que de bureaux compétents. Cette multiplicité possible des déclarations n'allait pas sans présenter de graves inconvénients : elle occasionnait fréquemment aux héritiers des déplacements et des frais hors de proportion avec la valeur des biens à déclarer ; il arrive souvent, en effet, que les cultivateurs, surtout ceux domiciliés dans une commune voisine d'un autre canton, possèdent sur ce canton une ou deux parcelles de très faible valeur ; en sorte qu'après leur décès leurs héritiers étaient obligés, pour faire la déclaration, ou de se rendre à 20 ou 25 kilomètres de leur domicile et quelquefois au delà, ou de se servir d'intermédiaires relativement coûteux pour acquitter des droits s'élevant à quelques francs, et peut-être à quelques centimes.

238. Désormais, aux termes de l'art. 16, L. 25 févr. 1901, les mutations par décès doivent être enregistrées au bureau du domicile du décédé, quelle que soit la situation des valeurs mobilières ou immobilières à déclarer ; à défaut de domicile en France, la déclaration est passée au bureau du lieu du décès ou, si le décès n'est pas survenu en France, à ceux des bureaux désignés *ad hoc* par l'Administration.

L'adoption d'un tarif progressif et non plus seulement proportionnel, ainsi que le triomphe du principe, si longtemps en vain réclamé de la déduction des dettes, c'est-à-dire les nouvelles conditions de liquidation et de perception des droits de succession, entraînaient d'ailleurs en pratique cette organisation, la précédente n'eût-elle pas été critiquable en soi. — V. I. G., 3058.

239. — Mais où est le domicile d'une personne ? Question de droit civil, auquel nous ne pouvons que renvoyer. — V. notre *Rép. raisonné de la pratique des affaires*, v° *Domicile*.

Il convient toutefois d'indiquer ou de rappeler ici quelques particularités pour l'application du droit de mutation par décès :

L'aliéné non interdit a conservé le domicile qu'il avait avant d'être placé dans l'établissement où il est décédé. — V. Sol., 15 févr. 1877 ;

Lorsqu'un mari se fait naturaliser à l'étranger, sa femme restée en France, y a un domicile personnel au point de vue fiscal ;

Le domicile de fait constitue aussi le domicile de la succession. — V. Bordeaux, 19 août 1879 (S., 80. 2. 247) ; Paris, 19 juin 1894 (S., 96. 1. 225 ; D., 94. 2. 513) ; Cass., 1er juill. 1895 (S., 96. 1. 225 ; D., 95. 1. 344) ;

240. Ledit art. 16 n'a, du reste, d'autre portée que de substituer une déclaration unique aux déclarations multiples qu'une même succession pouvait auparavant entraîner en France, sans modifier en rien l'assiette de l'impôt. — V. I. G., 3058.

241. Par exemple, pas plus que par le passé, il n'y a lieu de comprendre dans la déclaration d'un Français domicilié et décédé en France les immeubles que le défunt possédait dans une colonie ; mais les biens et valeurs dépendant de la succession d'un Français domicilié et décédé, soit dans une colonie que l'enregistrement y soit ou non établi, soit à l'étranger doivent continuer de faire l'objet d'une déclaration en France toutes les fois que ces biens ou ces valeurs seront, par application des règles en vigueur, passibles en France, des droits de mutation par décès. — V. I. G., 3058.

242. Quelle que soit la nationalité du défunt, le bureau compétent pour recevoir la déclaration de la succession est maintenant le bureau du domicile du décédé et, à défaut de domicile en France, celui du lieu du décès. — V. I. G. 3058.

243. Si le défunt n'était pas domicilié en France et s'il n'y est pas décédé, double condition requise, les héritiers peuvent, à leur choix, souscrire la déclaration, qui doit comprendre, bien entendu, toutes les valeurs héréditaires passibles de l'impôt, dans l'une des villes désignées, à cet effet, par l'Administration, au bureau chargé de la recette des droits de mutation par décès. — V. I. G., 3058, 3067 ;

244. Ces villes sont actuellement :

Annecy, Annemasse (Haute-Savoie), Belfort, Bordeaux (1er bureau des succ.), Briey, Givet, Lille (1er bur. des succ.), Lunéville (succ.), Lyon (1er bur. des succ.), Marseille (1er bur. des succ.), Nancy, Nice, Paris (1er bur. des succ.), Pau, Perpignan (succ.) et Pont-à-Mousson. — V. I. G., 3049, 3051, 3056, 3058, 3067, 3185 ;

245. Toutefois, ces bureaux ne peuvent recevoir indistinctement les déclarations de personnes non domiciliées et non décédées en France qu'autant qu'elles sont souscrites dans les délais fixés par l'art. 24, L. 22 frim. an VII.

246. En cas de demande en prorogation de délai, les pétitionnaires doivent faire connaître celui des bureaux sus-désignés dont ils ont fait choix et, si leur demande est accueillie, la décision leur impose, notamment, la condition de passer la déclaration à ce bureau. — V. I. G., 3058, 3067 ;

247. Ce cas excepté, le 1er bureau des successions de Paris devient, par le seul fait de l'expiration des délais légaux, seul compétent pour recevoir les déclarations et, par conséquent, pour opérer le recouvrement des droits exigibles.

248. A l'exception des jours de fête légale, qui sont, outre les dimanches, lesquels comprennent Pâques et la Pentecôte : l'Ascension, l'Assomption, la Toussaint et Noël (Arr. consul., 29 germ. an X), le 1er janvier (Av. C. d'Et., 13 mars 1810), le 14 juillet, fête nationale (L. 6 juill. 1880) et les lundis de Pâques et de la Pentecôte (L. 8 mars 1886) ;

249. Les bureaux des successions sont légalement ouverts tous les jours, de huit heures du matin à quatre heures du soir (L. 27 mai 1791, art. 11). — V. Déc. min. Fin., 9 mars 1839 ; I. G., 1586 ;

Les parties qui se présentent plus tard, fût-ce le dernier jour du délai, ne peuvent donc obliger le préposé de la Régie à recevoir leur déclaration. — V. Maguéro, vo *Succ.* no 68 *bis* ; Cass., 28 févr. 1838.

SECTION V

Forme de la déclaration.

250. A cet égard, il faut considérer la déclaration de succession à deux points de vue ;

Extérieurement, c'est-à-dire en ce qui concerne son ordonnance et sa rédaction, ainsi que les pièces complémentaires à fournir ;

Et intérieurement, si l'on peut ainsi parler, c'est-à-dire quant à sa substance ;

En d'autres termes, et suivant le langage de la doctrine : forme *extrinsèque* et forme *intrinsèque*.

CHAPITRE PREMIER

Forme extrinsèque.

251. Sous le régime de l'art. 27, L. 22 frim. an VII, les déclarations pour le paiement du droit de mutation par décès étaient rédigées par le receveur sur un registre spécial, soit d'après les indications verbales des parties, soit, le plus souvent, d'après un projet dressé par un notaire ou un agent d'affaires ; il en résultait généralement : pour les agents du fisc, un travail matériel sans proportion avec son utilité véritable ; et, pour les déclarants, des dérangements excessifs.

Les lois du 6 déc. 1897 et du 25 fév. 1901 se proposèrent de remédier à ces inconvénients.

252. Aux termes de l'art. 11 de la première, confirmé par l'art. 16 de la seconde, les déclarations de mutations par décès doivent désormais, obligatoirement, être établies sur des formules spéciales, fournies par l'Administration.

En conséquence, la Régie fait imprimer des formules sur feuilles simples, des formules sur feuilles doubles et des feuilles intercalaires, en quantité voulue pour répondre à tous les besoins.

253. Suivant décret du 10 janv. 1898, rendu en forme de règlement d'administration publique pour l'exécution de la loi du 6 déc. 1897, ces formules sont mises à la disposition des redevables dans les bureaux d'enregistrement et les distributions auxiliaires de papiers timbrés.

Un approvisionnement normal doit y être constamment maintenu.

Les receveurs sont obligés de remettre à tout particulier qui s'adresse à eux les formules qu'il désire ; ils doivent approvisionner les notaires qui en font la demande pour une période d'environ trois mois, car les notaires se chargent naturellement de préparer les déclarations de successions, surtout à la suite d'inventaires dressés par eux. — V. I. G.,2954 et 3049.

254. Au début, la délivrance des formules avait lieu sans frais, mais cette gratuité, au moyen de laquelle on se proposait seulement sans doute d'amorcer la réforme, fut bien vite supprimée par l'art. 22, L. 25 fév. 1901, qui a fixé le prix des formules à cinq centimes par feuille double et à deux centimes et demi par feuille simple, sans distinction entre les feuilles de tête et les feuilles intercalaires, mais en exceptant les formules particulières aux immeubles situés sur d'autres bureaux que celui du domicile, lesquelles continuent à être fournies gratuitement (art 16, même L.). V. I. G., 3049.

255. Du reste, l'emploi obligatoire des formules n'a rien changé en principe dans le régime légal de déclarations de mutations par décès.

256 Ainsi, une déclaration proprement dite est toujours indispensable, comme base légale de la perception de l'impôt ;

Il ne pourrait donc y être suppléé, ni par le versement, même intégral des sommes dues. — V. Dict. réd., v° succ., n° 1054; Garnier, eod v°, n° 648; Maguéro, eod v°, n° 13; Cass., 23 prair. an VII, 11 fév. 1807 et 27 mars 1811; Pont-Audemer, 29 août 1876; Bayeux, 13 mai 1880; Pont-l'Évêque, 11 mars 1890; Déc. min. Fin., 18 mess. an VIII; Sol., 10 janv. 1865, 20 mai 1868 et 28 fév. 1872;

Ni par des offres réelles de ces sommes, à moins que, sur refus du receveur d'accepter la déclaration, même contenant toutes les énonciations prescrites et dûment signée par le déclarant ou son mandataire, la sommation à lui faite ne comprenne toutes les énonciations requises, d'après ce qui sera dit plus loin, pour dresser la déclaration et ne donne pouvoir à l'huissier de la faire et de la signer. — V. Dict. réd. v° Succ., n° 1056 ; Garnier, eod v°, n° 657 ; Maguéro, eod. v°, n° 14 ; Seine, 2 déc. 1840, 3 avril 1869, 25 oct. 1889, 12 mai 1893 ; Nice, 11 juill. 1892 ; Cass., 26 avril 1808, 14 mars 1814, 9 août 1832, 29 déc. 1841, 7 juill. 1863, 3 févr. 1869; Cass.. 29 déc. 1841, 7 juill. 1863, 3 févr. 1869 (S., 69. 1. 185 ; D., 69. 1. 356); 11 avril 1877; Laon, 20 avril 1877; Vienne, 18 déc. 1885 ; Briey et Nancy, 17 déc. 1897.

257. Depuis, comme avant la loi du 25 fév. 1901, les déclarations dont il s'agit restent l'œuvre exclusive des contribuables.

258. Néanmoins, et sans qu'il en résulte aucune dérogation à ce principe, elles sont écrites par le receveur, si les parties le requièrent (L. 6 déc. 1897, art. 11).

259. Il est donc dans l'esprit du législateur que les receveurs éclairent et guident les contribuables dans les déclarations qu'ils ont à passer, de manière à leur éviter des erreurs ou omissions involontaires, bien loin de chercher à faire profiter le fisc de leur inexpérience.

260. Les déclarations continuent d'être souscrites et signées, soit par les héritiers, donataires ou légataires, soit par leurs représentants légaux (avec faculté pour tous, comme on l'a vu, de se faire représenter par des mandataires).

261. C'est tout cela qu'exprime l'art. 16, L. 25 fév. 1901, en ces termes : « Les héritiers, légataires ou donataires, leurs tuteurs ou curateurs, seront tenus, comme par le passé, de souscrire une déclaration détaillée et de la signer sur la formule créée par l'art. 11 de la loi du 6 décembre 1897. Toutefois, en ce qui concerne les immeubles situés dans la circonscription de bureaux autres que celui où est passée la déclaration, le détail sera présenté non dans cette déclaration, mais distinctement, pour chaque bureau de la situation des biens, sur une formule fournie par l'Administration et signée par le déclarant. »

262. Ce texte montre d'abord que l'usage obligatoire des formules a été positivement maintenu, mais avec diverses modifications résultant de l'unité désormais de la déclaration à passer, quelle que soit la situation des biens, ainsi que de l'admission, par les art. 3 et s., du principe de la déduction des dettes.

263. En effet, et en premier lieu, le nouveau système de la déclaration unique au bureau du domicile aurait eu pour conséquence d'enlever aux agents de la situation des immeubles le contrôle des évaluations, si des mesures particulières n'avaient pas été prises pour en assurer la revision.

C'est pourquoi, lorsqu'une succession comprend des immeubles situés en dehors de la circonscription du bureau où est passée la déclaration, le détail de ces immeubles doit-être présenté, non dans cette déclaration, mais, pour chacun des bureaux de la situation, sur une formule séparée et distincte de la déclaration elle-même ; cette formule, qui est fournie gratuitement par l'Administration, est signée par le requérant ; la déclaration souscrite au bureau du domicile rappelle simplement le total du capital imposable constaté par chacune de ces déclarations partielles. — V. I. G.,3058 ;

264. La formule particulière aux immeubles situés hors de la circonscription du bureau du domicile doit, comme celle relative à la déclaration proprement dite, être remplie, soit par les parties elles-mêmes, soit par le receveur, sur la déclaration verbale des parties ; le receveur est en droit de l'exiger et de refuser toute déclaration qu'on prétendrait faire, sans formules spéciales relatives aux immeubles forains ;

265. Si, par inadvertance ou par erreur, le receveur n'a pas exigé que le détail de ces immeubles, contenu, d'ailleurs, dans le corps de la déclaration principale, soit fourni sur une formule distincte, les parties, à défaut d'une disposition expresse de la loi, n'encourent de ce chef aucune pénalité; il semble que l'omission commise peut facilement être réparée par le receveur qui n'a qu'à remplir, en les rectifiant, les formules spéciales sans qu'il soit nécessaire d'appeler les héritiers ou légataires à passer une nouvelle déclaration.

266. Quoi qu'il en soit, le receveur qui a reçu la déclaration complète ensuite les formules accessoires auxquelles elle a donné lieu, et les dirige où il convient, suivant des recommandations d'ordre intérieur qu'il serait inutile de rapporter ici.

267. Du principe de l'unité de déclaration, il résulte encore que les meubles ayant une assiette déterminée n'ont plus comme auparavant à être déclarés au bureau dans l'arrondissement duquel ils se trouvent au jour du décès; mais aucune prescription légale n'oblige les héritiers à établir ainsi qu'il est prescrit pour les immeubles, une déclaration spéciale et distincte des meubles dont la situation est hors du bureau du domicile; ces meubles, même les navires, doivent être compris dans la déclaration globale ou dans l'état estimatif annexé, sans formalité particulière.

268. D'après l'art. 16, L. 25 févr. 1901, reproduisant à cet égard l'exigence de l'art. 27, L. 22 frim. an VII, les déclarations doivent être détaillées, ce qui veut dire maintenant : contenir non seulement les renseignements exigés autrefois pour permettre d'en contrôler l'exactitude. — V. Cass. 14 mars 1814 ;

Mais, en outre, ceux que comporte l'application de la loi nouvelle, à l'effet d'établir la perception et de justifier sa régularité. — V. I. G., 3058.

269. Relativement au mobilier, l'état estimatif, article par article, des biens meubles, prévu par l'art. 27, L. 22 frim, an VII, continue d'être fourni, sous l'empire de L. 25 févr. 1901, lorsque le déclarant n'est pas illettré et que l'évaluation des héritiers constitue la base légale de la perception; par conséquent, cet état n'est pas nécessaire si l'estimation des meubles transmis par décès résulte d'un inventaire dressé dans la forme authentique ou d'autres actes, d'un procès-verbal de vente publique ou des énonciations d'une police d'assurance; dans les deux premiers cas, il suffit de porter le montant de la prime ou le prix de la vente, à la charge, pour les héritiers de faire mention, dans leurs déclarations, de l'inventaire, des autres actes ou de la vente, en rappelant la date de l'acte, le nom et la résidence de l'officier public qui l'a reçu. — V. Dict. réd. *v*° *Succ.*, n° 1070; Garnier, *eod. v*°, n° 665; Maguéro, *eod. v*°, n° 20; Déc. min. Fin., 22 prair. an VII; I. G., 1400.

S'il s'agit d'une police d'assurance, il convient d'en constater la production au receveur et d'insérer dans la déclaration toutes les indications (date, désignation de l'assureur: nom ou raison sociale et domicile, enfin le montant des risques de nature à permettre à l'Administration d'exercer son contrôle au moyen du droit de communication qui lui est ouvert au siège des compagnies d'assurances. Alors même que cette police aurait été souscrite plus de cinq ans avant l'ouverture de la succession — (L. 31 mars 1893, art. 6; I. G., 3058 et 3117, § 1er).

270. Alors et s'il n'y a eu ni inventaire, ni vente, le mobilier doit figurer pour 33 0/0 de son évaluation dans la police, comme nous l'expliquerons plus amplement en traitant de la liquidation des droits dus.

271. A défaut des actes sus-énoncés et d'assurance contre l'incendie, le déclarant est tenu de remettre un état descriptif et estimatif, article par article, du mobilier, dressé sur timbre de dimension, mais dispensé d'enregistrement, certifié par lui, qui demeure annexé à la déclaration et est conservé au bureau (L. 22 frim., an VII, art. 27);

On a vu que cet état peut, sous certaines conditions, faire corps avec le pouvoir sous seing privé.

272. Il ne saurait être suppléé à cet état par une énumération détaillée insérée dans le contexte même de la déclaration sur le registre. — V. Dict. réd., *v*° *Succ.*, n° 1069; Garnier, *eod v*°, n° 665.; Maguéro, *eod v*°, n° 21; Sarlat, 19 juin 1848;

Mais, lorsque le déclarant ne sait pas écrire, il est dispensé de l'état dont il s'agit; le receveur fait alors sur la formule l'énumération détaillée de ce mobilier avec estimation, article par article, en mentionnant la déclaration de ne savoir écrire. — V. I. G. 1400;

273. Par *mobilier*, il n'est parlé, dans ce qui précède, que du mobilier meublant, mais il faut aller plus loin et étendre la règle de l'indication détaillée à tout l'actif mobilier : créances, rentes, valeurs de Bourse, etc. — V. Sarlat, 19 juin 1848.

274. Les créances doivent donc être énumérées, en indiquant pour chacune le nom du débiteur, la date du titre ou la remarque qu'il n'en existe pas, son montant, et la mention des intérêts dont elle est productrive ;

Ainsi, il ne suffirait pas d'en porter le total en bloc, même s'il existait un inventaire notarié auquel on se référerait. — V. Dict. réd., *v*° *Succ.*, n° 1071 ; Garnier, *eod. v*°, n° 665-4 ; Maguéro, *eod. v*°, n° 22 ; Cass., 16 janv. 1811 et 14 mars 1814 ; Sarlat, 19 juin 1848 ; Guingamp, 14 févr. 1849 ; Sol., 16 avril 1850 ;

De même pour les rentes sur particuliers ;

275. Et il faut désigner les actions, bons, obligations, parts d'intérêt, parts de fondateur, inscriptions de rente sur l'Etat, par une indication précise : nature, série, s'il en existe, etc ;

Lorsqu'il s'agit de titres nominatifs, la mention de leurs numéros est indispensable pour que les certificats d'acquit nécessaires aux transferts soient utilement délivrés ;

Quant aux titres au porteur, l'indication des numéros n'a rien d'obligatoire, mais elle présente une réelle utilité, lorsqu'ils sont aux mains de tiers.

276. Quant aux immeubles, les indications doivent être assez complètes pour que la Régie ait par elles seules des éléments suffisants pour les vérifier.

277. Il y a donc lieu d'énumérer les immeubles un à un et, s'il s'agit d'immeubles ruraux, d'indiquer leur nature, les noms sous lesquels ils sont connus, la situation de chacun, c'est-à-dire la commune où il est et son lieu dit, les numéros et la section du cadastre où il est porté, sa contenance, et de les évaluer séparément, c'est-à-dire par parcelles, d'après leur revenu, capitalisé comme il a été dit, ou leur valeur vénale, suivant la distinction qui sera faite quand nous traiterons de la liquidation.

S'ils sont loués, le revenu est indiqué, avec le nom du locataire ou fermier, d'après le bail ou la location verbale en cours à l'époque du décès, sans distraction des charges. — V. Dict. réd., *v° Succ.*, n° 1073 ; Garnier, *eod. v°*, n° 665-5 ; Maguéro, *eod. v°*, n° 23 ; Cass., 14 mars 1814, 27 janv. 1823 ; Saint-Pons, 29 nov. 1853 ; Sol., 24 mai 1880 ; Cpr. Yvetot, 18 août 1863 ; Hazebrouck, 12 août 1865 ; Dél., 9 mars 1843 ;

A moins qu'il ne s'agisse de domaines ou de biens d'un seul tenant ou réunis dans une seule exploitation, auquel cas, après en avoir donné l'indication détaillée, quant à la situation et à la contenance, il suffit de porter en bloc le revenu total ou celui dont il sont susceptibles. — V. Dict., réd. *v° Succ.*, n° 1076 ; Garnier, *eod. v°*, n° 665-5 ; Maguéro, *eod. v°*, n° 24 ; E. Naquet, *op. cit.*, III, n° 1191 ; Cass., 14 mars 1814 ; Dél., 9 mars 1843 ;

Lorsque les parties déposent un extrait de la matrice cadastrale, le receveur n'a plus à exiger dans la déclaration le détail des immeubles ; il n'a qu'à se référer simplement à cet extrait, qu'il conserve et enliasse. — V. I. G., 2832, § 2 ;

De même, si divers immeubles sont affermés ensemble pour un prix global et par un bail enregistré, on peut se borner à les énoncer succinctement en renvoyant au bail. — V. Dict. réd. *v° Succ.*, n° 1073 ; Garnier, *eod. v°*, n° 665-6 ; Maguéro, *eod. v°*, n° 23 , Circ. Régie. 19 vend. an VI ; I.G., 2588-4 ; Sol., 26 juin 1895.

278. Les maisons de ville s'indiquent par la rue, le numéro et, au besoin, l'arrondissement.

En leur appliquant, *mutatis mutandis*, les observations qui précèdent quant au revenu.

279. Les reprises du conjoint survivant doivent aussi être détaillées.

A leur égard, le receveur a la faculté d'apprécier les faits et documents qui sont invoqués pour les justifier ou les contredire ; mais, en principe, seulement à défaut de liquidation intervenue entre les parties et sauf recours aux tribunaux. — V. Dict. réd., *v° Communauté*, n°s, 778 et s., Cpr., Cass., 5 janv. 1831, 31 juill. 1833, Toulouse, 15 mars 1834 ; Cass., 19 janv. 1836 ; Nontron, 19 août 1843 ; Caen, 3 mai 1845 ; Gien, 1er août 1847 ; Périgueux, 29 déc, 1849 ; Civray, 7 févr. 1850 ; Seine, 26 juill. 1850 ; Bordeaux, 29 mars 1851 ; Cass., 2 mars 1852 ; Reims, 28 déc. 1853 ; Metz, 8 juill. 1855 ; Dunkerque, 3 janv. 1856, Vouziers, 16 mars 1860 ; Cass., 19 mars 1862 (S., 62.1. 537) ; Dijon, 7 mai 1862 (S., 63. 2. 34) ; Seine, 9 déc. 1864 ; Paris, 24 fév. 1865 ; Cass., 4 déc. 1867 (S., 68. 1. 152) ; Rouen, 13 mai 1868 ; Ussel, 21 août 1868, Rouen, 23 déc. 1871 ; Poitiers, 18 août 1872 ; Mirecourt, 27 févr. 1874 ; Corte, 2 déc. 1874; Paris, 2 fév. 1875 ; Grenoble, 12 mars 1875, Nantes, 27 août 1875 ; Niort, 31 août 1875 ; Cass., 14 déc. 1875 ; Louviers 9 févr. 1877 ; Bordeaux, 22 janv. et 23 nov. 1880 (S., 81. 2. 76) ; Sol., 30 janv. 1850, 12 mars et 31 déc. 1872, 21 juin 1877, 18 et 20 oct. 1879, 23 mai 1881 ; I. G., 1723, § 4, 2223, § 4.

280. Sous cette réserve, et sauf la production de l'inventaire ou du partage, s'il en a été dressé un, le déclarant n'a pas à fournir de pièces à l'appui de ses dires ; la Régie doit admettre, au moins provisoirement, ses affirmations, dont elle sera d'ailleurs recevable à prouver ensuite l'inexactitude. — V. Dict. réd., *v° Succ.*, n°s 1051, ets., Garnier, *eod v°*, n°s 681 et 1313 ; Maguéro, *eod. v°*, n° 74 ; E. Naquet, *op cit.*, III, n° 1191 ; Cass., 27 mars 1811 ; Amiens, 12 juin 1856 ; Cass., 3 févr. 1869 (S., 69. 1. 185) ; Déc. min. Fin., 16 nov. 1812 ;

281. Spécialement, le receveur ne saurait exiger la représentation de l'acte de décès du *de cujus*, les parties faisant la déclaration sous leur responsabilité personnelle. — V. Déc. min. Fin., 16 nov. 1812 ;

La déclaration du degré de parenté doit aussi être acceptée par lui telle qu'elle lui est faite, toute preuve contraire étant de plein droit réservée.

282. Quant au passif, « les dettes dont la déduction sera demandée, — dit l'art. 4., L. 25 fév. 1901, — seront détaillées, article par article, dans un inventaire sur papier non timbré, qui sera déposé au bureau lors de la déclaration de la succession et certifié par le déposant ».

283. Pour obtenir la déduction invoquée, les héritiers ou légataires doivent donc déposer, au bureau de l'enregistrement, à l'appui de leur demande du passif héréditaire, un état détaillé, article par article, des dettes grevant la succession. Cet état, distinct de la déclaration est dispensé du timbre et de l'enregistrement, il doit être certifié et signé par le déposant, c'est-à-dire par l'héritier ou le légataire.

par son mandataire ou par son représentant légal.

Si le déposant ne sait ou ne peut signer, l'état du passif n'en doit pas moins être remis au receveur qui, en le certifiant, constate par une mention spéciale, tant sur l'état que dans la déclaration, la cause qui empêche le déclarant de signer. Dans ce cas, on peut lui demander de le dresser lui-même.— V. Garnier, Rép. pér. n° 10029.

Le dépôt de cet état est obligatoire ; il ne peut y être suppléé ni par une énumération des dettes contenue dans le corps de la déclaration de succession, ni par la production d'un inventaire notarié ou de tout autre acte établissant en détail l'importance du passif.

Ainsi, la loi n'a pas prévu, pour l'état des dettes, la création d'une formule spéciale à fournir par l'Administration ; la rédaction en appartient aux parties.

Celles-ci, d'après l'Administration, doivent, pour chacune des dettes dont la déduction est demandée, donner toutes les indications susceptibles de la déterminer d'une façon exacte et complète : somme due, nom du créancier, date et nature de l'acte, époque d'exigibilité, etc. — V. I. G., 2954 et 3058 ;

Mais, n'est-ce pas arbitrairement étendre à la loi, qui demande un état *énonciatif* seulement, et nullement *justificatif* des dettes ? Elle a voulu (art. 4 et 5) : d'une part, que les déclarants ne portassent par une somme en bloc, mais une énumération, pour le passif grevant la succession ; et, d'autre part, que le receveur se fît immédiatement, sous sa responsabilité personnelle et exclusive, juge des titres qui lui sont fournis à l'appui des déductions demandées, pour les accepter définitivement, puisque la demande d'une nouvelle production des titres serait non recevable, à moins qu'il ne s'agit de dettes commerciales, communication des livres du défunt, ou bien les rejeter, sauf réclamation des parties.

Légalement, l'état doit donc énoncer la dette par l'indication de la date du titre, du nom du créancier et du montant de la somme due. — Voilà tout ! prescrire d'y ajouter la cause de la créance, si une facture a été acceptée ou non, la date de l'exigibilité, et plus encore, en un mot une analyse, ou plutôt presque la copie du titre, c'est une exigence inacceptable de la Régie qui, ici, comme sur tous les autres points d'ailleurs, cherche, d'une manière détournée, à reconquérir tout ce qu'elle peut des concessions libérales de la loi du 25 fév. 1901. — V. Defrénois, *Rép. gén. prat.*, n° 12580 ; Garnier, *Comment.*, n° 172.

Et, de ce qu'il convient néanmoins de mentionner les titres dans la déclaration même, ne fût-ce qu'afin de baser une demande ultérieure en restitution, au cas où le receveur repousserait la déduction demandée et pour conserver la preuve de ce fait, qu'on ne voie pas dans notre résistance une querelle de pure forme ! C'est au fond des choses qu'elle s'adresse. Ainsi que le dit très bien l'art. 12580 précité : « Dans le cas où la prétention nouvelle de la Régie serait acceptée, où le titre sous signature privée produit au receveur, serait non seulement énoncé dans la déclaration, mais encore décrit dans l'état du passif, la décision du receveur ne serait plus souveraine ; elle serait soumise à la condition que le titre, tel qu'il résulte des énonciations de l'état, soit admis par le contrôle. Pour prendre l'exemple cité par la Régie, si, actuellement, le receveur admet, comme justification, une facture non acceptée, la déduction est définitive ; si, se conformant aux instructions nouvelles, il exige la déclaration, dans l'état du passif, que la facture n'est pas acceptée, l'agent du contrôle aura le devoir de critiquer la déduction et de réclamer le supplément de droit exigible. C'est la porte ouverte à toutes les réclamations justifiées et le plus souvent non justifiées ; c'est l'obligation pour les héritiers de conserver soigneusement tous les documents qu'ils ont produits ; c'est une source de procès ; c'est, en un mot, la suppression, dans bien des cas, de la mesure, si équitable et si longtemps attendue de la déduction du passif héréditaire... »

La Régie invoque, il est vrai, la nécessité de la vérification. Mais ce n'est plus raisonner cela, c'est-à-dire tirer les conséquences d'un texte, puisqu'en disant : « Toute dette au sujet de laquelle l'agent de l'Administration (c'est-à-dire *le receveur* !), aura jugé les justifications insuffisantes ne sera pas retranchée..... » la loi a précisément affranchi le receveur de tout contrôle de ses supérieurs hiérarchiques ; l'argument n'est produit que comme trompe-l'œil, pour donner une apparence de raison aux exigences qui vont suivre et les faire trouver naturelles, bref il n'est qu'insidieux.

Au surplus, le cas d'un tel pouvoir n'est pas unique. D'abord, tous les actes sous seing privé sont laissés à l'appréciation du receveur, car rien n'oblige les parties à les représenter ultérieurement ; de même, le receveur est seul juge des restitutions de frais à opérer dans les ventes judiciaires d'immeubles auxquelles s'applique la loi du 23 oct. 1884, en ce sens que les restitutions qu'il a acceptées sont aussitôt acquises et définitivement. Les inspecteurs peuvent bien ensuite critiquer ce qu'a fait le receveur, l'en blâmer, même l'en punir, mais sans qualité pour revenir là-dessus à l'égard des redevables.

284. Sans parler des autres justifications à fournir, dont il sera parlé plus loin, en traitant des dettes déductibles, la même loi donne au receveur la faculté d'exiger, à l'appui de toute demande en déduction de dettes, une attestation du créancier certifiant l'existence de ces dettes au jour du décès du *de cujus* ; dans certains cas même, cette attestation est indispensable pour que la déduction soit admise; les attestations doivent être produites au moment de la déclaration et restent déposées au bureau.

285. Remarquons à ce propos que les actes sous seing privé non enregistrés peuvent être énoncés librement dans la déclaration, sans encourir les droits y afférents, parce qu'une déclaration de succession n'a pas le caractère d'un acte public, mais, s'ils constatent une mutation soit de propriété ou de jouissance immobilières, soit de propriété mobilière de fonds de commerce, le droit de transmission est exigible et le receveur doit le percevoir. — V. Dict. réd., v° *Succ.*, n° 1087; Garnier, *eod.* v°, n° 667-1; Maguéro, *eod.* v°, n° 25; Dél., 24 pluv. an XII;

M. Defrénois (n° 12045), ne fait pas cette restriction pourtant si grave et dont l'oubli pourrait être bien dommageable aux parties; mais ce ne peut être que par une omission matérielle de copiste ou d'imprimeur.

Il en est de même, comme on le verra plus loin, des titres ou copie collationnée produits à l'appui soit d'une demande en déduction de dettes, soit d'une action en restitution pour refus de déduction (L. 25 févr. 1901, art. 4 *in fine*).

286. En tout cas il faut toujours requérir formellement la déduction d'une dette dans la déclaration de succession si l'on veut plus tard se ménager la restitution des droits payés en produisant de nouvelles justifications. — V. Seine, 2 nov. 1906.

287. On a vu qu'au lieu de dresser elles-mêmes la déclaration, les parties ont la faculté de laisser ce travail au receveur, en le requérant d'écrire leur déclaration.

Dans ce cas, elle est libellée par celui-ci d'après les indications et renseignements qu'elles doivent alors lui fournir, soit verbalement, soit par écrit, en une note sur papier libre, dispensée d'enregistrement.

288. Dans cette même hypothèse, lorsqu'il a été dressé un inventaire ou un partage, il suffit, à la rigueur, de les communiquer à la Régie, en y ajoutant les renseignements complémentaires qui peuvent être utiles notamment à l'égard des revenus courus au décès.

Mais bien des receveurs refusent de compulser les inventaires ou partages qui leur sont ainsi présentés de peur d'engager leur responsabilité; car, en cas d'erreur dans le dépouillement, la prescription du droit sur les biens omis n'est que de deux ans au lieu de cinq, lorsqu'il est établi que le receveur a eu les actes sous les yeux; c'est aux parties, disent-ils, d'indiquer ce qu'elles entendent déclarer.

289. En tout cas, il est prudent d'obtenir que le receveur fasse mention expresse dans la déclaration de la représentation à lui faite de l'inventaire ou de l'acte de liquidation et partage; on se ménage ainsi, le cas échéant, une preuve de sa bonne foi, qu'il ne sera pas inutile d'invoquer plus tard en cas d'omission, d'insuffisance ou d'autres erreurs. — Cpr., Tours, 21 juill. 1904; Bordeaux, 20 mars 1905.

Mais le receveur y est-il obligé? cela n'est pas certain. Les parties n'ont alors qu'à rédiger elles-mêmes leur déclaration, sans en charger le receveur.

290. Si la déclaration à passer paraît longue ou compliquée, le receveur se fait consigner le montant, ou environ, de la somme à payer, d'après l'évaluation qu'il établit lui-même sommairement.

Il rédige ensuite la déclaration à tête reposée, liquide le droit, ainsi qu'il estime devoir le faire, et, s'il a reçu plus ou moins que la somme exactement due, il remet l'excédent ou exige le complément, quand les parties reviennent pour signer.

291. Voici, pour remplir les formules, l'ordre à suivre, imposé aux receveurs, conseillé aux parties, d'après l'instruction générale 2954:

« Les indications générales relatives à la succession: nom, prénoms, qualités et domicile du déclarant; nom, prénoms, profession (ou qualité), domicile, lieu et date du décès du *de cujus*, ont été, dit-elle, groupées dans un premier cadre.

« A la suite de ces indications, le déclarant ou le receveur énoncera les noms, prénoms et domiciles des héritiers donataires et légataires, ainsi que leur degré de parenté avec le défunt; et, en cas de mutation d'usufruit ou de nue propriété dont la valeur doit être déterminée conformément aux règles établies par l'art. 13, L. 25 fév. 1901, c'est-à-dire d'après l'âge de l'usufruitier. — la date et le lieu de naissance de cet usufruitier. (Même L., art. 14). Il analysera ensuite, s'il y a lieu, les dispositions testamentaires et le contrat de mariage du *de cujus*.

« Une mention imprimée dans un cadre spécial, au recto des formules, détermine l'ordre dans lesquels les biens devront, de préférence, être détaillés. Cet ordre a été adopté en vue de rendre plus rapide le contrôle des déclarations, de ménager, par suite, le temps des contribuables, et, en outre, en vue de faciliter aux receveurs l'établissement des statistiques qu'ils ont à dresser. — V. aussi I. G. 445, § 1, n° 5; 1400; 2588, § 5; 2720-49 et 2832, § 2.

« Les agents devront le suivre toutes les fois qu'ils seront appelés à transcrire la déclaration des parties, mais il est entendu que celles-ci ne seront pas tenues de s'y conformer lorsqu'elles rédigeront elles-mêmes leur déclaration.

« Le montant en capital des biens compris dans les déclarations sera tiré hors ligne, soit par les parties, soit par le receveur, dans la colonne établie à cet effet sur la formule, de manière à faire ressortir dans l'ordre suivant, d'une part, pour les biens de communauté, s'il y a lieu, d'autre part, pour les biens propres, l'importance totale de chacune des catégories de valeurs ci-après :

« 1º Rentes françaises et autres valeurs du Trésor :

« 2º Rentes et effets publics des Gouvernements étrangers ;

« 3º Actions dans les sociétés françaises ;

« 4º Actions dans les sociétés étrangères ;

« 5º Obligations négociables et non négociables des sociétés, départements, communes, établissements publics et établissement d'utilité publique français :

« 6º Obligations négociables des sociétés, villes, provinces et corporations étrangères ;

« 7º Parts d'intérêt et commandites simples françaises ;

« 8º Parts d'intérêt et commandites simples étrangères ;

« 9º Numéraire ;

« 10º Assurances sur la vie ;

« 11º Dépôts dans les banques et comptes courants ;

« 12º Livrets des caisses d'épargne et de la Caisse des retraites pour la vieillesse ;

« 13º Créances chirographaires et hypothécaires ;

« 14º Rentes sur les particuliers ;

« 15º Prix d'offices ;

« 16º Fonds de commerce, y compris les marchandises attachées au fonds ;

« 17º Meubles corporels (meubles et objets mobiliers, navires et bateaux, etc.) ;

« 18º Immeubles urbains (revenu capitalisé par 20) ;

« 19º Immeubles ruraux (revenu capitalisé par 25) ;

A quoi il y a lieu d'ajouter maintenant, en conformité de la loi du 25 fév. 1901 :

« 20º Immeubles dont la destination actuelle n'est pas de procurer un revenu (valeur vénale).

(Observation faite que le détail des immeubles situés dans d'autres bureaux que celui du domicile étant désormais fourni dans une formule distincte, comme on le verra plus loin, la déclaration proprement dite, celle au bureau du domicile, ne contient plus qu'une évaluation en bloc de ces immeubles.)

« Quand la colonne dont il s'agit aura été remplie par les parties et qu'elle contiendra des erreurs, le receveur rectifiera ces erreurs dans la colonne suivante, qui lui est réservée, en ayant soin d'y reporter en même temps les chiffres de la colonne précédente reconnus exacts, afin de pouvoir effectuer un total juste.

« Chaque déclaration sera terminée par une mention ainsi conçue : «Le déclarant affirme sincère et véritable, sous les peines de droit, la présente déclaration contenue en (nombre) pages et approuve (nombre) mots rayés nuls. » Si le déclarant certifie qu'il est dans l'impossibilité de remplir cette formalité, le receveur constatera son attestation à cet égard par une mention qu'il signera lui-même.

« Les renvois seront approuvés par le déclarant ou par le receveur en cas d'incapacité du déclarant.

« Il est essentiel que toutes les déclarations soient clôturées comme il vient d'être dit, afin que la teneur n'en puisse être modifiée après coup.

« Quand la partie, ayant elle-même rédigé sa déclaration, n'aura pas fait précéder sa signature de la mention prescrite, le receveur lui demandera de réparer cette omission en inscrivant la mention au-dessous de sa signature et en signant de nouveau : en cas de refus, le receveur inscrira lui-même la mention et la signera.

« Un cadre spécial est réservé aux agents de l'Administration, à la suite de la déclaration. Ce cadre est divisé en deux parties : dans celle de gauche, le receveur établira la liquidation de l'impôt ; dans celle de droite, les agents de contrôle consigneront leurs observations qu'ils pourront compléter en marge de la déclaration, si la partie du cadre qui leur est affectée est insuffisante.

V. aussi Dict. réd., vº. *Succ.*, nº 1061 et s. ; Garnier, *eod.* vº, nº 662 ; Maguéro, *eod.* vº, nº 19 ; Saint-Pons. 29 nov. 1853 ; Tours, 21 juill. 1904 ; I. G., 443 et 1318.

292 L'instruction 2954, étant antérieure à la loi de 1901 ne parle naturellement point de la déduction du passif, on a vu tout à l'heure qu'il doit faire l'objet d'un état distinct, dont le résultat seulement figure dans la déclaration.

293. Enfin, le déclarant doit signer sa déclaration sur la formule, qu'elle soit dressée par lui ou par le receveur, à peine de nullité (LL, 22 frim. an VII, art. 27, et 25 fév. 1901, art. 16). — V. Cass., 26 avril 1808 ;

Si donc il se retirait au dernier moment sans signer, sous prétexte, par exemple, que la somme réclamée par le receveur est exagérée, ou parce qu'il n'a pas sur lui de quoi l'acquitter, la déclaration serait absolument non avenue. — V. Dict. réd., vº *Succ.*, nº 1094 ; Garnier, *eod.* vº, nº 672 ; Maguéro, *eod.* vº, nº 11 ; Marseille, 13 avril 1849 ; Saint-Brieuc, 25 août 1856 ; Béziers, 14 mai 1904 ; I. G., 1400 ;

Du reste, la signature peut très bien être apposée par le déclarant sur la formule hors la présence du receveur.

294. Mais, lorsque le déclarant, acquittant le droit, ne sait pas signer, le receveur fait mention de cette circonstance sur la formule, en fin de la déclaration, qui n'en est pas moins valable. — V. Dict. réd., vº *Succ.*, nº 1094 ; Garnier, *eod.* vº, nº 672 ; Maguéro, *eod.* vº, nº 11 ; I. G., 1400.

295. Lorsque la déclaration est passée par un mandataire, il faut qu'il certifie sa procuration, même si elle est notariée ; le receveur la conserve et elle demeure annexée à la déclaration. — V. I. G., 443 et 1318.

296. Dans le cas où, par impossible, un receveur mettrait obstacle à une déclaration, soit par un accueil inacceptable, soit par des observations inutiles et intempestives, un acte d'huissier pourrait y suppléer. — V. E. Naquet, *op. cit.*, III, n° 1192; Cass., 15 août 1832 et 3 fév. 1869 (S., 69. 1. 185.).

297. Quant à la liquidation de l'impôt, elle est toujours, comme auparavant, l'œuvre exclusive du receveur.

298. Si celui-ci prétend à des droits que les parties ne pensent pas devoir, il faut néanmoins qu'elles commencent par les verser : l'excédent, si le receveur reconnaît avoir exagéré, leur sera d'ailleurs rendu par lui au moment où elles retireront la quittance définitive;

Ne se soumettent-elles pas? le receveur se refuse de son côté à recevoir la déclaration, et le demi-droit en sus se trouve encouru quand les délais sont expirés. — V. Dict. réd., v° *Succ.*, n° 2062; Garnier, *eod.* v°, n° 1316; Maguéro, *eod.* v°, n° 12; Saint-Brieuc, 25 août 1856; Nice, 2 août 1897; Briey, 17 déc. 1897; Dieppe, 12 janv. 1898; Trévoux, 26 mai 1898; *Contrà* : Marseille, 8 août 1901;

299. En effet, si le receveur est en principe obligé, comme on l'a vu, de tenir provisoirement pour constants les faits qui lui sont indiqués, il est, au contraire, absolument maître de sa perception, c'est-à-dire qu'il applique à ces faits tels quels, suivant son appréciation exclusivement personnelle, le tarif et les règles de la loi fiscale.

C'est ce qui résulte de l'art. 28, L. 22 frim. an VII, aux termes duquel : nul ne peut atténuer ni différer le paiement du droit de mutation par décès, sous prétexte de contestation sur sa quotité ni pour quelque autre motif que ce soit, sauf à se pourvoir en restitution des sommes qui auraient été indûment perçues. — V. Cass., 30 oct. 1809 et 14 mars 1814; Dreux, 25 août 1856; Seine, 9 août 1849; Saint-Brieuc, 25 août 1856; Cass., 7 juill. 1863; Seine, 19 août 1864 et 24 févr. 1865; I. G., 1320, § 5.

300. La quittance proprement dite, n'est délivrée qu'après l'enregistrement de la déclaration; en attendant, les parties ont le droit d'exiger du receveur une quittance provisoire de la somme qu'il leur fait verser; cette quittance, d'une formule spéciale et dispensée de timbre, doit être rendue en échange de la quittance définitive.

Pour celle-ci, V. ci-après à *Paiement*, n°s 1582 et s.

301. Sur la forme des déclarations, il ne nous reste plus à parler que des déclarations scindées.

En effet, malgré le principe, nécessairement absolu maintenant avec la déduction des dettes et le tarif progressif, qu'une même succession ne saurait donner lieu qu'à une déclaration unique devant comprendre tous les biens à déclarer, cette déclaration peut très bien encore être fractionnée en plusieurs déclarations partielles successives, sauf à faire masse des précédentes pour le calcul des droits, lorsque les parties le désirent;

Elles auront intérêt à procéder ainsi, par exemple, s'il n'existe pas, dans la succession, assez d'argent comptant pour payer intégralement les droits dus, sans qu'il y ait chance malgré cela de faire accueillir une demande de prolongation de délai; alors, elles passent une première déclaration partielle, en se bornant aux valeurs de Bourse nominatives qu'il leur faut aliéner, retirent les certificats d'acquit relatifs à ces valeurs, vendent celles-ci, et, au moyen des fonds en provenant, font une déclaration complémentaire qui s'étend à tout lo surplus de la succession;

C'est, du reste, le seul moyen qu'elles aient de réparer dans le délai légal les omissions qu'elles auraient commises.

302. Au fur et à mesure de la réception des déclarations, les receveurs doivent les insérer et les fixer dans des reliures mobiles, munies de boutons-agrafes, suivant l'ordre des enregistrements et conformément aux règles tracées par les I. G. 2954 et 2996, § II.

Les pièces déposées à l'appui des déclarations (état du passif, attestations des créanciers, état du mobilier, procurations, certificats de prise en charge, émanant des receveurs de la situation des immeubles, engagements des héritiers ou légataires relatifs aux créances sur débiteurs faillis ou en déconfiture) doivent être classées par année dans une liasse spéciale. Mais chacune de ces pièces est préalablement annotée de la date et du numéro de la déclaration correspondante, de manière à établir entre ces divers documents une référence qui permette de se reporter facilement des unes aux autres.

De plus, pour éviter les chances de perte, les différentes pièces relatives à la même déclaration doivent être matériellement rattachées les unes aux autres; de façon à former dans la liasse, un dossier particulier à chaque déclaration. — V. I. G., 3058.

303. Les registres de déclarations de successions ne sont pas publics; les parties peuvent donc seules se faire délivrer copie de leurs déclarations, sur réquisition écrite de l'une d'elles, ou en vertu d'une ordonnance du juge de paix;

Cette réquisition n'est pas assujettie au timbre.

APPENDICE

303 *bis.* — La loi du 31 décembre 1907 sur le droit de timbre des valeurs étrangères énoncées dans les inventaires, dans son article 7, décide qu'à l'avenir, l'énonciation dans tout inventaire de l'un des titres visés en l'article 5 de la loi du 28 déc. 1895 donnera ouverture au droit de timbre de ce titre, s'il n'a déjà été perçu.

4

Ce droit sera exigible par le seul fait de ladite énonciation et devra être acquitté, lorsqu'il s'agira d'un inventaire après décès, au moment de la déclaration de succession comprenant le titre, et au plus tard dans les six mois du décès.

La déclaration de succession, faisant ainsi naître l'exigibilité du droit de timbre, devra être, si l'on veut jouir du délai accordé par la loi pour acquitter ce droit, retardée jusqu'à l'expiration du délai de six mois.

Le paiement des droits exigibles peut être effectué, non seulement au bureau où l'inventaire a été enregistré, mais encore dans tout bureau compétent pour donner la formalité du visa ou encaisser les droits de timbre à l'extraordinaire. Il ne peut avoir lieu toutefois que dans un de ces bureaux. Ainsi, pour les titres énoncés dans un inventaire après décès, le receveur du bureau où est souscrite la déclaration de succession n'a pas qualité pour recevoir les droits de timbre exigibles sur ces titres, s'il n'a pas dans ses attributions ordinaires la recette des droits de cette nature. Il est, d'ailleurs, sans difficulté que le paiement des droits de mutation par décès n'est nullement subordonné à la justification préalable du paiement des droits de timbre applicables aux titres compris dans la déclaration de succesion. — V. I. G., 25 janvier 1908.

CHAPITRE II

Forme intrinsèque.

304. Pour justifier pleinement cette rubrique, il faudrait presque la faire suivre d'un véritable traité des liquidations et partages de communauté et de succession, chose à la fois impossible et inutile : il suffit, en effet, d'avoir ici, comme guide général, un large exposé du fond d'une déclaration de succession, sauf à se reporter quand besoin sera, aux ouvrages spéciaux de liquidations et partages.

305. On commence par ce qu'on peut appeler l'*intitulé*, c'est-à-dire la désignation du défunt et des ayants droit à sa succession.

306. Le défunt est désigné par ses noms, prénoms, profession ou qualité et domicile, en ajoutant s'il était célibataire, marié ou veuf ; la Régie demande aussi son âge, mais sans raison apparente, car ce renseignement n'est d'aucune utilité pour la déclaration même ; enfin sa nationalité s'il est étranger.

307. — S'il était marié, il est indispensable, au contraire, d'exprimer l'âge de l'époux survivant, en précisant la date et le lieu de naissance de ce dernier, à moins qu'il ne jouisse d'aucun droit d'usufruit sur la succession du prédécédé.

308. Dans ce cas de conjoint survivant, il faut dire que les époux étaient mariés sans contrat ;

Ou sous tel régime, aux termes de leur contrat de mariage, reçu par tel notaire, à telle date ; avec l'indication des clauses qui pourraient influer sur la consistance de la succession.

309. Et viser les libéralités en pleine propriété et usufruit ou autres, que le défunt aurait faites au survivant, soit par contrat de mariage, soit par donation entre époux ou testament ;

Ainsi que la qualité d'usufruitier légal de ce dernier, et pour quelle quotité !

310. On indique ensuite les héritiers ou autres successeurs généraux par les noms, prénoms, profession et domicile de chacun, ainsi que son degré de parenté avec le *de cujus.*

311. Cela nécessite la relation et l'analyse précise des actes de donations éventuelles et testamentaires, afin d'en dégager quels sont en définitive tous les ayants droits à la succession : héritiers légitimes ou naturels, donataires et légataires universels ou à titre universel, et les légataires particuliers ;

Ainsi que des actes postérieurs au décès qui auraient modifié les qualités primitives : renonciation à succession, à legs, à usufruit légal ; transport de droits successifs, etc.

312. Il convient d'énoncer l'enregistrement des donations entre époux, et de dire à quel notaire un testament olographe ou mystique a été déposé.

313. A l'appui de ce qui précède, on mentionne enfin l'inventaire, s'il en a été fait un, par tel notaire, à telle date.

314. L'intitulé ainsi établi, s'il y a une communauté (ou société d'acquets) à liquider, il est procédé d'abord au compte des époux tant entre eux qu'à l'égard de leur communauté, c'est-à-dire à la constatation des reprises qu'ils ont à exercer, soit en nature, soit en deniers, et des récompenses à leur charge. — V. Cass., 15 mai 1872 (S., 72. 1. 313).

Cette opération s'effectue, en principe, conformément aux règles du droit civil ;

V. notre *Répertoire raisonné de la pratique des affaires,* vis : *Communauté, et les mots qui suivent. Liquidation, et les mots qui suivent. Régime dotal. Régime exclusif de communauté. Séparation de biens, et aux diverses matières.*

Toutefois, sur bien des points, la loi fiscale déroge aux principes du droit civil et impose ses règles particulières ; les ressemblances ou les différences ont donné lieu à de nombreuses décisions que nous indiquons soigneusement où il convient, au moins à titre de renseignement de fait, car certaines sont très contestables en droit, comme on peut s'en rendre compte en les rapprochant de nos explications d'autre part sur les diverses matières de droit civil auxquelles elles se rapportent.

315. Les reprises en deniers des époux s'exercent exclusivement, sauf conventions matrimoniales contraires, dans l'ordre fixé par les art. 1471 et s. C. civ. — V. Béthune, 7 août 1868 ;

316. A moins que la femme ou ses héritiers ne préfèrent abandonner tous les biens de communauté au mari et recevoir de lui ces reprises en argent. — V. Cass., 8 déc. 1864 ;

317. Pour la répercussion sur l'exigibilité du droit de mutation, quand cet arrangement est postérieur à la déclaration. — V. ci-dessus, n° 119 ;

318. Ou que la dérogation n'ait pas pour effet d'éluder frauduleusement les droits encourus. — V. Dict. réd., v° *Succ.*, n° 1961 ; Garnier, Rép., *eod.* v°, n° 1262-2 ; Maguéro, v° *Commun.*, n°s 277 et s. ; Boulogne, 14 mars 1879 ;

319. Strictement, les reprises ne sont admises que s'il en est justifié par actes authentiques ou sous seing privé, mais il n'est pas nécessaire que ceux-ci soient enregistrés, sauf bien entendu ceux que la loi assujettit à cette formalité dans un délai déterminé. — V. Sol., 24 pluv. an XII. — V. Angoulême, 14 fév. 1906.

320. En ce qui concerne les reprises de la femme leur existence résulte suffisamment des papiers domestiques (C. civ., art. 1415). — V. Périgueux, 29 déc. 1849.

Même quand ces papiers domestiques ont été tenus par la femme personnellement. — V. Dict. réd., v° *Comm.*, n° 784 ;

321. A cet égard, les prix de vente d'immeubles propres à la femme sans remploi sont considérés sans difficulté comme encaissés par la communauté. — V. Dict. réd., v° *Comm.*, n° 778 ; Garnier, Rép., *eod.* v°, n° 207 ; Cass., 18 janv. 1897 ;

322. Toutefois, en cas d'insuffisance de la communauté, l'excédent de reprises de la femme survivante ne peut être retranché, pour la perception, des biens personnels du mari que si cette créance de la veuve est établie par un titre. — V. I. G., 3049.

323. Au contraire, la justification du fait peut être exigée relativement aux propres du mari. — V. Cass., 13 août 1832, 9 avril 1872 ; Perpignan, 28 mars 1900 ;

324. De part et d'autre, la reprise de prix de vente étant justifiée, peu importe que les propres aliénés aient été sis en France ou à l'étranger. — V. Dict. réd., v° *Comm.*, n° 797 ; Seine, 22 fév. 1873 ; Sol., 28 août 1879 ; *Contrà* : Saint-Jean-d'Angély, 27 déc. 1867 ; Avesnes, 4 déc. 1868 ; Montargis, 9 mars 1869 ;

325. Les reprises en nature se ramènent à une simple distraction de ce qui leur appartient *in specie*, qu'opèrent, le cas échéant, l'époux survivant et la succession.

326. Quant aux reprises en deniers et aux récompenses de chaque époux respectivement, elles se compensent entre elles de plein droit jusqu'à due concurrence.

327. Les indemnités dues à la femme par le mari et dès lors par la communauté, en vertu de l'art. 1428, C. civ., notamment à raison d'aliénation de propres, constituent un passif de la communauté, ou plutôt un élément de li-

quidation des droits des époux, par conséquent déductible, même abstraction faite de la loi du 25 fév. 1901.

328. De même, celles résultant, pour la femme qui s'est obligée avec son mari, de la présomption qu'elle n'en a été que caution (C. civ., art. 1431 et 2032).

329. Les reprises et récompenses ainsi préliminairement déterminées, on liquide la communauté.

330. A cet égard, il faut faire deux masses : l'une, de l'actif ; l'autre, du passif.

· La masse active peut présenter trois catégories de biens : des meubles, des immeubles, et des valeurs dites *fictives*.

Tous les droits, soit réels, soit de créance, de la communauté doivent y être portés, spécialement l'excédent de récompenses sur des reprises.

331. La réciproque n'a pas tout à fait lieu pour la masse passive : seules les dettes dont la déduction est admise y peuvent figurer, ou du moins la Régie ne tient pas compte des autres ; ce n'est pas cependant une raison pour s'abstenir de les indiquer, car on se ménage ainsi la possibilité éventuelle d'une restitution, en fournissant plus tard les justifications manquant alors.

En sus des dettes proprement dites, on porte à la masse passive l'excédent des reprises en deniers sur les récompenses, à moins que la masse active ne soit pas suffisante pour y faire complètement face.

332. Dans ce cas les reprises de la femme sont prélevées avant celles du mari, qui ne s'exerceraient que dans la limite du restant d'actif et resteraient impayées pour la différence.

333. Si la communauté était insuffisante, même pour remplir les reprises de la femme, il en résulterait une créance d'autant sur le mari ou sur la succession de ce dernier, dont elle formerait une dette déductible (C. civ., art. 1472).

334. On fait encore figurer à la masse passive le préciput auquel le survivant aurait droit en vertu du contrat de mariage.

335. Il est souvent stipulé que la femme survivante aura la faculté d'exercer son préciput même en renonçant à la communauté, ce cas échéant, le préciput constituerait une donation entre époux au profit de la femme, et une dette à la charge du mari ou de sa succession, alors déductible.

336. La masse passive étant alors déduite de la masse active, le reste constitue les bénéfices de communauté qui, sauf attribution différente par contrat de mariage, reviennent par moitié à l'époux survivant et à la succession du prédécédé.

337. Tel est du moins le cas le plus ordinaire, car la communauté peut être attribuée différemment (C. civ., art. 1520 et s.).

338. Par là, tous les éléments nécessaires

pour établir la succession à déclarer sont enfin réunis.

De même que la communauté, elle comporte une masse active et une masse passive.

339. Les divers chefs possibles de la masse active sont :

Les biens et créances propres repris en nature,

Les reprises en deniers.

(Toujours en totalité si le *de cujus* est la femme, parce qu'en cas d'insuffisance de la communauté, ses héritiers et représentants ont une créance complémentaire sur le mari ; et lorsque c'est ce dernier, jusqu'à concurrence seulement de ce que peut faire la communauté.) — V. Limoges, 29 mai 1850.

Sauf, en cas d'insolvalité du mari, à ne les déclarer que comme créance irrecouvrable. V. Dict. réd., *vo Succ.*, no 1606 ; Sol., 27 nov. 1878 ;

Faculté refusée toutefois, par exception, au mari donataire ou légataire universel de sa femme, ainsi qu'on l'a vu.

Mais les reprises du mari ne sont à déclarer que jusqu'à concurrence de ce que peut faire la communauté.

La part afférente à la succession dans les bénéfices de communauté,

A quoi il peut y avoir lieu d'ajouter :

Les créances sur l'autre époux personnellement, pour indemnités et récompenses à sa charge ;

Le capital d'une assurance sur la vie, quand il est considéré revenir à la succession ;

Les biens provenus d'un retour légal réalisé ;

Les donations rapportables ;

En cas de constitution de dot par deux époux conjointement à leur enfant commun, la dot se trouve, à moins de déclaration contraire, à la charge personnelle de chacun d'eux par moitié, sur quelques biens qu'elle soit constituée d'abord et fournie ensuite (C. civ., art. 1438). — V. Cass., 29 juill. 1897 (S., 1901. 1. 416).

Mais la mère, qui renonce à la communauté, n'est pas tenue de l'obligation de payer la moitié de la dot lorsque le contrat de mariage stipule que la dot sera payée avec les bénéfices de communauté d'acquêts existant entre le père et la mère. — V. Cass., Req., 2 janv. 1906.

Si donc elle a été fournie en biens personnels de l'un des constituants au delà de cette moitié, celui-ci est devenu, par le fait seul créancier de l'autre pour ce que ce dernier aurait dû faire et doit supporter eu égard à la valeur de l'effet donné au temps de la donation. (Même art.) — V. Bordeaux, 6 déc. 1833 (S.,34, 2. 243) ; Marseille, 28 juin 1905.

Mêmes solutions, lorsque la dot a été constituée imputable par moitié sur la succession de chacun des donateurs. — V. Sol., 7 déc. 1871.

L'a-t-elle été sur la succession du prémou-rant et fournie en biens propres du survivant ? Celui-ci est créancier d'autant contre la succession de son conjoint, dont la dette à cet égard est déductible.

Est-ce sur la succession du premier mourant des donateurs et subsidiairement sur celle du survivant d'eux ? mêmes principes à appliquer.

Observons que dans ce cas le premier mourant doit être considéré comme donateur jusqu'à concurrence seulement des droits de l'enfant doté dans la réserve de sa succession.

En conséquence, le survivant, donataire ou légataire de la quotité disponible, est en droit d'exercer intégralement la libéralité à son profit, du moment que la dot constituée en avancement d'hoirie n'a pas dépassé la réserve. — V. Sol., 20 sept. 1904.

Enfin, si c'est en biens de la communauté que la dot a été fournie, chacun des époux lui en doit récompense pour la moitié à sa charge, mais pour davantage ou moins s'il a doté dans une autre proportion et même la succession du prédécédé devrait récompense pour le tout, en cas d'imputation totale sur elle, sauf récompense ou indemnité — V. Cass., 13 nov. 1882 ; Seine, 25 juin 1896.

Toutefois, lorsque la dot a été constituée par le mari seul à l'enfant commun en effets de la communauté, elle est à la charge de la communauté, et si la communauté est acceptée par la femme, celle-ci doit supporter la moitié de la dot, à moins que le mari n'ait déclaré expressément qu'il s'en chargeait pour le tout ou pour une portion plus forte que la moitié (C. civ., art. 1439).

Enfin, émanant d'un seul des père et mère sans indication des biens en lesquels elle sera fournie, c'est à la succession du constituant qu'elle doit être rapportée pour le tout.

340. La masse passive d'une succession comprend notamment :

D'abord, certaines sommes qui constituent des prélèvements à faire plutôt que des dettes proprement dites, par exemple :

1o Les sommes que le défunt détenait à titre d'usufruitier, de dépositaire, de tuteur, de donateur de sommes encore dues ou stipulées payables seulement lors de son décès, et qui ont déjà supporté un droit proportionnel de mutation, etc. ;

(Quant aux valeurs détenues aux mêmes titres, elles n'ont même pas l'apparence d'un passif et font l'objet d'une distraction de fait.)

2o De même, le capital des rentes perpétuelles ou viagères données par le défunt et devant se continuer malgré son décès.

Ensuite, les dettes proprement dites, par exemple :

La part à la charge de la succession dans les dettes de communauté pour lesquelles la communauté est insuffisante.

Ou même de la totalité du déficit de communauté si la succession est celle du mari, alors que la femme a fait inventaire. — V. Mortagne, 3 août 1905.

Quand bien même cet inventaire aurait été fait plus de trois mois après le décès. — V. Mortagne précité.

Les récompenses que le défunt devait à a communauté et qui n'auraient pu s'imputer sur ses reprises en deniers.

Enfin les dettes personnelles du défunt envers des tiers.

En répétant ici notre recommandation à propos du passif de la communauté : quoique les dettes, dont la déduction ne saurait être admise en l'état, dussent être retranchées par le receveur, les faire figurer pourtant dans la déclaration, à moins qu'il n'y ait aucune probabilité de pouvoir en justifier ultérieurement.

Le total fait, sa soustraction de la masse active donne l'actif net de la succession.

341. Sur cet actif, il y a lieu, d'abord, de déduire, s'il y en a, soit par donation ou testament, soit légalement en vertu de l'art. 767, les droits du conjoint survivant, tant en pleine propriété qu'en usufruit.

Les droits en toute propriété se déduisent tels quels :

Ceux en usufruit, seulement pour leur valeur imposable, d'après l'âge de l'usufruitier.

Ensuite les legs.

Le reste revient aux héritiers ou autres successeurs généraux proportionnellement à leurs droits héréditaires.

342. Mais, pour la liquidation du droit de mutation par décès, il faut encore déterminer la part nette de chacun.

343. En résumé, et lorsqu'il existe un inventaire ou un partage, après avoir indiqué l'état civil du défunt, la date et le lieu du décès, et quels sont les ayants droit à sa succession, on en fait le dépouillement en relevant, dans l'ordre même de l'inventaire ou du partage, tous les biens qui sont passibles du droit de mutation par décès, et qu'on évalue, s'il le faut, en ajoutant, ainsi que nous venons de le dire, les indications complémentaires qui sont nécessaires ;

Du montant de ces biens se déduisent les dettes dont la distraction est admise ;

On liquide ensuite sommairement, s'il y a lieu, d'abord les reprises, en commençant par celles de la femme, puis la communauté, enfin la succession.

Le tout avec énonciation des actes justificatifs.

SECTION VI

Exigibilité de l'impôt

344. A cet égard, il s'agit d'établir la masse des biens soumis au droit de mutation par décès, et, par conséquent, à déclarer ; or, pour y arriver, il faut retrancher de ce que possédait ou paraissait posséder le défunt les biens qui n'entrent pas dans la composition de sa succession, et y ajouter ceux qui viendraient à l'accroître.

CHAPITRE PREMIER

Biens à distraire ou à prélever.

345. Il peut y en avoir de deux sortes : d'une part, des biens dont le *de cujus* n'avait que la détention ou la jouissance ; d'autre part, des biens sortis de son patrimoine quoique s'y trouvant encore en fait.

1er BIENS N'APPARTENANT PAS AU DÉFUNT, ET DONT IL N'ÉTAIT QUE DÉTENTEUR PRÉCAIRE.

346. Ce sont, par exemple :

347. — 1° Les propres de la femme, aux mains du mari, à reprendre par elle en nature. — V. St-Omer, 8 juin 1905.

348. — 2° Les fonds, titres et valeurs reçus en dépôt *régulier* ou par suite de mandat soit comme officier public ou ministériel, soit comme banquier ou agent d'affaires. — V. Dict. réd., v° *Succ.*, n° 1928 ; Garnier, *eod.* v°, n° 1247 ; Maguéro, *eod.* v°, n° 561 ; Rouen, 17 juill. 1855 ; Marseille, 11 août 1879 ; Sol., 3 oct. 1879, 28 mai 1885, 15 juill. 1886 ; *Contrà :* E. Naquet, *op. cit.*, II, n° 1025 ; Cpr., Sol. 25 janv. 1877 et 4 mars 1880 ;

Et nous ajouterons qu'à notre avis il doit en être ainsi de tout particulier toutes les fois qu'il est justifié d'un mandat ou d'un titre analogue. — V. Dict. réd. v° *Succ.*, n° 1922 ; Garnier, *eod.* v°, n° 1248 ; Maguéro, *eod.* v°, n° 562 ; G. Demante, *op. cit.*, II, n° 693 ; Seine, 18 juin 1880 ; *Contrà :* E. Naquet, *op. cit.*, II, n° 1026 ; Cpr., Hazebrouck, 13 fév. 1864 ; Sol., 1er juill. 1868 ;

Ou qu'il y a aveu et reconnaissance du dépôt par le défunt détenteur. — V. Cognac, 3 août 1893 ;

En tout cas, si le dépôt avait été dénaturé, il en resterait néanmoins une dette équivalente, à déduire comme dette ordinaire, pourvu qu'elle satisfît aux conditions requises ;

Notons à cet égard que la Régie cherche généralement à donner au dépôt qu'on lui objecte les caractères d'un prêt, afin de n'admettre la déduction qu'à ces conditions ; le jugement précité de Cognac est défavorable à sa prétention ;

349. — 3° Les immeubles détenus en antichrèse. — V. Seine, 29 déc. 1825 ;

350. — 4° Les objets reçus en gage. — V. Dict. réd., v° *Succ.*, n° 1930 ; Garnier, *eod.* v°, n° 1248-1 ; Maguéro, *eod.* v°, n° 563 ; Lesparre, 2 déc. 1897 (D. 99. 2. 134).

Soit ostensiblement, soit sous forme de vente simulée. — V. Cass., 27 fév. 1877 ;

Et même les sommes conservées à ce titre, d'après un jugement du tribunal de Sancerre (24 déc. 1879) ;

351.— 5º Les biens dont le défunt avait seulement l'*usufruit*.

Alors même qu'ils n'existeraient plus en nature dans la succession de l'usufruitier, c'est-à-dire quelles que soient les valeurs qui composent celle-ci. — V. Dict. réd., *vº Succ.*, nºˢ 1933, 1934 et 1940 ; Garnier, Rép., *eod. vº*, nº 1252 et s. ; Maguéro, *eod. vº*, nºˢ 552 et s. ; Seine, 10 janv. 1839 ; Cass., 6 déc. 1858, 16 août 1859, 25 juin 1862, 28 fév. 1865 (S., 65. 1. 229 ; D., 65. 1. 135), Bourg, 3 avril 1865 ; Die, 11 nov. 1869 ; Nevers, 22 janv. 1873 ; Lyon, 20 avril 1877 ; Blois, 24 août 1880 ; Seine, 5 août 1887 ; Dél., 8 fév. 1831 ; Sol., 23 sept. et 24 nov. 1893 ; *Contrà :* Seine, 18 janv. 1880 ;

A plus forte raison, les biens dont le *de cujus* était simplement quasi-usufruitier. — V. G. Demante, *op. cit.*, II, nº 694 ; E. Naquet, *op. cit.*, II, nºˢ 1023 et 1027 ; Cass., 6 déc. 1858, I. G., 2234.

Spécialement les valeurs mobilières d'un mineur soumises à la jouissance légale de son père ou de sa mère sont à retirer de la succession de ceux-ci comme usufructuaires. — V. Sol., 24 nov. 1893.

Les règles du prélèvement pour usufruit avaient une grande importance avant la loi du 25 fév. 1901, car si l'usufruitier avait nové son titre de détenteur en celui de débiteur, le prélèvement ne pouvait plus avoir lieu ;

Maintenant la déduction en est, au besoin, effectuée comme dettes, sous les justifications requises par cette loi.

352. Il n'est peut-être pas sans intérêt, néanmoins de rapporter encore les principales décisions intervenues auparavant en cette matière :

La distraction devait porter sur les sommes effectivement reçues par l'usufruitier et dont il se trouvait comptable lors de son décès. — V. Garnier, Rép., *vº Succ.*, nºˢ 1256 ; Saint-Mihiel, 11 août 1896.

353. Lorsqu'un époux survivant, donataire ou légataire en usufruit de la succession de son conjoint prédécédé, s'étant rendu adjudicataire d'un immeuble dépendant de cette succession, une partie du prix d'adjudication avait été attribuée dans le partage : à lui pour l'usufruit et aux héritiers du conjoint pour la nue propriété, le montant de cette attribution devait être prélevé, à sa mort, de sa propre déclaration de succession ;

354. Plus généralement devaient être défalquées de la succession d'un époux, pour le calcul du droit de mutation par décès, les reprises dont il était débiteur envers les héritiers de son conjoint, s'il était suffisamment constant qu'il avait conservé et détenait ces reprises moins comme débiteur qu'en qualité d'usufruitier. — V. Tarbes, 28 juill. 1890 ; Nantes, 10 juill. 1900 ; Sol., 5 sept. 1900 ; Cpr., Castres, 28 fév. 1894 ; Seine, 3 nov. 1894 ;

Tel, par exemple, à l'égard d'un mari, le cas où le contrat de mariage l'autorisait à recevoir la dot sans obligation d'en faire emploi, ou à la seule charge de la reconnaître sur ses immeubles propres, car alors il en était plutôt usufruitier que débiteur. — V. G. Demante, *op. cit.*, II, nº 696 ;

Et même, déduction également de récompenses à la communauté ajoutées à ces reprises pour être aussi détenues en usufruit — V. Sol., 5 sept. 1900 ;

355. Mais, quand une nue propriété avait été vendue à l'usufruitier lui-même moyennant un prix payable sans intérêts à l'extinction de l'usufruit, ce prix n'était pas détenu par l'usufruitier en cette qualité, mais il constituait une dette sur lui, de sorte qu'à son décès il ne pouvait en être fait distraction. — V. Laon, 5 mars 1891 ;

Le prélèvement dont il s'agit était admis dans le cas où l'usufruitier *de cujus* avait légué au nu propriétaire une somme fixe, à la condition de ne pas réclamer les valeurs qu'il détenait en usufruit. — V. Sol., 14 mai 1884.

356. — 6º Les biens et valeurs que le *de cujus* détenait en qualité de tuteur ;

357. On y ajoutait autrefois les sommes touchées par lui au même titre et non employées ou employées en son propre nom. — V. Villeneuve-sur-Lot, 14 janv. 1871 ; Beaune, 19 déc. 1873 ;

De même, le reliquat du compte de tutelle arrêté avant le décès et non alors payé, à moins qu'il ne se fût opéré novation. — V. Sancerre, 14 déc. 1887 ; *Contrà :* Sol., 15 sept. 1877 ;

Toutefois, dans la limite du numéraire existant et des valeurs assimilables ;

358. A plus forte raison, les deniers et valeurs pupillaires que le survivant de deux époux communs en biens détenait du chef de son conjoint décédé, sans avoir rendu un compte de tutelle à ses enfants. — V. Dél., 17 déc. 1833 ; Sol., 5 juill. 1892 ;

359. Mais depuis que la déduction des dettes est admise, ce qu'on ne prélèverait pas comme biens pupillaires, serait déduit comme dettes.

360. Quant aux loyers reçus d'avance par un bailleur, — V. ci-après nºˢ 1067 et s.

2^{ent} BIENS AYANT APPARTENU AU DÉFUNT,
MAIS SORTIS DE SON PATRIMOINE

361. N'appartenant plus au défunt, n'étant point transmis par lui, ils n'ont pas à figurer dans la déclaration de sa succession, cela va de soi ; mais la question de savoir si tels biens dépendent encore ou non de l'hérédité n'est pas toujours, ainsi qu'on va le voir, facile à résoudre.

Biens sortis avant le décès.

362. Ce sont ceux que le défunt a aliénés et définitivement aliénés ; par exemple :

363. — 1^{ent} Les biens *donnés* par donation entre-vifs ;

Mais par donation entre-vifs parfaite, car, si le défunt était mort avant l'acceptation de la donation par le donataire, ou avant que l'acceptation effectuée par acte séparé lui ait été notifiée, la donation se trouverait caduque, à moins que ses héritiers ne la confirment (C. civ., art. 1340). — V. Dél., 24 févr. 1832 ;

Notamment donc les biens suivants :

364. En cas d'une donation alternative pour laquelle l'option n'a pas encore été exercée lors du décès du donateur, le bien choisi ensuite par le donataire. — V. Dél., 9 avril 1825 ;

365. L'immeuble donné par contrat de mariage, sous réserve de l'usufruit, ainsi que de la faculté de vendre l'immeuble pour, en ce cas, une somme déterminée être prélevée sur le prix au profit du légataire, si le donateur est décédé sans avoir usé de cette faculté ; de sorte qu'alors il n'est pas dû de droit de mutation à raison de la réunion de l'usufruit à la nue propriété, puisqu'elle s'opère par l'effet de la donation même. — V. Cass., 17 août 1831 ; I. G., 1388, § 2 ; Cpr. Sol., 30 sept. 1898 ;

366. La rente constituée en dot par le défunt, sur la tête et au profit du bénéficiaire, de sorte que le capital au denier dix de cette rente doit être déduit dans la déclaration (L., 22 frim. an VII, art. 14, n° 8, et 15, n° 7). — V. Mont de-Marsan, 22 juill. 1886 ;

367. De même encore le capital d'une rente viagère donnée ou léguée à la charge du défunt et non encore éteinte lors de son décès et ce au denier dix. — V. Dict. réd., *v° Succ.*, n° 2046 ; Garnier, Rép. *eod. v°*, n° 1308 ; Maguéro, *eod. v°*, n° 547 ; Nantes, 8 juill. 1872 ; La Roche-sur-Yon, 7 mars 1899 ; Seine, 12 décembre 1902 ; Lille, 11 nov. 1905.

368. Mais la rente viagère constituée en dot par des père et mère à leur enfant, imputable sur la succession du prémourant d'eux, ne peut pas être distraite de cette succession, le capital s'en étant éteint par la mort du débirentier, ou le surplus restant une dette exclusivement personnelle du survivant des donateurs. — V. Nantes, 8 juill. 1872 ; Laval, 12 nov. 1897 ; La Roche-sur-Yon, 7 mars 1896 ; Vannes, 28 juill. 1904 ; Parthenay, 31 juill. 1906 ; Seine, 5 janv. 1907. Sol., 30 nov. 1891, 22 mai 1897 ; *Contrà* : Saint-Amand, 11 janv. 1901 ;

Ou par deux époux à un tiers, avec clause qu'elle s'éteindrait au premier décès. — V. Maguéro, *v° Succ.*, n° 547 ; Montmorillon, 5 juin 1888 ; Sol., 30 nov. 1891 ;

369. La rente viagère donnée par donation secondaire à un tiers qui est ensuite institué légataire universel. — V. Dél., 19 juin 1829 ;

370. Les sommes données entre-vifs, quoique stipulées payables seulement au décès du donateur ou non alors payées ; le droit de mutation entre-vifs a, d'ailleurs, été déjà perçu sur leur montant lors de la donation ; elles doivent donc être déduites de l'actif de l'hérédité. — V. Dict. réd., *v° Succ.*, n° 2036 ; Garnier, Rép. *eod. v°*, n° 1281 ; Maguéro, *eod. v°*, n° 540 ; G. Demante, *op. cit.*, II, n° 697 ; E. Naquet, *op. cit.*, II, n° 1022 ; Cass., 30 juill. 1862 (S., 62. 1. 991) ; Figeac, 18 janv. 1867 ; Nyons, 24 déc. 1875 ; Apt, 8 mai 1876 ; Avranches, 30 juill. 1876 ; Mont-de-Marsan, 22 juill. 1886 ; I. G., 2234, § 1er ; Sol., 24 juin 1880, 25 août 1884 ;

Sans que la Régie puisse en opposer l'échéance, lorsque le terme est antérieur au décès, s'il est établi que la somme est encore due. — V. Avranches, 30 juill. 1870 ; Largentière, 8 nov. 1870 ; Sol., 23 mai 1881 ;

Et même, quoiqu'il n'en soit pas justifié. — V. Villefranche, 13 août 1890 :

Ce qui maintient l'utilité du caractère de sommes données, car elles seraient maintenant déductibles aussi à titre de dettes ordinaires.

S'il a été stipulé que la somme donnée serait exigible à première demande du donataire, c'est donc à la Régie, pour en refuser la déduction, de prouver que la somme a été payée. — V. Seine, 11 août 1898 ;

371. Peu importe aussi que le donataire ait transporté sa créance et subrogé le cessionnaire dans ses droits. — V. Dict. réd., *v° Succ.*, n° 2059 ; Garnier, Rép. *eod. v°*, n° 1288-2, Maguéro, *eod. v°*, n° 543 ; Cass. 30 juill. 1862 ; (S, 62. 1. 991 ; D., 62. 1. 369) ; Nyons, 24 déc. 1875 ; Saint-Sever, 23 juin 1892 ; Lectoure, 16 avril 1896 ; Sol., 12 févr. 1898 ;

Ces décisions, qui écartaient l'objection possible d'une novation, ont perdu leur importance depuis que la déduction des dettes est admise.

372. Lorsqu'une dot à été constituée imputable sur la succession du prémourant des donateurs et subsidiairement sur celle du survivant, la déduction ne s'en fait, sur la succession du premier mourant, que jusqu'à concurrence seulement des droits du donataire dans cette succession. — V. Dict. réd., *v° Succ.*, n° 2054 ; Garnier, Rép. *eod. v°*, n° 1289 ; Maguéro, *eod. v°*, n°s 545, 548 ; Seine, 13 août 1874 ; Aurillac, 29 juin 1898 ; Sol., 17 juin 1875 ;

373. Et les sommes léguées à titre particulier par un auteur du défunt, à la charge de celui-ci, soit comme héritier, soit comme légataire universel ou à titre universel, payables lors de son décès ou même avant, et encore dues à l'époque de ce décès. — V. G. Demante, *op. cit.*, II, n° 698 ; Dict. réd., *v° Succ.*, n° 2002 ; Garnier, Rép. *eod. v°*, n° 1298 ; Maguéro, *eod. v°*, n° 525 ; Cass., 6 déc. 1858, 16 et 22 août 1859 ; Seine, 10 févr. 1861 ; Cass., 27 juin 1862 (S., 62. 1. 855 ; D., 62.1.370) ; Seine, 27 août 1864 ; Cass., 29 nov. 1865 ; Bar-sur-Aube, 11 janv. 1883 ; I. G., 2234, § 1er ;

374. Sans qu'il y ait à faire d'exception pour les legs de rentes viagères. — V. Dict. réd. *v° Succ.*, n° 2019 ; Garnier, Rép., *eod. v°*, n°s

1214, 1310-2 ; Maguéro, *eod. vo*, n° 549 ; Seine, 27 août 1864 ; Boulogne, 14 mars 1879 ; Poitiers, 9 juill. 1879 ;

Le rentier viager eût-il été rempli de son legs au moyen d'une inscription de rente sur l'État, soit en exécution du testament, soit volontairement, pour assurer le service de la rente ; même si le titre de cette rente avait été immatriculé en son nom pour l'usufruit, simple mode d'exécution, le titre n'en continuant pas moins au fond à appartenir en toute propriété à l'héritier. — V. Lyon, 18 mars 1853 (S., 53. 2, 475) ; Paris, 28 juill. 1853 (D., 55. 2. 44) ; Seine, 19 mars 1870 ; Sol., 14 juin 1864, 11 août 1868, 16 déc. 1876 ; *Contrà* : Mantes, 7 mars 1885 ;

Dans ce cas, le titre de rente doit être déclaré pour sa valeur entière, sauf déduction du capital de la rente viagère non éteinte. — V. les citations qui précèdent, et Guéret, 24 mai 1893 ; Trévoux, 22 déc. 1898 ;

375. Ce qui précède est applicable au cessionnaire des droits successifs. — V. Dict. réd., vo *Succ.*, n° 2025, Garnier, Rép., *eod. vo*, n° 1310 ; Maguéro, *eod. vo*, n° 528 ; Cass., 29 nov. 1865 ;

376. Si c'est parce qu'ils étaient caducs ou devenus caducs ou bien avaient été refusés, ou n'avaient pas encore été acceptés à cause de la nécessité d'une autorisation que les legs dont il s'agit n'ont pas été délivrés, (sauf maintenant l'application de l'art. 19, *in fine*, L. 25. fév. 1901), ils font partie de la succession de l'héritier ou du légataire universel, ou bien encore du cessionnaire, d'après ce qui vient d'être dit ; on doit donc les comprendre dans la déclaration de leur succession. — V. Garnier, Rép., *vo Succ.*, n° 803 ; Bayonne, 3 juill. 1888 ; Marvejols, 7 août 1890 Cass., 22 juill. 1891 ; Dieppe, 3 mars 1892 ; Cpr., E. Naquet, *op. cit.*, II, n° 866 ;

377. Et, surtout, le legs fait à un établissement sans existence légale. — V. Cass., 22 juill. 1891 ;

378. Si les sommes déductibles excèdent la valeur imposable des biens recueillis par l'héritier ou légataire universel, etc., dans la succession du testateur, la déduction sur sa propre succession n'a lieu que dans la limite de cette valeur et jusqu'à due concurrence. — V. Mirande, 12 juill. 1882 ; à moins que la Régie ne fasse la preuve positive d'omission dans la déclaration souscrite au décès du testateur. — V. ci-après, n° 1008.

379. Au surplus, et pour le répéter en généralisant sur toutes ces espèces et autres analogues, ce qui, avant la loi du 25 fév. 1901, n'aurait pu faire l'objet d'une distraction, est désormais déductible comme dette, si, bien entendu, les conditions légales de la déduction à ce titre sont réunies.

380. Jugé que, lorsqu'un donataire entre-vifs a été chargé par l'acte de donation de remettre à un tiers y dénommé, au cas où il survivrait au donateur, une certaine somme, il y a donation secondaire et il s'opère deux transmissions successives, l'une entre-vifs, du donateur au donataire, l'autre par décès, du donateur au tiers, donnant ainsi respectivement ouverture à un droit de mutation distinct. — V. Garnier, Rép., vo *Donation*, n° 256 ; Cass., 21 mars 1860 ; Bar-sur-Seine, 8 juill. 1869 ; Cass., 5 mars 1872 ; Saint-Gaudens, 25 juin 1884 ; Marvejols, 2 déc. 1886 ; Angoulême, 14 août 1888 ; Neufchâtel, 11 juin 1890 ; Sol., 23 juin 1880.

381 La donation entre époux de biens présents constitue une véritable donation entre-vifs, quoiqu'elle soit révocable ; les biens ainsi donnés sont donc sortis du patrimoine du défunt et n'y sont pas rentrés, s'il est mort sans avoir révoqué sa donation. — V. Cass., 31 août 1853 ; Sol. 27 oct. 1877 ;

382. Au contraire, les donations de biens présents et à venir sont des donations non entre-vifs, mais subordonnées au prédécès du donateur et n'opérant l'exigibilité du droit de mutation que par ce prédécès. Néanmoins s'il se trouvait que le droit eût été perçu sur le contrat de mariage, il devrait en être tenu compte dans la déclaration. — V. Cass., 24 déc. 1821, 13 avril 1825 et 8 déc. 1826 ; I. G., 1173, § 6 ;

383. A plus forte raison la donation de biens à venir seulement ; les biens qu'elle a pour objet sont donc à déclarer. — V. Seine, 4 nov. 1901 ;

384. — 2ent. Les biens qui ont appartenu au défunt par *indivis*, mais qui sont échus en totalité dans un partage, à un copropriétaire de celui-ci. — V. Cass., 7 flor. an X ;

385. — 3ent. Les biens *vendus*,

Même par acte sous seing privé égaré, et quoique l'acheteur n'eût pas encore pris possession. — V. Valence, 10 déc. 1833 ;

Mais non par vente verbale. — V. Toul. 24 août 1848, Condom, 24 févr. 1881 ;

Décision qui nous paraît, du reste, beaucoup trop absolue ; qu'importe, en effet, que la vente soit verbale, si l'on peut régulièrement l'établir au regard de l'Administration ? — V. *Jour. de l'Enreg.*, n° 21695 ;

386. A plus forte raison n'y a-t-il pas besoin que les formalités de dessaisissement à l'égard des tiers aient été remplies ; par exemple :

Annonces dans les journaux, pour les cessions de fonds de commerce (à Paris) ;

Enregistrement à la préfecture, pour les brevets d'invention ;

Mutation en douane, pour les navires ;

Signification d'un transport ;

Transcription d'une aliénation immobilière.

387. Toutefois, on verra tout à l'heure qu'il en est autrement du transfert de valeurs mobilières nominatives.

388. Décidé que, si les enfants administrateurs d'un interdit ont aliéné sans autorisation une partie de ses biens avant son décès, ils ne sont pas tenus, malgré l'irrégularité, de faire figurer les biens ainsi aliénés dans leur déclaration de succession, sauf à y comprendre le prix ou la portion du prix qui aurait encore été dû lors du décès. — V. Dict. réd., v° *Succ.*, n° 1376; Garnier, Rép., *eod.* v°, n° 835; Dél., 29 oct. 1812; Sol., 16 juill. 1812, I. G., 977;

389. Jugé que les sommes versées pour annuités au Crédit Foncier par l'acquéreur d'un immeuble sur lequel cette société possède une inscription, ne font pas partie de la succession de cet acquéreur et ne doivent pas être comprises dans la déclaration de sa succession.— V. Loches, 29 juin 1906.

390. Reste donc soumis au droit de mutation par décès :

391.—1° Les biens dont l'*aliénation*, quoique décidée et même ordonnée antérieurement au décès, n'a eu lieu, n'a été exécutée que depuis. — V. Déc. min. Fin., 13 août 1814:

392. Par exemple, lorsqu'un titre nominatif de rente sur l'Etat est remis à un agent de change pour être vendu, il ne cesse d'appartenir légalement au titulaire que par son transfert réel, le transfert d'ordre signé de l'agent de change ne suffisant pas pour opérer la mutation. — V. Cass., 13 nov. 1867 (S., 67. 1. 422); Saint-Etienne, 31 déc. 1867, 5 juill. 1872 (D., 72. 1. 71), 20 juin 1876; Seine, 29 déc. 1882; Besançon, 25 juin 1890 (D., 91. 5. 237); Soissons, 9 juill. 1890; Déc. min. Fin., 4 nov. 1865; Sol., 6 mars 1879, 29 avril 1897;

La cession en eût-elle été constatée par un acte sous seing privé et même notarié. — V. Garnier, Rép., v° *Succ.*, n°s 908-12, 913; Maguéro, *eod.* v°, n° 111; Cass., 3 juill. 1872 (D., 72. 1. 71); Seine, 15 janv. 1904;

393. Il en serait également ainsi, suivant une déc. min. Fin., 4 nov. 1865, pour d'autres valeurs nominatives inscrites sur les registres d'une société, d'un département ou d'une commune, malgré l'existence de déclarations ou notes du défunt qu'elles ne lui appartenaient pas et ne lui avaient été remises qu'en nantissement, ou prêtées pour constituer ses actions d'administrateur ou son cautionnement, etc.; à plus forte raison, nonobstant une reconnaissance de la veuve ou des héritiers, fût-ce dans un partage judiciaire homologué; attendu que tout cela se résout en des contre-lettres et que la Régie est un tiers à qui elles ne sont pas opposables (C. civ., art. 1321). — V. Seine, 28 juin 1849, 30 nov. 1877, 29 déc. 1882; Vienne, 5 déc. 1889; Cass., 15 janv. 1890; I. G., 2791, § 2;

Donc, même si une déclaration de transfert avait été souscrite par le *de cujus* au profit d'un tiers, mais sans date certaine ni exécution antérieurement au décès. — V. Dieppe, 25 oct. 1894; *Contrà* : Nancy, 7 avril 1875; Toul, 12 août 1879;

Pourtant, cette rigueur est bien obligée de s'arrêter devant l'emploi d'autres modes de transmission qu'un transfert, si les statuts en prévoient, de sorte que, sans transfert proprement dit, le défunt s'était déjà, d'après les statuts, juridiquement dessaisi de la propriété des valeurs restées encore à son nom.— V. Maguéro, v° *Succ.*, n° 112.

394. — Par exemple encore, un navire en construction;

V. Navires;

395. Un portrait commandé à un artiste, car, même terminé, il reste la propriété de celui-ci tant qu'il n'a pas été livré. — V. Paris, 2 déc. 1897 (D., 98. 2. 465); Cass., 14 mars 1900 (D., 1900. 1. 497);

396. Plus généralement, les choses futures, à fabriquer par le vendeur, s'il fournit la matière en même temps que son travail, dans ce qu'on appelle les ventes à livrer. — V. Lyon-Caen et Renault, *Droit comm.*, V. n° 153;

397. Enfin, lorsque, par une clause particulière très licite, les parties sont convenues de retarder, jusqu'à une époque non encore arrivée, le transfert de la propriété d'une chose aliénée.

398. Réciproquement, l'entrepreneur ou le le vendeur en est propriétaire et ils devraient être compris dans la déclaration de sa succession.

399. Observons, sur ce qui précède, que la promesse unilatérale de vente n'équivaut pas à une vente comme la promesse synallagmatique; par conséquent, si l'exécution n'en a pas été demandée avant le décès du promettant, le bien qu'elle a pour objet fait toujours partie de la succession de ce dernier et est à déclarer. — V. Dict. réd., v° *Succ.*, n° 1365; Garnier, Rép., *eod.* v°, n° 870; le Mans, 21 avril 1859; Seine, 12 janv. 1867; Sol., 17 juin 1874;

400. — 2° Les biens livrés en *antichrèse*, parce qu'ils n'ont pas cessé d'appartenir au débiteur. — V. Seine, 29 déc. 1825;

Ainsi, et pour la même raison, que les objets et valeurs remis en gage ou nantissement. — V. Lesparre, 2 déc. 1897 (D., 99. 2. 134);

Même sous forme de vente simulée. — V. Cass., 27 fév. 1877;

401. — 3° Ceux dont le défunt a fait *cession volontaire* ou *judiciaire* à ses créanciers et qui ne sont pas encore vendus, une telle cession ne constituant, en réalité, qu'un mandat. — V. Dict. réd., v^is *Abandon*, n° 19, et *Succ,*, n° 1337; Garnier, v^is *Abandon*, n°s 6-2, et *Succ.*, n° 674; Maguéro, v° *Succ.*, n° 1337; Cass., 3 vent. an XI et 27 juin 1809; Grenoble, 31 août 1840;

Par conséquent, avec les fruits et revenus dont les créanciers sont simplement détenteurs lors du décès, sans les avoir encore appliqués à leurs créances. — V. Dic. réd., v° *Succ.*, n° 1339; Garnier, *eod.* v°, n° 676; Maguéro, *eod.* v°, n° 122; Grenoble, 20 juill. 1843 (S., 44. 2. 639); Cpr., Cass., 4 sept. 1819;

Mais, si la vente était accomplie lors du décès, peu importe que le prix n'eût pas encore été distribué, il appartient désormais non au défunt, mais à ses créanciers ;

Toutefois, si, après le règlement, une partie du prix se trouvait revenir à la succession, l'excédent en dépendrait, et le droit de mutation par décès serait exigible sur cette portion ;

Le tout, déduction faite des dettes, d'après le nouveau régime de la loi du 25 fév. 1901 ;

402. — 4° Les biens dont le défunt se serait réservé la *faculté de disposer*, au cas prévu par l'art. 946 C. civ., s'il est décédé sans avoir usé de cette faculté ;

S'il en avait disposé par acte de dernière volonté, le bénéficiaire devrait naturellement le droit de mutation par décès. — V. Cass., 17 août 1831 : I. G., 1388-2° ;

403. — 5° Les biens non encore réalisés d'un *failli*, la faillite ne le dessaisissant que de l'administration, mais lui laissant la propriété. — V. Dict. réd., *v°* *Succ.*, n° 1355 ; Garnier, *eod. v°*, n° 831 ; Maguéro, *v° Faillite*, n°ˢ 3 et 86, et *v° Succ.*, n° 374 ; Rouen, 5 mai 1847 ; Bourgoin, 14 août 1847 ; Cass., 2 déc. 1862 ; Reims, 11 fév. 1863 ; Seine, 19 août 1864 ; Cass., 9 nov. 1904 ; I. G., 2244, § 3 ;

Même en état d'union. — V. Grasse, 15 juin 1892 ; Aix, 19 juin 1893 ; Bordeaux, 17 nov. 1902 ;

À plus forte raison, les biens d'un liquidé judiciairement ;

Sauf déduction, conformément à la loi du 25 fév. 1901, des dettes qui subsistent, et spécialement, sans autre justification, de toutes les dettes affirmées devant le juge-commissaire ;

404. — 6° Les biens que le défunt aurait ordonné de *vendre après son décès*, pour le prix à en provenir être employé au paiement des legs particuliers faits par lui jusqu'à due concurrence, et pour le surplus être donné aux pauvres, etc. — V. I. G., 1388, § 5 ;

Ou pour servir à l'extinction de ses dettes. — V. Dél , 11 nov. 1834 ;

405. — 7° Ceux *vendus verbalement*, comme il a été dit ci-dessus, mais sous les réserves que nous avons exprimées.

Biens sortis par le fait même du décès.

406. Ce sont :

407. — 1° Les biens donnés au défunt, mais seulement sous la réserve d'un droit de *retour conventionnel* au cas, se réalisant, de prédécès du donataire au donateur ; car ils reviennent au donateur par l'effet même d'une condition qui, rétroagissant, fait qu'il est réputé n'avoir jamais cessé d'en être propriétaire, de sorte qu'aucune transmission ne s'opère à son égard ; à plus forte raison, n'y en a-t-il pas non plus du défunt à ses héritiers ; le droit de mutation par décès ne peut donc pas être exigible. — V. Dict. réd., *v° Retour*, n° 122 ; Garnier, Rép.,

eod. v°, n° 18 ; Maguéro, *eod. v°*, n° 27 ; G. Demante, *op. cit.*, II, n° 739 ; Déc. min. Fin., 29 déc. 1807 ; Dél., 25 juin 1822 ; I. G., 366, § 18. — V. cepend. Seine, 17 juill. 1891 ;

Même si le donateur au profit de qui s'opère le retour est l'héritier même du donataire. — V. Dict. réd., *v° cit.*, n° 123 ; Garnier, *Rép.*, *v° cit.*, n° 19 ;

408. Par conséquent, s'il s'agit d'une somme donnée de cette manière, elle doit être déduite de l'actif dans la déclaration générale. — V. Lodève, 22 mars 1872 ;

Mais non le bien héréditaire qui serait donné en paiement. — V. Seine, 17 juill. 1891 ;

409. On admet aussi la déduction de la valeur des biens soumis à une telle clause de retour, même lorsqu'ils ne se retrouvent plus en nature. — V. Dict. réd., *v° Retour*, n° 125 ; Garnier, *Rép., eod. v°*, n° 28 ; Maguéro, *eod. v°*, n° 31 ; Lodève, 22 mars 1872 ; Beaune, 10 juill. 1882 ; Sol., 19 sept. 1883 ; *Contrà* : Sol., 6 oct. 1880 et 5 fév 1881,

410. Au contraire, les biens qui font l'objet d'un retour légal, étant dévolus à titre de succession, sont passibles du droit de mutation par décès. — V. Demante, *op. cit.*, II, n° 740 ; E. Naquet, *op. cit.*, II, n° 1009 ; Cass., 28 déc. 1829 ; Déc. min. Fin., 29 déc. 1807 ; Dél., 22 nov. 1839 ; I. G., 366, § 17, 1307, § 11, 1615, § 5 ;

411. — 2° Les biens que le défunt ne détenait qu'à titre de *substitué*, conformément aux art. 897, 1048 et s., C. civ.

APPENDICE

Biens qu'il a été décidé ne pas appartenir au défunt.

412. — 1° Relativement à la succession d'une femme mariée :

413. L'immeuble acquis par une femme mariée sous le régime dotal avec société d'acquêts en son nom personnel, à titre de remploi anticipé d'une aliénation avant la réalisation de laquelle elle décède ; cet immeuble n'étant pas alors devenu un propre pour la femme, mais dépendant de la société d'acquêts et la nullité du remploi étant alors opposable à la Régie ;

De sorte que ledit immeuble n'a pas à figurer du tout dans la déclaration, en cas de renonciation à la société d'acquêts. — V. Cass., 24 nov. 1852 (S., 52. 1. 798 ; D., 52. 1. 325) ; I. G., 1982, § 4 ;

Mais, lorsqu'une femme dotale, sans société d'acquêts, a acheté des immeubles en son nom personnel, avec déclaration que le prix en serait payé au moyen de l'aliénation ultérieure de valeurs dotales, ces immeubles lui appartiennent exclusivement, sauf la dette du prix, quoique les valeurs n'aient pas été réalisées. — V. Cass., 19 déc. 1871 (S., 71. 1. 192 ; D., 72. 1. 77) ; Tarascon, 14 nov. 1890 ;

414. Un titre de rente sur l'Etat, acheté en remploi pendant le mariage, mais immatriculé au nom du mari sans déclaration de remploi, fait partie de la communauté existant entre les époux. — V. Angers, 2 juin 1877;

415. L'immeuble dont la femme était copropriétaire par indivis et qui a été acquis conjointement par elle et son mari, si ses héritiers l'ont, dans une liquidation, fait entrer comme acquèt de communauté dans l'abandonnement fait au mari. — V. Dél., 27 sept. 1833; I. G., 1446. § 4;

Autrement, et plus généralement, l'immeuble acquis par deux époux conjointement à titre de licitation ou autrement, alors que l'un d'eux en était déjà copropriétaire par indivis, devient un propre de celui-ci et dépend de sa succession, en cas de décès, sauf à indemniser la communauté de la somme qu'elle a fournie pour cette acquisition (C. civ., art. 1408). — V. Sables-d'Olonne, 17 août 1862; Bourganeuf, 21 déc. 1865;

Que l'indivision subsiste encore ou non avec d'autres. — V. Cass., 30 janv. 1865;

Aux termes du même art. 1408, lorsque le mari devient seul, et en son nom personnel, ou au nom de la communauté, acquéreur ou adjudicataire de portion ou de la totalité d'un immeuble appartenant par indivis à la femme, cette dernière, lors de la dissolution de la communauté, a le choix ou d'abandonner l'effet à la communauté, laquelle est alors débitrice envers la femme de la portion appartenant à celle-ci dans le prix, ou de retirer l'immeuble, en remboursant à la communauté le prix de l'acquisition;

Si la femme meurt sans avoir exercé son option, sa déclaration de succession doit comprendre la portion qui lui revient en qualité de commune en biens, plus, s'il y a lieu, l'indemnité résultant pour elle de la cession de sa part indivise; en sens inverse, si c'est le mari qui prédécède, sa succession comprend soit partie de l'immeuble, soit la totalité en cas de renonciation à la communauté. — V., en sens divers, Cass., 31 mars 1835; Largentière, 6 fév. 1872; Versailles, 25 juill. 1882; I. G., 1490, § 7:

Les héritiers de la femme peuvent exprimer dans la déclaration leur intention de ne pas opérer le retrait dont il s'agit. — V. Toulouse, 27 janv. 1894; Sol., 18 sept. 1895, 24 août 1898;

416. La portion ne revenant pas à la femme défunte, soit à titre de propre, soit pour sa part dans les biens de communauté, d'un immeuble provenu d'échange fait pendant le mariage contre un propre de cette femme, parce que celle-ci avait limité l'effet du remploi à une partie seulement de l'immeuble acquis; la Cour ayant statué que l'art. 1407 C. civ. ne s'oppose pas à ce qu'une telle limitation soit faite au moment du contrat ou à la dissolution de la communauté. — V. Cass., 31 juill. 1832; I. G., 1414, § 3.

417. — 2° Relativement à la succession d'un mari :

418. L'immeuble acquis pendant la communauté en remploi de deniers appartenant à la femme comme lui provenant de la licitation d'un immeuble dont elle était copropriétaire par indivis. — V. Dél., 27 janv. 1832;

419. La part afférente à la femme dans des biens acquis par elle et son mari, à titre onéreux, chacun pour une portion déterminée, par leur contrat de mariage stipulant l'adoption du régime de la communauté, malgré la renonciation par cette femme à la communauté. — V. Strasbourg, 29 août 1836; Dél., 29 nov. 1836.

420. — 3° Relativement à la succession de l'un ou de l'autre, suivant le cas :

421. Les biens de la communauté sans exception, lorsque la totalité de cette communauté est attribuée au survivant par contrat de mariage. — V. ci-dessus, n°s 39 et s.;

422. Et les sommes versées à la Caisse des dépôts et consignations, après offres réelles, que celles-ci aient été validées ou non. — V. E. Naquet, *op. cit.*, II, n° 998.

CHAPITRE II.

Biens à ne point distraire quoique n'appartenant pas ou pouvant cesser d'appartenir au dé.unt.

1^{ent} PROPRIÉTÉ APPARENTE

423. Les biens dont le défunt n'était que *propriétaire apparent*, n'en doivent pas moins sous le bénéfice des réserves que nous allons faire plus loin (n° 440), être compris dans la déclaration de sa succession, parce que le droit de mutation est exigible d'après la possession telle qu'elle se manifeste extérieurement; or, la possession à titre de maître fait présumer la propriété. — V., G. Demante, *op. cit.*, II, n° 684; Dict. réd., v° *Succ.*, n° 1483; Garnier, Rép., *eod.* v°, n° 908; E. Naquet, *op. cit.*, II, n° 993: Saint-Girons, 21 déc. 1849; Cass., 9 avril 1866, 13 mars 1867, 22 févr. 1869, 5 déc. 1871, 20 juin et 21 août 1876 (S., 77. 1. 450), 11 avril et 18 juill. 1877; Seine, 29 déc. 1882; Lyon, 31 juill. 1883; Cass., 18 août 1884, 7 déc. 1886; Dieppe, 17 mai 1888; Cass., 18 juill. 1892; Moulins, 11 janv. 1894; Dieppe, 25 oct. 1894;

424. Il en est ainsi, par exemple, lorsque le défunt a fait inscrire un immeuble au rôle des contributions et les acquittait. — V. Dict. réd., v° *Succ.*, n° 1483; Saint-Girons et Dieppe, précités.

425. A plus forte raison, la production par la Régie d'un acte formant titre de propriété au nom d'une personne décédée, suffit pour justifier sa réclamation du droit de mutation par décès. — V. Le Puy, 12 août 1880; V. toutefois Largentière, 24 juin 1886.

426. Elle n'a pas égard à la déclaration de mutation verbale que ferait un acquéreur postérieurement au décès. — V. Condom, 24 févr. 1881 ;

Ni, à plus forte raison, à la simple déclaration des héritiers. — V. Toul, 24 août 1848 ; Montmorillon, 12 févr. 1891 ; Cass., 18 juill. 1892 ;

Ni à de simples notes ou remarques émanées du défunt. — V. Cass., 20 juill. 1855 ; Grenoble, 13 août 1891 ;

427. Aussi, n'admet-elle pas le prélèvement de valeurs nominatives ou de créances au nom du défunt, lorsque des tiers prétendent établir qu'elles leur appartiennent en totalité ou pour partie, au moyen de papiers domestiques. — V. Garnier, Rép., v° *Succ.*, n°s 908-4 et 12 ; Seine, 28 mars 1849, 17 mars 1853 ; Bordeaux, 4 févr. 1854 ; Dinan, 5 févr. 1858, 8 avril 1862 ; Amiens, 18 mars 1868 ; Seine, 20 et 30 nov. 1877, 29 déc. 1882 ; Vienne, 5 déc. 1889 ; Cass., 18 juill. 1892 ; Déc. min. Fin., 24 nov. 1831, 4 nov. 1865.

Il faudrait pourtant excepter les valeurs ainsi inscrites par erreur ! — V. Seine, 15 janv. 1904 ; Cpr., Agen, 22 déc. 1904.

428. Jugé néanmoins qu'un titre de rente sur l'État donné à la Banque de France en nantissement d'avances et transféré au nom de cet établissement, restait la propriété du débiteur et devait être compris dans la déclaration de la succession de celui-ci. — V. Seine, 31 mars 1906 ;

429. L'Administration rejette même, comme insuffisantes, les pures allégations de copropriété émanées d'une personne demeurant avec le défunt, fussent-elles corroborées par le testament de celui-ci. — V. Autun, 15 juill. 1873.

430. Toutefois, dans les divers cas qui précèdent et autres analogues, la preuve contraire par témoins ou par présomptions, lui est opposable. — V. Seine, 15 janv. 1904 ; Saint-Omer, 8 juin 1905 ;

A la condition, a-t-il été jugé, d'un commencement de preuve par écrit. — V. Cass., 20 juin 1876 (S., 77 1. 450) ;

431. Ainsi que la reconnaissance judiciaire du fait, même postérieure au décès qui fait tomber la présomption de propriété résultant de la possession. — V. Cass., 28 janv. 1890 ; *Contrà :* Seine, 26 janv. 1842 ; Cass., 9 avril 1866 ; Toulouse, 14 juin 1883 ; Vienne, 5 déc. 1889 ;

432. Signalons maintenant quelques points particuliers :

433. On a toute faculté de prélever les valeurs mobilières dont le défunt, tel qu'un agent d'affaires, un banquier, un notaire, etc., n'aurait été que détenteur pour le compte d'autrui. — V. Dict. réd., v° *Succ.*, n° 1540 ; Garnier, Rép., *eod.* v°, n° 910 ; Maguéro, *eod.* v°, n° 116 ; Seine, 1er août 1868 ; Marseille, 11 août 1879 ; Pontoise, 30 avril 1894 ; Bordeaux, 22 févr. 1899 ; La Réole, 20 déc. 1901 ; Sol., 20 avril 1900 ;

434. De même, lorsqu'un banquier décède laissant en portefeuille des effets à recouvrer qui lui ont été endossés « valeur en compte », cette mention ne transfère pas nécessairement la propriété, puisqu'elle n'indique pas la valeur fournie et il se peut qu'elle n'ait eu pour objet que de permettre au banquier le recouvrement des effets pour le compte de l'endosseur ; le fisc n'est donc pas fondé à exiger qu'ils soient compris dans la déclaration, si les héritiers offrent de justifier, par les livres et papiers domestiques de leur auteur, qu'il n'y avait pas réellement transfert des effets, mais simple mandat de les toucher. — V. Provins, 6 août 1891 ;

435. Obligée de s'incliner dans ces cas de gens d'affaires, la Régie, sans s'y refuser absolument, se montre très difficile pour admettre qu'un particulier ait été simplement dépositaire de titres au porteur trouvés chez lui ou déposés en son nom dans une banque. — V. Seine, 1er août 1868, Marseille, 11 avril 1879 ; Cpr., Paris, 14 janv. 1868 ;

La preuve qu'il en est bien ainsi est naturellement recevable, mais les tribunaux exigent d'habitude des précisions telles, qu'en fait elle se trouve, le plus souvent, très difficile, sinon impossible, à établir. — V. Pontoise, 30 avril 1894 ; La Réole, 20 déc. 1901 ; Saint-Omer 8 juin 1905 ; Sol., 20 avril 1900.

436. Doit être déclaré, comme appartenant au défunt, un immeuble qu'il n'aurait acquis qu'à titre de prête-nom — V. Dict. réd., v° *Succ.*, n° 1465 ; Garnier, Rép., *eod.* v° n°s 908-7 ; Maguéro, *eod.* v°, n° 104 ; E. Naquet, *op. cit.*, II, n° 933 ; Cass., 8 déc. 1871 ; Seine, 30 janv. 1875 ; Cass., 11 avril 1877, I. G., 2434, § 3 ;

Eût-il déclaré dans le contrat qu'il achetait en son nom, mais pour le compte d'un tiers, soit, par exemple, d'un établissement religieux, si cette déclaration n'a pas été acceptée par celui-ci avant le décès. — V. Dict. réd., v° *Succ.*, n° 1474 ; Cass., 11 avril 1877 ; Lyon, 31 juill. 1883 ; Cass., 18 août 1884 ; *Contrà :* Déc. min. Instr. pub., 29 sept. 1877 ;

Soit d'une société dépourvue d'existence légale. — V. Dict. réd., v° *Succ.*, n° 1468 ; Garnier, Rép., *eod.* v°, n° 908-7 ; Maguéro, *eod.* v°, n°s 105 et 106 ; Cass., 8 juill. 1839, 26 nov. 1855, 17 nov. 1857, 4 déc. 1865, 13 nov. 1872, 18 juill. 1892 ; Moulins, 11 janv. 1894.

437. Il n'en est pas de même d'une acquisition faite avec réserve de déclarer command ; en ce cas, l'acceptation de la déclaration faite par le *de cujus* pourrait avoir lieu après son décès. — V. Dict. réd., v° *Succ.*, n° 1466 ; Garnier, Rép., *eod.* v°, n° 826 ; Maguéro, *eod.* v°, n° 104 ; Cass., 5 déc. 1871, 11 avril 1877 ;

Réciproquement, les héritiers d'une personne désignée en qualité de command, mais qui est décédée avant d'avoir accepté, peuvent accepter la déclaration, ce qui fait passer l'immeuble dont il s'agit dans les biens à déclarer par eux. — V. Dict. réd., *v°* *Succ.*, n° 1468; Garnier, Rép., *eod. v°*, n° 908;

438. A la déclaration de command se rattache le mandat.

Le bien acquis par un mandataire, même en vertu d'un mandat simplement verbal, appartient au mandant et doit, par conséquent, être compris dans la déclaration de sa succession. — V. Dict. réd., *v°* *Succ.*, n° 1274; Baume-les-Dames, 25 mars 1869;

Il en est de même de celui vendu par un mandataire après la mort de son mandant, et dans l'ignorance de cet événement, puisqu'il faisait encore partie du patrimoine du mandant au moment du décès de celui-ci. — V. Dict. réd., *v°* *Succ.*, n° 1375; Déc. min. Fin., 13 août 1814.

439. L'immeuble acheté par un portefort lui appartient tant que le tiers pour lequel il s'est porté fort n'a pas pris l'acquisition pour son compte. — V. Dict. réd., *v°* *Succ.*, n° 1268; Maguéro, *eod. v°*, n° 107; Mirecourt, 22 fév. 1850; Sol., 25 juin 1875;

Son acceptation résulterait notamment du paiement qu'il ferait du prix. — V. Cass., 15 mai 1822;

Jugé spécialement, au cas d'un frère majeur qui a acquis un immeuble tant pour lui que pour son frère mineur, en s'en portant fort, et est décédé avant la ratification de ce dernier, que cet immeuble dépend entièrement de sa propre succession. — V. Mirecourt, précité;

440. Dans ce qui précède, nous avons surtout rapporté la théorie de la propriété apparente, telle qu'elle a été *inventée* par l'Administration; on remarquera qu'elle est parfois inconciliable avec la théorie des biens rentrés dans l'hérédité, qui feront l'objet du chapitre suivant; la vérité juridique, à nos yeux, est que l'art. 4, L. 22 frim., an VII, n'atteint que les *transmissions* de propriété, c'est-à-dire les mutations *réelles*, *effectives*, et non les *présomptions*, les *fictions*; de sorte que l'impôt est dû une seule fois, et uniquement par le propriétaire *réel*.

2^{eut} BIENS N'APPARTENANT AU DÉFUNT QUE SOUS CONDITION RÉSOLUTOIRE

441. Ils n'en étaient pas moins à lui, car, entre deux ayants droit, l'un sous condition suspensive, l'autre sous condition résolutoire, c'est ce dernier qui est propriétaire; les biens affectés d'une condition résolutoire font donc partie de son patrimoine et doivent être déclarés. — V. G. Demante, *op. cit.*, II, n° 685;

442. Les biens *acquis à réméré* sont, par conséquent, soumis au droit, quoique le délai du réméré coure encore à l'époque du décès. — V. Bernay, 30 sept. 1844; Déc. min. Fin., 28 août 1834; Dél., 15 juill. 1834; I. G., 290, 34;

La faculté de rachat eût-elle été exercée de-puis, antérieurement à la déclaration. — V. Bernay, 30 sept. 1844; Déc. min. Fin., 28 août 1834; Dél., 15 juill. 1834; I. G., 290, § 34;

Sauf alors à payer le droit non plus sur les biens mêmes, mais sur les sommes à rembourser par le vendeur. — V. G. Demante, *op. cit.*, n° 685; Sol., 9 janv. 1894; *Contrà* : Déc. min. Fin., 13 frim. an XIII;

443. La revente sur *folle enchère* résout rétroactivement la propriété du fol enchérisseur, qui, par conséquent, ne transmet pas la propriété des biens fol enchéris. — V. Cass., 2 fév. 1819; Seine, 10 mars 1836; Dél., 21 juill. 1836;

444. Si donc la revente a lieu après le décès seulement du fol enchérisseur, mais dans le délai accordé pour la déclaration, le droit de mutation n'est pas dû sur le bien fol enchéri. — V. G. Demante, *op. cit.*, I, n° 194; Dict. réd., *v°* *Succ.*, n°s 1259 et 1262; Garnier, Rép., *eod. v°*, n° 833 *ter*; Maguéro, *eod. v°*, n° 139; Cass., 2 fév. 1819; Seine, 18 mars 1836; Gap, 25 août 1852; Cass., 15 mars, 24 août 1854, 15 déc. 1862 (S., 63. 1. 57); Dél., 21 juill. 1837; *Contrà* : Cass., 14 fév. 1825, arrêt qui s'explique par les circonstances particulières de la cause (les héritiers avaient fait acte de propriétaires) et ne déroge pas à la doctrine des autres arrêts que la Régie accepte toujours comme règle de perception. — V. I. G., 1166, § 9;

445. Lorsque la revente n'a pas encore eu lieu dans ce délai et que les héritiers poursuivis payent, le droit est définitivement acquis au Trésor par la perception. — V. Dict. réd., *v°* *Succ.*, n° 1260; Garnier, *eod. v°*, n° 833 *ter*; Cass., 14 fév. 1825;

446. Si, en fait, ils n'ont pas encore payé lorsque la revente a lieu, M. G. Demante enseigne, même dans ce cas, qu'ils sont désormais quittes du droit de mutation par décès, car, dit l'éminent professeur, après la résolution de la propriété de leur auteur, il n'existe plus contre eux ni cause, ni base de perception. — V. aussi Dict. réd., *v°* *Succ.*, n° 1259; Garnier, Rép., *eod. v°*, n° 833 *ter*; Maguéro, *eod. v°*, n° 139; Cass., 28 janv. 1890 (S., 90. 1. 225); Cpr. Sol., 12 janv. 1896.

447. Les mêmes principes sont applicables à la *surenchère*.

Strictement, l'immeuble surenchéri est encore dans la succession de l'acquéreur mais seulement sous une condition résolutoire éventuelle qui produira, le cas échéant, un effet rétroactif; l'immeuble n'est donc à déclarer que pour mémoire. — V. Dict. réd., *v°* *Succ.*, n° 1262; Garnier, Rép., *eod. v°*, n° 863; Maguéro, *eod. v°*, n° 140; Cass., 7 déc. 1868; Cass., 28 janv. 1890 précité : Sol., 12 janv. 1896.

En cas de surenchère du dixième par des créanciers inscrits sur un immeuble acquis par le *de cujus*, il y a lieu de comprendre comme créances, dans la déclaration de sa succession, les frais et loyaux coûts à lui rembourser (C. civ., art. 2188), ainsi que les fruits courus à son profit. — V. Sol., 6 nov. 1896.

APPENDICE

Biens qu'il a été décidé appartenir au défunt.

448. L'immeuble acquis en remploi par une femme commune en biens, quoique le prix fût encore dû. — V. Cass., 6 janv. 1858 ; I. G., 2118, § 4 ;

449. L'immeuble grevé d'une créance dotale, acquis par une femme en son nom personnel, avec l'autorisation de son mari, quoiqu'il n'eût pas été déclaré expressément dans le contrat que l'acquisition était faite en remploi et, par conséquent, pour constituer un propre. — V. Cass., 18 oct. 1808 ;

La portion d'un immeuble dotal dont la *de cujus* était copropriétaire par indivis, acquise par le mari seul ; ce dernier devant être considéré comme ayant stipulé pour elle, en vertu d'un mandat tacite, l'art. 1408, 2e al., C. civ., n'étant pas dès lors applicable. — V. Cass., 17 fév. 1886 (S., 86. 1. 161) ; *Contrà* : Largentière, 6 févr. 1872 ; Lyon-Caen, *Ibid.*

450. Lorsqu'un héritier bénéficiaire vient à décéder avant d'avoir réalisé tout l'actif de la succession ainsi acceptée ou sans avoir rendu son compte, ses représentants doivent payer le droit sur les biens non convertis en argent et sur ce qu'il détient de fonds, parce qu'en réalité le tout lui appartient. — V. Seine, 23 août 1850 ; Cass., 11 août 1869 (S., 69. 1. 477) ; Dél., 26 sept. 1832 ; I. G., 2394, § 3 ;

Sans pouvoir s'affranchir de cette obligation par une acceptation sous bénéfice d'inventaire de la propre succession de l'héritier bénéficiaire. — V. Seine, 24 mai 1872 ;

Mais maintenant sauf déduction des charges subsistant encore.

CHAPITRE III

Biens à ajouter.

451. Ce sont, d'abord, ceux qui appartenaient au défunt quoiqu'on en ignorât l'existence :

452. Ainsi, l'acquisition faite par un mandataire, qu'il ait été constitué par acte ou verbalement, est toujours accomplie pour le compte exclusif du mandant ; celui-ci venant à mourir avant de la connaître, l'immeuble acheté doit donc être compris dans la déclaration de la succession. — V. Baume-les-Dames, 25 mars 1869 ;

Même si le mandataire l'avait revendu après le décès, dans l'ignorance de la mort du mandant. — V. Déc. min. Fin., 13 août 1814 ;

453. De même il faut faire figurer dans la déclaration l'immeuble qui aurait été acquis secrètement par le défunt. — V. Dict. réd., vo *Succ*, no 1276 ; Garnier, Rép. *eod.* vo, no 839 ; Maguéro, *eod.* vo, no 108 ; Cass.,

8 mai 1826 ; Dieppe, 7 mars 1834 ; Cass., 18 nov. 1835 ; Morlaix, 4 mars 1847 ; Cass., 9 avril 1866 : I. G., 1200, § 13, 1209, § 13, 1513, § 5, 2349, § 1er ;

454. Ce sont, ensuite, les biens qui entraient ou rentreraient dans l'hérédité postérieurement au décès, et, par là même, donnent ouverture au droit de mutation par décès ; tels, notamment :

455. — 1o La part dans la communauté de la femme qui y renonce. — V. Seine, 16 fév. 1822, 28 août 1857, 12 juill. 1873, 7 juill. 1894 ; Charolles, 18 janv. 1906.

La renonciation eût-elle été judiciairement annulée au profit d'un créancier. — V. Sol., 5 janv. 1893.

Lorsque, dans la déclaration faite après le décès du mari, les reprises de la veuve ont absorbé les biens de la communauté, l'acte ultérieur qui constate le remboursement de ces reprises en espèces par les héritiers et représentants du mari fait rentrer rétroactivement les biens de communauté dans la succession du mari et un droit de mutation complémentaire est dû sur eux, sauf déduction des reprises comme dettes. — V. Dict. réd. vo *Succ.*, no 1446, 2139 ; Garnier, Rép., *eod.* vo, no 1350 ; Maguéro, *eod.* vo, no 246 ; Verdun, 8 févr. 1887 ; Agen, 19 déc. 1889 ; Rocroi, 20 févr. 1890 ; Château-Gontier, 15 mars 1892 ; Sol., 7 août 1897 ;

456. — 2o La somme dont un *concordat* avait fait remise à un failli, mais que celui-ci paye aux héritiers du créancier, postérieurement au décès de ce dernier par exemple, pour arriver à sa réhabilitation. — V. Cass., 26 avril 1870 (S., 70. 1. 337 ; D., 70. 1. 398) ; Sol., 3 mai 1867 ; I. G., 2405, § 1er ;

457. — 3o Les biens qui font retour à l'hérédité par l'effet d'une condition résolutoire, car alors ils lui sont acquis en vertu du droit conditionnel qui appartenait au défunt ; ils se trouvent donc faire partie de sa succession. — V. E. Naquet, *op. cit.* II, no 1004.

En observant que, *pendente conditione*, un tel bien est la propriété d'un tiers, de sorte que si ce dernier vient à mourir avant l'accomplissement de la condition, ses propres héritiers doivent le comprendre dans leur déclaration.

458. Lorsqu'une semblable rentrée dans l'hérédité se produit par l'exercice d'une action en revendication ou en nullité intentée par les héritiers, des distinctions sont nécessaires.

« Si, dit M. E. Naquet, (*op. cit.* II, no 1003), l'on suppose une action en nullité, il faudra distinguer selon que le jugement qui a prononcé la nullité peut, ou non, être rangé dans la classe des jugements portant résolution pour cause de nullité radicale ? L'impôt de succession sera dû dans le premier cas ; il ne le sera pas, dans le second.

« Le jugement qui rescinde une convention

pour cause de nullité radicale n'est point, en effet, considéré comme translatif par la loi fiscale. D'où il suit, que les droits reconnus et déclarés par ce jugement ne prennent pas leur source dans la décision du juge, mais dans la préexistence de tel ou tel fait juridique antérieur au décès. Ces droits se rattachent donc à un acte accompli du vivant du défunt, et font, par conséquent, partie de la succession de celui-ci....

« Tout au contraire, le jugement qui ne prononce pas pour cause de nullité radicale est traité par la loi comme translatif. Il transfère donc les biens à l'égard desquels il a été rendu, ce qui entraîne une mutation au profit des héritiers, mutation directement imposable, qui se réalise entre-vifs, et non par le fait du décès. » — V. aussi Sol., 31 oct. 1891.

459. En conséquence, le droit de mutation par décès devient exigible sur les biens dont la vente qu'en avait faite le défunt est judiciairement *annulée* pour cause de nullité radicale. — V. Cass., 30 janv. 1809, 20 août 1816 ; Seine, 12 févr. 1876 ;

Sans qu'on puisse alors prétendre imputer sur le droit de mutation par décès le droit perçu lors de la vente. — V. Cass., 30 janv. 1809 ;

Le droit de mutation n'est d'ailleurs dû qu'au taux en vigueur à l'époque du décès, et non à celui existant lors de l'annulation, au cas où il serait différent ;

Mais, lorsqu'une vente est résolue pour cause de non-paiement du prix, sur l'exercice de l'action résolutoire par les héritiers, ceux-ci ne doivent pas le droit de mutation par décès, car, en sus des raisons exprimées tout à l'heure, ils ont payé ce droit sur la créance du prix. — V. G. Demante, *op. cit.*, II, n° 685 ; Cpr., E. Naquet, *op. cit.*, II, n°s 1006 et s. ;

460. De même, la révocation d'une donation entre-vifs, pour inexécution des conditions, et prononcée sur la demande des héritiers, ne les rend pas débiteurs du droit de mutation par décès sur les biens qui font alors retour à la succession. — V. Sol., 28 oct. 1890.

461. — 4° Les biens provenant de la *réduction* de donations entre-vifs qu'en aurait faites le défunt, en cas d'excès de la quotité disponible. — V. Dict. réd., v° *Succ.*, n° 1439 ; Garnier, Rép., *eod.* v°, n° 806 ; Maguéro, *eod.* v°, n° 244 ; E. Naquet, *op. cit.*, II, n° 1008 ; Périgueux, 8 août 1891 ;

Pourvu toutefois que la réduction ait lieu contre un étranger et non contre un cohéritier. — V. mêmes autorités, G. Demante, n° 719 ; Sol., 27 fév. et 31 mars 1897 ;

Sans pouvoir alors imputer sur le droit de mutation par décès le droit perçu lors de la donation. — V. Bagnères, 18 avril 1859 ;

D'ailleurs, la Régie ne saurait d'office soulever la question de réduction, il faut que les héritiers l'aient demandée et obtenue. — V. Cass., 10 juill. 1860 (S., 60. 1. 905) ;

Si la réduction est exercée contre un cohéritier, la réduction est alors traitée comme une simple opération de partage, les biens provenus de la réduction ne sont pas considérés comme revenus dans l'hérédité proprement dite et le droit de mutation par décès n'est pas encouru. — V. G. Demante, *op. cit.*, II, n° 719 ;

A moins que ce cohéritier n'ait renoncé, auquel cas sa qualité de cohéritier a disparu, et la réduction opère comme s'il était un étranger proprement dit. — V. Bernay, 19 déc. 1849 ; Bagnères, 18 avril 1859 ; Sol., 27 fév. 1897 : *Contrà* : Périgueux, 8 août 1891.

462. Mais ce droit n'est pas exigible sur les biens *rapportés* à une succession ou sur les sommes à verser pour tenir lieu de rapport ; le rapport est traité comme une simple opération de partage et les biens qui en font l'objet ne sont pas considérés comme proprement rentrés dans l'hérédité, même en cas d'attribution à un autre cohéritier que le donataire. — V. G. Demante, *op. cit.*, II, n° 718 ; Nevers, 24 mai 1874 ; Cass., 28 oct. 1889 (S. 91., 1. 545 ; D., 90. 1. 275) ; Déc. 28 therm. an IX ; Sol. 9 mars 1872, 29 avril et 24 juin 1876 ; I. G., 3146 ; *Contrà* : E. Naquet, *op. cit.*, II, n° 1007, qui n'admet cette opinion que si les choses rapportées sont mises dans le lot de l'héritier même qui a effectué le rapport ;

463. Jugé spécialement que les dots constituées en avancement d'hoirie aux enfants communs, et rapportées à la succession du donateur doivent être déduites de l'actif héréditaire, pour la perception du droit de mutation par décès, lors même que ce rapport, au lieu d'être conservé par les héritiers, serait, dans le partage de la communauté et de la succession, attribué au conjoint survivant. — V. Seine, 15 juill. 1887 ; Cass., 28 oct. 1889 ;

464. Sauf la perception d'un droit complémentaire, au cas d'attribution du bien rapporté à un héritier qui ne serait parent du défunt qu'à un degré plus éloigné que le donataire. — V. G. Demante, *op. cit.*, II, n° 718 ;

465. Ce qui concerne la réduction et le rapport s'applique spécialement aux dons manuels. — V. Epernay, 3 août 1827 ; Dél., 26 oct. 1827 et 30 sept.-2 oct. 1845 ;

Du reste, en cas d'annulation d'un don manuel, sur lequel le droit de don manuel a été perçu, les héritiers peuvent être dispensés de payer encore le droit de mutation par décès. — V. Sol., 6 août 1881 ;

466. Le droit de mutation n'est pas dû non plus sur les biens *vendus à réméré*, l'action en réméré fût-elle même exercée après le décès, parce qu'alors il ne s'agit pas uniquement de l'effet d'une condition suspensive ; comme l'exprime très bien M. Demante, les héritiers « recueillent la faculté d'exercer le réméré ; mais cette faculté est laissée à leur libre arbitre, elle est d'ailleurs subordonnée à un remboursement onéreux ; s'ils l'exercent et s'ils en tirent profit, ce profit est le résultat d'une spéculation personnelle ». — V. Championnière et Rigaud, *op. cit.*, n° 3710 ; G. Demante, *op. cit.*, II, n° 685 ; Bernay, 30 sept. 1844 ; Déc. min. Fin., 28 août 1834 ; Dél., 15 juill. 1834 ; I. G., 290-34° ; *Contra :* I. G., 245 ; Cpr. E. Naquet, *op. cit.*, I, n° 334, et II, n° 1004 ;

Mais, si l'héritier du vendeur cède son droit de rachat moyennant un prix sous une forme quelconque, ce prix constitue un actif de la succession à déclarer. — V. Déc. min. Fin., 2 juin 1812 et 20 août 1834 ; Dél., 20 août 1834 ;

467. Plus généralement, l'impôt n'atteint les biens subordonnés à une condition suspensive que par l'événement de cette condition, parce que lui seul les fait entrer ou rentrer dans l'hérédité ; jusque-là, il n'existe qu'une simple expectative qui ne saurait suffire à la transmission, indispensable pour justifier le droit, d'une valeur actuelle. — V. G. Demante, *op. cit.*, n° 685, Cass., 26 avril 1870 ; Déc. min. Fin. 22 avril 1806 ; I. G., 2405, § 1er.

468. Remarquons enfin que la rentrée des biens dans l'hérédité doit être effective ; il ne suffirait pas, par exemple en cas de décès des héritiers primitifs du *de cujus*, et de partage entre leurs successeurs, qu'elle résultât de la fiction de l'art. 883, C. civ., d'après laquelle le partage rétroagit au jour de l'ouverture de la succession — V. Domfront, 1er déc. 1899 ;

Ou de l'effet rétroactif d'une condition suspensive, réalisée seulement après le décès d'un héritier ou d'un légataire. — V. Cass., 23 oct. 1900 ;

469. Lors donc qu'un legs de somme d'argent à été fait sous la réserve qu'elle ferait retour aux héritiers naturels du testateur en cas de décès du légataire sans postérité, il n'est dû, le cas échéant, par suite de la condition suspensive réalisée, qu'un seul droit de mutation par décès, y eût-il plusieurs successions ouvertes depuis le décès des premiers héritiers naturels laissés par le testateur jusqu'au jour du décès du légataire institué sous condition résolutoire. — V. Mâcon, 18 janv. 1893 ; Cass., 23 oct. 1900 ;

CHAPITRE IV

Biens finalement soumis à l'impôt.

470. Comme conclusion des explications qui précèdent, ce sont :

(A l'exclusion des biens sortis du patrimoine du défunt avant son décès ou par le fait même de ce décès).

Tous les biens, meubles et immeubles, corporels ou incorporels, ayant une consistance actuelle, qui appartenaient au défunt lors de son décès, ou étaient possédés par lui à titre de propriétaire, soit purement et simplement, soit même, du moins en principe, sous condition résolutoire, ainsi que ceux qui entreraient

ou rentreraient ultérieurement dans l'hérédité — et dont la propriété, la nue propriété ou l'usufruit sont transmis par l'effet du décès (LL. 22 frim. an VII, art. 4, 15 et 27 ; 28 avril 1816, 18 mai 1850, 23 août 1871, art. 3 et s., et 21 juin 1875, art. 6). — V. G. Demante, *op. cit.*, II, n° 683 ; Garnier, v° *Succ.*, n° 1821 ; Sol. 10 janv. 1893.

471. C'est d'après les principes du droit civil qu'on détermine les biens qui appartenaient ou non au défunt.

472. Au point de vue de la nationalité, le principe est que tous les biens situés ou réputés légalement situés en France sont assujettis au droit de mutation par décès, à quelques personnes qu'ils échoient, étrangers ou Français, car ils sont régis par le statut réel et doivent, par suite, les mêmes impôts ; mais, réciproquement, que les biens situés à l'étranger n'y sont pas soumis, ceux qui les recueillent fussent-ils des Français. — V. Dict. réd., v° *Étranger*, n°s 72 et 280 ; C. d'Et., 15 nov. 1806, 11 févr. 1869 ; Cass., 13 juill. 1869 ; Montpellier, 21 mars 1889 ; Cass., 26 janv. 1892 ; Lyon, 3 mars 1904 ; I. G., 290 ; V. toutefois Cass., 17 déc. 1890 ; Cpr., E. Naquet, *op. cit.*, I, n° 60 ;

On verra plus loin qu'il y a été dérogé, spécialement à l'égard des valeurs de Bourse étrangères.

473. Le droit de mutation par décès frappe donc tous les biens, meubles à assiette fixe et immeubles, situés ou réputés situés en France et appartenant à des étrangers. — V. Seine, 13 déc. 1861 ; Déc. min. Fin., 5 prair. an X ; I. G., 290, § 36 ;

Mais seulement ceux-là. — V. Dict. réd., v° *Étranger*, n° 281 ; Garnier, eod. v°, n° 76 ; Maguéro, eod. v°, n° 94 ; Cass., 24 févr. 1869 et 16 déc. 1870 ;

Ce qui s'applique notamment :

474. Aux actions et obligations de sociétés françaises. — V. Garnier, v° *Étranger*, n° 76-4 ; Maguéro, eod. v°, n° 80 ; Le Havre, 21 mars 1862 ; Nice, 7 févr. 1881 ;

Et même de sociétés, villes et établissements publics étrangers, sous la réserve de domicile qui sera faite ci-après ;

475. Aux assurances sur la vie contractées à des compagnies françaises. — V. Sol. 23 juin 1883 ;

Ou à la succursale en France d'une compagnie étrangère (Arg., LL. 21 juin 1875, art. 6, et 21 fév. 1901, art. 15) ;

Mais, non aux assurances contractées à l'étranger, même auprès de compagnies françaises, quelle que soit la nationalité de l'assuré, la police eût-elle été signée par la compagnie à son siège social en France, et son montant fût-il exigible en France, si l'assuré n'y avait, à l'époque de son décès, ni domicile de fait ni domicile de droit (Art. 6 et 15 précités. — V. I. G., 3051 ;

476. Aux capitaux en compte-courant ou en

dépôt dans une banque française. — V. Dict. réd., *v°*, *Étranger*, n° 290 ; Garnier, *eod. v°*, n° 76-3 ; Cass., 16 juin 1823 ; Oloron, 20 mai 1843 ; Seine, 31 janv. 1863 ;

Jurisprudence ébranlée maintenant par le jugement d'Avranches du 29 mai 1902, ci-après indiqué, sur les dépôts de fonds à l'étranger.

477. Aux créances souscrites en France par des Français et privilégiées ou hypothéquées sur des biens français. — V. Garnier, *v° Étranger*, n° 76-2 ; Cass., 27 juill. 1819, 16 juin et 10 nov. 1823 ; Altkirch, 5 août 1828 ; Cass., 29 août 1837 ; Altkirch, 31 déc. 1850 ; Cass., 29 nov. 1858, 13 juill. 1869 ; Nice, 9 juill. 1883 ; Déc. min. Fin., 11 mars 1829 ; Sol., 14 août 1827 ; Dél., 24 nov. 1829 ; I. G., 1229, § 4, 1282, § 6, 1562, § 18 ;

Ou même hypothéquées sur des biens à l'étranger, mais souscrites en France, par des débiteurs et des cautions qui y sont domiciliés et dont le recouvrement est soumis à la juridiction des tribunaux français. — V. Dict. réd., *v° Étranger*, n° 287 ; Garnier, *eod. v°*, n° 76-2 ; Maguéro, *eod. v°*, n° 84 ; Cass., 20 janv. 1858 ; Valenciennes, 9 août 1860 ;

478. Au fonds de commerce exploité en France, ensemble les marchandises et recouvrements qui en dépendent. — V. Saint-Étienne, 7 mars 1849 ;

479. Au legs fait par un étranger à un Français d'une somme payable en France avec des valeurs françaises. — V. Garnier, *v° Étranger*, n° 76-1 ; Oloron, 20 mai 1843 ; Cpr., Cass., 16 juin 1823 ;

Ou hypothéquée sur des immeubles situés en France. — V. Seine, 10 mai 1854 ; Sol., 2 déc. 1865 ;

Et au legs de somme d'argent fait dans un testament public reçu par un notaire français et acquitté avec des espèces françaises. — V. Seine, 16 mars 1888 ;

Mais le legs payable en valeurs étrangères, spécialement en un chèque émis en monnaie étrangère par une banque établie à l'étranger, n'est pas soumis au droit de mutation. — V. Maguéro, *v° Étranger*, n° 97 *bis* ; Sol., 31 janv. 1900 ;

480. Aux lettres de change tirées sur une place française. — V. Dict. réd., *v° Étranger*, n° 293 ; Garnier, *eod. v°*, n° 76-5 ; Maguéro, *eod. v°*, n° 83 ; Cass., 29 nov. 1858 ;

481. Et au mobilier meublant.—V. Dict. réd., *v° Étranger*, n° 322 ; Garnier, *eod. v°*, n° 75 ; Maguéro, *eod. v°*, n° 94 ; Cass., 24 fév. 1869, 14 déc. 1870, 23 déc. 1895 ; Déc. min. Fin., 7 fév. 1834 ; I. G., 1458, § 6 ;

A l'exception, s'il s'agit d'un agent diplomatique étranger décédé en France ou d'une personne de sa suite, du mobilier corporel qui se trouve dans l'hôtel de l'ambassade ou de la légation, à cause de la fiction d'exterritorialité dont il bénéficie.—V. Dict. réd., *v° Succ.*, n° 1686 ; Garnier, *v° Ambassadeurs*, n° 3 ; Maguéro, *v° Étranger*, n° 85 ; E. Naquet, *op.*

cit., I, n° 66 ; Déc. min. Fin., 11 juill. 1811 et 12 sept. 1829 ; Dél., 1er déc. 1829 ; I. G. 1303, § 4 ; V. aussi Déc. min. Fin., 9 juill. 1811, 12, sept. 1829 et 17 févr. 1858 ;

Exemption étendue aux consuls. — V. Garnier, *v° Ambassadeurs*, n° 3 ; Déc. min. Fin., 17 févr. 1858 ;

Tous autres biens restant, d'ailleurs, soumis aux règles ordinaires. — V. Garnier, *v° Ambassadeurs*, n° 4 ; Maguéro, *v° Agent diplomatique*, n° 3 ; Cass., 26 avril 1815 ; Déc. min. Fin., 27 mars 1822 ; I. G., 1303, § 9 ;

Hormis, bien entendu, l'hôtel même de l'agent diplomatique ou du consul, puisque c'est précisément parce que cet hôtel est réputé situé à l'étranger, que ce qu'il renferme l'est également.

Réciproquement, le mobilier de nos propres agents diplomatiques et consuls, dans leurs hôtels à l'étranger, sont considérés comme situés en France. — V. Maguéro, *v° Étranger*, n° 85 ; Sol., 4 mars 1867 ;

482. Quant aux créances chirographaires, n'ayant pas de situation fixe, elles suivent le domicile du défunt ; et, s'il avait été fixé en France, peu importe que ce fût ou non en vertu d'une autorisation du Gouvernement. — V. Dict. réd., *v° Étranger*, n° 321 ; Garnier, *eod. v°*, n° 75-2 ; Maguéro, *eod. v°*, n° 93 ; M. Naquet, *op. cit.*; I, n° 61, Cass., 13 juill. 1869 (S., 69. 1. 138) ; Seine, 7 févr. 1879 ; Amiens, 8 mai 1880 ; Nice, 7 févr. 1881 ;

483. De même, aux termes de l'art. 4, 1er alin., L. 23 août 1871 : « Sont assujettis aux droits de mutation par décès les fonds publics, actions, obligations, parts d'intérêts, créances et généralement toutes les valeurs mobilières étrangères, de quelque nature qu'elles soient, dépendant de la succession d'un étranger domicilié en France, avec ou sans autorisation ». — V. Seine, 3 nov. 1904.

Ces valeurs fussent-elles en dépôt à l'étranger. — V. Lyon, 3 mars 1904 ;

484. Est considéré comme domicilié en France, sauf ce qui va être dit tout à l'heure, tout étranger qui y a un établissement ou une résidence de nature à constituer un véritable domicile s'il s'agissait d'un Français, et qu'il ait ou non obtenu l'autorisation du Gouvernement. — V. Dict. réd., *v° Étranger*, n° 321 ; Garnier, *eod. v°*, n° 75-2 ; Maguéro, *eod. v°* n°s 91, 93 ; Naquet, *op. cit.*, I, n° 61 ; Rouen, 22 juin 1864 ; Seine, 6 janv. 1866 ; Versailles, 26 févr. 1878 ; Nice, 11 févr. 1879 et 9 juill. 1883 ; Montbéliard, 30 mai 1887 ; Seine, 11 janv. 1901 ; Nancy, 1er mars 1904 ; Cpr., Cass., 12 janv. 1869 ;

485. Nonobstant, en principe, les conventions internationales sur la compétence des autorités respectives relativement à leurs nationaux, attendu qu'elles sont inapplicables en matière fiscale. — V. Seine, 7 août 1903 ; Lyon, 3 mars 1904 ;

486. Mais la succession d'un étranger simplement de passage ou résidant accidentellement en France, par exemple à des bains de mer, et qui viendrait à y décéder, serait traitée comme s'il était mort ailleurs et d'après les distinctions ci-dessus établies quant à la situation des biens. — V. Nice, 30 juill. 1895 ; Cpr., Nice, 11 fév. 1879 et 9 juill. 1883 ; Montbéliard, 30 nov. 1887 ; Déc. min. Fin., 22 mai 1880 ;

Jugé même que l'étranger ayant une résidence en France, y possédant des immeubles, des valeurs mobilières en dépôt, des placements hypothécaires et y payant une cote mobilière, à quelque somme que le tout s'élève, ne doit pas être considéré par cela seul comme domicilié en France, s'il a une fortune au moins égale et surtout de beaucoup supérieure à l'étranger où il paye également des impôts mobiliers, etc. ; par suite, sa succession n'est pas soumise par l'art. 4 précité, L. 23 août 1871, au droit de mutation par décès sur les créances et valeurs mobilières étrangères — V. Seine, 11 janv. 1901.

487. Les conventions matrimoniales expresses ou tacites d'étrangers mariés à l'étranger et qui décèdent en France en laissant des biens régis par la loi française sont exécutoires sur ces biens pour tout ce qui n'est pas contraire à l'ordre public tel qu'il est conçu par notre propre loi. — V. Cass., 12 juin 1855 ; Nice, 5 fév. 1867 ;

Par conséquent, lorsqu'à défaut de contrat de mariage leur statut matrimonial attribue au mari tous les biens, meubles et immeubles, acquis pendant le mariage et que ce mari a institué sa femme pour sa légataire universelle, celle-ci doit le droit de mutation par décès sur la totalité de ces biens, quoique dévolus autrement que par la loi française. — V. Cass., 18 août 1873 ; Amiens, 8 mai 1880 ; I. G., 2010, § 9 ;

488. Les *trustees* de la législation anglaise et des Etats-Unis d'Amérique n'étant que des administrateurs, les biens soumis à la loi française, qu'ils détiennent en cette qualité, sont passibles du droit de mutation au décès de la personne qui en est propriétaire et non pas à celui des *trustees*. — V. Garnier, *v°* *Etranger*, n° 83 ; Seine, 10 déc. 1880 ;

489. Réciproquement, les biens meubles à assiette fixe, matérielle, à l'étranger, suivant la distinction ci-dessus faite, et les immeubles sis à l'étranger et dépendant de la succession d'un Français, sont exonérés du droit de mutation par décès. — V. Dict. réd., *v°* *Etranger*, n° 315 ; Maguéro, *eod.* *v°*, n° 97 ; Rouen, 22 juin 1864 ; Seine, 6 janv. 1866 ; Versailles, 26 fév. 1878 ; Nice, 11 fév. 1879 ; Cass., 28 janv. 1880 (S., 81. 1. 479 ; D., 81. 1. 266) ; 5 avril 1887 ; Die, 26 mai 1885 ; Seine, 27 janv. 1899 ; Sol., 13 déc. 1899. — V. *Contrà* : pour les meubles corporels ; Garnier, *v°* *Etranger*, n° 33 ; Seine, 14 fév. 1874 ; Valence, 25 juin 1884 ; Cass., 17 déc. 1890 ; Sol., 3 mai et 9 oct. 1873 ;

Spécialement, un fonds de commerce exploité à l'étranger. — V. Garnier, *v°* *Etranger*, n° 80 ; Maguéro, *eod.* *v°*, n° 82 ; Seine, 27 janv. 1899 (S., 99. 2. 255) ; Sol., 13 déc. 1899 ; *Contrà* : Sol., 22 juin 1897 ;

Des marchandises en dépôt à l'étranger. — V. Defrénois, n° 12082 ;

Tandis que les fonds déposés dans les banques à l'étranger y restent assujettis, surtout s'ils sont productifs d'intérêts, car alors il y a plutôt créance que dépôt. — V. Avranches, 29 mai 1902 ;

De même, les créances chirographaires (LL. 18 mai 1850 et 23 août 1871, art. 3). — V. Saint-Julien, 19 fév. 1878 ; Cass., 28 janv. 1880 ;

Ainsi que les valeurs mobilières, étrangères aussi bien que françaises. — V. Dict. réd., *v°* *Etranger*, n° 318 ; Garnier, *eod.* *v°*, n° 74-1 ; Maguéro, *eod.* *v°*, n° 95 ; Saint-Gaudens, 6 juill. 1876 ; Bonneville, 9 août 1880 ; Sol., 23 nov. et 2 déc. 1876 ;

490. Et, même si ce Français avait son *domicile* à l'étranger, le droit de mutation ne frapperait que ceux des meubles à assiette déterminée et des immeubles dépendant de sa succession qui seraient situés en France. — V. Cass., 21 juin 1865 (S., 65. 1. 313) et 27 avril 1868 (S., 68. 1. 257) ; Cpr., M. E. Naquet, *op. cit.*, I, n° 62 ; Saint-Julien, 26 mai 1879 ;

Plus les créances susceptibles d'être qualifiées de créances françaises, comme présentant tout ou partie des caractères suivants : souscription en France, par des Français, privilégiées ou hypothéquées sur des biens situés en France et payables en France. — V. Garnier, *v°* *Etranger*, n° 74-3 ; Maguéro, *eod.* *v°*, n°s 83 et s. ; Cass., 10 mai et 10 nov. 1823 (S., 24. 1. 80) ; Aurillac, 31 déc. 1850 ; Valenciennes, 9 août 1860 ; I. G., 1229, § 4 ;

Mais non les valeurs mobilières étrangères. — V. Cass., 27 avril 1868 ; Seine, 25 juin 1880 ; Sol., mai 1878 ;

491. Voilà pour la nationalité.

Maintenant, quel est le principe général relatif aux biens à déclarer ? Celui-ci : L'impôt des mutations par décès atteint tout ce qui compose le patrimoine du défunt, distraction faite de celles des charges dont la déduction est admise. — Cpr., G. Demante, *op. cit.*, II, n° 682 ;

492. Ajoutons : mais rien que l'actif réel. — V. Cass., 31 juill. 1832 ; Strasbourg, 29 août 1836 ; Dél., 29 nov. 1836 ; I. G., 1414, § 3 ;

493. Ainsi, les biens donnés au défunt par une donation non encore régulièrement acceptée par lui avant sa mort ne dépendent pas de son patrimoine, de sorte qu'il n'y a pas à les considérer ;

494. De même, le bénéfice d'une stipulation faite par un tiers au profit du défunt, si celui-ci est décédé avant de l'avoir accepté. — V. Cass., 15 mai 1837.

---

495. La liste concrète des divers biens à déclarer fait l'objet de la section VIII ci-après.

SECTION VII

Etablissement de la valeur imposable.

1eu MEUBLES

496. Aux termes de l'art. 3, L. 21 juin 1875, mod. par L. 25 févr. 1901, art. 11 :

« La valeur de la propriété des biens meubles est déterminée, pour la liquidation et le payement du droit de mutation par décès :

1° Par l'estimation contenue dans les inventaires ou autres actes passés dans les deux années du décès ;

2° Par le prix exprimé dans les actes de vente, lorsque cette vente a lieu publiquement et dans les deux années qui suivent le décès. Cette disposition s'applique aux objets inventoriés et estimés conformément au paragraphe 1er et dont l'évaluation serait inférieure au prix de vente ;

3° A défaut d'inventaire, d'actes ou de vente, en prenant pour base 33 0/0 de l'évaluation faite dans les polices d'assurances en cours au jour du décès et souscrites par le défunt ou ses auteurs moins de cinq ans avant l'ouverture de la succession, sauf preuve contraire. Cette disposition ne s'applique pas aux polices d'assurances concernant les récoltes, les bestiaux et les marchandises ;

4° Enfin, à défaut de toutes les bases d'évaluation établies aux trois paragraphes précédents, par la déclaration faite conformément au paragraphe 8 de l'art. 14 de la loi du 22 frimaire an VII.

. . . .

« Les dispositions qui précèdent ne sont applicables ni aux créances ni aux rentes, actions, obligations, effets publics et autres biens meubles dont la valeur et le mode d'évaluation sont déterminés par des lois spéciales. » (V. notamment : pour les créances l'art. 14, L. 22 frimaire an VII, § 2 ; pour les rentes sur l'Etat et les valeurs cotées en Bourse, l'art. 7, L. 18 mai 1850, l'art 11, L. l'art. 3, L. 23 août 1871).

497. La modification apportée par la loi de 1901 à celle de 1875 se borne à placer les polices d'assurances contre l'incendie au rang des actes appelés à servir de base légale à la liquidation des droits exigibles sur les objets mobiliers transmis par décès.

Sous tous autres rapports les dispositions de l'art. 3, L. 21 juin 1875 doivent continuer d'être appliquées. — V. I. G., 2547, § 3 ; 3049 et 13 mai 1863, 3058.

498. Tels sont les principes sur l'application desquels certaines sortes de biens nécessitent des explications, qui pour plus de clarté, seront données au fur et à mesure de l'énumération de ces biens dans la section suivante.

Pour le cas d'un mobilier propre confondu avec un mobilier de communauté. — V. aux Conseils et renseignements pratiques, § 2 ci-après.

2eu IMMEUBLES

499. Il faut distinguer suivant qu'ils ont ou non pour destination actuelle de procurer un revenu.

Immeubles à revenus.

500. La valeur en est obtenue pour la liquidation et le paiement du droit de mutation par décès, en capitalisant leur produit ou le prix des baux courants, sans distraction des charges (LL. 22 frim. an VII, art. 15-7 et 21 juin 1875, art. 2), en d'autres termes leur revenu brut ;

Néanmoins, comme le fait remarquer très justement M. E. Naquet (*op. cit.*, II, n° 976), en faisant allusion aux biens ruraux, le revenu d'un immeuble ne comprend que les avantages qui en sont définitivement retirés, compensation faite des frais et débours qui ont été nécessaires pour les créer.

« Le revenu, dit-il ailleurs (n° 1330), consiste dans ce qu'on appelle, en économie politique *la rente de la terre*. La loi l'indique nettement en prenant pour base première de la liquidation le prix des baux courants. A défaut de baux, le revenu consiste dans le loyer normal qu'on pourrait demander à un fermier.

« Il résulte de là cette double conséquence : 1° que les charges qui pèsent sur la propriété, telles que contributions foncières, primes d'assurances, droits de voirie et autres, ne doivent pas être déduites, car elles ne sont pas retranchées du prix du bail, quand il y a un bail, et le revenu n'est autre chose, je viens de le dire, que le prix normal qu'on pourrait retirer de l'immeuble en l'affermant ; 2° que les frais de culture doivent, à l'inverse, être déduits, puisque, dans le cas de bail, le propriétaire ne paye pas ces frais. »

501. Le produit des biens ou le prix des baux courants se multiplie par 20, s'il s'agit de biens urbains, et par 25 quant aux biens ruraux (LL. et art. précités).

502. Quels biens doivent être considérés comme urbains et quels autres comme ruraux ? Le criterium en sera donné dans la section qui suit, v° *Immeubles*, en spécifiant les divers immeubles.

503. Le principe d'une valeur fictive obtenue par le procédé de la capitalisation du revenu persiste pour les immeubles improductifs, lorsque l'improductibilité n'est qu'accidentelle.

Dans le cas contraire, il a cessé d'être applicable, c'est-à-dire que l'impôt est maintenant assis sur la valeur vénale, ainsi qu'on va le voir.

Immeubles dont la destination actuelle n'est pas de procurer un revenu.

504. Jusqu'en 1901, la valeur imposable de tous les immeubles transmis par décès en pleine propriété était obtenue selon le procédé que nous venons d'indiquer ;

Et l'allégation qu'un immeuble se trouvait improductif n'était pas admise ; les déclarants devaient quand même lui assigner un revenu, sauf à l'évaluer aussi bas qu'ils voulaient, de manière que la Régie se trouvât pour son contrôle, en présence d'un chiffre précis. — V. Saint-Jean-de-Maurienne, 14 juin 1878.

C'est à ce principe que se rattachait la difficile question des terrains à bâtir situés dans les grandes villes et surtout à Paris, car comment en déterminer le revenu imposable ? Divers systèmes, tous plus ou moins arbitraires, cherchaient à résoudre la difficulté et nous avons proposé le nôtre comme le plus logique, dans une édition précédente.

505. La loi du 25 févr. 1901 a introduit une exception à la règle générale sus-indiquée.

« Les droits de mutation à titre gratuit, entre vifs et par décès, dit son article 12, seront liquidés sur la valeur vénale en ce qui concerne les immeubles dont la destination actuelle n'est pas de procurer un revenu. »

La valeur vénale est ainsi substituée désormais au produit de la capitalisation du revenu, pour la perception du droit de mutation par décès sur ces biens.

506. Nous exposerons à la section prochaine, *vᵒ Immeubles*, les controverses qu'a fait naître la nouvelle disposition, moins par la difficulté réelle qu'il y aurait de déterminer les biens auxquels elle s'applique, qu'à cause de l'insatiabilité de l'Administration qui, ici comme partout, cherche à tirer d'un texte infiniment plus que le législateur n'a entendu y mettre.

SECTION VIII

Déclaration des biens.

507. L'exigibilité du droit de mutation par décès et ses modes de liquidation étant ainsi déterminés, voici, par ordre alphabétique, pour la commodité des recherches, l'énumération des divers biens ou chefs de biens à déclarer, avec les particularités qu'il est utile de signaler sur chacun d'eux.

508. Doivent être déclarés, savoir :

Achalandage.

509. V. Fonds de commerce ;

Actions de sociétés.

510. Les actions des sociétés quelconques : Banque de France, canaux, chemins de fer, Crédit foncier, établissements commerciaux ou industriels, mines, navigation, usines, etc. ;

Que les sociétés soient françaises ou étrangères (LL. 18 mai 1850, art. 7 ; 23 août 1871, art. 3 et 4) ;

Que les actions soient mobilières ou immobilières (L. 18 mai 1850). — V. Seine, 28 juin 1849 ; Carcassonne, 10 janv. 1860 ; Seine, 12 janv. 1861 ; Cass., 28 juill. 1862, 15 juill. 1885, 23 déc. 1895 ; Déc. min. Fin., 8 juin 1813 ;

Et, pour les sociétés anonymes, que les immeubles sociaux soient ou non assujettis à la taxe des biens de mainmorte. — V. Carcassonne, 16 janv. 1860 ;

Pour la liquidation. — V. Valeurs mobilières.

Ameublissement.

511. V. Immeubles.

Apport en société.

512. Entraînant dessaisissement par l'acte même, les opérations sociales ne dussent-elles commencer que plus tard, si l'apporteur décède dans l'intervalle, c'est une part sociale qui dépend de sa succession et non le bien même mis par lui en société. — V. Lille, 27 déc. 1902 ;

V. Parts. Sociétés.

Arbres.

513. V. Bois.

Argent comptant.

514. Les espèces proprement dites, plus les billets de banque ;

Quand l'échéance d'une créance est antérieure au décès mais à une époque très rapprochée, si le paiement en est allégué, on tient généralement que les fonds en provenant doivent être considérés comme se trouvant encore dans la succession, le peu de temps écoulé ne permettant pas d'admettre que le défunt les ait dépensés ou employés, de sorte que le droit de mutation est dû sur eux. — V. Dict. réd., *vᵒ Succ.*, nᵒ 2453 ; Garnier, Rép., *eod. vᵒ*, nᵒ 1541 ; Maguéro, *eod. vᵒ*, nᵒ 735 ; Neufchâtel, 17 janv. 1877 ; Pau, 11 mai 1877 ; Dinan, 20 juill. 1877 ; Louvain, 23 nov. 1877 ; Figeac, 1ᵉʳ mars 1878 ; Verdun, 28 juin 1878 ; Vienne, 1ᵉʳ mai 1879 ; Montbéliard, 7 déc. 1882 ; Pontarlier, 4 mars 1890 ; Remiremont, 3 juill. 1890 ; Dieppe, 31 déc. 1890 ; Châtellerault, 11 juill. 1892 ; Guéret, 9 fév. 1898 ; Angoulême, 11 mars 1898 ; Cpr., Chalon-sur-Saône, 21 janv. 1860 ; Boulogne, 9 juill. 1874 ; Gourdon, 1ᵉʳ juill. 1876 ; Pau, 11 mai 1877 ; Vienne, 1ᵉʳ mai 1879 ; Le Havre, 6 mars 1880 ; Montbéliard, 7 déc. 1882 ; Lombez, 17 mars 1886 ; Castres, 9 août 1887 ; Mayenne, 14 janv. 1892 ;

Sauf justifications du contraire. — V. Dict. réd., *vᵒ Succ.*, nᵒ 2482 ; Garnier, Rép., *eod. vᵒ*, nᵒ 1567 ; Maguéro, *eod. vᵒ*, nᵒ 718 ; Seine,

27 août 1840 ; Toul, 24 août 1848 ; Saint-Girons, 21 déc. 1849 ; Sarlat, 31 déc. 1856 ; Figeac, 1er mars 1878 ; Condom, 24 févr. 1881 ; Pontarlier, 4 mars 1890 ;

Il nous semble impossible d'accepter une pareille manière de voir. Obliger l'héritier à prouver que certains biens sont sortis du patrimoine du défunt, c'est tout simplement renverser le principe des preuves. C'est à l'Administration, si elle croit la déclaration de l'héritier inexacte, de justifier son allégation. La mauvaise foi ne se présume pas.

Jugé d'autre part qu'un héritier qui a été mandataire du défunt, et qui ne représente pas les quittances ou décharges de sommes touchées en sa qualité de mandataire, ne peut être contraint à comprendre ces sommes dans la déclaration de la succession du mandant défunt. — Sol., 18 juin 1812;

Jugé encore que, lorsque les héritiers d'une veuve n'ont pas compris dans la déclaration de sa succession la créance pouvant appartenir à la défunte contre la succession de son mari, à raison des dots constituées par celui-ci au moyen de valeurs propres à sa femme, c'est à la Régie à prouver que cette créance existait encore au décès de la veuve, et à détruire ainsi la présomption de libération résultant de ce que cette créance était échue et exigible au jour du décès du mari. — V. Orléans, 29 mai 1889.

Arrérages.

515. Les arrérages soit de rentes viagères ou perpétuelles, soit de pensions, acquis au jour du décès, conformément à l'art. 586, C. civ. — V. Dict. réd., *vo Succ.*, no 1553; Garnier, Rép., *eod. vo*, no 904 ; Maguéro, *eod. vo*, no 273 ;

A moins que les termes echus et le prorata couru ne doivent, d'après l'acte constitutif, comme il est parfois convenu, profiter au débiteur de la rente ou de la pension ;

V. aussi, plus loin, *Coupons ;*

Mais les arrérages des secours annuels ou viagers, accordés par le grand chancelier de la Légion d'honneur à d'anciens militaires sont exempts du droit de mutation par décès. — V. Dict. réd., *vo Succ.*, no 1691; Garnier, Rép. *eod. vo*, no 904-7 ; Maguéro, *eod. vo*, no 146 ; Déc. min. Fin., 5 avril 1859 ; I. G., 2148 ;

Assurances contre les accidents.

516. L'indemnité d'une telle assurance souscrite par le défunt au profit de ses *héritiers directs*, revient totalement à ses enfants, même à l'exclusion de sa veuve, dont l'usufruit légal n'atteint pas cette indemnité, qui ne dépend point en réalité de la succession. — V. Paris, 8 juill. 1904 ;

Assurances sur la vie.

517. Le bénéfice d'une assurance sur la vie (L. 21 juin 1875, art. 6) ;

Aux termes de cet article : « Sont considérés, pour la perception du droit de mutation par décès, comme faisant partie de la succession d'un assuré, sous la réserve des droits de communauté, s'il en existe une, les sommes, rentes ou émoluments quelconques dus par l'assureur, en raison du décès de l'assuré. Les bénéficiaires à titre gratuit de ces sommes, rentes ou émoluments sont soumis aux droits de mutation, suivant la nature de leurs titres et leurs relations avec le défunt, conformément au droit commun » ;

Et, d'après la Régie, le principe serait que l'assurance sur la vie a le caractère d'un contrat à titre gratuit, sauf preuve contraire. — V. Nancy, 17 juill. 1899 ; Saint-Marcellin, 6 déc. 1902 ;

De sorte que le bénéficiaire d'une assurance sur la vie devrait toujours le droit de mutation par le fait seul du décès de l'assuré souscripteur de la police et qui en avait les primes à sa charge. — V. Seine, 6 févr. 1904 ; Cpr., Nice, 17 juill. 1899 ;

Et quand même des tiers auraient concouru au paiement des primes, comme dans les assurances mutuelles. — V. Seine, 6 mai 1904 ;

Mais il n'y a qu'à lire le texte précité pour voir qu'il n'établit aucune présomption de gratuité ; en bonne logique, c'est donc à l'Administration de prouver que le bénéficiaire de l'assurance en reçoit à titre gratuit l'avantage ; après cette preuve seulement, à moins bien entendu, que la gratuité ne soit évidente, le droit de mutation est exigible. — V. Defrénois, *Rép. prat.*, no 13248.

Quoi qu'il en soit, la libéralité a pour objet le capital assuré, et ne consiste pas seulement dans les primes versées. — V. Garnier, Rép., *vo Succ.*, no 711-3 ; Maguéro, *eod. vo*, nos 174 et s.

518. L'instruction générale 2157, du 23 juin 1875, pour l'exécution de la loi du 21 juin précédent, s'exprime ainsi : « Des difficultés se sont fréquemment élevées sur le point de savoir si l'impôt de mutation par décès doit être exigé, dans tous les cas, sur les sommes, rentes ou émoluments que les compagnies d'assurance sur la vie payent à raison du décès de l'assuré. L'art. 6 est destiné à mettre un terme à ces difficultés : il décide, d'une manière générale, que ces valeurs doivent être considérées, pour la perception du droit, comme faisant partie de la succession de l'assuré » ;

519. Lorsque c'est son intérêt, les distinctions, les sous-distinctions, voire même les subtilités, n'ont jamais, que nous sachions, effrayé beaucoup l'Administration de l'enregistrement ; mais ici, il lui était avantageux de ne point en admettre ; de là cette ardeur inaccoutumée de simplification ;

Et l'art. 6, en effet, a bien simplifié, en supprimant toute distinction, malgré la diversité la plus évidente des cas, pour disposer que, désormais, le bénéfice d'une assurance sur la vie serait toujours réputé faire partie de la succession de l'assuré, lors même qu'il n'en serait pas ainsi réellement ;

Il a même trop simplifié, car ce n'a été qu'en sacrifiant le juste à l'esprit fiscal, lequel a su profiter habilement des circonstances et des tâtonnements de la jurisprudence, afin d'étendre ses empiètements, au risque de fausser davantage le sens moral chez les contribuables, en faisant triompher une fois de plus ce sophisme désolant que les *principes* du droit fiscal ne sont pas les mêmes que ceux du droit civil, ce qui est la négation même de tout droit ; il se peut que, sans la loi de 1875, il y ait eu des questions délicates à trancher ; mais, en vérité, justice passe commodité.

520. L'instruction ajoute :

« Il a été expliqué, au cours de la discussion, que, lorsqu'un assuré s'est dessaisi pendant sa vie, au moyen d'une cession *à titre onéreux*, de l'émolument éventuel de l'assurance, cet émolument n'est pas passible, lors de son décès, du droit de mutation. » — V. Garnier, Rép., v° *Succ.*, n° 740 ; Maguéro, eod. v°, n°s 179 et s. ;

Spécialement par un endossement de la police, si cet endossement est régulier. (C. comm. art. 137 et s.). — V. Garnier, *Ibid.*, n° 741 ; Maguéro, *Ibid.*, n° 180 ;

521. « Quant au bénéficiaire *à titre gratuit* des sommes ou autres valeurs stipulées par les polices, ils sont, dans tous les cas, et, d'après les termes formels de l'art. 6, soumis au droit de mutation, conformément au droit commun ; »

C'est-à-dire aux taux afférents à son degré de parenté avec le défunt. — V. Lannion, 19 avril 1887 ;

Ou comme étranger. — V. Seine, 29 mars 1878.

522. Si les bénéficiaires de l'assurance sont trop incertains, pour qu'on puisse les déterminer, l'émolument provenant de l'assurance rentre dans l'actif général de la succession. — V. n° 532, ci-après.

523. Les reprises en deniers ne s'exercent sur le bénéfice d'une assurance sur la vie dépendant de la communauté qu'en cas d'insuffisance des autres biens communs. — V. Nancy, 20 mai 1891 ; Sol., 4 avril 1878 ;

524. Si l'on veut préciser davantage, et sans pouvoir entrer ici dans tous les détails que cette inépuisable matière comporte, il faut distinguer les assurances en cas de décès, les assurances en cas de vie, les assurances de survie, les assurances à titre onéreux et les assurances sur la tête d'un tiers.

Assurances en cas de décès.

525. Elles se résolvent par les règles qui viennent d'être exposées. — Cpr. Abbeville, 24 mars 1874 ; Meaux, 8 mars 1877 ; Saint-Quentin, 28 juin 1878 ; Lille, 20 déc. 1878 ; Clermont (Oise), 16 mai 1879 ; Charleville, 29 août 1879 ; Cass., 10 nov. 1879 ; Prades, 28 juill. 1885 ; Château-Thierry, 27 nov. 1885 ; Paris, 5 mars 1886 ; Melun, 23 déc. 1887 ; Arras, 19 déc. 1888 ; Quimper, 15 avril 1890 ; Sol., 2 oct. et 10 déc. 1877, 6 févr. et 4 avril 1878, 13 mars 1879, 15 déc. 1880, 20 nov. 1882, 9 août 1883, 7 oct. 1884, 13 avril 1888, 15 avril, 12 juill. et 16 août 1889, 17 févr. et 16 mai 1890 ;

526. L'assurance souscrite antérieurement au mariage tombe dans la communauté légale du contractant ;

527. Au contraire, sous le régime de la communauté réduite aux acquêts, elle lui reste propre ; sauf récompense à sa charge pour les primes qui auraient été acquittées avec l'argent de la communauté. (C. civ., art. 1437).

528. Souscrite pendant le mariage, par l'un des époux à son profit, ou en faveur de bénéficiaires indéterminés ; que la communauté soit légale ou d'acquêts, l'assurance en fait partie ; elle doit donc figurer dans la déclaration à l'actif de communauté. — V. Cass., 15 déc. 1873 (S., 74. 1. 199) ; Nancy, 20 mai 1891 ; Saint-Omer, 9 août 1894 ; Cognac, 7 juin 1898.

529. Au point de vue de la communauté, ou, comme il faut toujours le sous-entendre, de la société d'acquêts, l'instruction précitée 2157 se borne à cette observation : L'art. 6 de la loi du 21 juin 1875 « contient une réserve au sujet des droits de communauté, s'il en existe une. D'après les observations du rapporteur, cette réserve signifie que, si l'assuré est marié sous le régime de la communauté, la femme survivante ne doit pas le droit de mutation sur la part qu'elle prélève comme commune en biens » ;

530. En cas d'assurance sur la vie souscrite par le défunt au profit de son conjoint, on peut déduire du montant de l'assurance la récompense due pour les primes payées par la communauté, si elles n'ont pas été prélevées sur les revenus ou que le défunt n'en ait pas dispensé son conjoint formellement ou tacitement — V. Sol., 19 août 1903.

531. Lorsque, d'après les stipulations convenues, une société civile d'assistance mutuelle en cas de décès doit, à la mort du mari, payer à la veuve commune en biens, qui n'a pas contribué au payement des primes, une somme déterminée, à titre d'indemnité, cette somme doit, au décès du mari, être comprise dans la déclaration de la succession de celui-ci et supporter le droit de mutation, réserve étant faite des récompenses à la communauté (L. 21 juin 1875, art. 6).—V. Seine, 6 mai 1904.

532. Une assurance sur la vie, conclue par l'assuré au profit de bénéficiaires indéterminés, dépend donc de sa communauté, s'il était marié sous ce régime ; par conséquent, le capital assuré doit être porté dans la masse active de la communauté, supporter l'exercice des reprises en deniers, être attribué parmi les valeurs à partager, et le droit de mutation n'est dû que sur la part revenant à la succession. — V. Garnier, Rép., v⁰ *Succ.*, nᵒˢ 703, 714; Maguéro, *eod.* v⁰, nᵒˢ 164, 171; Seine, 30 nov. 1877; Cass., 12 févr. 1877, 27 janv. et 10 nov. 1879, 10 févr. 1880;

533. Il en est ainsi notamment dans le cas où le bénéficiaire déterminé est une veuve commune en biens, mais qui renonce à la communauté. — V. Garnier, Rép., v⁰ *Succ.*, nᵒ 729; Lille, 20 déc. 1878.

534. Mais, si les bénéficiaires sont déterminés et ont droit à l'assurance *proprio nomine*, le capital en provenant dépend exclusivement de la succession de l'assuré et le droit de mutation est exigible sur la totalité. — V. Garnier, Rép., v⁰ *Succ.*, nᵒ 703; Maguéro, *eod.* v⁰, nᵒˢ 165, 172; Launion, 19 avril 1887; Cass., 10 nov. 1879 (S., 80. 1. 337), 29 juin 1896.

Mais par le fait même, le passif peut en être déduit. — V. Seine, 17 mars 1906; Cpr. Sol., 19 août 1903.

535. A cet égard il existe certaines différences suivant que le bénéficiaire déterminé est un héritier ou une autre personne.

536. Depuis l'arrêt du 29 juin 1896, qui a repoussé ce système, la Régie n'admet plus que les déclarants prétendent réduire le bénéfice de l'assurance à la quotité disponible, attendu qu'il n'est pas soumis aux règles de la réserve comme n'ayant jamais fait partie du patrimoine de l'assuré. — V. Maguéro, Suppl., v⁰ *Succ.*, nᵒˢ 98 et s.; Sol., 17 oct. 1898, 11 oct. 1900;

Assurances en cas de vie

537. Les assurances en cas de vie, cessant d'exister par le fait même du décès de l'assuré, ne sauraient, en principe, encourir des droits de succession, sauf les questions de communauté qui peuvent se poser à leur égard;

538. Les assurances mixtes ou différées participent à la fois de l'assurance en cas de décès et de l'assurance en cas de vie;

539. Lorsqu'une assurance a été souscrite pour une somme payable à une date fixe au souscripteur ou à ses héritiers, moyennant une certaine prime qu'il versera pendant sa vie seulement, et que l'assuré décède avant l'époque fixée, la somme à recevoir ultérieurement constitue pour sa succession une créance à terme;

540. En cas d'assurance payable à terme fixe au bénéficiaire, s'il vit encore à cette époque, moyennant un certain nombre de primes à la charge du souscripteur, le bénéficiaire ne doit pas le droit de mutation par décès sur la somme qu'il touche, malgré le prédécès du stipulant. — V. Sol., 8 janv. 1883.

De même, lorsqu'on a stipulé d'une compagnie d'assurances, moyennant le versement d'une prime annuelle, qu'une certaine somme serait payable à un tiers, à une époque fixe, avec cette clause que, si celui-ci vient à décéder auparavant, ladite somme deviendrait immédiatement exigible pour être payée à une autre personne désignée, le décès du premier bénéficiaire survenant avant l'échéance du terme ne rend pas exigible le droit de mutation par décès sur la somme dont profite ainsi le second bénéficiaire, parce que le tiers n'avait pas la qualité d'assuré, au sens de la loi du 21 juin 1875. — V. Sol., 11 mai 1891;

541. Mais si le capital assuré a été stipulé payable, soit au souscripteur s'il est vivant à cette époque, soit, dans le cas contraire, à d'autres bénéficiaires, moyennant une prime annuelle dont le versement cessera à son décès, le décès survenant avant l'exigibilité du capital assuré, il y a lieu de considérer ce capital comme une créance non productive d'intérêts et le droit de mutation par décès est dû sur le montant de l'assurance et non sur une valeur estimative. — V. Garnier, Rép., v⁰ *Succ.*, nᵒ 712; Maguéro, *eod.* v⁰, nᵒ 191; Prades, 28 juill. 1885; Saint-Flour, 4 févr. 1892; Seine, 1ᵉʳ juill. 1899.

542. Quant au débiteur du droit, ce sera le premier bénéficiaire appelé qui devra payer le droit de mutation d'après son degré de parenté.

S'il décède avant le payement des droits, ceux-ci incomberaient bien entendu au second bénéficiaire.

543. Au point de vue de la communauté, si le payement des primes cesse par le fait même du décès de l'époux souscripteur, il en va comme d'une assurance en cas de décès; mais, s'il doit continuer jusqu'à l'époque fixée pour l'exigibilité du capital assuré, la valeur de l'assurance, estimée au jour du décès dudit conjoint, doit seule figurer à l'actif de la communauté. — V. Sol., 15 avril 1889;

Assurances de survie

544. Dans les assurances en cas de survie, il n'y a pas, même fictivement, de libéralité comme pour les assurances en cas de décès; le contrat est commutatif et à titre onéreux, pourvu que les primes aient été payées par les deux assurés conjointement. — Cpr. Dumaine, nᵒ 114; Douai, 2 févr. 1876; Meaux, 8 mars 1877; Cass., 28 mars 1877; Seine, 29 mars 1878; Cambrai, 22 août 1878; Charleville, 29 mars 1879; Clermont, 16 mai 1879; Prades, 28 juill. 1885; Sol., 1ᵉʳ août 1874, 11 avril 1877, 28 févr. 1878, 21 avril 1879, 14 déc. 1888, 15 avril 1889;

545. Dans ce dernier cas, le bénéficiaire doit être considéré comme un donataire à titre particulier.

546. Si le bénéficiaire était tenu, comme l'enseigne un des systèmes du droit civil sur la question, au rapport fictif des primes payées pour le calcul de la quotité disponible, en vue

d'une réduction possible, il faudrait déduire du capital assuré la réduction opérée pour ces primes, et les héritiers auraient à supporter le droit sur ce qu'ils conserveraient ainsi sur le montant de l'assurance.

Assurances à titre onéreux

547. Relativement aux assurances qu'on appelle à titre onéreux, telles que celles souscrites directement au profit d'un créancier ou transportées soit immédiatement, soit seulement sous condition, mais dûment acceptées, elles ont généralement pour effet d'attribuer à l'instant ou rétroactivement au bénéficiaire ou au cessionnaire, au lieu de l'assuré, les résultats à en provenir ; chaque fois qu'il en est ainsi, aucun droit de mutation par décès n'est exigible du chef de l'assuré. — V. Dumaine, *op. cit.*, n° 95 ; Cass., 17 juin 1889 (S., 90. 1. 276 ; D., 89. 1. 454) ; Sol., 11 mai 1895 ; I. G., 2517 ;

Au contraire, celles transférées simplement en garantie laissent la propriété des sommes en la personne de l'assuré, comme au cas d'un nantissement quelconque ; par conséquent, elles restent comprises dans la succession de celui-ci. — V. Garnier, Rép., v° *Succ.*, n° 742 ; Maguéro, *eod.* v°, n°s 176, 181 ; Cpr., Cass., 10 nov. 1874 ; Marseille, 16 juill. 1876 et 19 juill. 1878 ; Carpentras, 11 août 1885 ; Cass., 17 juin 1889 ; Sol., 19 août 1878 ;

548. On considère comme à titre onéreux l'assurance contractée par deux personnes au profit de la survivante d'elles. — V. Cass., 17 mai 1866, 16 déc. 1867, 26 janv. 1870 ; Verdun, 1er juin 1894.

549. Le bénéficiaire d'une assurance à titre gratuit ne saurait la rendre à titre onéreux, en remboursant, après le décès de l'assuré, les primes payées par celui-ci. — V. Cass., 21 oct. 1896.

550. Lorsqu'il y a contestation sur le caractère de l'assurance, il appartient aux tribunaux de déterminer si elle est à titre gratuit ou à titre onéreux. — V. Carpentras, 11 août 1885 ; Cass. 17 juin 1889 ; Verdun, 1er juin 1894 ; Nice, 17 juill. 1894 ; Sol. 20 août 1895 ;

Assurances sur la tête d'un tiers

551. S'il s'agit d'assurances contractées sur la tête d'un tiers, le tiers n'est considéré que pour régler le terme des primes à payer, et ce tiers ni sa succession n'ont aucun droit au bénéfice de l'assurance ; c'est donc au point de vue du contractant ou autre bénéficiaire qu'il faut uniquement se placer, pour apprécier de quel patrimoine fait alors partie la somme assurée ;

552. En cas de prédécès du souscripteur, le droit de mutation est dû sur la valeur actuelle de l'assurance, c'est-à-dire sur ce qu'elle représente au jour de ce prédécès, à l'évaluation des parties. — V. Garnier, Rép., v° *Succ.*,

n° 748 ; Maguéro, *eod.* v°, n°s 183 et s. ; Nice, 17 juill. 1889 ; Sol., 19 fév. et 8 août 1883.

553. Quand c'est le bénéficiaire de l'assurance qui en acquitte les primes, elle est considérée comme souscrite sur la tête d'un tiers. — V. Maguéro, *Ibid.*, n° 185 ;

554. L'assurance contractée par un mari au profit d'un tiers déterminé non héritier ne fait pas partie de sa communauté ; le capital en est considéré comme dépendant exclusivement de sa succession, et sans récompense à raison des primes versées. — V. Maguéro, v° *Succ.*, n° 196 ; Quimper, 15 avril 1890 ;

555. Pareillement, pour l'assurance souscrite par une femme, dûment autorisée de son mari. — V. Garnier, Rép., v° *Succ.*, n° 724-1.

Liquidation

556. Le droit est liquidé soit, en cas de rente viagère, sur les arrérages annuels, capitalisés au denier dix ;

Soit sur la somme nette à provenir de l'assurance. — V. Garnier, Rép., v° *Succ.*, n° 712-1 ; Maguéro, *eod.* v°, n° 179 ; Sol., 16 août 1897 ;

Sans déduction des primes que le bénéficiaire aurait payées en l'acquit et pour le compte de l'assuré. — V. Sol., 19 août 1878 ;

Mais en déduisant celles encore dues au décès. — V. Sol., 16 août 1897 ;

Ainsi que les emprunts que l'assuré aurait contractés sur sa police. — V. Garnier, Rép., v° *Succ.*, n° 712.

557. Le legs fait à un héritier et qui est réputé fait par préciput et hors part, à moins que le testateur n'ait exprimé la volonté contraire (C. civ., art. 843, mod. par L. 24 mars 1898), doit être ajouté à la part virile de cet héritier dans le surplus de la masse héréditaire ; de même, si la veuve recueille, à l'exclusion des héritiers, le bénéfice d'une assurance sur la vie contractée à son profit par son mari, le capital assuré doit être réuni à l'émolument qui lui revient comme légataire du défunt. — V. I. G., 3058.

558. Le tout, bien entendu, sauf interprétation différente de l'intention de l'assuré, suivant les termes de la police.

559. Lorsqu'une assurance a été contractée au profit du survivant d'époux mariés sous le régime de la communauté, il faut distinguer. Sur la portion revenant au survivant à titre de commun en biens (ce qui implique, si c'est la femme, qu'elle ne renonce pas à la communauté), aucune mutation ne se produit, par conséquent aucun droit n'est dû. Mais la Régie considère que l'autre portion lui est transmise à titre gratuit par la succession de son conjoint prédécédé et exige de lui sur cette partie et à son taux le droit de mutation par décès. — V. Garnier, Rép., v° *Succ.*, n° 723 ; Saint-Quentin, 28 juin 1878 ; Charleville, 29 août 1879 ; Melun, 23 déc. 1887 ; Arras, 17 mai 1893 ; Cass., 21 oct. 1896 ; Cognac, 7 juin 1898 ; Sol., 4 avril 1878 ;

Contrà : Abbeville, Meaux et Clermont, précités ;

560. Si elle a été souscrite soit au profit de
la femme et des enfants conjointement, soit
pour moitié au profit de la femme d'une part
et des enfants d'autre part, la moitié recueillie
par la femme est considérée comme lui étant
acquise à son titre de commune en biens, de
sorte que l'autre moitié seulement, afférente
aux enfants, reste soumise au droit de mutation par décès. — V. Garnier, Rép., v° *Succ.*,
n° 727 ;

561. Si elle a été contractée au profit de la
femme pour l'usufruit et des enfants pour la
nue propriété, une moitié revient de même à
la femme à son titre de commune en biens,
et le droit de mutation n'est exigible que
sur la seconde moitié, revenant en usufruit à la femme et en nue propriété aux enfants. — V. Garnier, Rép., v° *Succ.*, n° 727 ;
Maguéro, *eod. v°*, n° 201 ; Nancy, 20 mai 1891.

562. Par exception, il a été jugé, au cas
d'une assurance souscrite par un mari au profit de sa femme survivante, pour lui garantir
le remboursement de ses reprises, et dont les
primes avaient été acquittées au moyen des
propres deniers de la femme, que celle-ci
n'avait à payer aucun droit de mutation par décès. — V. Carpentras, 11 août 1885 ; Cass.,
17 juin 1889 ;

563. L'époux survivant n'est pas, d'ailleurs,
obligé d'accepter le bénéfice de l'assurance tel
qu'il résulte pour lui de l'attribution stipulée
dans la police, et, s'il y renonce, en effet, aucun droit n'est dû par lui à ce titre. — V.
Château-Thierry, 28 nov. 1885 ; Cpr., toutefois,
Sol., 24 avril 1884 et 13 fév. 1885 ;

564. En ce qui concerne l'assurance faite
par deux époux communs en biens au profit du
survivant d'eux, nous devons appeler l'attention sur une autre distinction qui considère
l'assurance et la traite différemment suivant
qu'elle a été réalisée par un seul acte ou par
deux actes séparés ;

Au premier cas, c'est-à-dire faite conjointement, elle constitue entre eux un contrat aléatoire, à titre onéreux, de sorte que la base
même du droit de mutation par décès, à savoir
la gratuité de la transmission, fait défaut ;
sauf, du reste, la récompense à la communauté,
s'il y a lieu, pour les primes et frais qu'elle
aurait payés. — V. Garnier, Rép., v° *Succ.*,
n°⁸ 737 et s. ; Maguéro, *eod. v°*, n° 205 ;
Meaux, 8 mars 1877, Cambrai, 22 août 1878 ;
Saint-Étienne, 27 nov. 1883 ; Sol., 28 fév. 1878,
18 mars 1882 ;

Même si c'est la femme qui survit et renonce
à la communauté. — V. Cambrai, 22 août
1878 ; Clermont (Oise), 16 mai 1879 ; V. toutefois, Garnier, *Ibid.*, n° 738 ;

565. Dressée, au contraire, en deux actes,
le droit de mutation est exigible sur la part
du défunt dans le bénéfice de l'assurance. —
V. Garnier, *Ibid.* ; Charleville, 29 août 1879 ;

Sol.,21 avril 1879, 15 avril 1889 ; *Contrà :* Clermont, précité ;

566. Lorsque l'assurance a été contractée
par l'époux survivant soit au profit de son
conjoint décédé, soit au profit de ses héritiers ou ayants droit, c'est la valeur de l'assurance, estimée au jour du décès dudit conjoint, qui dépend de la communauté. — V.
Garnier, Rép., v° *Succ.*, n° 733 ; Sol., 15 avril
et 12 juill. 1889 ;

567. Notons encore que le bénéfice d'une
assurance stipulé payable à la femme prédécédée de l'assuré peut, en cas de second mariage, être reporté par un avenant au profit de
sa nouvelle femme, et alors il est présumé
recueilli à titre gratuit, de sorte que la veuve
est soumise au droit de mutation par décès à
la mort de l'assuré, sous déduction, s'il y a
lieu, de la part revenant aux héritiers de la
première femme. — V. Sancerre, 23 fév. 1897 ;

568. En cas de régime dotal, l'assurance
souscrite par le mari au profit de sa femme est
considérée fiscalement comme une libéralité ;
le capital assuré doit donc être compris dans
la déclaration de succession du mari ; mais,
si les primes en ont été payées avec des deniers dotaux, la femme peut réclamer le bénéfice de l'assurance comme en étant créancière
et alors aucun droit de mutation par décès
n'est plus exigible à cet égard. — V. Carpentras, 11 août 1885 ; Cass., 17 juin 1889 ;

569. Si c'est par la femme dotale que l'assurance a été contractée au profit de son mari
et touchée par lui, le capital est soumis au
droit de mutation par décès, quand même le
mari en aurait payé les primes. — V. Saint-
Marcellin, 6 déc. 1902 ; Cpr., Nice, 17 juill.
1899 ;

Assurances à l'étranger.

570. Les assurances contractées à l'étranger ou par des étrangers suivaient autrefois,
en principe, les règles des créances. — V.
Seine, 7 févr. 1879 ; Déc. min. Fin., 23 oct.
1886 ; Sol., 23 juill. 1883, 4 nov. 1886 et 2
juil. 1889 ;

571. Mais pour favoriser les opérations à
l'étranger des compagnies françaises d'assurances sur la vie, le 6ᵉ alin. de l'art. 15, L. 25
fév. 1901 dispose: « L'art. 6, L. 21 juin 1875
n'est pas applicable lorsque l'assurance a été
contractée à l'étranger et que l'assuré n'avait
en France, à l'époque de son décès, ni domicile de fait, ni domicile de droit. »

572. On se bornera pour le moment, dit à
cet égard l'I. G. 3051, à faire remarquer que
toutes les assurances souscrites à l'étranger
auprès d'une compagnie française doivent être
considérées comme contractées à l'étranger,
dans le sens de la disposition précitée, encore
bien que la compagnie n'ait pas donné sa signature à l'étranger, mais à son siège social,
et n'ait été engagée que par cette signature. —
On ne perdra pas de vue que les pays soumis

au protectorat de la France sont, au regard de la loi fiscale, assimilés à des pays étrangers, et qu'il en est de même des colonies françaises dans lesquelles l'enregistrement n'est pas établi.

573. Donc, pas de droit de mutation sur les assurances contractées à l'étranger, dans les succursales qui auraient des compagnies françaises, quelle que soit la nationalité de l'assuré, la police eût-elle été signée par la compagnie à son siège social en France et son montant fût-il exigible en France, si l'assuré n'avait en France, au moment de son décès, ni domicile de fait, ni domicile de droit.

Observation

574. Enfin, la loi du 21 juin 1875 ainsi modifiée s'applique à toutes les successions ouvertes depuis sa promulgation, que l'assurance ait été contractée antérieurement ou après. — V. Annecy, 3 avril 1879;

575. V. plus généralement sur tous ces points et les difficultés d'application auxquelles ils donnent lieu, le remarquable ouvrage de M. Ch. Dumaine; *Du contrat d'assurance sur la vie en droit civil et en droit fiscal;*

Avances.

576. V. Créances.

Bâtiments

577. V. Immeubles.

Baux.

578. Le bail à cheptel, pour les bestiaux donnés à cheptel, lorsqu'ils ne sont pas immeubles par destination;

Mais non pour le croît et l'augmentation du cheptel, parce qu'ils se confondent avec le bénéfice résultant pour le preneur du bail qui, nous allons le dire, est excepté du droit;

579. Le bail à complant qui donne lieu au droit de mutation par décès sur la transmission en résultant soit du chef du bailleur, soit du chef du preneur, laquelle est plus ou moins étendue suivant les cas;

580. Le bail à convenant ou à domaine congéable fait au défunt; ses héritiers doivent déclarer les édifices et superficies comme immeubles; plus, comme meubles, les bestiaux attachés à la culture, les instruments aratoires et les semences qu'il aurait fournis — V. Dict. réd., v° *Succ.*, n° 1295; Garnier, Rép., eod. v°, n° 767; Maguéro, eod. v°, n° 224; Dél. 4 sept. 1806;

Et celui fait par le défunt;

En cas d'expouse la plus-value (L. 8 fév. 1897);

581. Du chef du propriétaire, la redevance se capitalise au denier vingt ou au denier vingt-cinq;

Du chef du preneur, on réduit cette redevance de la valeur locative des biens, et la matière imposable est formée de la différence capitalisée au denier vingt ou vingt-cinq.

582. Le bail emphytéotique (L. 25 juin 1902, art. 14). — V. E. Naquet, *op. cit.*, II, n° 900; Seine, 9 déc. 1840; Cass., 28 janv. 1833, 24 nov. 1837, 1er avril 1840, 24 juill. 1843; Lille, 3 mars 1849; Cass., 6 mars 1850; I. G. 1857, § 7;

Même si sa durée, qui doit excéder 18 ans, est inférieure à 99 ans (même L., art. 1er). — V. Seine, 31 mars 1837; Cass., 24 juill. 1843; *Contrà* : Douai, 24 avril 1839;

De sorte que le droit de mutation est exigible:

Sur le domaine direct, au décès du bailleur;

Et sur le domaine utile, au décès du preneur (Art. 14 précité, L. 25 juin 1902); Cpr., Dict. réd., v° *Succ.*, n° 1297; G. Demante, *op. cit.*, II, n° 684; Garnier, Rép., eod. v°, n° 769; Maguéro, eod. v°, n° 225; Cass., 24 juill. 1843, 6 mars 1850, 6 janv. 1852, 9 janv. 1854, 6 mars 1861, 14 nov. 1861; Sol., 14 sept. 1882;

583. Le domaine direct et le domaine utile sont liquidés sur leur valeur vénale d'après la déclaration estimative des parties (L. 25 juin 1902, art. 14).

584. Le bail à locatairie perpétuelle, comme ayant aussi un caractère immobilier.—V.Cass., 5 oct. 1808;

585. Tandis que le bail à ferme ou à loyer ordinaire, c'est-à-dire, n'impliquant aucune transmission de propriété, quoique formant un bien dans le patrimoine du défunt, n'est pas assujetti au droit de mutation par décès, parce que le profit qu'on en peut tirer est incertain et implique l'œuvre personnelle de l'héritier, de sorte qu'il ne constitue pas une valeur actuelle, et surtout parce que la loi fiscale n'impose pas les mutations par décès de simple jouissance. — V. G. Demante, *op. cit.*, II, n° 683; Dict. réd., v° *Succ.*, n° 1288; Garnier, Rép., eod. v°, n° 756; Maguéro, eod. v°, n° 213; Cass., 23 janv. 1833 (S., 33. 1. 196) 24 nov. 1837 (S., 37. 1. 954), Compiègne, 7 févr. 1872; I. G. 1425, § 7; Cpr., E. Naquet, *op. cit.*, II, n°s 899 et s.;

Au cas où le fermier ne décéderait qu'après la maturité des récoltes, alors que celles-ci ne sont pas encores séparées du sol.—V. ci-après: *Récoltes.*

586. Et le bail fût-il, sans être emphytéotique, fait à longue durée;

Ainsi le bail héréditaire d'Alsace. — V. Cass. (*Ch. réun.*), 24 nov. 1837; *Contrà* : Dict. réd., v° *Succ.*, n° 1302; Cass., 28 janv. 1833 et 16 juin 1852; I. G. 1425, § 8; Cpr., Garnier, Rép., v° *Succ.*, n° 764;

587. Mais comment distinguer un bail ordinaire à longue durée d'un bail emphytéotique?

Il faut décider suivant les circonstances, eu égard à l'étendue des droits du preneur;

D'après la jurisprudence, l'emploi des mots *bail emphytéotique* ou *emphytéose* fait présumer un bail emphytéotique, ainsi que la faculté d'hypothéquer reconnue au preneur;

588. Quant au bénéfice qu'un fermier ou locataire retirerait annuellement d'une sous-location, il constituerait une valeur distincte de celle du bail, soumise dès lors au droit de mutation par décès et à comprendre dans la déclaration. — V. Dict. réd., *v°* *Succ.*, n°708; Garnier. Rép., *eod.* *v°*, n° 761 ; Maguéro, *eod.* *v°*, n° 215 ; Seine, 23 févr. 1867 et 26 août 1871; Sol., 16 févr. 1869; '

Sous la déduction du fermage ou loyer dont le sous-bailleur serait lui-même débiteur lors de son décès. — V. Sol. 28 févr. 1896 ;

En cas d'usufruit, le bénéfice de la sous-location, se résolvant en des fruits réels, fait partie de cet usufruit. — V. Sol. 14 nov. 1871;

589. De même, le droit de *jouissance fermière* ou de *marché*, encore usité dans certaines régions, et consistant à assurer au fermier ou à ses ayants droit la possession perpétuelle des terres louées moyennant le paiement au propriétaire d'un droit d'*agrément* ou d'*intrade* en cas, soit de cession à titre onéreux, soit de mutation par donation ou succession collatérale, — représente une valeur distincte du droit au bail, laquelle, par conséquent, est à porter dans la déclaration de succession du fermier. — V. Péronne, 23 mars 1904.

590. Le bail imposé par le défunt au profit d'un tiers à son héritier ou à son légataire universel ne donne pas ouverture, en principe, au droit de mutation par décès, sauf l'exigibilité d'un supplément du droit de bail en cas d'insuffisance. — V. Compiègne, 7 févr. 1872 ; *Contrà* : Garnier, Rép., *v°* *Succ.*, n° 758;

V. aussi Immeuble. Sous-locations.

Bibelots

591. V. Objets d'art.

Biens abandonnés par le de cujus à ses créanciers.

592. Ceux non encore vendus sont à déclarer. — V. n°s 401 et 403 ci-dessus.

Biens communaux

593. Les biens dont les habitants d'une commune ont été privativement lotis, en vertu de la loi du 10 juin 1793, doivent, comme les autres immeubles, être compris dans la déclaration de succession de l'attributaire ou de ses ayants cause. — V. Bayeux, 25 août 1843;

Biens de communauté

594. — V. Communauté ;

Billets de banque

595. V. Argent comptant ;

Bois

596. L'exemption temporaire d'impôt dont bénéficient les semis et plantations sur le sommet et le penchant des montagnes, sur les dunes et dans les landes (C. for., art. 226 ; LL. 3 frim. an VII, art. 115; 4 avril 1882, art. 6 et 17) s'entend exclusivement de la contribution foncière, et ne s'étend pas au droit de mutation par décès; ces jeunes bois doivent donc être déclarés. — V. Cass., 7 juill. 1885 (S., 86. 1. 381);

Liquidation

597. L'évaluation du revenu des bois s'obtient quelquefois d'une manière spéciale. Il faut, à cet égard, distinguer entre les bois affermés ou aménagés, ceux qui ne sont ni affermés ni aménagés, les réserves faites dans les coupes, et les arbres épars. — V. Garnier, Rép., *v°* *Succ.*, n°s 1157 et s.; E. Naquet, *op. cit.*, III, n° 1331 ;

598. Le revenu des bois affermés ou aménagés en coupes réglées, si les baux ou les ventes annuelles ne contiennent pas de réserves, est celui procuré par les baux, ou s'obtient en prenant la moyenne des produits pendant une révolution d'aménagement. — V. Dict. réd., *v°* *Expertise*, n° 99; Garnier, Rép., *eod.* *v°*, n° 99, et *Succ.*, n° 1157 ; Maguéro, *v°* *Succ.*, n° 416 *ter* ; Sol., 31 juill. 1827 ; I. G, 1229, § 2 ;

599. Pour ceux non affermés ni aménagés, on détermine le produit moyen annuel en divisant le prix de la coupe des bois qui ont été exploités en une seule fois par le nombre d'années représentant l'âge des bois. — V. Dict. réd., *v°* *Expertise*, n° 100 ; Garnier, Rép., *v°* *Succ.*, n° 1158 ; Maguéro, *eod.* *v°*, n° 417 ; Cass., 24 mai 1843 ; Marennes, 25 févr. 1845 ; Cass., 18 juin 1855 ; I. G., 1229, § 2 ;

La même opération est applicable aux produits qui ne se perçoivent pas tous les ans : élagage des saules, des peupliers, etc. ;

600. Les réserves dans les coupes s'apprécient comme il suit : lorsque la réserve n'est que partielle, et si d'ailleurs la coupe exploitée comprend des arbres anciens provenant d'une révolution antérieure, il y a compensation dans le produit moyen, et rien n'est à ajouter, pour cet objet, au prix de la coupe; mais, si ce prix ne porte que sur le taillis, on doit y ajouter, par une évaluation particulière, le produit présumé de la futaie réservée. — V. Dict. réd., *v°* *Expertise*, n° 105; Garnier, Rép., *v°* *Succ.*, n° 1163 ; Maguéro, *eod.* *v°*, n°s 418 et s. Cass., 18 juin 1855 et 29 juin 1864 ; Le Havre, 18 nov. 1886 ; Vitry, 18 juill. 1890 ; Sol., 5 févr. 1868 ; I. G., 1229, § 2;

601. Le même procédé est applicable aux arbres épars sur les terres ; le revenu se confond avec le fermage si le fermier profite de l'élagage, de la récolte des fruits et des arbres morts, à la charge de les remplacer ; si, au contraire, les arbres et leurs produits sont réser-

vés au profit du bailleur, ils donnent lieu à une évaluation distincte. — Cpr.,Cass.29 juin 1864 (S.,64. 1. 462 ; D., 64.1.383) ; Bayeux, 23 nov. 1905 ; Cass.,Req.,30 avril 1907 ; Caen, 24 mai 1865 (S., 65. 2. 269) ; Angers, 8 mars 1866 (S., 67. 2. 21) ; Fontenay-le-Comte, 12 août 1879 ; Le Havre, 18 nov. 1886 ; Sol., 5 févr. 1868 et 16 nov.1875 ; I. G.,1229, § 2 ;

602. Lorsque l'usufruit seul est transmis, comme l'usufruitier n'a pas droit aux arbres épars de futaie, il n'y a pas lieu d'évaluer leur croissance. — V. Dict. réd., vº *Expertise* nº 107 ; Garnier, Rép., vº *Succ.*, nº 1160 ; Sol., 5 fév. 1868.

603. Enfin, on doit ajouter au rendement des coupes principales celui des recépages, des éclaircies dans les taillis ou dans les futaies, des arbres exploités en jardinant, des chablis, du pâturage et de la glandée, et autres produits accessoires, quand le propriétaire en tire un revenu. — V. I. G. 1229, § 2 ;

604. Si donc il existe dans une forêt une minière en exploitation, son produit annuel, d'après la durée probable de l'extraction (car elle épuise la substance même de la chose et il faut y avoir égard), s'additionne avec le produit forestier pour déterminer le revenu total. — V. Dict. réd., vº *Expertise*, nº 114 ; E. Naquet, *op. cit.*, III, nº 1333 ; Briey, 15 août 1864 ; Cass., 6 mars 1867 (S., 67. 1. 225) ; V. aussi Immeubles ;

Bons

605. Les bons. — V. Obligations ;

Brevets.

606. Les brevets d'invention. — V. Dict. réd.,vº *Succ.*, nº 1563 ; Garnier, Rép., vº *Brev. d'inv.* nº 12 et *Succ.*, nº 825 ; Maguéro, vº *Succ.*, nº 259 ;

Bronzes.

607. V. Objets d'art.

Cabines de bains sur les plages.

608. Objet d'une permission temporaire d'occupation du domaine public, moyennant une redevance annuelle, la concession se résout en une sorte de bail au profit du concessionnaire, et, par conséquent, n'opère pas le droit de mutation par décès ;

Caisse d'épargne

609. V. Créances.

Canal.

610. La concession temporaire d'un canal dépendant du domaine public ne confère au cessionnaire qu'un simple droit de jouissance, assimilable ordinairement à un bail ; dès lors, pas de droit de mutation par décès ;

Mais concédé à perpétuité un tel canal constitue une propriété privée ; le droit de mutation par décès s'y applique donc. — Cpr., Cons. d'Et.,30 déc. 1858 (S., 59. 1. 564 ; D., 59. 3. 75.) ; Cass., 7 nov. 1865 (S., 66. 1. 57 ; D, 66. 1. 254) ;

A plus forte raison, en est-il ainsi d'un simple canal d'irrigation, même si la concession n'en est que temporaire, car elle équivaut au moins à une emphytéose. — Cpr., Cass., 1er avril 1884 (S., 85. 1. 85 ; D., 84. 1. 345) ;

Liquidation

Lorsque de la concession d'un canal, il résulte plus qu'une simple jouissance assimilable à un bail, mais un véritable droit de propriété, le revenu imposable se détermine par le montant annuel des redevances qu'elle procure au concessionnaire. — V. Sol., 11 sept. 1879 ; I. G. 2724, § 5 ; Cpr., Cass., 3 fév. 1886 (S., 86. 1. 484) ;

Carrières.

611. Jusqu'à l'extraction, les carrières (ardoises, grès, granits, marbres, pierres à chaux et à plâtre, calcaires à bâtir, cailloux et sables) font partie intégrante du sol, et, par conséquent, se confondent avec lui, elles ne donnent donc pas lieu à une déclaration distincte.

Du chef du tiers exploitant, le bail à lui fait est considéré fiscalement comme une vente de meubles. — V. Cass., 5 mars 1855, 15 fév. 1893 (S., 94. 1. 149) ; I. G., 2042, § 10 ;

Néanmoins, le droit de mutation par décès n'est pas exigible sur les sommes qu'il aura à payer, parce que, tant que les matériaux ne sont pas extraits, ils continuent à faire partie du sol et ne sont pas encore transmis, de sorte que les créances devant en résulter ne sont pas encore nées. — V. Maguéro, vº *Succ.*, nºs 231 et 234.

Réciproquement, les matériaux à extraire n'étant pas encore sa propriété, il n'y a pas lieu de les comprendre dans la déclaration de sa propre succession. — V. Maguéro, eod. vº, nº 234 ;

Quant aux matériaux déjà extraits, soit par le propriétaire, soit par son preneur, ils sont à déclarer dans la succession de celui à qui ils appartiennent ;

Liquidation.

Comme en la personne du propriétaire les carrières constituent des immeubles, la somme moyennant laquelle il a concédé un droit d'exploitation, constitue le revenu d'un immeuble, ou entre en ligne de compte pour la détermination du revenu total du terrain, sauf compte à faire de l'épuisement.

Quant aux minières et aux tourbières, évaluation de leur revenu spécial comme élément du revenu total imposable, si elles sont exploitées par le propriétaire lui-même. — V. Cass., 6 mars 1867 (S., 67. 1. 225 ; D., 67. 1. 156) ; I. G., 2358, § 2) ;

Autrement, détermination du revenu par déclaration estimative des parties, puisque la redevance due par un concessionnaire est, fiscalement, un prix de vente mobilière. — V. Maguéro, v° Succ., n° 446 ;

A moins qu'un fermage spécial n'ait été stipulé pour la seule location du terrain. — Cpr., Sol., 30 avril 1881 ; ·

V. aussi Immeubles.

Cautionnements.

612. Les cautionnements versés, notamment au trésor ;

A moins qu'ils n'aient été cédés antérieurement au décès. — V. Dict. réd., v° Succ., n° 1571 ; Marseille, 11 mai 1900 ; Aix, 8 mai 1901 ;

Sous cette réserve, même lorsqu'ils sont affectés par privilège de second ordre, car ils n'en appartiennent pas moins strictement au titulaire. — V. Dict. réd., v° Succ., n° 1570 ; Garnier, Rép. eod. v°, n° 874 ; Cass.. 6 janv, 1840, 17 juill. 1849 (S., 50. 1. 529) et 11 mars 1851 ; Aubusson, 10 mars 1860 ; Bergerac, 3 janv. 1867 ; Seine, 13 déc. 1872 ; Déc. min. Fin., 28 juin 1856 ; 12 avril 1862 et 2 août 1865 ; Dél. 7 fév. 1865 ; Sol., 11 juill. 1865, 31 janv. 1866, 21 oct. 1871, 12 fév. 1872, 20 déc. 1872 ; 1er fév. 1877, 15 juill. et 4 déc. 1879, 21 oct. 1860 ; Sol. 14 août 1895 ; Contra : E. Naquet, op. cit., II, n° 995 ; Rouen, 15 avril 1806 ; Seine, 15 avril 1834 ; Dél. 9 juin 1835 ;

Mais alors la créance du bailleur des fonds constitue une dette déductible de la succession du titulaire ;

Et celui-ci fût-il décédé en état de débet, — V. Dict. réd., v° Succ., n° 1567 ; Garnier, Rép., eod. v°, n° 873 ; Maguéro, eod. v°, n° 277 ;

Sauf déduction de la somme dont il est redevable ;

613. Solutions semblables en cas de remise en nantissement. — V. Sol., 2 juin 1886.

Charges.

614. V. Offices.

Chasse.

615. V. Immeubles.

Châteaux.

616. V. Immeubles.

Chemins de fer.

617. Les chemins de fer faisant partie de la grande voirie, leur concession s'analyse en une concession de travaux publics, et le concessionnaire n'a qu'un droit personnel analogue à un bail ;

A supposer donc un individu possédant à lui seul tout une ligne, le droit de mutation ne pourrait porter que sur le matériel et le mobilier de l'exploitation. — V. Cass., 15 mai 1861 (S., 61, 1. 888. ; D., 61. 1. 225), 20 juill. 1886 (S., 87. 1. 332 ; D., 87. 1. 302) : V. cepend. Cass., 5 nov. 1867 (S., 67. 1. 417 ; D., 68. 1, 117).

Il en est autrement des chemins de fer industriels qui ne constitueraient que des propriétés privées ; ils seraient alors à déclarer.

Chênes-lièges.

618. V. Immeubles.

Clientèle.

619. V. Fonds de commerce ;

Communauté.

620. Les bénéfices de communauté ou de société d'acquêts revenant à la succession d'un époux ; ils doivent figurer dans la déclaration ;

Quoique la communauté ou la société d'acquêts ne soit pas encore liquidée. — V. Murat, 10 déc. 1885 ;

Et maintenant, seulement les bénéfices nets, c'est-à-dire défalcation faite de celles des dettes la grevant dont la déduction est admise ;

621. Observation faite que le prorata d'arrérages, de dividendes, d'intérêts, de loyers, de fermages, couru au jour de sa dissolution sur les biens propres des époux, revient à la communauté ;

622. La communauté comprend naturellement les récompenses qui lui sont dues. — V. Dict. réd., v° Succ., n° 1890 ; Cass., 21 août 1861 ; Vitry-le-François, 9 mai 1867 ; Cass., 30 nov. 1869 ;

Récompenses qui se compensent d'ailleurs jusqu'à due concurrence avec les reprises en deniers à exercer par l'époux qui les doit, de sorte que le reliquat est seul à considérer pour l'établissement de la masse. — V. Dict. réd., v° Comm., n° 805 ; Garnier, Rép., eod. v°, n° 302 ; Maguéro, eod. v°, n° 249 ;

Même en cas de renonciation par la femme à la communauté. — V. Dict. réd., v° Comm., n° 813 ; Cass., 3 mars 1891 ; Seine, 9 déc. 1898 ;

623. Mais lorsque des père et mère (ou autres ascendants) ont fait un partage anticipé entre leurs enfants, il n'y a plus à s'occuper, dans la déclaration de succession au décès du donateur-prémourant, des récompenses ou reprises ayant une cause antérieure au partage, puisqu'elles s'y sont trouvées réglées expressément où implicitement; leur communauté se partage dès lors par moitié; à moins bien entendu, de nouvelles reprises ou récompenses pour causes postérieures, qu'il faudrait liquider comme ordinairement. — V. Defrénois, *Rép. prat.*, n° 14051; Poitiers, 9 mai 1883; Avesnes, 22 juill. 1892, Douai, 9 nov. 1893;

Il se peut que le montant des biens donnés ait été inférieur au chiffre des reprises à exercer; celles-ci subsistent donc pour la différence; dans ce cas; l'excédent se prélèvera sur la communauté, ou, à défaut, et si c'est du chef de la femme, constituera une créance à son profit et sera déduit de la succession du mari débiteur. — V. Defrénois, *Ibid.*

624. On sait qu'une société d'acquêts est possible, même sous le régime de séparation de biens; alors l'immeuble acquis par la femme pendant le mariage, mais sans remploi régulier, dépend de la société d'acquêts et doit par conséquent figurer parmi les biens qui la composent dans la déclaration de succession après le décès du mari. — V. Cass., 25 janv. 1904 et 5 mai 1905;

Comptes-joints.

625. Aux termes de l'art. 7, L. 31 mars 1903: Tous les titres, sommes ou valeurs existant chez les dépositaires désignés au 3e alinéa de l'art. 15., L., 25 fév. 1901 et faisant l'objet de comptes indivis ou collectifs avec solidarité sont considérés, pour la perception des droits de mutation par décès, comme appartenant conjointement aux déposants et dépendant de la succession de chacun d'eux pour une part virile, sauf preuve contraire réservée tant à l'Administration qu'aux redevables, et résultant pour ces derniers soit des énonciations du contrat de dépôt, soit des titres prévus par l'art. 7-2°, L. 25 fév. 1901. — V. I. G., 25 avril 1903.

Concession dans un cimetière.

626. Propriété *sui generis*, sinon un bail, elle ne donne pas lieu au droit de mutation par décès. — V. Cass., 7 avril 1857 (S., 57. 1. 341; D.,57. 1. 311); Cons. d'Et., 19 mars 1863 (S., 63. 2. 118; D., 63. 3. 35); Paris, 29 juin 1896 (D., 97. 2. 501); Rennes, 29 janv. 1901 (D., 1901. 2. 428); Déc. min. Fin. et Int., 12 mai 1846; Sol., 19 fév. 1874;

Concession de travaux publics.

627. Indemnisation des frais d'un travail d'utilité publique par la concession d'un monopole d'exploitation pendant un certain nombre d'années. — V. Canal. Chemins de fer. Péages.

Concessions sur le domaine public.

628. V. Cabines, Canal, Chemins de fer, Concession de travaux publics, Edicules, Parcs à coquillages, Péages, Pêcheries, Prises d'eau, Tramways.

Constructions.

629. Les constructions, considérées comme telles, c'est-à-dire abstraction faite du sol, lorsqu'elles appartenaient au défunt;

Telles sont, en principe, toutes les constructions élevées sur un terrain du défunt, car, sauf preuve contraire, elles sont présumées lui appartenir (C. civ., art. 553). — V. Dict. réd., *v° Constr.*, n° 177; Garnier, Rép., *v° Succ.*, n° 892; Maguéro, *v° Constr.*, n° 49; Cass., 15 avril 1840 (S., 40. 1. 423; D., 40. 1. 175) 10 mars 1856; I. G., 1630;

Celles édifiées pendant le mariage sur un terrain appartenant à la communauté sont, pour la même raison, réputées dépendre de celle-ci. — V. Toulouse, 25 nov. 1880;

Au contraire, les constructions faites par le défunt sur un terrain dont il est locataire, à la condition, comme charge du bail, de les laisser sans indemnité à la fin de ce bail ou en cas d'expulsion, sont considérées, par raison inverse, n'avoir jamais appartenu au défunt, mais être comme il vient d'être dit, au propriétaire du terrain. — V. Dict. réd., *v° Constr.*, n° 151; Garnier.Rép., *v° Succ.*, n° 898; Seine, 12 janv. 1848; Cass.,27 mai 1873 (S.,73. 1.254; D., 73. 1.410);

Il en est autrement de celles élevées en vertu d'une permission accordée sans condition, c'est-à-dire que le locataire pourra enlever à l'expiration du bail. — V. Dict. réd.,*v° Const.*, n° 180; Maguéro, *eod. v°*, n° 49.

Et, plus généralement, toutes les fois qu'une indemnité pécuniaire peut être due par le propriétaire du sol à raison des constructions. — V. Garnier, Rép., *v° Succ.*, n°s 896 et 898; Maguéro, *v° Constr.*, n° 49; Seine, 12 janv. 1848 et 21 juill. 1865;

Si l'événement auquel est subordonnée la dette de cette indemnité a déjà eu lieu lors du décès, c'est l'indemnité même qui constitue l'actif à déclarer. — V. Cass.,14 fév. 1849 (S., 49. 1. 261; D.,49. 1. 161);

Sinon, le droit du constructeur étant, quoique précaire, réel et immobilier, il faut payer sur une valeur déterminée par une estimation au denier 20 ou au denier 25, suivant la distinction établie plus loin relativement aux immeubles. — V. Dict. réd.,*v° Constr.*, n° 181; Garnier, Rép. *v° Succ.*, n° 898; Seine, 13 fév. 1864, 26 juill. 1865; Cass.,24 nov. 1869 (S.,70. 1. 133; D.,70 1. 272); I. G.,2397, § 6; *Contrà*:

E. Naquet, *op. cit.*; II, n⁰ 994 ; Seine, 1ᵉʳ août 1868 ;

Sans qu'il y ait à s'occuper du temps qui reste à courir sur le bail, excédât-il vingt années.—V. Garnier, Rép., *v⁰ Succ.*, n⁰ 898-1 ; Arg. Lyon, 27 juill. 1876 ; *Contrà* : Seine, 26 août 1871 ;

Il en est de même dans les cas où le constructeur n'est pas un fermier ou locataire, mais un tiers quelconque. — V. Garnier, Rép., *v⁰ Constr.*, n⁰ 87 et s. ; Cass., 22 avril 1840 ;

Lorsqu'un testateur à légué un immeuble édifié de constructions encore dues, en ajoutant qu'elles seraient payées par sa succession, il n'en résulte pas un double legs : à la fois de l'immeuble et des sommes dues ; le droit de mutation n'est donc exigible que sur la valeur de l'immeuble, comme si le disposant s'était déjà libéré du coût des constructions. — V. La Rochelle, 22 juill. 1903 ;

Quant aux constructions élevées par un usufruitier,

A son décès, la déclaration ne peut avoir pour objet que l'indemnité qui lui serait due ou la valeur des matériaux ;

Au décès du nu propriétaire pendant le cours de l'usufruit, le fonds soumis à cet usufruit est seul à déclarer, d'après l'opinion générale ; mais il comprend naturellement les constructions y édifiées, ce qui en augmente la valeur, de sorte qu'elles n'en supportent pas moins indirectement le droit de mutation. — V. Dict. réd., *v⁰ Const.*, n⁰ 194 ; Garnier, Rép., *eod. v⁰*, n⁰ 96 ; Maguéro, *eod. v⁰*, n⁰ 48 ;

V. aussi Immeubles ;

Coupons.

630. Les coupons d'arrérages, de dividende ou d'intérêts qui sont échus ou détachés mais non encore touchés, des valeurs de Bourse ; quant au prorata de ceux non échus, il est compris dans le cours, ainsi que cela est plus amplement expliqué ci-après pour l'évaluation des biens à déclarer.—V. Dict. réd., *v⁰ Succ.*, n⁰ 2387 ; Garnier, Rép., *eod. v⁰*, n⁰ 1491 ; Maguéro, *eod. v⁰*, n⁰ 701 ; E. Naquet, *op. cit.*, II, n⁰ 1001 ; Thiers, 12 janv. 1900 ; Sol., 7 août 1891 ; V. également ci-après, n⁰ 950 ;

Créances.

631. Les créances ;

632. Même garanties par privilège ou hypothèque sur des biens situés à l'étranger, si le défunt, Français ou étranger, avait son domicile en France, autorisé ou non. — V. Cass., 27 juill. 1819, 16 juin et 10 nov. 1823 ; Altkirch, 5 août 1828 ; Cass., 29 août 1837 ; Nice, 9 juill. 1883 ; Déc. min. Fin., 11 mars 1829 ; Dél., 24 nov. 1829 ; I. G., 1229, § 4, 1282, § 6, 1562, § 18 ;

633. Même frappées d'une saisie-arrêt, si celle-ci n'a pas été dûment validée antérieurement au décès par un jugement définitif, car il n'y a pas encore eu transmission. — V. Dict. réd., *v⁰ Succ.*, n⁰ 1403 ; Garnier, Rép., *eod v⁰*, n⁰ 918-1 et 2 ; Maguéro. *eod. v⁰*, n⁰ 381 ; E. Naquet, *op. cit.*, II, n⁰ 996 ; Cass., 26 févr. 1834 ; Paris, 30 mars 1835, 7 févr. 1837 ; Cass., 9 janv. 1838 ; Paris, 18 mars 1839 ; Cass., 20 mai 1839, 30 juill. 1842 ; Paris, 26 juill. 1843 ; Cass., 8 juin 1852, 15 avril 1856 et 14 juill. 1869 (S., 70. 1. 41 ; D., 70. 1. 136) ; I. G., 2393, § 4 ;

634. Même celles dues par l'héritier ou le légataire, et qui s'éteindraient ainsi par confusion en sa personne ; parce que la confusion n'est qu'un effet de la dévolution héréditaire, puisque la créance figurait dans l'actif du défunt, et que son extinction a procuré à l'héritier débiteur un enrichissement d'autant. — V. G. Demante, II, n⁰ 683 ; Dict. réd., *v⁰ Succ.*, n⁰ 1588 ; Garnier, Rép., *eod v⁰*, n⁰ 907 ; Maguéro, *eod v⁰*, n⁰ 266 ; E. Naquet, *op. cit.*, II, n⁰ 1010 ; Pamiers, 30 déc. 1856 ; Cass., 20 janv. 1858 ; Chartres, 25 mars 1859 (D., 59. 3. 80) ; Nérac, 14 août 1868 ; Valenciennes, 14 févr. 1877 ; Cognac, 10 mai 1886 ; Autun, 1ᵉʳ août 1888 ; Périgueux, 22 juill. 1891 ; Coulommiers 14 mai 1897 ; Sol., 24 déc. 1821 ;

635. Ou dont la compensation n'aurait été fixée que postérieurement au décès.— V. Dict. réd. *v⁰ Succ.*, n⁰ 1343 ; Garnier, *eod v⁰*, n⁰ 908 ; Cass., 20 janv. 1858 ; Gap, 18 déc. 1885 ; Semur, 21 juill. 1886 ; Seine, 8 mars 1889 ; Vienne, 5 déc. 11889 ; I. G., 2118, § 5 ; Cpr., Guéret. 9 juill. 1891 ; Libourne, 27 janv. 1892 ; Seine, 9 août 1894 ;

Rappelant, au besoin, qu'en matière de compte-courant, non par suite de compensation, puisqu'il ne s'y en opère pas, mais à raison du principe d'indivisibilité qui le gouverne, le solde seul est à considérer et non les divers articles qui en constituent les éléments. — V. Cass., 28 févr. 1866 (S., 66, 1.185 ; D., 66. 1. 125).

636. Et même les créances déléguées, si elles l'ont été sans novation. — V. Pontarlier, 1ᵉʳ mars 1856 ; Cass., 17 févr. 1857 ; Vire, 16 juill. 1881 ; Semur, 21 juill. 1886 ;

637. La délégation eût-elle été qualifiée *transport*. — V. Cass., 14 juill. 1869 ; I. G., 2393, § 4 ;

638. C'est ce qui a été décidé par ledit arrêt au cas de cession en paiement d'une créance, avec cette clause que le déléguant poursuivrait lui-même le paiement afin de se libérer envers le délégataire, son créancier. — V. Cass., 14 juill. 1869 ;

639. Ou si la délégation n'a pas été acceptée avant le décès. — V. G. Demante, *op. cit.*, II, n⁰ 687 ; Dict. réd., *v⁰ Délég.*, n⁰ 378 ; Garnier, Rép., *eod. v⁰*, n⁰ 915 ; Maguéro, *eod. v⁰*, n⁰ 267 ; E. Naquet, *op. cit.*, II. n⁰ 999 ; Nontron, 21 déc. 1850 ; Brives, 4 juin 1851 ; Amiens, 30 mars 1855 ; Pontarlier, 1ᵉʳ mars 1856 ; Cass., 17 févr. 1857 (S., 58. 1. 463) ; Marseille, 25 juill. 1867 ; Cass., 19 juill. 1870 (S., 71.1. 35 ; D., 71.

1. 85); Troyes, 13 nov. 1872; Mortagne, 11 mars 1878; Vire, 16 juill. 1881; Vannes, 5 mai 1887; I. G.,2096, § 7, 2414, § 5; *Contrà*, Orange, 27 août 1856; Lille, 21 fév. 1862;

640. Il en est ainsi spécialement de la délégation qui figure généralement dans les contrats de vente immobilière au profit des créanciers inscrits. — V. Dict. réd., *v° Succ.*, n° 380; Blois, 31 août 1853; Amiens, 9 fév. 1854; Carpentras, 12 août 1886; Cass., 8 fév. 1888; Toulouse, 21 mars 1889; V. toutefois Barbezieux, 3 août 1886;

La délégation eût-elle été réitérée dans un règlement entre le vendeur et l'acquéreur. — V. Cass., 19 juill. 1870; I. G., 2414, § 5;

641. Ainsi que la délégation faite aux créanciers chirographaires, même si quelques-uns ont accepté la délégation, alors que la délégation était faite en bloc à tous les créanciers. — V. Dict. réd., *v° Délég.*, n° 390; Garnier, Rép., *v° Succ.*, n° 915-4; Troyes, 13 nov. 1872;

642. A moins que les créanciers n'aient touché. — V. Garnier, Rép., *v° Succ.*, n° 915-3; Cass., 28 déc.1812,17 fév. 1857 et 7 mars 1865;

643. Ou produit à l'ordre. — V. Cass., 7 mars 1865;

Mais jugé que les héritiers ne peuvent se dispenser de comprendre dans la déclaration une créance du défunt, en alléguant qu'elle s'est éteinte antérieurement au décès, par suite de l'acquisition qu'a faite leur auteur de l'immeuble affecté hypothécairement à sa créance, si le décès est survenu avant le règlement définitif de l'ordre. — V. Vienne, 5 déc. 1889;

644. Ou simplement que les notifications de l'art. 2183 C. civ. ne leur aient été faites par l'acquéreur, sans protestation de leur part, même en cas de surenchère. — V. Dict. réd., *v° Délég.*, n° 381; Le Vigan, 5 déc. 1833; Dél., 14 et 16 juin 1834;

645. L'acceptation peut résulter, d'ailleurs, d'une lettre missive. — V. Pontarlier, 1er mars 1856; V. toutefois Dict. réd., *v° Délég.*, n° 369; Seine, 17 juill. 1869; Cass., 19 juill. 1870;

646. Corrélativement, les dettes non éteintes, d'après ce qui précède, sont déductibles de la succession du débiteur, si, d'ailleurs, les conditions pour ce requises sont réunies;

647. Il en est autrement au cas d'un véritable transport-cession, car alors le défunt a immédiatement cessé d'être créancier, quand même son décès serait arrivé avant l'acceptation du débiteur ou la signification prescrite à l'égard de tiers. — V. E. Naquet, *op. cit.*, II, n° 999; Béziers, 9 janv. 1861; *Contrà* : Nontron, 21 déc. 1850;

648. A plus forte raison, une créance n'est-elle plus à déclarer lorsqu'elle a été touchée;

Mais si elle n'était pas encore échue au jour du décès, les héritiers qui prétendent qu'elle avait été payée auparavant, doivent établir le remboursement anticipé qu'ils allèguent. — V. Cass., 30 mars 1870 (S., 70. 1. 319; D., 70. 1. 117);

Et ce, conformément à la procédure spéciale en matière d'enregistrement, c'est-à-dire à l'exclusion de la preuve testimoniale;

Il ne leur suffirait pas, d'ailleurs, pour échapper au droit de mutation par décès, qu'ils déclarent ou reconnaissent l'anticipation de paiement dans un acte, même notarié, car la forme notariée, toute-puissante pour les faits que l'officier public a constatés *propriis sensibus*, n'ajoute aucune force probante aux déclarations des parties sur ce qui s'est passé hors de sa présence. — V. Cass., 22 nov. 1869 (D., 70. 1. 273), 28 déc. 1904;

649. Nous citerons spécialement, parmi les créances qui peuvent dépendre d'une succession :

650. L'*avance* que le défunt, usufruitier, aurait faite du droit de mutation incombant au nu propriétaire, remboursable, même par compensation, sur les valeurs usufructuaires, à l'extinction de l'usufruit. — V. Seine, 8 nov. 1889;

651. Les *dommages-intérêts* obtenus avant le décès, quoique la confirmation en appel n'ait lieu qu'après. — V. Seine, 8 août 1866;

Mais les dommages-intérêts que des héritiers se font allouer directement n'ont point dépendu de la succession du *de cujus* et, par conséquent, ne sont pas soumis au droit de mutation par décès. — V. Paris, 21 août 1872;

652. Une *indemnité* à recevoir pour faits de guerre. — V. Sol., 10 mars 1875; Seine, 25 janv. 1878;

653. Les *livrets* de caisse d'épargne, même lorsque des versements ont été faits par des tiers, car les sommes versées n'en appartiennent pas moins aux titulaires. — V. Dict. réd., *v° Succ.*, n° 1565; Garnier, Rép., *v° Caisse d'ép.*, n° 13;

Observation faite, qu'en principe, le livret au nom d'une femme dotale lui est propre. — V. Dict. réd., *v° Rég. dot.*, n° 248; Maguéro, *eod. v°*, n° 31; Sol., 22 déc. 1897;

654. Les *prix de vente* encore dus. — V. Dél., 29 oct. 1812; Sol., 16 juill. 1812; I. G., 977;

Quand même les privilèges et hypothèques devraient les absorber. — V. G. Demante, *op. cit.*, II, n° 686;

Notamment, le prix de vente stipulé payable au décès du vendeur, ou postérieurement, et encore dû lors du décès. — V. Rethel, 27 août 1852; Reims, 28 déc. 1853; Bar-sur-Aube, 12 fév. 1857; Chalon-sur-Saône, 21 janv. 1860;

S'agit-il d'une nue propriété vendue à l'usufruitier. — V. Laon, 5 mars 1891;

Le prix encore dû d'adjudication de biens vendus sur saisie, l'ordre fût-il clos et même les bordereaux de collocation eussent-ils été délivrés. — V. Garnier, Rép., *v° Succ.*, n° 919; Lourdes, 11 fév. 1874; I. G., 1528, § 11; Sol., 5 fév. 1836; Cpr., E. Naquet, *op. cit.*, II, n° 996; Colmar, 22 avril 1815; Orléans, 18 nov. 1836; Cass., 25 fév. 1839; Grenoble, 26 mai

1855; *Contrà :* G. Demante, *op. cit.*, II, n° 686; Redon, 28 avril 1833; Seine, 15 mars 1852 (S., 52. 2. 682), 10 fév. 1866; Délib., 14 juin 1833; qui s'arrêtent au règlement définitif de l'ordre; Cpr., Mortagne, 11 mars 1877;

A plus forte raison, le prix d'immeuble pour la distribution duquel il y a simplement ordre ouvert ou règlement provisoire. — V. Dict. réd., v° *Succ.*, n° 1391; Garnier, Rép., *eod.* v°, n° 1444; Maguéro, *eod.* v°, n° 332 *bis;* Seine, 14 juin 1854; Cass., 15 juill. 1856 (S., 57. 1. 377; D., 56. 2. 277); Aubusson, 25 août 1858; Mortagne, 11 mars 1877; Seine, 21 août 1878; Vienne, 5 déc. 1889; Libourne, 27 janv. 1892; Nice, 11 juill. 1893; Seine, 16 juin 1894; Draguignan, 19 juill. 1897; I. G., 2096, § 6, 1528, § 11; Sol., 9 avril 1895, 3 sept. 1897;

Mais lorsque l'adjudicataire est un créancier, qui seul ait inscription sur l'immeuble, sa créance est considérée comme éteinte par compensation dès l'adjudication. — V. Sol., 24 mai 1897;

En tout cas, la somme versée à titre de garantie par un adjudicataire sur surenchère, reste sa propriété jusqu'à la clôture de l'ordre. — V. Dict. réd., v° *Succ.*, n° 1413; Béziers, 23 nov. 1899;

Parmi les prix de vente encore dus et devant figurer dans la déclaration, est encore compris celui des récoltes de fonds non affermés, quoiqu'elles n'en fussent pas encore détachées lors du décès. — V. Garnier, Rép., v° *Succ.*, n° 1021; E. Naquet, *op. cit.*, II, n° 1001; I. G., 1263, § 5;

En cas de legs à titre particulier, soit d'un immeuble en nature, soit du prix à provenir de la réalisation de la promesse de vente consentie par le défunt de cet immeuble, si la vente a été réalisée après le décès, le droit de mutation porte sur le prix de la vente. — V. Bordeaux, 12 fév. 1906;

655. La *récompense* due par l'époux survivant au défunt qui aurait payé en totalité une dot constituée à leur enfant, chacun pour moitié, car c'est une créance proprement dite. — V. Bordeaux, 6 déc. 1833 (S., 34. 2. 243); Valenciennes, 9 juill. 1880; Sol., 7 déc. 1871; Cpr., Orléans, 29 mai 1889;

656. Les *rentes perpétuelles* dues au défunt;

Spécialement la rente perpétuelle qu'il aurait imposée à son donataire comme charge de la donation, en se réservant d'en disposer, s'il ne l'a pas fait, quand même ce donataire serait aussi son légataire universel. — V. Dict. réd., v° *Succ.*, n° 1589; Saint-Etienne, 27 juill. 1870; Niort, 24 févr. 1873;

657. La *rente viagère* qui aurait été constituée au défunt dans son contrat de mariage par ses père et mère, et sur leur tête, de manière à ne pas s'éteindre avec le donataire, mais à continuer au profit des enfants nés du mariage. — V. Garnier, Rép., v° *Succ.*, n° 849; Maguéro, v° *Réversion*, n° 52; Pontoise, 31 déc.

1873; Versailles, 27 déc. 1878; Seine, 4 avril 1884; Sol., 27 juill. 1870, 9 avril 1892;

658. On sait qu'à la Caisse des retraites pour la vieillesse, les versements sont faits, au choix des déposants, soit à capital aliéné, soit à capital réservé (L. 20 juill. 1886, art. 5; D., 28 déc. 1886);

659. Par dérogation aux règles ordinaires de la communauté légale et de la communauté d'acquêts, les sommes remises à capital réservé avant le mariage restent propres à celui des époux qui les a versées;

660. Mais la rente viagère servie par la Caisse des retraites pour la vieillesse et le capital réservé à raison de versements effectués pendant le mariage par un époux commun en biens profitent, en principe, séparément à chacun d'eux par moitié (L. 20 juill. 1886, art. 13); au décès de l'un d'eux, et lorsqu'il en est ainsi, le droit de mutation par décès n'est donc dû que sur la moitié revenant au défunt, même en cas de renonciation à la communauté. — V. Dict. réd., v° *Caisse des retr.*, n° 9. Garnier, Rép., *eod.* v°, n° 38; Maguéro, *eod.* v°, n° 209; Cass., 25 juin 1888 (S., 89. 1. 338); Sol., 26 sept. 1894, 12 mai 1896;

Sans qu'il soit jamais dû de récompense à la communauté, quelle que soit l'origine des sommes versées. — V. Dict. réd., v° *Caisse de retr.*, n°s 11 et s.; Garnier, Rép., *eod.* v°, n° 45; *Contrà :* Maguéro, *eod.* v°, n° 35;

661. La rente viagère constituée judiciairement au profit d'un ouvrier blessé, à titre d'indemnité et de pension alimentaire, est considérée comme propre au bénéficiaire, de sorte qu'aucun droit n'est exigible quand son conjoint vient à mourir. — V. Rennes, 24 juill. 1882; *Contrà :* Seine, 8 août 1868;

662. Ce principe est à généraliser, pour les indemnités, pensions et rentes viagères à raison d'accidents du travail, depuis la loi du 9 avril 1898. — V. Defrénois, *op. cit.*, n° 12309;

663. On a d'abord considéré comme propres aux employés de chemins de fer les versements effectués à leur nom par les Compagnies aux caisses de retraites. — V. Dict. réd., v° *Caisse de retr.*, n° 15; Garnier, Rép., *eod.* v°, n° 47; Maguéro, *eod.* v°, n° 36; Sol., 26 sept. 1894 et 12 mai 1896;

La Régie y voit plutôt maintenant une valeur de communauté. — V. Libourne, 19 mai 1897; Sol., 22 fév. 1900;

664. Quant à la rente viagère personnelle au *de cujus* et qui s'éteint avec lui, le droit de mutation par décès n'est dû que sur le prorata couru, et encore si les arrérages n'en étaient pas payables d'avance.

665. Les *reprises en deniers* du défunt contre sa communauté ou sa succession d'acquêts — V. Dict. réd., v° *Succ.*, n° 1962; Garnier, Rép., *eod.* v°, n° 1264-1; Maguéro, *eod.* v°, n° 49; Limoges, 29 mai 1850; Le Mans, 8 juin 1855; Vire, 14 fév. 1895;

Même pour l'aliénation d'un usufruit. — V.

Dict. réd., v° *Succ.*, n° 1960 ; Garnier, Rép., *eod.* v°, n° 1262 ;

Spécialement :

Les indemnités qui lui sont dues. — V. Falaise, 14 janv. 1880 ; notamment l'indemnité revenant comme simple caution de son mari à la femme qui a cédé une certaine somme à prendre sur ses reprises pour garantir une dette contractée solidairement avec son mari (C. civ., art. 1431). — V. Murat, 10 déc. 1885 ;

Les reprises que la femme peut avoir à exercer contre son mari, à moins qu'il ne soit justifié que le mari s'en est libéré. — V. Seine, 10 mars 1841 ; Limoges, 29 mai 1850 ; I. G., 809 ;

La créance que la femme mariée sous le régime dotal peut avoir à exercer contre son mari pour garantie à raison du défaut d'emploi ou de remploi, dans les cas prévus par l'art. 1450 C. civ. — V. Sisteron, 20 déc. 1869 ; Gaillac, 11 juin 1872 ; Corte, 2 déc. 1874 ; Montpellier, 30 août 1875 ; Lodève, 14 nov. 1877 ;

Le tout, sous la déduction des récompenses ou indemnités que le défunt devrait lui-même. — V. Cass., 15 mai 1872 (S. 72. 1. 313). Belley, 14 mars 1873 ; Vienne, 9 août 1873 ; Château-Chinon, 10 mai 1889 ;

Les reprises à exercer par un époux survivant commun en biens, pour cause d'aliénation de propres situés à l'étranger, peuvent être déduites des biens de la communauté compris dans la déclaration de succession de son conjoint prédécédé. — V. Sol., 28 nov. 1879 ;

666. Une *somme déposée*, par le défunt chez son banquier, son notaire, etc., en vue d'un emploi déterminé qui n'a pas encore été effectué. — V. Seine, 17 août 1872 ;

667. Une *somme donnée*, mais non encore reçue parce qu'il a été convenu qu'elle ne serait payable qu'à terme, même au décès du donateur et sans intérêts, de sorte que la créance qui en résulte peut faire partie de plusieurs successions, l'une après l'autre, dans chacune desquelles elle doit être déclarée. — V. Montbrison, 21 nov. 1878 ;

668. Quant aux créances *irrécouvrables*, il faut les déclarer comme les autres. — V. Lesparre, 26 févr. 1890 ; Chambon, 11 juill. 1891; Cass., 24 mai 1892 ; Tours, 21 juill. 1904 ;

Néanmoins, on peut chercher à s'affranchir, en ce qui les concerne, du paiement des droits de succession en affirmant qu'elles sont prescrites ou que les débiteurs sont insolvables, déclarant y renoncer. — V. Dict. réd. v° *Succ.*, n° 1596 ; Garnier, Rép., *eod* v°, n° 932 ; Maguéro, *eod.* v°, n° 368; Mantes, 25 juill. 1887 ; Déc. min. Fin., 12 août 1806 ; I. G., 2201, § 5 ;

V. ci-après n° 681 ;

Pourvu qu'il ne s'agisse pas de créances sur les héritiers donataires ou légataires universels eux-mêmes, leur insolvabilité, antérieurement au décès, fût-elle notoire. — V. Dict., réd. v° *Succ.*, n° 1608 ; Garnier, Rép. *eod* v°, n°s 938,

939 ; Maguéro, *eod.* v°, n° 373 ; Wissembourg, 30 janv. 1857 ; Seine, 13 févr. 1857 ; Châlons-sur-Marne, 31 déc. 1874 ; La Flèche, 1er févr. 1876 ; Le Mans, 27 déc. 1878 ; Saint-Amand, 12 juill. 1888 ; Seine, 31 juill. 1896 ; Sol. 5 avril 1879 et 22 nov. 1880 ;

Ainsi, un mari, donataire ou légataire de sa femme prédécédée, ne saurait renoncer aux reprises que la défunte avait à exercer sur lui-même. — V. toutefois, ci-après, n° 676 ;

Néanmoins, il pourrait y renoncer en qualité de tuteur de ses enfants mineurs, héritiers de leur mère. — V. Sol., 5 avril 1879 ;

De même, des enfants héritiers bénéficiaires de leur père, sont recevables à renoncer, comme héritiers de leur mère, aux reprises qu'elle avait contre lui, puisque les divers patrimoines restent distincts. — V. Dict. réd., v° *Succ.*, n° 1609.

669. Mais, sous la réserve de ce qui sera dit pour terminer à cet égard, la Régie a la faculté de ne pas admettre une telle renonciation, attendu que les débiteurs ne peuvent s'en emparer à aucun degré. — V. G. Demante, *op. cit.*, II, n° 683, III ; E. Naquet, *op. cit.*, II, n° 990 ; aussi n'avons-nous jamais bien compris le procédé de l'Administration, car dans ces conditions, la renonciation est une pure comédie, une sorte d'épouvantail fictif, imaginé pour faire peur, si l'on peut ainsi dire, aux déclarants de mauvaise foi et ignorants ;

Elle est donc (par le receveur) seule juge de son adhésion, sans avoir d'ailleurs le droit d'exiger la preuve formelle de l'insolvabilité des débiteurs. — V. Dict. réd., v° *Succ.*, n° 1598 ; Garnier, Rép., *eod.* v°, n° 927 ; Maguéro, *eod.* v°, n° 369 Cass., 24 avril 1861 (S., 61. 1. 645 ; D., 61. 1. 222) ; Seine, 13 juin 1863 ; Camdonnant tout pouvoir à l'huissier instrumentant brai, 13 août 1874 ; Châlons-sur-Marne, 31 déc. 1874 ; Lyon, 4 avril 1879 ; Toulouse, 14 juin 1883 ; Lons-le-Saulnier, 7 nov. 1886 ; Saint-Amand, 12 juill. 1888 ; Cass., 4 mars 1890 ; Le Puy, 8 août 1890 ; Cass., 24 mai 1892 ; Chambon, 17 févr. 1900 ; Provins, 27 déc. 1900 ; I. G., 2201 ; Sol., 14 mars 1888 ; Cpr., Orthez, 25 juin 1901 ;

670. Si elle l'accepte, la renonciation doit être expresse et catégorique. — V. Châteauneuf, 8 mars 1822 ; Valenciennes, 5 juin 1845 ; Seine, 12 avril 1849 et 3 juill. 1850 ; Château-Chinon, 2 janv. 1851 ;

L'engagement par les successibles de payer le droit en cas de recouvrement ne suffirait pas. — V. Garnier, Rép., v° *Succ.*, n° 933 ; Château-Chinon, précité ;

671. Il faut, de plus, que la déclaration soit faite dans la déclaration même, et non dans l'inventaire seulement. — V. Garnier, Rép., v° *Succ.*, n° 934 ; Seine, 3 juill. 1850, 7 juill. 1894 ;

672. Elle peut d'ailleurs être exigée des successibles mineurs ou bénéficiaires aussi bien que des autres. — V. Dict. réd., v° *Succ.*,

nᵘ 1607 ; Garnier, Rép.,*eod.* ᵛᵒ, nᵒˢ 931, 937 ;
Maguéro, *eod.* ᵛᵒ, nᵒ 372; Sol. 4 oct. 1848 ;
Cpr. Sol., 28 avril 1875 et 5 avril 187

Ce qui n'est pas, il faut l'ajouter, sans soulever de grandes difficultés, notamment sur le
point de savoir s'il ne pourrait pas en résulter une déchéance du bénfice d'inventaire, ce
que, pour notre part, nous n'admettons pas.—
Cpr.,G. Demante *op. cit.*, II, nᵒ 683 ; E. Naquet,*op. cit.*, II, nᵒ 990 ;

673. La Régie résiste encore davantage
aux renonciations partielles, sans toutefois les
repousser toujours ; il nous semble cependant
qu'elle devrai tles admettre plus aisément que
les renonciations totales et à plus forte raison;
on dit bien que les accepter est, de sa part,
une duperie, surtout depuis que d'après un
arrêt de la Cour suprême en date du 4 mars
1890, l'Administration, qui a tenu pour bonne
une déclaration de valeur partielle, ne peut
plus réclamer un supplément de droit après
deux ans ; mais cela résulte exclusivement du
caractère *amphibie*, si l'on peut s'exprimer
ainsi, des renonciations en cette matière : on
renonce, sans renoncer ! toujours est-il que,
par une renonciation partielle, en même temps
qu'elle encourage la loyauté, la Régie reçoit
plus qu'en cas de renonciation totale ; certains
receveurs paraît-il, admettent les renonciations
partielles, mais à la condition que, dans leur
déclaration, les parties renoncent formellement
à invoquer ultérieurement la prescription qui
s'opposerait à la réclamation d'un droit supplémentaire ; mais, dans cette pratique, on
semble oublier quelque peu l'art. 2220 C. civ.
— Cpr., en sens divers, Dict. réd., ᵛᵒ *Succ.*,
nᵒ 1605 ; Garnier, Rép.,*eod.* ᵛᵒ, nᵒ 929 ; Maguéro, *eod.* ᵛᵒ, nᵒ 370 ; Pontoise, 17 avril
1856 ; Rambouillet, 14 août 1857 ; Cambrai,
25 mars 1859 ; Seine, 30 juin 1860 ; Cass., 24
avril 1861 ; Etampes, 7 août 1861 ; Seine, 4
juin 1880 ; Sol.,31 janv. 1872, 23 mars 1874 ;
18 sept. 1876, 4 juin 1877, 9 oct. 1877 ;

Spécialement, pour la créance des héritiers
de la femme contre le mari, la Régie admet la
renonciation à l'excédent des reprises sur les
biens de la communauté. — V. Dict. réd., ᵛᵒ
Succ., nᵒ 1606 ; Garnier, Rép.,*eod.* ᵛᵒ, nᵒ 930 ;

Mais non sur l'excédent de ces biens et des
propres du mari. — V. Dict. réd.,ᵛᵒ *Succ.*, nᵒ
1606 ; Seine,4 juin 1830 ; *Contrà*: Pontoise, 17
avril 1856 ;

674. — Les héritiers qui recueillent une
créance sur une succession acceptée sous bénéfice d'inventaire sont admis à ne payer que sur
la somme leur revenant d'après le compte présenté en vertu de l'art. 803 C. civ. ; spécialement, lorsque les héritiers d'un mari n'ont accepté sa succession que sous bénéfice d'inventaire, la séparation des patrimoines qui en résulte s'oppose à ce qu'ils soient tenus des dettes
héréditaires au delà de l'émolument qu'ils
recueillent dans la succession ; ils ne sont
donc tenus envers la veuve du défunt, pour le

paiement de ses reprises, que jusqu'à concurrence de cet émolument : si celle-ci décède à
son tour et qu'ils en héritent, ils peuvent être
admis à déclarer la créance en reprises sur
eux-mêmes dans la limite seulement où elle
est recouvrable et à y renoncer pour le surplus. — V. Sol.,1ᵉʳ mai 1900 ;

Enfin, il est loisible à la Régie, lorsqu'elle
s'y croit autorisée par les renseignements qu'elle
a recueillis, de revenir sur son acceptation de
la renonciation. — V Dict. réd., ᵛᵒ *Succ.*, nᵒ
1601 ; Vervins, 12 juin 1890 ; Chambon, 17 févr.
1900 ; Provins,27 déc. 1900 ; Sol.,15 sept. 1900;
Contrà: Mortagne,26 août 1875 ; Orthez, 8 mars
1894 ;

675. Tel est toujours l'état de la doctrine et
de la jurisprudence relativement aux créances
irrecouvrables ; mais cela paraît en contradiction désormais avec l'esprit du nouveau régime
introduit par la loi du 25 févr. 1901, qui est
de ne plus percevoir l'impôt des successions
que sur leur consistance réelle.

Nous pensons donc que la Régie doit admettre maintenant la déclaration pour mémoire
des créances irrecouvrables, sans cette chinoiserie d'une renonciation de pure forme, puisqu'on s'accorde généralement à ne lui reconnaître aucun effet au point de vue civil.— Cpr.,
E. Naquet, *Rev. Enreg.*, nᵒ 2703 ; Rigal,*Journ.
du not.*,1905, p. 403 ;

D'autant plus, à notre avis du moins, que le
fisc est suffisamment protégé par le droit en
sus que ferait encourir une fausse allégation
d'insolvabilité ;

676. Poussons encore plus avant.

On a vu tout à l'heure (nᵒ 668) que, malgré
sa propre insolvabilité, — et, naturellement,
nous la supposons réelle, — un mari ne peut
pas, comme donataire ou légataire de sa
femme, renoncer aux reprises que la succession de celle-ci a le droit d'exercer sur lui.

Or, étant donnée cette insolvabilité, la donation ou le legs ne lui transmet rien en fait,
au point que sa femme n'a sans doute ainsi
disposé que pour le mettre à l'abri des poursuites d'héritiers hostiles, et peut-être parce que c'est elle-même qui, par ses exigences
d'un certain pied de vie, d'un train de maison
exagéré, a causé la dissipation de ce qu'elle
possédait ;

Et, précisément, pour le même motif, le
mari ne saurait renoncer à la donation ou au
legs qui le couvre, sous peine de retomber
sous le coup de poursuites auxquelles il ne
pourrait satisfaire.

N'importe ! le fisc n'en a cure ; s'il s'agissait
de tout autre, il concèderait volontiers que le
débiteur est insolvable ; lui, le mari, n'a pas à
ses yeux le droit de l'être ; et, quoique vic-
time de sa faiblesse ou de malchance, ou bien
il renoncera en se suicidant pécuniairement,
ou il paiera quand même sur une valeur fictive, à des taux draconiens !

Cette iniquité pouvait, à l'extrême rigueur,

ʰasser autrefois, noyée qu'elle était alors 'ans une iniquité plus vaste ; mais aujourd'hui ue, par la distraction des charges, le principe égnant est que l'actif net d'une succession st seul imposable, il nous semble que le système de la Régie sur ce point est devenu illégal.

Notre avis est donc qu'un mari survivant, donataire ou légataire, peut s'exonérer du droit de mutation exigible en principe sur les reprises dont il devient créancier, en y renonçant spécialement, sans renoncer pour cela à la donation ou au legs même qui les comprend ;

Sous peine, bien entendu, du droit en sus en cas d'insolvabilité mensongèrement invoquée ;

Sanction qui nous paraît une protection vraiment suffisante pour garantir légitimement l'Etat.

677. Lorsqu'il y a lieu de supposer que l'Administration, ou plutôt tel receveur difficultueux, n'acceptera pas la renonciation totale ou partielle qu'on entend faire, nous conseillons de distraire de la déclaration générale les mauvaises créances que le receveur n'aurait certes pas qualité pour y rétablir, puis de les déclarer séparément, en temps utile bien entendu, dans une déclaration complémentaire, en y faisant la renonciation dont il s'agit, exonérative du paiement du droit ; si le receveur refusait de recevoir la nouvelle déclaration ainsi formulée, nous lui en signifierions le projet par acte extrajudiciaire, avec sommation de l'enregistrer, et offres réelles du droit dû, en cas de renonciation seulement partielle, en de passer et de signer ladite déclaration, et nous attendrions, sans nous en tourmenter beaucoup, des poursuites que la Régie n'oserait sans doute pas intenter dans de telles circonstances, et auxquelles, en tout cas, il est à croire que les tribunaux se montreraient peu favorables.

678. Quoi qu'il en soit, sa rigueur est moindre si le débiteur des mauvaises créances est en faillite, en liquidation judiciaire ou en déconfiture avérée. — V. n° 681 ;

679. Si tout ou partie des mauvaises créances est ensuite recouvré, la somme reçue doit faire l'objet d'une déclaration complémentaire, comme bien rentré dans l'hérédité postérieurement au décès, et ce dans les six mois de l'encaissement.

Liquidation

680. Qu'elles soient bonnes, douteuses ou mauvaises, sous la réserve qui sera rappelée tout à l'heure, le droit est liquidé non d'apdès une évaluation que les déclarants feraient de leur valeur, mais leur montant nominal (L. 22 frim. an VII, art. 4 et 14, n° 2). — V. Cass., 24 avril 1861 ; Cass., 20 janv. 1858 (S., 58. 1. 309) ;

Toulouse ; 24 juin 1904 ; I. G., 2201, § 5 ; *Contrà* : G. Demante, *op. cit.*, II, n° 683 ;

Augmenté, s'il y a lieu, des intérêts échus et non encore payés, plus du prorata couru au jour du décès.

Alors même que, dans une expertise judiciaire, elles auraient été l'objet d'une évaluation inférieure. — V. Lille, 2 mars 1895.

681. Sauf les cas où le débiteur serait soit en faillite ou en liquidation judiciaire déclarée antérieurement au décès. — V. Dict. réd., v° *Succ.*, n° 1616 ; Garnier, Rép., *eod. v°*, n° 949 ; Maguéro, *eod. v°*, n° 374 ; Grenoble, 26 mai et 31 août 1847 ; Pontoise, 20 nov. 1857 ; Nantes, 29 nov. 1859 ; Cass., 4 mars 1890 ; Dél., 29 mars 1851 ; Sol., 11 mars 1866, 3 mars 1867, 4 mai et 4 juin 1877, 16 nov. 1883 ; I. G., 2791, § 4 ; V. toutefois Cambrai, 25 mai 1859 ; Cass., 4 mars 1890 ;

Soit en déconfiture constatée remontant aussi avant le décès ; mais l'Administration se montre ici plus rigoureuse, parce que la fraude est, en effet, plus à craindre. — Cpr., Dict. réd., v° *Succ.*, n° 1619 ; Garnier, Rép., *eod. v°*, n° 958 ; Maguéro, *eod. v°*, n° 377 ; Montpellier, 14 juin 1852 ; Besançon, 6 août 1895 ; Sol., 23 mai 1857, 16 juill. 1868, 3 mai 1873, 25 mars et 4 août 1876, 4 juin et 16 oct. 1877, 22 févr., 8 mars, 16 juill. et 21 nov. 1878, 7 juin 1880, 22 mars 1893 (D., 94. 5. 363) ; 17 nov. 1896 ; Sol., 1er mai 1900, 14 mai 1902 ;

Auxquels cas le dividende est seul passible de l'impôt ; en le déclarant seulement pour mémoire, s'il n'en a pas encore été distribué.

Mais à la charge de souscrire *par un écrit séparé*, qui doit être visé dans la déclaration, un engagement de passer ultérieurement des déclarations complémentaires à chaque nouvelle distribution de dividendes qui aurait lieu dans l'avenir, à quelque époque que ce soit. — V. Sol., 17 nov. 1896 ; I. G., 2791, § 4 ; Cpr., Loches, 29 juin 1906.

Si la déclaration émane d'un mandataire, la Régie exige pour cet engagement un pouvoir spécial. — V. même I. G.

Du reste, une simple allégation d'insolvabilité ne suffirait point pour ne pas payer ou ne payer que sur une partie de la créance. — V. Dict. réd., v° *Succ.*, n° 1619 ; Sol., 22 mars 1893 ;

Il faut qu'il y ait faillite déclarée ou déconfiture patente.

En l'absence d'organisation légale, la déconfiture s'induit d'une saisie mobilière, d'une distribution par contribution, d'une saisie immobilière, enfin et surtout d'un ensemble de faits desquels il résulte avec une probabilité suffisante que le débiteur est au-dessous de ses affaires. — V. Sol., 14 mai 1902.

682. Bien qu'un concordat ne fasse pas disparaître tous les effets de la faillite ou de la liquidation judiciaire, les créances qu'après remise il laisse subsister, ne sont plus strictement des créances sur un failli ou liquidé judiciairement ; elles doivent donc, sous peine d'omission ou d'insuffisance, être déclarées, mais pour leur chiffre actuel seulement, quitte à les porter en même temps, s'il y a lieu, comme irrecouvrables, au moyen de la renonciation requise.

Si, sans déclaration complémentaire en temps utile, elles ont été passées sous silence, le droit simple et le droit en sus sont encourus sur leur montant réduit (L. 22 frim. an VII, art. 39) ;

Et ces droits resteraient dus, en cas d'annulation ou de résolution du concordat postérieurement au décès, malgré l'effet rétroactif qu'elles opèrent, attendu le principe en matière fiscale, qu'un impôt demeure acquis au Trésor, par cela seul qu'à un certain moment, il a été exigible. — V. Cass., 26 juill. 1859 (S., 59. 1. 698) ;

Or, l'abstention bénévole de perception sur les créances irrecouvrables est essentiellement subordonnée à une déclaration expresse, avec renonciation formelle ;

Cette double condition n'ayant pas été accomplie, les droits ont été et par conséquent, sont restés, sauf prescription, exigibles, nonobstant les événements ultérieurs.

Mais il est probable que, dans de telles circonstances, la remise gracieuse du droit en sus serait aisément obtenue.

683. Il faut évaluer aussi les créances dont l'importance et l'échéance sont indéterminées, sauf à faire également un versement complémentaire en cas de recouvrement d'une somme supérieure. — V. Seine, 12 août 1881 ;

684. Certaines créances sont payables par annuités ;

Si l'acte constitutif de la créance permet de distinguer dans le montant de l'annuité ce qui est capital de ce qui est intérêts, la portion d'intérêts applicable au temps postérieur au décès n'a pas à être déclarée ; dans le cas contraire, la totalité de l'annuité est portée nécessairement comme bien héréditaire. — V. Dict. réd.. v° *Succ.*, n° 1630 ; Garnier, Rép., *eod.* v°, n° 923 ; Maguéro, *eod.* v°, n° 274 ; Valenciennes, 31 juill. 1895 ; Sol., 19 août 1870, 17 juill. 1872, 26 fév. 1875, 5 janv. 1878 et 2 juin 1887 ;

Si les parties prétendent qu'une créance qui paraît subsister a été partiellement remboursée, elles doivent en justifier. — V. Toulouse, 24 juin 1904 ; V. ci-après, n° 1680.

685. Le tout, abstraction faite de la faculté de renoncer aux créances irrecouvrables ou désespérées, ainsi que nous l'avons expliqué ci-dessus.

686. Au principal des créances, il faut naturellement ajouter les intérêts et autres accessoires, soit échus, soit par prorata alors couru, qui en seraient dus au jour du décès. (C. civ., art. 584, 586). V. Dict. réd., v° *Succ.*, n°s 1553 et 2370 ; Garnier, Rép., *eod.* v°, n°s 904 et 1492 ; Maguéro, *eod.* v°, n° 273 ; Bergerac, 3 janv. 1867 ;

Lors même que le chiffre des intérêts n'au-rait été arrêté que par un ordre clos après la déclaration. — V. Espalion, 20 déc. 1904 ;

687. Enfin, les créances *litigieuses* sont assimilables aux droits litigieux ; il n'y a donc à les déclarer que pour mémoire. — V. Dict. réd., v° *Succ.*, n° 1621 ; Cpr., Tours, 21 juill. 1904 ;

A moins que la créance ne soit qu'en partie litigieuse, à l'égard par exemple de son montant seulement, auquel cas elle doit être évaluée provisoirement, sauf à compléter ultérieurement, s'il y a lieu, d'après le résultat effectif du procès ou d'une transaction. — V. Dict., réd., v° *Succ.*, n° 1626 ; Maguéro, *eod.* v°, n° 380 ; Yvetot, 27 févr. 1866 ; Seine, 12 août 1881 ;

Malgré la résistance du débiteur à les payer, des frais et honoraires ne sauraient être considérés comme constituant une créance litigieuse, lorsqu'ils ont été taxés. — V. Cass. 24 mai 1892 ;

V. encore, relativement à certaines créances particulières, parmi les mots ci-contre.

Créances collectives.

688. V. Comptes-joints.

Créances commerciales.

689. Les créances commerciales, qu'elles soient ou non constatées par des effets de commerce, soit tirés par le défunt, soit souscrits directement envers lui, soit endossés à son profit. — V. Dict. réd., v° *Succ.*, n° 1639 ; Garnier, Rép., *eod.* v°, n° 908-6 ; Saint-Jullien, 13 juin 1880 ;

Deniers comptants.

690. V. Argent comptant ;

Dépôts.

691. V. Créances ;

Dépôts collectifs, indivis.

692. V. Comptes-joints ;

Distilleries.

693. V. Immeubles ;

Divertissement.

694. Les effets de la communauté que l'époux survivant a divertis ou récélés ; car, cet époux étant privé de sa portion dans lesdits effets (C. civ., art. 1477), ceux-ci dépendent pour le tout de la succession du prédécédé. — V. Garnier, Rép.. v° *Succ.*, n° 796 ; Maguéro, v° *Recel*, n° 19 ; Saint-Lô, 14 août 1872 ; Auxerre 28 févr. 1877 ; Mortagne, 17 mai 1878 ; Caen, 19 mai 1882 ; Yvetot, 30 oct. 1885 ; Vervins, 20 juin 1889 ;

Et, plus généralement, ce qui aurait été soustrait par des tiers. — V. Bagnères, 13 mars 1872 ;

Dividendes.

695. V. Coupons. Créances. Faillite et Liquidation judiciaire (n° 681).

Domaines.

696. V. Immeubles.

Dommages-intérêts.

697. V. Créances.

Donations.

698. V. Créances.

Droits d'auteur.

699. V. Propriété littéraire.

Droits de chasse, de pêche.

700. V. Immeubles.

Droits indivis.

701. V. Indivision. Sociétés. Successions.

Droits litigieux.

702. Les droits et biens litigieux ; mais ils ne sont à déclarer que pour mémoire, sans devoir actuellement aucun droit, parce qu'ils sont incertains dans leur existence, donc simplement conditionnels. — V. G. Demante, *op. cit.*, II, n° 683 ; E. Naquet, *op. cit.*, II, n° 903 ; Sol., 18 niv. an X ; Déc. min. Fin., 28 août 1828 ;

Décidé toutefois, au cas d'une action en revendication admise par un jugement frappé d'appel, que le bien revendiqué devait être déclaré, sauf restitution. — V. Déc. min. Fin., 16 mai 1809 ;

Droits sociaux.

703. V. Actions de Sociétés. Apport en société. Parts. Sociétés.

Droits successifs.

704. V. Successions.

Edicules sur la voie publique.

705. Concession ou permission temporaire d'occupation du domaine public, la jouissance qui en résulte est assimilable à un bail ordinaire ; donc aucun droit de mutation par décès.

Emaux.

706. V. Objets d'art.

Emphytéose.

707. V. Bail emphytéotique.

Espèces.

708. V. Argent comptant.

Expropriation pour cause d'utilité publique.

709. L'indemnité due à raison d'un immeuble dont l'expropriation pour cause d'utilité publique a été prononcée, quoique non encore touchée, le défunt n'ayant plus qu'une créance par le fait seul de l'expropriation, de sorte que, s'il avait légué ses meubles à une personne et ses immeubles à une autre, l'ayant-droit à l'indemnité d'expropriation serait la première ;

710. C'est donc l'indemnité et non l'immeuble qui doit être déclarée. — V. Dict. réd., v° *Succ.*, n° 1400 ; Garnier, Rép., *eod* v°, n° 833 *bis* ; Marseille, 27 août 1863 ; Sol., 29 avril 1869, 13 juill. 1878 et 5 déc. 1879 ; Cpr., Pont-l'Evêque, 11 mars 1890 ;

Même si la notification prescrite par l'art. 15, L. 3 mai 1841, n'a pas encore été faite. — V. Dict. réd., v° *Succ.*, n° 1402 ; Sol., 4 mai 1881 ;

Fabriques.

711. V. Immeubles.

Faillite.

712. V. Créances, et n° 681.

Fermages et loyers.

713. Les fermages et loyers courant au profit du défunt, pour leur prorata au jour du décès, bien qu'ils ne soient pas exigibles. — V. Langres, 10 mai 1882 ;

Mais il n'y a pas lieu de comprendre le trimestre de loyer payable d'avance dû depuis le 1er et exigible, d'après l'usage des lieux, seulement le 8 ou le 15 selon son importance, lorsque le propriétaire décède après le 1er mais avant le 8 ou le 15. — V. Seine, 3 mai 1907.

714. Dans les localités où il est d'usage de soumettre les terres de culture à un assolement triennal et où le prix des baux à ferme, commençant à courir le 23 avril d'une année, par exemple, n'est payable qu'au cours de l'année suivante, soit le 24 juin et le 24 décembre, par moitié chaque fois, on doit considérer comme des fruits civils acquis au bailleur, lors de son décès, et par conséquent à comprendre dans la déclaration de sa succession, non seulement les fermages arriérés et exigibles, mais encore le prorata de fermage calculé du 23 avril, jour fixé comme point de départ du bail, jusqu'à celui du décès, quoiqu'ils ne doivent devenir exigibles que l'année suivante. — V. Langres, 10 mai 1882 ;

715. Et les fermages ou loyers que, fermier ou locataire, il aurait payés d'avance, à moins qu'il ne s'agisse du terme en cours. — V. Dict. réd., v⁰ *Succ.*, n⁰ 1289 ; Garnier, Rép., *eod.* v⁰, n⁰ 757 ; Maguéro, *eod.* v⁰, n⁰ 214 ; Sol., 5 mars 1883 ;

Fermes.

716. V. Immeubles.

Fonds de commerce.

717. Les fonds de commerce, parce qu'un achalandage, une clientèle, le nom ou le titre d'une maison de commerce constituent une valeur distincte de l'immeuble où ils s'exploitent et des marchandises qui s'y trouvent. — V. Dict. réd., v⁰ *Succ.*, n⁰ 1641 ; Garnier, Rép., *eod.* v⁰. n⁰ 833 ; Maguéro, *eod.* v⁰, n⁰ˢ 109, 130 ; Seine, 28 mai 1851 ; Rouen, 17 mars 1857 ; Briey, 15 janv. 1880 ; Chaumont, 22 déc. 1885 ; Nice, 1ᵉʳ août 1892 ; I. G., 1634, § 14 ; Cpr., Sol. 19 mars 1879 ;

Spécialement la clientèle d'une maison de banque. — V. Seine, 7 mai 1840 ;

Quant à savoir si un fonds de commerce possédé lors du mariage est ou non tombé dans la communauté, question de droit civil et d'interprétation de contrat. — V. Dijon, 17 juin 1903 ;

Liquidation

718. Les fonds de commerce sont portés soit pour la déclaration estimative qu'en font les parties, l'art. 3 L., 21 juin 1875, mod. par art. 11, L. 25 févr. 1901, ne leur étant pas applicable. — V. Defrénois, *Comment.*, n⁰ 333 ; Cpr., Le Havre, 19 juin 1897 ;

Sauf expertise (LL. 28 févr. 1872, art. 8 ; 25 févr. 1901, art. 11, *in fine*) ;

Soit pour leur estimation faite dans un inventaire, partage, cession ou autre acte émanant des héritiers. — V. Lyon, 7 juin 1895 (S., 97. 2. 286). Sol., 11 juin 1878, 1ᵉʳ mai 1894 (S., 97. 2. 286).

719. Les marchandises s'évaluent et figurent à part. — V. Cass., 13 juill. 1840 (S., 40. 1. 586)) Chaumont, 22 déc. 1885.

Fonds publics.

720. V. Rentes sur l'Etat. Valeurs mobilières.

Forêts.

721. V. Bois. Immeubles.

Fruits.

722. Les fruits civils courus au jour du décès, parce qu'ils constituent un actif distinct de la valeur qui les produit. — V. Dict. réd., v⁰ *Succ.*, n⁰ 1647 ; Garnier, Rép., *eod.* v⁰, n⁰ 1017 ; E. Naquet, *op. cit.*, II, n⁰ 1001 ; I. G. 1263, § 5 ;

V., dans la présente énumération, au nom des divers fruits civils ; Fermages et loyers, Intérêts, etc ;

Au décès d'un usufruitier, il y a lieu de comprendre dans la déclaration de sa succession, le prorata couru au décès sur les fruits civils que produisaient les biens soumis à son usufruit (C. civ., art. 586) ;

723. Pour les fruits naturels ou industriels. V. Récoltes ;

724. Lorsque la rentrée de biens dans l'hérédité se fait avec restitution de fruits perçus ou paiement d'intérêts, au profit des héritiers, ces fruits et intérêts doivent-ils être déclarés ?

Il faut distinguer entre ceux qui sont échus ou qui ont été perçus au moment du décès, et ceux qui sont échus ou qui ont été perçus ultérieurement. « L'affirmative me parait certaine pour les premiers, dit M. E. Naquet (*op. cit.*, II, n⁰ 1005). car ils auraient figuré dans le patrimoine du défunt si la restitution avait été effectuée plus tôt. Quant aux seconds, c'est la négative qui doit être admise, car ils constituent simplement les produits des capitaux héréditaires, produits auxquels le défunt n'a jamais eu droit. »

Granges.

725. V. Immeubles.

Habitations.

726. V. Immeubles.

Herbages.

727. V. Immeubles.

Hôtels particuliers.

728. V. Immeubles.

Immeubles.

729. Les immeubles ;

Fussent-ils improductifs. — V. Dict. réd., v⁰ *Succ.*, n⁰ 2380 ; Saint-Jean-de-Maurienne, 14 juin 1878 ;

Sauf différence dans les procédés de liquidation du droit, suivant les cas, ainsi qu'on le verra plus loin ;

Et soit en totalité, soit seulement pour la fraction aliquote appartenant au défunt, s'il n'en était qu'indivisaire ;

730. L'immeuble ameubli est à déclarer pour la portion revenant au *de cujus* dans la communauté ;

La Régie, s'appuyant sur le principe général établi par l'art. 4, L. 22 frim. an VII, a traité longtemps l'ameublissement comme l'apport d'un immeuble dans une société ordinaire. — V. Déc.,5 oct. 1828 ; I. G., 1272, § 3 ;

Depuis 1863, elle accepte toutes les conséquences de l'ameublissement, d'après le droit civil. — V. Déc. min. Fin., 23 déc, 1863 ; I. G., 2307 ;

Par conséquent :

Si le *de cujus* est l'époux qui a fait l'ameublissement, sa succession ne comprend que la moitié de l'immeuble ameubli, à moins que, par une liquidation antérieure à la déclaration, cet immeuble n'ait été mis pour une plus forte portion au lot de la succession. — V. Déc. min. Fin., 23 déc. 1863 ; I. G., 2307 ;

Si le *de cujus* est l'autre époux, sa succession comprend la moité de l'immeuble ameubli et même davantage si, par une liquidation antérieure à la déclaration, cet immeuble à été mis pour une plus forte portion au lot de la succession. — V. Déc. min. Fin.,23 déc. 1863 ; I. G., 2307 ;

Sans qu'il puisse être question de récompense, puisqu'il n'en est pas dû à l'époux qui a fait l'ameublissement. — V. Garnier, Rép., v° *Ameubl.*, n° 19 ; Déc. min., Fin. 23 déc. 1863 ; Dél., 26 juin 1863 ; I. G., 2307 ;

Lorsque l'ameublissement n'a été convenu que jusqu'à concurrence d'une certaine somme, c'est pour cette somme seulement que l'immeuble figure dans la communauté, le surplus restant propre. — V. Dict. réd., v° *Comm.*, n° 1039 ; Garnier, Rép., v° *Ameubliss.*, n° 9 ; Maguéro, v° *Comm.*, n° 452 ;

731. Peut-être n'est-il pas inutile de faire remarquer ici, que, les immeubles par destination se confondant juridiquement avec les immeubles par nature dont ils dépendent, ne sont susceptibles d'aucune évaluation particulière et distincte : par conséquent, il n'y a pas à les déclarer séparément comme meubles. — V. Dict. réd., v° *Succ.*, n° 1797 ; Garnier, *eod.* v°, n° 1117 ; Maguéro, *eod.* v°, n° 425 ; Cass., 20 juill. 1812 ; Déc. min. Fin.,4 mai 1813 ; Dél., 22 mai 1818 et 12 août 1828 ; Montpellier, 3 juill. 1905 ; Orléans, 25 juill. 1906 ; Cpr., E. Naquet, *op. cit.*, II, n° 971 ; *V. aussi Récoltes.*

Liquidation.

1° Immeubles à revenus.

732. La valeur imposable en est déterminée par la capitalisation de leur revenu.

Cette capitalisation, se fait :

Par 25, s'il s'agit d'immeubles ruraux (L. 21 juin 1875, art. 2 ;

Et par 20 pour les autres (L. 22 frim. an VII, art. 15-7°) ;

733. Le caractère rural ou urbain des immeubles résulte de leur destination. — V. Dict. réd., v° *Expertise*, n°s 138 et s. ; Garnier, Rép., *eod.* v°, n°s 60 et s. ; *Succ.*, n°s 1165 et s. ; Maguéro, v° *Expertise.* n° 410 ; *Insuff.*, n° 35 ; E. Naquet, *op. cit.*, II, n° 970 ;

734. Sont considérés comme immeubles ruraux tous immeubles affectés principalement. à la production des fruits naturels ou industriels de la terre, qu'ils soient, d ailleurs, situés à la ville ou à la campagne. — V. Alençon, 17 déc. 1877 ; Avignon, 4 avril 1878 ; Vitry-le-François, 6 fév. 1879 ; Sol., 23 avril et 31 mai 1879 ;

735. Tels sont notamment :

736. Les bois et forêts ;

737. Les corps de ferme, ainsi que leurs bâtiments d'exploitation, c'est-à-dire ceux servant à l'habitation des gens employés à la culture, au logement des animaux, à l'engrangement et à la garde des récoltes ;

Lors même que ces bâtiments ne seraient pas attenants aux terres et s'en trouveraient à une certaine distance, s'ils n'en sont bien que l'accessoire. — V. E. Naquet, *op. cit.*, II, n° 970 ; Cass., 11 août 1877 (S., 77. 1. 472) ; Alençon, 17 déc. 1877 (S. 78, 2. 155) ; Bourg, 4 déc. 1879 ; Valenciennes, 13 mars 1895 ; Sol., 22 août 1878 ;

738. Les domaines (prairies, terres labourables, vignes, etc.), y compris la maison d'habitation et jardin qui y existeraient. — V. Avignon, 4 avril 1878 (S., 79. 2. 340) ; Sol., 23 avril 1879 ;

739. Les jardins lorsqu'ils sont spécialement exploités, soit par le propriétaire, soit par le locataire, comme productifs de fruits ;

740. Les prairies ;

741. Les terres employées à la culture maraîchère ;

Ou même à la culture industrielle, telle que celle des betteraves, du chanvre, du lin, des mûriers, des oliviers, etc. ;

742. Les terres labourables ;

743. Les vignes ;

744. Mais, au sens de la loi, ne constituent pas des immeubles ruraux, quoique situés à la campagne :

745. Les bâtiments destinés soit à l'habitation, tels que les maisons de ville et de campagne, soit à un usage commercial ou industriel, tels que les fabriques, les manufactures et les usines,

Seraient-ils entourés de jardins ou parcs productifs de fruits, mais comme simples accessoires d'agrément. — V. Sol.,6 avril 1878 ;

Même ceux élevés sur le sol d'autrui et transmis par le constructeur. — V. Lyon, 27 juill. 1876 ;

Et même de véritables bâtiments d'exploitation rurale, s'ils ne dépendent pas étroitement de terres en quantité suffisante pour les constituer accessoires d'un corps de ferme ou de domaine, par exemple s'ils ne servent qu'à engranger les récoltes de terre tenues à bail. — V. Sol., 6 avril 1878 (S., 79. 2. 340), 29 sept. 1880 ;

746. Les distilleries, les moulins, les sucreries et autres usines qui ne sont pas exclusivement établies pour utiliser les produits agricoles du propriétaire. — V. Bourg, 4 déc. 1879 ; Sol., 28 août 1877 ;

747. Les mines et minières, ainsi que les tourbières. — V. Sol., 21 févr. 1882 (D., 82. 5. 198) ; *V.* aussi ci-dessus : *Carrières ;*

748. Les salines. — V. Sol. 19 fév. 1900 ;

749. Les terrains à bâtir, et même un terrain loué à l'Etat pour servir de champ de manœuvre, quoique le bailleur s'y soit réservé le droit de pâturage. — V. Sol., 1er oct. 1878 (S., 79. 2. 340) ;

Alors même que ces terrains, utilisés provisoirement, produiraient un certain revenu, d'ailleurs sans proportion avec la valeur réelle. — V. Seine, 11 mai 1907 ; Cpr., Corbeil, 18 mai 1904 ; Seine, 4 mai 1906 ;

750. Même un jardin d'agrément situé à la campagne. — V. Sol., 26 fév. 1879 ;

751. A plus forte raison, un terrain sis dans l'enceinte d'une grande ville, quoique tenu en nature de jardin. — V. Caen, 8 mars 1893 ;

752. Des immeubles ruraux, par exemple des herbages, des prairies, peuvent être loués par un même bail en même temps qu'un château ou que des bâtiments industriels qui n'en sont pas cependant l'accessoire ; chacun sera évalué distinctement, suivant sa nature. — V. Sol., 28 janv. et 22 août 1878 (S., 79. 2. 89 ; D., 79. 3. 86) ;

753. La distinction entre les immeubles ruraux et les immeubles urbains étant ainsi faite, il s'agit maintenant de déterminer le revenu à capitaliser, car, aux termes des lois susénoncées, c'est exclusivement le revenu capitalisé qui est à considérer en cette matière, et non la valeur vénale ;

754. Les parties ne seraient donc pas admises à déclarer cette valeur au lieu du revenu. — V. Cass., 19 déc. 1809, 11 mars 1814 ; Sarlat, 19 juin 1848 ; Dél., 19 germ. an XII, 19 nov. 1812 et 20 mars 1827 ;

755. Même s'il s'agit d'immeubles de communauté et relativement à l'exercice des reprises du conjoint survivant ;

756. Le revenu est établi avant tout par les baux, écrits ou verbaux, s'il en existe, en cours au jour du décès (L. 22 frim. an VII, art. 15, n° 7).

C'est de la date à laquelle le fermier ou locataire a dû prendre possession que commence légalement le bail, quand même, d'après les usages locaux, la jouissance ne concorderait pas exactement en fait. — V. Dreux, 10 janv. 1889.

757. N'est pas un bail courant, au sens de la loi, celui consenti par les héritiers après le décès, quoiqu'il fasse remonter la jouissance à une date antérieure. — V. Garnier, Rép., v° *Insuffisance*, n° 17 ; Montluçon, 27 juill. 1872 ; Grenoble, 23 janv. 1880 ;

Le prix en fût-il exagéré, purement accidentel. — V. Dict. réd., v° *Expertise*, n° 11 ; Garnier, Rép., v° *Insuffis.*, n° 6 ; Montpellier, 8 juin 1850 ; Avignon, 5 août 1850 ; Cass., 17 fév.

1852 ; Vienne, 23 nov. 1878 ; Cpr., Bourganeuf, 4 mars 1871 ;

Par exemple, à cause d'une destination exceptionnelle donnée à l'immeuble (dans l'espèce une usine comprenant un matériel industriel). — V. Garnier, Rép., v° *Insuffis.*, n° 6 ; Marseille, 12 juill. 1878 ; Montpellier, 23 avril 1888 ;

Et même, aucune déduction n'est admise sur le prix de la location d'une usine pour l'usure et la dépréciation du matériel. — V. Grenoble, 6 déc. 1893 ; Angoulême, 9 mars 1896 ;

Ou par suite d'une transaction. — V. Pont-l'Evêque, 11 mars 1890 ;

758. Mais, il faut qu'il s'agisse d'un véritable bail, c'est-à-dire que ce ne soit pas un bail emphytéotique. — V. Dict. Réd., v° *Expertise*, n° 15 ; Garnier, Rép., v° *Insuffis.*, n° 30 ; G. Demante, *op cit.*, II, n° 759 ; E. Naquet, *op. cit.*, III, n° 1311 ; Cass., 17 nov. 1852 ; Sol., 14 sept. 1882 ; I. G., 1986, § 7 ;

Ni, en sens inverse, un bail fait pour moins d'une année. — V. Naquet, *loc. cit* ;

759. Le prix des locations à la semaine, au mois, ou pour la saison, d'appartements, de chambres, de maisons, de magasins, par exemple aux bains de mer, ou dans les pays de villégiature, les villes d'eaux, etc., ne saurait en effet, être retenu pour base légale, en le multipliant proportionnellement et sur le même pied, du produit annuel des locaux ; en fait, attendu que ces locaux restent généralement ensuite improductifs pour le surplus de l'année, de sorte que le prix obtenu dans le laps de temps seul utilisable représente en réalité le revenu annuel ; en droit, parce que le produit des biens ou le prix des baux courants, au sens de l'art. 15, L. 22 frim. an VII, doivent s'entendre des véritables produits annuels, du véritable prix annuel, et non pas de loyers intermittents. — V. Dict. réd. v° *Expertise*, n° 13 ; Garnier, Rép., v° *Insuffis.*, n° 16 ; Maguéro, v° *Succ.*, n° 451 ; Le Havre, 12 juill. 1849 ; Sol., 5 mars 1897 ;

Peu importe, d'ailleurs, que de telles locations soient faites par écrit ou verbalement.

760. Ne constitue pas un bail, mais une vente de récolte sur pied, l'acte portant adjudication de la récolte à faire pour l'année courante, sans attribution d'aucun droit de jouissance affectant le sol lui-même, de sorte que le prix n'en peut être admis comme représentant le revenu réel de l'immeuble. — V. Cass., 9 mai 1892 ;

761. Non plus que l'acte, bien que qualifié bail, concédant l'exploitation d'une carrière. — V. Cass., 15 févr. 1893 (S., 94. 1. 149) ;

762. Ou de l'écorce de chênes-lièges. — V. Cass., 29 avril 1896 (S. 97, 1. 369) ;

Car ce sont, au fond, des ventes mobilières, dont le prix ne peut constituer la base d'un revenu.

763. Quand le bail est à périodes, une distinction s'impose :

Chaque partie peut-elle faire cesser le bail

à l'expiration d'une période ? Il y a pour ainsi dire autant de baux que de périodes, et le loyer ou fermage de la période en cours importe seul. — V. Le Havre, 17 avril 1886; Sol., 9 mars 1888; V. toutefois Garnier, Rép., v⁰ *Insuff.*, n⁰ 26 ;

S'il en est autrement il faut prendre la moyenne des loyers ou fermages d'après la durée totale du bail et en faire la base de la capitalisation. — V. Seine, 12 juill. et 24 août 1861, 18 avril 1863, Le Havre et le Mans, 27 août 1868; Saint-Etienne, 19 août 1873 ; Moulins, 29 mars 1876; Vienne, 23 nov, 1878; Sol.,, 16 sept. 1814, 14 nov. 1872, 1ᵉʳ oct. 1873 et 20 sept. 1875 ;

764. Un fermage peut être payable en argent ou en denrées ;

Si c'est en denrées, elles doivent être converties en numéraire d'après les mercuriales. (L. 15 mai 1818, art. 75). — V. Cass.., 9 mai 1825; Cass., 22 févr. 1831 ; J. E. 10289 Nîmes, 28 avril 1845 ; J. E. 13898; I. G., 1200, § 4 ;

765. Quant au bail à colonat ou à portion de fruits, la redevance étant incertaine, le revenu s'établit d'après la déclaration des parties. — V. Cass. 9 mai 1826,

766. Dans tous les cas, il faut ajouter au loyer ou au fermage tout ce que le locataire ou fermier doit conventionnellement payer en sus au bailleur ou à sa décharge : assurance contre l'incendie, charrois faisances (beurre, lait, volailles, etc.), grosses réparations ou réparations d'entretien, impôt foncier, pot-de-vin, etc. — V. Dict réd., v⁰ *Expertise*, n⁰ˢ 75, 76, 79 et s. ; *Succ.*, n⁰ 1772 ; Maguéro, *eod* v⁰, n⁰ 455 ; E. Naquet, *op. cit.*, II, n⁰ 1016 ; III, n⁰ 134 ; Cass., 7 janv. 1823, 16 août 1847, Charleville, 10 fév. 1860 ; Dunkerque, 7 sept. 1861 ; Rethel, 28 nov. 1861 ; Cass., 9 avril 1862, (S., 62. 1. 538); Melun, 26 mai 1865; Cass., 30 janv. 1867, 3 févr. 1871 ; Blaye, 6 juin 1888 ; Marseille, 11 août 1893 ; Dél., 18 avril 1828 ;

Et, à l'inverse, en déduire ce que le locataire ou fermier aurait le droit de retenir pour l'employer à son usage personnel. — V. E. Naquet., *op. cit.*, III, n⁰ 1311 ; Cpr., Trévoux, 11 avril 1867 ; Valence, 26 juin 1871 ;

Ainsi que les charges incombant légalement au preneur, mais que le bailleur aurait accepté de supporter lui-même, par exemple le coût de l'eau et du gaz, l'impôt des portes et fenêtres. — V. Marseille, 11 août 1893; Grenoble, 6 déc. 1893; Sol., 20 juin 1893.

767. Il n'y a pas à ajouter la valeur locative de la loge du concierge aux loyers d'une maison. — V. Sol., 4 déc. 1895.

768. Le droit de chasse, réservé dans le bail ou loué séparément, entre naturellement dans le revenu d'un bien ; il y a donc lieu de l'ajouter aussi le cas échéant. — V. Dict. réd., v⁰ *Expertise*, n⁰ 109 ; Garnier, v⁰ *Succ.*, n⁰ 1161; Maguéro, *eod.* v⁰, n⁰ 429 ; Cass., 7 avril 1868 (S., 68. 1. 310 ; D., 68. 1. 259) ; I. G., 1229, § 2, 2367, § 7 ;

Mais non quand le bien n'est pas affermé. — Cpr., E. Naquet, *op. cit.*, III, n⁰ 1332 ;

769. Il en est de même du droit de pêche :

770. Dans les baux à cheptel, ce qui revient en sus au bailleur à raison du cheptel s'ajoute également au fermage, en l'estimant ;

771. D'ailleurs, toutes ces charges étant variables, leur évaluation, faite antérieurement pour l'enregistrement du bail, ne lie ni l'Administration ni les parties, pour la liquidation du droit de mutation par décès.

772. En cas de constructions élevées par un locataire ou fermier, en vertu d'une clause de son bail, et qui doivent rester sans indemnité au propriétaire à la fin du bail, il y a là une charge à ajouter au loyer, par évaluation, dans la déclaration après le décès de ce dernier. — V. Dict. réd. v⁰ *Constr.*, n⁰ 178, et *Succ.*, n⁰ 1795 ; Bordeaux, 26 nov. 1900 ; Sol., 17 févr. 1898 ;

Si, au contraire, une indemnité était due par lui, elle constituerait respectivement : un passif à déduire pour sa succession, et un actif à déclarer pour la succession du preneur.

773. Lorsque le bailleur s'est obligé à élever une certaine construction sur le fonds loué à la charge par le preneur de lui payer, en sus du loyer, à titre de location et d'amortissement, pendant la durée du bail, l'intérêt à dix pour cent du prix de cette construction, le supplément convenu ne représentant pas uniquement du loyer il faut le ventiler en ce qui est loyer et ce qui est amortissement ; la portion représentative de loyer est seule à ajouter au loyer principal. — V. Oloron, 31 août 1877.

774. Jugé que les sous-locations consenties par le locataire ou fermier et acceptées par le bailleur doivent être substituées au bail principal ou, si elles sont partielles, se combiner avec lui, pour baser l'évaluation de l'immeuble. — V. Bernay, 18 nov. 1839;

Cette décision est critiquable et nous ne pensons pas que l'Administration s'en prévaudrait encore, le cas échéant; il n'y a, en effet, qu'une base légale de perception, c'est le bail courant; il faut donc le considérer seul, à l'exclusion du sous-bail; d'autant plus que le bénéfice retiré de la sous-location par le preneur doit-être compris dans la déclaration de succession de celui-ci. — V. Seine, 23 févr. 1867 et 26 août 1871 ; Sol., 16 févr. 1869 ;

775. Sur ces questions de baux, V. aussi n⁰ˢ 1817 et s., ci-après.

776. A défaut de baux, mais seulement à défaut, le revenu s'établit par une déclaration estimative des parties (L. 22 frim. an VII, art. 15-7⁰), que la Régie peut, d'ailleurs, critiquer en demandant l'expertise. — V. Garnier, Rép., v⁰ *Insuff.*, n⁰ 37 ; E. Naquet, *op. cit.*, II, n⁰ˢ 972 et 975 ; Cass., 7 germ. an XII, 18 févr. 1807, 5 avril 1808, 18 févr. 1809, 23 mars 1812, 18 août 1829, 30 mars et 9 déc. 1835, 6 déc. 1836, 3 mars 1840, 17 févr. 1842 ; Seine, 26 mars et 20 avril 1866, 23 févr. 1867 ; Montpellier, 23 avril 1888 ; Déc. min. Fin., 13 germ. an XIII ; Sol., 16 sept. 1809 ; Dél., 31 oct. 1836 ; I. G., 1303, § 8, 1490, § 7, 1513, § 3, 1539, § 6, 1618, § 15, 1920, § 1er ; Cpr., Cass., 30 janv. 1867 ; Sol., 4 janv. 1867 ;

La Régie peut opposer la déclaration faite aux contributions pour la perception de l'impôt personnel et mobilier.

C'est le revenu probable de l'année actuelle qui doit être déclaré et non celui de l'année précédente. — V. E. Naquet, *op. cit.*, II, n° 975 ; Sol., 12 janv, 1867.

2° Immeubles dont la destination actuelle n'est pas de procurer un revenu.

777. Ainsi qu'on l'a vu à la section précédente, l'art. 12, L. 25 fév. 1901 dispose que le droit de mutation par décès se liquide désormais relativement à ces immeubles sur leur valeur vénale et non plus, comme auparavant, sur leur revenu capitalisé.

778. Ce texte doit naturellement être entendu contre la Régie comme à son profit ; c'est-à-dire qu'il n'est pas loisible à l'Administration d'opter à son gré et suivant son intérêt entre la valeur vénale et la valeur par capitalisation du revenu. — V. Defrénois, *Comment.*, n°s 275 et s. ;

779. La déclaration n'a donc pas à donner les deux bases possibles de perception, mais seulement celle, soit capital, soit revenu, qui résulte de la destination qui avait été donnée à l'immeuble par le défunt lui-même.

Quand même, au moment du décès, l'immeuble se serait trouvé, mais accidentellement loué, ou occupé par le propriétaire, ou enfin vacant. — V. Besson, *op. cit.*, n° 251 ; Defrénois, *Comment.*, n°s 283 et s. ; Garnier, *Comment.*, n° 15 ; Maguéro, Suppl., v° *Succ.*, n° 134 ; *Contrà* : Rev. *Enreg.*, n° 2285 ;

780. Aussi la Régie ne saurait-elle opposer l'importance des revenus que l'immeuble pourrait produire par une appropriation différente, du moment que celle indiquée est réelle et sincère.

781. Il a même été jugé qu'un immeuble qui n'avait pas pour objet de produire un revenu, devait être déclaré, pour sa valeur vénale, alors même que dans la déclaration de succession on lui avait assigné un revenu. — V. Seine, 4 mai 1906.

782. Seulement, quels sont-ils ?

Aucune difficulté relativement aux terrains à bâtir : le nouveau procédé ayant été établi surtout pour eux, au moins dans ce qu'on disait auparavant ; il les atteint donc certainement. — V. Defrénois, *Comment.*, n° 187 ;

Fussent-ils loués en attendant, mais à titre provisoire. — V. Corbeil, 18 mai 1904 ; Seine, 4 mai 1906 ; Seine, 11 mai 1907.

Ainsi que les bâtiments en cours de construction. — V. Defrénois, *Comment.*, n° 291 ;

783. Nous le croyons également applicable aux châteaux, aux propriétés d'agrément et aux vastes dépendances de chasse ou de pêche, en un mot, à ce qu'on pourrait appeler des immeubles somptuaires ; mais ce n'est certes pas calomnier la Régie que de lui supposer des prétentions beaucoup plus étendues ; elle y est encouragée, d'ailleurs, si l'on peut ainsi dire, par l'obscurité du texte et la confusion, qui n'est peut-être pas tout à fait involontaire, des travaux et des discussions préparatoires de la nouvelle loi. — V. Seine, 4 mai 1906.

Et d'abord le texte ! Comment s'exprime-t-il ? « les immeubles dont la destination actuelle n'est pas de procurer un revenu ». Cela n'est pas très clair, et, dans son Instruction générale 3058, l'Administration s'est empressée de traduire cette phrase par « ceux dont le revenu n'est pas en proportion avec la valeur vénale, tels que les terrains à bâtir, les châteaux, *les propriétés qui ne sont pas des propriétés de rapport* », et l'on verra tout à l'heure jusqu'où ces dernières expressions peuvent conduire.

Il est vrai qu'elle invoque, à l'appui, les explications qui auraient été fournies en ce sens au cours de la discussion de la loi (Chambre des députés, 16 nov. 1900, *J. O.*, p. 2103). — V. I. G., 3058.

Comme M. Binet les a résumées dans un article de la *Revue de l'Enregistrement* (n° 2885), nous ne pouvons mieux faire que de rapporter ce qu'il en dit, d'autant plus qu'il y joint sa propre opinion, bien dangereuse et pour nous erronée, mais qui représente sans doute l'idée intime de la Régie.

« La formule de la loi, écrit-il, n'est pas de nature à éclairer suffisamment les intéressés, et elle ne révèle pas d'une façon assez précise la pensée exacte du législateur. Comment faut-il, en effet, interpréter ces mots du texte : dont la destination actuelle n'est pas de procurer un revenu ?

« Le Ministre, interrogé sur ce point à la Chambre des députés, a cru faire une réponse topique, en déclarant : « C'est une question de fait. Nous avons, je le crois, trouvé la meilleure définition en disant : les immeubles dont la destination actuelle n'est pas de procurer un revenu. C'est là, suivant nous, le critérium le meilleur. Il est difficile d'imaginer une formule qui réponde mieux à la variété des cas qui se présenteront. » Nous sommes loin de partager l'optimisme de l'orateur, et un député a pu dire fort justement que plus d'un notaire, d'un homme d'affaires, d'un redevable, sera fort embarrassé dans bien des cas, de résoudre la question de savoir s'il y a lieu de déclarer le revenu ou la valeur vénale.

« Si, pour trancher cette question, on n'avait qu'à rechercher, en fait, si l'immeuble procurait ou non un revenu à son propriétaire à l'époque de la mutation, la solution serait assez simple à trouver : il serait facile de savoir si la maison, par exemple, était louée ou habitée par son propriétaire, si le fonds rural était exploité par celui-ci ou donné à bail ou laissé en friche. Mais ce n'est pas ce que dit le texte ; il ne parle pas des immeubles qui ne produisent pas de revenus, mais des immeubles dont la destination actuelle est de n'en pas procurer ; il n'y a donc pas un simple fait matériel à constater, mais une question plus délicate à résoudre, la question de la destination de l'immeuble au point de vue de la productivité des revenus.

« S'il est des cas où la destination apparaît nettement, il est loin d'en être toujours ainsi. Les exemples qu'on trouve dans les rapports et discours qui ont précédé le vote de la loi sont choisis parmi les hypothèses qui ne soulèvent aucun doute : on a cité les châteaux, parcs, propriétés de pur agrément, les terrains consacrés exclusivement à la chasse, les terrains à bâtir ; il est clair qu'en général la destination de ces immeubles n'est pas de procurer des revenus, et encore a-t-on fait justement remarquer que la solution ne doit pas être absolue.

« La Direction générale n'a pas été beaucoup plus nette dans l'Instruction n° 3058, p. 34 ; elle expose que l'article 12 vise les immeubles « dont le revenu n'est pas en proportion avec la valeur vénale » et elle cite les mêmes exemples en ajoutant simplement : « les propriétés qui ne sont pas des propriétés de rapport ». Or, ces exemples ne nous éclairent qu'imparfaitement, parce qu'ils sont trop simples, et ils n'ont certainement rien de limitatif. La formule employée dans l'Instruction ne nous paraît même pas très concordante avec la loi. On pourrait en conclure qu'il appartient à la Régie d'apprécier si le revenu est ou non en proportion de la valeur vénale. Nous croyons plutôt que la Direction générale s'est inspirée d'un passage du rapport de M. Mesureur à la Chambre des députés : « Il a semblé, disait-il, que si le système de la liquidation de l'impôt sur le revenu capitalisé devait être conservé comme règle générale, il comporterait cependant une exception pour le cas où il est dans la nature de l'immeuble transmis soit de ne produire aucun revenu, soit de produire un revenu *extrêmement faible et sans proportion aucune avec la valeur de l'immeuble* »„ ce qui revient à dire qu'il faut assimiler aux immeubles tout à fait improductifs ceux dont le revenu est *insignifiant* (cette dernière épithète est empruntée au rapport de M. Monestier au Sénat), de sorte que la multiplication du revenu aboutirait à un chiffre sans aucun rapport avec la valeur réelle de l'immeuble.

« Quoi qu'il en soit de ces explications, nous apercevons au fond l'arbitraire plus ou moins déguisé sous des formules décevantes, et rien n'est plus néfaste, surtout en matière d'impôts. Le critérium établi manque de précision et il faut s'attendre en pratique à des divergences de vues chez les agents du fisc, à des décisions contradictoires dans la jurisprudence des tribunaux ; il est même à craindre que l'autorité de la Cour de cassation ne parvienne pas à établir l'uniformité de jurisprudence, puisque, de l'aveu même des orateurs du Gouvernement, tout se réduit en la matière à une question de fait, que le juge du fond tranchera souverainement, à moins que la Cour régulatrice n'use du pouvoir de révision très large qu'elle s'attribue, en se réservant le droit de contrôler les appréciations des faits exprimés dans les jugements rendus sur les questions d'enregistrement.

« Sans doute, il n'y aura pas de difficultés sur le maintien de l'ancien procédé de liquidation, quand il s'agira de fonds ruraux loués ou exploités par le propriétaire, de maisons affectées à la location, de maisons de rapport en un mot ; ces immeubles sont destinés sans nul doute à produire des fruits naturels ou civils, et on n'aura pas à rechercher si la maison, la ferme est louée ou non, en fait, au jour de la transmission. Mais supposons une maison, un hôtel particulier que son propriétaire a acheté ou fait bâtir en vue de l'habiter entièrement lui-même avec sa famille et qu'il occupe effectivement, dira-t-on que sa destination est de produire des revenus ? Nous nous étonnons qu'on ait répondu affirmativement, car cet immeuble, à raison de sa destination, ne produit aucun revenu, aucun fruit civil ou naturel. Il a, nous y consentons, une valeur locative : on peut estimer ce que paierait un locataire pour la jouissance de cet immeuble, on peut dire même que le propriétaire, en occupant sa maison, paie sa jouissance par l'intérêt des fonds qu'il a déboursés pour l'acquérir ou la faire construire, mais est-il dans la destination actuelle de l'immeuble de produire un revenu ? Evidemment non, puisque le propriétaire, s'il use de sa maison, n'a entendu en tirer aucun revenu ; une maison ne pouvant produire que des fruits civils obtenus par la location. Donc l'article 12 est applicable à cette hypothèse.

« La question se compliquera singulièrement si le propriétaire destinait sa maison à être louée en partie, se réservant un ou plusieurs étages pour son habitation personnelle, ou encore si l'on se place dans l'hypothèse d'un chalet, d'une villa que le propriétaire n'habitait que quelques semaines ou quelques mois de l'été, mais qu'il avait l'habitude de mettre en location pendant le reste de la saison où il était retenu à la ville. Dira-t-on, dans ces circonstances, que c'est un immeuble destiné à produire des revenus ?

« On pourrait multiplier les espèces et nous reconnaissons qu'il est impossible de donner des solutions absolues. C'est là le vice du système imaginé par le législateur de 1901. N'y a-t-il pas moyen cependant de poser un principe directeur qui trace aux agents, aux juges, aux redevables une ligne de conduite ?

« Il est certain que la loi de 1901 a maintenu comme règle le procédé de liquidation établi antérieurement, c'est-à-dire la détermination du capital imposable par la multiplication du revenu ; l'article 12 n'y apporte d'exception que dans un cas particulier, et les exceptions doivent s'interpréter restrictivement. Donc la liquidation du droit sur la valeur vénale ne devra être admise que s'il s'agit d'un immeuble dont la destination est de ne pas produire de revenu ou de ne produire qu'un très faible revenu, sans proportion avec la valeur vénale. Pour connaître cette destination, on pourra tenir compte de diverses circonstances ; quelquefois de la nature de l'immeuble, comme dans l'hypothèse d'un terrain vague situé dans une ville, dont la seule destination possible soit de recevoir des constructions ; plus souvent de la volonté du propriétaire, comme dans le cas d'une maison affectée à l'habitation personnelle de son propriétaire, ce qui est une destination improductive ; nous donnerons volontiers la même solution, s'il donne à bail une partie peu importante de la maison qu'il habite, parce que la destination principale de l'immeuble n'est pas de produire des revenus, ou de ne produire qu'un revenu sans proportion avec la valeur totale de la maison ; de même, dans le cas indiqué plus haut d'une maison que le propriétaire emploie à sa propre villégiature et qu'il met cependant en location une partie de l'année, nous estimons qu'il faudra tenir compte de l'importance du revenu qu'il en retire par comparaison à la valeur vénale pour apprécier si le but a été d'en faire un immeuble productif, ou si, au contraire, son intention a été avant tout d'en faire un usage personnel, le loyer temporaire ne servant qu'à atténuer la charge qui résulte pour lui de l'acquisition et de l'entretien. En cas de doute sur la destination d'un immeuble, il faudra écarter l'application de l'article 12, puisque c'est une exception à la règle et que les exceptions s'interprètent restrictivement ».

Cette dissertation (et c'est pourquoi nous en avons donné une aussi longue citation) révèle très probablement la pensée de derrière la tête qui inspirait la Régie en proposant le texte précité.

Que voulaient alors tous les esprits droits ? Atteindre enfin les terrains à bâtir, surtout à Paris, ainsi que les grands espaces de terre soustraits à la circulation ordinaire des biens pour des plaisirs fastueux, et qui échappaient injustement à l'impôt, parce que, pour le liquider, leur revenu étant nul ou insignifiant, sa capitalisation ne donnait qu'une valeur dérisoire.

Tel était l'unique but, on ne cherchait pas autre chose.

Mais la Régie veillait : le mot « actuelle » est introduit dans la rédaction du texte. Personne n'y voit malice. Le Sénat, la Chambre trouvent la chose toute naturelle, un terrain à bâtir n'est-il pas, au fond, destiné à produire un revenu, mais non actuellement et seulement au moyen des constructions qui y seront édifiées ? C'était même le raisonnement du fisc pour éluder l'application littérale de l'art. 15-7°, L. 22 frim. an VII. Parler de destination actuelle va donc de soi. Et, si l'on assimile aux terrains à bâtir d'autres immeubles, ce sont, pour des raisons analogues, ceux dont le revenu est ou serait *« extrêmement faible et* SANS PROPORTION AUCUNE *avec la valeur de l'immeuble*, ou INSIGNIFIANT ».

N'était-ce pas très équitable, le but poursuivi ? Aussi l'on vote le projet en toute tranquillité d'âme. L'Administration a dû bien rire d'une telle simplicité.

Aussitôt, volte-face ! Peu importent après tout les observations échangées dans les discussions parlementaires, autant en emporte le vent. Est-ce que le principe n'est pas, en matière d'impôts, que c'est avant tout dans le texte même de la loi qui les établit qu'il faut chercher quelle a été l'intention du législateur et que les dispositions dans lesquelles il l'a manifestement exprimé doivent recevoir l'application stricte et littérale que leur teneur commande ? — V. Cass., 27 nov. 1889.

Ceci posé, l'art. 12, L. 25 fév. 1901 porte expressément : « Les droits de mutation à titre gratuit entre vifs et par décès seront liquidés sur la valeur vénale en ce qui concerne les immeubles dont la destination *actuelle* n'est pas de procurer un revenu. »

Or, des hôtels particuliers, des chalets, des maisons de campagne, des villas, même des maisons ordinaires ! ne sont pas destinés *actuellement* à procurer un revenu, lorsque leur propriétaire les occupe, les habite personnellement ;

Donc, quand ces immeubles ne sont pas, au moment du décès, loués ou à louer, il n'y a point à s'occuper de leur valeur locative quelconque, pour la liquidation des droits de succession, mais uniquement de leur valeur vénale.

Le syllogisme n'est-il pas parfait ?

Alors tout s'éclaire. On comprend à merveille le ministre des Finances répondant, à ceux qui redoutaient naïvement des difficultés d'application, que ce serait une question de fait. Il ne s'agira jamais, en effet, d'établir laborieusement, faute de critérium, une relation normale entre un capital dormant et son revenu possible : le propriétaire de l'immeuble l'occupe-t-il lui-même ou le loue-t-il à d'autres ? Tout est là, et c'est évidemment bien facile à savoir : l'affaire tout au plus, dans de rares cas douteux, d'un constat d'huissier !

Et voilà comment, sans que personne s'en fût douté d'avance, — hormis naturellement la Régie dans ses combinaisons ténébreuses, — quantité de contribuables se trouveraient maintenant lourdement surchargés.

Par bonheur que, malgré sa trop habile rédaction, le texte n'est pas en réalité aussi impératif qu'il paraît l'être à première vue, et l'Administration éprouvera sans doute de rudes résistances avant de parvenir, si elle y arrive jamais, à faire consacrer par les tribunaux l'interprétation qu'elle désire.

M. Rigal, notamment *(Journ. du Not.*, 1902, p. 212) semble l'avoir déjà bien démontée :

« Il est évident, en premier lieu, — commence-t-il par objecter, — que les auteurs de la loi n'ont pas eu l'idée d'appliquer à ce cas l'art. 12. Ils n'ont eu en vue, indépendamment des terrains à bâtir, que les propriétés d'agrément, châteaux, parcs, terrains exclusivement réservés à la chasse et autres immeubles somptuaires. *Dans le cours des travaux préparatoires il n'a été question que de propriétés de ce genre.*

« Sans doute, il n'y aurait pas à tenir compte des opinions personnelles émises à ce sujet devant le Parlement, si un texte suffisamment clair pouvait servir à fixer exactement la portée de la loi. Mais le texte de l'article 12 ne tranche nullement la question de savoir si une maison habitée par un propriétaire doit être rangée dans la catégorie de celles dont la destination actuelle n'est pas de donner un revenu. Nous persistons à croire fermement que cette maison n'est point improductive et qu'elle enrichit le propriétaire d'un revenu égal à la somme qu'il serait obligé de débourser pour louer, dans la maison d'un tiers, un logement semblable à celui qu'il occupe dans son immeuble. »

Puis, avec une grande force de raisonnement, il ajoute :

« J'ai un revenu de 10,000 francs, par exemple ; j'en emploie 2,000 pour la location de la maison que j'habite avec ma famille. Il me reste 8,000 francs de revenu à dépenser. Si j'hérite de cette maison, ce qui me dispensera d'en payer le loyer de 2,000 francs, n'est-il pas hors de doute que mes revenus vont s'en retrouver augmentés d'une somme égale, et que mes ressources, réduites à 8,000 francs quand j'étais locataire, vont être élevées à 10,000 francs ? Peut-on soutenir logiquement que ma maison est improductive quand, en réalité, elle a augmenté mon revenu de 2,000 francs ?

« Si, au lieu de recueillir la maison dans une succession, je l'achète ou la fais construire, mes revenus seront diminués par la dépense, mais ils seront, par compensation, augmentés d'une somme égale au loyer que je n'aurai plus à payer. Dans un cas comme dans l'autre, la maison me procurera un revenu certain, incontestable.

« Un propriétaire cultivateur exploite des terres lui appartenant et en consomme lui-même tous les produits naturels avec sa famille, sans en vendre une partie quelconque. Dira-t-on que la destination de ces immeubles n'est pas de lui donner des revenus ? Cela nous paraît impossible.

« *Quand, d'ailleurs, il s'est agi de soumettre à la taxe du revenu les immeubles occupés par les congrégations,* ON N'A PAS MANQUÉ DE FAIRE OBSERVER QUE L'OCCUPATION DE L'IMMEUBLE ÉTAIT UN REVENU. »

Oui, mais cela, c'était l'argument contre les congrégations ; ce n'est pas celui des mutations par décès ; il faut savoir distinguer, que diable ! Au surplus, le *même* argument, bon lorsqu'il profite, devient mauvais et doit être écarté quand il nuit. M. Rigal, si versé dans les controverses fiscales, ne connaît-il pas cette logique *indépendante* ? Elle est pourtant de pratique courante à l'Administration.

784. Nous sommes donc convaincu que si un château, un hôtel, etc., est pendant, toute l'année, loué ou occupé par le propriétaire, il doit être déclaré d'après sa valeur locative et non point en valeur vénale.

785. V. aussi, dans notre sens, Defrénois, *Comment.*, n⁰ˢ 293, 294, et, implicitement, Evar. Lepage, *Rev. du Not.*, n⁰ 10717, 33⁰.

786. Il est à remarquer, qu'en cas de transmission de l'usufruit ou de la nue propriété d'un immeuble rentrant dans la catégorie de ceux que vise l'art. 12, L. 25 février 1901, la valeur imposable est fixée à une fraction de la valeur vénale de la toute propriété selon la règle tracée par l'art. 13, 2⁰, même loi. — V. I. G. 3049.

Indemnités.

787. V. Créances, Expropriation.

Indivision.

788. Les droits du défunt dans une indivision ordinaire ; et, maintenant, nets, c'est-à-dire déduction faite des charges qui les grèveraient, sous les justifications ordinaires.

789. De sorte que, si un époux survivant commun en biens décède avant le partage de sa communauté ou société d'acquêts, il faut, pour la déclaration de succession, rétablir la communauté et payer le droit de mutation sur ses propres reprises, plus (sauf clause dérogatoire dans le contrat de mariage) sur la moitié de ce qui reste, comme actif de communauté, après prélèvement des reprises des deux époux. — V. Dict. réd., v⁰ *Succ.*, n⁰ 1898 ; Lille, 20 avril 1883 ; V. toutefois Verdun, 8 févr. 1887 ;

Et sauf la déduction des dettes, admise désormais ;

Dans ce cas, bien que les reprises à exercer respectivement sur la communauté indivise soient presque toujours d'une somme inégale, les créances recouvrées et le prix de biens aliénés sont présumés avoir été encaissés ou retirés par moitié entre le conjoint survivant et les héritiers de l'autre, à moins que les actes n'expriment une proportion différente. — V. Rouen, 25 mai 1883 ;

V. aussi Sociétés.

Intérêt.

790. V. Apport en société. Sociétés.

Intérêts.

791. Les intérêts des créances, pour le prorata couru au jour du décès.—V. Dict. réd., v° *Succ.*, n° 1553 ; Garnier, Rép., *eod.* v°, n° 904 ; Maguéro, *eod.* v°, n° 273 ;
V. aussi Coupons.

Jardins.

792. V. Immeubles.

Kiosques.

793. V. Edicules.

Legs.

794. Les biens légués au défunt, mais non encore recueillis par lui, sauf renonciation, comme il a été dit ;
795. A moins qu'il ne s'agisse d'un legs en simple usufruit et que le défunt ne soit décédé avant d'en avoir obtenu la délivrance, ainsi que nous l'avons déjà fait observer aussi. — V. Déc. min. Fin.,30 juill. 1815 ; Dél.,26 déc. 1826 ;

Liquidation judiciaire.

796. V. Créances et n° 681.

Livrets.

797. V. Créances.

Loyers.

798. V. Fermages et loyers.

Maisons.

799. V. Immeubles.

Majorats.

800. Avant 1905, les biens qui constituaient un majorat ;
Mais, lorsque des biens affectés à un majorat de propre mouvement, c'est-à-dire fondé par le chef de l'Etat au moyen d'une dotation, revenaient aux représentants des anciens propriétaires, lors de son extinction, conformément à la loi du 5 déc. 1814, ceux-ci, puisant leur droit, non dans la qualité d'héritiers de leurs auteurs, mais dans une vocation personnelle, ne devaient, pour ce fait, aucun droit de mutation par décès. — V. Sol., 16 mai 1888 ;
801. Les dotations et majorats de *propre mouvement*, constitués en rentes sur l'Etat étaient à déclarer comme un usufruit (D., 24

juin 1808, art. 6) ; Déc. min. Fin , 4 oct. 1825 ;
Cette question des dotations et des majorats de propre mouvement n'aura plus bientôt qu'un intérêt purement historique, la loi du 22 avril 1905, art. 30, sanctionnant une convention du 14 oct. 1904, ayant ordonné leur rachat d'office.
Mais ceux de biens particuliers ou *sur demande* transmettent la propriété entière. — (L. 7 mai 1849, art. 7) — V. G. Demante, *op. cit.*, II, n° 744 ; Dict. réd., v° *Majorat* n° 50 ; E. Naquet, *op cit.*, II, n° 979 ;

Manufactures.

802. V. Immeubles.

Marchandises.

803. V. Fonds de commerce.

Matériel.

804. V. Meubles.

Meubles.

805. Les meubles meublants et, plus généralement, tous les biens mobiliers. — V. à ceux des divers mots ci-contre qui désignent des meubles ;
806. Spécialement le mobilier industriel. — V. Nice, 1er août 1892 ;

Mines.

807. Les mines (dépôts de houille, de soufre, de bitume, gisements métalliques de toute nature, sel gemme, etc.) qui présentent deux propriétés distinctes à déclarer: la surface et le tréfonds (LL. 21 avril 1810, art. 5 et s.; 19 ; 17 juin 1840). — V. Dict. réd.,v° *Succ.*, n° 1663 ; Garnier, Rép.,*eod.* v°, n° 1032 ; Maguéro, *eod.* v°, n° 234 ; Cass., 30 mai 1842 et 6 mars 1867 (S., 67.1. 225) ;
808. La redevance annuelle à payer par le concessionnaire d'une mine au propriétaire de la surface est le revenu d'un immeuble, son accessoire immobilier, une véritable rente foncière au sens d'autrefois. — V. Dict. réd., v° *Succ.*, n° 1664 ; Garnier, *eod.* v°, n° 1112 ; Maguéro, *eod.* v°, n° 234 ;
Cédée par ce dernier, elle devient un droit mobilier en la personne du cessionnaire ;
Mais, dans les deux cas, le droit de mutation se perçoit, comme pour les rentes perpétuelles, sur un capital formé de vingt fois la somme à laquelle est fixée la redevance annuelle. — V. Saint-Etienne, 30 août 1847 ; Cass., 15 janv. 1849 ;
809. Il en est de même de la redevance à payer au propriétaire par un maître de forge pour extraction de minerais de fer en vertu des lois des 28 juill. 1791, 21 avril 1810 et 9 mai 1866 ;

810. Si une mine a été mise en société par actions, sa propriété est représentée par les actions ; ce sont donc ces actions qui sont à déclarer et non la mine, à moins que la société alléguée ne soit que verbale. — V. Lure, 29 déc. 1875 ;

811. Le droit d'exploitation d'une mine jusqu'à épuisement, conféré par le propriétaire de la mine, ne transmet pas la propriété même de la mine, mais il constitue un droit mobilier qui comme tel, doit figurer dans la déclaration de succession de l'exploitant. — V. Dict. réd., v⁰ *Succ.*, n⁰ 1580 ; Garnier, Rép., *eod.* v⁰, n⁰ 1034 ; Maguéro, *eod.* v⁰, n⁰ 238 ; Cass., 22 août 1842 et 11 janv. 1843 ;

D'après une déclaration estimative. — V. Dict. réd., v⁰ *Succ.*, n⁰ 1713 ; Garnier, Rép. *eod.* v⁰, n⁰ 770 ; Maguéro, *eod.* v⁰, n⁰ 228 :

812. Si le droit d'exploiter n'est que temporaire, il n'est, comme les baux, qu'une simple jouissance, ne donnant pas ouverture au droit de mutation par décès ;

813. Quant au droit d'exploitation, que nous venons de rappeler, de certaines minières par les maîtres de forge, il est juridique d'y voir une faculté légale plutôt qu'un bien proprement dit ; donc, jamais de déclaration à faire en ce qui concerne sa succession. — V. Garnier, Rép., v⁰ *Succ.*, n⁰ 1038 ;

V. aussi Carrières.

Liquidation.

814. Pour les mines, comme il y a deux propriétés, celle de la surface et celle du tréfonds, même quand la concession a été attribuée au propriétaire de la surface ; c'est donc sur le total des deux revenus, à indiquer séparément, que se fait la capitalisation. — V. toutefois Privas, 10 mai 1880 ; Cass., 24 janv. 1881 ;

Il faut, comme nous l'avons dit pour les minières, avoir égard au fait que la substance même de la chose s'épuise par l'extraction et supputer le revenu en conséquence ;

On ne tient pas compte, pour les déclarations de succession, de celles qui ne sont pas exploitées ou dont l'exploitation est indéfiniment suspendue ; elles sont considérées comme sans valeur ; la surface est donc seule à déclarer d'après son propre revenu ;

815. Quant à l'indemnité en cas d'occupation temporaire de la surface (L. 20 avril 1810, art. 43 et 44 ; L. 27 juill. 1880), elle ne saurait, en principe du moins, servir de base pour la totalité à la perception du droit de mutation par décès. — V. Maguéro, v⁰ *Succ.*, n⁰ 445 ; Sol., 30 août 1887 ;

816. Si une mine et une usine ont été louées pour un prix unique, mais avec détermination dans l'acte de la portion applicable à chacune d'elles, cette ventilation sert de base à la liquidation des droits. — V. Privas, 10 mai 1880 ; Cass., 24 janv. 1881.

V. aussi Immeubles.

Minières.

817. Les minières (minerais de fer, dits d'alluvion, et les substances pyriteuses ou alumineuses) ont, en principe, le même caractère que les carières ; il faut donc leur appliquer ce qui a été dit de celles-ci. — V. aussi Immeubles.

Mobilier.

818. Le mobilier meublant ;

Liquidation.

819. Aux trois éléments admis déjà par la loi du 21 juin 1875 pour déterminer la valeur des biens meubles, l'art. 11 susénoncé de la loi du 25 fév. 1901 en a joint un quatrième, dont elle a fait le 3⁰ d'une nouvelle énumération : la police d'assurance contre l'incendie.

Les bases légales de la liquidation des droits exigibles sur le mobilier transmis par décès sont donc actuellement :

En premier lieu, l'estimation de ce mobilier contenue dans un inventaire ou autres actes passés dans les deux années du décès ;

Ces actes seront, par exemple :

820. Un apport en mariage. — V. Dict. réd. v⁰ *Expertise*, n⁰ 458 ; Garnier, Rép., v⁰ *Succ.*, n⁰ 1537 ; Seine, 19 juill. 1873 ;

821. Un partage. — V. Dict. réd., v⁰ *Expertise*, n⁰ 459 ; Garnier, Rep., v⁰ *Succ.*, n⁰ 1532 ; Saint-Pons, 3 janv. 1853 ;

822. Une transaction ;

823. Un transport de droits successifs. — V. Dict. réd., v⁰ *Expertise*, n⁰ 457 ; Garnier, Rép., v⁰ *Succ.*, n⁰ 1532 ; Rouen, 19 avril 1887 ; Reims, 22 juin 1888 ;

824. Lorsqu'il y a un inventaire régulier dans lequel les valeurs sont estimées par un officier public compétent, la Régie doit s'en tenir à cette estimation ; mais lorsque le notaire se borne à mentionner dans l'inventaire l'estimation que les parties elles-mêmes donnent aux valeurs inventoriées, la Régie n'est pas irrévocablement liée par cette évaluation qui n'émane, en définitive, que des parties intéressées et elle conserve entier son droit de contrôle. V. Montargis, 6 avril 1905.

Cette dernière remarque s'applique également aux autres actes tels que : partage, transaction, etc.

825. En second lieu, le prix qui en est exprimé dans un acte public de vente, quand cette vente a lieu publiquement et dans les deux années qui suivent le décès ; quelles que fussent d'ailleurs les estimations précédentes, si elles se trouvent inférieures à ce prix, c'est-à-dire rétroactivement. — V. Dict. réd., v⁰ *Expertise*, n⁰ 442 ; Garnier, Rép. v⁰ *Succ.*, n⁰ 1557 ; Maguéro, *eod.* v⁰, n⁰ 361 ; Sol. 1er et 25 août 1894 ;

Mais lorsque la prisée de l'inventaire était supérieure au prix de vente, c'est elle qui reste servir de base. — V. Lyon, 7 juin 1895 (S., 97. 2. 286) ; Le Havre, 19 juin 1897 (S., 99. 2. 253 ; D., 98. 2. 233).

Il en résulte que si les meubles, estimés dans un inventaire article par article, ont ensuite été vendus moyennant des prix distincts, la valeur à déclarer pour chacun d'eux est celle la plus élevée de l'inventaire ou de la vente. — V. Sol., 25 août 1864.

Toutefois, il faudrait s'en tenir à la prisée, malgré la vente à un prix supérieur, pour un mobilier agricole qui ne devrait, par exemple, la plus-value obtenue qu'à la croissance, pendant l'intervalle, d'animaux y compris. — V. André, *op. cit.*, n° 260.

826. Observons aussi qu'en cas de vente publique, ce n'est pas le prix brut qui doit être retenu pour la liquidation, mais seulement le prix net ; on est donc admis à déduire les frais préparatoires légaux et même facultatifs, qui sont restés à la charge des vendeurs. — V. Sol., 24 déc. 1878 ;

Sans y ajouter non plus les centimes imposés en sus aux adjudicataires. — V. Sol., 25 fév. 1878 ;

827. Et que l'estimation contenue dans les inventaires ou autres actes, qui, d'après nos deux lois de 1875 et de 1901, sert de base à la perception, s'impose, en principe, même aux légataires particuliers. — V. Tours, 7 nov. 1890 ;

828. En troisième lieu, à défaut d'inventaire, d'un autre acte ou de vente, 33 0/0 de l'évaluation faite dudit mobilier dans une police d'assurance ;

Enfin, mais seulement si aucune des trois bases qui précèdent n'existe, la déclaration estimative des parties.

829. Il convient d'insister sur les polices d'assurances.

Depuis la loi du 25 févr. 1901, à défaut d'inventaires, d'autres actes estimatifs ou de ventes publiques, la valeur des biens meubles est déterminée en prenant « pour base 33 0/0 de l'évaluation faite dans les polices d'assurances ou avenants en cours au jour du décès ;

Une police résiliée du vivant du défunt serait inopposable à ses héritiers ou légataires ;

Et souscrite :

Par le défunt ou ses auteurs,

C'est-à-dire ceux dont il était héritier ou successeur général, et non simple ayant-cause à titre particulier. — V. toutefois Defrénois, n° 12170 *bis*.

En France ou à l'étranger. — V. Besson, *op. cit.*, n° 212 ;

Moins de cinq ans avant l'ouverture de la succession,

A l'exclusion donc d'un simple renouvellement dans ce délai, par tacite reconduction d'une assurance plus ancienne, car la présomption de valeur actuelle du mobilier n'en résulte pas avec la même force ; aussi bien, l'on n'est plus dans les termes de la loi. — V. Defrénois, *Rép. prat.*, n° 13810 ;

Ce qui s'applique dès lors aux assurances mutuelles dont les polices sont annales, mais se réitèrent tacitement jusqu'à expression de volonté contraire. — V. Defrénois, *Ibid.*

C'est supposer que les évaluations portées dans les contrats d'assurance contre l'incendie sont toujours frauduleusement majorées des deux tiers !

830. Les dissimulations, si fréquentes dans les déclarations de successions, d'une partie des meubles meublants et objets mobiliers corporels en dépendant s'en sont trouvées bien entravées, mais plus théoriquement encore qu'en fait, car rien n'obligeait les parties à déclarer s'il existait ou non une police d'assurance.

Aussi la loi du 31 mars 1903, pour combler la lacune, édicte-t-elle, par son art. 6, que : « Dans toutes les déclarations de mutation par décès, les héritiers, donataires ou légataires devront faire connaître si les meubles transmis étaient l'objet d'un contrat d'assurance contre l'incendie en cours au jour du décès et, au cas de l'affirmative, indiquer la date du contrat, le nom ou la raison sociale et le domicile de l'asssureur ainsi que le montant des risques.

Sera réputée non existante, en ce qui concerne les dits meubles, toute déclaration de mutation par décès qui ne contiendra pas cette mention. »

Lors même, pour le dire de suite, que la police remonterait à plus de cinq ans. — V. I. G., 25 avril 1903.

Ou bien que l'assurance ne subsistant que par une tacite reconduction où étant mutuelle, elle ne peut plus servir que de renseignement, sans constituer l'assiette du droit de mutation.

831. Le texte susrelaté appelle quelques observations.

D'abord, l'obligation de faire connaître l'existence d'une assurance est moins absolue qu'elle ne paraît ; car, pour qu'elle ait lieu, il faut évidemment que le chiffre de la somme assurée doive servir à la liquidation de l'impôt ; or, cela ne se réalise qu'à défaut soit d'inventaire, soit d'autres actes passés dans les deux ans du décès, ou de vente publique ; autrement, l'énonciation de l'assurance perd toute raison d'être ; c'est, du reste, ce qui a été reconnu au Sénat, dans un échange d'explications à cet égard entre M. Legrand et le ministre des Finances (*J. O.* 28 mars 1903, p. 675) ;

Par conséquent, lorsqu'une déclaration a été légalement faite sur les autres bases prévues et imposées par l'art. 11, L. 25 fév. 1901, l'Administration ne saurait prétendre à un supplément de droit, même si elle établissait que le mobilier déclaré était assuré pour une somme supérieure à celle qui figure régulièrement dans la déclaration. — V. J. Dépinay, *Revue du Not.*, n° 11281 ;

832. D'autre part, la sanction portée par le second alinéa de l'article risque de frapper à

7

tort. Il se peut très bien, en effet, que les héritiers ou autres successeurs généraux ignorent sincèrement que le *de cujus* était assuré. Aussi, quand ils affirment dans la déclaration ne pas savoir si le mobilier est assuré ou non, ils n'encourent aucune responsabilité, sauf complément par eux, au besoin, du droit simple sur la différence, à moins que la Régie ne fasse la preuve de leur mauvaise foi. Cela résulte, tant de la discussion dudit article au Sénat, que du maintien des dispositions non abrogées de l'art. 11 de la loi du 25 févr. 1901. — V. Defrénois, *Rép. prat.*, n° 13146 ; J. Dépinay, *op. et loc. cit.* ;

§ 33. Enfin, il n'appartient pas au receveur de se refuser à recevoir la déclaration générale, sous prétexte que les parties ne sont pas au courant de l'assurance possible ; tout ce qu'il peut faire, c'est d'en retrancher d'office l'article *mobilier* ; de sorte que les parties, si elles ne complètent pas en temps utile et régulièrement leur déclaration à cet égard, seront considérées comme ayant omis les meubles et passibles des conséquences de cette omission. — V. Defrénois, *Rép. prat.*, n° 13146 ; J. Dépinay, *op. et loc. cit.* ; I. G., 25 avril 1903.

834. Quoi qu'il en soit, les inexactitudes commises dans les énonciations relatives à la police n'entraînent aucune pénalité, dans le cas où la valeur déclarée n'est pas inférieure à 33 0/0 du capital assuré.

835. La présomption résultant de la police est, d'ailleurs, déclarée inapplicable par le texte même susrelaté de l'art. 11, L. 25 févr. 1901, « aux polices d'assurances concernant les récoltes, les bestiaux et les marchandises » ; en effet, ces assurances étant contractées ordinairement pour des durées très courtes, et même intermittentes, ne sauraient servir de base à une présomption.

836. De plus, la loi ne faisant aucune restriction, la présomption peut toujours être détruite par la preuve contraire. — V. I. G., 3058 ;

837. Les héritiers sont donc recevables à établir, par tous les moyens de preuve admis en matière d'enregistrement, que l'évaluation de la police a été majorée de telle sorte que la valeur réelle des objets assurés était inférieure au moment du décès à 33 0/0 de cette évaluation ou qu'une partie des meubles figurant au contrat ont été vendus ou détruits sans que le fait ait été constaté par un avenant (Chambre des députés, 16 nov. 1900, *J. O.*, p. 2102, et rapport, de M. Monestier, sénateur, du 31 déc. 1900, *J. O.*, *doc. parl.*, p. 978). V. I. G., 3058 ;

838. Ce n'est dès lors qu'en l'absence des bases légales déterminées par les numéros 1 et 2 de l'art. 3, L. 21 juin 1875, intégralement reproduits dans l'art. 11, L. 25 févr. 1901, et subsidiairement de polices d'assurances, c'est-à-dire d'aucun acte qui fasse connaître la valeur exacte du mobilier, que les héritiers sont admis à fournir la déclaration estimative pré-

vue au § 8 de l'art. 14, L. 22 frim. an VII. — V. I. G., 3058 ;

839. La loi du 25 févr. 1901 n'étant pas rétroactive, l'évaluation du mobilier à 33 0/0 de la somme portée dans la police d'assurance est inapplicable aux successions ouvertes avant sa promulgation. — V. Evar. Lepage, *op.* et *loc. cit.*, n° 32 *bis* ;

Mais une police, si elle a été souscrite à une époque rapprochée du décès, peut servir à prouver une omission partielle du mobilier dans la déclaration, bien que le décès fût antérieur à la dite loi. — V. Bonneville, 23 déc. 1902.

840. Une observation pour finir à cet égard : il est parfaitement loisible aux parties de déclarer les meubles pour une somme supérieure à 33 0/0 de l'évaluation faite dans la police, et elles peuvent y avoir intérêt : il s'agit, par exemple d'un mobilier soumis à usufruit et dont il importe d'établir la valeur vraie. Or, d'après le ministre des Finances lui-même, le taux de 33 0/0 ne constitue pas une présomption légale (Chambre des députés, 16 nov. 1900, *J. Off.*, 17 nov., p. 2102), et l'art. 15, L. 25 févr. 1901 réservant la preuve contraire au profit de la Régie admet par cela même la réciprocité pour les héritiers. — V. Defrénois, *Rép. prat.*, n° 13134 ;

Nous l'admettrions même en cas d'inventaire, parce que, en visant l'estimation qui y est contenue, il nous semble évident que la loi l'a considérée seulement comme un minimum. — *V. Contrà* : Defrénois, *Ibid.*

V. aussi Objets d'art.

Monopoles d'exploitation

841. *V.* Concessions sur le domaine public.

Moulins

842. *V.* Immeubles.

Navires

843. Les navires, en quelque lieu qu'ils se trouvent au moment du décès (L. 28 févr. 1872) ;

Observation étant faite que, conformément aux principes des ventes à livrer, un navire encore en construction appartient au constructeur, et non à l'armateur qui l'a commandé. — V. Maguéro, v° *Succ.*, n° 117 ; Cass., 20 mars 1872 (S., 72. 1. 101 ; D. 72. 1. 140), 17 mai 1876.

Numéraire.

844. V. Argent comptant ;

Objets d'art.

845. Lorsque des objets d'art, après avoir été prisés dans un inventaire, sont soumis ensuite à l'appréciation d'un expert spécial qui les évalue à une somme supérieure, c'est cette somme qui doit être déclarée comme représentant la vraie valeur. — V. Dict. réd., v° *Succ.*, n° 1701; Rouen, 20 juill. 1871; Sol., 19 déc. 1874.

Obligations.

846. Les obligations de sociétés, de villes ou d'établissements publics, en leur appliquant les observations ci-dessus faites relativement aux actions (LL. 13 mai 1863, art. 11; 23 août 1871, art 3 et 4);

Pour la liquidation, — V. Valeurs mobilières.

Offices.

847. Les offices publics ou ministériels (L. 25 juin 1841, art. 7 et s.);

848. Si le nouveau titulaire d'un office décède après sa nomination, mais avant d'avoir prêté serment, l'office n'en doit pas moins être compris dans sa déclaration de succession, car il lui appartenait définitivement;

Quand même il aurait été stipulé dans son traité que l'entrée en possession n'aurait lieu que par cette prestation de serment et quoique un autre titulaire ait été nommé sur la présentation du cédant primitif. — V. Dict. réd., v° *Office*, n° 151; Garnier, Rép. *eod.* v°, n° 134; Maguéro, *eod.* v°, n° 69; Troyes, 4 déc. 1872 (S., 73. 2. 234);

849. Un officier public ou ministériel destitué est par le fait même, déchu du droit de présentation d'un successeur et il perd ainsi ce qui faisait pour lui, de sa charge, une sorte de propriété; son décès survenant, l'office, n'existant plus, n'est pas à comprendre dans la déclaration de sa succession;

Mais la Chancellerie impose ordinairement au nouveau titulaire une certaine indemnité équitable, soit au profit du prédécesseur destitué, soit au profit de ses créanciers;

L'indemnité ou la portion de l'indemnité qui serait encore due lors du décès et qui ne reviendrait pas aux créanciers ferait donc partie de la succession et devrait figurer dans la déclaration. — V. Dict. réd., v° *Office*, n° 152; Garnier, *eod.* v°, n° 132; Saverne, 9 déc. 1845; Sol., 9 mars 1898;

850. Relativement à la liquidation de la communauté, l'office compris dans l'apport d'un futur époux lui reste propre, malgré l'estimation portée au contrat. — V. Lille, 11 déc. 1885; Bordeaux, 17 fév. 1886; Arras, 31 janv. 1901; Sol., 24 juill. 1893;

Il en est de même, quoique acquis pendant le mariage, s'il provient d'une cession faite par un père à son fils, à la condition qu'il sera exclu de la communauté. — Rennes, 7 août 1883;

La plus-value que peut acquérir un office propre, surtout lorsqu'elle provient d'une augmentation générale du prix des offices plutôt que de l'activité personnelle du titulaire, est propre comme l'office lui-même. — V. Bordeaux, 19 fév. 1856; Jonzac, 29 déc. 1868; Mamers, 26 mai 1874; Lille, 11 déc. 1885; Déc. min. Fin.,31 oct. 1881; Sol.,4 août 1879;

Liquidation.

851. Les offices figurent à la déclaration, ainsi que les objets qui en dépendent, pour le montant de leur estimation ou pour le prix de la cession qui en est faite, plus les charges ajoutant au prix, et le droit est perçu conformément à l'art. 8, L. 25 juin. 1841 au taux de 2 0/0, à moins que le nouveau tarif ne donne une perception supérieure. —V. Dict, réd., v° *Office*, n° 143; Garnier, Rép. *eod.* v°, n° 125; Maguéro, *eod.* v°, n° 59;

852. Toutefois, quand la cession est faite à un cohéritier, le droit qu'il a déjà payé pour l'enregistrement du traité s'impute jusqu'à due concurrence sur le droit de mutation par décès (L. 25 juin 1841, art. 9). — V. Déc. min. Fin., 5 mars 1885;

Et sur son montant total, en bloc, c'est-à-dire sans que l'Administration puisse le répartir proportionnellement entre les divers ordres d'héritiers, s'il y en a, de manière à profiter de la différence de taux entre le droit spécial aux offices et le droit ordinaire en ligne directe. — V. Dict. réd., v° *Office*, n° 147; Garnier, Rép. *eod.* v°, n° 128; Maguéro; *eod.* v°, n° 59; Sol., 9 mars 1850; I. G., 1640,

En considérant l'office comme compris dans la dernière tranche du tarif progressif. — V. Garnier, *Comment.* n° 165;

Et ce sans décimes, quoique les décimes subsistent encore pour la loi de 1841, sur les transmissions à titre onéreux. — V. Garnier, *Ibid.;*

853. Mais, si la succession est échue en usufruit à la veuve du titulaire, et aux héritiers de celui-ci pour la nue propriété, l'imputation ne peut être effectuée que sur le droit de mutation à la charge des héritiers. — V. Riom, 29 juil. 1893; Sol., 21 avril 1875;

854. Le bénéfice d'une telle imputation n'est accordé que pour la cession à un cohéritier; il n'existe pas lorsque le cessionnaire est un tiers, de sorte qu'alors le droit de cession et celui de mutation par décès sont respectivement exigibles tous les deux. — V. Dict. réd., v° *Office*, n° 150; Garnier, Rép *eod.* v°, n° 130; Maguéro, *eod.* v°, n° 60;

Ainsi, pas d'imputation en cas de cession à l'époux commun en biens de l'une des héritières. — V. Sol., 21 déc. 1888 (*Rev. prat. de l'enreg.*, n° 2812);

Et il disparaît, même si le nouveau titulaire est un cohéritier, quand celui-ci n'a pas traité avec ses cohéritiers, mais a été nommé directement par le Gouvernement, sur destitution du défunt, ainsi après perte du droit de présentation; quoiqu'alors il puisse y avoir à payer le droit de mutation par décès sur tout ou partie de l'indemnité d'usage. — V. Dict. réd., *v°* *Office*, n° 146; Garnier, Rép. *eod. v°*, n° 131; Maguéro, *eod. v°*, n° 60: Périgueux, 5 déc. 1850.

855. On comprend qu'il ne saurait être question d'imputation au cas où le défunt ne laisse qu'un seul héritier qui se fait nommer en son remplacement, puisque, dans cette circonstance, il n'y a pas de traité enregistré séparément; le droit se liquide alors, une fois pour toutes, soit sur une déclaration générale de la succession comprenant l'office, soit (afin de procéder sans retard aux formalités de nomination pour lesquelles la quittance du receveur est exigée, sans perdre, pour le surplus des biens, le bénéfice du délai), sur une déclaration partielle bornée à l'office, auquel cas celui-ci ne figurera plus ultérieurement que pour mémoire dans la déclaration générale.

Parcs.

856. V. Immeubles;

Parcs à coquillages.

857. La permission d'en établir sur une dépendance du domaine public moyennant une redevance annuelle, doit s'assimiler à un bail; elle n'opère donc pas le droit de mutation par décès.

Parts.

858. Les parts d'intérêt ou de fondateur, en nous référant à ce qui a été dit pour les actions de sociétés (LL. 18 mai 1850, art. 7; 23 août 1871, art. 3);
Pour la liquidation. — V. Valeurs mobilières;
V. aussi Apport. Sociétés;

Péage.

859. La concession du droit de percevoir un péage pendant un certain temps est ou non affranchie du droit de mutation par décès, suivant qu'elle se ramène à un simple bail, où à un véritable droit de propriété comme représentant le prix des travaux ou constructions faits par le concessionnaire;

860. Lorsqu'une concession de péage est soumise au droit de mutation par décès comme constituant une propriété et non un simple bail, l'impôt se liquide sur une évaluation faite par les parties (L. 22 frim. an VII, art. 15, n° 8), et non d'après le revenu annuel capitalisé par le temps restant à courir de la concession. — V. Garnier, Rép., *v° Succ.*, n° 770; Maguéro, *eod. v°*, n° 228; *Contrà:* Dict. réd., *eod. v°*, n° 1713.

Pêche.

861. V. Immeubles;

Pêcheries

862. Une concesssion de pêcherie sur le rivage de la mer est considérée comme faisant l'objet d'un droit immobilier. — V. Caen, 3 avril 1824 (S., 25. 2. 173; D., 25. 2. 124);

Pensions.

863. V. Arrérages. Créances. Rentes;

Porcelaines.

864. V. Objets d'art;

Prairies.

865. V. Immeubles;

Prises d'eau.

866. Les concessions de prise d'eau sur les fleuves et rivières navigables ou flottables accordées à des usiniers ne sont pas considérées comme donnant à ceux-ci un droit réel. — V. Cons. d'Et.,28 mars 1838; Cass.,6 mars 1878 (S., 79. 1. 13);

Prix de vente.

867. V. Créances;

Profits incertains.

868. Les profits à espérer, dans l'avenir, de l'exécution des contrats sont incertains et ne constituent pas dès lors une valeur actuelle transmise par le défunt; il n'y a donc pas à les évaluer dans la déclaration. — V. G. Demante, *op. cit.*, II, n° 683;

Propriété artistique ou littéraire.

869. La propriété artistique ou littéraire d'un ouvrage doit être déclarée dans la succession, soit de l'auteur, soit de l'éditeur ou de tout autre, suivant qu'elle a été conservée par l'auteur, ou qu'il l'a aliénée au profit de l'éditeur ou d'un autre cessionnaire (L. 14 juill. 1866; D. 23 juin 1869);

870. L'usufruit accordé au conjoint survivant d'un auteur par la loi du 14 juill. 1866 est aussi soumis au droit de mutation par décès;
Les héritiers n'ont donc à payer que sur la nue propriété. — V. Dict. réd., n° 1673; Garnier, Rép. *eod. v°*, n° 1042; Maguéro, *eod. v°*, n°s 260, 318; Paris, 3 août 1877, 18 juin 1883 (S. 83. 2. 226; D. 85. 2. 57);

Liquidation.

871. Une propriété artististique ou littéraire est déclarée pour sa valeur estimative au jour du décès;

872. Lorsqu'il existe des contrats d'édition, c'est d'après eux qu'on apprécie cette valeur.

Si l'édition actuelle a été vendue à un éditeur et payée par lui, la propriété ne porte plus que sur les éditions suivantes possibles ;

Souvent l'auteur est rémunéré au moyen d'une somme de *tant* sur chaque exemplaire vendu ; on suppute alors le nombre des exemplaires qui seront probablement écoulés ;

Mais tout cela est bien aléatoire ; V. Garnier, Rép., *v° Succ.*, n°s 1044 et s. ; Maguéro, *eod. v°*, n° 260 ;

873. En cas d'usufruit de la veuve, et de nue propriété des héritiers, il faut, naturellement, pour la liquidation, tenir compte du caractère temporaire du droit.

Propriété industrielle.

874. V. Brevets d'invention.

Propriétés d'agrément.

875. V. Immeubles.

Recélé.

876. V. Divertissement.

Récoltes.

877. Les récoltes, pendantes par branches ou par racines lors du décès sur un fonds loué au défunt, pour leur valeur à cette époque. — V. Dict. réd. *v° Succ.*, n° 1650 ; Garnier, Rép., *eod. v°*, n° 1023 ; Napoléon-Vendée (La Roche-sur-Yon) 22 déc. 1858 ; Dél. 23 sept. 1828 ; I. G. 1263, § 5 ; *Contra* : Championnière et Rigaud, n° 3672 ;

878. Mais non celles sur un fonds lui appartenant, car alors elles se confondent avec ce fonds lui-même, sans représenter une valeur distincte. (C. civ., art. 520). — V. Dict. réd., *v° Succ.*, n°s 1647 et 1797 ; Garnier, Rép. *eod. v°*, n° 1020 ; Maguéro, *eod. v°*, n° 426. E. Naquet, *op. cit.*, II, n° 1001 ; Déc. min. fin, 18 sept. 1828 ; I. G. 1263, § 5 ;

Sauf ce qui a été dit ci-dessus, n° 654, pour les récoltes vendues sur pied ;

879. Étant rappelé que les fruits naturels ne sont acquis à l'usufruitier que par leur perception, et sans récompense à son profit lorsqu'il meurt auparavant (C. civ., art. 585) ;

Récompenses.

880. V. Créances.

Reliquat de compte.

881. Le reliquat d'un compte de tutelle à rendre au défunt, et non l'ensemble des sommes touchées par le tuteur, même si celui-ci ne justifie pas de leur emploi. — V. Dôle, 7 juin 1888 ; Cpr. Saint-Omer, 27 août 1863 ;

Rentes et pensions.

Rentes non viagères.

882. Il faut distinguer, d'abord, suivant que la rente est temporaire ou perpétuelle.

883. Une rente temporaire se capitalise, pour la déclaration, soit par dix, soit par le nombre d'années à courir, s'il est inférieur à dix. — V. Dict. réd., *v° Succ.*, n° 1721 ; Garnier, Rép., *eod. v°*, n° 1109 ; Maguéro, *eod. v°*, n° 391 ; Sol., 16 avril 1823 ;

884. Si la rente est perpétuelle, une sous-distinction est nécessaire :

Créée avec l'expression d'un capital, le droit se liquide sur le capital fixé (L. 22 frim. an VII, art. 14, n° 7). — V. Dict. réd., *v° Succ.*, n° 1718 ; Garnier, Rép., *eod. v°*, n° 1103 ; Maguéro, *eod. v°*, n° 385 ; E. Naquet, *op. cit.*, II, n° 991 ; Cass., 28 mess. an XIII et 4 mai 1807 ; Lyon, 7 fév. 1878 ; Boulogne, 14 mai 1897 ; Sol., 11 fév. 1875 ; 30 mars 1900 ; Cpr., Sol., 13 mars 1892 ;

Créée sans expression de capital, la liquidation s'opère sur vingt fois la rente. — V. Dict. réd., *v° Succ.*, n° 1719 ; Garnier, Rép., *eod. v°*, n° 1104 ; Maguéro, *eod. v°*, n° 387 ; Seine, 13 avril 1842. 10 fév. 1866 ; Brioude, 31 août 1883 ; Pont-l'Évêque, 6 août 1885 ;

Même si le testament en avait fixé l'amortissement à un capital supérieur (L. 22 frim. an VII, art. 14, n° 9). — V. Pont-l'Évêque, 6 août 1885 ;

Ces bases n'ont pas été modifiées par la loi du 25 févr. 1901. — V. Seine, 25 janv. 1902.

885. Quant aux rentes, soit perpétuelles, soit viagères, payables en nature (grains ou autres denrées), elles s'évaluent de la même manière, c'est-à-dire en capitalisant comme il vient d'être dit, mais la somme à capitaliser est déterminée d'après les mercuriales du marché le plus voisin, année commune. (LL. 22 frim. an VII, art. 14, n° 9 ; 15 mai 1818, art. 75). et, à défaut, par la déclaration estimative des parties. — V. Dict. réd., *v° Succ*, n° 1722 ; Garnier, Rép. *eod. v°*, n° 1108 et *Rente*, n° 118 ; Maguéro, *v° Succ.*, n° 388.

886. D'après l'art. 75, précité, L. 15 mai 1818, l'année commune s'établit en retranchant du total des quatorze dernières années antérieures à celle de l'ouverture du droit, les deux plus fortes et les deux plus faibles, et en prenant le dixième du reste.

Rentes viagères.

887. Les rentes et pensions viagères s'évaluent à dix fois leur montant annuel (L. 22 frim. an VII. art. 14 n° 9) ;

Sans aucune distinction entre les rentes et pensions créées sur une seule tête et celles créées sur plusieurs têtes (L. 22 frim. an VII, art, 14-9°) ;

Et quand même le testament aurait prescrit

le prélèvement sur la succession d'une somme suffisante pour obtenir d'une compagnie d'assurances la rente viagère léguée ; car le legs n'en reste pas moins d'une rente viagère et non d'un capital, la clause du testament n'ayant alors pour but que d'en assurer le service. — V. Limoges, 30 oct. 1903.

888. Lorsqu'une rente viagère, constituée moyennant l'aliénation d'un capital, a été stipulée réversible au profit d'une autre personne, une portion de ce capital représente évidemment le prix de la réversion ; celle-ci se réalisant, le droit de mutation par décès exigible alors, doit donc se liquider, d'après une évaluation des parties, sur cette portion du capital aliéné, et non sur le capital par dix de la rente ou sur le capital aliéné. — V. Sol., 14 mai 1902 ; I.G., 3089, § 23 ; *Contrà* : Sol., 30 mars 1900, dont la Régie a eu raison d'abandonner la doctrine pour celle susénoncée, plus juridique en effet.

V. aussi Arrérages. Créances.

Rentes sur l'Etat.

889. Les rentes sur l'Etat français et les fonds publics étrangers (LL. 18 mai 1850, art. 7 ; 23 août 1871, art. 3). — V. I. G. 1852 ;

Ceux-ci eussent-ils, dans leur pays le caractère immobilier, car, au point de vue de la loi française, ils restent meubles. — V. Garnier, v° *Etranger*, n° 82 ; Cass., 28 juill. 1862, 15 juill. 1885 ;

Ces titres sont déclarés par énumération des inscriptions ou coupures possédées, avec indication du montant de chacune, de son numéro et de sa série ;

Pour la liquidation, — V. Valeurs mobilières.

Reprises.

890. Les reprises en deniers du défunt. V. Créances.

891. Ses reprises en nature. V. Spécialement, ci-dessus, Fonds de commerce.

Revenus.

892. Les revenus quelconques qui, constituant des fruits civils, s'acquièrent jour par jour (C. civ., art. 586), pour le prorata couru au jour du décès, — V. E. Naquet, *op. cit.*, II, n° 1001 ;

Quoique non exigibles — V. Langres, 10 mai 1882 ;

V. Arrérages. Communauté. Coupons. Fermages. Fruits. Intérêts. Loyers.

Ce prorata, quant à des biens dotaux, revient au mari personnellement, à moins de société d'acquêts. — V. Garnier, Rép., v° *Succ.* n° 904-6 ;

Salines.

893. V. Immeubles.

Secours à d'anciens militaires.

894. V. Arrérages.

Semis.

895. V. Bois.

Sépulture.

896. V. Concession dans un cimetière.

Société d'acquêts.

897. V. Communauté.

Sociétés.

898. Les droits du défunt dans une société (autres que ceux représentés par des valeurs négociables : actions, parts ou obligations, lesquelles sont indiquées d'autre part) ;

Avant la loi du 25 fév. 1901, la situation, au point de vue qui nous occupe, était bien différente selon que le défunt avait des droits dans une société caractérisée par la personnalité morale, ou dans une indivision qui n'en jouit pas.

Société, — il n'y avait à déclarer que le montant de ses droits nets d'après les écritures sociales, puisqu'alors existant un être moral sur lequel repose la propriété de l'actif social et auquel incombe le passif, chaque associé ne jouit que d'un droit incorporel tendant à l'émolument qui lui adviendra ;

(Observation étant faite que la personnalité morale est maintenant reconnue même aux sociétés civiles, non seulement à forme commerciale par actions (L. 1er août 1893), mais à toutes. — V. Cass., 23 févr. 1891 (D., 91. 1. 337) ;

Simple indivision, — chacun des biens y compris devait être déclaré pour la portion afférente au défunt, sans distraction des charges.

Cette distraction ayant été admise et organisée par la nouvelle loi, il n'y a plus guère intérêt à distinguer désormais les deux situations que relativement aux procédés d'évaluation et des justifications à fournir :

899. Les droits dans une société sont donc à déclarer sans s'occuper de savoir en quoi avait consisté la mise du défunt. — V. Cass., 3 mars 1829 et 9 mai 1864 (S. 64. 1. 239 ; D. 64. 1. 233) ;

Suivant les bénéfices ou pertes réalisés. — V. Cass., 6 mars 1872 (S. 72. 1. 88) ;

Tels qu'ils ressortent globalement des écritures sociales, après inventaire libre et balance de l'actif et du passif.

900. En d'autres termes, dans l'hypothèse d'une succession possédant des droits dans une société non dissoute, c'est toujours la part revenant au défunt dans l'actif social *diminué du passif*, c'est-à-dire la part nette et non la part brute, qui doit figurer, à titre de droits mobiliers dans la masse héréditaire imposable. — V. Dict. réd. *v°* *Succ.*, n°ˢ 1312 et 1723; Garnier, Rép. *eod.* *v°*, n°ˢ 1168 et 1236 ; Maguéro *eod* *v°*, n° 337; Cass., 3 mars 1829, 14 août 1833 et 9 mai 1864 (S. 64. 1. 239; D. 64. 1. 233) ; 3 févr. 1868 (S., 68. 1. 185); 6 mars 1872 (S., 72. 1. 88), 10 janv. 1881; Grasse, 1ᵉʳ déc. 1890; Sol., 28 avril 1902; I. G., 1293, § 6, 1446-6, 3058.

901. Et il n'y a pas lieu, pour la détermination de ce passif, d'agir d'après les prescriptions de l'art. 3, L. 25 févr. 1901, relatives à la justification des dettes qui sont susceptibles d'être déduites de la masse imposable, attendu qu'on est en présence, non de dettes à la charge du défunt, déductibles en vertu de la loi nouvelle, mais d'un passif social à compenser jusqu'à due concurrence, avec l'actif pour la détermination de la part revenant à l'associé. — V. Sol., 28 avril 1902;

902. En notant que la part d'un associé dans les réserves de la société peut, dans certains cas, devoir être évaluée séparément. — V. Seine, 12 août 1881 ;

903. Au contraire, pour une indivision, il faut considérer la nature mobilière ou immobilière des biens indivis, et ce sont les parts revenant au défunt dans chacun d'eux, en les détaillant, et en les évaluant un à un d'après les modes du droit fiscal, qui doivent figurer à la déclaration, déduction faite du passif qui les grève, sous les conditions mises à cette déduction par la loi du 25 févr. 1901. — V. Dict. réd., *v°* *Succ.*, n°ˢ 1313, 1725 ; Garnier, Rép. *eod.* *v°*., n° 1170 ; Maguéro, *eod.* *v°*, n° 343;

904. Sur l'indication et l'estimation des biens. — Cpr., Seine, 14 févr. 1844 et 9 juin 1882 ; Lille, 11 déc. 1885; Béziers, 14 août 1886; Chalon-sur-Saône, 8 juill. 1887 ; Seine, 4 nov. 1887; Cass., 27 juill. 1870, 23 mars 1889 ; Bordeaux, 26 mars 1890 ; Nice, 1ᵉʳ août 1892 ; Seine, 17 déc. 1892 ; Déc. min. Fin., 8 déc. 1807, 19 févr. 1811 et 3 oct. 1828 ; Sol., 2 juin 1837; I. G. 520, 1562, § 20, 2650, § 1ᵉʳ;

905. Maintenant quand y a-t-il transmission de droits sociaux ou seulement de droits indivis?

On est dans le premier cas, lorsque la société continue malgré le décès de l'associé *de cujus*.

Soit avec ses héritiers ;

Soit seulement entre les associés survivants ;

906. A moins qu'il n'ait été convenu par l'acte de société que la part du défunt accroîtrait au fonds social ; mais alors le droit de mutation à titre onéreux est dû, à la charge des associés survivants;

907. S'il a été stipulé dans l'acte de société que le décès d'un des associés survenant, la société continuerait entre les survivants, à la charge par ceux-ci de payer aux héritiers du prédécédé sa part telle qu'elle résulte du dernier inventaire social, cette clause constitue une cession conditionnelle dont le prix, et le prix seul, doit figurer dans les biens à déclarer de la succession de l'associé décédé. — V. Dict. réd., *v°* *Succ.*, n° 1318; Garnier, Rép. *eod.* *v°*, n° 1169-3; Thaller, *Dr. Comm.*, n° 436; Cass., 5 déc. 1866 et 11 janv. 1875 (S., 75. 1. 179), 20 janv. 1879; Rouen, 7 mars 1888; Grasse, 1ᵉʳ déc. 1890; Seine, 23 janv. 1891; I. G. 2356, § 4; V. toutefois Cass., 17 mars 1890 ;

908. Il en est encore ainsi, c'est-à-dire qu'il y a droits sociaux et non pas droits indivis, quoique la société soit dissoute et se trouve en état de liquidation au moment du décès, quand son être moral subsiste pour les besoins de la liquidation. — V. Dict., réd., *v°* *Succ.*, n° 1312; Garnier, Rép, *eod.* *v°*, n° 1171; Maguéro, *eod.* *v°*, n° 338; Cass., 9 mai 1864 (S., 64. 1. 239; D. 64. 1. 233), 3 févr. 1868 (S., 68. 1. 185), 22 déc. 1868 (S., 69. 1. 279), 17 févr. 1869 (S., 69. 1. 180), 23 mai 1870 (S., 71. 1. 106), 8 août 1870 (S., 70. 1. 434) 6 mars 1872 (S., 72. 1. 88) 21 déc. 1887, 13 janv. 1892 ; I. G. 2366, § 5, 2384, § 2, 2385, § 4, 2405, § 3, 2447, § 6; Sol., 11 juill. 1895, 28 avril 1902 ; *Contrà* : Avesnes, 2 août 1878 ;

Point qu'il appartient aux tribunaux de décider, en cas de contestation. — V. Lyon, 19 févr. 1890 ; Cass., 24 mai 1892 ;

909. L'être moral ne persiste, d'ailleurs, que jusqu'à la clôture des comptes, et non après. — V. Avesnes, 2 août 1878.

910. Au cas où le passif excéderait l'actif, il y aurait lieu de déduire de la succession de l'associé décédé la fraction restant à sa charge personnelle ; — V. Defrénois, *Comment.* n° 47.

911. Mais lorsqu'il n'y a jamais eu un être moral distinct de la personne des associés, on se trouve en présence d'une simple indivision, entraînant les conséquences sus indiquées.

Tel est notamment le cas :

Soit de société de fait. — V. Bernay, 11 déc. 1878;

Soit de société verbale,

Et sans qu'on puisse opposer qu'une société, dissoute par décès parce qu'elle a été contractée *intuitu personarum*, a continué en vertu de conventions verbales. — V. Dict. réd., *v°* *Succ.*, n° 1314; Garnier, Rép. *eod.* *v°*, n° 1170-4; Maguéro, *eod.* *v°*, n° 339 ; Charleville, 17 mai 1872; Fontenay, 9 août 1872; Cass., 14 janv. 1873, 23 déc. 1875 ; Rouen, 18 déc. 1877 : Cass., 19 janv. 1881 (S., 82. 1. 275; D., 81. 1. 265); Seine, 18 mars 1892 . Sol., 2 juin 1837;

Soit enfin de société nulle. — V. Cholet, 6 févr. 1890;

De même, si la société, dissoute par le décès de l'un des associés, ne se continue pas, même pour les besoins de sa liquidation, elle se transforme en indivision, et le droit de succession est dû sur les biens qui composent le fonds social comme biens indivis ordinaires, sauf déduction maintenant du passif justifié;

Lequel peut comprendre les sommes versées en compte-courant par l'associé *de cujus*, si c'était à titre de prêt et non d'apport. — V. Garnier, *Comment.*, n° 139;

912. C'est ce qui arrive notamment lorsque, la société comprenant deux associés seulement, il a été stipulé entre eux que le survivant conserverait l'actif social, soit moyennant une indemnité calculée d'après le dernier inventaire social, soit à la charge de supporter le passif et de payer aux représentants du prédécédé la valeur de sa part, évaluée à dire d'experts ou d'après le dernier inventaire, soit sous d'autres conditions analogues; le droit de mutation est alors dû sur la valeur de la part de l'associé décédé, autrefois sans distraction du passif social, maintenant après sa déduction, mais sous les justifications ordinaires. — Cpr., Seine, 9 juin 1882; Cass., 22 juin 1885; Rennes, 12 août 1885; Lille, 11 déc. 1885; Béziers, 14 août 1886; Seine, 4 nov. 1887; Cass., 26 mars 1889 et 17 mars 1890; Sol., 14 avril 1881; V. toutefois Cass., 3 mars 1829, 9 mai 1864, 3 févr. 1868, 6 mars 1872 et 10 mars 1886 et Pandectes françaises (88. 6. 12) où est combattue la théorie de l'Administration, que nous trouvons, en effet, bien fragile.

913. A plus forte raison si la dissolution de la société était arrivée, sans survivance de l'être moral, antérieurement au décès;

Par exemple, si un associé meurt après avoir acquis toutes les actions d'une société civile; ses héritiers doivent alors faire figurer dans la déclaration, non pas les actions, mais les biens mêmes qui composaient l'actif de la société. — V. Bordeaux, 26 mars 1890;

914. En un mot, chaque fois qu'il n'a existé ou ne subsiste qu'une simple indivision ou juxtaposition entre les intéressés, d'après les principes du droit civil ou du droit commercial, le droit est dû sur la part indivise de l'associé décédé dans chacun des biens, fiscalement évalués, déduction faite des charges sous les justifications ordinaires. — V. Garnier, Rép. v° *Succ.*, n°s 1172, 1236-2; Maguéro, *eod.* v°, n° 341; Bordeaux, 11 déc. 1878; Cass., 19 janv. 1881, précité.

915. Nous croyons qu'une association en participation doit être considérée et traitée pareillement, comme une simple indivision ou une confusion momentanée de biens.

916. La femme, même commune en biens, n'est pas directement partie dans les sociétés contractées par son mari; aussi sa mort laisse-t-elle subsister la société, alors même que le décès de son mari la romprait; elle n'est donc pas copropriétaire des biens sociaux; son droit se borne à sa part dans les bénéfices qui peuvent en résulter pour la communauté; cette part seule doit, par conséquent, être déclarée pour sa succession. — V. Garnier, Rép. v° *Succ.*, n° 1175; Toul., 12 août

1879; Lunéville, 10 juin 1882; Sol., 19 mai 1824; I. G., 1146, § 10;

917. Mais là où les parts sociales acquises pendant la communauté en dépendent. — V. Maguéro, v° *Commun.*, n° 376; Cass. 24 nov. 1869;

918. Lorsqu'après la dissolution d'une société en nom collectif, la femme commune en biens de l'un des associés étant venue à décéder, celui-ci se rend adjudicataire de biens sociaux, le droit de mutation est dû sur le prix diminué seulement de la part exclusivement personnelle à cet associé, et non de celle revenant à la succession de sa femme. — V. Lyon, 4 avril 1884; Cass., 12 févr. 1890;

Sociétés d'assistance et de bienfaisance, d'instruction et d'éducation populaires, de patronages de libérés, de sauvetage, et de secours mutuels.

919. V. Legs d'assistance et de bienfaisance.

Sous-locations.

920. Pour les sous-locations moyennant un prix supérieur au loyer ou fermage du bail, le droit est exigible sur le bénéfice en résultant, multiplié par le temps qui reste à courir. — V. Dict. réd. v° *Succ.*, n° 708; Garnier, Rép. *eod.* v°, n° 761; Maguéro, *eod.* v°, n° 215; Seine, 23 fév. 1867, 26 août 1871;

V. aussi Baux.

Statues. Statuettes.

921. V. Objets d'art.

Successions.

922. Les successions échues au défunt, quoique non encore appréhendées par lui;

Et même, si celui-ci n'avait pas acquitté l'impôt à raison de la mutation en sa personne, ses héritiers devraient deux fois le droit de mutation par décès, puisqu'il y aurait double transmission; sauf renonciation, comme il a été dit, afin de se soustraire à cette conséquence;

Néanmoins, lorsqu'un legs a été fait sous condition suspensive, si le légataire vient à décéder *pendente conditione*, la transmission effective des biens, par l'accomplissement ultérieur de la condition s'opère directement *omisso medio*, du *de cujus* à ses représentants; il n'y a qu'une seule mutation, et le droit n'est dû qu'une fois en la personne des bénéficiaires définitifs. — V. Cass., 23 oct. 1900; Cpr. Cass., 6 mars 1872, 27 nov. 1895;

923. Par successions, il faut évidemment entendre aussi les droits encore indivis du défunt dans une succession non liquidée;

Le tout désormais *net*, c'est-à-dire déduction faite des dettes, du moins pour celles déductibles;

924. Même si la succession n'avait été acceptée par le défunt sous bénéfice d'inventaire seulement car l'héritier bénéficiaire n'en est pas moins propriétaire des biens qui la composent ; de sorte que s'il est décédé avant d'avoir rendu son compte, ses héritiers sont tenus de payer le droit à leur charge sur l'ensemble des valeurs non réalisées. — V. Dict. réd., v° *Succ.*, n° 1249 ; Garnier, *eod.* v°, n° 834 ; Seine, 28 août 1850 ; Cass., 11 août 1869 (S., 69. 1. 477) ; Seine, 24 mai 1872 ; Dél. 26 sept. 1834 ; Cpr., Sol. 15 janv. et 7 oct. 1874 ;

925. Eussent-ils aussi accepté sous bénéfice d'inventaire seulement. — V. Seine, 24 mai 1872 ;

926. Toutefois, la portion lui incombant dans le passif restant à payer doit être déduite des valeurs subsistant lors du décès, sans que cette déduction puisse excéder sa part dans la succession et porter sur son propre patrimoine ;

927. Dès avant 1901, lorsqu'un mineur à qui était échue pendant la tutelle une succession grevée de dettes venait à mourir, comme la gestion en avait passé au tuteur qui, en principe, n'est éventuellement débiteur que d'un reliquat, la Régie admettait que la déclaration ne portât que sur l'actif net. — V. Seine, 18 juill. 1858 ; 19 févr. 1859 ; Privas, 1er août 1870 ; Valence, 3 juin 1878 ; Cpr., Le Mans, 27 déc. 1878 ; Verdun, 8 févr. 1887 ; Dôle, 7 juin 1888 ; Dél., 17 déc. 1833 ; Sol., 22 oct. 1833 et 12 juill. 1854.

Ces décisions sont à conserver, puisque, par elle seule, la loi du 25 févr. 1901, ne comporte pas, comme ici, la déduction de toutes les dettes.

Sucreries.

928. V. Immeubles.

Tableaux.

929. V. Objets d'art.

Tapisseries.

930. V. Objets d'art.

Terrains. Terrains à bâtir.

931. V. Immeubles.

Tombeau.

932. V. Concession dans un cimetière.

Tontine.

933. La part acquise, à chaque décès, sur des immeubles qui ont été mis en commun entre plusieurs, de manière que la propriété en doive appartenir aux survivants et finalement au dernier d'entre eux. — V. Cass., 6 mars 1872 ;

934. En cas de clause d'accroissement stipulée au profit du survivant de divers acquéreurs en commun, cette clause est commutative à l'égard de chacun d'eux, la transmission qui s'opère au fur et à mesure des décès successifs est distincte de celle réalisée par la vente même entre le vendeur et les acquéreurs ; elle opère donc ouverture au droit de mutation entre-vifs, à titre onéreux, soit sur la propriété, soit sur l'usufruit, suivant les cas et non pas au droit de mutation par décès. (L. 22 frim. an VII, art. 4). — V. G. Demante, *op. cit.*, II, n° 745 ; Cass., 9 avril 1856 ; Seine, 16 janv. 1885 ; Autun, 29 déc. 1891 ; Cpr., Cass., 14 nov. 1877 et 20 janv. 1879 ;

La mutation doit être déclarée dans les trois mois du décès qui l'opère. — V. Nancy, 23 août 1881 ; Autun, précité ;

935. Mais les droits dans une tontine proprement dite ne donnent lieu à aucune perception lors des décès successifs des tontiniers. — V. Maguéro, v° *Société*, n° 369 ; Cass. 1er juin 1858 (S. 58. 1. 614) ; I. G. 2150, § 2 ;

Toutefois jusqu'à constitution régulière de la tontine (LL. 24 juill. 1867, art. 66, 1er avril 1898, 17 mars 1905), les sommes versées par le *de cujus* font encore partie de sa succession et sont à déclarer.

Étant rappelé, au besoin, que les tontines ne sont pas de véritables sociétés. — V. Lyon, Caen et Renault, *Sociétés*, n° 35 ;

Tourbières.

936. Comme pour les carrières et les minières.

V. Carrières. Immeubles.

Tramways.

937. V. Chemins de fer.

Usines.

938. V. Immeubles.

Valeurs mobilières.

939. Les valeurs mobilières françaises et étrangères (actions, obligations parts, fonds publics, rentes sur l'État, etc.), comme nous l'avons déjà dit, en ajoutant ici :

940. 1° Que le *de cujus* soit Français ou étranger ;

Pourvu que dans ce dernier cas, — et quant aux valeurs étrangères seulement, car il n'est pas fait d'exception pour les valeurs françaises, — il ait eu son domicile en France, d'ailleurs avec ou sans autorisation (LL. 18 mai 1850 et 23 août 1871, art. 4). — V. Versailles, 26 fév. 1878 ; Seine, 7 févr. 1879 ; Nice, 11 fév. 1879 et 9 juill. 1883 ; Montbéliard, 30 mai 1887 ; Seine, 11 janv. 1901 ; Nancy, 1er mars 1904 ; Lyon, 3 mars 1904 ;

941. 2° Que les valeurs soient au porteur ou qu'elles soient nominatives ;

Cependant, la taxe annuelle de 0 fr. 20 0/0 qui frappe les valeurs au porteur a été établie surtout, sinon absolument, comme un équivalent du droit de mutation par décès, facile à éluder, en effet, sur cette nature de titres ; de sorte que, pour ceux qui ne veulent pas frauder, le même bien paye deux fois le même impôt ; c'est un des mille exemples possibles de l'injustice criante qui règne presque souverainement en matière fiscale ;

942. Les valeurs, autres que les rentes et fonds publics dont le cours représente le prix du revenu qu'exprime le taux, sont déclarées par indication du nombre de titres de chaque espèce, en ajoutant leurs numéros et leurs séries.

Liquidation.

943. Le capital servant à la liquidation du droit d'enregistrement est déterminé par le cours moyen de la Bourse au jour de la transmission ; s'il s'agit de valeurs non cotées à la Bourse, le capital est déterminé par la déclaration estimative des parties, conformément à l'art. 16, L. 22 frim. an VII, sauf l'application de l'art. 39 même loi, si l'estimation est reconnue insuffisante (LL. 18 mai 1850, art. 7 ; 13 mai 1863, art. 11 ; 23 août 1871. art. 3 et 4). — V. Dict. réd., v° *Succ.*, n° 1545 ; Garnier, Rép. *eod.* v°, n° 689 ; Lyon, 29 août 1843 ; Cass., 20 fév. 1883 (S., 84. 1. 241 ; D., 83. 1. 236) ; I. G., 747 ; Sol. 12 janv. 1867 ;

944. La Bourse dont la cote est ainsi prise pour servir de base à la perception, même à l'égard des valeurs étrangères, est celle de Paris (LL. 18 mai 1850, art. 7 ; 13 mai 1863, art. 11 ; 23 août 1871, art, 3). — V. Dict. réd., v° *Succ.*, n° 1735 ; Garnier, Rép. *eod.* v°, n° 1092 ; Maguéro, *eod.* v°, n° 394 et s. ; Déc. min. Fin., 27 août 1816 ; D., 17 juill. 1857, art. 7 ; Cpr., Vervins, 27 août 1875 ; *Contrà* : Lyon, 19 juin 1863 ;

A cet effet, est publié par les soins de l'Administration un bulletin mensuel donnant le cours moyen de toutes les valeurs cotées à la Bourse de Paris. — V. I. G., 2593 ;

945. Toutefois, pour les valeurs exclusivement cotées dans les Bourses départementales, telles que certains charbonnages, par exemple, la cote de la Bourse locale est admise. — V. Garnier, Rép. v° *Succ.*, n° 1093 ; Sol., 27 nov. 1867 ; Cpr., Sol., 29 déc. 1871 ;

946. Quant aux titres étrangers, de quelque nature qu'ils soient, s'ils sont cotés en France, ce que nous disons pour les valeurs françaises leur est purement et simplement applicable. (L. 23 août 1871, art. 3). — V. E. Naquet, *op. cit.*, II, n° 988 ;

S'ils ne cotent pas en France, ils donnent lieu à une déclaration estimative des parties, coteraient-ils ailleurs.

947. Il en est ainsi, en principe, des valeurs, même françaises, qui ne cotent qu'en banque : mais on conçoit que l'estimation sera naturellement faite et acceptée d'après la cote en ban-

que. — V. Garnier, Rép., v° *Succ.*, n° 1094 ; Maguéro, *eod.* v°, n° 399 ; Reims, 29 déc. 1880 ; Sol., 21 juill. 1875, 22 nov. 1887, 30 nov. 1888 et 2 sept. 1890 ;

948. Lorsque la Bourse n'a pas tenu le jour du décès, parce que c'était un dimanche ou une fête légale, il faut prendre le cours de la veille ou même de l'avant-veille, s'il y a eu deux jours fériés de suite. — V. Dict. réd., v° *Succ.*, n° 1735 ; Garnier, Rép. *eod.* v°, n° 1090 ; Maguéro, *eod.* v°, n° 396 ; Déc. min. Fin., 27 août 1816 ; Sol., 12 janv. 1867 et 5 mars 1875 ; I. G., 747 ;

Et, à défaut de cours cotés ces jours-là, le cours antérieur le plus rapproché. — Cpr., Vervins, 27 août 1875 ; Marseille, 30 juill. 1885 ; Bordeaux, 10 juin 1907.

A moins que ce cours ne soit par trop ancien, surtout s'il s'est passé, dans l'intervalle, des faits de nature à le modifier sensiblement. — Cpr., Sol., 2 mars 1887 et 25 févr. 1888 ;

949. Le cours coté suppose que la valeur est complètement libérée ; s'il reste des versements à effectuer, la déduction en est admise (Arg. L. 30 mars 1872). — V. G. Demante II, n° 688 ; Dict. réd., v° *Succ.*, n° 1739 ; Garnier, Rép., *eod.* v°, n° 1091 ; Maguéro, *eod.* v°, n° 397 ; Sol. 18 déc. 1867, 20 mars 1872, 27 mai 1874 et 28 oct. 1876 ;

950. Il comprend naturellement le prorata alors couru sur les revenus de la valeur.

Relativement aux valeurs propres à un époux, il se peut donc qu'il y ait lieu de calculer ce prorata pour le porter à l'actif de la communauté ou de la société d'acquêts, ou bien encore, tandis que l'excédant seul, représentant le capital, figurera à l'actif de la succession. — V. Dict. réd., v° *Dette publ.*, n° 34 et *Succ.*, n° 1740 ; Garnier, Rép., v° *Succ.*, n° 904-3 et 6 ; Maguéro, *eod.* v°, n° 147 ; Sol., 4 août 1869 (S., 70, 2. 162 ; D., 70, 5. 148), et 23 mars 1878 ;

951. Mais les coupons *détachés* n'y sont pas inclus ; ne pas énoncer ces coupons, en sus des valeurs auxquelles ils se rapportent, constitue donc une omission. — V. Thiers, 12 janv. 1900 ; Sol., 7 août 1891 ;

952. Sur certaines valeurs mobilières, le coupon se détache le jour même de son échéance ; pour d'autres, il ne se détache qu'à la cinquième Bourse du mois, ou le 19, sauf jour férié ; au contraire, pour les rentes sur l'État français, le détachement du coupon a lieu quinze jours avant l'échéance ;

Il faut tenir compte de ces usages financiers, non seulement pour déclarer distinctement les coupons qui seraient déjà détachés lors du décès, mais aussi pour le calcul du prorata quand il est nécessaire. — V. Garnier, Rép., v° *Succ.*, n° 1491 ; Maguéro, *eod.* v°, n° 701 ; Thiers, 12 janv. 1900.

953. Enfin, il existe bien des titres qui ne cotent pas du tout, ni aux Bourses ni en banque ; les parties ne sont pas obligées de les déclarer pour leur montant nominal ; elles peuvent en faire une estimation inférieure, s'il y a lieu. — V. Dict. réd., v° *Succ.*, n° 1743 ; Garnier, Rép., *eod.* v°, n° 1096 ; Seine, 22 mars 1818 ; Reims, 29 déc. 1880 ; Boulogne, 21 juill. 1881 ; Marseille, 1er juill. 1886 ; Lunéville, 1er août 1895 ; Sol., 6 sept. 1850, 7 sept. 1871, 7 avril 1876, 26 nov. 1879.

Sauf, en cas de désaccord, recours de l'Administation aux tribunaux, comme on le verra plus loin sur la preuve des insuffisances (n° 1797). — V. Laon, 5 mars 1903 ; Seine, 12 avril 1906 ;

954. Les titres au porteur perdus par le défunt ou à lui volés doivent être déclarés au cours de la Bourse du jour où le président du tribunal autorise, par ordonnance, les héritiers à en toucher les dividendes ou intérêts, et le capital en cas de remboursement.

Mais si la perte ou le vol sont postérieurs au décès, c'est le cours du jour de ce décès qui, est à prendre. — V. Garnier, Rép., v° *Succ.*, n° 785 ; Maguéro, *eod.* v°, n° 256 ; Amiens, 23 janv. 1897 ; Sol., 9 août 1893.

955. Une indication qui n'est peut-être pas inutile pour finir sur ce point : on obtient le capital d'une inscription de rente sur l'État en multipliant le montant de l'inscription par le cours et en divisant ensuite le produit par le taux de l'intérêt ;

Ce procédé s'applique aux valeurs analogues c'est-à-dire dont le cours coté représente le prix du chiffre de revenu exprimé par le taux.

956. Mais les rentes étrangères ne se calculent pas toujours de la même manière : voici les procédés à suivre pour les principales d'entre elles :

Anglais 2 1/2. — Titres de 100, 500 et 1000 liv. st. de capital. Les opérations se calculent au change fixe de 25 fr. 20 la livre sterling. Pour obtenir le prix d'un titre de 100 liv. st., on multiplie le cours par le change. Par exemple 100 liv. st. au cours de 87 font $87 \times 25.20 = 2192$ fr. 40.

Argentin 1896. — Titres de 100, 500 et 1000 liv. st. de capital. Change fixe de 25 fr. la livre sterling. Un titre de 100 liv. st. capital, vaut au cours de 93 fr., $93 \times 25 = 2325$ fr.

Autriche 4 0/0 or. — Titres de 8, de 40 et de 400 florins de rente. Change fixe de 2 fr. 50 le florin. Un titre de 8 florins de rente, vaut au cours de 100 fr. : $100 \times 2.50 \times 2 = 500$ fr. ; un titre de 40 florins vaut au même cours : $100 \times 2.50 \times 10 = 2500$ fr.

Autriche unifiée 4 0/0 couronne. — Titres de 8, de 80 et de 800 couronnes de rente. Change fixe de 1 fr. 05 la couronne. Un titre de 8 couronnes de rente vaut au cours de 97 fr. 70 : $97.70 \times 1,05 \times 2 = 205$ fr. 17 ; un titre de 80 couronnes vaut au même cours : $97.70 \times 1.05 \times 20 = 2051$ fr. 70.

Brésil 4 1/2 1883, 4 1/2 1888 et 4 0/0 1889 (titres de 100, 500 et 1000 liv. st. de capital), *5 0/0 1898* (titres de 20, 100, 500 et 1000 liv. st. de capital). — Toutes ces rentes se calculent au change de 25 fr. 20 la liv. st. Un capital de 100 liv. st. s'obtient en multipliant le cours par 25 fr. 20.

Canada 4 0/0 garanti et non garanti. — On multiplie le cours par le change fixe de 25 fr. 20 la liv. st.

Danois 3 1/2 1886. — Titres de 200, 500, 1000, 2000 et 5000 couronnes de capital. Change fixe de 1 fr. 40 la couronne. Un titre de 100 couronnes capital vaut au cours de 94 fr. 50 : $94.50 \times 1.40 = 132$ fr. 30.

Danois 3 0/0 1894, et 1897. — Titres de 15, 30 et 150 couronnes de rente. Change fixe de 1 fr. 40 la couronne. Un titre de 15 couronnes vaut au cours de 86 fr. 70 : $86.70 \times 1.40 \times 5 = 605$ fr. 90.

Danois 3 1/2 amortissable et 3 1/2 1901. — Titres de 17.50, 35 et 87.50 couronnes de rente. Change fixe de 1 fr. 40 la couronne. Le cours étant de 98 francs donne pour 3 50 couronne de rente : $98 \times 1.40 = 137$ fr. 20, et pour un titre de 17.50 couronnes de rente : $137.20 \times 5 = 686$ francs.

Egypte. Dette unifiée. — Titres de 20, 100, 500 et 1000 francs de rente se calcule comme une rente 4 0/0. Ainsi un titre de 100 francs de rente vaut au cours de 104 fr. 15 : $\dfrac{104.15 \times 100}{4}$ $= 2603$ fr. 75.

Espagne. Extérieure. — Les cours se cotent en tant pour cent et les calculs se font au change fixe de 1 franc la peseta.

Domaniales. Egypte hypothécaires : 1878 4 1/4. — Titres de 20, 40, 100, 200 et 1000 liv. st. de capital. Change fixe de 25 fr. 25 la liv. st. Le cours étant de 105 francs, 100 liv. st. de capital valent : $105 \times 25.25 = 2651$ fr. 25.

Hollande 3 0/0 1896 et 1898. — Titres de 100, 500 et 1000 florins de capital. Change fixe de 2 fr. 10 le florin. Cent florins de capital valent au cours de 94 fr. 20 : $94.20 \times 2.10 = 197$ fr. 82.

Hongrois 4 0/0 or. — Titres de 4, de 20, de 40 et de 400 florins de capital. Change fixe 2 fr. 50 le florin. Le cours étant 95 fr. 75, 4 florins de rente représentent : $95.75 \times 2.50 = 239$ fr. 37.

Hongrois 3 0/0 1895. — Titres de 20, 100 et 500 liv. st. de capital. Change fixe de 25 fr. 20 la liv. st. Un titre de 100 liv. st. de capital vaut au cours de 76 fr. 50 : $76.50 \times 25.20 = 1927$ fr. 80.

Japonais 4 0/0 1895. — Titres de 500 fr. or capital. Le cours étant de 87 fr., l'obligation de 500 fr. vaut : $87 \times 5 = 435$ fr.

Japonais 5 0/0 1907. — Titres de 20 liv. st. de capital. Change fixe de 25 fr. 25. La valeur de 20 liv. st., le cours étant de 99 fr. 90, est de $\dfrac{99.90 \times 25.25}{5} = 504$ fr. 49.

Mexique 4 0/0 or 1904. — Titres de 500 et 1000 dollars de capital. Change fixe de 5 fr. 18.

Etant donné le cours de 96 fr. 10, le prix de 160 dollars de rente revient à $\dfrac{96.10 \times 160}{4} \times 5.18 = 19911$ fr. 92.

Norvège 3 0/0 1886, 3 0/0 1888, 3 1/2 1894 — Titres de 20, de 100, de 500 et de 1000 liv. st. de capital. Change fixe de 25 fr. 20. La valeur de 100 liv. st. de capital s'obtient en multipliant le cours par 25 fr. 20.

Norvège 3 1/2 1895. — Titres de 400 et 1000 couronnes de capital. Change fixe 1 fr. 40 la couronne. 100 couronnes de capital valent au cours de 97 francs : 97 × 1.40 = 135 fr. 80.

Portugais 3 0/0 1re série. — Titres de 20 et 100 liv. st. de capital. Change fixe de 25 fr. 25. La valeur de 100 liv. st. de capital, s'obtient en multipliant le cours par 25.25.

Russe 5 0/0 1882. — Titres de 111, 148, 518 et 1036 liv. st. de capital. Change fixe de 25 fr. 20. La valeur d'un titre de 111 liv. st. capital au cours de 104 fr. est de $\dfrac{104 \times 114}{100} \times 25.20$ = 2909 fr. 08.

Russe intérieur 4 0/0 1894. — Titres de 4, 8, 20, 40 et 200 roubles de rente. Change fixe de 2,6667 le rouble. La valeur de 4 roubles de rente, au cours de 77 fr. 50 est de : 77.50 × 2,6667 = 206.69.

Pour les autres rentes russes, il suffit de multiplier le cours par 5, ce qui donne la valeur de l'obligation de 500 francs.

Suède 3 1/2 1895. — Titres de 20, 100, 500, et 1000 liv. st. de capital. Change fixe de 25 fr. 20 la liv. st. 100 liv. st. de capital valent au cours de 98 fr. 25 : 98.25 × 25.20 = 2475.90.

Suède 4 0/0 1900. — Comme la précédente.

Uruguay. Dette consolidée 3 1/2 0/0. — Les calculs se font au change fixe de 25 fr. 25 la liv. st.

957. Quant à la Banque de France, ses actions immobilisées sont capitalisées à vingt fois le revenu dont elles sont productives lors du décès. — V. Dict. réd., vo Succ., no 1789; Garnier, rép., eod. vo, no 846; Maguéro, eod. vo, no 431; E. Naquet, op. cit., II, no 971; Cass., 20 juill. 1812; Déc. min. Fin., 27 août 1816; I. G., 747; Sol., 5 déc. 1892;

958. Une remarque pour finir sur ce qui précède.

Les puissants moyens d'investigation dont dispose l'Administration (V. notamment L. L. 23 août 1871, art 22, et juin 1875, art. 7) lui permettent généralement de déterminer avec une complète exactitude la valeur de la plupart des valeurs mobilières; il est relativement rare que l'estimation personnelle des déclarants devienne nécessaire, sauf dans certains cas, par exemple pour évaluer les droits du défunt dans une société en nom collectif non dissoute par son décès, ou bien, ses droits de commanditaire dans une commandite simple, etc., etc.

Vignes

959. V. Immeubles.

Observations diverses

960. Quelques remarques sont encore nécessaires pour compléter suffisamment ce chapitre relativement aux substitutions, à l'usufruit, et aux donations secondaires soit de rentes viagères, soit d'usufruit :

961. Les biens reçus *à charge de restitution* fidéicommissaire ne présentent avec les biens libres aucune différence quant au paiement du droit de mutation par décès, car le grevé en recueille une véritable propriété, quoique résoluble. — Cpr. Cass., 11 nov. 1860 et 5 mars 1866;

962. L'*usufruit* donné à cause de mort ou légué est assujetti au droit de mutation par décès, indépendamment du droit que doit payer le nu propriétaire, de son côté, sur la pleine propriété, malgré l'existence de l'usufruit. — V. Cass., 23 nov. 1811; Déc. min. Fin., 14 avril 1812; I. G., 574;

963. La renonciation par un premier légataire à son usufruit donne ouverture au second usufruit. — V. Cass., 23 mars 1869;

964. L'usufruit qui passe sur une nouvelle tête par l'effet d'une réversion donne lieu à une déclaration spéciale, parce qu'il rend exigible, indépendamment de ce qui a été payé précédemment, un nouveau droit de mutation à chaque réversion. — V. G. Demante, op. cit., II, no 749; Cass., 23 mai 1869, 4 janv. 1871 (S., 71. 1. 82);

Il en est de même, en principe, des rentes viagères, sauf les exceptions qui vont être signalées en parlant des donations secondaires; — V. Etampes, 28 févr. 1906 (S., 1907. 2. 255). Sol., 9 avril 1892 (Garnier, Rép. pér., no 7877).

965. Le droit de mutation par décès est exigible, lors du décès du donateur, sur les *donations secondaires*, subordonnées à la survie des donataires. — V. Cognac, 10 mai 1885; Saint-Gaudens, 24 juin 1886; Angoulême, 14 août 1888; Sol., 23 juin 1880;

966. Spécialement, quand une donation entre-vifs a été faite à la charge de servir une *rente viagère* à un tiers, si celui-ci survit au donateur, ou moyennant une rente viagère réversible au profit d'un tiers, ce tiers est tenu du droit de mutation par décès, à la mort du donateur. — V. Cass., 21 mars 1860 et 5 mars 1872.

Eût-on qualifié, mais à tort, la rente viagère de pension alimentaire. — V. Neufchâtel, 11 juin 1890;

967. De même en cas de vente moyennant une rente viagère au profit du vendeur réversible sur un tiers. — V. Cass., 23 déc. 1862 et 23 juill. 1866 (S., 66. 1. 408; D., 66. 1. 327);

968. Mais non dans le cas d'une donation ou d'une vente faite par des copropriétaires indivis, moyennant une rente viagère qui doit continuer sans diminution ou avec une diminution inférieure à la moitié au profit du survivant d'eux, parce qu'alors chacun n'a pensé qu'à son propre intérêt, espérant bénéficier lui-même de la clause, sans aucune idée de faire une libéralité à son cocontractant. — V. Dict. réd., v° *Réversion*, n° 129; Garnier, Rép. v° *Donation*, n° 129; Maguéro, v° *Réversion*, n° 49; E. Naquet, *op. cit.*, II, n° 964; Yvetot, 18 août 1863; Mirecourt, 2 juill. 1865; Angers, 6 avril 1867; Besançon, 26 juill. 1867; Saint-Omer, 12 juin 1868; Cass., 26 janv. 1870; (S., 70. 1. 84; D., 70. 1. 160); Sol., 28 mars 1877 et 9 mai 1900; *Contra* : Le Mans, 27 déc. 1850; Hazebrouck, 8 mai 1852; Boulogne, 30 août 1867; Cherbourg, 24 août 1884;

969. Même, par identité de motif, s'il s'agit de biens de communauté vendus, ou donnés par exemple à titre de partage anticipé par deux époux, d'autant, dans ce dernier cas, que la rente stipulée présente le plus souvent un caractère alimentaire. — V. Garnier, Rép. v° *Donation*, n° 390; Maguéro. v° *Révers.*, n° 58; Altkirch, 10 déc. 1855; Yvetot, 18 août 1863; Rennes, 26 août 1863; Château-Thierry, 12 mars 1864; Vitry-le-François, 15 avril 1864; Bressuire, 27 févr. 1866; Cass.,15 mars 1866; Tarascon, 4 janv. 1867; Brest, 6 févr. 1867; Beauvais, 11 nov. 1867; Dunkerque, 25 juill. 1871; Montbrison, 1er mars 1877; Sol., 30 nov. 1875; I. G., 2355 § 16; *Contra* : Evreux, 16 févr. 1857; Angers, 10 juin 1864; Chinon, 5 mars 1869; Cpr., Seine, 27 avril 1867;

970. A moins de renonciation à la communauté par la femme, si c'est elle qui survit. — V. Garnier, Rép., v° *Donation*, n° 401; Cass., 15 juill. 1863 (S., 63. 1. 140);

971. Sauf, s'il y a lieu d'opérer une récompense de ce chef, à la comprendre dans la déclaration. — V. Dict. réd., v° *Réversion*, n° 100; Garnier, Rép., v° *Donation*, n° 394; Maguéro, v° *Révers.*, n° 59; Seine, 27 avril 1867; Cass., 6 déc. 1867; Seine, 16 mai 1868; Melun, 27 août 1868; Coulommiers, 27 nov. 1868; Rouen, 18 mars 1869; Le Mans, 19 mai 1870; Alençon, 3 juin 1870; La Flèche, 7 nov. 1870; Cass., 20 mai 1873; Baugé, 2 déc. 1873; Cass., 30 déc. 1873, (S. 73. 1. 339; D. 75. 1. 72); Angers, 14 fév. 1874; Orléans, 6 août 1874; Mortagne, 23 août 1876; Saint-Etienne, 27 nov. 1883; Lyon, 22 mai 1888; Pontoise, 29 juin 1888; Cass., 22 oct. 1888; (S., 89. 1. 15); 24 janv. 1894; Sol., 18 mars 1882; *Contra* : E. Naquet, *op. cit.*, II, n° 964;

Et quand même il n'en aurait pas été tenu compte dans un partage. — V. Dict. réd., v° *Réversion*, n° 101; Garnier, Rép., v° *Donation*, n° 394-1; Maguéro, v° *Réversion*, n° 63;

972. Récompense est due notamment lorsque la rente réversible, au lieu d'être proportionnée à la valeur des biens donnés par le survivant, excède manifestement leur importance. — V. Garnier, v° *Donation*, n° 399; Maguéro, v° *Réversion*, n°s 67 et s.;

973. A moins que le prémourant, libre dans la disposition de ses biens, n'en ait disposé le survivant. — V. Cass., 15 mai 1866 (S., 66. 1. 304; D., 66, 1. 201); Paris, 14 fév. 1867 (S., 67. 2. 359), 16 déc. 1867 (S., 68. 1. 118); Cass., 24 janv. 1894 (S., 94. 1. 288); *Contra* : Melun, 27 août 1868.

974. De combien est cette récompense?

D'après une opinion, il faut la calculer au denier dix à défaut de capital constitué. — V. Rouen, 18 mars 1869;

Suivant certaines décisions, elle est du capital aliéné, lorsqu'il est connu. — V. Seine, 16 mai 1868; Coulommiers, 27 nov. 1868; Le Mans, 19 mars 1870; La Flèche, 7 nov. 1870; Baugé, 2 déc. 1873; Angers, 14 févr. 1874; —

D'autres prennent, pour la déterminer, les tarifs des compagnies d'assurances, d'après l'âge du conjoint survivant. — V. Melun, 27 août 1868; Mortagne, 23 août 1876 et 17 mai 1878; Lyon, 22 mai 1888; Pontoise, 29 juin 1888; Sol., 6 août 1881; Cpr., Dict. réd., v° *Réversion*, n° 110; Maguéro, v°s *Communauté*, n° 143 et *Réversion*, n° 60;

Tous ces procédés nous semblent arbitraires. Puisqu'aucun moyen particulier n'est édicté pour ce cas, c'est le principe général qui conserve son empire et s'applique, par conséquent l'évaluation des parties, sous la réserve pour la Régie du droit de la critiquer devant les tribunaux, si elle la trouve insuffisante. — V. Garnier, Rép., v° *Donation*, n° 395; Maguéro, v° *Réversion*, n° 61; Orléans, 6 août 1874; Villefranche, 23 août 1878; Sol., 6 août 1881; Cpr., E. Naquet, *op. cit.*, II, n° 966;

975. En tout cas, si le survivant vient à mourir avant la déclaration de succession, le bénéfice qu'il a retiré de la stipulation et par suite la récompense à faire est seulement du montant des arrérages touchés par lui depuis la dissolution de la communauté. — V. Lyon, 17 fév. 1890 (S., 70. 2. 305); Alençon, 3 juin 1870; V. toutefois Garnier, Rép., v° *Donation*, n° 396; Cpr. Dict. réd., v° *Réversion*, n° 111;

976. Jugé même que la réserve d'une rente viagère réversible au profit du survivant d'eux, stipulée par des père et mère dans une donation conjointe ou dans un partage anticipé qu'ils font à leurs enfants de leurs biens, propres et acquêts, n'entraîne pas l'exigibilité du droit de mutation par décès lors de la réversion, comme constituant une charge de la donation ou du partage, imposée par chaque donateur dans son intérêt personnel et non pour gratifier son conjoint. — V. Dunkerque, 25 juil. 1871; *Contra* : Rouen, 18 mars 1869;

A plus forte raison, si la libéralité ne comprend que des acquêts. — V. Sol., 30 nov. 1875;

977. Allant plus loin encore, on admet la même solution, à savoir : que le droit de mutation par décès n'est pas exigible à raison de la réversion qui s'opère lorsque le bénéficiaire, non copropriétaire du bien aliéné, y avait néanmoins certains droits; ainsi :

La femme a concouru à la vente à raison de

son hypothèque légale. — V. Garnier, Rép., *v° Donation*, n° 399; Maguéro, *v° Réversion*, n° 55; Cass., 10 août 1857; Montpellier, 14 avril 1858 · Rouen, 20 juin 1858; Villefranche, 7 mars 1860; Le Havre, 31 janv. 1867, Brignoles, 29 août 1879; *Contrà :* Dict. réd., *v° Réversion*, n° 70; Avesnes, 5 nov. 1896;

Le mari avait l'administration et la jouissance de l'immeuble, lequel était un bien dotal. — V. Aix, 30 mars 1867;

La vente comprenait à la fois des biens propres à chacun des époux vendeurs. — V. Beauvais, 11 nov. 1867;

978. Autrement, le droit de mutation est dû. — V. Rouen, 18 mars 1869; Brignoles, 28 août 1879;

979. Il est également exigible, même dans les cas qui précèdent, s'il s'agit de réversion non d'une rente viagère, mais d'un *usufruit*, parce qu'alors la nue propriété seule a été aliénée, de sorte que, le décès de l'un des vendeurs survenant, pour que le survivant ait la totalité de l'usufruit, il faut qu'il acquière la partie qui en appartenait au prédécédé; il y a donc bien transmission à titre gratuit et par décès de l'un à l'autre. — V. Dict. réd., *v° Réversion*, n°s 42, 43, 47; Garnier, Rép., *v° Donation*, n°s 405, 407; Maguéro, *v° Réversion*, n°s 29, 30; Cass., 15 juin 1846; Le Mans, 27 déc. 1850, Angers, 21 juin 1851; Cass., 31 août 1853 (S., 53. 1. 637, D., 53. 1. 252); 30 janv. 1856; Evreux, 16 févr. 1857; Cass., 6 mai 1857, Sedan, 4 août 1858; Cass., 24 janv. 1860; Saint-Quentin, 9 août 1861; Cass., 14 nov. 1865; 26 juill. 1869 (S., 69. 1. 475; D., 69. 1. 476); Seine, 1er janv. 1878; Brignoles, 28 août 1879; Dieppe, 5 août 1880; Cahors, 9 fév. 1881; Seine, 18 fév. 1881; Pamiers, 13 avril 1883; Cherbourg, 26 août 1884; Chalon-sur-Saône, 1er déc. 1885; Béziers, 9 fév. 1895; Castres, 10 déc. 1895; Dél., 21 oct. 1831; *Contrà :* E. Naquet, *op. cit.*, II. n° 964, Péronne, 11 janv. 1857; Mortagne, 29 août 1861, Rambouillet, 23 déc. 1863; Nîmes, 16 déc. 1865 (S., 66. 2. 216); Seine, 13 juin 1868; Bayeux, 12 mars 1869; Cpr., Blaye, 24 juin 1887; Sol., 30 juin 1855; I. G., 2114, § 10, 2174, § 8, 2347, § 1er, 2393, § 5;

980. Toutefois, lorsque les biens vendus ou donnés sont des biens indivis et que la réserve de réversion d'usufruit au profit du survivant des vendeurs ou donateurs est seulement partielle, le droit de mutation par décès n'est exigible que si la réserve porte sur un revenu excédant celui de la part du survivant dans la totalité de ces biens, et dans la mesure de cet excédant. — V. Dict. réd., *v° Réversion*, n° 59; Garnier, Rép., *v° Donation*, n° 410; Maguéro, *v° Réversion*, n° 39; Rambouillet, 23 déc. 1863; Cherbourg, 26 août 1884; Sol., 5 janv. 1869;

981. Quand, dans un partage anticipé de leurs biens, tant propres qu'acquêts, des père et mère ont réservé au profit du survivant d'eux l'usufruit des biens donnés, cette clause constitue une donation réciproque et éventuelle d'usufruit, passible, au décès du prémourant, du droit de mutation, non seulement sur l'usufruit des propres du prédécédé; — V. Cass., 15 juin 1846, 31 août 1853, 30 janv. 1856 et 26 juill. 1869; Dieppe, 5 août 1880; Cahors, 9 fév. 1881, Seine, 18 fév. 1881; Dél. 21 oct. 1831;

Mais encore sur l'usufruit de la portion de ce dernier dans les biens de communauté. — V. Cass., 31 août 1853 et 6 mai 1857; Sedan, 4 août 1858; Cass., 24 janv. 1860, 14 nov. 1865 et 26 juill. 1869; Seine, 1er févr. 1878; Saint-Quentin, 16 juill. 1879; I. G., 2114-10; V. toutefois Blaye, 24 juin 1887;

Même si chacun avait personnellement stipulé cette réserve, comme condition formelle de sa libéralité. — V. Chalon-sur-Saône, 1er déc. 1885; *Contrà :* Garnier, *Rép. pér.*, n° 6604.

982. A plus forte raison le droit est-il dû lorsque la réversion a pour objet les biens eux-mêmes, la disposition fût-elle nulle en droit civil. — V. Cass., 30 mars 1878;

983. Enfin, il faut considérer comme constituant une donation d'usufruit faite avec clause d'accroissement et une donation de nue propriété au survivant la donation entre-vifs faite à plusieurs personnes conjointement, sous la condition que la propriété entière appartiendra au dernier vivant d'elles exclusivement; il n'est donc dû, lors du décès du prémourant, ni droit de donation, ni droit de mutation par décès par les survivants, s'ils ont payé le droit de transmission au même taux lors de l'enregistrement de l'acte primitif. — V. Sol., 31 mars 1882.

Tels sont les éléments possibles du bloc des biens et valeurs soumis en général au droit de mutation par décès; il y a lieu maintenant de voir ce qui peut en être distrait ou déduit, pour arriver enfin à la fixation de la masse nette, sur laquelle seul l'impôt est dû désormais, en principe.

SECTION IX.

Charges dont la distraction ou la déduction sont admises ou non.

984. Le droit de mutation par décès n'étant dû désormais qu'à raison de la véritable importance de la succession, il y a lieu, sur l'actif aux mains du défunt : 1° de prélever ce qui ne lui appartenait pas (sauf propriété apparente, suivant ce qui a été dit plus haut), et 2° de déduire ses dettes, ou, du moins, celles dont la déduction est autorisée.

SOUS-SECTION PREMIÈRE.

Choses et sommes à défalquer ou à prélever.

985. Avant même la loi de 1901, de certaines distractions étaient admises, soit logiquement.

soit quelquefois dans un esprit d'adoucisse-
ment bienveillant au principe alors en vigueur,
de la non-déduction des charges si inique
qu'on n'osait pas toujours le pousser à toutes
ses conséquences logiques.

A plus forte raison, en est-il de même
maintenant.

On écarte ou prélève ainsi :

986. 1^{ent} les biens indiqués ci-dessus dont
le défunt n'avait que la détention ou la jouissance, et ceux considérés comme sortis de son
patrimoine soit avant son décès, soit par le
fait même de ce décès ;

987. 2^{ent} Les reprises en deniers de la
femme du défunt, pour l'excédent qu'elles
présenteraient sur l'actif de la communauté ou
de la société d'acquêts.

988. 3^{ent} Et, ce qui relève d'un autre ordre
d'idées, les choses sur lesquelles le droit de
mutation est payé par d'autres que les héritiers et successeurs généraux, attendu que la
même valeur ne peut pas payer deux fois le
même impôt et qu'il n'y a point de mutation
entre les héritiers ou légataires universels, et
les légataires à titre particulier, lesquels reçoivent directement du défunt (Av. C. d'Et., 2-10
sept. 1808) ; savoir :

989. 1° Les legs à titre particulier de biens
existant en nature dans la succession. — V.
Déc. min. Fin., 17 févr. 1807 ; I. G.,366, § 91,
1432 ;

C'est alors au légataire à faire de son côté et
sous sa responsabilité exclusive la déclaration
du legs à lui advenu.

990. Toutefois, il a été jugé, mais cette
décision est critiquable, que, si par une
transaction régulière une somme d'argent était
substituée au legs d'un immeuble, ce serait
cette somme d'argent qu'on devrait déclarer
et, par conséquent, déduire. — V. Cass., 25
févr. 1846.

991. Et même le legs d'objets à acheter
par l'héritier ou le légataire universel. — V.
E. Naquet, op. cit., II, n° 1020 ; Cpr., Dijon,
10 juill. 1879 ;

A rapprocher, la charge imposée au légataire de remettre un de ses biens à un tiers ;
ce bien peut et doit être déduit du legs principal, et le legs secondaire acquitte le droit
de mutation à titre gratuit sur la chose qui en
fait l'objet. — V. Garnier, Rép. v° Déliv. de
legs, n° 71 ; Contra : Toulouse 9 janv. 1862 ;
Lyon, 18 août 1863 ; Orthez, 28 janv. 1878 ;
Sol., 2 sept. 1891 ;

992. Lorsque le donateur entre-vifs d'une
somme d'argent, qu'il n'a pas encore payée
lors de son décès, a légué au donataire certains immeubles pour s'en libérer, on doit,
dans la déclaration, déduire la somme donnée
non pas de l'ensemble des biens, mais seulement sur la valeur imposable de ces immeubles. — V. Figeac, 12 déc. 1873 ;

993. 2° Les legs de rentes perpétuelles, de
rentes et pensions viagères, en argent. — V.

Dict. réd., v° Succ., n° 1987 ; Garnier, Rép.
eod. v°, n° 1307 ; Maguéro, eod. v°, n° 531 ;
E. Naquet, op. cit., II, n° 1019 ; Cass., 8 sept.
1808, 23 nov. 1811, 17 mars 1812 et 24 mai
1813 ; Moissac, 11 avril 1863 ; Seine 24 juill.
1868 et 12 janv. 1883 ; Déc. min. Fin.,14 avril
1812 ; I. G.,574 ;

Il en est de même de celles à servir en nature. — V. Av. C. d'Et., 10 sept. 1808 ; Contra :
Dél. 6 mai 1813 ;

994. Les sommes à déduire sont évidemment celles auxquelles ces rentes doivent être
liquidées d'autre part pour la perception du
chef de leurs bénéficiaires. — V. Sol., 15
mars 1880 ; Cpr., Nantes, 8 juill. 1872.

995. Il n'y a lieu à aucune déduction pour
une rente viagère qui s'éteint à la mort du
donateur de cujus. — V. Sol., 30 nov. 1891 ;

996. En cas de doute sur la durée de la
rente, il faut se reporter à l'acte par lequel on
l'a constituée et procéder pour le droit de
mutation par décès suivant l'interprétation
alors adoptée pour le droit entre-vifs. — V.
Apt., 8 mai 1876.

997. C'est de l'ensemble de la succession
que doit être défalqué le capital de ces rentes
et pensions, léguées à titre particulier et
mises par le testateur à la charge de son légataire de l'usufruit universel, s'il résulte des
expressions employées par lui qu'il a eu l'intention d'en grever la succession entière et non
pas seulement le legs d'usufruit. — V. Garnier., Rép.,v° Succ., n° 1309-1 ; Cass., 19 mars
1866 ; Toulon, 19 févr. 1867 ; Lyon, 3 avril
1868 ; Belley, 7 juin 1872 ; Nantes, 8 juin
1872 ; Cholet, 19 nov. 1873 ; Avesnes, 20 déc.
1873 ; Cass., 19 nov. 1873, 19 mars 1876 ; Sancerre, 8 août 1882 ; Cass., 28 nov. 1882 ; (S.,
83. 1. 481) ; Contra : Chalon-sur-Saône, 15
mai 1862 ; Le Mans, 17 janv. 1865 ; Cpr., E.
Naquet, op. cit., II, n° 1027 ;

Il en est ainsi spécialement au cas ou le défunt, ayant institué un légataire de l'usufruit
de tous ses biens et un légataire universel
pour la nue propriété, a constitué des rentes
viagères à servir par l'usufruitier et, après
lui, par le légataire universel ; le capital des
rentes se déduit alors sur la totalité de la succession. — V. Cass., 28 nov. 1882, précité.

Jugé que si un usufruitier est chargé de
servir une rente viagère au légataire de la
nue propriété, celui-ci doit acquitter le droit
de mutation à la fois sur sa nue propriété et
sur le capital de la rente, qui est alors déduite de l'usufruit. — V. Toulon, 19 févr.
1867 ; Seine, 3 août 1877 ;

998. 3° Les legs à la charge de l'héritier ou
du légataire universel de sommes d'argent
existant en nature dans la succession ;

Ou même ne s'y trouvant pas. — V. Av. C.
d'Et.,10 sept. 1808 ; G. Demante, op. cit., II,
n° 664 ; Dict. réd., v° Succ., n° 1979 ; Garnier,
Rép. eod. v°, n° 1295 ; Maguéro, eod. v°, n°
520 ; E. Naquet, op. cit., II, n° 1017 ; Cass.,

30 mars 1858 (S., 58. 1. 381; D., 58. 1. 151);
Contrà: Castres, 17 mars 1828; Villeneuve,
18 juill. 1833; Cass., 2 avril 1839; Lyon, 29
août 1839; Cass., 11 mars 1840; Dél. 31 juill.
1837; I. G. 1723, § 4;

999. Même payables seulement à terme et
sans intérêts. — V. Dict. réd., *v°* *Succ.*, n°
2011; Garnier, Rép., *eod.* *v°*, n° 1311-1;
Maguéro, *eod.* *v°*, n° 299; Cass., 16 août
1859; Périgueux, 21 déc. 1866; Aix, 10 avril
1867; Nimes, 14 août 1872; Mirande, 29 août
1873; Cpr. Castel-Sarrazin, 31 août 1877;

1000. Comme dans le cas de legs d'objets
existant en nature, l'héritier ou le légataire
universel acquitte l'impôt sur ce qui lui reste,
et le légataire particulier doit procéder séparément à sa déclaration personnelle.

1001. Mais, si le légataire de l'usufruit universel doit conserver sa vie durant la jouissance d'une somme léguée à titre particulier,
cette somme ne peut pas être déduite de la
succession pour la liquidation du droit dû par
l'usufruitier, quoique le légataire particulier
paye de son côté, car l'autre légataire s'en
trouve usufruitier. — V. G. Demante, *op.
cit.*, II, n° 698; Dict. réd., *v°* *Succ.*, n° 2012;
Garnier, Rép., *eod.* *v°*, n° 1311; Maguéro, *v°*
Legs, n°s 49 et s.; Cass., 21 août 1861, 25
juin 1862; Vitry-le-François, 12 mars 1863;
Dinan, 13 mai 1864; Muret, 31 août 1864;
Saint-Girons, 28 août 1866; Toulon, 19 févr.
1867; Vitry-le-François, 9 mai 1867; Cass.,
21 juin 1869; Soissons, 15 déc. 1875; Chambéry, 13 mars 1877; Laon, 20 avril 1877; Cass.,
13 févr. 1878; Saint-Marcellin, 9 mai 1889; Les
Sables-d'Olonne, 19 oct. 1897; Remiremont,
23 nov. 1899; I. G., 2234-1; Sol., 20 juin 1895,
25 janv. 1899; *Contrà*: Domfront, 25 nov.
1864; Périgueux, 21 déc 1866; Aix, 10 avril
1867; Sol., 6 nov. 1865;

1002. Lorsqu'un testament porte qu'il sera
prélevé sur la succession une certaine somme
pour être employée en œuvres de bienfaisance,
messes, etc., selon les vues et intentions du
légataire universel, sans indication de bénéficiaires, il y a simple charge successorale non
déductible du legs universel. — V. Cass.,
6 juill. 1871 (S., 71. 1. 163; D., 71. 1. 343);
Sol., 28 janv. 1898;

Mais si les bénéficiaires sont clairement déterminés, il y a legs à leur profit. — V. Mortain, 31 déc. 1891; Déc. min Fin., 9 oct. 1877;

1003. Quand le legs d'un immeuble a été
fait à la charge d'un legs en argent, ce dernier legs doit être déduit du premier pour la
liquidation du droit de mutation que doit
payer le légataire de l'immeuble, le légataire
de somme payant bien entendu sur son propre legs. — V. Cass., 30 mars 1858; I. G.,
2234, § 1er;

1004. Si l'autorisation d'accepter un legs
fait à une personne morale, assujettie à la
nécessité d'une telle autorisation, n'a été
accordée que pour une partie du legs, le droit
n'est dû par le légataire que sur cette partie,
le droit sur l'autre partie restant à la charge
des héritiers; la portion autorisée peut donc
seule être déduite. — V. Garnier, Rép., *v°*
Succ. n° 988-7; Seine, 7 janv. 1888 et 22 mars
1890; Dél., 7 juill. et 17 oct. 1826; Sol., 29
nov. 1873, 31 août 1880, 16 juill. 7 sept. et 13
nov. 1884, 25 avril et 29 oct. 1885;

1005. Lorsque l'autorisation a été donnée
pour le tout, mais à la condition de verser
une certaine somme à un ou plusieurs héritiers déterminés à titre de secours, le legs ne
doit être distrait que sous la déduction de
cette somme, sur laquelle l'héritier doit le
droit de mutation. — V. Seine, 16 avril 1886;

Ce secours est exclusivement personnel audit héritier, et si celui-ci vient à mourir avant
la notification du décret, la somme allouée ne
passant pas à ses propres héritiers, ne saurait être comprise dans la déclaration de sa
succession. — V. Déc. min. Int., 22 mai 1903;

1006. La réduction peut ne pas être imposée par l'autorité supérieure, mais faire l'objet d'une transaction entre l'établissement public ou d'utilité publique et les héritiers évincés; alors, non seulement il est dû un droit de
transaction sur la somme que le dit établissement s'est obligé à payer aux héritiers, mais
le droit de mutation par décès doit être liquidé sur la masse, sans déduction de cette
somme. — V. Seine, 2 déc. 1899;

1007. Si l'autorisation n'a pas été obtenue
dans le délai de deux ans, le legs devra être
compris dans une déclaration complémentaire
du chef des héritiers ou légataire universel
(L. 25 févr. 1901, art 19).

Et le droit est acquitté d'après leur degré
de parenté. — V. Issoire, 26 juin 1890.

1008. Dans le cas où les legs de sommes
dépassent la valeur des biens de la succession,
cette valeur seule est sujette à l'impôt, quand
même ces legs auraient été acquittés sans réduction, toujours, bien entendu, d'après le
degré de parenté des légataires à titre particulier avec le défunt; à moins que la Régie
ne fasse la preuve positive d'omission dans la
déclaration souscrite; c'est-à-dire sans pouvoir se borner à l'allégation de simples circonstances permettant de suspecter indirectement la sincérité de cette déclaration; car la
fraude ne se présume pas, et il peut convenir
raisonnablement à un héritier ou légataire
universel de payer les legs *ultra vires*, plutôt que de plaider à cet égard. — V. Dict.
réd., *v°* *Succ.*, n° 2022; Garnier, Rép., *eod.*
v°, n° 1303; E. Naquet, *op. cit.*, II, n° 1018;
Rigal, *J. du Not.* 1902, p. 497; Cass., 6 févr.
1827, 7 juill. 1856 et 30 mars 1858; Soissons,
29 janv. 1868; I. G., 2234, § 2: *Contrà*: Cass.,
21 févr. 1898, 9 avril 1900; Sol. 30 juill. 1895;

1009. En la calculant maintenant d'après
les lois du 22 frim. an VII, et 25 févr. 1901
combinées, c'est-à-dire nette;

Et seulement sur les biens français. — V.

Garnier, Rép., *v°* *Succ.*, n° 1303; Versailles, 20 déc. 1855; Belfort, 3 févr. 1863; V. toutefois Sol., 16 août 1882;

1010. La déduction d'un legs comprend celle de ses accessoires, mais le droit de mutation qui aurait été mis par le testateur à la charge de sa succession n'est pas déductible. — V. Le Mans, 6 janv. 1886; Cass., 19 oct. 1886 (S., 87. 1. 289); Cpr., Cass., 19 nov. 1888 (S., 90. 1. 277). — *Contrà:* Clermont (Oise), 28 août 1871;

1011. Lorsqu'il y a lieu à déduction des legs particuliers, elle s'opère, en principe, sur l'ensemble du patrimoine transmis, sans distinction de meubles et d'immeubles, depuis la loi du 18 mai 1850, art. 10 qui les a tarifés au même taux. — V. G. Demante, *op. cit.*, II, n° 664; Dict. réd., *v°* *Succ.*, n° 1982; Garnier, Rép. *eod.* *v°*, n° 1302; Maguéro, *eod.* *v°*, n° 520; E. Naquet, *op. cit.*, II, n°s 1018 et 1027; Cass., 17 mars 1812 et 30 mars 1858; Déc. min. Fin., 14 avril 1812; Sol., 2 févr. 1872; I. G., 2234-1.

Et, spécialement, sur la pleine propriété des biens, et non pas sur la nue propriété seulement, quoique ce procédé profite indirectement à l'usufruitier, s'il en existe un. — V. Garnier, *op.* et *v°* *cit.*, n° 1309; Cass., 31 janv. 1893;

1012. Une restriction à ce qui précède doit être faite à l'égard des legs soumis à une condition suspensive; si cette condition ne s'est pas réalisée avant la déclaration de succession, l'héritier ou le légataire universel ne peut pas les défalquer, car le motif de la distraction fait alors défaut; il doit payer sur les biens qui en font l'objet comme s'ils n'avaient pas été légués, par conséquent d'après son degré de parenté et à ses propres taux; sauf recours ultérieur contre les légataires, en cas de réalisation de la condition, pour ce qu'il a payé en l'acquit du légataire conditionnel. — V. Montbrison, 20 déc. 1873; Seine, 16 avril 1886;

1013. Spécialement, n'est pas déductible un legs particulier payable sans intérêts par le *de cujus* à la majorité, à tel âge ou au mariage d'une personne, puisque ce legs se trouve ainsi soumis au fond à une condition suspensive dont l'accomplissement seul rendra le droit de mutation exigible du chef de cette personne. — V. Seine, 26 mars 1886; Pont-l'Évêque, 11 mars 1890;

1014. Notons enfin, puisque le point a été contesté, qu'une charge imposée à un héritier ou à un légataire, à titre de mandat et non pas de legs véritable, ne saurait être non plus déduite. — V. Toulouse, 3 juin 1896;

SOUS-SECTION DEUXIÈME

Dettes à déduire ou non.

1015. D'une manière générale, pour que la déduction d'une dette soit possible, il faut:

Que cette dette résulte d'un titre de nature à faire preuve en justice contre le défunt,

Et que la dette invoquée ne soit pas une de celles spécialement exceptées par la loi;

D'où des dettes déductibles ou non déductibles en soi.

CHAPITRE PREMIER

Dettes déductibles

1^{ent} PRINCIPE

1016. Aux termes de l'art. 3, 1er alin., L. 25 févr. 1901, « Pour la liquidation et le payement des droits de mutation par décès, seront déduites les dettes à la charge du défunt dont l'existence au jour de l'ouverture de la succession sera dûment justifiée par des titres susceptibles *(sic!)* de faire preuve en justice contre le défunt ».

Ce texte pose enfin le principe, si longtemps en vain réclamé de la déduction du passif! Pourquoi faut-il que la Régie, au moyen de ses *distinguo* et de ses subtilités habituelles, cherche et réussisse trop souvent à reprendre en grande partie ce que la loi avait accordé?

1017. La loi dit: les dettes *à la charge du défunt!*

Ce n'est pas là une simple manière d'énoncer le principe, car il ne saurait évidemment s'agir des dettes d'un autre; les mots « à la charge du défunt» signifient donc: assumées par lui de son vivant; sans eux, les frais funéraires eussent été déductibles, car c'est bien le défunt qui était le premier à les devoir.

1018. Au contraire, les frais de deuil, de scellés, d'inventaire, de liquidation et partage et autres analogues, n'ont pas pris naissance en sa personne, il ne les a jamais dus, même abstraitement comme ses frais funéraires; nés seulement à l'occasion de sa succession, ils ne peuvent être déduits. — V. I. G., 3058.

1019. A plus forte raison, en est-il ainsi du droit de mutation par décès, à payer pour la transmission de la succession même, puisqu'il ne constitue pas une dette successorale, mais est un impôt incombant en propre aux héritiers qui la recueillent.

2^{ent} CARACTÈRES DES DETTES DÉDUCTIBLES

1020. Le principe ainsi posé, à savoir — rappelons le — que la dette doit émaner du défunt lui-même — voyons les différents caractères que peuvent présenter les dettes déductibles.

1021. Tout d'abord elles pourront être chirographaires, hypothécaires, privilégiées, ou résulter directement de la loi;

Sans aucune différence entre les dettes civiles et les dettes commerciales (Chambre des Dép., 15 nov. 1900, *J. O.* p. 2075). — V. I. G., 3049 et 3058);

Sans distinction non plus entre les dettes à payer en espèces et celles payables en nature:

Peu importe enfin la cause ou la nature de la dette, son fait générateur ;

Et quand même les dettes invoquées auraient été payées ou remboursées par les héritiers dans l'intervalle du décès à la déclaration.

Mais, le tout, — sans parler des exceptions qui seront indiquées plus loin, — à la condition qu'il s'agisse de dettes résultant de titres pouvant faire preuve en justice contre le défunt. — V. I. G., 3049 et 3058;

1022. La loi ajoute bien une autre condition, à savoir que la dette existe au jour de l'ouverture de la succession, mais c'est par une pure logomachie, attendu que si elle ne subsistait plus à cette époque, il n'y aurait pas eu de dette à la charge personnelle du défunt et, par conséquent, la question de déduction ne pourrait aucunement se poser.

Néanmoins, si l'on tient absolument à donner un sens à ces expressions de l'art. 3, on peut dire qu'on a entendu exclure ainsi de la déduction les dettes affectées d'une condition suspensive. — V. Le Havre, 6 déc. 1907.

Mais ce qui prouve bien que ce ne serait là qu'une ingénieuse justification après coup d'un texte mal rédigé, c'est que si la condition vient à se réaliser dans l'intervalle compris entre le décès et la déclaration de la succession, la déduction s'opérera comme en cas de dette pure et simple, sous les justifications qu'on verra, par suite de l'effet rétroactif de toute condition accomplie; il faut et il suffit donc que la dette soit devenue certaine avant la déclaration. —V. I. G., 3058.

1023. C'est pourquoi nous admettrions la déduction d'une dette litigieuse au moment du décès (par exemple : dommages-intérêts pour responsabilité civile), si elle était constatée par un jugement ou une transaction intervenus avant la déclaration. — V. Defrénois, *Rép. prat.*, n° 14108 ; *Contrà :* Seine, 24 juin 1904 ;

A défaut, on fera figurer cette dette dans l'état spécial, de même que les créances litigieuses sont portées à l'actif, de manière à en rendre la déclaration simplement provisoire, et à pouvoir demander la restitution du droit payé sans cause après établissement régulier de la dette. — V. Defrénois, *Ibid.*

1024. Si, pour être déduite, la dette doit résulter d'un titre antérieur au décès, sauf en cas de faillite, de liquidation judiciaire ou de distribution par contribution, il n'est cependant pas indispensable qu'elle soit liquide à cette époque (Sénat, 22 janv. 1901 ; *J. O.*, p. 76). — V. I. G., 3058 ;

1025. Selon la Régie, il suffit, mais il faut que le quantum de la dette soit déterminé au moment de la déclaration (Sénat, 22 janv. 1901 ; *J. O.*, p. 76). — V. I. G., 3058).

Cette opinion, qui résultait manifestement des différents projets qui ont précédé le vote de la loi du 25 févr. 1901, ne doit plus désormais être admise en présence du texte de l'art. 3 qui assimile les dettes indéterminées aux dettes pures et simples. — V. Bordeaux, 10 juin 1907.

1026. D'ailleurs la liquidation d'une dette indéterminée de la succession n'est pas toujours réalisable, même *grosso modo*, dans les six mois du décès. « Il peut arriver, par exemple, — dirons-nous avec M. Evar. Lepage (*Rev. du Not.*, n° 10717, 9°) — que la détermination de la dette dépende d'une expertise qui ne puisse être terminée ni homologuée dans les délais ; il peut se faire que la solution d'un procès introduit contre le défunt sur le fondement de titres dont la validité est contestée, se trouve retardée par des complications judiciaires ; il se peut également qu'un jugement qui décharge le défunt d'une dette soit frappé d'appel par ses adversaires, qu'inversement un jugement qui le condamne ait été frappé d'appel par lui ou le soit par ses héritiers. Comment, dans tous ces cas et une infinité de cas analogues, faudra-t-il procéder ? »

Et le savant auteur ajoute : « Nous indiquons sommairement ce vaste champ de difficultés pratiques, qui nécessiteront, de la part de l'Administration, une souplesse industrieuse pour tempérer ce que l'application de la loi, dans ses formules laconiques, aurait d'excessif et d'absurde. Par la force des choses, l'Administration sera amenée à admettre, dans des cas déterminés, une liquidation provisoire de la dette ; dans le cas, par exemple, où un jugement condamnant le défunt a été frappé d'appel, il est difficile qu'elle écarte la déduction sous prétexte que le jugement n'a pas autorité de chose jugée, par contre, si le jugement vient à être infirmé, la déclaration n'a plus de raison d'être. Nous prévoyons donc, nous espérons du moins, que l'Administration saura, dans les solutions qu'elle rendra, découvrir des moyens termes appropriés à ces situations ; le dernier alinéa de l'article 5 trace une voie où il sera nécessaire d'entrer progressivement. Peut-être aussi le législateur interviendra-t-il pour combler ces lacunes et nombre d'autres que l'expérience ne tardera pas à faire apparaître ? »

1027. A notre avis, les dettes encore indéterminées lors de la déclaration, mais dont l'existence à l'ouverture de la succession est certaine, doivent être admises en déduction sur une évaluation provisoire des parties, sauf précision ultérieure ; et alors :

Ou droit complémentaire, en cas d'évaluation trop faible. — V. Garnier, *Comm.*, n° 74 ;

Ou restitution du trop perçu, si elle a été trop élevée. — V. Besson. *op. cit.*, n° 196. — V, toutefois Garnier, *Ibid* ; Cpr., Seine, 2 nov. 1906.

1028. Le troisième et dernier alinéa de l'art. 5 admet les intéressés, dans les deux années de la déclaration, à réclamer, sous les justifications prescrites à l'art. 4, la déduction des dettes établies postérieurement en cas de faillite ou de liquidation judiciaire, et à obtenir le remboursement des droits qu'ils auraient payés en trop.

Eh bien, — et l'intérêt pratique s'en présente si, contrairement à l'opinion qui vient d'être exprimée, la Régie a refusé l'évaluation — nous croyons qu'en droit, c'est-à-dire en vertu même de la loi du 25 févr. 1901, et non pas seulement par tempérament d'équité, lorsqu'une dette n'a pu être déduite parce qu'elle n'était pas liquide, et qu'elle le soit devenue dans le délai de deux ans à compter du jour de la déclaration, les héritiers ou autres successeurs généraux sont recevables, comme dans le cas sus-énoncé de l'art. 5, à se faire restituer l'excédent perçu par suite de la non-déduction.

En effet, à la teneur même de cet article, c'est pour *toute dette* non déduite par le receveur, faute de justifications suffisantes suivant son appréciation toute personnelle, qu'est accordée la faculté de se pourvoir en restitution dans un délai de deux ans ; par conséquent, les dettes non liquides en jouissent tout comme les autres.

Objectera-t-on qu'en le disant spécialement des dettes établies par les opérations d'une faillite ou d'une liquidation judiciaire, le troisième alinéa du même texte montre bien que le premier ne porte pas un principe ? car il eût été inutile d'en faire expressément l'application à cette dernière catégorie de dettes ; de sorte que rapproché du troisième alinéa, le premier se trouve viser seulement dans les dettes non liquides lors du décès, celles qui le sont devenues depuis, mais avant la déclaration.

Mais non, cela était au contraire indispensable ; car, sans le troisième alinéa, on ne saurait invoquer le premier pour la déduction des dettes de faillite ou de liquidation judiciaire, pour cette raison péremptoire qu'à leur égard ce n'est pas une question de *liquidité* qui se pose, mais d'*existence* même au jour de l'ouverture de la succession; en d'autres termes, ledit troisième alinéa ne constitue nullement une addition au premier pour un cas déterminé, mais une dérogation à une autre disposition: l'art. 3 ; c'est donc *à fortiori* de ce troisième alinéa que notre interprétation se justifie et logiquement s'impose.

Qu'importe alors que, dans la discussion de la loi, un sénateur se soit fait répondre que la déduction était admise pour les dettes devenues liquides avant la déclaration ? Cela prouve simplement qu'il n'a songé qu'à celles-là, mais non point qu'on ait voulu exclure les autres, et tout, l'esprit comme la lettre de la loi, proteste contre une telle intention.

Néanmoins, les parties feront toujours bien de demander formellement la déduction, par évaluation, des dettes non liquides, nonobstant le refus prévu ou opposé, afin de se ménager la possibilité d'obtenir ultérieurement, en vertu du premier alinéa, la restitution de ce qu'elles auront payé en trop. — V. Rigal, *Journ. du Not*, 1902, p. 401 et s.

Bien entendu les héritiers doivent faire dans la déclaration une énonciation suffisamment détaillée de la nature de la dette. Une déclaration vague sans préciser le chiffre, la date, le nom du créancier ne donnerait pas lieu à l'application de l'art. 5. — V. Seine, 2 nov. 1906.

1029. Quant aux dettes purement éventuelles, comme celles qui résultent d'un compte-courant dont la balance n'est pas faite lors du décès, nous pensons que la déduction n'en saurait être imposée à la Régie, même par évaluation, puisqu'elle ne peut pas, réciproquement, exiger que des droits simplement éventuels soient portés en compte. — V. Garnier, *Comment.* n° 66.

3ᵉⁿᵗ ÉNUMÉRATION DES DIVERS CHEFS DE DETTES

1030. Il y a lieu de passer en revue les dettes ou causes des dettes dont il se peut que la déduction soit demandée, parce que certaines dettes appellent des observations particulières; nous considérerons d'abord les dettes en général, c'est-à-dire abstraction faite de savoir si elles incombent ou non au *de cujus* seul, pour examiner ensuite les particularités résultant de ce qu'il n'en avait pas la charge exclusive, mais les devait conjointement ou solidairement avec d'autres obligés.

1° *Dettes ordinaires*

1031. *Annuités.* — Les dettes remboursables par annuités, c'est-à-dire au moyen de versements égaux comprenant à la fois l'amortissement du capital et des intérêts, ne peuvent être déduites que pour les annuités arriérées s'il y a lieu, et pour la somme représentant le capital non éteint au décès ; les héritiers sont alors admis à fournir une ventilation de cet élément de la dette, sauf à l'Administration à contrôler l'exactitude de leur évaluation (Chambre des dép., 16 nov. 1895 ; *J. O.* p. 2372). — V. I. G., 3058.

1032. Le cas se présente surtout pour les emprunts faits au Crédit foncier, dont les tables d'amortissement sont toujours admises par la Régie en matière d'annuités, ainsi que les tables des compagnies d'assurances et de la Caisse des dépôts et consignations.

1033. *Arrérages.* — V. Rentes.

1034. *Assurances.* — Les primes d'assurance. — V. E. Naquet, *op. cit.*, II, n° 1016 ; Melun, 26 mai 1865 ; Saint-Amand, 3 févr. 1871 ; Dax, 12 juill. 1882.

1035. *Avances* sur titres ou sur warrants.

1036. *Cautionnement* fourni par un bailleur de fonds.

1037. *Charges* résultant d'un acte d'acquisition, de donation ou de partage, lorsqu'elles passent aux héritiers.

1038. *Compte-courant.* — Le solde débiteur seulement est déductible.

1039. *Compte de tutelle.* — Le reliquat du compte à la charge du tuteur, n'eût-il été liquidé qu'après le décès pourvu que ce soit avant la déclaration ;

On a vu que nous allons plus loin. — V. n° 1028.

1040. *Dépôt irrégulier.* — Les fonds que le défunt ne détenait que pour autrui, mais à titre de dépôt *irrégulier*, soit comme particulier. — V. G. Demante, II, n° 693; Sol., 20 mars 1872, 6 août 1872 et 11 mai 1874; *Contrà :* Epinal, 24 avril 1849; Hazebrouck, 13 févr. 1864; Sol., 1er juill. 1868; Cpr., n°s 346 et s. ci-dessus ;

Soit même comme agent d'affaires ou banquier. — V. Dreux, 28 mai 1851; *Contrà :* G. Demante, *loc. cit.* ; Cpr., Garnier, *Rép. gén.,* v° *Succ.,* n° 1247; E. Naquet, *op. cit.,* II, n° 1025; Rouen, 17 juill. 1855 ;

V. aussi n° 346 et s. ci-dessus.

1041. *Dette conditionnelle.* — V. n° 1022.

1042. *Dette éventuelle.* — V. n° 1029.

1043. *Dette indéterminée.* — V. n° 1027.

1044. *Dette litigieuse.* — V. n° 1023.

1045. *Dette non liquide.* — V. n°s 1024 et s., 1039.

1046. *Dettes de la communauté* ou de la société d'acquêts. — Cpr., Langres, 23 déc. 1842 ; Murat, 10 déc. 1885; Cass., 2 déc. 1889; Dél., 11 sept. 1829; Sol., 23 mars 1878 ;

1047. Notamment le forfait de communauté autorisé par les art. 1520 et 1522; C. civ., car il constitue un passif. — V. Dict. réd., v° *Succ.,* n° 1964 ; Garnier, Rép., *eod.* v°, n° 1265 ; Maguéro, *eod* v°, n° 500. — V. Cass., 17 janv. 1854 ; Soissons, 18 déc. 1889 : I. G., 2010, § 7 ;

1048. *Dettes du défunt envers des héritiers,* sauf ce qui sera dit au chapitre suivant ;

1049. *Dettes d'une indivision, d'une universalité.* — V. n°s 788 et s. ci-dessus.

1050. *Dommages-intérêts.*

La liquidation de la dette postérieurement au décès mais avant la déclaration suffit encore à l'égard d'un débiteur condamné à des dommages-intérêts à fixer par état.

On sait que nous allons plus loin. — V. n°s 1024 et s., 1039.

1051. *Emprunts divers.*

Spécialement, les emprunts sur polices d'assurance-vie.

1052. *Fermages.* — Ceux échus et non encore payés lors du décès, ainsi que le prorata du terme en cours.

1053. *Forfait.* — V. Dettes de la communauté.

1054. *Frais de chaulage.* — Les frais de chaulage, drainage ou changements dans la nature des biens qu'un fermier serait autorisé à retenir sur son fermage. — V. Trévoux, 11 avril 1867 ; Dax, 12 juill. 1882 ;

1055. *Frais de dernière maladie.* — V. n° 1017.

1056. *Frais de deuil, de scellés, d'inventaire, de partage, etc.* — V. n° 1018.

1057. *Frais de réception de métayers.* — V. Dax, 12 juill. 1882 ;

1058. *Frais et honoraires* dus à des officiers publics ou ministériels (notaires, avoués, huissiers, etc.) à raison d'actes de leur ministère, et pourvu qu'ils ne soient pas prescrits.

1059. *Frais funéraires.* — V. *supra* n° 1017 et s.

1060. *Gages.* — V, n°s 1017 et s.

1061. *Impôts.*

1062. L'impôt foncier et des portes et fenêtres. — V. E. Naquet, *op. cit.,* II, n° 1016 ; Charleville, 10 févr. 1860 ; Saint-Amand, 3 févr. 1871 ;

1063. *Indemnités.*

Par exemple, les récompenses de toutes sortes dues par la succession à l'époux survivant. — V. I. G., 3058 ;

Notamment, la récompense que le défunt devrait à son conjoint survivant qui aurait payé en totalité une dot constituée ou réputée constituée à leur enfant, chacun pour moitié, car c'est une dette proprement dite. — V. Montargis, 22 déc. 1847; Seine, 23 juill. 1856; Brives, 28 déc. 1867; Cass., 11 août 1869; Seine, 4 mars 1881; Toulouse, 29 juin 1892;

Dans une espèce où avant son mariage, un époux avait acquis un immeuble moyennant un prix quittancé dans l'acte, et où, néanmoins, dans la liquidation de la communauté, récompense avait été mise à la charge de cet époux à raison de ce prix, comme n'ayant, en réalité, été payé que pendant la communauté et de ses deniers, jugé que la Régie s'était valablement refusée à tenir compte de cette récompense. — V. Mayenne, 11 juin 1902 ;

Pourtant, à moins que dans le contrat d vente le prix n'ait été déclaré versé à *la vu* du notaire, auquel cas l'énonciation, exprimant alors, mais alors seulement, un fait constaté *ex propriis sensibus*, ne pouvait tomber que par une inscription de faux, les deux actes, tous deux notariés, jouissaient d'une égale autorité, et, à notre avis, pour les faits admettant la preuve contraire, la liquidation devait l'emporter sur la vente, comme rectifiant valablement celle-ci ; bien entendu, sauf fraude, mais à prouver par la Régie ;

L'indemnité à payer comme bailleur pour les constructions élevées sur son sol par un fermier ou locataire.

V. aussi Dommages-intérêts.

1064. *Intérêts* échus ou courus au décès sur toutes dettes qui en sont productives.

1065. *Loyers* échus et non encore payés lors du décès, ainsi que le prorata du terme en cours.

Observons toutefois qu'un loyer peut être échu au moment du décès et non encore exigible à cette date. Cela dépend de l'usage des lieux. Ainsi à Paris un loyer échoit le 1er, et n'est exigible que le 8 ou le 15 selon son importance.

De la succession du bailleur :

1066. Les loyers à déduire pour construc-

tions élevées par un locataire. — V. Valence,
26 juin, 1871.

1067. Et les loyers reçus d'avance.

La Régie n'en admet cependant pas la déduction, et voici comment elle raisonne pour
la refuser :

« Le contrat de louage ne crée pas au
profit du preneur un droit réel sur la chose
affectée à sa jouissance ; il lui confère seulement un droit personnel contre le bailleur
(V. les auteurs et arrêts cités par Baudry-
Lacantinerie et Wahl, *Du contrat de louage*,
t. I, n° 527, note 7). Celui-ci conserve la
pleine propriété des biens loués, et c'est
cette propriété entière qu'il transmet à son
décès. La valeur imposable qui, pour les
immeubles productifs de revenus, a le caractère d'un forfait, doit donc être maintenue intégralement au chiffre résultant des modes
légaux d'évaluation, sans égard aux causes
momentanées de réduction ou de privation des
revenus.

« D'autre part, le versement effectué d'a-
vance par le preneur constitue simplement
l'exécution de l'obligation qu'il a contractée
« de payer le prix du bail aux termes conve-
nus » (art. 1728-2° C. civ.). Ce paiement a
pour unique effet de libérer le preneur jusqu'à
due concurrence. Les sommes qui en sont
l'objet deviennent immédiatement la propriété
du bailleur et ne peuvent, par suite, former
contre ce dernier une créance à titre de dépôt
ou autrement (Cpr., Sol., 20 nov 1888, Garnier, *Rép. pér.*, n° 7303) ;

« La seule obligation dont le bailleur soit
tenu, même quand les loyers ont été payés
d'avance, est celle de faire jouir. Or, cette
obligation, se résumant dans l'accomplissement d'un fait, ne nécessite pour son exécution le prélèvement d'aucune somme ou valeur sur l'actif héréditaire ; elle ne rentre donc
pas dans la catégorie des *dettes* dont la déduction est autorisée par la loi du 25 févr. 1901.
C'est dans le cas seulement où, faute d'exécution de la part du bailleur, l'obligation
de faire serait transformée en une créance
de dommages-intérêts (art. 1142, C. civ.),
que la succession se trouverait grevée d'une
véritable dette susceptible, en principe, d'être
admise en déduction. Mais, tant que cette
éventualité ne s'est pas réalisée, il n'y a
pas à en tenir compte pour le paiement des
droits de mutation par décès. » V. Sol.,
14 août 1902 ; I. G., 3095, § 10. (D. 04.
2. 395), V. Maguéro, *op, cit.*, supplément
v° *Succ.*, n° 184 ;

Eh bien, nous ne craignons pas de le dire,
ce raisonnement est absolument inexact.

On croirait, à le lire, que l'obligation de
payer les fermages ou les loyers, de la part
du preneur, précède, et que l'obligation de
faire jouir des lieux loués, de la part du bailleur, la suit ; mais c'est juste le contraire qui
constitue la vérité légale. Le bailleur doit

d'abord procurer cette jouissance, et, seulement ensuite, comme conséquence intrinsèque
de la jouissance obtenue, le preneur *deviendra* débiteur des fermages ou des loyers qui
la représentent.

En d'autres termes le louage est un contrat *successif*. L'obligation de payer le loyer
ou le fermage suit. — comme l'effet suit la
cause — l'obligation du locateur de procurer,
singulis momentis, la jouissance de la chose.
Cette jouissance qui se répète *quotidie*, —
et à la condition absolue qu'elle se soit suivie
— est la seule cause de l'obligation du preneur.

Voilà la théorie de la loi, aussi conforme
au bon sens qu'à la logique, et dont le code
civil fait lui-même l'application dans les art.
1724 et 1769.

Dès lors, quand, suivant la formule ordinaire, le bailleur reconnaît que le preneur lui
a versé *tant*, pour... mois de loyers d'avance du
bail, laquelle somme sera imputable sur les
... derniers mois de jouissance dudit bail, de
manière que l'ordre précédemment fixé pour
le paiement des loyers ne soit point interverti,
— les parties s'expriment mal, et c'est là-dessus que, dans notre hypothèse, table la Régie,
en s'emparant habilement d'énonciations erronées.

On voit, en effet, par ce que nous avons
expliqué tout à l'heure, que le preneur ne verse
point, à proprement parler, des loyers d'a-
vance : il remet en garantie de l'exécution de
ses obligations simplement un cautionnement
réel, autrement dit une certaine somme, un
gage en numéraire dont la légalité est reconnue par la jurisprudence (Cass., 12 déc. 1890 ;
D., 91. 1. 325), — que cette somme corres-
ponde à *tant* de mois de loyers, peu importe !
— à la manière des cautionnements d'employés, de fonctionnaires, etc. ; et comme à
l'expiration du bail, ce cautionnement n'aura
plus de raison d'être, de sorte que le bailleur
serait tenu de le restituer, mais que, d'un
autre côté, le preneur lui devra pareille
somme pour sa fin de jouissance, *à cette époque* une compensation s'effectuera naturellement entre les deux dettes. Telle est, selon
nous, l'opération réelle intervenue, rigoureusement analysée.

C'est pourquoi, nous invitons instamment
les notaires et tous les rédacteurs de baux à
modifier désormais en ce sens la clause habi-
tuelle sur les loyers d'avance.

D'ailleurs, il s'agit si bien là, non de loyers
proprement dits, payés par anticipation, mais
d'un cautionnement, que les socialistes du
Parlement invoquent précisément ce caractère,
soit pour interdire un tel versement, — V.
Proposition Chauvin, à la Chambre des députés, du 4 juin 1894,

Soit pour en prescrire le dépôt à la Caisse
des dépôts et consignations. — V. Prop. Pétrot, à la Chambre, du 8 févr. 1894 (*Docu-*

ments parlementaires, n° 360 p. 136) ; Rapport. somm. Pétrot, du 12 mars 1894 (*J. O.* p. 419); Prise en considération, 28 avril 1894 (*J. O.* p. 641); Rapport André Reille, du 5 juill. 1894 (*Doc. parl.* n° 769);

Supposons que cette dernière proposition aboutisse un jour. Le fisc prétendra-t-il encore que la somme déposée fait partie du patrimoine du bailleur ? Ce serait ridicule. Or, en quoi la nature de cette somme aura-t-elle changé, du simple fait que celle-ci se trouvera à la Caisse des dépôts et consignations, au lieu d'être aux mains du bailleur ?

Aussi bien la Régie condamne elle-même sa thèse, en considérant les loyers d'avance versés par le preneur comme un actif de sa succession ? C'est une contradiction absolue, car une obligation est un rapport qui implique deux termes, deux personnes : à toute créance il faut un débiteur, de même qu'à toute dette il faut un créancier. Prétendre que le preneur est créancier, sans que le bailleur soit corrélativement débiteur, est une monstruosité juridique.

1068. Tel n'est pas cependant l'avis de la jurisprudence qui par un jugement du trib. civil de la Seine du 30 oct. 1903 (D., 04. 2. 393.) confirmé par la Cour de Cassation (Cass., req. 24 juill. 1905 ; D., 05. 1. 469) a admis les prétentions de la Régie.

Sans vouloir refaire la critique des arguments émis dans cet arrêt, il n'est cependant pas inutile de faire remarquer que la Cour suprême a donné pour motif — ce qui est notre avis — que les loyers d'avance ne constituaient pas pour le bailleur une dette de jouissance. Mais alors, que devient la théorie de la Régie relativement aux loyers d'avance dans la succession du preneur !

1069. En tout cas, la déduction est admise lorsque le défunt n'était qu'usufruitier. — V. Sol., 29 juin 1903 , I, G., 3133, § 1er. (D., 04. 2. 395);

1070. *Ouvertures de crédit*, pour ce qui en a été réalisé. — V. Besson, *op. cit.* n° 101 ;

1071. *Passif à acquitter* d'une succession recueillie par le défunt. — dans la limite toutefois de l'actif successoral, en cas d'acceptation de cette succession sous bénéfice d'inventaire seulement, c'est-à-dire sens qu'on puisse reporter sur sa succession personnelle ce que la consistance insuffisante de la succession bénéficiaire n'aurait pas permis d'imputer, les deux successions restant séparées. — V. Defrénois, *Comm.*, n° 63 ;

1072. *Pensions alimentaires* à servir, pour ce qui en est échu et le prorata couru au décès.

1073. *Prestations.* — V. Rentes ;

1074. *Prix d'acquisition* encore dus. — Cpr. Déc. min. Fin., 8 frim. an IX ;

Notamment à un agent de change pour achat de titres.— V. Montpellier, 14 mai 1906.

Lors même que ces prix auraient été stipu-

lés payables avec des créances de la succession. — Cpr., Montpellier, 14 juin 1852.

Ou qu'il s'agirait du prix stipulé payable sans intérêts à l'extinction de l'usufruit, de l'acquisition faite par le défunt d'une nue propriété. — Cpr., Laon, 5 mars 1891 ;

1075. *Proratas.* — V. Fermages, Intérêts, Loyers, Pensions, Rentes ;

1076. *Récompenses.* — V. Indemnités ;

1077. *Reliquat.* — V. Compte.

1078. *Rentes* à servir, pour les termes échus ou en cours lors du décès, et pour le capital qu'elles représentent ;

Soit rentes foncières. — V. Cass., 19 prair. an XI ;

Soit rentes constituées ;

Soit rentes perpétuelles ;

Soit rentes temporaires ou viagères ;

Le capital d'une dette de rente viagère qui était due à titre de charge d'une donation, comme prix d'une aliénation, etc. par le défunt, et dont ses héritiers ont à continuer le service, s'évalue, par déclaration estimative des parties, selon l'âge de l'usufruitier, sauf contrôle de l'Administration (Rapport au Sénat, précité). — V. Defrénois, *Comment.*, n° 48 et *Rép. prat.*, n° 13664 ; Ev. Lepage, *op. cit*, n° 10717-16 *bis*; Seine, 12 déc. 1902 ; Cpr., Beauvais, 19 fév. 1903 ;

Ordinairement, on prend tout simplement les chiffres des tarifs des compagnies d'assurances sur la vie.

Pas de difficulté possible au sujet de la rente constituée sur une seule tête; aucune encore lorsqu'elle se trouve constituée sur deux têtes, et sans réduction au premier décès ; mais quand elle doit diminuer au décès du premier mourant, des difficultés s'élèvent pour établir la déduction qu'il y a lieu d'opérer.

Les compagnies d'assurances donnent bien quelques indications.

Ainsi, d'après les instructions de la Compagnie d'assurances générales à ses agents, s'il s'agit d'une rente viagère de 1200 francs, payable par trimestre, sur deux têtes l'une de 54 ans, l'autre de 46 ans, réductible d'un tiers lors du premier décès, on en détermine le prix par une opération qui consiste à faire porter un tiers de la rente sur chaque tête isolément et le dernier tiers sur les deux têtes avec réversion totale. Effectuant les calculs :

A 54 ans, 100 fr. de rente viagère coûtent........................	1.416 03
A 46 ans, 100 fr. de rente viagère coûtent.........................	1.690 76
A 54 et 46 ans, 100 fr. de rente viagère coûtent...................	1.900 86
Ensemble.............	5.007 65

Dont le tiers, prix de 100 francs de rente, est de.................	1/3	1.669 22

Une rente de 1200 fr. représente donc un

capital de 1669 fr. 22 $\times$ 12, soit 20,030 fr. 64.

Supposons maintenant une rente semblable, mais réductible d'un quart ;

Elle exige :

A 54 ans, pour 100 fr.	1.416	03
A 46 ans, »	1.690	76
A 54 et 46 ans, pour 200 fr.	3.801	72
Ensemble	6.908	51
Dont le 1/4, prix de 100 fr. de rente, est de	1/4 1.727	13

Une telle rente de 1200 fr. représente donc un capital de 1727 fr. 13 $\times$ 12 $=$ 20.725 fr. 56.

Mais ce sont là deux cas empiriquement résolus, à titre d'exemples, et pour les employés : il n'en résulte pas une formule générale qui permette à d'autres de les solutionner tous.

Frappé de cet inconvénient, M. Briand principal clerc de notaire à Nozay a cherché et trouvé le principe abstrait suivant :

Dans toute rente viagère constituée sur deux têtes et réductible au décès du prémourant des rentiers, le chiffre afférent à chaque tête séparément est de la différence qui existe entre la rente entière et la rente une fois réduite,

Et le surplus constitue la portion qui repose sur les deux têtes conjointement, non réductible au premier décès.

Appliquons successivement ce principe aux deux cas précités,

1° Réductibilité aux 2/3, soit à 800 fr.

Rente initiale	1.200	»
Rente réduite	800	»
Rente sur chacune des têtes	400	»
Du montant de la rente	1.200	»
Déduisant les rentes sur chaque tête, soit 400 $\times$ 2 $=$	800	»
Il reste, comme rente non réductible	400	»

Ce qui donne :

Pour les 400 fr. à 54 ans	5.664	12
» à 46 ans	6.763	04
» communs	7.603	44
Somme égale à celle du premier procédé (sauf centimes perdus dans les fractions)	20.030	60

2° Réductibilité aux 3/4, soit à 900 fr.

Rente primitive	1.200	»
Rente réduite	900	»
Rente sur chaque tête	300	»
Du montant de la rente	1.200	»
Déduisant les rentes sur chaque tête, soit 300 $\times$ 2 $=$	600	»
Il reste, comme rente non réductible	600	»

Ce qui donne :

Pour les 300 fr. à 54 ans	4.248	09
» à 46 ans	5.072	28
Et pour les 600 fr. communs	11.405	16
Somme égale à celle du premier procédé (sauf centimes perdus dans les fractions)	20.725	53

Preuve de l'exactitude du procédé général proposé par M. Briand, et pour l'application duquel il n'y a plus, dans chaque cas, qu'à se référer aux tarifs fournis au public par les diverses compagnies d'assurances.

Mais il n'en est plus de même pour la rente viagère constituée au moyen d'une transmission par décès et ayant supporté le droit de mutation à ce titre. On devra déduire le capital par dix conformément à l'avis du Conseil d'Etat du 10 septembre 1808. — V. Sol., 14 nov. 1906 ; Seine, 12 déc. 1902 ; Lille, 11 nov. 1905.

Mais la rente viagère, constituée en dot avec clause d'imputation sur la succession du premier mourant des donateurs, n'est pas déductible de la succession de celui-ci, si le donataire recueille dans cette succession une somme égale au capital de la rente. — V. Laval, 12 nov. 1897 ; La Roche-sur-Yon, 7 mars 1899 : Vannes, 28 juill. 1904 : Parthenay, 31 juill. 1906 ; Seine, 5 janv. 1907 ; *Contrà*, Saint-Amand, 11 janv. 1901.

1079. Les rentes payables en nature sont également déductibles, pour un capital à l'évaluation des héritiers.

1080. *Reprises* en deniers d'une femme contre la succession de son mari.

Il ne s'agit pas ici des reprises de la femme commune en biens, en tant du moins que la communauté peut y faire face, on a vu qu'elles sont prélevées avant partage comme ne faisant pas partie de la succession du mari.

Celles dont il est parlé maintenant ne constituent pas de véritables reprises, car des reprises impliquent un fonds commun sur lequel elles s'exercent, ce qui exclut le régime sans communauté et le régime dotal, sauf le cas de société d'acquêts ; ce sont les créances d'une femme contre son mari, qui les lui doit à titre de débiteur ; par exemple.

L'excédent de ces reprises sur l'actif de communauté, en cas d'insuffisance de celle-ci. (Chambre, 16 nov. 1895 ; *J. O.*, p. 2372). — V. I. G., 3049 et 3058 ;

Et leur totalité, en cas de renonciation à la communauté. — V. Dict. réd., v° *Succ.*, n° 1963 ; Garnier, *eod.* v°, n° 807 ; Maguéro, v° *Renonciation*, n° 62 ; I. G., 3058 ; Cpr., Cass., 11 août 1830 ; 24 nov. 1860, 21 août 1861 ; Vitry-le-François, 9 mai 1887 ; Cass., 30 nov. 1869 ; Seine, 18 juin 1890 ; Château-Thierry, 9 mars 1887 ; I. G., 1847, § 5 ;

Les pseudo-reprises, de la femme mariée sous le régime exclusif de communauté ou en séparation de biens ;

Et celles de la femme dotale. — V. Cass., 11 août 1869 ; Castel-Sarrasin, 29 déc. 1869 ; I. G., 3058 ;

Par exemple à raison d'immeubles paraphernaux, dont le prix de vente n'a pas été employé. — Cpr., Gaillac, 11 juin 1872 ; Corte, 2 déc. 1874 ; Lodève, 14 nov. 1877 ; Albi, 17 mars 1898 ;

Moins, naturellement, les récompenses que, de son côté, la femme devrait à son mari. — Cpr., Belley, 14 mars 1873 ; Vienne, 9 août 1873.

1081. Puisque ce sont des dettes :

D'une part la déduction n'en est autorisée que sous les justifications ordinaires. — V. Dict. réd., v° *Succ.*, n° 1965 ; Garnier, *Rép. eod.* v°, n° 1267 ; Maguéro, *eod.* v°, n° 501 ; I. G., 3049 et 3058 ;

D'autre part, il y a lieu de leur appliquer, le cas échéant, ce qui a été dit précédemment des dettes non liquides en général.

1082. *Solde.* — V. Compte.

1083. *Soultes* d'échange ou de partage encore dues.

V. aussi Prix d'acquisition. Etc., etc.

1084. La déduction autorisée par l'art. 3 n'est pas limitée au principal des dettes : elle s'étend de plein droit, le cas échéant, au prorata d'intérêts courus depuis la dernière échéance jusqu'au jour du décès. — V. I. G., 3058 ;

2° Dettes conjointes ou solidaires

1085. Il y a lieu, dans certains cas, de rechercher dans quelle mesure le défunt était tenu de contribuer au paiement des dettes dont la déduction est réclamée.

1086. Ces questions doivent être résolues d'après les principes généraux du droit civil et les conventions particulières contenues dans le titre invoqué. — V. I. G., 3058.

1087. Deux situations sont à distinguer : c'est avec son conjoint survivant que le défunt était coobligé, ou c'était avec d'autres, abstraction faite des dettes sociales, pour lesquelles *V. Sociétés* (Section VIII).

De cujus coobligé avec son conjoint survivant.

1088. A cet égard, nous devons rappeler brièvement ici les pricipes du Code civil, qui sont les suivants :

1089. Pour la division du passif de la communauté entre les époux, il faut d'abord bien distinguer *l'obligation* et la *contribution* aux dettes.

1090. L'obligation s'entend de la mesure dans laquelle chaque époux peut être poursuivi par les créanciers.

1091. Or, le mari est tenu, envers les créanciers, de la totalité de ses propres dettes et de celles que la femme a contractées avec son autorisation, parce qu'en autorisant sa femme, il a consenti à ce que la dette de celle-ci devint dette de la communauté, de sorte qu'en ce sens, la dette a été contractée par lui et que les créanciers ont suivi sa foi. (C. civ.,art. 1409, 1419, 1484.)

Mais lorsqu'il n'a pas autorisé sa femme, — supposons qu'il s'agit de dettes mobilières antérieures au mariage,— les créanciers n'ont pas dû compter sur lui ; aussi n'est-il alors tenu que de la moitié des dettes provenant de la femme, en sa qualité de commun en biens. (C. civ.,art. 1485.)

1092. Quant à la femme, elle n'est, en général, obligée que pour moitié, car elle n'est tenue que comme associée, les créanciers n'ayant pas traité avec elle, mais avec le mari seul (C. civ., art. 1487) ;

Et encore, pour cette moitié, n'est-elle tenue que *intra vires*, à la manière d'un héritier bénéficiaire (C. civ., art. 1483) ;

Pourvu toutefois «qu'il y ait eu bon et fidèle inventaire et en rendant compte tant du contenu de cet inventaire que de ce qui lui est échu par le partage». (Même art.) — V. I. G., 3102-3.

Mais, si la dette est née en sa personne, la femme en est tenue *pour le tout* et *ultra vires* (C. civ., art. 1486) :

Telles sont les dettes mobilières de la femme antérieures au mariage,

Et celles qu'elle a contractées pendant le mariage sans l'autorisation de son mari ;

Dans les deux cas, en effet, les créanciers ont suivi sa foi, et dans le premier elle n'a pu diminuer leurs droits en se mariant.

1093. Remarquons maintenant que si la femme, au lieu d'être simplement autorisée par son mari, s'oblige *conjointement* avec lui, elle n'est tenue, comme tout autre débiteur conjoint, que pour moitié, mais elle est tenue de cette moitié, *ultra vires* ;

1094. La contribution aux dettes est relative aux rapports des époux entre eux, abstraction faite du droit de poursuite des créanciers ; elle répond à cette question : Combien chaque époux doit-il, respectivement à l'autre, supporter définitivement dans les dettes ?

Or, aux termes des art. 1482 et 1483, C. civ., le principe est que chaque époux (ou ses héritiers) doit supporter ainsi la moitié de chacune des dettes de la communauté.

1095. Mais cette division égale cesse d'avoir lieu lorsqu'elle aurait pour résultat de grever la femme *ultra vires ;* celle-ci n'est, en effet, tenue de la moitié à sa charge que dans la limite de son *émolument,* de sorte que la portion incombant au mari augmente de tout ce qui diminue celle de la femme.

1096. Par cet émolument, on entend, la valeur de tout ce qui tombe au lot de la femme, même à titre de préciput, et de tout ce dont elle s'enrichit par suite du partage; ainsi l'émolument de communauté comprend les fruits et revenus que la femme a perçus des objets tombés dans son lot ; il comprend également les sommes dont elle était débitrice envers la communauté, lorsqu'elles lui ont été précomptées sur sa part. Mais les objets qu'elle retire à titre de reprises et les valeurs qui lui sont assignées pour lui fournir les récompenses à elle dues par la communauté, ne font point partie de son émolument.

1097. Du reste, cet émolument se calcule ici d'une manière toute spéciale, c'est-à-dire que les biens figurent à la masse active pour leur estimation fiscale, abstraction faite de leur valeur réelle, et la masse passive ne comprend que les dettes dont la déduction est admise.

1098. La répartition égale ne s'applique pas non plus aux dettes de communauté qui impliquent récompense. Par exemple, le mari a payé une de ses dettes mobilières antérieures au mariage, laquelle était relative à un de ses propres ; il ne saurait demander à la femme d'y contribuer, puisque, si la communauté avait payé cette dette, le mari lui en aurait dû récompense.

1099. Lorsque la femme, obligée personnellement, a dû payer une dette commune au delà de la moitié qu'elle en doit supporter, ou même au delà de son émolument, elle a, par application de ces règles sur la contribution, un recours contre son mari.

1100. Mais plusieurs des propositions qui précèdent peuvent se trouver gravement modifiées par la renonciation de la femme à la communauté.

Cette renonciation produit des effets à l'égard tant de l'actif que du passif.

Et d'abord, la femme renonçante perd tout droit sur l'actif commun ; même les biens tombés de son chef dans la communauté lui deviennent étrangers. A l'exception de ses linges et hardes qu'elle peut emporter, le mari conserve pour lui tout l'actif ;

Hormis, bien entendu, les reprises de la femme, qui sont alors :

Ses propres en nature, car elle en est propriétaire,

Et les indemnités que peut lui devoir la communauté, puisqu'elle en est créancière.

Quant au passif, le mari, même sur ses biens personnels, doit le supporter désormais entièrement à lui seul (C. civ., art. 1494) ;

Y compris les reprises en deniers de la femme.

1101. Jamais, au contraire, la femme n'est tenue sur ses propres, envers son mari, pour l'excédant des reprises en deniers de celui-ci, en cas d'insuffisance de la communauté ; qu'il ait été fait inventaire ou non (C. civ., art. 1436 et 1472).

1102. Et seul aussi il reste exposé à la poursuite des créanciers (Même art.) ;

1103. A moins qu'il ne s'agisse de dettes dont la femme est personnellement tenue envers eux, d'après ce qui a été dit plus haut, auquel cas elle reste naturellement leur débitrice et soumise à leur action, mais sauf re-

cours contre son mari ou les héritiers de celui-ci (Même art.).

1104. Cela rappelé, la déduction des dettes, dans les successions d'époux ayant été communs en biens, doit s'opérer en conformité des principes qui précèdent ; plus spécialement de ceux relatifs à la contribution, à moins que la loi fiscale n'y fasse positivement obstacle.

1105. En cas de prédécès du mari, il y a lieu de retrancher de sa succession toute la portion de la dette commune qui excède l'émolument de la veuve dans l'actif de communauté (Rapport de M. Cornudet, au Sénat, 9 juill. 1896, *J.*, *O.*, *Doc. parl.*, p. 290). — V. I. G., 3058 ;

1106. Par contre, en cas de prédécès de la femme, la déduction ne peut pas porter sur ses biens personnels (Même rapport, *loc. cit.*).

1107. Pas de difficulté, en général, si les conjoints (ou leurs héritiers) peuvent faire face à la contribution qui leur incombe respectivement.

1108. Or, supposons le contraire : la dette pour laquelle le défunt se trouvait obligé au delà de sa part contributive existe encore à l'époque de son décès, ses héritiers sont tenus de la payer, mais sans recours efficace contre le conjoint survivant, attendu qu'il est, en totalité ou en partie, dans l'impossibilité de rembourser la portion à sa charge ; les déclarants sont-ils alors recevables à déduire *tout* ce qu'ils auront à payer, en renonçant à leur recours ?

Oui, à notre avis ; et non pas seulement équitablement, par adhésion bienveillante de l'Administration, mais en vertu de la loi du 25 fév. 1901, dont la volonté a été, ainsi que nous l'avons déjà dit en parlant des créances irrecouvrables, de limiter désormais la liquidation de l'impôt sur chaque succession à la consistance réelle de celle-ci ; de sorte que le refus de la Régie ne peut plus être arbitraire, il est maintenant soumis au contrôle des tribunaux. — Cpr., E. Naquet, *Rev. Enreg.*, n° 2703 ; Rigal, *Journ. du Not.*, 1905, p. 403.

A plus forte raison, la créance éventuelle qui résultera du paiement de l'excédent, ne doit-elle pas être considérée comme un actif.

1109. Si c'est pendant le mariage que le défunt avait payé, à cause de son obligation aux dettes envers les créanciers, plus qu'il ne devait entre époux suivant les règles de la contribution, sa créance à cet égard sera portée comme irrecouvrable, du moment que le recours doit rester sans effet utile.

1110. Le bénéfice d'émolument que la femme a le droit d'invoquer est, on l'a vu, subordonné à la confection d'un inventaire de la masse commune dans les trois mois du décès.

1111. Par le fait seul que la femme ou ses représentants ont fait faire cet inventaire, ils doivent être présumés avoir l'intention de ne supporter les dettes que jusqu'à concurrence de l'émolument ; il est donc naturel qu'après le décès de la femme, la Régie ne porte en déduction de sa succession que la portion restant à sa charge, au lieu de la moitié normale.

Pour empêcher cette interprétation de volonté, on fera bien de réserver dans l'inventaire la faculté de prendre ultérieurement à cet égard toute résolution que bon semblera.

1112. La condition d'un inventaire, pour assurer le bénéfice d'émolument, n'est de rigueur que relativement aux tiers ; entre les époux ou leurs représentants, une liquidation, un partage ou autre acte suffit, si, par les indications qu'il renferme, il se trouve équivaloir à un inventaire.

L'Administration s'en contente aussi pour la déduction des dettes s'il a été dressé dans le délai susindiqué, sous réserve, en sa qualité de tiers, du droit d'établir le défaut de sincérité ou l'inexactitude de l'acte présenté au lieu d'un inventaire. — V. Sol., 16 sept. 1902, I. G., 3099, § 8.

1113. A défaut d'inventaire ou d'acte équivalent, la déduction à opérer pour le calcul du droit de mutation par décès sur la succession du mari se limite à la moitié du passif, la communauté fût-elle en déficit. — V. Saint-Nazaire, 12 août 1904 ; Sol., 16 sept. 1902 ; I. G., 3099, § 8.

1114. Et ce, même dans le cas où la femme, étant sans intérêt à revendiquer le bénéfice d'émolument, s'est abstenue, pour ce motif, de faire faire inventaire ; attendu, par exemple, que son mari l'a instituée sa légataire universelle, de sorte qu'en cette qualité, elle est pleinement tenue, sans distinction aucune, des dettes de la communauté. — V. Sol., 16 sept. 1902.

1115. Réciproquement, par cela seul que le bénéfice d'émolument ne peut être réclamé, la moitié des dettes communes doit être admise en déduction sur la succession de la femme, ou sur celle du mari, bien qu'elles excèdent l'actif commun. — V. Saint-Nazaire, 12 août 1904 ; Sol., 22 janv. 1902 ; I. G., 3080, § 18.

On observera que cette application des principes sera tantôt à l'avantage des déclarants et tantôt à celui de la Régie.

1116. Du reste, il ne tient qu'aux héritiers du mari de se mettre à l'abri des conséquences dommageables pour eux de l'inaction de la veuve, en faisant eux-mêmes inventaire (*Journ. du Not.*, 1905, p. 375).

1117. De ce que l'émolument de la femme ne consiste qu'en ce qu'elle reçoit à titre de commune, à l'exclusion de ses reprises en deniers, il résulte que si la communauté est insuffisante pour payer à la fois les reprises des époux et les dettes envers les tiers, il ne peut être question pour déterminer au point de vue de l'application de l'impôt les droits respectifs des conjoints, soit d'imputer d'abord sur l'actif les dettes dues aux tiers de manière à ne prélever les reprises que sur le reliquat, soit de procéder à une répartition proportionnelle de l'actif entre les dettes et les reprises ; dans cette hypothèse, en effet, les droits respectifs du mari et de la femme consistent dans la moitié de l'excédent de l'actif brut sur le montant des reprises et chacun d'eux participe également pour moitié aux dettes communes, sous réserve pour la femme d'user de la faculté de limiter sa part contributive à l'émolument qu'elle tire de la communauté, s'il a été fait inventaire : c'est, en conséquence, d'après ce mode de répartition de l'actif et du passif que doivent, le cas échéant, être liquidés les droits de mutation par décès ; — V. Sol., 19 déc. 1902 ; I. G., 3102 § 3.

Dans l'espèce, le bénéfice d'émolument réduit la somme à payer ; raison de plus pour faire l'inventaire qui en est la condition.

1118. Enfin, quoique les dettes de la communauté incombent en principe à chacun des époux par égales parts, elles ne peuvent être admises pour moitié en déduction de l'actif imposable qu'à la condition exigée par l'art. 3, L. 25 fév. 1901, d'exister au jour de l'ouverture de la succession.

1119. Par conséquent, « les frais de scellés, inventaire, vente de mobilier, liquidation licitation et partage », que l'art. 1482 range parmi les dettes de communauté, ne sont déductibles qu'à raison de successions antérieures à celle faisant l'objet de la déclaration.

1120. Reste le contre-coup d'une renonciation à la communauté par la femme (ou ses représentants).

1121. Lorsque, malgré cette renonciation, la femme est tenue de payer une dette de la communauté, parce qu'elle s'y trouve obligée envers un créancier, rien de particulier à signaler si le recours qui s'ensuit doit lui permettre de se récupérer : sa dette engendre une créance égale sur son mari.

1122. Mais si, celui-ci étant insolvable, la succession de la femme reste, en fait, seule et définitivement débitrice, puisqu'un recours efficace lui fait défaut, il y a lieu de procéder, comme on l'a déjà vu dans le cas où, sans renoncer à la communauté, les héritiers de la femme se trouvent dans la nécessité de payer à fonds perdus l'excédent de sa part contributive : déduire le montant de la dette, en renonçant à tout recours contre le mari pour cet excédant qui lui incomberait. — V. Rigal, *Journ. du Not.*, 1905, p. 419.

1123. Ce qui précède, dit dans l'hypothèse d'une communauté légale, s'applique également à la communauté d'acquêts. — V. Rigal, *Journ. du Not.*, 1905, p. 418 ;

1124. Mais peut-on l'étendre à la société d'acquêts sous le régime dotal ?

L'art. 1581 C. civ., implique l'affirmative. Néanmoins, faut-il encore qu'il n'en résulte pas d'atteinte à l'inaliénabilité dotale. Aussi a-t-il été jugé que l'acceptation de la société d'acquêts par la femme, lui laissant la faculté de faire valoir les prérogatives attachées aux bicus dotaux, ne l'oblige pas nécessairement à contribuer aux dettes du mari au delà de son émolument, alors même qu'elle n'aurait pas fait inventaire. — V. Cass., 28 juin 1847 (S., 47. 1. 493 ; D., 47. 1. 229);

Il semble donc, dirons-nous avec M. Rigal, (*op. et loc. cit.*,) que les héritiers du mari doivent être admis à faire déduire de sa succession tout le passif commun excédant l'émolument recueilli par la femme, à la charge pour eux d'établir que celle-ci ne possède, en dehors dudit actif, que des biens dotaux et n'a pas renoncé à l'hypothèque légale destinée à garantir ses reprises dotales.

1125. On verra plus loin qu'en cas de dette solidaire, et dans le silence du titre qui la constate, la déduction admise est celle de la part virile du défunt, pour laquelle seule il est alors légalement réputé tenu entre coobligés, sauf preuve d'une contribution différente.

1126. Cela s'applique spécialement à la femme commune en biens, engagée solidairement avec son mari, de sorte que la déduction à faire sur sa succession est de la moitié du montant de la dette. Certes d'après l'art. 1431, C. civ., la femme ne se trouve alors obligée relativement à son mari que comme caution du tout ; mais à la dissolution de la communauté et, en cas d'acceptation, la dette ainsi contractée devient pour moitié sa dette personnelle. — V. Sol., 22 janv. 1902, I. G. 3080 § 18 ;

Sauf bénéfice d'émolument possible ; à défaut duquel la déduction doit être étendue aux biens personnels de la femme défunte, puisqu'elle est tenue de la moitié de la dette, quelle que soit l'importance de sa part dans l'actif commun. — V. mêmes Sol. et I. G. ;

A moins qu'il ne soit établi qu'en fait, contrairement à la présomption résultant de l'art. 1409, 2°, la dette a été contractée dans l'intérêt exclusif du mari. — V. mêmes Sol. et I. G.

1127. Du reste, le principe étant qu'une dette contractée par le mari seul, en sa qualité de chef de la communauté oblige la femme, tout au moins jusqu'à concurrence de son émolument dans ladite communauté, la Régie reconnaît, sans difficulté, qu'une dette de cette nature est susceptible d'être admise en déduction lorsqu'il s'agit de déterminer la part nette revenant, dans l'actif commun, à la succession de la femme prédécédée. — V. Sol., 28 mars 1902.

1128. La réquisition d'un inventaire par les héritiers de la femme semble dénoter leur intention d'invoquer au besoin le bénéfice d'émolument ; la Régie se trouve donc autorisée par le fait seul à réduire en conséquence le passif à la charge de sa succession ;

Si tel n'est pas leur dessein, ils feront bien de le déclarer dans l'inventaire.

1129. L'avis général est que l'art. 1431, quoique placé sous la rubrique : *De la communauté...*, domine tous les régimes. — V. Cass., 3 juin 1891 (D., 92. 1. 13); — 31 oct. 1893, (S., 94. 1. 155); — 11 juill. 1894, (S. 99. 1. 353);

Par suite, doivent être déduites en totalité de la succession du mari séparé de biens, comme incombant exclusivement à ce dernier, les dettes contractées solidairement par les deux époux au cours de leur union, si, du reste, il n'est établi ni par les actes d'emprunt, ni par des faits probants parvenus légalement à la connaissance de la Régie, que les deniers empruntés ont été employés dans l'intérêt commun de la femme et du mari. — V. Sol., 11 déc. 1902.

De cujus coobligé avec d'autres que son conjoint survivant

1130. En cas de dettes contractées solidairement par plusieurs personnes et si, bien entendu, le titre ne fixe pas la quote-part incombant à chacune d'elles, on déduit, non pas la totalité de la dette, mais seulement la part virile du défunt, puisque cette part est réputée, jusqu'à preuve contraire (art. 1213 et 1214, C., civ.), celle pour laquelle il doit contribuer au paiement, en la supportant personnellement et sans recours. (Rapport au Sénat, 9 juill. 1896, *J. O.*, Doc. parl. p. 290) — V. I. G., 3058 ;

Jusqu'à preuve contraire ! la totalité de la dette pourrait donc être déduite s'il résultait des actes qu'elle a été contractée dans l'intérêt exclusif du défunt et que ses codébiteurs ne sont, au fond, que ses cautions.

De même, en cas d'insolvabilité justifiée d'un ou de plusieurs des codébiteurs solidaires, il y a lieu de déduire de la succession du codébiteur décédé, non plus seulement sa part virile mais la part qui lui incombe désormais par suite de cette insolvabilité.

1131. Mais la dette contractée solidairement par le *de cujus* et une autre personne n'est pas déductible, lorsque tous les fonds ont été retirés par celle-ci. — V. Rodez, 11 nov. 1904.

1132. Généralisant cette décision, aucune déduction n'est recevable à raison des dettes au paiement desquelles le défunt n'était vraiment engagé solidairement qu'en qualité de caution, attendu que la caution a toujours un recours contre les débiteurs principaux pour la totalité des sommes déboursées et n'est, en définitive, tenue de supporter personnellement et sans recours aucune fraction de la dette. — V. Sol., 13 août 1902 ; I. G., 3099, § 7.

Oui ! sauf néanmoins le cas d'insolvabilité des débiteurs principaux ou de certains d'entre eux, puisqu'alors la caution reste chargée de tout ou partie de ces dettes faute de recours utile. — V. Defrénois, Rép. prat., n° 13214 ;

Par exemple en cas de faillite du débiteur principal.— *Contra* : Seine, 27 juill. 1906 (D., 1907. 2. 206) ; Cass., Req. 19 févr. 1908.

Après ces explications, il reste à s'occuper de l'existence du titre de la dette et de la preuve à en donner, laquelle est, d'ailleurs, subordonnée à certaines formes.

4e CONDITION D'UN TITRE REQUISE POUR LA DÉDUCTION

1133. On a vu que l'art. 3, L. 25 févr. 1901 subordonne la déduction d'une dette à la condition qu'elle ait son fondement dans un titre de nature à faire preuve en justice contre le défunt. — V. I. G., 3058 ;

1134. Or, une dette peut être constatée par un titre préconstitué (*documentum, instrumentum*) ou résulter seulement d'un titre légal (*titulus*).

Titre documentaire.

1135. C'est en ce sens que le mot *titre* est pris dans l'art. 3 susénoncé ; il entend par là non le droit même, ici la dette, mais l'écrit, quel qu'il soit qui la constate, et qui possède une force probante suffisante pour établir péremptoirement, par lui-même et à lui seul, l'existence réelle d'une dette, à l'encontre du défunt. (Sénat : Rapport Monestier et Débats, 31 déc. 1900 et 24 janv. 1901 ; *J. O.*, p. 85 ; — Chambre : 15 nov. 1900 ; *J. O.*, p. 2075) — V. Rennes, 5 déc. 1904 ; I.G., 3049 et 3058.

1136. *Acte administratif.* — V. Acte authentique.

1137. *Acte authentique.* — Ces mots veulent surtout dire ici : acte notarié ;

Mais ils comprennent aussi l'acte administratif ;

Et l'acte judiciaire, tel qu'un règlement définitif d'ordre ou de distribution en justice.

1138. *Acte judiciaire.* — V. Acte authentique.

1139. *Acte notarié.* — V. Acte authentique.

1140. *Acte sous seing privé.* — Il n'est pas nécessaire que le titre sous seing privé de la dette dont la déduction est réclamée ait date certaine, par conséquent qu'il soit enregistré. — V. I. G., 3058 ; V. toutefois ce qui a été dit n° 285.

Ainsi, en cas de décès d'une femme commune en biens, la dette résultant d'un acte sous seing privé signé du mari seul peut entrer en ligne de compte pour déterminer l'émolument net revenant à la succession dans l'actif commun, s'il est justifié que cette dette grevait réellement la communauté au moment où celle-ci s'est dissoute. — V. I. G., 3058.

De même, un emprunt sur police d'assurance-vie est déduit sur la production d'une copie de la police et d'une copie de l'acte de prêt ; ces copies peuvent être sur papier libre, mais elles doivent être légalisées.

1141. *Arrérages.* — V. Intérêts.

1142. *Arrêt.* — V. Jugement.

1143. *Baux.* — La déduction du prorata, sur le terme en cours au décès, de loyers ou fermages, va de soi, par le fait seul de l'existence du bail. — V. Defrénois, *Comment.*, n° 93 ;

Mais elle n'est admise pour les termes échus qu'à la condition que la prescription n'en soit pas acquise (L. 25 févr. 1901, art. 7-6°)

et qu'avec l'attestation du créancier. — V. I. G., 3058 ; V. toutefois ce que nous disons à *Intérêts* pour les termes arriérés ;

Et, en outre, pourvu qu'il s'agisse de baux proprement dits, et non de simples locations verbales, la déclaration de ces locations ne constituant pas un titre opposable aux preneurs. — V. Sol., 6 mai 1903 ; I. G., 3122, § 3.

1144. *Billet à ordre.* — V. Effets de commerce.

1145. *Billet simple.* — V. Acte sous seing privé.

1146. *Bordereau d'agent de change.* — V. Montpellier, 14 mai 1906.

1147. *Chèque.* — Est déductible une dette constatée par un chèque tiré par le défunt sur un banquier qui lui a consenti une ouverture de crédit, alors même que celui-ci n'aurait pas de provision préalable. — V. Marennes, 27 nov. 1906.

1148. *Compte de tutelle.* — Il faut distinguer suivant que le tuteur décède au cours de sa tutelle ou seulement après.

Dans le premier cas, les sommes dont il était comptable sont déductibles, soit sur la production d'un compte de tutelle rendu par les héritiers, soit sous les justifications ordinaires à titre de dettes diverses quelconques, car la reddition préalable d'un compte de tutelle n'est aucunement indispensable. — V. Sol., 18 avril 1902 ; I. G., 3089, § 15 ;

Il en va de même du second cas, mais alors, comme la dette du tuteur se trouve exigible par le seul fait de la cessation de ses fonctions, la déduction est soumise aux règles ultérieurement indiquées des dettes échues depuis plus de trois mois, si la fin de sa tutelle remonte au delà.

1149. Si, d'ailleurs, la dette représente les reprises en deniers de la femme prédécédée du défunt dont celui-ci était tenu comme mari, d'une part, et comme tuteur légal des héritiers, d'autre part, ces derniers sont fondés à raison de la nature mixte de leur créance, à lui attribuer, suivant l'avantage qu'ils peuvent retirer de cette option, le caractère soit d'une dette de reprises, soit d'une dette pupillaire : par suite, dans le cas où la déduction est demandée, la Régie ne peut, ni se prévaloir de la prohibition de l'article 7, n° 1, si la dette n'est pas, à ce double point de vue, échue depuis plus de trois mois, ni opposer aux héritiers la prescription extinctive tant qu'elle n'est pas acquise à raison du double caractère de la dette. (Sol. précitée du 18 avril 1902).

1150. Quant aux biens et valeurs détenus par le tuteur en cette qualité, ils sont à prélever en nature, ainsi qu'on l'a vu (n°s 356 et s.).

1151. *Correspondance commerciale.* — Elle peut, suivant les cas, valoir comme titre contre le défunt commerçant. — V Defrénois, *Comment.*, n° 165 ; Evar. Lepage, *op, cit.*, n° 10717,10 ; Seine, 13 févr. 1903.

1152. — *Droit de mutation sur une succession précédente.* — V. Rôles de contributions.

1153. *Effets de commerce*. — Acceptés, endossés ou tirés par le défunt, ils font titres contre lui.

1154. *Exécutoire*. — Un exécutoire de dépens, ou de frais et honoraires, forme un titre suffisant sur celui contre qui il est délivré.

1155. *Facture*. — Les factures acceptées par le défunt font également titre contre lui.

1156. *Fermages*. — V. Baux.

1157. *Impôts*, — V. Rôles de contributions.

Nous constaterons plus loin, sous ces mots, que les rôles pour l'imputation et le recouvrement des impôts constituent des titres autorisant la déduction ;

A plus forte raison, la Régie admet-elle les dettes envers elle-même, c'est-à-dire les droits dont elle se trouve personnellement créancière.

Est donc susceptible d'être déduit de l'actif imposable d'une succession le montant du droit simple encore dû par le défunt à raison d'une autre hérédité ouverte depuis moins de six mois et non encore déclarée. — V. Sol., 10 nov, 1902 ; I. G., 3058, 3102, § 4.

Au contraire, à supposer, comme l'Administration le prétend, que des héritiers encourent personnellement un demi-droit en sus s'ils ne déclarent pas dans le délai légal primitif la succession échue à leur auteur, celui-ci n'ayant point dû lui-même ce demi-droit, ils ne sauraient en faire la déduction. — V. Sol., 10 nov. 1902 ; I. G., 3102, § 4.

1158. *Intérêts*. — Le prorata du terme en cours lors du décès, d'intérêts de dettes qui en sont productives, et d'arrérages de rentes viagères ou perpétuelles, se déduit sur parole, c'est-à-dire par cela seul que, pour le principal, il y a titre opposable à la Régie ;

Mais la déduction des termes échus, en d'autres termes de l'arriéré, n'est admise que s'ils ne sont pas prescrits (L., 25 févr. 1901, art. 7-6°), et « sous les justifications de droit commun » porte l'I. G. 3058 ;

On dirait par là que la Régie entend ne s'incliner que devant un titre distinct et spécial aux intérêts, et telle est, en effet, l'interprétation de certains receveurs ;

Mais cette exigence viole sans aucun doute les principes généraux du droit, car, qui a titre pour le principal a, du même coup, titre pour les intérêts qui y sont stipulés ; la preuve en est que le débiteur du principal sera toujours, tant qu'il devra le principal valablement poursuivi pour les intérêts non prescrits, à moins de prouver lui-même qu'il les a payés ;

Objectera-t-on que, pour la déclaration de la créance corrélative dans la succession du créancier, la Régie admet bien, à son propre détriment, la présomption que les intérêts courants sont seuls dus ? mais la situation n'a rien de comparable : la preuve du paiement des intérêts est aux mains du débiteur et non du créancier, et, à faire une déclaration inexacte, les héritiers de celui-ci risqueraient

que le débiteur ne s'en empare pour se prétendre libéré ;

Enfin, la fraude n'est en vérité guère à craindre puisque la Régie a le droit d'exiger l'attestation du créancier, si rigoureusement sanctionnée.

1159. Mêmes raisonnement et conclusion, à l'égard des loyers et fermages échus antérieurement au décès. — V. Defrénois, *Rép. prat.*, n° 13366.

1160. *Jugements*. — Ils sont considérés comme ayant la même force probante que les actes notariés. — V. Garnier, *Comment.*, n° 94 ; Maguéro, Suppl., v° *Succ.*, n° 216 ;

Quelle que soit la juridiction qui les ait rendus ;

A moins qu'ils ne soient frappés d'un appel suspensif.

Un jugement postérieur au décès, mais intervenu avant la déclaration, complète l'efficacité d'un titre jusque-là contesté ou insuffisant par lui-même.

1161. *Lettre de change*. — V. Effets de commerce ;

1162. *Lettre missive*. — Elle constitue un titre, lorsqu'elle contient un aveu opposable.

V. aussi. Correspondance commerciale.

1163. *Liquidation de reprises*. — V. Reprises ;

1164. *Livres de commerce*. — A l'égard des livres obligatoires, voici ce que prescrit le Code de commerce :

Art. 8 : « Tout commerçant est tenu d'avoir un livre-journal qui *présente*, jour par jour, ses dettes actives et passives, les opérations de son commerce, ses négociations, acceptations ou endossements d'effets et généralement tout ce qu'il reçoit et paye à quelque titre que ce soit ; et qui *énonce*, mois par mois, les sommes employées à la dépense de sa maison ; le tout indépendamment des autres livres usités dans le commerce, mais qui ne sont pas indispensables.

« Il est tenu de mettre en liasse les lettres missives qu'il reçoit, et de copier sur un registre celles qu'il envoie. »

Art. 9 : « Il est tenu de faire tous les ans, sous seing privé, un inventaire de ses effets mobiliers et immobiliers, et de ses dettes actives et passives, et de le copier, année par année, sur un registre à ce destiné. »

Art. 10 : « Le livre-journal et le livre des inventaires seront paraphés et visés une fois par année.

« Le livre de copies de lettres ne sera pas soumis à cette formalité.

« Tous sont tenus par ordre de dates, sans blancs, lacunes, ni transports en marge. »

Art. 11 : « Les livres dont la teneur est ordonnée par les art. 8 et 9 ci-dessus seront cotés, paraphés et visés soit par un des juges des tribunaux de commerce, soit par le maire ou un adjoint, dans la forme ordinaire et sans frais.

« Les commerçants seront tenus de conserver ces livres pendant dix ans. »

1165. Ceci rappelé, les héritiers ou légataires d'un *commerçant* peuvent dans tous les
cas, invoquer les énonciations de ses livres de
commerce pour justifier l'existence d'une dette
contre lui, attendu que, si les énonciations de
créances sur ses propres livres, ont force probante au profit du commerçant (C. comm., art
12), à plus forte raison les mentions de dettes
contenues dans ces livres font-elles preuve
contre le commerçant de qui elles émanent,
puisqu'il est obligé de les y consigner (C.
comm., art. 8.), même en faveur des non-commerçants, si elles ne sont pas contredites par
des énonciations contraires ; peu importe,
d'ailleurs, qu'il s'agisse d'un acte de commerce ou d'une opération civile ; V. Evar.
Lepage, *op. cit.*, nº 10717, nº 10 ; I. G., 3058 ;

Et alors même que les livres seraient irrégulièrement tenus (C. civ., art. 1330 ; C. comm.,
art. 13). — V. I. G., 3058 ; *Contrà :* Evar. Lepage, *op. et loc. cit.* ; Rapport Cordelier au
Sénat.

1166. Il est également loisible aux intéressés de se prévaloir des mentions des livres
des commerçants *créanciers du défunt*, mais
seulement lorsque celui-ci était lui-même
commerçant ;

Ces mentions font, en effet, foi, sauf preuve
contraire, entre commerçants, lorsqu'elles
sont relatives à un fait de commerce, au
profit du créancier qui les a inscrites, pourvu
que ces livres soient régulièrement tenus. (C.,
comm. art. 12) ; V. Evar. Lepage, *op. et loc.
cit.* ; I. G. 3058.

1167. Elles ne font, au contraire, preuve,
en aucun cas, *contre* les non-commerçants,
par argument à *contrario* dud. art. 12 ; aussi
la Régie les repousse-t-elle en ce qui la concerne. — V. I. G., 3058 ; Cpr., Sol., 27 oct. 1902 ;

1168. Spéc'alement, elle n'admet pas qu'un
reliquat passif de compte-courant d'un non-
commerçant chez un banquier soit suffisamment justifié par les copies du compte et la
production des reçus délivrés au banquier
par le crédité. — V. Sol., 27 oct. 1902 ;

M. Rigal (*Journ. du Not.*, 1901, p. 340)
combat cette opinion. L'art. 12 C. comm.,
dit-il, « ne saurait trouver son application dans
la matière spéciale où nous sommes. La raison
en est bien simple. Il ne s'agit point ici de
preuves entre particuliers : il s'agit d'une
preuve à opposer à la Régie, et la loi nouvelle
reconnaît que cette preuve pourra résulter
des livres de commerce du défunt et même du
créancier. Nous sommes autorisés à en conclure que les dettes contractées par des non-
commerçants envers des commerçants, et relatives au commerce de ces derniers pourront,
à défaut de titres, être justifiées par les livres
de commerce du créancier. Qu'on n'objecte
pas que ces dettes ne sont pas commerciales !
Elles le sont si bien que les tribunaux de

commerce peuvent en connaître, alors que
leur incompétence en matière purement civile
est absolue. »

En admettant que le raisonnement soit
exact, il tombe pour une autre raison, à savoir
la condition exigée par l'art. 3, L., 25 févr.
1901 : « titres susceptibles de faire preuve en
justice contre le défunt » ; or il s'agit de mentions qui n'ont pas cette force ; donc elles ne
sont pas opposables.

1169. Mais *quid* des livres simplement facultatifs ?

Dire que l'art. 3 ne vise que les livres obligatoires constitue une pétition de principe ; il
porte seulement « titres susceptibles de faire
preuve en justice contre le défunt ». La question est donc de savoir quelles sont les livres
de commerce qui ont cette force. Or, il n'y a
pas que les livres obligatoires ; les livres facultatifs en jouissent parfois aussi.

S'agit-il de ceux du créancier ? Assurément, ses livres auxiliaires n'étant pas de nature à former preuve complète en justice à
son profit contre le défunt, ils ne suffisent
pas pour justifier la déduction dans la succession de celui-ci.

Au contraire, les livres auxiliaires du débiteur, lui sont opposables aussi bien que les
livres obligatoires ; quel est le tribunal qui
hésiterait à condamner, sans autres preuves !
un commerçant sur le grand-livre duquel il
trouverait la passation d'écriture d'une dette,
même en l'absence de tout journal ; ces livres
doivent donc alors autoriser la déduction ;
cette distinction résulte, d'ailleurs des travaux préparatoires. — V. Chambre des députés, 15 nov. 1900, Déclar. de M. Ribot ;
J. O., 16 nov.

La conclusion absolue de la Régie à l'égard
des livres auxiliaires, spécialement du grand-
livre, n'est, on le voit, qu'une pure confusion
de deux situations très différentes. — V. Sol.,
8 mars 1902 ; I. G., 3089, § 14.

1170. Aussi a-t-il été justement décidé que
la dette grevant une succession et résultant
d'opérations de banque est valablement justifiée, pour être admise en déduction de l'actif
imposable, par la production d'un registre-
carnet tenu jour par jour par le défunt, qui
était commerçant, et d'un extrait collationné
du livre-journal du banquier ; du moment, en
effet, que le débiteur et le créancier ont l'un
et l'autre la qualité de commerçants, leurs
livres, régulièrement tenus, sont susceptibles
de faire entre eux preuve en justice. — V.
Saint-Nazaire, 12 août 1904.

1171. Généralisant, nous pensons que les
livres du créancier régulièrement tenus peuvent être invoqués par les héritiers d'un commerçant à l'appui de la déduction qu'ils demandent, lorsque ces livres forment preuve
contre eux, abstraction faite de ceux du défunt. — V. Garnier, *Comment.*, nos 90 et 100 ;
V. toutefois Besson, *op. cit.*, nº 112.

Et l'I. G., 3174, § 13, semble bien se rendre à cette opinion ; demander, *s'il s'agit du livre-journal* ou du livre des inventaires, que la copie collationnée mentionne qu'ils ont été soumis aux paraphe et visa annuel, n'est-ce pas accepter implicitement les autres l.vres facultatifs ?

1172. *Locations. Loyers.* — V. Baux.

1173. *Mandat* — Les dettes souscrites par un mandataire du défunt sont évidemment déductibles comme s'il les avait reconnues lui-même, pourvu qu'il soit justifié d'un mandat et d'un acte constitutif de dette ayant date certaine au jour du décès.

1174. *Mémoires d'entrepreneurs.* — Les mémoires acceptés par le défunt font également titre contre lui.

Mais non ceux qui n'auraient pas été acceptés par lui. — V. Seine, 14 nov. 1902 ; Nice, 25 juill. 1907. — Sol., 13 déc. 1901 ; 15 févr. 1902.

1175. *Notes.* — V. Registres domestiques.

1176. *Obligations notariées.* — V. Acte authentique.

1177. *Polices d'assurances* (incendie, vie, accidents, etc.). — Elles forment titre pour la déduction des primes qui seraient dues lors du décès.

1178. Pour les emprunts sur polices. — V. Acte sous seing privé.

1179. *Procès-verbal* d'affirmation et de vérification de créances, en cas de faillite ou de liquidation judiciaire.

1180. *Reconnaissance de dette.* — V. Acte sous seing privé.

1181. *Reçu.* — Une reconnaissance de dette même sous forme de simple reçu est suffisante. — V. Acte sous seing privé.

1182. *Registres domestiques.* Puisque les titres quelconques sont recevables, il faut y comprendre même les registres domestiques du défunt, lorsque la dette invoquée en résulte sans aucun doute. — V. Seine, 13 févr. 1903 ; Cpr., dans le même sens, sur l'opposabilité à la Régie des registres et papiers domestiques ; Périgueux, 29 déc. 1849 ; Toulon, 30 mai 1865 ; Cass., 4 juin 1867 ; Marseille, 11 août 1879 ;

Notamment, du fait d'énonciations par lui de sommes encaissées pour le compte d un tiers, surtout si elles sont corroborées par des relevés de compte émanant également de lui. — V. Seine, 13 févr. 1903, précité ;

1183. *Règlement définitif* d'ordre ou de distribution par contribution. D'après la Régie, les règlements de distribution par contribution, de nature à autoriser la déduction des dettes, s'entendraient uniquement de contributions judiciaires, et une distribution amiable, réalisée par acte devant notaire serait inopérante à cet égard, sauf aux déclarants à fournir, suivant les formes ordinaires, la justification du passif invoqué ; et ce, même en cas de succession bénéficiaire. — V. Sol., 28 avril 1902 ; I. G., 3095, § 8.

La Revue du Notariat (n° 11235) approuve cette décision, attendu que les art. 4 et 5, L. 25 févr. 1901 constitueraient sur ce point une disposition exceptionnelle, inextensible par analogie. — V. aussi Defrénois, n° 12118-IV ;

Peut-être ne comprenons-nous pas ces textes, mais, en vérité, nous n'y apercevons rien de restrictif ; s'il en est bien ainsi, le règlement de distribution par contribution dressé par acte authentique, et même par un simple acte sous seing privé, doit suffire, puisque : d'une part, lesdits articles visent purement et simplement la distribution par contribution, sans distinguer aucunement entre la voie amiable et la voie judiciaire, et, d'autre part, que la distribution amiable n'exige pas le moins du monde l'emploi de la forme authentique. — V. en ce sens, *Journ. du Not.*

1184. Ledit article 5, par une dérogation à la règle tracée par le 1er alin. de l'art. 3, déclare que les héritiers ou légataires sont admis, dans le délai de deux ans à compter du jour de la déclaration, à réclamer, sous les justifications ordinaires, la déduction des dettes établies par les opérations de la faillite ou par le règlement définitif de la distribution par contribution *postérieurs* à la déclaration, et à obtenir le remboursement des droits qu'ils auraient payés en trop. — V. I. G., 3058.

1185. *Relevé de compte de banque.* — V. Montpellier, 14 mai 1906.

1186. *Reprises en deniers* de la femme. — Aucune difficulté pour leur déduction, lorsqu'il est justifié, au moment de la déclaration d'une liquidation de ces reprises ; la somme dont la succession du mari défunt aura été constituée débitrice envers la veuve est admise sans discussion, quand bien même elle n'aurait pas été liquide au jour du décès. — V. I. G., 3058 ;

1187. Toutefois, d'après l'I, G. 3067, § 7, la femme et ses héritiers, étant autorisés par l'art. 1472 C. civ. à exercer leurs reprises sur les biens personnels du mari en cas d'insuffisance de la communauté, pour que la portion des reprises de la femme, qui ne peut être prélevée sur la masse commune, soit déduite de la succession du mari, il n'est pas nécessaire qu'un acte de liquidation soit intervenu entre les parties ; le vœu de l'art. 3, L. 25 févr. 1901 est suffisamment rempli, du moment où les reprises mentionnées dans la déclaration sont établies par des titres, quelle qu'en soit d'ailleurs, la nature, susceptibles de faire preuve en justice contre le défunt, selon la condition que nous exposons.

Il en est de même, quel que soit le régime matrimonial des époux, de toutes les reprises ou indemnités dues par le défunt à son conjoint survivant.

Mais la Régie ne revient pas pour cela sur son système d'exiger la liquidité, sinon au décès même, du moins au plus tard lors de la déclaration ; nous espérons avoir suffisamment réfuté cette prétention. V. nos 1024 et s.

1188. Une situation très délicate à résoudre, au point de vue des reprises, est celle du décès des deux époux laissant les mêmes héritiers; voici comment la solutionne l'I. G. 3067 § 7, II :

Dans le cas où les deux époux sont l'un et l'autre décédés et où leurs successions, dévolues aux mêmes héritiers, n'ont fait l'objet d'aucun partage ou règlement, les parties émettent fréquemment la prétention de déduire de la succession du dernier mourant les reprises ou indemnités dont le défunt était resté débiteur envers les réprésentants de son conjoint prédécédé et qui sont éteintes par confusion.

« La règle à suivre, dans cette hypothèse, varie suivant l'époque à laquelle la créance des reprises est devenue exigible.

« Non échue ou échue depuis moins de trois mois lors de l'ouverture de la succession, la dette doit être admise à déduction, lorsqu'elle résulte de titres de nature à faire preuve en justice contre le défunt (art. 3 de la loi). On rappelle à ce propos que les reprises de la femme sont exigibles dès la dissolution du mariage, sous le régime de la communauté, et dans le délai d'un an, à partir de la même date, sous le régime dotal (art. 1565, C. civ.).

« La question comporte une solution différente lorsque l'échéance de la dette remonte à une époque plus ancienne.

« L'art. 7, § 1; de la loi, prohibe, en effet, d'une façon générale, la déduction des dettes échues depuis plus de trois mois avant l'ouverture de la succession. Il établit, il est vrai, une exception à cette règle pour le cas où les héritiers « produisent une attestation du créancier certifiant l'existence de la dette au décès du *de cujus* ». Mais les termes des art. 6 et 9, auxquels se réfère l'art. 7 précité, et les travaux préparatoires de la loi, notamment les explications contenues dans les rapports présentés à la Chambre des députés et au Sénat, démontrent clairement que l'attestation prévue doit toujours émaner d'une personne autre que l'héritier. La déduction d'une dette échue depuis plus de trois mois est ainsi subordonnée à la condition que le Trésor trouve une double garantie : d'une part, dans le titre qui doit être représenté ou énoncé et, d'autre part, dans l'affirmation du créancier étranger à la succession.

« Dès lors, si les créanciers sont en même temps les héritiers du défunt, l'attestation exigée par le législateur ne pouvant pas être fournie, la règle générale tracée dans la première partie du paragraphe précité reste seule applicable et, en principe, la dette n'est pas déductible. » — V. aussi Lure, 8 juin 1904 ;

Pour le dire de suite, nous ne croyons pas cette exclusion fondée ainsi qu'on le verra plus loin à l'*Attestation du créancier.*

Et l'I. G., 3067, continue en ces termes :

« Toutefois, la disposition finale du § 2 du même article accorde à l'héritier, au profit duquel une dette a été « consentie » par le défunt, la faculté de prouver la sincérité de cette dette et son existence au jour de l'ouverture de la succession, pourvu que le titre constitutif de cette créance ait acquis date certaine avant la mort du *de cujus*, autrement que par le décès d'une des parties contractantes.

« Or, lorsqu'ils représentent un créancier prédécédé de la succession, les héritiers ne sauraient être traités plus défavorablement que dans le cas où ils sont créanciers directs du défunt.

« On doit, par suite, les considérer comme implicitement autorisés à prouver, par tous les moyens compatibles avec la procédure spéciale en matière d'enregistrement (I. G., 3058), que le défunt ne s'était pas libéré avant son décès des reprises ou indemnités dont il était resté débiteur envers la succession de son conjoint.

« Aucune indication précise ne saurait être donnée au sujet des preuves qui pourront être offertes et qui présenteront nécessairement une grande variété. On se borne à faire remarquer que, si les décès des époux sont survenus à très peu d'intervalle, et si la consistance de la masse indivise n'a subi aucune transformation, la réunion de ces deux circonstances constitue, au profit des parties, une présomption très forte et suffit, à défaut de présomption contraire, pour justifier la déduction de la dette. L'époque éloignée à laquelle remonte le décès du prémourant et l'aliénation ou la réalisation d'une partie des valeurs héréditaires confirment, au contraire, la présomption de payement, qui découle de l'échéance même de la dette, et mettent les héritiers dans l'obligation de détruire cette présomption par une preuve complète.

« En résumé, les difficultés qui pourront s'élever en cette matière se résumeront toujours en une question de fait, qu'il appartiendra au receveur de résoudre, au moment où la déclaration de succession sera souscrite, en s'inspirant des distinctions établies dans la présente instruction. Les directeurs statueront, dans la limite de leur compétence et dans le plus bref délai possible, sur les réclamations qui leur seraient adressées par les héritiers.

« Les agents ne perdront pas de vue, d'ailleurs, s'il s'agit des reprises de la femme garanties par une inscription d'hypothèque légale, qu'aucune déduction ne peut être admise lorsque la dette est échue et l'inscription périmée depuis plus de trois mois (art. 7, § 4., L. 25 févr. 1901 ; I. G., 3058). »

1189. La déclaration passée au premier décès, n'ayant jamais été un titre opposable au défunt, ne saurait davantage l'être à sa succession, et dès lors ne constitue pas une justification suffisante. — V. Rennes, 5 déc. 1904.

1190. Le tout, à moins que l'époux survivant ne soit resté en possession en qualité d'usufruitier, auquel cas ce qui revenait au prédécédé serait non seulement déductible, mais à prélever sur la masse, comme n'en faisant pas partie.

1191. Les récompenses dues par le *de cujus* à la communauté et qui figurent à la masse active de celle-ci, doivent, pour la perception du droit de mutation par décès, être déduites tant des propres du défunt que de sa part dans la communauté, attendu qu'il serait contradictoire d'admettre des récompenses comme actif de communauté et de les rejeter comme passif de succession; et pourtant la Régie résiste. — — V. Defrénois, *Rép. prat*, n° 13091 ;

1192. *Rôles de contributions.* — Les rôles des contributions publiques et taxes assimilées sont des titres opposables au défunt et dès lors à la Régie. — V. Garnier, *Comment.*, n° 81 ; 1. G., 3049 et 3058 ;

Tout impôt à la charge du défunt, échu lors de son décès et encore dû par lui, est donc déductible : impôt foncier, des portes et fenêtres, cote mobilière, patente, etc. ;

A concurrence seulement du prorata pour le terme en cours, si l'impôt n'est pas dû pour l'année entière malgré le décès ;

Le tout, imputation faite des acomptes versés.

1193. Croyant que le déclarant est tenu, même pour des impôts, de justifier dans les formes ordinaires de l'existence de la dette, M. Philizar (Revue nouvelle de Notariat et de Procédure « *La Basoche* » 1901, p. 889 et s.) se demande quelles seront les justifications à fournir et il répond :

« Il y a deux cas à envisager : le premier est celui où la dette est échue dans les trois mois du décès ; le second est celui où la dette est échue depuis plus de trois mois.

« 1ᵉⁿᵗ. — L'impôt est échu dans les trois mois.

« Dans ce cas, aucune difficulté à vaincre ; le déposant certifiera la dette dans l'état déposé à l'appui de la déclaration de mutation.

« 2ᵉⁿᵗ. — L'impôt est échu depuis plus de trois mois.

« Il y a lieu d'examiner à fond cette question car elle se trouve un peu à l'étroit dans le principe rigoureux de l'article 7.

« Il est à peine utile de rappeler que le représentant de l'Etat en matière d'impôts est le percepteur. Donc les héritiers qui demanderont la déduction d'un impôt échu depuis plus de trois mois et non payé par le *de cujus*. devront, pour se conformer au paragraphe 1ᵉʳ de l'article 7, retirer un certificat d'attestation de la dette à ce représentant légal.

« Que se passera-t-il ?

« Le percepteur refusera nettement la délivrance du certificat, quoi qu'en disent les commentateurs de la loi ; et comme les héritiers reculeront devant un procès qui leur occasionnerait des frais supérieurs au bénéfice à retirer

de la déduction de la dette il s'ensuit que le paragraphe 1ᵉʳ de l'article 7 deviendra inapplicable en matière d'impôts, c'est-à-dire que l'Etat, par l'entremise de ses fonctionnaires, sera le premier réfractaire à une loi que ses législateurs auront établie et dont il est chargé d'assurer l'exécution.

« Allez consulter le percepteur et demandez-lui le motif de son refus.

« Il vous répondra invariablement : « Je « comprends très bien les raisons que vous « me faites valoir, je connais même la loi, « mais je ne vous donne pas de certificat. « N'ayant reçu aucune instruction en ce sens, « je ne délivrerai pas de certificat. Ce serait « m'engager, et, en cas d'erreur, me condam- « ner de plein gré à l'amende de 500 francs « édictée par l'article 9.

« D'ailleurs, je suis un créancier d'une « essence spéciale. Les créanciers hypothé- « caires et chirographaires de la succession « pourront quelquefois profiter d'un faux cer- « tificat. Moi, je n'aurai que des ennuis en cas « d'erreur car vous admettez bien qu'un per- « cepteur ne s'entendra jamais avec les débi- « teurs de l'Etat pour délivrer de faux certifi- « cats, dans une affaire où il ne sera intéressé « qu'indirectement.

« Voilà pourquoi, en l'absence d'instructions « spéciales, je considère que la loi ne peut « nous être applicable

« Je suis tout disposé, pour vous être « agréable, à vous donner tous les duplicata « de quittances et extraits du rôle que vous « voudrez, mais je me refuse à vous délivrer « le certificat que vous demandez. »

« Et voilà comment le concours de deux administrations, peut rendre la loi inapplicable sur un point : celui où l'Etat est particulièrement en jeu.

« Au fond le receveur et le percepteur auront raison ; le premier d'exiger le certificat et le second de le refuser. L'un devra appliquer la loi à la lettre et l'autre ne la subira que s'il y est obligé.

« La loi pourrait à la rigueur s'appliquer au cas où le débiteur ayant déjà payé une partie des impôts, le receveur se contenterait (à défaut du certificat exigé) d'un extrait du rôle des contributions accompagné d'un duplicata de quittance.

« Mais elle serait d'une application difficile, pour ne pas dire impossible, au cas où le receveur se maintenant étroitement dans les termes de la loi, exigerait le certificat ; ou bien encore dans le cas spécial où le débiteur n'ayant pas commencé à payer les impôts, il ne pourrait être délivré de duplicata de quittance.

« Nous avons cru utile de signaler une sérieuse difficulté d'application de la loi du 25 février 1901, provoquée par l'Etat lui-même, qui pourrait méconnaître par une de ses administrations ce qu'il fait exiger par une autre.

« Il serait souhaitable que de pareilles difficultés soient aplanies par des instructions, qui, réglant les divers rouages administratifs viendraient sauvegarder les intérêts des tiers. »

Mais la crainte de l'honorable auteur paraît imaginaire. Il est absolument inadmissible, en effet, que l'Etat ait jamais besoin de sa propre attestation. Son cas fait donc nécessairement exception à l'art. 6, dont les termes mêmes prouvent au reste, qu'ils ne lui sont point applicables. D'ailleurs, qu'est-ce que le fisc gagnerait à de telles chinoiseries ? La restitution de ce qu'il aurait perçu en trop par suite de son refus de déduction serait demandée, et nécessairement obtenue puisqu'il n'y a point alors de fraude possible : tout se réduirait donc à des paperasses et à des vexations inutiles. Mieux vaut accorder immédiatement la déclaration telle quelle.

1194. *Télégrammes.* — Ils forment titre contre le défunt commerçant. — V. Besson, *op. cit.*, n° 119 *bis.*

1195. *Traite.* — V. Effets de commerce.

Titre légal.

1196. Si le mot « titre » est généralement pris en cette matière au sens pratique d'« écrit », il n'exclut évidemment pas le titre, au sens juridique : « titulus », lorsqu'il en existe certainement un antérieur au décès : *Régime matrimonial, Administration légale, Tutelle, Administration de société, Mandat, etc.*

1197. Aucune difficulté d'abord en ce qui concerne un contrat de mariage, non pas seulement pour ce qu'il constate, car alors il y a titre dans les deux sens, mais aussi pour les créances ou dettes qui s'y réfèrent, dont il est la base, sauf justification des faits allégués. — V. Defrénois, *Rép. prat.*, n° 13091 ;

1198. Ainsi, quand il a été stipulé que la célébration du mariage vaudrait quittance pour l'apport de la femme ou la dot à elle constituée, il y a présomption de paiement. — V. Cass., 7 mai 1884 ; Nancy, 7 nov. 1896 ;

Laquelle peut tomber, notamment par une constatation contraire dans un partage intervenu plus tard entre le donataire et des cohéritiers.—V. Cass., 22 août 1882 ; Sol., 23 mai 1881.

1199. Il en est de même du régime matrimonial légal à défaut de contrat ; au cas, par exemple, des art. 1401 et s., 1409 et s., 1424, 1431, 1433, 1436, 1437 et s.—V. Defrénois, *Ibid.*

1200. Une simple qualité légale, telle que celle d'administrateur légal, de tuteur d'enfants mineurs, peut aussi être valablement invoquée. — V. Evar. Lepage, *Rev. du Not.*, n° 10717, n° 7 ;

1201. Ainsi que celle d'administrateur d'une société, à moins qu'il s'agisse seulement d'une gestion de fait. — V. même auteur, *op. et loc. cit.* ;

1202. Au surplus, comme le dit très bien M. Evariste Lepage (*op. et loc. cit.*, n° 8), la difficulté est moins de savoir ce qu'il faut entendre par *titre*, que de déterminer, pour chaque cas particulier, dans quelle mesure il y a titre.

Un exemple très simple, poursuit le savant auteur, mettra cette difficulté en évidence :

« Y a-t-il titre contre un mandataire, lorsque le mandat est dûment constaté par écrit, pour toutes les obligations et responsabilités découlant du mandat ? Faut-il, au contraire, que les faits juridiques constituant le développement du mandat soient eux-mêmes constatés par titres et que ces titres soient de nature à établir directement la dette du mandataire envers le mandant ?

« Les deux solutions conduisent à des résultats bien différents. Selon la seconde, les héritiers d'un mandataire seraient sans doute admis à déduire le prix d'une vente ou le montant d'une obligation que le mandataire aurait touché pour le mandant et dont il serait comptable. Mais la plupart des dettes que le mandataire aurait contractées envers le mandant par la mauvaise exécution de son mandat, tout spécialement *omittendo*, se trouveraient à priori exclues de la déduction.

« Quel est le fil conducteur pour résoudre les difficultés de cette nature, dont nous pourrions multiplier les exemples ?

« A notre sens, il y aura, suivant les espèces, une ligne de démarcation à tracer entre le fait juridique constaté par le titre générateur de la dette et qui en est le premier fondement, et les faits subséquents expressément ou virtuellement prévus par le titre, mais qui n'en ont pas moins joué un rôle soit essentiel, soit complémentaire, dans la formation de la dette. Il est possible que relativement à certains de ces faits, le premier document ait, à un degré suffisant, le caractère de titre, que pour d'autres, au contraire, il ait plutôt, au point de vue fiscal, la portée d'un commencement de preuve par écrit, cas auquel la dette, en tant que née de ces faits, en l'absence d'un titre qui leur fût spécial, pourrait être écartée.

« Ce qui est certain, c'est que la lutte entre la Régie et les redevables s'engagera surtout sur ce terrain. »

1203. A ces cas, nous rattacherons celui des frais de nourriture, d'entretien et d'éducation d'un mineur décédé. Par une solution du 25 juin 1902, la Régie l'a tranché de la manière suivante :

« Les père et mère sont personnellement tenus de pourvoir aux frais de nourriture, d'entretien et d'éducation de leurs enfants jusqu'au jour où ceux-ci, ayant acquis leur plein développement physique, intellectuel et moral, deviennent en état de gagner leur vie et de se suffire à eux-mêmes ; les frais, qui en résultent doivent, il est vrai, lorsque les enfants ont un patrimoine propre, être prélevés sur les revenus de ce patrimoine, notamment quand la jouissance légale en appartient au père ou à la mère, mais, en cas d'insuffisance de ces revenus, l'excédent retombe à la charge des parents ; si même l'époux survivant a perdu la jouissance légale des biens de ses enfants mineurs faute d'avoir fait inventaire, il ne doit pas, pendant la période qui correspond à la durée normale de cette jouissance, imputer, sur les revenus des biens des mineurs, les frais nécessités par la nourriture, l'entretien et l'éducation de ces derniers ; le capital des mineurs ne peut être entamé que si les parents sont eux-mêmes hors d'état de faire face à ces frais au moyen de leurs propres ressources et s'ils ont été, en outre, régulièrement autorisés à cette sorte d'aliénation ou d'emprunt : par suite, *en dehors de ce dernier cas*, les dépenses faites par les père et mère pour élever leurs enfants ne peuvent, lors de l'ouverture de la succession de ces derniers, être considérées comme constituant un passif héréditaire susceptible d'être déduit de l'actif pour la liquidation et le payement des droits de mutation par décès. » — V. à l'appui : Aubry et Rau II, § 547, p. 72 ; Baudry-Lacantinerie et Houques-Fourcade, *Personnes*, II, nᵒˢ 2008; 2012, 2013 ; Baudry-Lacantinerie, Le Courtois et Surville, *Contrat de mar.*, II, nᵒ 887 ; Dall. Alph., vᵒ *Mariage*, nᵒˢ 610, 612 et Suppl., vᵒ *Puissance paternelle*, nᵒ 128 ; Demolombe, *Mariage* II nᵒˢ 12 et 14 ; Duranton, III, 636 ; Guillouard, *Contrat de mar.*, II, nᵒ 1041 et III, nᵒ 1050 ; Laurent, XXII, nᵒ 188 ; Rodière et Pont, *Contrat de mar.*, II, nᵒ 1007 ; Caen, 29 mars 1844 ; Rennes, 9 nov. 1878 (D., 79. 2. 32); Cass., 19 avril 1886 (D.,87. 1. 171); Cpr., Bordeaux, 6 juill. 1832 ; Poitiers, 8 juin 1859 (D., 59. 2. 215).

1204. En ce qui concerne les mêmes frais, postérieurs à la majorité du mineur, la solution de la Régie précitée, les laisse, comme pendant la tutelle, à la charge exclusive du père, sauf imputation sur les revenus personnels de l'ancien mineur.

1205. Enfin aucun titre documentaire, c'est-à-dire aucune stipulation expresse d'intérêts n'est requise, pour les intérêts que la loi fait courir de plein droit, par exemple dans les cas suivants :

Sommes dont le tuteur est en retard de faire emploi ou dues au pupille pour reliquat de son compte de tutelle (C. civ., art. 455 et s., 474) ;

Rapports à succession (art. 856) ;

Sommes données par contrat de mariage (art. 1440) ;

Reprises en deniers de la femme après séparation de biens (art. 1473) ;

Prix de vente de choses frugifères (art. 1652) ;

Etc., etc.

Dettes verbales.

1206. Exigeant un titre écrit, la loi exclut par cela seul la déduction des dettes verbales.

— V. I. G., 3058 ; Cpr., Besson, *op. cit.*, nᵒˢ 82, 94 ; Garnier, *Comment.*, nᵒˢ 82, 85, 87 ; Maguéro, suppl., vᵒ *Succ.*, nᵒ 165 ;

Alors même qu'il existerait à leur égard un commencement de preuve par écrit (Sénat, 22 janv. 1901, *J. O.*, p. 76). — V. I. G., 3049 et 3058 ;

1207. Parmi les cas les plus fréquents de de dettes verbales, nous citerons :

1208. Les charges d'une maison (concierge, eaux, gaz, etc.) ;

1209. Les factures de fournisseurs, non acceptées par le défunt. — V. Sol., 13 déc. 1901 et 15 févr. 1902 ; I. G.,3080, § 19 ;

1210. Les frais de dernière maladie : médecins, pharmaciens etc., si le défunt n'en avait pas expressément accepté les notes de manière à créer un titre contre lui. — V. Trévoux, 16 juin 1904 ; Sol., 13 déc. 1901 et 15 févr. 1902 ; I. G., 3058 et 3080, § 19 ;

Toutefois la Régie est bien obligée d'admettre la déduction si le défunt était commerçant, puisqu'alors ses livres font titre comme des solutions, 13 déc. 1901 et 15 févr. 1902, le reconnaissent, ainsi qu'on le verra tout-à-l'heure ; de sorte que les frais dont il s'agit, qui n'ont jamais le caractère commercial, seront ou non déduits suivant que le défunt avait ou non la qualité de commerçant; distinction vraiment étrange ! d'autant plus que les dettes de cette nature sont ordinairement minimes et incontestables. Encore une chinoiserie que le législateur n'a certainement point voulue. — V. Defrénois, *Rép. gén. prat.*, nᵒ 12417.

1211. Les dommages-intérêts dus par la succession à raison d'une faute professionnelle du défunt, quand la faute les motivant n'avait encore été, lors du décès, ni reconnue amiablement par écrit, ni constatée judiciairement, faute du titre exigé par l'art. 3, L., 25 févr. 1901. — V. Seine, 24 juin 1904 ;

1212. Les gages et salaires des gens de service, de régisseur. — V. Dax, 12 juill. 1882 ; Trévoux, 16 juin 1904 ; I. G., 3058 ;

1213. Les mémoires d'architectes et d'entrepreneurs pour travaux effectués avant le décès, même attestés par les créanciers, lorsqu'ils ne sont pas appuyés de commandes, de reconnaissances ou d'approbation de devis par une mention expresse émanant du défunt, puisqu'il n'existe point alors de titres pouvant faire preuve en justice contre lui. (L., 25 févr. 1901, art. 3). — V. Seine, 14 nov. 1902 (S., 05. 2. 24; D., 04. 2. 393) ; Trévoux, 16 juin 1904 ; Cpr., Sol., 13 déc. 1901 et 15 févr. 1902 ; Nice, 25 juill. 1907 ;

Mais, en cas de constructions élevées et payées par un communiste, sans l'autorisation de son copropriétaire, comme celui-ci n'est pas moins tenu de sa part des dépenses en vertu des art. 553 et 555 C. Civ. — V. Sol.,21 févr. 1834,

Les mémoires d'architectes et d'entrepreneurs sont parfaitement recevables pour justifier la déduction, car il s'agit seulement ici du montant de la dette et non de son titre, puisqu'elle existe légalement, et ces mémoires sont encore plus probants qu'une déclaration estimative. — V. Defrénois, *Rép. gén. prat.*, n° 12288;

Même quand ils n'ont pas date certaine. — V. Cass., 22 avril 1840 (S., 40. 1. 425).

1214. Du reste, lorsque c'est le mari, commun en biens, qui survit, il peut toujours approuver les devis et mémoires en sa qualité de chef de la communauté, ce qui entraîne la déduction.

1215. Pour généraliser, la solution du 13 déc. 1901 expose très bien les motifs de ces diverses propositions et la conclusion qu'il faudrait donner dans tous les cas semblables :

« L'art. 3 de la loi du 25 févr. 1901, porte-t-elle, n'accorde le bénéfice de la déduction que pour les dettes établies au jour du décès par « des titres susceptibles de faire preuve contre le défunt ».

« Or dès factures ne font preuve à l'égard de l'acheteur et ne peuvent, par suite, servir de base à une action judiciaire que si elles ont été acceptées ; autrement, selon la remarque de MM. Lyon-Caen et Renault, il dépendrait d'une personne d'imposer un achat à une autre en lui envoyant une facture » (*Traité de droit commercial*, t. III, n° 63). Il en est de même dès décomptes de travaux et de fournitures dressés par les entrepreneurs, ou des notes de frais et d'honoraires émanées de médecins ou d'agents d'affaires : ces documents, qui sont l'œuvre exclusive du créancier, ne peuvent créer un titre en sa faveur que du jour où le débiteur les a acceptés.

« Or, dans l'espèce, les factures et mémoires produits par les héritiers ne semblent pas avoir été approuvés par le défunt. On ne saurait, dès lors, considérer que ces écrits peuvent satisfaire aux prescriptions de la loi de 1901, qui exige un titre formant preuve complète.

« D'autre part, les héritiers ne peuvent suppléer d'aucune manière à un titre de cette nature. Car c'est seulement dans le cas où il aurait existé un titre pour une dette échue depuis plus de trois mois qu'ils auraient pu fournir l'attestation prévue par l'art. 7, n° 1 de la loi et, au besoin, des justifications complémentaires.

« Il convient de remarquer, au surplus, que le titre ne peut consister dans des livres de commerce que si l'auteur de la succession est commerçant, parce que c'est le seul cas où ils peuvent faire preuve contre lui.

« Quand le défunt était commerçant, les dettes verbales sont donc admissibles à déduction, sur leur justification par les livres de commerce des créanciers. — V. aussi Garnier, *Comment.*; n° 83; Sol., 15 févr. 1902;

« Lorsque le défunt n'exerçait pas le commerce, les livres du créancier commerçant constituent tout au plus un commencement de preuve de la dette, et, en tout cas, ne forment pas le titre susceptible de faire preuve en justice qu'exige l'art. 3 (C. civ., art 1329 ; Aubry et Rau, VIII, p. 269; Dalloz, alph. *Supp.*, v° *Commerçant*, 122 ; I. G., n° 3058, p. 4.).

« A plus forte raison doit-il en être de même des factures, notes ou mémoires qui ne sont, le plus souvent, que des livres de commerce et qui ne peuvent évidemment servir de titre contre le débiteur tant qu'il ne les a pas acceptés. Cela est si vrai qu'une copie collationnée et par extraits des livres de commerce n'est pas admise comme une justification suffisante pour l'exécution de la loi du 25 févr. 1901 (Même I. G., p. 18).

« Enfin, l'acquit apposé par les créanciers, postérieurement au décès, sur quelques-unes des notes produites, ne suffit pas à en modifier la nature et à en faire de véritables titres opposables au défunt. Il indique sans doute que la dette n'était pas encore remboursée au jour du décès ; mais il ne saurait conférer à ces écrits, par une sorte d'effet rétroactif, la force probante qu'ils n'ont jamais eue contre le défunt et ses héritiers. »

1216. Aux dettes verbales, il convient d'assimiler celles pouvant résulter de quasi-contrat, de délits et de quasi-délits lorsqu'elles n'ont pas été, avant le décès, reconnues par écrit ou constatées judiciairement. — V. Evar. Lepage, *Rev. du Not.*, n° 10717, n° 7 ;

1217. A moins — et, suivant nous, cette observation est vraie de toutes les dettes verbales, — qu'entre le décès et la déclaration, elles ne soient reconnues par jugement.

5^{ent} JUSTIFICATIONS A FOURNIR.

1° *Justifications directes.*

1218. Outre l'état des dettes dont il a été parlé en traitant de la forme de la déclaration,

« A l'appui de leur demande en déduction, — porte l'art. 4, 2° et 3° alin., L., 25 févr. 1901, — les héritiers ou leurs représentants devront indiquer soit la date de l'acte, le nom et la résidence de l'officier public qui l'a reçu, soit la date du jugement et la juridiction dont il émane, soit la date du jugement déclaratif de la faillite ou de la liquidation judiciaire, ainsi que la date du procès-verbal des opérations de vérification, et d'affirmation de créances ou du règlement définitif de la distribution par contribution. — Ils devront représenter les autres titres ou en produire une copie collationnée. »

1219. Ces justifications sont parfois difficiles ; il n'en faut pas moins demander toujours la déduction de toutes les dettes connues et les faire figurer sur l'état déposé ; en cas de rejet par le receveur, on se ménage ainsi la possibilité d'obtenir la restitution du trop payé, si l'on peut ensuite, dans les deux ans, produire les preuves voulues ou leur complément ; à défaut de quoi, le droit ayant été régulièrement perçu, se trouverait définitivement acquis à l'Etat (LL. 22 frim. an VII, art. 60 ; 25 févr. 1901, art 5). — V. Seine, 12 mars 1904 ; Angoulème, 14 févr. 1906 ; I. G., 3067 ;

1220. Pour établir l'existence des dettes dont ils demandent la déduction, les héritiers ou légataires ont donc le choix entre les divers titres remplissant les conditions prescrites par l'art. 3. — V. I. G., 3058 ;

1221. Mais les justifications à fournir à l'Administration varient suivant la nature du titre invoqué.

Dettes résultant de titres authentiques.

1222. Si la dette résulte d'un acte authentique, même en brevet, ou d'un jugement, l'art. 4 exige seulement que les redevables fassent connaître la date de cet acte ou de ce jugement ainsi que le nom et la résidence de l'officier public qui l'a reçu ou la juridiction dont il émane ; parce qu'alors, sauf pour les brevets, il ne tient qu'à la Régie d'en prendre communication là où est la minute. — V. I. G., 3049 et 3058 ;

Il en est de même d'un acte administratif dûment approuvé. — V. Garnier, *Comment*, n° 94 ;

1223. Toutefois, cette disposition doit se combiner avec celles de l'art. 7, en ce sens que les intéressés ont à fournir, en outre, notamment au point de vue de la date d'exigibilité ou, s'il y a lieu, de la date de l'inscription hypothécaire, les indications de nature à établir que la dette ne rentre pas dans l'une des exceptions prévues par cet article. — V. I. G., 3058.

1224. A l'égard des dettes admises au passif d'une faillite ou d'une liquidation judiciaire, il suffit d'indiquer la date du jugement déclaratif de la faillite ou de la liquidation judiciaire, ainsi que la date du procès-verbal des opérations de vérification et d'affirmation de créances. — V. même I. G.

1225. En cas d'ordre de distribution par contribution, l'indication de la date du règlement définitif est seule requise. — V. même I. G.

Dettes ne résultant pas de titres authentiques.

1226. A l'appui d'une demande de déduction, les actes sous seing privé sont admis, même lorsqu'ils n'ont pas date certaine. — Ou qu'ils sont entachés d'un vice de forme. — V. Garnier, *Comment.*, n° 79.

1227. Les parties doivent alors représenter au receveur soit le titre lui-même, l'original, soit une copie collationnée de ce titre (art. 4, 3e alin. précité.)

A cet effet, si, contrairement à ce qui se produit assez fréquemment en matière, notamment de dettes commerciales dont le délai d'exigibilité n'excède guère trois mois, l'original même du titre ne se trouve pas entre leurs mains au moment de la déclaration de la succession, les intéressés, à l'exclusion de la Régie, sans qualité à cet égard, ont le droit de s'adresser au créancier.

« Le créancier ne pourra, — déclare en effet ledit art. 4, *in fine*, — sous peine de dommages-intérêts, se refuser à communiquer le titre sous récépissé ou à en laisser prendre sans déplacement une copie collationnée par un notaire ou le greffier de la justice de paix. Cette copie portera la mention de sa destination ; elle sera dispensée du timbre et de l'enregistrement tant qu'il n'en sera pas fait usage soit par acte public, soit en justice ou devant tout autre autorité constituée. Elle ne rendra pas par elle-même obligatoire l'enregistrement du titre. »

1228. Ainsi, à défaut de remise du titre sous récépissé, lequel est exempt de timbre et d'enregistrement,

La copie collationnée est, sur la demande des parties et non de l'Administration, dressée, sans déplacement, par un notaire ou par un greffier de justice de paix ;

Territorialement compétents, bien entendu, soit que le créancier auprès duquel ils se rendraient se trouve dans leur ressort, soit qu'il consente à leur envoyer son titre. — V. Defrénois, *Rép. prat.*, n° 13540 ;

1229. Elle doit relater le titre *in extenso* ;

1230. Rien ne s'oppose à ce qu'elle ait lieu dans l'inventaire qui serait dressé après le décès, si le créancier consent à y intervenir.

1231. Lorsqu'il s'agit d'un registre, la copie collationnée se borne à un extrait littéral de toutes les inscriptions et mentions relatives à la dette, depuis la première écriture passée jusqu'au jour du décès, de manière que l'existence de la dette en résulte bien. — V. Saint-Nazaire, 12 août 1904.

1232. D'après l'I. G., 3174 § 13, la copie collationnée doit rappeler la dénomination du livre, indiquer qu'il a été coté et paraphé, qu'il est tenu par ordre de dates, sans blancs, lacunes ni transports en marges, et enfin, s'il s'agit du livre-journal ou du livre des inventaires, qu'il a été soumis au paraphe et visa annuel.

1233. L'instruction ajoute : « Cet officier public (notaire ou greffier de la justice de paix) sera tenu, en second lieu, de transcrire littéralement dans la copie toutes les mentions, actives ou passives, relatives au défunt *et de certifier que les mentions transcrites sont, jusqu'au jour du décès, les seules qui se rapportent à lui*. »

Nous croyons qu'ici la Régie ajoute à la loi : ce n'est ni du rôle ni de la compétence du notaire de faire une telle certification.

Car ou l'Administration demande l'attestation de la régularité extérieure des livres et cela ne signifie pas grand'chose, ou c'est la régularité vraie, intrinsèque, et le notaire ou le greffier, ne sauraient l'affirmer ; ils ne sont pas des experts en comptabilité.

M. Defrénois (n° 12118-VI) va plus loin ; d'après lui, le notaire (ou le greffier) devrait « certifier que le registre est régulièrement tenu ».

Il le peut, assurément, et même cette certification dispenserait, en les résumant suffisamment de toutes les énonciations demandées par l'Instruction précitée. Mais, à notre avis, rien ne l'y oblige, pas plus d'ailleurs qu'à l'observation des prescriptions qui viennent d'être indiquées. Son rôle est ici purement matériel : extraire du registre les passages concernant la dette à déduire, voilà tout, et, il pourrait engager sa responsabilité à faire davantage envers la Régie ; si celle-ci veut vérifier la bonne tenue du registre, elle n'a qu'à aller en prendre communication ; il ne faut pas qu'elle puisse jamais s'en décharger sur le notaire.

Y fût-il obligé, qu'il suffirait que celui-ci déclarât : que les livres lui ont paru régulièrement tenus, pour qu'il ne répondît plus que de sa faute lourde ou de son dol.

Il est vrai que l'Instruction générale 3058 se refuse le droit de communication vis-à-vis du créancier (V. n° 1260 ci-après). Mais n'est-ce pas une simple habileté destinée à préparer sa prétention que les livres doivent être certifiés réguliers !

Ajoutons pour terminer, que par régulièrement tenus, on doit entendre des livres biens tenus et non pas tenus conformément à toutes les prescriptions de la loi., Cpr. Thaller, Traité de droit commercial, n° 204.

1234. Les livres de commerce dont il est ici question sont ceux qui doivent être tenus par tout commerçant conformément aux art. 8 et 9 du Code de Commerce, c'est-à-dire, le livre-journal, le livre d'inventaire et le copie de lettres.

L'Administration ne saurait exiger la communication de tous autres livres ou registres.

1235. La copie collationnée ne rend pas par elle-même obligatoire l'enregistrement du titre et elle sera dispensée du timbre et de l'enregistrement, tant qu'il n'en sera pas fait usage soit par acte public, soit en justice ou devant toute autre autorité constituée, à condition qu'elle porte mention de sa destination.

1236. Il a été expliqué au cours de la discussion que les titres produits par les parties, soit à l'appui de leur demande en déduction d'une dette, soit à l'appui d'une action en restitution au cas où la déduction aurait été refusée, ne deviennent pas, par le fait de cette production, passibles du timbre et de l'enregistrement ; mais, et cela résulte d'ailleurs à *contrario* de la dernière phrase du texte, s'il s'agit d'un acte assujetti à la formalité dans un délai déterminé et non enregistré en temps utile ou d'une pièce en contravention aux lois sur le timbre, les droits et amendes exigibles seront réclamés (Chambre des dép., 16 nov. 1895 ; *J. O.*, *débats*, p. 2372 ; Rapport Cordelet au Sénat, 9 juill. 1896 ; *J. O.*, *doc. parl.*, p. 290). — V. I. G., 3058 ;

En d'autres termes, malgré les raisons qui auraient dû, peut-être, faire concéder équitablement une immunité de circonstance, si les actes communiqués par le créancier, ou dont il est pris copie collationnée, sont en contravention avec les lois sur le timbre et l'enregistrement, le paiement des droits simples, des droits en sus et des amendes encourues peut être exigé.

1237. Néanmoins le notaire ou le greffier, qui dressent une copie collationnée, ne sont pas obligés de déclarer dans l'acte si le titre, plus spécialement un billet sous seing privé, est ou non revêtu du timbre prescrit, ni d'énoncer le montant du droit de timbre payé, conformément à l'art. 49 de la loi du 5 juin 1850. Il est admis en effet, que cette loi ne s'applique pas aux copies collationnées. — V. Château-Gontier, 4 juin 1907 ; Sol. Rég., 11 nov. 1907 ; I. G., du 2 déc. 1907, n° 3228, § 7.

1238. Des droits peuvent, d'ailleurs, se trouver exigibles, en l'absence de toute contravention.

Par exemple une production est effectuée pour faire admettre la déduction d'une partie réalisée sur une ouverture de crédit ; le droit de réalisation de crédit est dû par cela même dans cette mesure.

1239. Au reste, la production au tribunal de la copie collationnée du titre d'une dette contestée ne rend pas nécessaire l'enregistrement de cette copie (Sénat, 24 janv. 1901 ; *J. O.*, *débats*, p. 86). — V. I. G., 3058.

1240. Les notaires doivent inscrire au répertoire les copies collationnées qu'ils délivrent en exécution de l'art. 4 de la loi du 25 févr. 1901. (Sol., 20 févr. 1903).

1241. Les dommages-intérêts auxquels s'expose le créancier qui refuse de confier son titre ou d'en laisser prendre la copie collationnée, sont alloués judiciairement contre lui au vu de la sommation faite pour l'en requérir et du procès-verbal dressé par le notaire qui s'est inutilement présenté à cette fin.

1242. Les titres produits doivent, de même que les copies collationnées, être rendus séance tenante aux déclarants. — V. I. G., 3058 ;

Toutefois, le receveur peut en prendre copie, lorsqu'ils donnent lieu à la perception de droits et amendes, selon ce qui vient d'être dit.

Les parties ne sont pas tenues de les produire encore ;

Sauf, bien entendu, à l'occasion d'une autre succession qui s'ouvrirait ensuite.

Le débiteur qui restitue les titres qui lui ont été remis sous récépissé, reprend naturellement ce récépissé, ou se fait donner décharge.

1243. « S'il s'agit de dettes commerciales — dispose l'art. 3, 2e et 3e alin. — l'Administration pourra exiger, sous peine de rejet, la production des livres de commerce du défunt.

« Ces livres seront déposés pendant cinq jours au bureau qui reçoit la déclaration, et ils seront, s'il y a lieu, communiqués une fois, sans déplacement, aux agents du service du contrôle, pendant les deux années qui suivront la déclaration, sous peine d'une amende égale aux droits qui n'auront pas été perçus par suite de la déduction du passif. »

1244. Tout d'abord, qu'est-ce qu'une dette commerciale ?

En général, toute dette contractée par un commerçant; à moins, car l'art. 638, 2e alin., C. comm., n'établit qu'une présomption simple admettant la preuve contraire, qu'il ne ressorte nettement du titre constitutif ou de justifications extrinsèques (et les intéressés à ce que la dette soit considérée comme civile sont autorisés à en fournir), que la dette était étrangère au commerce du *de cujus*. — V. I. G., 3089, § 13 ; Sol., 28 avril et 27 oct. 1902.

Spécialement, doit être considéré comme une dette commerciale, le reliquat passif d'un compte courant existant chez un banquier au nom d'un ancien commerçant. — V. I. G., 3122, § 1er ; Sol., 27 oct. 1902 ;

1245. La dette étant commerciale, et dans ce cas seulement, les héritiers et autres successeurs généraux du défunt sont tenus, si le receveur le requiert, de lui produire les livres, au moment de la déclaration, sous peine de rejet de la déduction demandée. — V. I. G., 3089, § 13 ; Sol., 28 avril 1902 ;

Il en est de même si la succession est celle de la femme d'un commerçant ;

Quelle que soit la nature de ces livres. — V. Besson, *op. cit.*, n° 115 ;

Et lors même qu'ils n'auraient pas été régulièrement tenus. — V. I. G , 3058 ; Cpr., Sol., 8 mars 1902 ; I. G., 3089, § 14.

Sans qu'on puisse alléguer qu'il n'en existe point ;

1246. S'il s'agit de dettes d'une société dont le défunt faisait partie et qui est dissoute à son décès, les livres à communiquer sont ceux de la société.

1247. Les intéressés ont à produire les livres depuis la date de la plus ancienne mention de dette invoquée par eux jusqu'au jour du décès, car les énonciations des livres de commerce ne sont pas divisibles. — V. I. G., 3058 ;

1248. Le tout, même s'ils fournissaient d'autres justifications équivalentes ; car le receveur est toujours fondé, par l'art. 3, à ne point admettre au passif successoral la dette invoquée, en cas de refus de la production qu'il demande des livres de commerce du défunt. — V. I. G., 3049 et 3058, Sol., 27 oct. 1902.

Cependant, dit une Solution du 28 avril 1902,

« si la loi laisse à la Régie la faculté d'exiger ou non la représentation des livres de commerce, il convient, surtout quand les autres justifications produites paraissent suffisantes et régulières, de n'user de cette faculté qu'avec circonspection et dans le cas seulement où il existe de sérieuses présomptions qu'une fraude a été commise. »

Le tact et la modération sont, en effet, ici, particulièrement nécessaires.

1249. Il est loisible au receveur sur son récépissé, de conserver les livres au bureau pendant cinq jours au plus pour y puiser tous renseignements utiles sur la consistance du passif et de l'actif héréditaires.

Mais ce délai de cinq jours est un délai maximum, qui ne saurait être étendu si le cinquième jour était férié. — V. I. G., 3058.

1250. Les agents doivent observer de la façon la plus étroite, à l'égard du contenu des livres de commerce, la discrétion professionnelle à laquelle ils sont tenus, d'ailleurs, au sujet de tous les renseignements qui parviennent à leur connaissance dans l'exercice de leurs fonctions (Déclaration du Ministre des finances au Sénat, 22 janv. 1901 ; *J. O., débats*, p. 78). — V. I. G., 3058.

1251. Ils veillent, sous leur responsabilité, à ce que ces livres ne puissent pas, pendant leur séjour au bureau, être consultés par des personnes étrangères au service. — V. I. G., 3058.

1252. A plus forte raison la Régie est-elle responsable des registres eux-mêmes.

1253. Enfin, lorsque des dettes commerciales ont été déduites de l'actif d'une succession, et, quelle que soit, d'ailleurs, la nature des justifications fournies au receveur, l'art. 3 porte que les livres de commerce du défunt « seront, s'il y a lieu, communiqués une fois, sans déplacement, aux agents du service du contrôle *(inspecteurs et sous-inspecteurs)*, pendant les deux années qui suivront la déclaration, sous peine d'une amende égale aux droits qui n'auront pas été perçus par suite de la déduction du passif.». — V. I. G., 3058.

En tout cas, cette communication n'est exigible qu'une seule fois, sauf au cas où une instance serait engagée (L. 25 févr. 1901, art 4, al. 4).

1254. Sous ces réserves, il en résulte la nécessité de conserver les livres durant deux ans, mais l'obligation générale des commerçants étant de les garder jusqu'à dix (C. comm., art. 11), elle ne s'apercevra guère.

1255. C'est aux contrôleurs du bureau où la déclaration a été faite qu'est due la communication sur place dont il s'agit ; les livres doivent donc être mis au besoin par celui qui les détient dans un local situé dans la circonscription de ce bureau, ou y être rapportés le cas échéant.

1256. « Les employés supérieurs, dit l'I. G., 3058, ne manqueront pas de se mettre préalablement en rapport avec les héritiers et de choisir d'accord avec eux, autant que les nécessités du service le permettront, le jour où aura lieu la communication. »

1257. Le refus de communication est, le cas échéant, constaté au moyen d'un procès-verbal dressé conformément aux art. 22, L. 23 août 1871 et 7, L. 21 juin 1875. — V. I. G., 3058.

1258. Pour déterminer le chiffre de l'amende prononcée par l'art. 3, il y a lieu de calculer les droits qui eussent été exigibles sur l'actif déclaré, abstraction faite des dettes commerciales déduites, puis de retrancher de cette somme le montant des droits qui auront été effectivement perçus; l'amende à réclamer est égale à la différence de ces deux sommes. — V. I. G , 3058.

1259. L'amende ne peut être réclamée qu'à celui des héritiers qui, détenant les registres, en a refusé la communication;

1260. La représentation, lors de la déclaration, et la communication ultérieure des livres de commerce du *créancier* ne peuvent être exigées en aucun cas par l'Administration. — V. I. G., 3058.

On ne pouvait, en effet, obliger un créancier à se dessaisir de ses livres pendant plusieurs jours; d'ailleurs un extrait collationné, que le créancier ne peut refuser de laisser prendre, avec les sanctions qui en garantissent la sincérité, suffit parfaitement pour le contrôle de la Régie. — V. Defrénois, Rép. prat., n° 14226; Saint-Nazaire, 12 août 1904.

2° *Attestation complémentaire du créancier.*

1261. Aux termes de l'art. 6, L. 25 févr. 1901, « l'agent de l'administration aura dans tous les cas la faculté d'exiger de l'héritier la production de l'attestation du créancier certifiant l'existence de la dette à l'époque de l'ouverture de la succession. Cette attestation, qui sera sur papier non timbré, ne pourra être refusée, sous peine de dommages-intérêts, toutes les fois qu'elle sera légitimement réclamée.

« Le créancier qui attestera l'existence d'une dette déclarera, par une mention expresse, connaître les dispositions de l'art. 9 relatives aux peines en cas de fausse attestation. »

On verra plus loin, sous l'art. 7, que ne sont pas déduites:

« 1° Les dettes échues depuis plus de trois mois avant l'ouverture de la succession, à moins qu'il ne soit produit une attestation du créancier en certifiant l'existence à cette époque, dans la forme et suivant les règles déterminées à l'art. 6;

Et « 4° Les dettes hypothécaires garanties par une inscription périmée depuis plus de trois mois, à moins qu'il ne s'agisse d'une dette non échue et que l'existence n'en soit attestée par le créancier dans les formes prévues à l'art 6.....;

1262. Ainsi les héritiers ou légataires sont tenus de rapporter, pour toute dette échue depuis plus de trois mois lors de l'ouverture de la succession et pour toute dette hypothécaire non échue, mais dont l'inscription est périmée depuis plus de trois mois, une attestation du créancier en certifiant l'existence à cette époque; faute de quoi, la demande en déduction n'est pas admissible.

1263. Une dette conjointe doit être attestée par tous les créanciers;

1264. Mais, en cas d'une dette envers plusieurs créanciers solidaires, chacun d'eux a qualité pour donner seul l'attestation requise.

1265. Objet d'un usufruit, il faut la double attestation du nu propriétaire et de l'usufruitier.

1266. Quant aux créanciers incapables, l'attestation est donnée par leur représentant légal: mari, père, tuteur, etc.

1267. Après décès du créancier, l'attestation doit émaner de tous ses ayants droit et non pas seulement de l'un deux. — V. Sol., 4 sept. 1902; I. G., 3099, § 9:

1268. Le receveur a, du reste, la faculté d'exiger une attestation semblable, quelle que soit la nature du titre invoqué, c'est-à-dire aussi bien authentique que sous seing privé, ou la date d'exigibilité de la dette, dans tous les cas où il juge cette justification nécessaire (art. 6) (Rapport de M. Dauphin au Sénat, 12 juill. 1898; *J. O., doc. parl.*, p. 527). — V. I. G., 3058;

Il est même absolument tenu de le faire dans les deux cas prévus par l'art. 7 sus énoncé. — V. I. G., 3049, 3058, 3067.

Et s'il avait passé outre, la perception serait insuffisante, et comporterait la réclamation d'un complément de droit, à moins que l'attestation ne fût ultérieurement fournie, ce qui se peut. — V. Sol., 7 avril 1902.

1269. Le tout, pour les dettes proprement dites seulement, car l'obligation d'attestation n'existe pas relativement aux sommes qui seraient détenues à titre de dépôt, de mandat, d'usufruit, etc.

1270. C'est aux redevables, et non à la Régie qui n'a pas qualité pour agir à cet égard, qu'il appartient de faire les démarches nécessaires pour se procurer cette pièce auprès du créancier qui ne peut, d'ailleurs, la refuser, sous peine de dommages-intérêts, lorsqu'elle est légitimement réclamée (art. 6, précité). — V. Seine, 12 déc. 1906.

Mais une fois donnée, le créancier n'est pas tenu de la réitérer, du moins quant à la même succession.

1271. Lorsque le créancier est en même temps héritier, rien n'empêche qu'il ne fasse son attestation dans la déclaration même.

Cela suppose qu'un héritier créancier peut valablement donner l'attestation requise et telle est, en effet, notre opinion; mais ce n'est pas le système de la Régie qui, s'emparant de certaines expressions des rapports à la Chambre et au Sénat, d'où il résulterait tout au plus qu'on n'a pas pensé à ce cas, prétend écarter les attestations d'héritiers. — V. I. G., 3067, § 7 ; Lure, 8 juin 1904 ;

La vérité est que la loi — et avec raison, puisque les sanctions suffisent dans tous les cas, — n'a fait dans son texte aucune distinction, et l'on ne saurait dès lors s'en permettre aucune, surtout en matière fiscale.

Pour justifier la sienne, la Régie représente une telle attestation comme superflue, puisque la demande en déduction de la dette, formulée dans la déclaration de succession par le créancier agissant en qualité d'héritier ou de légataire, constitue déjà de sa part une affirmation catégorique de l'existence de cette dette et suffit à l'exposer à la pénalité du triple droit applicable, en vertu de l'art. 9 de la loi, aussi bien à la déclaration inexacte de dettes qu'à l'attestation mensongère.

Mais, ainsi que répond fort justement à cette objection M. Maguéro (Suppl. v° *Succ.*, n° 260, v.) « il convient de remarquer cependant que si le créancier n'est pas seul héritier du débiteur, il serait, en cas de fausse attestation, tenu seul et définitivement au tiers de la pénalité, sans pouvoir exercer un recours contre ses cohéritiers ou colégataires ; en outre, d'une manière générale, l'attestation délivrée par l'héritier pris comme créancier appelle, par son contexte même, l'attention de celui-ci sur les conséquences pénales d'une affirmation inexacte et ne lui permettrait pas, le cas échéant, d'invoquer sa bonne foi à l'appui d'une demande en remise des pénalités encourues. ». — V. aussi Defrénois, *Rép. gén. prat.*, n°s 12281 et 14305 ; *Journ. du Not.* 1905. p. 296. — Sol., 27 févr. 1907.

1272 Autrement, et à défaut de disposition spéciale de la loi, l'attestation peut être délivrée, conformément aux règles du droit commun, soit devant notaire, soit dans la forme sous signature privée. — V. I. G., 3067, § 8.

1273 Passée devant notaire, l'attestation constitue, non pas un certificat de ce dernier, puisqu'elle émane du créancier, mais un acte notarié, qui doit, par conséquent, être revêtu des formes prescrites pour les actes notariés ordinaires par L. L. 25 vent. an XI et du 12 août 1902, porté au répertoire selon l'art. 49 L. 22 frim. an VII, et mentionner, le cas échéant, le timbre de l'écrit énoncé, conformément à l'art. 49, L. 5 juin 1850 ; V. Sol., 27 sept. 1904.

1274. Mais l'attestation serait valablement donnée soit dans l'inventaire après le décès du *de cujus*, sans en faire l'objet d'un acte distinct et spécial ;

Soit à la suite de la copie collationnée du titre ;

1275. Si le créancier à qui une attestation est demandée par les héritiers ou légataires du débiteur ne sait ou ne peut signer, elle est rédigée par un notaire (avec l'assistance d'un second notaire ou de deux témoins conformément à la loi du 12 août 1902), ou par le maire du domicile du créancier ; elle pourra même être reçue par le receveur dans la déclaration de succession au cas où ce préposé est requis de la rédiger et, au cas contraire, sur une formule distincte ; dans l'une et l'autre hypothèses, lorsque le créancier n'est pas personnellement connu du receveur, son identité doit être certifiée par deux témoins qui signent l'attestation. — V. Defrénois, *Rép. prat.*, n° 14063 ; I. G., 3067, § 8 ; Sol., 27 sept 1904 ;

1276. Quand l'attestation fait l'objet d'un acte sous seing privé, la loi ne prescrit point que la signature du créancier soit légalisée ; dès lors, en principe, les receveurs n'ont pas à exiger l'accomplissement de cette formalité ; toutefois, dans les cas exceptionnels où, pour des motifs très sérieux l'attestation leur paraîtrait suspecte, ils peuvent, en vertu du pouvoir d'appréciation que leur reconnaît l'art. 5, refuser de déduire la dette, à moins que les parties ne consentent à leur fournir le supplément de garantie nécessaire ; du tact et de la circonspection leur sont spécialement recommandés à cet égard. — V. I. G., 3067, § 8 ;

1277. Si les directeurs sont en mesure d'établir qu'il y a eu faux ou usage de faux tombant sous l'application de la loi pénale (art. 150 et s., C. pén.), ils ne doivent pas manquer de soumettre à la Direction générale des propositions tendant à ce qu'il en soit donné avis au procureur de la République dans les conditions déterminées par l'art. 29, C. instr. crim. — V. même I. G. ;

1278. L'attestation, aussi bien notariée que sous seing privé, est dispensée du timbre (art. 6 précité) et de l'enregistrement. — V. I. G., 3067, § 8 ; Sol., 4 sept. 1902 et 27 sept. 1904 ;

Mais, quel qu'en soit le rédacteur, elle doit contenir une mention expresse par laquelle le créancier déclare connaître les dispositions de l'art. 9 relatives aux peines portées en cas de fausse attestation. (Même art.). — V. I. G., 3058 et 3067 ;

1279. A la différence des titres ou copies collationnées dont la simple représentation au receveur suffit, les attestations des créanciers sont retenues au bureau qui a reçu la déclaration ; ce n'est pas, en effet, à l'héritier ou au légataire, mais à l'Administration que l'existence de la dette au jour de l'ouverture de la succession est certifiée, et cette attestation constitue le titre qui permettra en cas d'inexactitude reconnue, de réclamer au créancier la pénalité prononcée contre lui par l'art. 9. — V. Besson, *op. cit.*, n° 186 ; Maguéro, suppl., v° *Succ.*, n° 263 ; I. G., 3058 et 3067, § 8 ; *Contrà :* Garnier, *Comment.*, n° 160 ;

1280. Il ne faut pas perdre de vue que l'c•

bligation de produire au receveur les justifications complémentaires que cet agent est en droit d'exiger ne saurait avoir pour effet de prolonger les délais qui sont accordés aux parties pour souscrire la déclaration et payer les droits exigibles, à peine d'un demi-droit en sus (L. 22 frim. an VII, art. 24 et 39). — V. I. G., 3058;

1281. Constatons, pour terminer à cet égard, que l'attestation, qui aurait été omise lors de la déclaration, ne peut plus être exigée après.

APPENDICE

Pouvoir d'appréciation de la Régie.

1282. Suivant l'art. 5, L. 25 févr. 1901, « toute dette au sujet de laquelle l'agent de l'administration aura jugé les justifications insuffisantes ne sera pas retranchée de l'actif de la succession pour la perception du droit, sauf aux parties à se pourvoir en restitution, s'il y a lieu, dans les deux années à compter du jour de la déclaration.

« Néanmoins, toute dette constatée par acte authentique et non échue au jour de l'ouverture de la succession ne pourra être écartée par l'administration, tant que celle ci n'aura pas fait juger qu'elle est simulée. »

L'action pour prouver la simulation sera prescrite après dix ans à compter du jour de la déclaration. (L., 30 janvier 1907, art. 4).

1283. Ainsi, en principe, le receveur est constitué juge des justifications qui lui sont fournies, et provision est due à son appréciation ;

Mais il ne peut point rejeter les dettes constatées par acte authentique et non échues lors de l'ouverture de la succession.

La dette fût-elle antérieure à l'acte authentique.

Ou sa constatation résultât-elle seulement d'une disposition indépendante d'une autre convention. — Cpr., Garnier, *Comment.*, n° 79.

1284. Le premier soin qui incombe au receveur est d'examiner si les dettes dont la distraction est demandée ne rentrent pas dans les exceptions prévues par l'art. 7. — V. I. G., 3058.

1285. En second lieu, il a à s'assurer que *leur existence au jour de l'ouverture de la succession est établie par les mentions ou productions prescrites ;* il doit notamment, écarter toute attestation du créancier qui ne contiendrait pas la mention exigée par l'art. 6, quant aux peines portées en cas de fausse attestation. — V. I. G., 3058.

1286. Mais son rôle ne se borne pas à un examen superficiel ; il lui appartient d'apprécier si les justifications produites sont décisives, d'en demander de nouvelles dans les conditions prévues par la loi et même au besoin, de refuser la déduction. — V. I. G., 3058.

1287. Les justifications nouvelles que le receveur peut exiger sont, ainsi que cela résulte des explications précédentes, la communication des livres de commerce du défunt, dans tous les cas où la déduction des dettes commerciales est demandée en vertu de titres autres que ces livres, et la production d'une attestation du créancier certifiant l'existence de la dette au jour du décès, quand il croit devoir réclamer la remise de cette pièce, en dehors du cas où elle est obligatoire (art. 7 précité, 1° et 4°).

1288. De plus, le receveur est autorisé par l'art. 5 à refuser la déduction toutes les fois qu'il juge les justifications insuffisantes, c'est-à-dire non seulement quand les mentions ou productions obligatoires pour les héritiers sont incomplètes, ou qu'on ne lui rapporte pas soit les livres de commerce du défunt, soit l'attestation du créancier lorsqu'il en a fait la demande, mais même s'il a des raisons de douter de la réalité des dettes établies, en apparence, d'une façon complète et régulière. — V. I. G., 3058.

1289. Toutefois, sous ce dernier rapport, une restriction a été faite en faveur des dettes résultant d'un acte authentique et non échues au jour de l'ouverture de la succession.

1290. Dans ce cas et pourvu, bien entendu, que les indications exigées pour les dettes établies par actes authentiques soient fournies et que l'attestation du créancier soit rapportée, si elle est réclamée, la déduction ne saurait être écartée ; car si deux conditions sont bien requises : à la fois l'authenticité du titre et la non exigibilité de la dette, l'attestation du créancier, certifiant l'existence de celle-ci et faisant tomber ainsi la présomption inhérente à son échéance, le titre authentique recouvre toute sa force probante. — V. Evar. Lepage, *Rev. du Not.*, n° 16 ; I. G., 3049 et 3058.

1291. Il appartient seulement à l'Administration d'établir dans un délai de dix ans à compter du jour de la déclaration la simulation de la dette constatée par acte authentique et non échue au jour de l'ouverture de la succession.

Comme le fait justement observer M. Evar. Lepage, *op.* et *loc. cit.*, n° 16 ; cette simulation doit être entendue *secundum subjectam materiam*, en ce sens que l'Administration a le droit, non seulement de faire juger que la créance était simulée à son origine, mais aussi que, bien que sincère et réelle lorsque les parties ont contracté, elle a, par une cause quelconque, cessé d'exister, car dissimuler l'extinction d'une dette est manifestement la simuler, créer dans un but de fraude une situation légale apparente, contraire à la réalité.

1292. En toute autre hypothèse, le receveur exerce un pouvoir d'appréciation analogue à celui qu'il tient de l'art. 28 L. 22 frim. an VII en ce qui concerne la liquidation des droits à exiger sur les actes présentés à l'enregistrement. Le redevable dont la demande en déduction aura été écartée ne peut donc différer le paiement des droits liquidés par lè receveur, sous prétexte de contestation sur le point de savoir si la dette est, ou non, dûment justifiée. Il doit les acquitter, sauf à se pourvoir en restitution, dans les formes ordinaires ; un délai de deux années, à compter du jour de la déclaration, lui est accordé à cet effet (art. 5). — V. I. G., 3049 et 3058.

1293. L'Administration a le plus grand intérêt à distinguer si le remboursement de l'impôt acquitté sur le capital correspondant à une dette non déduite reste subordonné à ses seules appréciations, ou, au contraire, constitue un droit pour les héritiers ou légataires comme rentrant dans les prévisions de l'art. 5 ; afin de prévenir toute difficulté sur ce point, les receveurs qui refusent de déduire une dette insuffisamment justifiée doivent veiller à ce que la demande en déduction formulée par les héritiers ou légataires soit mentionnée dans l'état du passif ou dans la déclaration elle-même. — V. I. G., 3067, § 11.

1294. Il convient que les receveurs n'usent qu'avec circonspection du droit de rejeter comme insuffisantes des justifications en apparence régulières et complètes. S'ils n'ont pas à faire connaître aux redevables tous les motifs de leur refus de déduction, ils doivent toujours en rendre compte lorsqu'ils seront appelés à instruire une demande en restitution formée dans ces conditions. — V. I. G., 3058.

1295. Du reste, il n'est pas possible de tracer de règles absolues au sujet des conditions dans lesquelles le receveur peut accepter la déclaration du passif, réclamer de nouvelles justifications ou même rejeter les déductions demandées. Ses exigences varieront nécessairement suivant le degré de confiance que le titre invoqué lui inspirera, tant par lui-même qu'à raison des circonstances particulières à chaque affaire. Lorsque la dette résulte d'un titre authentique, le seul surcroît de garantie à réclamer, le cas échéant, au moment de la déclaration, consiste dans l'attestation du créancier, sauf contrôle ultérieur des mentions de la déclaration au vu de la minute même du titre. — V. I. G., 3058.

1296. Mais le rôle du receveur est plus délicat quand la dette ne résulte pas d'un acte authentique.

A cet égard, il importe de ne pas perdre de vue que la production du titre lui-même ou d'une copie collationnée de ce titre n'est exigée qu'au moment même de la déclaration, et que c'est également à ce moment-là seulement que l'attestation du créancier peut être réclamée, en dehors du cas où la production de cette pièce est obligatoire (art. 7, 1º et 4º). — V. I. G.. 3058.

1297. Si la déduction a été admise par le receveur, l'Administration n'est plus autorisée à demander à l'héritier ou au légataire ni de lui représenter à nouveau le titre (à moins qu'il s'agisse des livres de commerce du défunt), ou la copie collationnée, ni de lui rapporter une attestation du créancier. — V. I. G., nº 3058.

1298. L'intérêt du Trésor exige, par suite, que le titre ou la copie collationnée soit, de la part du receveur, *au moment même du paiement des droits*, l'objet d'un examen minutieux. — V. I. G., nº 3058.

Dans cette Instruction générale, l'Administration appelle tout spécialement sur ce point l'attention des agents. Les employés supérieurs devront s'expliquer, dans tous les cas, § 3 du rapport de gestion, sur la façon dont le receveur se sera conformé à cette importante obligation. Cet examen pourra fournir d'utiles indications, surtout en matière de dettes commerciales. Par exemple, si les parties représentent des effets souscrits ou acceptés par le défunt pour des échéances postérieures à son décès et endossées par des tiers antérieurement à l'ouverture de la succession, cet ensemble de circonstances constituera une présomption assez sérieuse pour faire admettre la déduction, sans autre justification, à la condition qu'aucun indice ne donne à supposer qu'il s'agit d'effets de complaisance. Mais si les effets souscrits et acceptés par le défunt et produits par ses héritiers ou légataires n'ont pas été endossés antérieurement au décès, il sera prudent, en général, de réclamer soit la communication des livres de commerce du défunt, soit l'attestation du créancier, soit même, au besoin, ces deux justifications.

1299. La représentation des livres de commerce du défunt doit du reste, comme on l'a déjà vu, toujours s'étendre à la période courue depuis la date de la plus ancienne dette dont la déduction est demandée jusqu'au jour du décès — V. I. G., 3058.

1300. Celui qui prétend tirer avantage des livres d'un commerçant ne peut, aux termes de l'art. 1330, C. civ., les diviser en ce qu'ils ont de contraire à sa prétention. Le premier devoir de l'agent de l'Administration est donc de s'assurer que les mentions relatives aux dettes dont la déduction est réclamée ne sont, à aucun degré, infirmées par d'autres mentions. Il doit, en outre, tenir le plus grand compte du degré de régularité des livres représentés. L'irrégularité des livres de commerce n'empêche pas, sans doute, la mention de dette de faire foi contre le commerçant qui l'a inscrite, mais ce n'est que jusqu'à preuve contraire, et l'Administration aurait peut-être trouvé cette preuve dans le livre lui-même s'il avait été correctement tenu.

Si aucun article des livres produits n'infirme la valeur des mentions de dettes invoquées par les héritiers, si ces livres sont dûment cotés, lorsqu'il y a lieu à cette formalité, si leurs écritures paraissent irréprochables et si, d'ailleurs, aucune circonstance particulière ne permet de supposer qu'on se trouve en présence d'une comptabilité fictive, les déductions réclamées peuvent être accordées sans autre justification. — V. I. G., 3058.

Mais pour peu que certaines mentions apparaissent contradictoires ou même simplement confuses, pour peu que la tenue des livres ne semble pas parfaitement régulière, il est enjoint au receveur de ne pas hésiter, même en l'absence de tout indice particulier de fraude, à réclamer l'attestation du créancier, attestation dont la production est obligatoire, d'ailleurs, ainsi qu'on l'a déjà dit, pour toute dette échue depuis plus de trois mois au jour du décès. — V. I. G., 3058.

Enfin, si l'attestation du créancier ne lève pas tous ses doutes, le receveur doit user du droit que lui confère l'art. 5 et refuser la déduction. — V. I. G., 3058.

1301. Une copie collationnée et par extrait des livres de commerce du créancier ne saurait même au cas où le défunt était lui-même commerçant, être considérée comme une justification suffisante. Les mentions invoquées ne peuvent être corroborées par l'attestation du créancier, puisqu'elles émanent de lui. D'autre part, la production d'une copie collationnée ne fournit pas la preuve que le livre dont cette copie a été extraite est régulièrement tenu, ce qui est la condition essentielle pour que ces mentions fassent titre au profit de leur auteur et contre le défunt. — V. I. G., 3058.

1302. Dans la plupart des cas, d'ailleurs, la représentation des livres du commerçant créancier n'a d'utilité que pour confirmer les mentions inscrites sur les livres irréguliers du commerçant débiteur. — V. I. G., 3058.

1303. En matière de dettes civiles constatées par actes sous signatures privées, les receveurs agiront prudemment, dit la même Inst. gén., en réclamant la production de l'attestation du créancier, même en dehors du cas où elle est obligatoire (art. 7, 1°), non seulement quand l'examen du titre permet de concevoir des doutes sur sa sincérité; mais encore toutes les fois qu'il s'agit de dettes relativement importantes, alors même qu'elles résulteraient de titres en apparence réguliers. — V. I. G., 3058.

CHAPITRE II

Charges non déductibles

1304. Ce sont d'abord les dettes qui ne satisfont pas, même en apparence, aux conditions susexprimées, c'est-à-dire celles qui, à première vue n'existaient plus au jour de l'ouverture de la succession ou ne résultaient pas d'un titre qui eût été efficace contre le défunt.

Ainsi les énonciations d'une déclaration de succession antérieure, à laquelle le défunt n'a pas concouru, ne lui ayant pas été oppo-

sables, ne sauraient baser une déduction de passif.

Par exemple, un fils et seul héritier d'une veuve décédée plusieurs années après son mari, n'est pas admis à déduire dans la déclaration de la succession de sa mère, les sommes dont il se prétend créancier à raison de la réalisation et de l'emploi qu'elle en aurait fait en acquisitions personnelles d'une partie des valeurs communes avec le mari prédécédé et de celles propres à celui-ci, malgré les présomptions résultant de la déclaration faite après le décès du mari et père. — V. Rennes, 5 déc. 1904.

L'acte dressé, après le décès d'une personne, pour rendre compte de sa gestion de biens communs avec d'autres, ne forme pas titre contre le défunt du reliquat passif constaté à sa charge, dès lors que les articles de recettes et de dépenses ne résultent que des dires de celui à qui le compte est dû. — V. Nevers, 7 août 1905.

1305. Arrivant aux exceptions et restrictions à la déduction du passif, l'art. 7, L. 25 févr. 1901 dispose :

« Toutefois ne seront pas déduites :

« 1° Les dettes échues depuis plus de trois mois avant l'ouverture de la succession, à moins qu'il ne soit produit une attestation du créancier en certifiant l'existence à cette époque, dans la forme et suivant les règles déterminées à l'art. 6 ;

« 2° Les dettes consenties par le défunt au profit de ses héritiers ou de personnes interposées. Sont réputées personnes interposées les personnes désignées dans les art. 911, dernier alinéa, et 1100 du Code civil.

« Néanmoins, lorsque la dette aura été consentie par un acte authentique ou par acte sous seing privé ayant date certaine avant l'ouverture de la succession autrement que par le décès d'une des parties contractantes, les héritiers, donataires et légataires, et les personnes réputées interposées auront le droit de prouver la sincérité de cette dette et son existence au jour de l'ouverture de la succession ;

« 3° Les dettes reconnues par testament ;

« 4° Les dettes hypothécaires garanties par une inscription périmée depuis plus de trois mois, à moins qu'il ne s'agisse d'une dette non échue et que l'existence n'en soit attestée par le créancier dans les formes prévues à l'art. 6 ; si l'inscription n'est pas périmée, mais si le chiffre en a été réduit, l'excédent sera seul déduit, s'il y a lieu ;

« 5° Les dettes résultant de titres passés ou de jugements rendus à l'étranger, à moins qu'ils n'aient été rendus exécutoires en France ; celles qui sont hypothéquées exclusivement sur des (le texte officiel porte *les*, mais il est évident qu'il faut lire *des*) immeubles situés à l'étranger ; celles, enfin, qui grèvent des successions d'étrangers, à moins qu'elles n'aient été contractées en France et envers des Français ou envers des sociétés et des compagnies étrangères ayant une succursale en France ;

« 6° Les dettes en capital et intérêts pour lesquelles le délai de prescription est accompli, à moins qu'il ne soit justifié que la prescription a été interrompue. »

1306. Les six catégories de dettes qu'énumère ce texte ne sont donc pas déductibles, fussent-elles d'ailleurs dans les conditions voulues par l'art. 3.

Reprenons-les successivement :

1° DETTES ÉCHUES DEPUIS PLUS DE TROIS MOIS AVANT L'OUVERTURE DE LA SUCCESSION

1307. Si la déduction de ces dettes n'est pas admise, c'est qu'elles sont présumées avoir été remboursées à l'échéance ; elles ne peuvent être distraites de l'actif que si les héritiers ou légataires produisent une attestation du créancier, rédigée dans la forme qui sera indiquée ci-après et certifiant que le défunt ne s'était pas libéré de son vivant, ce qui fait tomber la présomption. — V. I. G., 3058.

On a vu plus haut, n° 1188, qu'au cas où les créanciers seraient en même temps les héritiers du débiteur, leur attestation ne serait pas recevable.

1308. Comme la dette d'un tuteur envers son pupille se trouve exigible par le fait seul de la cessation de la tutelle, abstraction faite de toute reddition de compte, si la tutelle avait pris fin plus de trois mois avant le décès du tuteur, la déduction serait subordonnée à la condition d'une attestation par le créancier. — V. Sol., 18 avril 1902 ;

1309. Il en est de même pour les créances sans terme de paiement stipulé, ou dont le débiteur a été déchu du bénéfice du terme (C. civ., art. 1188) ; pas de déduction sans ladite attestation. — V. Garnier, Comment., n° 111.

2° DETTES CONSENTIES PAR LE DÉFUNT AU PROFIT DE SES HÉRITIERS OU DE PERSONNES RÉPUTÉES INTERPOSÉES.

1310. La loi préjuge dans de telles reconnaissances de dettes l'intention frauduleuse du défunt de vouloir affranchir sa succession du paiement du droit sur une somme égale à celle dont il se reconnaît complaisamment débiteur envers son héritier présomptif.

1311. Le 2° de l'art. 7 qui vise ces dettes, exclut d'abord, « les dettes consenties par le défunt au profit de ses héritiers ».

1312. Aux héritiers, il convient d'assimiler les légataires et les donataires généraux ; cela résulte, semble-t-il bien, du second alinéa de la disposition, qui se réfère évidemment au premier, incomplet, pensons-nous, par une inadvertance de copiste. (Rapport Guillain à la Chambre, 15 févr. 1901, J. O., doc. parl, p. 105). — V. Garnier, Comment., n° 112 ; Bes-

son, op. cit., n° 147 ; Evar. Lepage, Rev. du Not., n° 19 ; Maguéro, Suppl., v° Succ., n° 275 ; Fontenay, 3 mars 1905 (D., 07. 2. 51) (S., 1907. 2. 181) ; Orléans, 24 mai 1905 ; (D., 06. 2. 318) ; Reims, 21 juin 1905 ; Seine, 21 juin 1907 ; I. G., 3089 § 15, Contrà : Defrénois, Rép., gén. prat., n° 14482 ; Cpr., Revue de l'Enregistrement, n° 3853 ; Seine, 12 mars 1904 ; (D., 05. 2. 231) ; Seine, 24 mars 1905 (D., 05. 2. 332) ; Versailles, 6 avril 1906 (S., 1907. 2. 181) ; Senlis, 31 juillet 1907.

1313. Mais non les légataires à titre particulier, parce que l'expression « donataires », signifiant ici « donataires éventuels » : époux, institué contractuellement, etc., c'est-à-dire, en principe, universels ou à titre universel, le mot « légataires » ne peut pas être pris dans un autre sens ; au surplus, il n'y avait pas mêmes motifs ; et, pour tout dire, le législateur n'a sans doute point pensé à eux. — V. Revue de l'Enreg. Ibid., Versailles, 6 avril 1906 ; (S. 1907, 2. 181) ; Contrà : Fontenay-le-Comte, 3 mars 1905 ; (S., 1907. 2. 181) ; Orléans, 24 mai 1905 précité ; Seine, 23 févr. 1906 ; Reims, 21 juin 1905 ; Loudun, 22 déc. 1906 ; Cass., Req., 25 nov. 1907 ;

1314. Peu importe, du reste, que la dette n'ait été contractée qu'au profit d'un seul, ou de plusieurs des héritiers et non de tous ; la loi ayant certainement prévu des dettes individuelles, malgré le sens en apparence collectif de ses termes. — V Garnier, Comment., n° 112 ; Maguéro, suppl. v° Succ., n° 276 ; Seine, 10 juill. 1903 ; Besançon, 23 nov. 1905 ; Contrà : Defrénois, n° 12118-III.

1315. Mais alors, déduc on doit être admise de ce qui ne s'est pas éteint par confusion, puisque, pour l'excédent de leurs parts héréditaires le ou les héritiers créanciers conservent tous leurs droits contre leurs cohéritiers considérés comme représentants du défunt, et sans qu'aucune présomption de fraude puisse subsister : on ne se trouve donc, à cet égard, ni dans l'esprit, ni même dans les termes de l'art. 7-2°. — V. Garnier, Comment., n° 112.

La dette ne serait pas non plus déductible alors même que celle-ci aurait été cédée à un tiers avant le décès. — V. Seine, 31 janv. 1907.

1316. Le texte statue-t-il ainsi, aussi bien en cas de renonciation que d'acceptation des héritiers, donataires ou légataires ?

La Régie le prétend : c'est, dit-elle, l'instant même du décès qui confirme irrévocablement le caractère simulé de la dette sans que le parti ultérieurement adopté par l'héritier ou le légataire au sujet de ses droits dans l'hérédité puisse influer sur ce caractère : en conséquence, la dette consentie au profit d'un légataire tombe, malgré la renonciation du créancier au bénéfice de son legs, sous l'application de la loi. — V. Sol., 18 avril 1902.

Elle ne fait ainsi, d'ailleurs, que s'approprier la jurisprudence belge ; mais il s'agit ici de la loi française ; or, d'après les art. 785 et 1043 C. civ., l'héritier ou le légataire renonçants sont censés n'avoir jamais été héritier ou légataire ; c'est là un des principes les plus inflexibles de notre droit civil, avec toutes les conséquences qu'il comporte ; pour le tenir en échec, il faudrait que la loi du 25 févr. 1901, eût formellement manifesté sa volonté d'y faire exception, tandis qu'elle n'en a rien dit ni laissé voir, et ce n'est certes pas l'argument tiré d'une pratique contraire à l'étranger, dont les raisons nous sont plus ou moins bien connues, qui peut suppléer à son silence.

1317. En second lieu, la même disposition repousse la déduction des dettes consenties par le défunt au profit de personnes interposées, et elle ajoute : sont réputées personnes interposées celles désignées dans les art. 911 dernier alinéa et 1100 C. civ. ; c'est-à-dire soit les père, mère, enfants, descendants ou époux de l'un des héritiers, donataires ou légataires, soit les enfants issus d'un autre mariage de l'époux de l'héritier et les parents dont cet époux était lui-même héritier présomptif. — V. Garnier, *Comment.*, no 113 ; Maguéro, Suppl. vo *Succ.*, no 280 ; I. G. 3058 ; Sol., 12 mars 1902.

Ainsi par rapport à l'héritier donataire ou légataire et non point au défunt. — Maguéro, *Ibid.*

A l'exclusion des *alliés* de l'héritier, du donataire ou du légataire, car les comprendre parmi les personnes interposées constituerait un non sens, puisqu'ils se trouveraient être les propres parents du *de cujus*. — V. Seine, 24 mars 1905 ; 26 mai 1905 (S. 1907, 2. 222) ; Valognes, 6 juin 1907 ; Garnier, Rép. pér. 1908, p. 40 ; *Contrà* : I. G., 3058 et 3089, s'emparant abusivement d'inexactitudes regrettables échappées à des députés étrangers aux matières dont ils parlaient.

1318. Mais cette présomption légale de simulation doit, comme toute présomption, s'appliquer limitativement au cas prévu de dettes consenties par le défunt, sans pouvoir être aucunement étendue sous prétexte d'analogie ; d'autant plus qu'elle constitue en même temps une exception au principe général posé par l'art. 3.

En conséquence, la dette qu'un mari usufruitier de la succession de sa femme commune en biens, et venant en concurrence avec des héritiers directs, a contractée envers son père durant le mariage, doit être déduite de la succession de la femme sur la production des justifications ordinaires attendu que, dans un tel cas, la femme n'a consenti aucun engagement et que si, par application des règles de la communauté, l'obligation souscrite par son mari peut avoir une répercussion à son égard, ce résultat purement juridique d'un fait qui lui est étranger ne peut remplacer l'acte personnel exigé par le texte de la loi comme base de sa

présomption. — V. Defrénois, *Rép. prat.*, nos 12636 et 13918 ; Seine, 12 mars 1904 ; *Contrà* : Sol., 28 mars 1902 ; I. G., 3089 § 16.

1319. Toutefois, l'exclusion n'est pas absolue.

Si la dette a été consentie par un acte authentique ou si elle résulte d'un acte sous signatures privées ayant acquis date certaine avant l'ouverture de la succession autrement que par le décès d'une des parties contractantes, les intéressés peuvent obtenir la déduction en prouvant la sincérité de cette dette et son existence au jour de l'ouverture de la succession.

1320. Ainsi diverses conditions à remplir, pour que la déduction soit admise.

1321. Existence d'un titre authentique ou d'un sous seing privé ayant date certaine. — Par conséquent, exclusion des dettes qui, consenties verbalement ou par acte sous signature privée n'ayant pas date certaine, ne sont constatées que postérieurement à l'ouverture de la succession dans des actes notariés d'inventaire ou de partage, fussent-ils enregistrés avant la déclaration. — V. Seine, 26 mars 1904 (*Rev. du Not.*, no 12093) ; Besançon, 23 nov. 1905 ; Seine, 31 janv. 1907 ; Sol., 25 juill. 1902.

Décisions rigoureusement exactes, si l'on veut, mais à ce degré où, même en matière d'impôt, le *summum jus* devient la *summa injuria ;* en tout cas, contraires à l'esprit de la loi du 25 févr. 1901, lorsque l'existence et la sincérité de ces dettes résultent manifestement des actes produits.

Aussi, par réaction équitable, la déduction a-t-elle été admise en cas de dette commerciale d'un défunt envers le mari d'une de ses légataires universelles alors que la dette était vraiment justifiée, mais seulement par ses livres de commerce. — V. Nantes, 31 janv. 1905.

1322. Date certaine pour les sous seing privé autrement que par décès. — Mais, du moment que l'art. 1328 C. civ. n'est plus strictement applicable, la preuve de la date certaine doit pouvoir se tirer d'autres faits que ceux prévus par lui.

C'est pourquoi tous les moyens de preuve compatibles avec la procédure spéciale en matière d'enregistrement sont ouverts aux réclamants (registres du défunt, lettres, quittances d'intérêts, etc.) (L. 22 frim. an VII, art. 65). — V. I. G., 3058.

Voir cependant Le Havre, 6 déc. 1907, qui n'a pas admis les registres de commerce du défunt.

1323. Existence et sincérité de la dette. — Au cas du mari, considéré comme personne interposée de sa femme héritière, outre les conditions de titre authentique ou de sous seing privé ayant date certaine, il faut encore, afin que la déduction puisse être admise, que l'héritière établisse la sincérité et l'existence de la dette au jour de l'ouverture de la succession, non par une attestation du créancier, dont la personne réputée interposée se confond avec la sienne propre, qui est sans qualité pour fournir l'attestation prévue, mais, également par des moyens de preuve compatibles avec cette procédure spéciale. — V. Sol., 12 mars 1902.

1324. Si ces différentes conditions n'étaient pas remplies, la dette ne pourrait être déduite, alors même qu'elle serait constatée par des actes authentiques postérieurs à l'ouverture de la succession. — V. Sol., 25 juill. 1902; I. G., 3099, § 6.

3° DETTES RECONNUES PAR TESTAMENT.

1325. Même présomption de simulation que tout à l'heure.

1326. Les héritiers ou légataires ne sauraient donc invoquer, pour obtenir une déduction, la reconnaissance de la dette contenue dans le testament du défunt ; la distraction ne peut être opérée, dans cette hypothèse, que si les parties fournissent les justifications ordinaires, c'est-à-dire établissent la dette au moyen d'autres titres recevables. — V. I. G., nᵒ 3058.

4° DETTES HYPOTHÉCAIRES GARANTIES PAR
UNE INSCRIPTION PÉRIMÉE.

1327. Pour les dettes de cette catégorie, le texte fait une distinction.

I a dette *échue* et garantie par une inscription hypothécaire *périmée depuis plus de trois mois* ne saurait être distraite, la loi supposant que si le créancier a laissé tomber sa garantie, après l'échéance, c'est-à-dire au moment où il en avait peut-être le plus besoin, c'est qu'il était pleinement désintéressé ; la réunion de ces deux circonstances constitue une présomption légale de remboursement contre laquelle aucune preuve contraire n'est admise. — V. I. G., 3058 ;

1328. Par exemple, le renouvellement de l'inscription depuis le décès. — V. Sol., 20 févr. 1903 ; I. G., 3122, § 2 ;

1329. L'attestation du créancier ;

1330. Et même, d'après la Régie, les opérations d'une faillite, d'une liquidation judiciaire ou d'une distribution par contribution. — V. Sol., 18 déc. 1902 ; I. G., 3102-2.

Pourtant, cette prétention nous semble injustifiée, car ce que la loi a voulu éviter, c'est la fraude. Or quelle fraude peut-elle avoir à craindre d'un juge-commissaire ou de créanciers concurrents?

1331. La dette *non échue*, mais garantie par une inscription *périmée depuis plus* de trois mois, et la dette *échue*, mais garantie par une inscription *périmée depuis moins de trois mois*, peuvent, au contraire, être déduites sous les justifications ordinaires, et en particulier, sur la production de l'attestation du créancier prévue à l'art. 6. — V. I. G., 3058.

1332. Si l'inscription n'étant pas périmée, le chiffre en a seulement été réduit par mainlevée partielle, la déduction ne peut être admise que pour l'excédent, la réduction du chiffre de l'inscription constituant à lui seul une présomption du remboursement partiel de la dette. — V. I. G., 3058.

1333. Préjuger ainsi le paiement ou l'extinction des dettes hypothécaires constitue une présomption, et cette présomption s'inspire d'une extrême rigueur, puisque, dans la première hypothèse surtout, le créancier hypothécaire est moins bien traité qu'un créancier simplement chirographaire ; double raison, juridique et de fait, pour la restreindre exclusivement aux cas spécialement prévus.

1334. Elle ne s'applique donc pas aux créances garanties par un privilège immobilier : prix de vente ou de licitation, soulte d'échange ou de partage, plus-value d'architectes, entrepreneurs et autres, ainsi que leurs subrogés (C. civ., art. 2103).

C'est que, nonobstant les art. 2106 et 2113 qui leur sont communs, un privilège diffère gravement et à plusieurs points de vue d'une hypothèque (C. civ., art. 2094, 2095, 2114) ; il n'y a pas dès lors entre les créances hypothécaires et les créances privilégiées l'identité absolue qu'il faudrait pour que l'art. 7, 4° se soit trouvé les avoir comprises sous une expression unique.

M. Rigal *(Journ. du Not.* 1905, p. 34) établit péremptoirement cette doctrine.

Après avoir rappelé les textes ci-dessus du Code civil, il s'exprime ainsi :

« Le cas le plus fréquent où se posera la question que nous examinons est celui où, le défunt ayant acquis un immeuble plus de dix ans avant le décès, le vendeur encore créancier du prix (que nous supposons échu) a négligé de renouveler l'inscription d'office qui conservait son privilège.

« Non seulement la lettre de l'article 7-4° de la loi de 1901 est inapplicable à cette dette privilégiée, mais encore son esprit ne peut être invoqué pour écarter, en cette hypothèse, la déduction de la dette, si d'ailleurs l'existence de celle-ci est régulièrement justifiée.

« En effet, la disposition exceptionnellement rigoureuse de notre article se fonde sur une présomption de libération. Le créancier qui laisse périmer une inscription hypothécaire, faute de la renouveler en temps utile, perd son rang hypothécaire. Il y a donc une grande probabilité pour qu'il n'ait abandonné qu'après paiement la sûreté qui lui avait été consentie. Mais la situation est toute différente à l'égard du vendeur d'immeuble privilégié sur le prix. La loi n'a pas fixé, pour ce privilège, de délai de rigueur dans lequel il doive être inscrit, sous peine de dégénérer en hypothèque.

« Par conséquent, l'inscription peut toujours en être requise utilement, pourvu que l'immeuble ne soit pas sorti des mains de l'acquéreur et qu'il ne se soit pas produit un des évéuements qui arrêtent le cours des inscriptions. Le vendeur peut, à toute époque, même après plus de dix ans écoulés sans renouvellement, requérir une inscription qui conservera l'intégralité de son droit et lui assurera la préférence, à l'égard de tous les créanciers hypothécaires de l'acheteur, sur le prix de l'immeuble.

« Le défaut de renouvellement de l'inscription ne constitue donc pas une présomption de paiement en cette hypothèse puisqu'il ne fait pas perdre au créancier son rang de préférence.

« Nous concluons de ce qui précède que l'article 7-4° de la loi du 25 février 1901 ne s'applique pas aux dettes privilégiées, même garanties par une inscription sur les immeubles du débiteur, et notamment au prix encore dû par l'acquéreur d'un immeuble. »

1335. Elle ne s'applique pas davantage, même en matière vraiment hypothécaire, lorsque le créancier n'a jamais fait inscrire l'hypothèque attachée à son titre; car son abstention, par négligence ou autrement, n'implique alors aucune probabilité de remboursement. — V. Sol., 12 mars 1902 ;

1336. Nous ne l'appliquerons pas non plus aux dettes garanties par une hypothèque légale, c'est-à-dire envers une femme mariée, un mineur ou un interdit, lorsque la péremption de l'inscription pour défaut de renouvellement se produit soit durant le mariage, la minorité ou l'interdiction, soit dans les trois mois de l'expiration de l'année à partir de la dissolution du mariage ou de la cessation de la tutelle; attendu que l'hypothèque légale, pouvant être de nouveau inscrite utilement avec toutes ses prérogatives, le fait de n'en avoir pas renouvelé l'inscription ne contredit pas l'existence actuelle de la créance. — V. Rigal, *op. cit.*, p. 34 et s.

1337. Mais la présomption les atteindra faute d'inscription ou de renouvellement dans l'année de la dissolution du mariage ou de la cessation de la tutelle, car elles ont dégénéré en hypothèques ordinaires (L. 23 mars 1855, art. 8).

1338. De même, en cas de subrogation d'un créancier dans l'hypothèque légale de la femme, puisque le défaut de renouvellement, même pendant le mariage, de l'inscription prise sur les biens du mari, fait perdre au créancier son rang, soit qu'il ait requis lui même l'inscription, soit qu'il ait fait mentionner sa subrogation en marge de l'inscription déjà existante (Même loi, art. 9).

1339. Aucune difficulté relativement à l'hypothèque judiciaire ; elle est pleinement assimilable à l'hypothèque conventionnelle.

1340. Et nous pensons qu'il en est de même de l'hypothèque maritime, bien qu'on puisse prétendre qu'elle ne constitue pas une véritable hypothèque, mais un droit *sui generis*, un navire étant en soi un meuble (C. civ., art. 2118). — Cpr. Rigal, *op. cit.*, p. 35. e

5° DETTES RÉSULTANT DE TITRES PASSÉS ET DE JUGEMENTS RENDUS A L'ÉTRANGER, OU GARANTIES EXCLUSIVEMENT PAR HYPOTHÈQUE SUR DES IMMEUBLES SITUÉS A L'ÉTRANGER OU GREVANT DES SUCCESSIONS D'ÉTRANGERS.

1341. Le bénéfice de la déduction est refusé aux dettes « résultant de titres passés ou de jugements rendus à l'étranger, à moins qu'ils n'aient été rendus exécutoires en France »; sous cette réserve, l'exclusion est absolue. — V. I. G., 3058.

1342. Notamment, la créance d'une veuve contre la succession de son mari pour l'excédent de ses reprises sur l'actif de communauté, qu'elle n'a pu dès lors exercer par prélèvement, n'est pas déductible lorsqu'elle résulte d'un contrat de mariage et de titres passés à l'étranger et non exécutoires en France. — V. Defrénois, *Rép. prat.*, n° 13953 ;

Mais pour cet excédent seulement, car une créance ou une reprise résultant de la réalisation de biens situés à l'étranger étant soumise à la loi de l'impôt quand elle fait partie d'une succession ouverte en France, — réciproquement, l'époux survivant peut exercer le prélèvement d'une reprise de cette nature au même titre que si la créance provenait de la vente de biens français ; c'est la créance du surplus qui, seule, tombe sous l'application du § 5, art. 7, L. 25 févr. 1901. — V. Sol. 28 août 1879 ;

Sauf traités contraires. — V. Convention avec la Belgique, 8 juill. 1900.

1343. Il suffit d'ailleurs, dans le silence de la loi, que cette condition d'*exequatur* soit remplie avant la déclaration; l'exiger antérieure au décès serait, en effet, ajouter au texte, ce qui n'est pas permis surtout en droit fiscal, comme le dit très bien M. Evar. Lepage, (*Rev. du Not.*, n° 10717, n° 22).

Et même, postérieure à la déclaration, — résultant, par exemple, de l'homologation d'un état liquidatif, elle entraîne la restitution de la somme perçue faute de déduction, d'après l'art. 5, L. 25 févr. 1901. — V. Defrénois, *Rép. prat.*, n° 13953; Garnier, *Comment.*, n° 120.

1344. Mais, *à contrario*, les actes sous seing privé seraient-ils irrecevables ?

En aucune façon ; par l'assimilation qu'il en fait aux jugements, notre art. 7, 5° montre bien que par *titres*, il entend seulement les actes passés à l'étranger auxquels il s'agirait de conférer en France l'authenticité et qui ne peuvent l'acquérir qu'en y étant déclarés exécutoires, condition inapplicable aux actes sous seing privé, qui ne sont donc pas visés par la loi. — V. Evar. Lepage, *Rev. du Not.*, n° 10717, n° 22;

Spécialement les effets de commerce créés à l'étranger;

1345. Il en résulte, d'après l'art. 1318 C. civ., qu'un acte authentique passé à l'étranger, et non rendu exécutoire en France, peut valoir en tout cas comme sous seing privé. — Cpr. même auteur, *op. et loc. cit.*

1346. Les actes reçus par nos agents consulaires, et les jugements rendus par eux dans les pays où ils jouissent d'une juridiction, par exemple dans les échelles du Levant, ne doivent pas être considérés comme passés ou rendus *à l'étranger*, au sens de la loi du 25 févr. 1901. — V. Evar. Lepage, *op. et loc. cit.*

1347. La loi interdit aussi la déduction des dettes « hypothéquées *exclusivement* sur des immeubles situés à l'étranger »;

Quels que soient la nationalité du défunt, son domicile et le lieu où l'acte a été passé.

C'est la contre-partie de l'exonération du droit de mutation par décès pour les immeubles situés à l'étranger, même quand ils dépendent de la succession d'un Français.

1348 La restriction ne s'applique donc pas aux gages mobiliers situés à l'étranger. — V. Garnier, *Comment.*, n° 121;

1349. Ni aux dettes garanties exclusivement par un privilège portant sur un immeuble situé à l'étranger. — V. Rigal, *Journ. du Not.*, 1905, p. 36.

1350. Mais, si la dette est garantie par une hypothèque frappant à la fois des biens étrangers et des biens français, elle peut être déduite en totalité de la valeur de l'actif déclaré en France. — V. I. G., n° 3058.

1351. « Les mêmes règles, ajoute cette Instr. gén., seront suivies à l'égard des dettes hypothéquées sur des biens situés dans les colonies françaises.

Mais si nos colonies sont des territoires distincts de celui de la métropole, elles ne sauraient être à nos yeux des pays étrangers. — V. Cass., 21 juin 1901.

Les assimiler à l'étranger est donc pour nous étendre la loi, c'est-à-dire la fausser.

1352. Au contraire, les pays de protectorat doivent être considérés comme pays étrangers au point de vue fiscal;

A moins qu'il n'y existe des tribunaux dont les décisions sont exécutoires en France. — V. Garnier, *Comment.*, n° 119.

1353. En ce qui concerne les successions d'étrangers, les seules dettes admises à déduction sont celles qui ont été contractées en France et envers des Français ou envers des sociétés et compagnies étrangères ayant une succursale en France. — V. I. G., n° 3058.

1354. La double condition exigée pour la déduction s'applique au cas où le défunt était domicilié en France, avec ou sans autorisation, aussi bien qu'à celui où il n'avait en France, au jour de son décès, ni domicile de fait, ni domicile de droit. — V. I. G., 3058.

1355. Le lieu de son décès est, d'ailleurs, indifférent.

1356. Mais alors sans que l'acte doive être

authentique, ni enregistré en France. — V. Garnier, *Comment.*, n° 123;

1357. Et le transport de la créance à un étranger n'empêcherait pas la déduction de la dette. — V. Garnier, *Comment.*, n° 123.

1358. C'est comme ci-dessus pour les dettes hypothéquées exclusivement sur des immeubles sis à l'étranger, la corrélation avec le non-assujettissement au droit de mutation par décès des valeurs mobilières étrangères dépendant de la succession d'étrangers.

Aussi, les dettes peuvent-elles être déduites si les valeurs étrangères constituent en quelque sorte en même temps des valeurs françaises, c'est-à-dire des valeurs assujetties en France à l'impôt. — V. Evar. Lepage, *Rev. du Not.*, n° 10717, n° 23;

De même, lorsque la succession de l'étranger est régie par la loi française.

6° Dettes prescrites.

1359. Les art. 1234 et 2225 C. civ. eussent suffi pour écarter la déduction des dettes prescrites, puisque, d'après le premier, les obligations s'éteignent par la prescription, et qu'en vertu du second tout intéressé à ce qu'elle soit acquise peut toujours l'opposer.

1360. Mais, surabondamment, la loi du 25 févr. 1901 a préféré, par le dernier § de l'art. 7, prohiber expressément la déduction des dettes, en capital ou intérêts, pour lesquelles le délai de prescription se trouvait accompli au jour du décès; toutefois cette prohibition cesse si l'héritier rapporte la preuve que la prescription a été régulièrement interrompue ou s'est trouvée suspendue.

1361. Pour l'application de cette disposition, on ne peut que se référer aux principes généraux du Code civil (notamment art. 2219 et s.) et du Code de commerce (notamment art. 189).

1362. Nous dirons seulement qu'il appartient au receveur d'apprécier si, d'après ces principes, la prescription est ou non acquise;

1363. Et que, pour être opposable à la Régie, la renonciation à la prescription doit émaner du défunt.

1364. Si les déclarants invoquent une interruption ou une suspension de prescription qui semble acquise, la preuve en est naturellement à leur charge.

Observation général.

1365. En cas de droit de retour au profit de l'ascendant donateur, le passif grevant tous les biens indistinctement, doit être déduit de la succession anomale et de la succession ordinaire proportionnellement à leur importance respective.

Même observation sur le droit de retour de l'adoptant.

SECTION X

Droits des parties.

1366. La valeur légale des biens étant déterminée suivant les modes susindiqués, comment s'apprécient, de leur côté, les droits transmis sur ces biens.

CHAPITRE PREMIER

Évaluation en pleine propriété, en nue propriété et en usufruit.

1ᵉᵗ PLEINE PROPRIÉTÉ

1367. La *pleine propriété* se liquide nécessairement d'après la valeur même des biens.

1368. Le grevé de substitution recueillant à titre de propriétaire, quoique sous condition résolutoire, et non d'usufruitier, paye sur la pleine propriété des biens à lui transmis, comme si la charge de restituer ne lui avait pas été imposée. — V. G. Demante, II, n° 743.

1369. De la pleine propriété, il y a encore lieu de rapprocher l'emphytéose ; mais les règles d'évaluation en ont déjà été indiquées plus haut, n°ˢ 582, 583.

1370. Avant la loi du 22 avril 1905, qui les a rachetés d'office, les dotations et majorats *de propre mouvement*, constitués en rentes sur l'État ou en actions du Canal du Midi, étaient à déclarer comme un usufruit (D. 24 juin 1808, art. 6) ;

Et, d'après l'âge du bénéficiaire.

Quant aux majorats de biens particuliers ou *sur demande*, ils transmettent la propriété entière. — V. G. Demante, *op. cit.*, II, n° 744 ; E. Naquet, *op. cit.*, II, n° 979.

2ᵉⁿᵗ NUE PROPRIÉTÉ ET USUFRUIT.

Biens autres que les créances, pensions et rentes.

1371. Avant 1901, la *nue propriété*, soit des meubles, soit des immeubles, au point de vue des déclarations de succession, était assimilée à de la pleine propriété, à moins qu'elle n'eût déjà supporté, en la personne du *de cujus* ou de ses auteurs, le droit de mutation entre-vifs ou par décès sur la valeur entière du bien, c'est-à-dire payé pour la réunion ultérieure de l'usufruit.

Si donc une nue propriété, appartenant comme telle au défunt, était laissée par lui, il fallait distinguer et l'estimer dans la déclaration :

A la moitié de la valeur du bien qu'elle avait pour objet, quand le droit de mutation avait été perçu précédemment sur la valeur entière de ce bien ;

Mais à toute cette valeur, dans le cas contraire ; celui, par exemple, où le défunt, ayant aliéné sa chose sous réserve d'usufruit ou moyennant un prix payable sans intérêts à l'extinction de l'usufruit, décédait avant l'usufruitier.

Lorsque le défunt, ayant la pleine propriété d'une chose, la divisait à son décès pour en transmettre séparément la nue propriété à l'un

et l'usufruit à l'autre, le droit de mutation se liquidait :

D'une part sur l'usufruit, évalué ainsi qu'il va être dit ;

Et, d'autre part, sur la nue propriété, égalée, dans la circonstance, à de la toute propriété.

Il en résultait souvent, si l'usufruitier était jeune, que le légataire de la nue propriété se voyait obligé de refuser son legs, pour ne pas débourser une somme qui, à la longue, par sa capitalisation, pourrait bien excéder le bénéfice du legs ; la Société des gens de lettres, par exemple, s'est trouvée plusieurs fois dans ce cas.

Quant à l'*usufruit*, soit des meubles, soit des immeubles, il était considéré comme valant la moitié de la pleine propriété : rien de plus arbitraire assurément.

1372. Désormais, aux termes de l'art. 13, L. 25 fév. 1901, abrogeant implicitement les dispositions contraires des art. 14, 15 et 68, L. 22 frim. an VII, « la valeur de la nue propriété et de l'usufruit des biens meubles et immeubles est déterminée, pour la liquidation et le paiement des droits... pour les transmissions... de biens autres que créances, rentes ou pensions... qui s'opèrent par décès... par une évaluation faite de la manière suivante : si l'usufruitier a moins de vingt ans révolus, l'usufruit est estimé aux sept dixièmes et la nue propriété aux trois dixièmes de la propriété entière, telle qu'elle doit être évaluée d'après les règles sur l'enregistrement. Au-dessus de cet âge, cette proportion est diminuée pour l'usufruit et augmentée pour la nue propriété d'un dixième par chaque période de dix ans, sans fraction. A partir de soixante-dix ans révolus de l'âge de l'usufruitier, la proportion est fixée à un dixième pour l'usufruitier, et à neuf dixièmes pour la nue propriété. Pour déterminer la valeur de la nue propriété, il n'est tenu compte que des usufruits ouverts au jour de la mutation de cette nue propriété.

« Toutefois, dans le cas d'usufruits successifs, l'usufruit éventuel venant à s'ouvrir, le nu propriétaire aura droit à la restitution d'une somme égale à ce qu'il aurait payé en moins si le droit acquitté par lui avait été calculé d'après l'âge de l'usufruitier éventuel ; mais cette restitution aura lieu dans les limites seulement du droit dû par celui-ci. L'action en restitution ouverte au profit du nu propriétaire se prescrit par deux ans à compter du jour du décès du précédent usufruitier.

« L'usufruit constitué pour une durée fixe est estimé aux deux dixièmes de la valeur de la propriété entière pour chaque période de dix ans de la durée de l'usufruit, sans fraction et sans égard à l'âge de l'usufruitier... »

Le principe est donc maintenant que le droit de mutation à la charge du nu propriétaire, d'une part, et le droit de mutation à la charge de l'usufruitier, d'autre part, égalent ensemble l'impôt qui serait dû sur la transmission de la pleine propriété sans division, et ne peuvent l'excéder.

Examinons en détail le nouveau mode d'évaluation.

1373. La nue propriété et l'usufruit ne supportent plus, et chacun isolément, l'impôt de mutation que sur leur valeur respective au moment de la transmission ou des transmissions successives ; et cette valeur est représentée par une fraction de la valeur de la pleine propriété, de telle sorte que, même en cas de transmission simultanée, les droits ne sont *jamais* perçus maintenant sur un capital supérieur à celui de la pleine propriété des biens transmis. — V. Defrénois, *Comment.*, n° 579 ; I. G., 3049.

Principe que l'Administration n'en a pas moins méconnu dans son I. G., 3146.

1374. En cas d'exercice d'un droit de retour ayant pour objet des biens dont le donateur s'était réservé l'usufruit, la nue propriété s'évalue donc de la manière ci-après indiquée, d'après l'art. 13, L. 25 févr. 1901 ;

Mais si la donation est antérieure à cette loi, le droit perçu par anticipation doit être imputé sur le droit de mutation par décès. — V. Dict. réd., v° *Retour,* n° 86 ; Maguéro ; *eod.* v°, n° 25 ; Cpr. Cass., 27 déc. 1847 ; I. G., 1816.

1375. Pour les transmissions à titre gratuit, entre-vifs et par décès, et pour les échanges, c'est-à-dire pour les mutations ne comportant pas l'expression d'un prix, la valeur imposable de la nue propriété ou de l'usufruit des biens autres que les créances à terme, pensions et rentes, est obtenue par la méthode suivante :

On détermine d'abord, d'après les règles de liquidation en vigueur ci-dessus exposées (nºs 496 et s.), pour les diverses catégories de biens meubles et immeubles et selon la nature de la mutation, la valeur de la *propriété entière* de l'objet transmis en nue propriété ou en usufruit. — V. Corbeil, 11 févr. 1904 ;

La valeur relative de chacun de ces démembrements de la propriété est ensuite fixée, pour la perception, d'après le barème suivant, fondé sur ce principe que la valeur de l'usufruit décroît tandis que celle de la nue propriété augmente au fur et à mesure que l'usufruitier avance en âge.

Ainsi par périodes, qui ne comportent dès lors aucun fractionnement.

1376. *Usufruits à durée fixe.* — Le barème que nous venons de reproduire ne s'applique qu'aux usufruits viagers ; on ne pouvait, en effet, évaluer, d'après les mêmes bases les usufruits constitués pour une durée fixe ; l'art. 13 susrelaté porte donc qu'ils sont estimés aux deux dixièmes de la valeur de la propriété entière pour chaque période de dix ans de la durée de l'usufruit, sans fraction et sans égard à l'âge de l'usufruitier.

1377. Mais cette disposition additionnelle doit-elle être appliquée d'une manière absolue, sans tenir compte du forfait établi pour les usufruits viagers ?

Tant d'après les principes de l'usufruit qui est un droit essentiellement viager, que par l'agencement du texte, il convient de résoudre cette question par la négative : un usufruit temporaire ne peut jamais avoir une valeur supérieure à celle d'un usufruit viager ; la valeur attribuée par la loi à l'usufruit temporaire constitue donc uniquement un maximum, qui ne doit servir à la liquidation de l'impôt que s'il est inférieur à l'évaluation d'un usufruit viager. — V. Tarbes, 19 janv. 1903 ; Villeneuve, 31 déc, 1903 ; Issoire, 12 juill. 1904 ; Brive, 4 janv. 1905 ; Saint-Pons, 30 juin 1905 ; I. G., 3067, § 3 ; Sol., 7 janv. 1903 ; Cpr. Defrénois, *Comment.*, n° 607 ; Garnier, *Comment.*, n° 28 ;

1378. Dans le cas où, sur les bases qui précèdent, un usufruit temporaire donnerait lieu à une perception moins élevée qu'un usufruit viager, on sera parfois tenté de faire passer frauduleusement pour temporaire un usufruit viager, en lui fixant un terme supérieur à la plus longue durée probable de la vie du titulaire. Mais c'est par cela même avouer que l'usufruit constitué est au fond viager, et dès lors il doit être traité comme tel ; quant à apprécier l'existence éventuelle de l'usufruitier, pure question de fait, à apprécier suivant l'âge et l'état physique de l'usufruitier. — V. Cass., 22 août 1842 ; I. G., 1683, § 10 ; 1713, § 9 ; 1743, § 17 ; 2042, § 1er ; 2201, § 4 ; 2673, § 7 ; 2997, § 2 ; 3067, § 3.

1379. Lorsque la durée de l'usufruit sera indéterminée, parce que son extinction sera

AGE	VALEUR	
DE L'USUFRUITIER	DE L'USUFRUIT	DE LA NUE PROPRIÉTÉ
Moins de 20 ans révolus :	7/10 de la propriété entière.	3/10 de la propriété entière.
De 20 à 30 —	6/10 —	4/10 —
De 30 à 40 —	5/10 —	5/10 —
De 40 à 50 —	4/10 —	6/10 —
De 50 à 60 —	3/10 —	7/10 —
De 60 à 70 —	2/10 —	8/10 —
Plus de 70 —	1/10 —	9/10 —

soumise à une éventualité quelconque, une évaluation de cette durée devra être donnée.

1380. La transmission pendant le démembrement donne lieu à la perception du droit de mutation sur la valeur calculée d'après le nombre d'années restant à courir.

1381. Aucun droit n'est dû lorsque l'extinction a lieu par décès ou par l'expiration de la durée.

1382. *Usufruits conjoints.* — L'usufruit est, parfois, constitué au profit de plusieurs personnes appelées à en jouir conjointement ; dans ce cas, on fractionne fictivement la pleine propriété en prenant pour base la part (1/2, 1/3, etc.) afférente à chaque usufruitier dans l'usufruit conjoint ; puis, on fixe la valeur en nue propriété et en usufruit de chacune de ces fractions comme s'il s'agissait d'usufruits divis. — V. I. G., 3049.

En supposant donc un usufruit de 3.000 fr., légué conjointement à trois personnes âgées respectivement de 53 ans, 45 ans et 38 ans,

La part de la première représentera 3/10es de 1.000 fr. ; celle de la seconde, les 4/10es de pareille somme ; et celle de la troisième, les 5/10es.

1383. *Usufruits conjoints avec clause d'accroissement.* — Le droit est alors perçu distinctement sur la portion revenant à chacun des légataires d'usufruit, d'après son âge et suivant sa parenté ou non avec le défunt. — V. Defrénois, *Comment.*, no 569 ; Pontoise, 31 déc. 1873 (S., 74. 2. 257).

1384. *Usufruits éventuels et successifs.* — Il arrive fréquemment que l'usufruit est constitué au profit de plusieurs personnes appelées à en jouir successivement. Dans ce cas, les usufruits successifs sont conditionnels, puisqu'ils sont subordonnés à la survie des appelés ; le second appelé n'est donc soumis à l'impôt qu'après le décès du premier, et ainsi de suite.

L'usufruit, même quand une seule personne est appelée à en jouir, est encore conditionnel lorsqu'il ne doit commencer qu'à une date plus ou moins éloignée de la mutation de la propriété. Dans ce cas, en effet, la question de savoir si l'usufruit s'ouvrira jamais reste incertaine jusqu'à cette date.

Or la perception de l'impôt de mutation est suspendue à l'égard des usufruits conditionnels tant qu'ils ne sont pas ouverts.

Ce motif a conduit le législateur à décider qu'il serait fait abstraction de ces usufruits pour l'évaluation de la nue propriété. L'art. 13 porte, en effet, que « pour déterminer la valeur de la nue propriété, il n'est tenu compte que des usufruits ouverts au jour de la mutation de cette nue propriété ». — V. I. G., 3049.

On observera, à cette occasion, que ces usufruits ne pouvant être créés qu'au profit de personnes nées ou conçues au jour de leur constitution, sont, en réalité, viagers, puis-

qu'ils ne se trouvent pas moins limités à une vie d'homme, celle du bénéficiaire qui vivra le plus longtemps ; c'est pourquoi la loi n'a pas alors modifié les bases ordinaires d'évaluation de la nue propriété, c'est-à-dire ni les délais dans lesquels ces mutations doivent être déclarées (I. G., 1200 § 15, 422 § 8, 2389 § 3), ni la règle d'après laquelle l'impôt doit être :

1o Liquidé sur le capital obtenu en appliquant à la valeur actuelle des biens (I. G., 2421 § 3) le mode de détermination de la valeur imposable de l'usufruit en vigueur au jour du démembrement ;

2o Perçu d'après les tarifs existant à la même époque (I. G., 1454, 1618 § 4, 2163 § 3, 2542 § 3, 2602 § 2).

Ainsi, si le démembrement s'est opéré par décès, en 1885, et si le premier usufruitier est décédé en mars 1901, le second usufruitier a dû acquitter les droits à sa charge d'après les tarifs proportionnels en vigueur en 1885 et sur le capital au denier 10 ou 12,50 suivant les cas, c'est-à-dire abstraction faite de son âge, du revenu des immeubles au jour de l'ouverture de son usufruit.

Ce n'est qu'autant que le démembrement a eu lieu sous l'empire de la loi du 25 févr. 1901 qu'on suit pour l'évaluation de l'usufruit secondaire les règles tracées par l'art. 13 de cette loi. V. I. G., 3049.

Voir cependant ci-après no 1397.

1385. Le droit est dû d'abord comme s'il n'y avait pas de réversibilité éventuelle.

Celle-ci se réalisant, le droit se liquide d'après l'âge du nouveau bénéficiaire à l'époque où s'ouvre sa jouissance.

1386. Sur la valeur des biens à ce même moment. — V. Cass. 4 janv. 1871 (S., 71. 1. 82 ; D., 71. 1. 313) ; Sol., 1er sept. 1882 ;

1387. Mais déterminée par les bases, capitalisation du revenu ou valeur vénale, en vigueur lors du décès du disposant. — V. Dict. réd., vo *Usufr.*, no 625 ; Sol., 14 déc. 1876, 2 sept. 1877, 26 févr. et 3 mai 1878, 1er sept. 1882 ;

1388. Sauf ce qui sera dit ci-après relativement à la restitution au nu propriétaire. V. no 1436.

1389. Et ainsi de suite en cas de réversions successives. — V. Dict. réd., vo *Usufr.*, no 628 ; Garnier, *Rép.*, vo *Succ.*, no 1191 ; Seine, 15 févr. 1856, 25 juill. 1874 ; Étampes, 28 fév. 1906 ; Sol., 6 avril 1892.

1390. Les accroissements qui se produisent ensuite, n'étant au fond que le résultat d'un non-décroissement, n'opèrent point de nouvelles mutations. — V. Le Havre, 14 juill. 1832 ; I. G., 1422.

1391. Quant à la perception du droit complémentaire qui pourra être dû par l'usufruitier survivant, les distinctions exposées tout à l'heure sont applicables. — I. G., 3049 ;

1392. Lorsque l'un des légataires meurt et que sa part accroît aux survivants, qui, juridiquement, la tiennent directement du testateur, il faut donc distinguer suivant que celui-ci est décédé ou non avant la loi du 25 févr. 1901.

Si c'est antérieurement, la perception a lieu d'après les bases en vigueur à cette époque : le complément de droit se liquide en évaluant l'usufruit à moitié, sur la valeur des immeubles par capitalisation du revenu, sauf que le revenu à considérer est celui courant au décès du légataire. — V. I. G., 3049; Defrénois, *Comment*, n° 583 ;

Mais si le testateur n'est décédé que sous le nouveau régime, on doit reprendre la liquidation établie à son décès, calculer le droit comme si le legs d'usufruits conjoints n'avait profité qu'aux légataires survivants, et en faire ressortir le complément exigible, ce qui n'existera pas toujours.

V. en outre ci-après n° 1436 ce qui est dit relativement à la restitution au nu propriétaire.

1393. En cas d'usufruits conjoints ou successifs, le nu propriétaire a supporté l'impôt sur la différence entre la valeur des usufruits ouverts et celle de la pleine propriété ; or, si par le décès de l'un des usufruitiers, la part de ce dernier est transmise à un bénéficiaire plus jeune, payant, pour cette raison, un droit complémentaire, le nu propriétaire se trouve rétroactivement avoir payé plus qu'il ne devait en réalité.

1394. Aussi, par une dérogation au principe inscrit dans l'art. 60 L. 22 frim. an VII, l'art. 13 dispose, en cas d'usufruits successifs, que, si l'usufruit éventuel vient à s'ouvrir, le nu propriétaire a droit à la restitution d'une somme égale à ce qu'il aurait payé en moins si le droit acquitté par lui avait été calculé sur l'évaluation de la nue propriété d'après l'âge de l'usufruitier éventuel ; toutefois, cette restitution a lieu dans les limites seulement du droit dû par celui-ci. L'action en restitution ouverte ainsi au profit du nu propriétaire se prescrit par deux ans à compter du jour du décès de l'usufruitier. V. I. G., 3049.

Elle s'ouvre par le fait seul du décès. — V. Defrénois, *Comment.*, n° 589; V. n° 1436 ci-après ;

1395. Reprenons l'exemple de tout à l'heure, en le bornant à l'usufruitier le plus âgé et au plus jeune : 53 ans et 38 ans, appelés, mais successivement, à un usufruit de 3.000 fr.

L'impôt est alors dû par le nu propriétaire sur 7/10es de 1.500 fr., à raison du premier usufruitier, tandis qu'il n'eût porté que sur les 5/10es, avec l'usufruitier plus jeune,

Soit une différence de 300 fr., qui aura donné lieu à un trop perçu.

Que si, lorsque le premier usufruitier meurt, le second est entré dans la période suivante, la différence ne sera plus naturellement que de 150 fr.

1396. Le bénéfice de cette disposition ne saurait être refusé au nu propriétaire en cas d'accroissement d'un usufruit conjoint au profit d'un usufruitier plus jeune que son colégataire prédécédé. — V. I. G., 3049.

Quant aux justifications à fournir au receveur. — V. n°s 1431 et s.

1397. *Question transitoire.* — Lorsqu'une nue propriété, séparée de l'usufruit sous l'empire de la loi du 22 frim., an VII, fait, au cours du démembrement, l'objet d'une transmission devenue passible de l'impôt depuis l'entrée en vigueur de la loi du 25 fév. 1901, y a-t-il lieu d'appliquer à cette transmission les règles tracées par la loi nouvelle, quelle que soit la perception effectuée lors du démembrement ?

C'est le système de la Régie, et voici comment elle raisonne :

« L'art. 13 L. 25 févr. 1901, qui détermine le nouveau mode d'évaluation de la nue propriété et de l'usufruit, atteint, d'une manière générale, à défaut d'une disposition contraire, tous les actes et mutations dont la date est postérieure à la mise à exécution de la loi.

« Sans doute, la loi nouvelle n'a pas d'effet rétroactif (art. 2, C. civ.), en ce sens qu'elle ne peut préjudicier aux droits établis et aux situations acquises antérieurement à sa mise en vigueur ; c'est par application de ce principe que, lorsque le nu propriétaire a acquitté l'impôt d'après les règles anciennes, la réunion anticipée de l'usufruit à la nue propriété continue à s'opérer sans payement d'aucun droit (I. G., n° 3049) ; on ne saurait exiger une seconde fois, lors de la consolidation, l'impôt qui a été déjà perçu par avance à raison de l'expectative de l'usufruit.

« Mais, quand il s'agit de la transmission, au profit d'un tiers, de la nue propriété d'un bien grevé d'usufruit, la situation est toute différente ; cette transmission engage le nu propriétaire seul et laisse subsister intégralement les droits de l'usufruitier; elle ne se rattache par aucun lien, juridique ou de fait, à la mutation qui a opéré le démembrement : il est certain qu'au moment de la séparation de la nue propriété et de l'usufruit, le nu propriétaire n'a pu acquitter par anticipation le droit exigible sur une mutation que rien alors ne permettait de prévoir ; par conséquent, il importe peu que l'impôt ait été primitivement acquitté d'après les règles anciennes ; ces règles ne peuvent avoir aucune influence sur la perception afférente à un acte rédigé ou à une mutation réalisée depuis leur abrogation ; il n'y a pas lieu de distinguer à cet égard entre les transmissions de nue propriété à titre onéreux ou à titre gratuit.

« La Direction générale a statué en ce sens notamment dans l'espèce suivante :

« Une succession, ouverte le 8 mai 1901, comprenait la nue propriété de biens meubles et immeubles, dont l'usufruit appartenait à une personne âgée de 71 ans ; lors du démembrement opéré sous le régime de la loi de frimaire, le défunt avait acquitté l'impôt sur la valeur de l'entière propriété ; le droit de mutation par décès, auquel donnait ouverture la seconde transmission de la nue propriété, a été liquidé sur les neuf dixièmes de la valeur de la pleine propriété, conformément à l'art. 13, 2°, L. 25 févr. 1901. » — V. I. G., 3067 § 4.

Et, par jugement du 5 juin 1902, le tribunal de Beauvais lui a donné raison ; V. dans le même sens, Blois, 9 mars 1906 ; Cpr. Cass. Req., 16 avril 1904. — V. aussi Defrénois, *Rép. prat.*, n° 13828 ;

Pourtant, comme le fait très bien remarquer la *Revue du Notariat* (n° 11287), il a toujours été entendu, soit dans les travaux préparatoires, soit à chaque pas de la discussion de la loi du 25 févr. 1901, que cette loi ne doit pas avoir d'effet rétroactif : d'où la conséquence incontestable, à notre avis, qu'elle ne peut porter atteinte aux droits acquis.

Or, sous le régime de la loi de frimaire, quand survenait le démembrement de la pleine propriété, avec payement de l'impôt sur une fois 1/2 la valeur des biens, les parties acquéraient un droit : comment admettre aujourd'hui qu'il soit possible de les en priver, sans méconnaître ouvertement l'esprit de la loi, sans porter atteinte au principe de non-rétroactivité et sans violer manifestement l'intention du législateur ?

Vainement prétendrait-on, pour éluder cette conséquence, qu'il n'est pas possible de distinguer là où la loi ne distingue pas et que, la loi du 25 févr. 1901 ayant gardé le silence sur ce point, il n'y a pas à tenir compte du démembrement antérieur accompagné du payement anticipé de l'impôt ; cette prétention, en effet, procéderait d'une pétition de principe, attendu que si le législateur a gardé le silence à cet égard c'est par la raison bien simple, mais naturelle, qu'il a entendu ne pas déroger, quant à ce, aux règles anciennes ; du moment où un droit est acquis au contribuable, ce droit ne peut lui être retiré qu'autant qu'une loi nouvelle prévoit ce retrait *expressis verbis ;* tant qu'une disposition de cette nature n'a pas été édictée, le droit reste avec toutes ses conséquences ;

Néanmoins, le pourvoi formé contre le jugement du tribunal de Beauvais a été rejeté. — V. Cass., 16 avril 1904 ;

En tout cas il en serait autrement si la pleine propriété se trouvait reconstituée par la transmission, c'est-à-dire si celle-ci s'effectuait au profit de l'usufruitier ; il faudrait alors tenir compte du droit perçu par anticipation et déduire de la valeur de la toute propriété, celle qui a subi l'impôt sous la condition d'une imputation ultérieure (L. 22 frim. an VII, art 15, 7° et 8°) ; de sorte que le nouveau mode d'évaluation se trouve donner

un maximum, à remplacer par la valeur estimative de moitié de la pleine propriété, lorsque les parties y ont intérêt. — V. Defrénois, *Rép. prat.*, n° 12259.

1398. Quant à l'usufruit qu'il attribue au survivant des époux, le nouvel art. 767 C. civ. s'exprime ainsi : « le calcul sera opéré sur une masse faite de tous les biens existant au décès du *de cujus*, auxquels seront réunis fictivement ceux dont il aurait disposé, soit par acte entrevifs, soit par acte testamentaire, au profit de successibles, sans dispense de rapport. — V. Garnier, *Rép.*, v° *Succ.*, n° 109 ; Sol., 15 sept. 1896, 4 juill. 1899 ;

« Mais l'époux survivant ne pourra exercer son droit que sur les biens dont le prédécédé n'aura disposé ni par acte entre-vifs, ni par acte testamentaire et sans préjudicier aux droits de réserve ni aux droits de retour ; »

Pour le calcul de l'usufruit dont il s'agit, il n'y a pas lieu de réunir fictivement à ladite masse les biens dont l'époux prédécédé avait disposé entre-vifs à titre de partage anticipé. — V. Sol., 19 août 1896 ;

Ni les biens soumis au retour conventionnel ou légal. — V. Garnier, *Rép.*, v° *Succ.*, n° 109-1 ; Poitiers, 15 mai 1899 ; Paris, 31 oct. 1899 ; *Contrà :* Nancy, 20 juill. 1895 ;

Ni les legs ;

D'après la Régie, les valeurs en nue propriété ne doivent pas être comprises dans la masse, sauf déclaration complémentaire ultérieure, si l'usufruit se réunit à la nue propriété avant le propre décès du conjoint survivant. — V. Sol., 7 mai et 12 mars 1894 ;

1399. Les valeurs que l'époux survivant aurait diverties ou recélées n'entrent pas en compte pour le calcul de ses droits. — V. Cass., 8 fév. 1898 ;

1400. Le conjoint survivant « cessera de l'exercer *(son droit d'usufruit)* dans le cas où il aurait reçu du défunt des libéralités, même faites par préciput et hors part, dont le montant atteindrait celui des droits que la présente loi lui attribue » ;

1401. Sont ainsi imputables, toutes les libéralités reçues par l'époux survivant. — V. Garnier, *Rép.*, v° *Succ.*, n° 109-2 ; Maguéro, Suppl., v° *Succ. du conj. surv.*, n° 74 ;

1402. Par conséquent, en cas de second mariage avec enfants du premier lit, même celles qui résulteraient indirectement du régime adopté. (C. civ., art. 1527). — V. Rouen, 11 janv. 1902 ;

1403. Mais non, sauf ce cas, les avantages constituant une simple convention de mariage (C. civ., art. 1525). — V. Garnier, *Rép.*, v° *Succ.*, n° 109-3 ; Maguéro, *op.* et v° *cit.*, n° 82 ;

1404. Ni certaines allocations pour des raisons spéciales au profit de la veuve : frais de deuil, de nourriture, d'habitation (C. civ., art. 1465, 1570). — V. Garnier, *Ibid.*, n° 112 ; Maguéro, *Ibid.*, n° 85 ;

1405. Le droit de mutation par décès, s'il en

est dû à raison d'une assurance sur la vie recueillie par l'époux survivant, reste distinct de celui exigible sur l'usufruit légal, et, dès lors, il ne saurait y avoir imputation de l'un sur l'autre ; mais lorsqu'il a été fait récompense à la communauté, des primes déboursées, cette récompense est imputable sur le bénéfice de l'assurance et doit en être déduite. — Sol., 16 juill. 1900 ; I. G., 2935 § 2 ; V. toutefois Sol., 5 juin 1897.

1406. « Et, ajoute l'art. 767, si ce montant *(des libéralités)* était inférieur *(au droit d'usufruit)*, il ne pourrait réclamer que le complément de son usufruit » ;

Suivant une solution du 14 janv. 1892, le calcul de ce complément doit être fait en évaluant l'usufruit légal de l'époux survivant et les libéralités à imputer sur cet usufruit, conformément aux règles de la loi fiscale ;

Le *Journal de l'enregistrement* admet bien qu'il en soit ainsi, au cas d'une déclaration antérieure au partage. « Mais, dit-il, si un règlement antérieur à cette déclaration avait déterminé les droits de l'époux survivant, nous pensons, pourvu qu'il fût pur et simple, qu'il faudrait le prendre pour base de la liquidation des droits, de la même manière que tout partage ayant un caractère déclaratif. Or, ce point a son importance, car les procédés de la loi fiscale pour l'évaluation comparative de l'usufruit successoral et des libéralités qui doivent s'imputer sur cet usufruit ne sont nullement opposables aux parties. Celles-ci sont autorisées à tenir compte de la véritable valeur de l'usufruit, eu égard à l'âge de l'usufruitier et aux diverses circonstances de fait qui peuvent exister. Le résultat sera donc souvent très différent de celui qu'on obtiendrait par les procédés de calcul de la loi du 22 frim. an VII. C'est néanmoins ce résultat qui nous paraît devoir être pris pour base de la déclaration de succession, lorsque l'acte qui le constate est antérieur à cette déclaration. Que si l'acte de règlement n'intervient que postérieurement au paiement des droits, on doit, selon nous, faire application de la jurisprudence qui a prévalu en cette matière. En d'autres termes, le règlement reste sans influence sur les droits régulièrement perçus d'après la déclaration des parties, en ce sens qu'il ne saurait motiver une restitution (L. de frim. an VII, art. 60). Mais il autoriserait certainement l'Administration à réclamer un supplément de droits, s'il conférait à l'époux survivant un émolument supérieur à celui qu'a fait ressortir la déclaration de succession. »

1407. La réunion fictive des biens donnés entre-vifs doit encore avoir lieu pour déterminer la consistance du legs de la quotité disponible. — V. Cass., 6 janv. 1890.

1408. Par « droits de retour » auxquels l'usufruit du conjoint survivant ne peut pas préjudicier, il faut entendre le droit de retour légal aussi bien que le droit de retour conventionnel.

1409. Lorsque des père et mère ont constitué conjointement à leur enfant, par son contrat de mariage, une dot imputable sur la succession du prémourant des donateurs, cette dot doit être fictivement réunie à l'actif pour le calcul de l'usufruit auquel le survivant peut avoir droit en vertu de son propre contrat de mariage (C. civ., art. 922). — V. Seine, 3 mai 1873.

1410. Quand une dot, constituée à un enfant commun par ses père et mère, chacun pour moitié, en avancement d'hoirie respective, a été fournie en biens propres à l'époux survivant, il y a lieu, pour le calcul de l'usufruit légal de ce dernier, de réunir fictivement à la masse des biens existant au décès du prédécédé, la moitié de ceux constitués en dot (C. civ., art. 1438 ; L. 9 mars 1891, art. 1er). — V. Sol., 15 sept. 1896.

1411. C'est d'après les règles de la loi fiscale qu'il faut, pour la perception du droit de mutation par décès, évaluer l'usufruit que confère le nouvel art. 767 C. civ. (L. 9 mars 1891) à un époux survivant sur la succession de son conjoint prédécédé ;

De même les libéralités faites par celui-ci audit survivant et imputables sur cet usufruit.

Ainsi, l'on formera au denier dix le capital d'une rente viagère (L. 22 frim. an VII, art. 14, n° 9). — V. Sol., 14 janv. 1892.

1412. Pas de difficulté jusqu'ici, puisque les libéralités sont de même nature.

Mais supposons qu'il ait été fait des donations ou des legs en pleine propriété ; comment alors les imputer sur l'usufruit légal ? Doit-on considérer seulement le revenu qu'elles fourniront au conjoint, ou bien les ramener à de l'usufruit en déterminant quelle rente viagère le conjoint pourrait se procurer, d'après son âge, en aliénant le fonds à une compagnie ? C'est ce dernier procédé qui est le plus généralement admis. — V. Arras, 18 déc. 1901 (D., 1904. 2. 38) ; Seine, 11 juill. 1893 (D., 94. 2. 105) ; V. toutefois Bressuire, 8 mai 1901 (D., 1904. 2. 38) ;

1413. Aux termes dudit article 767, les héritiers peuvent exiger que cet usufruit soit converti en une rente viagère ; même si cette option a lieu antérieurement à la déclaration, l'Administration maintint néanmoins la liquidation du droit de mutation suivant les règles spéciales aux transmissions d'usufruit. — V. I. G., 2805.

Cette doctrine n'était pas juridique.

Certes, quand les héritiers n'ont pas encore opté pour la conversion de l'usufruit en une rente viagère, lors de la déclaration, c'est bien un usufruit qui est transmis, au moins provisoirement, et le droit est à liquider en conséquence ; mais, après l'option pour une rente viagère, celle-ci doit être réputée rétroactivement l'objet exclusif de la transmission, attendu, entre autres raisons, que la conversion dont il s'agit ne constitue, au fond, qu'une opération de partage, donc bénéficiant de l'effet déclaratif établi par l'art. 883 C. civ.

N'est-ce pas, d'ailleurs, le principe admis en matière de donation alternative et de legs dont le légataire n'est pas légalement saisi, de sorte qu'il est obligé d'en demander la délivrance? Or, c'est identiquement la même situation. — V. Cass., 31 août et 4 oct. 1808, 27 déc. 1815 et 20 août 1827; Dél. 9 avril 1825; Cpr. Déc. min. Fin., 30 juill. 1815; Dél. 26 déc. 1826.

Aussi le tribunal de Mayenne, par jugements du 5 déc. 1894 (S., 95. 2. 184) et du 11 juin 1902, les tribunaux de Pont-l'Evêque, 4 avril 1895; de Lyon, 16 juill. 1896 (S., 97. 2. 36); de la Seine, 12 déc. 1902 (S., 1905. 2. 221) et de Beauvais 19 févr. 1903, ont-ils repoussé la prétention de la Régie, qui s'était d'abord inclinée après le premier de ces jugements. — V. I. G., 2886, § 9 ; Sol., 2 juill. 1895 et 21 mars 1898; *Contrà:* Sol., 12 janv. 1894.

Depuis la Régie s'est rangée à l'avis de la jurisprudence précitée dans une Instruction du 3 avril 1907, n° 3210 §, 5 faisant suite à une solution du 2 octobre 1906 ainsi motivée :

« La doctrine et la jurisprudence sont fixées en ce sens que le conjoint, appelé à bénéficier des dispositions de la loi du 9 mars 1891, n'est pas un héritier, mais un successeur irrégulier (Baudry-Lacantinerie et Wahl, *Des successions*, t. I, n° 840; Huc, *Comment. théor. et prat. du Code civil*, t. V. n° 134 ; Mayenne, 5 mars 1894 (S., 1895. 2. 184); Lyon, 16 juill. 1896 (S., 1897. 2. 36) ; C. Paris, 11 févr. 1898 (S., 1904. 2. 165) ; Seine, 12 déc. 1902 (S., 1905. 2. 221). A ce titre, il ne représente pas la personne du défunt et il n'est pas saisi par le seul fait du décès. C'est un simple successeur aux biens dont le droit est en principe divisible. Il s'ensuit qu'il peut renoncer partiellement à son usufruit, sans que la renonciation soit considérée comme emportant acceptation totale et comme affectant un caractère translatif. Cass., 8 juill. 1874 (S., 1874. 1. 192; D. P. 1874. 1. 457) : l'Administration l'a reconnu à plusieurs reprises.

Par identité de motifs, on est conduit à décider que, si une partie seulement de l'usufruit du conjoint survivant est convertie en une rente viagère, la convention ne saurait produire les effets d'une acceptation totale de l'usufruit suivie de l'abandon, à titre onéreux, d'une portion de cet usufruit en vue de la constitution de la rente viagère ; qu'il s'agit, au contraire, d'un acte purement déclaratif précisant les droits successoraux de l'époux survivant, lequel est censé, dès lors, avoir recueilli directement dans la succession du prédécédé, d'une part, la rente viagère, et, d'autre part, la portion de l'usufruit non convertie.

Il n'y a rien à induire de contraire à cette décision de ce que la loi du 9 mars 1891 (Instr. n° 2805) n'autorise pas expressément les héritiers à imposer au conjoint survivant la conversion de l'espèce qui, limitant l'usufruit, concourt au but que le législateur s'est proposé d'atteindre. »

Il est sans difficulté, du reste, que si l'usufruit de l'époux survivant est converti *partiellement* en une rente viagère antérieurement à la déclaration de succession, le droit de mutation par décès dû par cet époux doit être liquidé, d'une part, sur le capital au denier dix de la rente viagère qui lui aura été attribuée et, d'autre part, pour la portion de l'usufruit non convertie, sur la valeur de cet usufruit déterminée conformément aux règles ordinaires. »

1414. Il en est donc ainsi quoique la conversion ne soit que partielle, car la conversion de l'usufruit est, de sa nature, susceptible de division, et une conversion partielle procède aussi bien qu'une conversion totale de la loi du 9 mars 1891, qui se trouve l'autoriser par cela seul qu'elle ne la prohibe pas. — V. Mayenne, 11 juin 1902 précité. Et dans ce cas le droit de mutation dû par l'époux survivant doit être liquidé, d'une part, sur le capital au denier dix de la rente viagère qui lui aura été attribuée et, d'autre part, pour la portion de l'usufruit non convertie, sur la valeur de cet usufruit déterminée conformément aux règles ordinaires. — V. Sol., 2 oct. 1906 ; I. G., n° 3210 §, 5 précitées.

Et même lorsque la conversion a été immédiatement suivie du rachat de la rente, attendu qu'il ne saurait y avoir de fraude dans l'exercice régulier d'un droit. — V. Beauvais, 19 févr. 1903 précité; Cpr. Cass., 18 déc. 1828, 18 août 1829, 27 juin 1837, 2 mai 1849, 24 avril 1854, 19 juin 1901.

1415. Nous avons dit, tout à l'heure, que le capital de la rente viagère se forme au denier dix ; c'est qu'il ne s'agit pas ici d'une dette de succession, c'est-à-dire ayant été déjà à la charge du défunt de son vivant, mais d'une vocation successorale, point étranger à la loi du 25 févr. 1901 et laissé par elle sous l'empire de la loi du 22 frim. an VII. — V. Seine, 12 déc. 1902 ;

1416. A propos de l'usufruit légal de l'art. 767, il importe d'observer que cet usufruit est tout à fait distinct et indépendant de la jouissance attribuée par la loi du 14 juill. 1866 au conjoint non divorcé et non séparé de corps à ses torts, lorsqu'il existe des droits d'auteur dans la succession du prédécédé ; les deux sont ainsi cumulables, à moins, pour la jouissance, d'existence d'héritiers à réserve, qui y ont alors droit dans la proportion de leur réserve.

Cette jouissance porte donc en principe sur la totalité des œuvres du défunt et comme la loi du 14 juill. 1866 fait tomber dans la communauté la propriété artistique, industrielle et littéraire, il en résulte, fait très justement remarquer M. Planiol (*Traité de droit civil*, III, n° 917) « une conséquence tout à fait choquante. Quand l'un des époux meurt, si c'est *l'auteur de l'œuvre* qui survit, il n'a droit qu'à *la moitié du produit de son travail ;* l'autre moitié appartient aux héritiers du prédécédé ; si c'est l'époux *non auteur,* celui-ci a droit *à la totalité du produit,* en vertu de cette même loi de 1866, car le conjoint survivant a la jouissance entière à titre d'usufruitier. La loi est ici aussi absurde qu'injuste, et cela prouve qu'en 1866 on aurait dû faire de ce genre de richesse un propre... » — V. Cass., 25 mai 1902 (S., 02. 1. 305) cassant Paris 1er févr. 1900 (S., 1900. 2. 121), qui avait voulu réagir ;

1417. Il faut en dire autant, c'est-à-dire admettre le cumul avec l'usufruit légal, des pensions de retraite allouées aux veuves de fonctionnaires et de militaires ;

1418. Ceux des avantages entre époux qui constituent de simples conventions de mariage échappent également à l'imputation, sauf le cas de convol, par application de l'art. 1527 C. civ.

1419. L'usufruit légal attribué par l'art. 754 C. civ. aux père et mère dans la succession de leur enfant, lorsqu'ils se trouvent en présence de collatéraux autres que des frères ou sœurs, supporte le droit de mutation par décès ainsi que tout autre droit héréditaire.

Mais la *jouissance légale* des père et mère, établie par l'art. 384 du même Code, comme conséquence de la puissance paternelle, quoique étant un véritable usufruit, ne constitue pas un avantage susceptible du droit de mutation par décès. — V. G. Demante, *op. cit.,* II, no 748 ; Dict. réd., vo *Succ.,* no 1812 ; Garnier, Rép., *eod.* vo, no 1058 ; Maguéro, *eod.* vo, no 319 ; E. Naquet, *op. cit.,* II, no 894 ; Dél., 20 juin 1828.

Toutefois, au cas où des père et mère seraient institués donataires ou légataires en usufruit de biens donnés ou légués à l'enfant en nue propriété, ils ne sauraient prétendre que, la jouissance légale se confondant avec leur propre usufruit, ils ne doivent le droit de mutation par décès que sur l'excédant. — V. Dict. réd. vo *Legs,* no 250 ; Garnier, Rép., vo *Succ.,* no 1059 ; Maguéro, *eod.* vo, no 320 ; E. Naquet, *op. cit.,* II, no 895 ; Cass., 15 juin 1842 et 30 déc. 1850 (S., 51.1. 47) ; Dél., 13 avril 1830, 13 mai 1834 ; J. G., 1685, § 31, 1883, § 9 ; Cpr., Agen, 9 févr. 1872 ; Sol., 15 mai 1873 et 12 mai 1874 ;

A moins de renoncer au legs d'usufruit pour s'en tenir à la jouissance, ce qu'ils ne peuvent faire utilement d'ailleurs qu'avant la délivrance du legs. — V. Dict. réd., vo *Legs,* no 258 ; Garnier, Rép., vo *Succ.,* no 1058-2 ; Maguéro, *eod.* vo, no 320 ; Seine, 6 janv. 1841.

1420. Toutefois, dans le cas ci-dessus prévu, en parlant des délais, d'un époux donataire ou légataire en usufruit et ayant la jouissance légale des biens de ses enfants mineurs, mais avec option à lui conférée par le disposant, de manière à reporter l'ouverture de l'usufruit donné après la cessation seulement de sa jouissance légale, le droit de mutation n'est exigible sur l'usufruit qu'à partir de cette ouverture, et d'après l'âge qu'aura alors l'usufruitier. — V. Defrénois, *Rép. prat.,* no 13524.

1421. Le *droit d'usage* et celui d'*habitation* s'apprécient, pour la liquidation, comme un usufruit, par conséquent, le droit de mutation est perçu d'après les bases établies par l'art. 13, L. 25 févr. 1901. — V. Dict. réd., vo *Habitat.* no 7 et *Usufr.* no 275 ; Garnier, Rép., vo *Habitat.* no 16 et *Succ.,* no 1194 ; Seine, 8 août 1842 ; Bazas, 21 juin 1898 ; Alençon, 11 déc. 1900 ; Dél., 3 août 1831 ; I. G., 1388, § 6, 3067, § 1er, 3099-2 ; Sol., 4 sept. 1902 ; *Contrà :* Cass., 29 mars 1859 ; Cpr. E. Naquet, *op. cit.,* nos 898 et 978.

1422. Il en est de même d'un droit de jouissance, accordé pour la durée d'un veuvage. — V. Dél., 23 août 1831.

1423. Le droit de chasse ou de pêche légué par le défunt constitue, au point de vue fiscal, un droit d'usage restreint ; il est donc passible du droit de mutation par décès. — V. Sol., 30 oct. 1873.

1424. Enfin, avant la loi du 22 avril 1905, le majorat de propre mouvement était considéré comme un usufruit, le droit était donc liquidable d'après l'âge de l'appelé. — V. Defrénois, *Comment.,* no 539 ;

1425. Quant à la nue propriété transmise au cours de l'usufruit, c'est-à-dire lorsque le nu propriétaire décède avant l'usufruitier, elle s'évalue d'après l'âge de l'usufruitier au jour de la mutation, et, à la différence des usufruits successifs, même si le démembrement était antérieur à la loi du 25 févr. 1901. — V. Cass., 16 avril 1904 (S., 05. 1. 246).

Créances, pensions et rentes.

1426. D'après l'art. 13, L. 25 févr. 1901 « Pour les créances à terme, les rentes perpétuelles ou non perpétuelles et les pensions créées ou transmises à quelque titre que ce soit, et pour l'amortissement de ces rentes ou pensions », la valeur de la nue propriété et de l'usufruit est déterminée « par une quotité de la valeur de la propriété entière, établie suivant les règles indiquées au paragraphe précédent, d'après le capital déterminé par les §§ 2, 7 et 9 de l'art. 14 de la loi du 22 frim. an VII » ;

C'est-à-dire pour les créances à terme par le capital exprimé dans l'acte d'obligation et pour les rentes ou pensions soit par le capital constitué, soit par un capital formé de 20 fois la rente perpétuelle ou de 10 fois la rente viagère ou pension.

La valeur imposable de la nue propriété et celle de l'usufruit transmis sont ensuite fixées respectivement à une fraction du capital ainsi obtenu pour la pleine propriété, d'après l'âge de l'usufruitier ou la durée assignée à l'usufruit, conformément aux règles tracées au n° 2° du même art. 13. — V I. G., 3049.

1427. Il s'ensuit notamment qu'en cas de mutation par décès de l'usufruit d'une rente, par exemple, la valeur imposable de cet usufruit est fixée d'après l'âge de l'usufruitier, à une fraction du capital de la rente.

1428. Pour les rentes viagères créées par un testateur au moyen d'une somme déterminée qu'il charge son héritier ou son légataire universel de verser à une Compagnie d'assurances, le droit de mutation par décès doit être liquidé sur cette somme et non sur le capital par 10 de la rente viagère. — V. Sol., 21 oct. 1899.

1429. Décidé que lorsqu'une rente viagère a été constituée par une Compagnie d'assurances sur plusieurs têtes moyennant une prime unique, le droit de mutation exigible lors du premier décès, à raison de la réversion qui s'opère, doit être liquidé sur le montant intégral de la prime versée. — V. Sol., 30 mars 1900.

1430. Ledit art. 13 L. 25 févr. 1901 vise uniquement les mutations de nue propriété et d'usufruit et, par conséquent, il reste étranger au mode d'évaluation de la pleine propriété des rentes perpétuelles ou non perpétuelles créées à titre onéreux ou transmises, à quelque titre que ce soit, en pleine propriété.

La valeur imposable de ces rentes continue donc d'être déterminée conformément aux §§ 6, 7 et 9 L. 22 frim. an VII, c'est-à-dire selon les cas, soit par le capital constitué et aliéné, soit par un capital formé de vingt fois la rente perpétuelle ou de dix fois la rente viagère. — V. I. G., 3049.

En d'autres termes, il n'y a pas de distinction à faire entre les rentes temporaires et les rentes viagères ; toutes deux sont comprises sous la dénomination de rentes *non perpétuelles*.

Justification de l'âge du bénéficiaire.

1431. L'art. 14 L. 25 févr. 1901 déclare : « Les actes et déclarations régis par les dispositions des deux derniers paragraphes de l'art 13 feront connaître la date et le lieu de la naissance de l'usufruitier et, si la naissance est arrivée hors de France ou d'Algérie, il sera, en outre, justifié de cette date avant l'enregistrement ; à défaut de quoi, il sera perçu les droits les plus élevés qui pourraient être dus au Trésor, sauf restitution du trop perçu dans le délai de deux ans sur la représentation de l'acte de naissance, dans le cas où la naissance aurait eu lieu hors de France ou d'Algérie.

« L'indication inexacte de la date de naissance de l'usufruitier sera passible, à titre d'amende, d'un droit en sus égal au supplément de droit simple exigible. Le droit le plus élevé deviendra exigible si l'inexactitude de la déclaration porte sur le lieu de naissance, sauf restitution si la date de naissance est reconnue exacte. »

1432. L'application des dispositions de l'art. 13, dit l'Instr. gén. 3049, suppose, en général, la connaissance de l'âge de l'usufruitier ; l'art. 14 édicte, en conséquence, les mesures nécessaires pour que ce renseignement soit fourni à l'Administration.

1433. A cet effet, les actes et déclarations régis par les dispositions des §§ 2° et 3° de l'art 13 doivent indiquer la date et le lieu de naissance de l'usufruitier ; si l'usufruitier est né hors de France ou d'Algérie, les parties sont, en outre, tenues de justifier de cette date avant l'enregistrement ou la déclaration. — V. I. G., 3049.

Les parties, disons-nous, mais dans l'hypothèse d'une transmission simultanée de la nue propriété et de l'usufruit ; autrement, la charge des justifications incombe uniquement, soit au nu propriétaire, soit à l'usufruitier, suivant que la déclaration a pour objet de la nue propriété ou de l'usufruit. — V. Defrénois, *Comment.*, n° 626 ;

1434. Le mode de justification n'est pas spécifié, mais, en général, il convient d'exiger la représentation de l'acte de naissance ou au moins d'une pièce officielle. — V. I. G., 3049.

1435. A défaut des indications et, s'il y a lieu, des justifications prescrites, il est perçu les droits les plus élevés qui pourraient être dus au Trésor ; en d'autres termes, on évalue la nue propriété comme si l'usufruitier avait plus de 70 ans et l'usufruit comme si l'usufruitier avait moins de 20 ans. — V. I. G., 3049 ;

Et, sauf le cas où le nu propriétaire et l'usufruitier seraient solidaires, la Régie prétend calculer les droits séparément, et en percevoir le résultat quand même le total dépasserait la valeur de la pleine propriété. — V. I. G., 3146, § 2 ;

Ce procédé est inadmissible, comme contraire au sens raisonnable de la loi non moins qu'à l'équité ; jamais le législateur n'a vraiment pu avoir une telle idée ! — V. Defrénois, *Rép. prat.*, n° 13637 ; Garnier, Rép. suppl., v° *Usufr.*, n° 184 ; Maguéro, Suppl., *eod.* v°, n° 61 ;

1436. Au surplus, cette perception du plus fort droit n'a rien de définitif ; elle n'est effectuée, aux termes de l'art. 14, que « sauf restitution du trop perçu dans le délai de deux ans, sur la représentation de l'acte de naissance dans le cas où la naissance aurait eu lieu hors de France ou d'Algérie ».

Les termes de cette dernière phrase ont laissé croire que le bénéfice de la restitution accordé par la disposition précitée était restreint au seul cas où l'usufruitier n'est pas né en France ou en Algérie ; ce serait là une opinion erronée. Les droits perçus en trop, dans les conditions prévues par l'art. 14, doivent être remboursés, quel que soit le lieu de naissance de l'usufruitier; la seule particularité qui s'attache au cas où l'usufruitier est né hors de France ou d'Algérie, c'est que, dans ce cas, les parties doivent justifier, avant l'enregistrement ou la déclaration, de la date de sa naissance, au lieu de se borner, comme la loi le permet dans l'hypothèse contraire, à de simples indications, et qu'après l'enregistrement elles sont tenues, pour obtenir le redressement de la perception, de produire l'acte même de naissance de l'usufruitier. — V. I. G., 3049 et 3067.

1437. L'art. 14 édicte, en outre, les pénalités applicables en cas de déclaration inexacte soit de la date, soit du lieu de naissance de l'usufruitier.

1438. Lorsque la rectification de la date déclarée rend exigible un supplément de droit simple, l'inexactitude commise est passible, *à titre d'amende*, d'un droit en sus égal à ce supplément.

1439. Si l'inexactitude porte sur le lieu de naissance de l'usufruitier, le droit le plus élevé devient exigible ; toutefois il est restitué si la date de la naissance est reconnue exacte.

1440. L'application de ces pénalités implique pour l'Administration la nécessité de vérifier les déclarations qui lui sont faites touchant la date et le lieu de naissance des usufruitiers. — I. G., 3049.

Réunion de l'usufruit à la nue propriété.

1441. En principe, il n'est plus rien dû pour la réunion de l'usufruit à la nue propriété par le décès de l'usufruitier ou l'expiration d'un usufruit temporaire, à quelque époque que le démembrement se soit produit (L. L. 22 frim. an VII, art. 15, n° 7 ; 25 fév. 1901, art. 13) ; — V. Defrénois, *Comment.*, n°ˢ 593 et s. ;

Mais la réciproque n'est pas vraie ; dans le silence à cet égard de la loi du 25 fév. 1901, la réunion de la nue propriété à l'usufruit, — par exemple l'usufruitier devenant héritier ou légataire du nu propriétaire, — constitue toujours une transmission imposable, conformément à l'art. 15, n° 8, alin. 2, L. 22 frim. an VII. — V. Defrénois, *Comment.*, n° 598 ;

Sauf que le droit se calcule maintenant d'après l'âge de l'usufruitier ;

1442. Toutefois, lorsque le démembrement a eu lieu sous l'empire de cette dernière loi, l'évaluation de l'usufruit ne peut excéder cinq dixièmes, puisque le droit de mutation a déjà été payé sur les cinq autres dixièmes, en vertu de l'art. 14-11° de ladite loi.

V. au surplus, — *Nue propriété. Usufruit.*

1443. Notons enfin que si le vendeur d'une nue propriété, moyennant un prix payable sans intérêts après l'extinction de l'usufruit, vient à décéder avant l'usufruitier, le droit de mutation est dû par ses héritiers sur la totalité du prix, comme créance ordinaire. — V. Dict. réd., v° *Succ.*, n° 1860 ; Garnier, Rép., *eod.* v°,

n° 1198 ; Cass., 9 avril 1872 ; Avranches, 5 août 1887 ;

1444. Au cas inverse du décès de l'usufruitier, ce prix, étant une dette de sa succession, en serait naturellement déduit, aux conditions ordinaires.

V. aussi ce qui a été dit n°ˢ 960 et suivants.

L'actif soumis à l'impôt étant ainsi déterminé, il reste à calculer ce que doivent chacun des héritiers, donataires ou légataires, suivant les tarifs, et à le leur faire payer.

Observation étant faite, surabondamment peut-être, car cela va de soi, mais la loi a voulu l'exprimer, qu'en cas de succession dévolue distinctement pour la nue propriété et pour l'usufruit, l'actif est diminué des charges avant le calcul du droit de mutation (L. 25 fév. 1901, art. 3, *in fine*).

CHAPITRE II
Détermination de la part nette recueillie par chaque ayant droit.

1445. Aux termes de l'art. 2, L. 25 fév. 1901 :
« Les droits de mutation par décès de biens meubles ou immeubles seront liquidés sur la *part nette* recueillie par chaque ayant droit. Ils sont perçus, sans addition d'aucun décime, pour chacune des fractions de cette part, suivant les tarifs portés au tableau ci-après. »

1446. C'est l'abrogation de deux anciens principes jusque-là fondamentaux de notre système fiscal des successions : la non-distraction des charges et la proportionnalité ;

Et l'introduction de deux nouveaux, tout contraires :

La déduction du passif,

L'impôt progressif suivant un tarif doublement gradué tant d'après le degré de parenté ou l'absence de parenté, complète ou suffisamment rapprochée, des héritiers, donataires éventuels ou légataires avec le défunt ; que selon l'importance de la part nette recueillie par chacun d'eux.

1447. Alors donc qu'auparavant, le droit proportionnel de mutation par décès, étant exigible sur l'actif global de l'hérédité, il n'y avait lieu, pour son calcul, de déterminer les parts héréditaires individuelles des ayants droit que si, parents du défunt à des degrés distincts ou certains lui étant étrangers, ils devaient payer cet impôt à des taux différents, — la liquidation des droits de succession comporte désormais deux opérations distinctes :

1° La détermination de la part revenant à chaque ayant droit dans l'actif net de la succession ;

2° L'application à cette part du tarif progressif institué par la loi du 25 févr. 1901, et, pour cela, son fractionnement par tranches, chaque tranche étant soumise à un tarif particulier.

1448. Dans l'économie de la loi du 25 févr. 1901, c'est l'importance de la part nette recueill'e par chaque ayant droit et non la valeur nette de la masse héréditaire qui doit être envisagée pour la perception ; par conséquent, après avoir opéré la déduction du passif sur l'ensemble des biens, conformément aux règles ci-dessus exposées, il y a lieu, le cas échéant, de déterminer ensuite le montant de l'émolument net revenant à chaque héritier, donataire ou légataire.

1449. Cet émolument se compose de tout ce que l'ayant droit recueille dans la succession, même à des titres divers, sous déduction des dettes qu'il serait particulièrement chargé d'acquitter.

1450. D'autre part, pour déterminer l'émolument de chaque ayant droit, il faut ajouter aux biens existant au jour du décès tous ceux dont les héritiers peuvent devoir le rapport. Mais ces rapports ont lieu fictivement et ne sont pas soumis au droit de mutation par décès car ils sont défalqués de l'émolument que recueille l'héritier.

C'est ce qu'avait tout d'abord admis la Régie qui, dans son Instruction 3058, s'exprimait ainsi :

« Toutefois, si l'un des héritiers a reçu du défunt une donation sujette à rapport, il n'y a pas lieu de tenir compte de ce rapport pour la détermination de la part de chacun des héritiers assujettie à l'impôt ; les biens donnés sont, en effet, irrévocablement sortis du patrimoine du donateur, et, au point de vue de l'application du droit de mutation par décès, les valeurs rapportées ne peuvent pas être comprises dans la masse héréditaire ; la mutation *entre vifs*, réalisée par la donation et qui a supporté l'impôt d'après le tarif spécial aux contrats de cette nature, est complètement distincte de la transmission qui s'opère par le décès du *de cujus* ; chacune de ces mutations doit être considérée isolément pour l'application des tarifs ; la loi du 25 fév. 1901 n'a nullement dérogé à cette règle, toujours admise sous l'empire de la législation antérieure.

« La somme donnée entre vifs par le défunt à l'un de ses héritiers et non payée au décès, a également « cessé, au point de vue de la perception de l'impôt, de faire partie du patri-« moine du donateur » (Cass., 29 juill. 1862 ; « I. G., 2234). Elle doit, par suite, être déduite de l'ensemble de l'actif héréditaire, et la part imposable revenant à chacun des héritiers ne doit être calculée que sur la différence. »

C'était reconnaître avec raison et justice que la liquidation du droit ne peut s'opérer que sur les biens existants, et que ces biens, pour l'application du tarif, doivent se diviser en parts correspondantes aux droits héréditaires des intéressés — le tout abstraction faite des rapports, c'est-à-dire sans en faire état.

Et comme alors les tranches restaient inférieures à ce qu'elles eussent été si les rapports étaient entrés en ligne de compte, le procédé était, en somme, avantageux aux redevables.

Aussi la Régie, qui ne craint jamais de se déjuger, si elle y a intérêt, revint-elle complètement sur sa première interprétation, la bonne ! puisqu'elle était la plus près des sources de la loi et que la volonté du législateur était encore présente à tous les esprits.

Par l'I. G., 3146, § 1, elle prescrivit à ses agents de tenir compte, au contraire, des rapports et de tous les rapports.

Si elle se fût bornée aux rapports en moins prenants, la violation de l'esprit de la loi du 25 févr. 1901 n'en eût pas moins été flagrante, mais le nouveau système, ayant pour lui l'avantage de répondre aux faits et de concorder avec les principes du droit civil, avait les plus grandes chances d'être accueilli sans résistance.

Mais l'extension aux rapports en nature doit être énergiquement repoussée.

Voici par quel raisonnement captieux, l'Administration essaye de le justifier.

Après avoir analysé deux arrêts de la Cour suprême (30 juill. 1862 ; S., 62. 1.991 ; D., 62. 1.369), et 28 oct. 1889 (S., 91. 1. 545 ; D., 90. 1.274), et dont le dernier au moins est contraire à sa thèse, d'après lesquels les sommes données entre vifs et non payées au décès du donateur et rapportées à sa succession doivent être déduites de la masse pour la liquidation du droit, l'I. G., 3146, § 1er, continue ainsi :

« La jurisprudence paraît avoir considéré que l'obligation de rapport imposée au donataire en avancement d'hoirie, même quand elle aboutissait à la remise effective des biens dans la succession, avait pour effet de résoudre, non la donation elle-même, mais simplement son exécution. En d'autres termes, le donataire tenu au rapport se trouverait bien obligé de réintégrer dans la masse successorale ce qu'il aurait reçu ; par contre, il deviendrait par cette remise en vertu de la donation elle-même co-propriétaire d'une fraction correspondante de l'hérédité, de telle sorte que, à concurrence des biens donnés et rapportés, ce serait toujours comme donataire qu'il participerait au partage. Une semblable idée n'a rien de contraire ni au caractère de la donation en avancement d'hoirie, qui n'est qu'une délibation anticipée de la succession au profit de l'un des héritiers éventuels, ni à la nature du rapport dont l'objet est uniquement d'assurer l'égalité entre co-héritiers.

« Les conséquences de cette doctrine, au point de vue de l'application du droit de mutation par décès, sont faciles à dégager. Que le rapport s'effectue en nature ou qu'il se fasse en moins prenant, le donataire en avancement d'hoirie ne doit l'impôt sur sa part dans la masse successorale (biens existants et rapports) que déduction faite d'une somme égale à celle rapportée. Par contre, les héritiers non donataires sont toujours tenus d'acquitter le droit sur la part totale qui leur revient dans cette masse, puisqu'ils n'ont rien payé jusque-là. Si l'on prend pour exemple une succession composée au jour du décès d'un actif net de 150.000 francs et dévolue à trois héritiers en ligne directe dont l'un a reçu une valeur de 60.000 francs en avancement d'hoirie, la part de chacun des successibles dans les biens existants et dans les biens donnés réunis (210.000 fr.) sera de 70.000 francs. Le donataire qui a payé les droits pour la dévolution héréditaire qui s'opère à son profit jusqu'à concurrence de 60.000 francs ne les devra plus que sur 10.000 francs. Mais les deux autres héritiers devront chacun le droit de mutation par décès sur la somme entière de 70.000 francs. Et il en sera ainsi alors même que le bien rapporté aurait été mis au lot de ces derniers. Le partage sera donc, à ce point de vue, sans influence sur la liquidation de l'impôt.

« Les rapports devenant ainsi l'un des éléments dont il y a lieu de tenir compte pour la détermination des parts héréditaires doivent, par conséquent, être mentionnés dans les déclarations que les parties ont à souscrire pour le payement de l'impôt. Il en résulte que, si, par suite de leur omission, la perception effectuée se trouvait insuffisante, il y aurait lieu d'appliquer la peine du droit en sus prononcée par l'art. 39, L. 22 frim. an VII.

« En ce qui concerne le calcul de l'impôt sur la part du donataire, le droit de mutation par décès est dû ainsi qu'on l'a déjà expliqué, sur sa part dans la masse totale de la succession, déduction faite des rapports. Mais, pour l'application du tarif, la question se pose de savoir s'il faut envisager cette part dans son ensemble ou seulement l'excédent imposable de cette part Reprenant l'exemple déjà cité, doit-on appliquer à la somme de 10.000, seule soumise à la taxe, les tarifs les plus réduits de 1 p. 100 et de 1,25 p. 100 prévus par la loi du 25 fév. 1901 pour les parts comprises entre 1 fr. et 10.000 fr., ou au contraire celui de 1,75 p, 100, édicté pour les parts de 50.001 fr. à 100.000 ?

« C'est le premier de ces modes de liquidation qui doit être suivi. L'attribution au donataire de son rapport ou de valeurs correspondant à ce rapport ne constituant, d'après la jurisprudence, que l'exécution de la donation, le donataire ne doit être réputé acquérir directement, par le fait du décès, que le complément de sa part héréditaire. C'est par conséquent, ce complément seul qui doit entrer en ligne de compte pour la détermination du tarif applicable en ce qui concerne le droit de mutation par décès. »

Certes, à première vue, cela ne paraît pas très grave ; l'exemple, en effet, a été habilement choisi pour n'effrayer personne, surtout grâce à la modération apparente de la fin. Mais c'est la maille rongée du fabuliste : si l'on n'y prend garde, elle emportera tout l'ouvrage.

Allons au fond.

La base du raisonnement de l'Administration est l'assimilation du rapport en nature au rapport en moins prenant.

Or, rien n'est moins démontré.

En effet, au cas de rapport en moins prenant la donation est maintenue et le bénéficiaire ne recueille réellement dans la succession que le complément de ses droits héréditaires. Le droit de mutation doit donc être calculé sur ce complément seul sans que ce rapport donne lieu à aucune déduction sur l'émolument des autres cohéritiers.

Au contraire, au cas de rapport en nature, la libéralité est résolue. L'héritier perd tout droit sur le bien donné, qui augmente d'autant l'actif successoral. Ici la prétention de la Régie pourrait avoir une apparence de bien fondé, s'il n'était admis depuis bien longtemps par la jurisprudence qu'un bien ne peut pas être soumis deux fois au même droit, et la loi nouvelle est loin d'avoir modifié sur ce point les principes admis antérieurement.

Telle n'est cependant pas la théorie de la Régie qui ne paraît pas admettre la résolution de la libéralité, même en cas de rapport en nature. Le successible donataire est toujours, malgré son rapport, considéré comme donataire, et c'est en cette qualité qu'il est exempté des droits de mutation. Et par conséquent les autres cohéritiers non donataires sont tenus d'acquitter l'impôt sur la part totale qu'ils recueillent puisqu'ils n'ont encore rien payé.

Ainsi, soit une succession présentant au jour du décès un chiffre de 150.000 fr. dévolue à trois enfants. L'un d'eux fait le rapport en nature de 90.000 fr.. La part de chacun des cohéritiers sera de 80.000 fr. Les héritiers non donataires devront chacun le droit de mutation sur leur part entière, soit sur 80.000 fr. bien que celle-ci ait déjà acquitté l'impôt sur 30.000 fr.

Voilà où on en arriverait si la théorie de la Régie était admise ! Et il ne faut pas s'y tromper, cette conséquence qui ne résulte pas des termes mêmes de l'Instruction 3146, y est néanmoins implicitement contenue.

Malgré la loi nouvelle qui, dans un but de justice, a voulu rendre autant que possible la charge de l'impôt proportionnelle à l'actif recueilli, le redevable se trouverait dans une situation pire qu'avant, puisque jusqu'en 1901 il était admis, notamment au cas de rapport en moins prenant, que les biens donnés ayant déjà acquitté l'impôt devaient être déduits de la masse imposable. — V. Cass., 29 juill. 1862 ; 28 oct. 1889.

C'est pourquoi, nous engageons vivement les redevables à ne pas accepter docilement les prétentions exagérées de la Régie, et de porter chaque fois, quand l'intérêt en jeu le méritera, leur cas devant les tribunaux qui, nous l'espérons, continuant la jurisprudence antérieure, feront une plus saine application des principes d'équité et, ajoutons-le, une plus stricte observation de la loi. — V. Lombez, 30 janv. 1907 ; Castres, 6 août 1907 ; Garnier, v° Succ., n° 841-1. — Contrà : Defrénois, Rép. prat., n°s 13626 et 13636 ; Orléans, 19 déc. 1906.

1451. Si les sommes données en avancement d'hoirie doivent être rapportées pour le calcul des parts, les héritiers ont néanmoins le droit de prouver que les constitutions de dot qui leur sont opposées déguisaient de véritables apports ; mais il faut que cette preuve à leur charge résulte d'actes et de faits probants ; leur simple affirmation ne suffirait pas. — V. Cass., 28 déc. 1904.

1452. Nonobstant ce qui vient d'être dit, le rapport peut influer sur le calcul du droit de mutation par décès ; c'est quand il s'agit d'un époux survivant donataire éventuel ou légataire en usufruit de son conjoint prédécédé.

Si la disposition ne porte que sur les biens qui appartenaient réellement à celui-ci lors de son décès, pas de difficulté ; ces biens seuls serviront de base à la perception du droit ; tel le cas où, d'après les termes employés, l'usufruit a pour objet : les biens que le disposant laissera à son décès. — V. Fontainebleau, 14 fév. 1867 ; Orléans, 28 janv. 1869 (S., 69, 2. 320) ; Lille, 30 nov. 1877 ; Dél., 31 déc. 1852 ;

Ou ceux : qui composeront sa succession au jour de son décès. — V. Tours, 4 mars 1882 ;

Ou plus brièvement : les biens du disposant. — V. Pontarlier, 13 mars 1866 ;

Ou, enfin : tout ce dont la loi lui permet de disposer. — V. Sol., 3 fév. 1894 ;

1453 Mais la disposition peut sinon comprendre les biens déjà donnés entre vifs, du moins les considérer pour déterminer l'importance de l'usufruit du conjoint ; il faut alors en opérer le rapport fictif ; jugé qu'il en est ainsi lorsqu'il a été dit que l'usufruit porterait sur la quotité disponible. — V. Seine, 15 mai 1863 ; Douai, 21 juill. 1869 ; Toulon, 17 déc. 1874 ; Nogent-le-Rotrou, 4 mai 1877 ; Quimper, 22 mai 1902.

Ou sur les biens, ou tous les biens : qui composeront la succession du disposant. — V. Cass., 8 janv. 1834 ; Seine, 11 juin 1836, 27 avril 1842 ; Orléans, 24 mars 1843 ; Le Mans, 30 mars 1849 ; Seine, 3 mai 1863 ; Evreux, 5 juill. 1872 ; 5 juill. 1876 ; Dreux, 9 sept. 1884 ; Cass., 14 déc. 1885 ; (S. 86. 1. 431) ; Cass., 29 janv. 1890 (S., 90. 1. 335) ; Sol., 24 mai 1877, 3 févr. 1894 ;

Ou sur la moitié des mêmes biens. — V. Dreux, 9 sept. 1884 ;

N'eût-il pas été ajouté : sans exceptions. — V. Montmorillon, 15 mai 1878 ; Soissons, 22 déc. 1886 ;

1454. Ou lorsqu'à son conjoint survivant le défunt a donné ou légué la quotité la plus étendue de toute sa fortune au jour de son décès. — V. Besançon, 6 août 1895.

1455. Peu importent, d'ailleurs, la forme de la libéralité, son caractère, que le bénéficiaire soit un successible ou un étranger, qu'elle ait été faite en avancement d'hoirie, par préciput, etc. — V. Cass., 8 janv. 1834, 17 mai 1843.

1456. Par préciput, disons-nous ; mais seulement quant à l'établissement de la masse et du disponible, car les dispositions par préciput ne sont pas sujettes à rapport, tout en restant passibles de réduction, si, excédant la quotité disponible, elles se trouvent entamer la réserve.

1457. Plus généralement, lorsqu'il y a lieu d'établir la quotité disponible, on la calcule conformément à l'art. 922, C. civ.

1458. Aussi bien, pour en revenir au point de vue qui nous occupe ici, l'étendue de la disposition est une question d'interprétation de volonté, à résoudre en fait, suivant les espèces, par le pouvoir souverain d'appréciation des tribunaux. — V. Morlaix, 6 juill. 1856 ; Argentan, 18 déc. 1856 ; Saint-Étienne, 11 févr. 1857 ; I, G. 1577, § 12 ; Cpr. Compiègne, 31 mai 1867 ; Abbeville, 31 août 1874 ;

En principe, l'interprétation qu'en ont fait eux-mêmes les intéressés, dans le partage, est opposable à la Régie. — V. Sol., 3 fév. 1894.

1459. Dans le cas d'une donation mutuelle entre époux, de moitié en usufruit, la dot qu'ils constituent solidairement à leur enfant, imputable sur la succession du prémourant d'eux, fait obstacle à l'exécution de la disposition jusqu'à concurrence de la dot ; de sorte que le droit de mutation par décès n'est exigible que sur l'excédant, s'il y en a un ; or, pour calculer l'importance de l'usufruit, il faut opérer le rapport fictif de la dot. — V. Soissons, 10 avril 1867 ; Evreux, 5 juill. 1872 ; Sol., 2 juill. 1881 ;

1460. Ce qui précède s'applique, mutatis mutandis, à l'usufruit légal du conjoint survivant (C. civ. art. 767) ;

1461. Lorsque des époux constituent à un enfant commun une dot imputable sur la succession du premier mourant et subsidiairement sur celle du survivant, le prémourant doit être considéré comme donateur jusqu'à concurrence seulement des droits de l'enfant doté dans la réserve de sa succession.

En conséquence, l'époux survivant, donataire ou légataire de la quotité disponible, peut exercer intégralement la libéralité à son profit, du moment que la dot faite en avancement d'hoirie n'a pas dépassé la réserve. — V. Sol., 20 sept. 1904 ; Cpr. Seine, 17 mars 1908 ;

1462. Les biens rentrés dans l'hérédité, les biens omis, ou les biens énoncés pour une valeur insuffisante, s'ajoutent à ceux précédemment déclarés pour opérer le calcul des droits suivant les nouvelles tranches qui en résultent ;

1463. A peine est-il besoin de dire qu'en cas de succession déclarée en plusieurs fois, il y a lieu de tenir compte, dans les diverses déclarations partielles successives, des biens déjà déclarés précédemment, de manière que l'application du tarif progressif soit finalement faite sur l'émolument total de chaque ayant droit.

SECTION XI

Acquittement de l'impôt.

1464. Le droit de mutation par décès se paye d'après un tarif et sur des bases qu'il s'agit à présent d'exposer.

CHAPITRE PREMIER

TARIFS

1465. A l'ancien droit proportionnel, la loi du 25 févr. 1901, art. 2, a substitué un tarif progressif, gradué non plus seulement eu égard au degré de parenté du défunt avec son successeur, mais encore d'après l'importance de la part nette que recueille chaque ayant droit, c'est-à-dire en créant des tranches.

Toutefois, la progression s'arrêtait à une certaine limite : 500.000 fr. en ligne directe, 1.000.000 pour tous autres successibles ; au-dessus, l'exigibilité du droit reprenait comme base la simple proportionnalité ; il y avait là quelque chose de contradictoire ; aussi l'art. 10, L. 30 mars 1902, généralisa-t-il bientôt le principe de la progression, en l'étendant jusqu'à 50.000.000 de part nette ; théoriquement, tout en ne devant plus s'appliquer qu'à des cas bien rares, la proportionnalité n'a donc pas complètement disparu.

1466. Voici le tableau des différents taux actuels du droit de mutation par décès :

On remarquera que les taux du droit sont les mêmes pour toutes les mutations par décès : succession *ab intestat*, testament ou autres actes de libéralité à cause de mort, c'est-à-dire que les bénéficiaires viennent comme héritiers, donataires ou légataires ; et, en effet, la raison de la transmission est toujours la volonté du défunt, qu'elle soit expresse ou seulement présumée. — V, G. Demante, *op. cit.*, II, n° 652 ;

1467. Les institutions contractuelles encourent le droit ordinaire de mutation par décès, et non pas le droit généralement mitigé établi pour les transmissions à titre gratuit par contrat de mariage. — V. G. Demante, *op. cit.*, II, n° 609 ; Dict., réd., *v° Succ.*, n° 976 ; Garnier, Rép., *eod. v°*, 979 ; Maguéro, *v° Contr. de mar.*, n°s 88, 93 ; E. Naquet, *op. cit.*, II, n° 959 ; Cass., 8 déc, 1806, 8 août 1836, 23 mars et 7 juill. 1840, 21 mars 1860, 21 déc. 1870, 5 mars 1872 ; Seine, 21 févr. 1874 ; Cass,, 10 mai 1876. (S., 77. 1. 33) ; Brignolles, 8 févr. 1879 ; Seine, 4 nov. 1901 ; I. G. 1618. §4 ; 1634, § 4 ; Sol., 13 août 1900 ;

Dès lors, le droit exigible est celui en vigueur à l'époque du décès. — V. Cass., 24 déc. 1821 ;

1468. Le même principe régit toute autre disposition éventuelle subordonnée au prédécès du donateur, quoique la cause de la transmission soit, au fond, le contrat, mais par la combinaison des lois fiscales ; c'est le droit de mutation par décès qui devient exigible lorsque la condition se réalise. — V. G. Demante, *op. cit.*, II, n° 610 ; E. Naquet, *op. cit.*, II, n° 959 ;

1469. Sur les offices et les objets qui en

SELON LES DEGRÉS de PROXIMITÉ sous indiqués	Taux applicables à la fraction de part nette comprise entre											
	1 fr. et 2.000 fr.	2.001 fr. et 10.000 fr.	10.001 fr. et 50.000 fr.	50.001 fr. et 100.000 fr.	100.001 fr. et 250.000 fr.	250.001 fr. et 500.000 fr.	500.001 fr. et 1 million	1.000.001 fr. et 2 millions	2.000.001 fr. et 5 millions	5.000.001 fr. et 10 millions	10.000.001 fr. et 50 millions	Au-dessus de 50 millions
	0/0	0/0	0/0	0/0	0/0	0/0	0/0	0/0	0/0	0/0	0/0	0/0
1° Ligne directe *(à l'infini)*	1 »	1 25	1 50	1 75	2 »	2 50	2 50	3 »	3 50	4 »	4 50	5 »
2° Entre époux	3 75	4 »	4 50	5 »	5 50	6 »	6 50	7 »	7 50	8 »	8 50	9 »
3° Entre frères et sœurs	8 50	9 »	9 50	10 »	10 50	11 »	11 50	12 »	12 50	13 »	13 50	14 »
4° Entre oncles ou tantes, et neveux ou nièces	10 »	10 50	11 »	11 50	12 »	12 50	13 »	13 50	14 »	14 50	15 »	15 50
5° Entre grands-oncles ou grand'tantes, petits-neveux ou petites-nièces, et entre cousins germains	12 »	12 50	13 »	13 50	14 »	14 50	15 »	15 50	16 »	16 50	17 »	17 50
6° Entre parents aux 5° et 6° degrés	14 »	14 50	15 »	15 50	16 »	16 50	17 »	17 50	18 »	18 50	19 »	19 50
7° Entre parents au delà du 6° degré et entre personnes non parentes, (avec réduction à 9 pour cent pour les legs d'assistance et de bienfaisance)	15 »	13 50	16 »	16 50	17 »	17 50	18 »	18 50	19 »	19 50	20 »	20 50

Le tout, sans addition d'aucun décime (L. 25 févr. 1901, art. 2 et 19.). — V. I. G. 3058.

dépendent, le droit ne peut être inférieur à 2 0/0 ; ce qui n'entraîne, du reste, de modification au tarif que pour la transmission en ligne directe (L. 25 juin 1841, art. 8); première brèche, peut-être trop peu remarquée, faite au taux de la ligne directe;

Et l'art. 10 de la même loi ajoute qu'en aucun cas le droit ne sera inférieur au dixième du cautionnement;

1470. Quant aux substitutions, il en sera parlé plus loin, à propos des enfants et des frères et sœurs.

1471. En principe, il n'y a lieu de faire aucune distinction entre les meubles et les immeubles, la règle générale étant que le tarif est le même pour tous les biens (V. I. G., 2234, § 1er), sauf comme on l'a vu, deux exceptions, savoir : en matière d'offices et en matière de substitutions.

1472. Reprenons maintenant l'énumération des personnes comprises dans le tableau ci-dessus, afin de la préciser et d'y ajouter les particularités qui concernent certaines d'entre elles.

1473. *Adoptant, adopté.* — V. Enfant. Mère. Père.

1474. *Aïeul, aïeule;*

Les taux seraient, à notre avis, ceux de la ligne directe, et non des étrangers au défunt, pour l'aïeul et l'aïeule naturels institués légataires par leur petit-enfant naturel; mais cette opinion est contestable.—Cpr. Sol., 3 juin 1890;

1475. *Allié.* — Les alliés sont traités comme les personnes non parentes; le droit est donc toujours pour eux aux taux les plus élevés. — V. Dict. réd., v° *Succ.*, n° 1032; Garnier, v° *Allié*, n° 3; Maguéro, v° *Succ.*, n° 595; Charolles, 30 août 1828; Cass., 28 janv. 1839 (S., 39. 1. 103); Reims, 27 déc. 1845; Lure, 21 févr. 1851; Déc. min. fin., 1er mai et 21 juill. 1820; I. G., 1307, § 6, 1590, § 5;

1476. *Appelé à une substitution,* taux de la ligne directe, moins d'après les principes juridiques des substitutions que conformément à la tradition. — V. G. Demante, *op. cit.,* II, n° 743; E. Naquet, *op. cit.,* II, n° 863; Cass., 11 déc. 1860 et 5 mars 1866 (S., 66. 1. 1122); I. G., 2190, § 6, 2348, § 7;

Et, précisément de ce que la dévolution est considérée comme s'opérant du grevé (et non du grevant) à l'appelé, le droit est dû au tarif en vigueur lors du décès du grevé et sur la valeur des biens à cette époque. — V. Dict., réd., *Subst.,* n° 127 et v° *Succ.,* n° 1035; Garnier, *Rép.,* v° *Subst,* n° 157, et *Succ.,* n° 861; Maguéro, v° *Subst.,* n° 150; Sol., 5 juill. 1897;

S'agit-il d'une substitution prohibée si l'annulation n'en a pas été poursuivie et obtenue, (Arg. Cass., 11 déc. 1860 et 5 mars 1866 précités). — V. Dict. réd., v° *Subst.,* n° 132; Maguéro, eod. v°, n°s 78 et 151;

Mais l'appelé, comme à l'origine le grevé, peuvent échapper au droit de mutation en renonçant à la libéralité. — V. Dict. réd., v° *Subst.,* n° 181; Maguéro, eod. v°, n°s 125, 164;

1477. *Arrière-grand-oncle, arrière-grand'-tan'e, etc.* — V. tarif des parents aux 5e et 6e degrés;

1478. *Arrière-petit-cousin, arrière-petite-cousine, etc.* — V. Cousins;

1479. *Arrière-petit-enfant.* — Un seul droit aux taux de la ligne directe ;

1480. *Arrière-petit-neveu, arrière-petite-nièce, etc.* — V. tarif des parents aux 5e et 6e degrés;

1481. *Ascendant donateur.* — Le retour légal opère le droit aux taux de la ligne directe, comme la succession normale. — V. Dict. réd., v° *Retour,* n° 82; Garnier, v° *Retour,* n°s 87 et 89; Maguéro, v° *Retour,* n° 32; Bordeaux, 12 fév. 1879; Délib. 6-15 fév. 1827;

1482. *Beau-fils.* — V. Allié;

1483. *Beau-frère.* — V. Allié;

1484. *Beau-père.* — V. Allié;

1485. *Belle-fille.* — V. Allié;

1486. *Belle-mère.* — V. Allié;

1487. *Belle-sœur.* — V. Allié;

1488. *Bisaïeul, bisaïeule.* — Un seul droit, aux taux de la ligne directe;

1489. *Bru.* — V. Allié;

1490. *Caisse des invalides de la marine;*

Constituant un pur service de l'Etat, elle est exempte de tous droits sur les legs faits à son profit. — V. Garnier, v° *Succ.,* n° 988-11; Maguéro, v° *Succ.,* n° 310; Déc. min. fin., 14 avril 1891;

1491. *Collatéraux.* — V. au nom des divers collatéraux;

Ceux qui sont parents à la fois dans les deux lignes acquittent distinctivement le droit de mutation par décès, sur les biens qui leur adviennent de chaque ligne, suivant leur degré de parenté dans cette ligne. — V. Dict. réd., v° *Succ.,* n° 1030; Garnier, v° *Succ.,* n° 460;

1492. *Commune.* — En principe, taux des étrangers au défunt. — V. *Non-parent;*

Par exception, tarif réduit. — V. plus loin, *Legs d'assistance et de bienfaisance;*

1493. *Conjoint.* — V. Epoux;

1494. *Cousin germain, cousine germaine;*

Le cousin naturel paye comme un non-parent. — V. G. Demante, *op. cit.,* II n° 653; Belfort, 20 janv. 1875; *Contrà :* Garnier, *Rép. pér.,* n° 4444;

1495. *Cousins plus éloignés;*

Ceux au 5e ou au 6e degré jouissent encore d'un tarif spécial;

Passé ces degrés, les cousins et cousines sont assimilés aux personnes non parentes;

1496. *Créanciers;*

Autorisés en vertu des art. 1166 et s. C. civ. à accepter la succession du chef de leur débiteur, ils doivent purement et simplement payer au même tarif que lui. — V. Dict. réd., v° *Succ.,* n° 1039; Garnier, eod. v°, n°s 462, 641; Maguéro, eod. v°., n° 597;

1497. *Département.* — En principe, taux des étrangers au défunt. — V. *Non-parent;*

Par exception, tarif réduit. — V. plus loin, *Legs d'assistance et de bienfaisance;*

1498. *Descendant,* — V. Enfant, petit-enfant ;

1499. *Enfant* ;

1500. En cas de dispositions testamentaires avec charge de restitution, faites en vertu des art. 1048 et s. C. civ., et portant sur des immeubles ou en comprenant, le testament doit être transcrit, en ce qui concerne ces immeubles, conformément à l'art. 1069 ; il faut donc ajouter le droit de transcription au droit de mutation par décès pour les immeubles ainsi transmis ;

1501. Il n'y a aucune différence à faire entre l'enfant adoptif et l'enfant légitime, même en cas d'adoption testamentaire. — V. Dict. réd., v° *Adoption,* n° 22 ; Garnier, v° *Succ.,* n° 465 ; Maguéro, v° *Succ.,* n° 575 ; Marseille, 31 août 1877 ; Cass., 1er août 1878. (S., 79. 1. 231 ; D., 78. 1. 457) ;

L'enfant adoptif vînt-il à la succession à la fois en cette qualité et en celle de parent du sang. — V. Garnier, v° *Succ.,* n° 466 ; Cass., 24 août 1831 ; Dél., 19 août et 15 oct. 1834 ;

En cas d'annulation postérieure de l'adoption, un supplément de droit serait exigible sur ce que conserverait à un autre titre l'ex-enfant adoptif. — V. Dict. réd., v° *Succ.,* n° 1023 ; Marseille, 31 août 1877 ; Cass., 1er août 1878 ; I. G., 2603-4 ;

Taux également des étrangers, en cas de décès du tuteur officieux après la majorité du pupille adopté par son testament, si l'adoption n'a pas été contractée depuis dans les formes ordinaires, puisqu'alors l'adoption testamentaire est devenue caduque. — V. Seine, 26 juill. 1873 ; Sol., 9 déc. 1882 et 18 déc. 1900 ;

Et même si le tuteur officieux est décédé pendant la minorité de son pupille, mais sans que les cinq ans exigés pour l'adoption testamentaire aient encore été révolus. — V. Sol., 18 déc. 1900 ;

1502. L'enfant naturel reconnu, ayant désormais la qualité d'héritier, (C. civ., art. 756, mod. par L. 25 mars 1896, abrogative à son égard de l'art. 53, L. 28 avril 1816), paye toujours maintenant aux taux susindiqués de la ligne directe, sans plus distinguer désormais s'il vient en concours avec d'autres héritiers, ou bien seul et totalement à quelque titre que ce soit. — V. I. G., 2902 ;

Pour que l'enfant naturel jouisse du tarif de la ligne directe, il faut, bien entendu, qu'il soit en mesure de justifier de sa filiation. — V. G. Demante, *op. cit.* n° 653 ; Grenoble, 4 déc. 1878 ; Sables-d'Olonne, 5 août 1880 ; Seine, 5 janv. 1897 ; Sol. 29 mai 1876 et 6 juill. 1894 ;

A défaut de reconnaissance, il est considéré et traité comme un étranger sur les legs à lui faits par ses père et mère. — V. Grenoble, 4 déc. 1878 ;

Eût-il la possession d'état d'enfant naturel, même jointe aux énonciations de l'acte de naissance. — V. Seine, 5 janv. 1897 ; Sol., 6 juill. 1894 ; V. cepend. Sables-d'Olonne, précité ;

1503. Jugé aussi qu'après s'être fait envoyer en possession d'un legs en qualité d'étranger au défunt, le légataire ne peut invoquer le titre d'enfant naturel pour ne payer qu'aux taux en ligne directe. — V. Seine, 5 janv. 1897 ; Cass., 27 juin. 1899 ; Seine, 3 nov. 1904 (S., 1907. 2. 23). — Cass. Req., 28 janv. 1907 (D., 1907. 1. 442).

1504. Quant à l'enfant adultérin ou incestueux, institué légataire par son auteur, de l'avis général, il faudrait distinguer :

Si sa filiation se trouvait légalement constatée, le droit exigible serait celui de la ligne directe, au moins dans la limite de son droit alimentaire, parce qu'alors il recueille en qualité d'enfant. — V. G. Demante, *op. cit.,* II, n° 653 ; Dict. réd., v° *Succ.,* n° 1022 ; Maguéro, *eod.* v°, n° 592 ; Sol., 20 août 1871 ;

Mais non reconnu, ou si sa filiation ne résultait que d'une reconnaissance illicite du testateur, ou sur ce qui excéderait des aliments, le droit serait celui aux taux des étrangers. — V. Dict. réd , v° *Succ.,* n° 1021 ; Garnier, *Rép.,* v° *Enfant,* n° 48-2 ; Maguéro, v° *Succ.,* n° 592 ; Périgueux, 20 mars 1873 ; Seine, 2 févr. 1894 ; Sol., 29 mai 1875.

Sur ce dernier point aucune difficulté, mais nous croyons que la conclusion donnée au premier n'est pas juridiquement déduite.

En effet, un tel enfant n'existe point aux yeux de la loi, si ce n'est quand sa filiation s'impose à elle par la force des choses, et alors la loi ne permet absolument à son profit que des aliments (C. civ., art. 762 et s. ; 908).

Il est donc privé de tout droit successoral, c'est-à-dire qu'il ne saurait jamais venir à titre héréditaire : si donc il n'y a pas à son égard mutation par décès, comment parler à sa charge de l'impôt qui y est attaché ?

Certes, la loi lui accorde des aliments, et encore pas toujours (art. 764), mais c'est la loi, et nullement son père ou sa mère, qui ne sont jamais envers lui des donateurs, mais bien des débiteurs d'une pension alimentaire.

Par conséquent il s'agit uniquement d'une telle pension, au point que la possibilité d'en remplacer le service par le versement d'un capital une fois payé est contestée, par le motif précisément que ce serait transformer un simple créancier d'aliments en une sorte de successeur prenant une partie de l'hérédité ;

Et l'on enseigne même que cette pension ne peut être réclamée par lui que s'il en a besoin à l'époque de l'ouverture de la succession, et qu'elle cesserait de lui être due s'il parvenait ensuite à meilleure fortune.

Donc, aucun droit de mutation par décès pour des aliments, car, encore une fois, le testament ne constitue pas le titre de l'enfant, mais la loi seule.

Néanmoins, et conformément aux règles ordinaires des aliments obligatoires :

Droit fixe, ou — car le point est contesté, sous prétexte de fixation distincte de sa quotiété — droit proportionnel à 0,20 cent. 0/0, sur la pension capitalisée dix fois, comme bail de nourriture, en cas de règlement amiable;

Droit fixe également, puisque le titre est dans la loi, sur le jugement qui la détermine, si la dette n'est pas déniée; autrement, droit proportionnel de condamnation sur le montant de la pension multipliée par dix.

Revenons maintenant au legs, en cas de filiation légalement établie,

En le supposant fait dans la mesure d'aliments, rien à ajouter s'il est d'une pension proprement dite;

Mais, sous la réserve de ce qui a été dit plus haut sur la validité, s'il a pour objet :

Un capital! droit de libération;

Une chose! droit de dation en paiement.

Enfin, excède-t-il le caractère d'aliments? droit de mutation par décès en ligne directe, malgré sa nullité en soi, à raison de l'état civil apparent, sauf renonciation formelle ou annulation judiciaire. — Cpr., Sol. 21 déc. 1892.

Notons enfin que les enfants adultérins légitimés par le mariage subséquent de leurs père et mère, par application de la loi du 7 nov. 1907, viennent à la succession de ceux-ci au même titre que les enfants légitimes.

1505. *Epoux, Epouse.*

Autrefois, l'époux survivant était taxé à des taux différents, suivant qu'il venait à la succession de son conjoint par donation éventuelle, testament et usufruit légal, ou par vocation propre, faute de parents au degré successible; la loi du 25 févr. 1901, art. 2, ayant abrogé, en ce qui le concerne, l'art. 53, L. 28 avril 1816, les taux susindiqués du tarif entre époux sont à présent les seuls exigibles contre lui, quel que soit le titre qu'il invoque, c'est-à-dire alors même qu'il recueille la succession de son conjoint à défaut de parents au degré successible et d'enfants naturels (Rapport Mesureur à la Chambre des dép., 9 juill. 1900, *J. O., doc. parl.*, p. 1741). — V. Garnier, v⁰ *Succ.*, n⁰ 459; I. G., 6 juin 1891, 3049 et 3058;

Il y a lieu de rapprocher de la loi du 9 mars 1891, modificative de l'art. 767 C. civ. pour attribuer au conjoint survivant un usufruit, convertible en une rente viagère, celle du 14 juill. 1866, sur la propriété artistique et littéraire, qui confère à l'époux survivant la jouissance des droits d'auteur de son conjoint décédé; c'est là un véritable usufruit passible du droit de mutation par décès, à liquider comme en matière d'usufruit;

1506. Mais à quels taux est imposé l'ex-époux au profit duquel le divorce a été prononcé et qui (par donation, soit dans le contrat de mariage, soit entre époux) recueille tout ou partie de la succession de son ancien conjoint, en vertu de l'art. 300 C. civ.?

A notre avis, le tarif entre personnes non parentes est celui applicable, par cette raison péremptoire que ce n'est pas un époux du défunt qui lui succède, mais bien un étranger, lequel, par conséquent, doit payer au tarif des étrangers. — V. Vigié, *Rev. crit.*, 1890, p. 149; Wahl, *Droit fisc.*, I. n⁰ 383; Falaise, 25 janv. 1893; *Contrà:* Binet, *Rev. d'enreg.*, art. 1764; G. Demante, *Suppl. aux principes*, p. 30 et s., et note sous Cass. 4 août 1902, ci-après indiqué; Maguéro, v⁰ *Succ.*, n⁰ 581; Fougères, 4 janv. 1893 (D., 94. 2. 45); Seine, 20 mai et 10 juin 1893 (S., 95. 2. 285); Seine, 19 janv. 1906; Sol., 27 juill. 1893, 27 oct. 1897 (S., 97. 1. 345); Cpr. Cass., 22 juin 1897; Seine, 17 mars 1899; Rambouillet, 21 juin 1905; Seine, 19 janv. 1906 (S., 07. 2. 184; D., 07. 2. 210); Sol., 22 févr. 1890.

On peut même dire, sans subtilité depuis le rétablissement du divorce, que la donation éventuelle faite dans un contrat de mariage par un futur époux à son futur époux n'est pas consentie au bénéficiaire en tant qu'époux, mais seulement à la condition qu'il le devienne: *si nuptiæ fuerint secutæ*, abstraction faite des événements ultérieurs.

Qu'importe donc qu'il ait été son conjoint? Il ne l'est plus, voilà la réalité.

Du reste, ce n'est pas là le seul cas d'une situation se modifiant entre la date d'une disposition soumise à l'événement du décès du donateur et l'époque de sa réalisation; par exemple, tel donataire éventuel est devenu, dans l'intervalle, l'enfant adoptif du donateur; ne décide-t-on pas alors qu'il peut invoquer sa nouvelle qualité pour ne payer qu'en ligne directe, au lieu des taux plus élevés auxquels il devait s'attendre au début? — V. notamment Doullens, 27 juill. 1881;

C'est donc que l'état des choses existant au moment du décès est seul à considérer, et, dès lors, aussi bien contre le donataire, disons, pour généraliser, contre tout donataire, qu'à son profit;

Et, précisément pour cette raison, s'il se trouvait que le conjoint divorcé venant, en vertu de son contrat de mariage, à la succession du défunt fût en même temps un parent de celui-ci, le droit se réglerait eu égard au degré de parenté qui les unissait.

Quant au *legs* fait à l'ex-époux par son ex-conjoint, l'Administration a décidé de percevoir le droit entre personnes étrangères. — V. Sol., 27 oct. 1897 (S., 99. 2. 54); Cass., Req., 4 août 1902 (S., 03. 1. 53; D., 02. 1. 505).

1507. Et, dans une espèce, où l'époux divorcé avait, avant la dissolution du mariage, été institué légataire universel par son conjoint dans un testament que celui-ci n'avait pas révoqué, la Cour suprême a repoussé la prétention du légataire à invoquer le titre d'époux, parce qu'il était disparu. — V. Cass., 4 août 1902 (S. 03. 1. 53; D., 02. 1. 505).

Voici les motifs, très ingénieux, qu'opposait le pourvoi à la Régie.

Si, disait-il, le divorce rompt le mariage et remplace, d'une manière générale, les époux dans la situation où ils étaient avant leur union, ce principe comporte de notables restrictions. Sans parler des empêchements au mariage résultant de l'alliance qui subsistent après le divorce comme après le décès (art. 162 et 164 C. civ.), de nombreuses dispositions légales attachent certaines conséquences à l'existence antérieure d'un mariage rompu par le divorce (art. 156, 322, 378 C. proc. civ. ; 248 C. pén.). L'art. 301 C. civ. maintient à l'époux, en faveur de qui le divorce a été prononcé, le droit de réclamer à son ex-conjoint une pension alimentaire. La femme veuve d'un premier mari qui, après un nouveau mariage, a divorcé, n'est point assimilée à une femme veuve, et son fils aîné ne bénéficie pas de la dispense partielle du service militaire (Cons. d'Etat, 26 déc. 1891, *Recueil Lebon*, p. 786).

Sans doute, continuait le pourvoi, la libéralité faite par un conjoint divorcé au profit de son ex-conjoint par un testament postérieur au divorce, serait passible du droit de mutation entre étrangers. Mais pour se convaincre qu'une libéralité faite par un époux au profit de son conjoint ne peut pas se trouver, par le fait du divorce, métamorphosée en une libéralité au profit d'un étranger, il suffit de se reporter aux art. 299 et 300 C. civ.

Aux termes du premier de ces articles, l'époux contre lequel le divorce a été prononcé perd tous les avantages que l'autre époux lui avait faits soit par contrat de mariage, soit depuis le mariage ; cette disposition est générale et comprend indistinctement les avantages faits par contrat de mariage, par donation entre vifs et par testament (Cass., 5 déc. 1849 ; D., 50. 1. 33). Inversement, aux termes de l'art. 300 C. civ., l'époux qui a obtenu le divorce conserve les avantages à lui faits par l'autre époux. Cette disposition corrélative à celle de l'art. 299 maintient au profit de l'époux qui a obtenu le divorce la situation acquise au point de vue des libéralités, avec la même étendue que l'art. 299 en fait table rase à l'égard de l'époux contre lequel le divorce a été prononcé. C'est pourquoi les mutations qui s'opèrent en vertu de ces libéralités sont essentiellement des mutations entre époux et le droit qui leur est applicable est celui de 3 0/0 (Fougères, 4 janv. 1893, et Seine, 10 juin 1893 précités).

Il est vrai que ces décisions ne visent que les libéralités faites par contrat de mariage ou par donation au cours du mariage. Mais pourquoi en serait-il autrement au cas de testament antérieur au divorce ? Serait-ce à raison de la fiction légale en vertu de laquelle le testament est réputé fait par le testateur à la veille de son décès ? Or, cette fiction n'est pas plus dans le texte de la loi qu'elle n'en est la base théorique. Sans doute, jusqu'à son décès le testateur est toujours maître, s'il est sain d'esprit, de révoquer *ad nutum* ses dispositions. Mais le testament ne forme pas moins,

dès qu'il existe, un acte juridique complet, se suffisant à lui-même, et cet acte a sa place, dans l'échelle du temps, à la date où il a été fait. Si le testament ne constituait pas d'ores et déjà une libéralité, s'il n'était qu'un simple projet, l'arrêt précité du 5 déc. 1849 aurait consacré un véritable non-sens, car, ou bien il aurait déclaré l'effet révocatoire applicable à une libéralité qui, aux yeux de la loi, n'a pas d'existence ; ou bien il aurait admis l'extension de l'effet révocatoire à des faits postérieurs au divorce, ce qui serait contraire au texte même de l'art. 299, lequel, par la formule dont il se sert, ne vise que le passé.

Cette argumentation très serrée n'a pas prévalu, comme on le voit par l'arrêt précité. La Cour suprême s'es exclusivement attachée au fait pur et simple d la rupture de l'union conjugale, pour en deduire la conséquence fiscale.

Mais il importe de remarquer qu'elle a strictement limité sa décision aux faits de la cause, c'est-à-dire au cas d'un testament, sans vouloir statuer d'une manière générale, comme la Régie, par son mémoire, avait tâché de l'obtenir ; la question de principe n'a donc pas encore été tranchée par la Cour de cassation.

1308. *Etablissement public* (ayant une personnalité distincte de l'Etat) ou *d'utilité publique*, — en principe, taux des étrangers au défunt. — V. *Non-parent*;

Par exception, exemption du droit. — V. *Caisse des invalides de la marine*, ou tarif réduit. — V. *Legs d'assistance et de bienfaisance.*

Il convient de rappeler à cet égard que les établissements publics qui se confondent absolument avec l'Etat, attendu qu'ils n'en sont que des organes essentiels, par exemple l'armée, les ministères, certaines caisses publiques, etc., jouissent des mêmes exemptions ou réductions d'impôts que l'Etat lui-même ;

Quant à ceux qui s'en distinguent quelque peu dans la forme : communes, départements, établissements charitables et hospitaliers, etc., ils sont, au point de vue fiscal, considérés par rapport à lui comme des individus, et ils doivent supporter toutes les charges publiques auxquelles les particuliers sont assujettis, sans autres exceptions que celles expressément établies. — V. Déc. min. Fin., 17 oct. 1809; I. G., 454, 642, 2361, § 2.

1309. *Etat*;

Les legs faits à l'Etat ne sont évidemment pas susceptibles du droit de mutation, puisque c'est l'Etat lui-même qui aurait à se le payer. — V. Garnier, v° *Succ.*, n° 478 ;

V. aussi Etablissement public. Non-parent;

1310. *Etranger.* — V. *Non-parent* ;

1311. *Femme.* — V. Epoux, épouse;

1312. *Fils, fille.* — V. Enfant;

1313. *Frère*;

Ici encore, en cas de substitution permise,

il y a lieu d'augmenter de 1 fr. 50 le droit de mutation sur les immeubles, comme lorsqu'il s'agit d'enfants. — V. Garnier, *Rép. gén.*, v° *Substitutions*, n° 193 ; Cass., 23 nov. 1848 (S., 49. 1. 119) ; 25 avril 1849 (S., 49. 1. 440) ; Coulommiers, 9 oct. 1837 ; Chartres, 25 janv. 1842 ; Yvetot, 4 déc. 1846 ; Saint-Omer, 24 déc. 1847 ; *Contrà :* G. Demante, II, n° 743 ; Aix, 29 mai 1847 ;

1514. Le frère légitime ou naturel succédant à son frère ou à sa sœur naturels, en vertu de l'art. 766 C. civ., paye aux taux susindiqués pour les frères et sœurs, car la loi fiscale ne fait pas, en principe, de distinction entre la parenté légitime et la parenté naturelle pour la quotité du droit de mutation, lorsque la loi civile la reconnaît. — V. G. Demante, *op. cit.*, n°s 653 et 742 ; Dict. réd., v° *Succ.*, n° 1020 ; Garnier, v° *Enfant*, n° 173-2 ; Maguéro, v° *Succ.*, n° 590 ; Sol,. 3 juin 1880 ; *Contrà :* Montluçon, 27 janv. 1888 ;

Pour la même raison, nous pensons que c'est également ce tarif, et non celui entre étrangers, qui est applicable aux legs faits par un frère ou une sœur légitime à son frère naturel, ou réciproquement. — V. *Contrà :* Dict. réd., v° *cit.*, n° 1018 ; Garnier, v° *cit.*, n° 173-3 ; Maguéro, v° *cit.*, n° 591 ;

1515. L'enfant de l'adoptant appelé à succéder aux biens donnés par celui-ci à son frère ou à sa sœur adoptifs, conformément à l'art. 351 C. civ., supporte le droit de mutation entre frères et sœurs, et non au taux des étrangers. — V. Dict. réd., v° *Adoption* n°s 27 et s. et *Retour*, n° 83 ; Garnier, v° *Adoption* n°s 70 et *Succ.*, n° 465-8 ; Maguéro, v° *Retour*, n° 23 ; G. Demante, *op. cit.*, II, n° 742 ; Cass., 28 déc. 1829 ; Dél., 6 févr. 1827 ; I. G., 1307, § 11 ;

1516. *Gendre.* — V. Allié ;

1517. *Grand-oncle, grand'tante :*

Aucune observation particulière à présenter ;

1518. *Grand-père, grand'mère.* — V. Aïeul ;

1519 *Grevé de substitution.* — V. Appelé, Enfant, Frère, Sœur et n° 1368 ;

1520 *Legs d'assistance et de bienfaisance.*

Malgré son excessif esprit de fiscalité, la loi du 25 févr. 1901, pour ne pas risquer de tarir la source des libéralités aux communes, aux départements et aux établissements publics ou d'utilité publique, a soustrait ces libéralités aux droits énormes qu'elle instituait, lorsqu'elles présentent un caractère d'assistance ou de bienfaisance.

A leur égard, les trois premiers alinéas de l'art. 19 statuent ainsi :

« Sont soumis à un droit de 9 0/0, sans addition de décimes, les dons et legs faits aux départements et aux communes, en tant qu'ils sont affectés, par la volonté expresse du donateur, à des œuvres d'assistance, ainsi que les dons et legs faits aux établissements publics charitables et hospitaliers, aux sociétés de secours mutuels et à toutes autres sociétés reconnues d'utilité publique dont les ressources sont affectées à des œuvres d'assistance ;

Et ce, même quand le disposant a pris pour lui-même le payement du droit de mutation ou l'a mis à la charge de sa succession. — V. Cons. d'Etat, 18 nov. 1903 ;

1521. « Il sera statué sur le caractère de bienfaisance de la disposition par le décret rendu en Conseil d'Etat ou l'arrêté préfectoral qui en autorisera l'acceptation ;

Dans le cas où un décret omettrait de statuer sur le caractère de bienfaisance, il est possible de réparer ultérieurement cette omission par un décret complémentaire. — Cons. d'Etat, 15 mai 1904 ;

1522. « Sont également soumis à un droit de 9 0/0, sans addition de décimes, les dons et legs faits aux sociétés d'instruction et d'éducation populaires gratuites reconnues d'utilité publique et subventionnées par l'Etat. »

1523. Les sociétés de sauvetage, les sociétés de patronage des prisonniers libérés, les crèches, les orphelinats et autres œuvres similaires bénéficient de ce tarif de faveur, s'ils satisfont, d'ailleurs, aux conditions susindiquées (Sénat, séance du 29 janv. 1901, *J. O., débats,* p. 135). — V. I. G., 3058.

1524. Toutes les fois que l'acceptation de la libéralité comporte l'autorisation du Gouvernement ou du préfet, le rôle de l'Administration de l'enregistrement se borne à appliquer le tarif de 9 0/0 ou le tarif ordinaire, suivant que le décret ou l'arrêté d'autorisation a reconnu que la disposition rentre ou non dans les prévisions de l'art. 19 ; en pareil cas, c'est, en effet, à l'autorité chargée d'autoriser l'acceptation que le législateur a confié le soin de statuer sur le caractère de bienfaisance de la libéralité, sauf, bien entendu, aux collectivités gratifiées à se pourvoir contre la décision qu'elles jugeraient leur faire grief, dans la forme ordinaire des recours ouverts contre les actes de l'autorité administrative ;

De sorte, comme le fait remarquer justement M. Evariste Lepage (*Revue du Not.*, n° 10717, 45°), qu'une question d'interprétation testamentaire peut ainsi, à l'occasion, se trouver résolue par voie administrative. Cpr. Seine, 4 mai 1906.

Néanmoins il faut que le caractère de bienfaisance résulte expressément ou implicitement du testament lui-même, les héritiers ou les légataires ne sauraient lui donner ce caractère en modifiant le but que s'était proposé le testateur. — V. Seine, 4 mai 1906 ; Cass., Req., 25 nov. 1907.

1525. D'après la Régie, il lui appartient, au contraire, sous le contrôle des tribunaux de l'ordre judiciaire, seuls compétents, à défaut de dispositions spéciales, pour statuer sur l'application des droits d'enregistrement, d'apprécier si la libéralité a ou non une affectation de bienfaisance, lorsqu'il n'y a pas lieu à autorisation. —V. I. G., 3058; Circ. min. int.,22 oct. 1901 ;

L'Administration se fait ainsi juge et partie dans sa propre cause ; cela nous semble contraire, non seulement aux principes généraux, mais à l'esprit de la loi du 25 fév. 1901 ; l'inverse nous paraîtrait à la fois plus juridique et plus équitable, c'est-à-dire caractérisation de la libéralité par son bénéficiaire, sauf recours possible. pour la Régie à l'autorité supérieure. — V. Defrénois, *Rép. gén. prat.*, n° 12593.

1526. Tel est le cas, notamment, en l'absence de réclamation des familles, pour les dons et legs faits aux départements et aux communes, lesquels peuvent être acceptés définitivement, les premiers par le conseil général, les seconds par le conseil municipal (LL. 18 août 1871, art. 46, 5°; 4 févr. 1901, art. 2 et 3). — V. I. G., 3058.

1527. Les établissements publics sont également autorisés à accepter définitivement les dons et legs qui leur sont faits, sans charges, conditions, ni affectation immobilière, quand ils ne donnent pas lieu à des réclamations des familles, sauf en cas de désaccord entre la commune et l'hospice ou le bureau de bienfaisance gratifié, auquel cas il est statué par le préfet (L. 4 fév. 1901, art. 4 et 7).

1528. Au contraire, l'acceptation des libéralités au profit d'établissements d'utilité publique est, dans tous les cas, subordonnée à l'autorisation de l'Administration supérieure ; il en est de même pour l'acceptation des dons et legs fait saux établissements publics du culte, aux congrégations et communautés religieuses autorisées (même loi, art. 5 et 6), ainsi qu'aux sociétés de secours mutuels libres ou simplement approuvées (même loi, art. 6 ; L. 1er avril 1898, art. 15 et 17). — V. I. G., 2958 et 3058.

1529. Il résulte d'ailleurs des explications fournies au cours de la discussion qu'il n'est pas nécessaire, pour l'application du tarif réduit, que l'assistance soit donnée d'une façon absolument gratuite par les établissements de toute nature visés au 1er alinéa (Chambre des députés, 16 nov. 1900 ; *J. O.*, *débats*, p. 2110).

1530. Il y a naturellement présomption que les legs faits aux établissements publics charitables et hospitaliers ainsi qu'aux sociétés de secours mutuels et autres dont les ressources sont affectées à des œuvres d'assistance, ont par eux-mêmes le caractère d'assistance ou de bienfaisance exigé, c'est-à-dire qu'en principe aucune justification n'est requise.

1531. Les sociétés visées au 3e alinéa sont moins favorablement traitées ; le texte exige non seulement qu'elles soient reconnues d'utilité publique, comme les autres sociétés d'assistance, mais de plus : 1° qu'elles soient des sociétés d'instruction et d'éducation populaire et gratuite ; 2° qu'elles soient subventionnées par l'Etat.

1532. Quant à toutes autres sociétés, elles ne sauraient invoquer le tarif réduit, car il est de faveur, et, par conséquent, non susceptible d'extension.

1533. Les préposés de la Régie ont donc à s'assurer et à se faire justifier, le cas échéant, que toutes ces conditions pour bénéficier de ce tarif sont remplies ; la rédaction de l'art. 19 ne permet pas, en effet, d'exiger que cette vérification soit faite par l'autorité compétente pour autoriser l'acceptation de la libéralité. — V. I. G., 3049 et 3058.

1534. Question transitoire, qui, presque certainement, ne se posera plus : la loi du 25 févr. 1901 n'ayant pas eu d'effet rétroactif, les libéralités susceptibles d'autorisation administrative, notamment au profit d'un hospice, qui avaient été dûment acceptées provisoirement avant son entrée en vigueur, n'ont donné lieu ensuite qu'à la perception de l'ancien tarif, lorsque l'autorisation et l'acceptation définitive sont intervenues ; car, sous la seule condition d'une autorisation postérieure, l'acceptation provisoire opère *hic et nunc* la transmission des biens donnés ou légués (L. 7 août 1861, art. 11). — V. Déc. min. Fin., 22 juin 1901 ; I. G., 3067, § 6 et 3080, § 20.

1535. *Legs de eo quod supererit* ou *de residuo*. — Droit d'après le tarif en vigueur lors du décès du testateur, suivant le degré de parenté du bénéficiaire avec lui, et sur la valeur des biens à cette époque ;

Sur le montant duquel s'impute ce qui a déjà été payé par le premier légataire, parce que les deux mutations se confondent en une seule, à raison de la condition résolutoire qui affectait la première, et de la condition suspensive apposée à la seconde. — V. Dict. réd., v° *Subst.*, n° 144 ; Garnier, *eod.* v°, n°s 155, 160 ; Maguéro, *eod.*, v°, n° 231 ; E. Naquet, n° 864 ; Cass.,1er juill. 1868(S.,69. 1. 230) ; Les Sables-d'Olonne, 19 oct. 1897 ; Seine, 7 déc. 1901 ; Les Sables-d'Olonne, 5 août 1907 ; Cpr. Bourganeuf, 14 avril 1859 ; Foix, 7 mars 1867 ; Arcis-sur-Aube, 8 juill. 1875 ; Huc, t. VI, n° 22 ; Baudry-Lacantinerie et Colin, t. II, n° 3104 ;

1536. *Majorat.* Les biens transmis à titre de majorat sont assujettis à un droit de mutation par décès qui est toujours celui en ligne directe, même si l'appelé n'est pas un descendant du défunt (D. 24 juin 1808, art. 6 ; L. 7 mai 1849, art. 7). — V. G. Demante, *op. cit.*, n° 744 ; Dict. réd., v° *Majorat*, n° 47 ; Garnier, *eod.* v°, n°s 49 et 53 ; Maguéro, *eod.* v°, n° 9 ; Lettre min. Fin., 4 mars 1882 ; Dél. 6 déc. 1831 ; Sol., 10 févr. et 2 juill. 1872 ;

La pension attribuée à la veuve sur un majorat de biens particuliers doit acquitter le droit aux taux entre époux. — V. Dict. réd., v° *Majorat*, n° 48 ; Garnier, v° *Majorat*, n° 50 ; Villefranche, 11 août 1880 ; Toulouse, 30 déc. 1880 ; *Contrà* : Seine, 29 nov. 1862.

Pour un majorat de propre mouvement, la pension n'était soumise qu'aux droits en ligne directe (D. 24 juin 1808, art. 6). — V. Seine, 29 nov. 1862 ; V. la loi du 22 avril 1905, art. 30, qui a ordonné le rachat d'office des majorats de propre mouvement et des dotations.

1537. *Mari.* — V. Epoux ;

1538. *Mère ;*

1539. La mère adoptive n'étant jamais appelée en cette qualité à la succession de l'adopté, est traitée comme non-parente sur les legs à elle faits par celui-ci. — V. Dict. réd., v° *Adoption,* n° 24 ;

Mais, succédant, par droit de retour, aux biens qu'elle à donnés, dans le cas prévu par les art. 351 et s. C. civ., elle paye le droit aux taux seulement de la ligne directe. — V. Dict. réd., v° *Adoption,* n°s 25, 26 et *Retour,* n° 83 ; Garnier, v° *Adoption,* n° 70 ; Déc. min. Fin., 29 déc. 1807.

1540. La mère naturelle ne paye également qu'à ces taux. — V. G. Demante, *op. cit.,* II, n° 653 ; Dict. réd., v° *Succ.,* n° 1019 ; Garnier, v° *Enfant,* n° 173-1 ; Maguéro, v° *Succ.,* n° 689 ; I. G., 239 et 1796, § 15 ; Sol., 19 juin 1874 ;

1541. *Neveu ;*

1542. Jugé que le neveu naturel, institué légataire par un frère ou une sœur de son père ou de sa mère, paye comme non-parent. — V. Dict. réd., v° *Succ.,* n° 1013 ; Garnier, v° *Enfant,* n° 170 ; Maguéro, v° *Succ.,* n° 588 ; Belfort, 20 janv. 1875 ; Bourg, 5 déc. 1878 ; Montluçon, 27 juill. 1888 ; Sol., 30 sept. 1873, 7 juin 1875 et 30 mai 1877 ;

Mais venant en vertu de l'art. 766 C. civ., les taux ne sont que ceux du tarif pour les neveux. — V. G. Demante, *op. cit.,* II, n° 653.

1543. *Nièce ;*

1544. Même observation que précédemment pour la nièce naturelle.

1545. *Non-parent ;*

On a vu que la loi de 1901, pour la quotité des droits, ne considère plus comme des parents ceux au delà du 6° degré ; c'est un premier pas vers la restriction, tant de fois demandée, du degré successible *ab intestat ;*

1546. Aux non-parents, il faut encore assimiler les personnes morales : communes, départements, établissements publics et d'utilité publique (L. 18 avril 1831, art 17) ;

A moins qu'il ne s'agisse de legs d'assistance et de bienfaisance, comme on l'a vu plus haut ;

1547. Rappelons ici, en tant que de besoin, que le conjoint survivant et l'enfant naturel reconnu ne sont plus jamais compris dans les non-parents ;

1548. *Oncle ;*

Rien de particulier à signaler ;

1549. *Parent adoptif ;*

V. Enfant. Mère. Père. Petit-enfant.

L'adopté est juridiquement un étranger pour les parents de l'adoptant (C. civ., art. 350).

1550. *Parent naturel ;*

V. à la suite du nom des divers parents légitimes ;

1551. *Parents d'une ligne,* venant à défaut de parents au degré successible dans l'autre ligne ;

Tarif, à leurs propres taux.

1552. *Père ;*

1553. Le père adoptif n'étant jamais appelé en cette qualité à la succession de l'adopté, est traité comme non-parent sur les legs à lui faits par celui-ci. — V. Dict. réd., v° *Adoption,* n° 24 ;

1554. Mais, succédant, par droit de retour, aux biens qu'il a donnés, dans le cas prévu par les art. 351 et s. C. civ., il paye le droit aux taux seulement de la ligne directe. — V. Dict. réd., v° *Adoption,* n°s 25, 26 et *Retour,* n° 83 ; Garnier, v° *Adoption,* n° 70 ; Déc. min. Fin., 29 déc. 1807.

1555. Le père naturel ne paye également qu'ainsi. — V. G. Demante, *op. cit.,* II, n° 653 ; Dict. réd., v° *Succ.,* n° 1019 ; Garnier, v° *Enfant,* n°s 173-1 ; Maguéro, v° *Succ.,* n° 689 ; I. G., 239 et 1796, § 15 ; Sol., 19 juin 1874 ;

1556. *Personne morale.* — V. Etablissement public ou d'utilité publique. Etat. Legs d'assistance et de bienfaisance. Non-parent ;

1557. *Petit-cousin, petite-cousine.* — V. Cousins ;

1558. *Petit-enfant* (petit-fils, petite-fille). un seul droit aux taux de la ligne directe ;

1559. De même, lorsque la succession d'un adoptant se trouve dévolue à des enfants de l'adopté. — V. Dict. réd., v° *Adoption,* n° 22 ; Garnier, v° *Succ.,* n° 465-5 ; Cass., 2 déc. 1822 et 10 nov. 1869.

1560. Le petit-enfant naturel, c'est-à-dire l'enfant légitime d'un enfant naturel, appelé à la succession de son aïeul ou de son aïeule naturels par l'art. 761, C. civ., n'est plus passible que du droit en ligne directe, comme l'enfant naturel qu'il représente. — V. Dict. réd., v° *Succ.,* n° 1014 ; Sol., 27 sept. 1843, 16 juill. 1847 ; I. G., 1796, § 15.

De même, à notre avis, lorsqu'il est institué par eux légataire. — Cpr. I. G. précitée ;

1561. *Petit-neveu*

Pour le petit-neveu naturel, V. n° 1542 ci-dessus ;

1562. *Petite-nièce ;*

Pour la petite-nièce naturelle, appliquez également le n° 1542 ;

1563. *Société d'assistance et de bienfaisance, d'instruction et d'éducation populaires, de patronage de libérés, de sauvetage, et de secours mutuels,* taux des personnes non-parentes. — V. Saint-Dié, 24 avril 1863 ;

A moins que les legs ne présentent le caractère d'assistance et de bienfaisance, selon ce qui a été dit plus haut. — V. Legs d'assistance et de bienfaisance.

1564. *Sœur ;*

1565. A l'égard des immeubles qui seraient l'objet d'une substitution, même observation que pour le frère ;

1566. La sœur légitime ou naturelle succédant à son frère ou à sa sœur naturels, en vertu de l'art. 766 C. civ., paye aux taux des frères et sœurs. — V. ci-dessus n° 1514.

Il nous semble que c'est le même tarif, et non celui entre étrangers, qui est applicable aux legs qui seraient faits par un frère ou une sœur légitimes à sa sœur naturelle, ou réciproquement. — V. ci-dessus, n° 1514 ;

1567. L'enfant de l'adoptant ne supporte également que le droit de mutation aux taux des frères et sœurs, et non entre étrangers, sur les biens donnés par celui-ci à son frère ou à sa sœur adoptifs et qu'il recueille en vertu de l'art. 351, C. civ. — V. G. Demante, *op. cit.*, II, n° 742 ; Cass., 28 déc. 1829 ; Dél., 6 févr. 1827 ; I. G., 1307, § 11 ;

1568. *Substitutions.* — V. Appelé ; Grevé, etc.

1569. *Tante ;*

Rien de particulier à faire observer ;

1570. *Trisaïeul, trisaïeule,* un seul droit aux taux de la ligne directe ;

1571. Quelques observations sont encore nécessaires :

1572. Les divers taux susindiqués s'appliquent aux assurances sur la vie comme à toutes autres valeurs de la succession. — V. Seine, 29 mars 1878 ; Lannion, 19 avril 1887.

1573. Sur les sommes dont la Régie admet la déduction, parce que leurs bénéficiaires en supportent et acquittent personnellement le droit de mutation, ce droit est payé d'après le degré de parenté de ceux-ci avec le testateur, — V. Cass., 27 mai 1807, 12 avril et 8 sept. 1808 ; Av. C. d'Et., 2 sept. 1808.

CHAPITRE II

Décompte de la somme à payer.

1574. Les droits de mutation par décès de biens meubles ou immeubles sont liquidés distinctement sur la part nette recueillie par chaque ayant droit, c'est-à-dire sur l'émolument net lui revenant dans l'ensemble de la succession ; chaque part est fractionnée en tranches, chaque tranche est soumise au droit particulier qui lui correspond, et la perception a lieu d'après le tarif porté au tableau que nous avons donné *supra*, n° 1466 (L. 25 févr. 1901, art. 2). — V. I. G. 3049.

Le tout, comme nous l'avons déjà dit aussi, sans décimes (même art. 2).

1575. On doit, bien entendu, tenir compte des valeurs précédemment taxées pour liquider les droits qui sont ultérieurement reconnus exigibles, par suite de tout fait (omission, biens rentrés dans l'hérédité, etc.), ayant pour résultat d'augmenter la part de chaque ayant droit. Ainsi, en prenant pour exemple une succession, recueillie par deux enfants, dont les valeurs nettes, d'après la déclaration, se sont élevées à 100.000 fr., la part de chaque enfant a été taxée à raison de 1 0/0 sur 2.000 fr., de 1 fr. 25 0/0 sur 8.000 fr., et de 1 fr. 50 0/0 sur 40.000 fr. ; s'il est reconnu qu'une valeur de 2.000 fr. a été omise dans la déclaration, la part de chaque enfant sera accrue de 1.000 fr. et les droits simples en sus exigibles sur cette valeur seront liquidés au taux de 1 fr. 75 0/0. — V. I. G., 3058 ;

1576. La somme comprise dans la dernière tranche imposable continue, le cas échéant, d'être arrondie, pour la perception, de 20 fr. en 20 fr., conformément à l'art. 2, L. 27 vent. an IX, lequel dispose que la perception des droits proportionnels suit les sommes et valeurs de 20 fr. en 20 fr., inclusivement et sans fractions.

Toutefois, il n'en est ainsi que pour les parts héréditaires qui excèdent 500 fr. ; au-dessous, les sommes ne sont arrondies que de franc en franc (L. 30 mars 1902, art. 11) ;

Bien qu'il ne s'agisse que d'un mode de liquidation d'une perception, la Régie s'est refusée à l'appliquer aux déclarations concernant les décès antérieurs à cette loi. — V. I. G., 3083 ; *Contrà* : Defrénois, *Rép. gén. prat.*, n° 12445.

1577. Il ne peut être perçu moins de 0 fr. 25 sur une même déclaration de succession, c'est-à-dire souscrite par des déclarants solidaires (Même loi, art. 3) ;

Quel que soit d'ailleurs le nombre des parts héréditaires.

1578. Lorsqu'une fraction de somme ne produit pas un centime de droit, le centime entier est dû (L. 22 frim. an VII, art. 5).

1579. Lorsqu'un époux survivant, donataire ou légataire de son conjoint au delà de la quotité disponible, déclare réduire sa donation ou son legs soit à l'usufruit de la moitié des biens, soit à un quart en pleine propriété et à un autre quart en usufruit, le receveur doit liquider en conséquence de cette déclaration, sauf à la Régie à prouver qu'il y a fraude. — V. Garnier, v° *Succ.*, n° 1317-3 ; Laval, 14 mai 1832 ; Cass., 10 juill. 1860 ; (S., 60. 1. 905) ; Dél., 28 déc. 1832 ; I. G., 1437, § 10, 2185, § 7 ;

1580. — Plus généralement, le receveur ne peut se refuser à réduire une libéralité excessive, contrairement à la demande des déclarants, quoique la réduction ne s'opère pas de plein droit. — V. Dict. réd., v° *Succ.*, n° 2080 ; Garnier, *eod.* v°, n° 1317 ; Laval, 14 mai 1832 ; Seine, 20 juill. 1841 ; Cass., 10 juill. 1860 ; Dél., 18 nov. 1833 ; I. G., 1451, § 5 ; *Contrà* : Tours, 22 juill. 1892 ;

Surtout si la réduction est déjà constatée par un acte public. — V. Sol., 27 juin 1872 ;

1581. Le déclarant a toujours, suivant nous, mais nous sommes seul de cet avis, le droit de faire consigner ses réserves contre la perception opérée. — V. *Contrà* : Dict. réd., v° *Succ.*, n° 2062 ; Garnier, *eod.* v°, n° 1316 ; Cass., 21 août 1861 (S. 62. 1. 15) ; Bourg. 16 janv. 1872 ; I. G., 1875-6, 2223, § 5.

CHAPITRE III

Paiement.

1582. Le droit de mutation par décès est payé par ceux qui en sont débiteurs, d'après ce qui a été expliqué ci-dessus (L. 22 frim. an VII, art. 32).

1583. En cas de dévolution ou d'accroissement par suite de renonciation effectuée postérieurement à une déclaration déjà faite, les sommes versées sont imputables sur ce qui est dû par les nouveaux ayants droit, sauf à eux à parfaire, si leur propre tarif est plus élevé. — V. Pontoise, 31 déc. 1873 (S., 74. 2. 257 ; D., 74. 5. 210) ; Versailles, 17 déc. 1878.

1584. Les cohéritiers, mais les cohéritiers *stricto sensu* seulement, sont solidaires (Même art. 32, L. 22 frim. an VII).

1585. Lorsqu'un nouveau droit est dû à raison d'une réversibilité de rente viagère ou d'usufruit, on ne peut prétendre imputer sur son montant le droit précédemment payé. — V. Saint-Gaudens, 24 juin 1884 ; Cognac, 10 mai 1886 ; Angoulême, 14 août 1888 ; Béziers, 14 mai 1904 ; Sol., 23 juin 1880 ;

1586. Le receveur est tenu de délivrer une quittance de la somme qui lui a été versée ; sur cette quittance, si les droits acquittés dépassent 10 fr., on appose un timbre mobile de 25 centimes, que les parties doivent payer (L. 8 juill. 1865, art. 4 ; D., 10 janv. 1898, art. 2) ;

1587. « Au moment du dépôt des déclarations, porte, en effet, l'art. 2, D., 10 janv. 1898 précité, le receveur est tenu de délivrer aux déposants une quittance des droits perçus, datée et signée. Cette quittance est extraite d'un registre à souche qui est arrêté jour par jour, à la clôture du bureau, par le receveur. »

Afin d'assurer l'exécution de cette disposition il a été créé, sous la dénomination de *registre à souche pour l'enregistrement des déclarations de mutation par décès et de la délivrance des quittances*, un registre spécial qui sert en même temps de registre de recette.

Chaque feuillet du nouveau registre comprend au recto, deux formules d'enregistrement en recette, avec quittances correspondantes.

Un cadre spécial a été dressé en vue de permettre la totalisation des sommes perçues, dont le montant doit être inscrit sur la quittance : en toutes lettres, au recto, quant au total ; en chiffres et en détail, au verso, pour les différentes perceptions effectuées — I. G., 2954, § 7, 2996, § 1er, 3136, § 4 ; Circ. Dir. gén. 14 sept. 1906.

1588. Les quittances constatant le payement de sommes réclamées pour supplément de droits de mutation par décès dont la perception a été antérieurement entamée doivent bénéficier de l'exemption du timbre, que la quittance primitive soit représentée ou non par les intéressés, si d'une part il s'agit d'une somme versée pour compléter une perception dont l'insuffisance est due à une faute de l'agent de recouvrement et si, d'autre part, la quittance primitive a elle-même été timbrée ou bien encore si le montant du versement nouveau ajouté au total du premier payement ne forme pas une somme supérieure à dix francs. — V. I. G., 1er mai 1905, n° 3167, § 15.

1589. Les duplicata de quittances ne sont pas détachés du registre à souche ; ils sont délivrés sur une feuille volante. La délivrance en est mentionnée sur la souche de la quittance primitive. — V. I. G., 2954.

Ces duplicata que les parties peuvent demander, même après la déclaration, sont entièrement gratuits ; le receveur ne peut absolument réclamer que le prix du timbre à 0 fr. 25 cent, apposable si la quittance dont duplicata excède 10 fr. — V. Sol., 2 avril 1874.

1590. Il est encore obligé, si des valeurs nominatives (actions, obligations, rentes sur l'État, etc.) figurent dans la déclaration, de délivrer gratuitement les certificats constatant l'acquit du droit de mutation, nécessaires pour en obtenir le transfert. (LL. 8 juill. 1852, art. 25 ; 25 févr. 1901, art. 15). — V. Garnier, Rép., v° *Certif.*, n° 127 ; I. G., 1933 et 1935 ;

Même par duplicata. — V. Sol., 2 avril 1876;

Et la déclaration fût-elle pour ordre seulement, parce qu'elle est négative ou que le droit de mutation qui aurait été à payer est prescrit — V. Sol., 12 mai 1900.

SECTION XII

Sanctions.

1591. Afin d'assurer la rentrée du droit de mutation par décès, certaines mesures sont d'abord organisées pour que la Régie soit prévenue du fait même de la mutation, en dehors des déclarations auxquelles sont assujettis les débiteurs du droit, trop intéressés à la lui laisser ignorer.

1592. D'autre part, des peines sont établies pour réprimer soit l'absence complète de déclaration, soit les déclarations inexactes ou insuffisantes ; enfin, la loi donne à la Régie certains moyens de contrôle et de coercition (LL. 22 frim. an VII, 18 mai 1850 et 23 juin 1857). — V. Seine, 6 août 1845 ; Cass., 24 mars 1846, 29 févr. 1860 et 10 févr. 1864.

1593. L'Administration n'a, d'ailleurs, aucunement le devoir d'avertir en temps utile les héritiers, donataires et légataires qu'ils ont une déclaration à faire.

CHAPITRE PREMIER

Mesures de surveillance et de contrôle.

1594. Les lois des 22 frim. an VII, art. 55 ; 16 juin 1824, art. 10 ; 25 févr. 1901, art. 3, 11, 12, 15 et 17, contiennent un certain nombre de dispositions accessoires ayant pour objet, soit de parer à l'abstention de déclaration, soit d'assurer plus exactement la perception des droits de mutation par décès sur la valeur réelle des biens transmis, soit enfin de faciliter le contrôle des déclarations. — V. I. G., 3049 et 3058.

1595. Les secrétaires des mairies sont tenus sous peine d'amende, de fournir par trimestre en janvier, avril, juillet et octobre de chaque année, aux receveurs de l'enregistrement les relevés , par eux certifiés, des actes de décès figurant sur les registres de l'état civil (LL. 22 frim. an VII, art. 55 ; 27 vent. an IX, art. 6 ; 16 juin 1824, art. 10). — I. G., 70. — V., pour plus de détails, E. Naquet, *op. cit.*, II, n° 856;

1596. De leur côté, les receveurs de l'enregistrement doivent comprendre, dans leurs renvois à d'autres bureaux, les extraits des relevés de décès relatifs aux personnes décédées dans un autre arrondissement de bureau que celui de leur résidence ou de la situation de leurs biens. — V. I. G., 290, 1318 et 3058.

L'I. G., 2505, § 2, a supprimé le renvoi des décès au lieu de la naissance.

1597. A l'aide des renseignements ainsi obtenus, les décès sont inscrits sur la table des successions, tant par le receveur du bureau du domicile du défunt, lors de la déclaration, que par le receveur du bureau de la situation des biens immobiliers, lors de la réception de la formule contenant le détail des immeubles situés dans la circonscription de son bureau. — V. I. G., 3058.

Ce qui permet à l'Administration de contrôler si toutes les déclarations à faire ont bien été passées.

1598. Voilà pour les décès en France ; quant aux successions de personnes domiciliées et décédées hors de France, la pluralité des bureaux où ces successions peuvent être déclarées a nécessité une organisation particulière du contrôle.

Les mesures suivantes ont été arrêtées à cet effet par l'I. G., 3058 :

« Tous les receveurs sans exception feront au contrôle central à Paris le renvoi, dans la forme ordinaire, de l'enregistrement des actes révélant l'existence de valeurs mobilières ou immobilières dépendant de la succession, *non déclarée à leur bureau*, de toute personne domiciliée et décédée hors de France, que le délai légal pour souscrire cette déclaration soit expiré ou non.

« En outre, les receveurs des dix bureaux spécialement désignés pour recevoir les déclarations de l'espèce adresseront au contrôle central à Paris, par l'intermédiaire du directeur, dans les trois jours de chaque déclaration, un bulletin faisant connaître les nom, prénoms et nationalité du défunt dont la succession aura été déclarée à leur bureau, ainsi que la date et le numéro de la déclaration. Ils donneront de la même manière avis au contrôle central des décisions portant prorogation de délai avec indication du bureau choisi pour recevoir la déclaration, et ce sans préjudice de l'envoi ultérieur du bulletin relatif à la déclaration elle-même. Les receveurs utiliseront à cet effet l'imprimé en usage pour les renvois de renseignements (n° 135 de la nomenclature). Ils mentionneront l'envoi du bulletin en marge de la déclaration ou de l'article ouvert en cas de prorogation de délai, au sommier des découvertes.

« Les bordereaux, fournis par les sociétés et personnes désignées dans l'art. 15 de la loi du 25 février 1901, des titres, sommes et valeurs dépendant de la succession de personnes domiciliées et décédées hors de France seront transmis par les directeurs au contrôle central dans les liasses mensuelles des renvois (I. G., 3051).

« Au vu de ces divers documents, le contrôle central constituera une table alphabétique générale des successions des personnes domiciliées et décédées hors de France.

« Cette table, qui permettra de retrouver la date de la déclaration et le nom du bureau qui l'aura reçue, fournira au contrôle central les indications nécessaires pour donner la direction convenable aux renvois provenant de tous les départements.

« Elle sera tenue dans la même forme que la table des successions et sur un registre du même modèle (n° 62 de la nomenclature).

« Les neuf premières colonnes seront remplies conformément aux indications de l'imprimé, au fur et à mesure que les divers documents dont le renvoi est prescrit porteront à la connaissance du contrôle central le nom d'une personne domicilié et décédée hors de France, et dont la succession présentera un actif français apparent.

« Il conviendra seulement de laisser entre les inscriptions un espace suffisant pour les annotations prévues ci-après.

« La colonne 10 sera réservée à la mention sommaire des renvois et documents parvenus avant que le contrôle soit à même de déterminer le bureau auquel ils devront être expédiés.

« Dans la colonne 11, on mentionnera, indépendamment de la date et du numéro de la déclaration, le nom du bureau où elle aura été souscrite. Cette colonne sera remplie au fur et à mesure que les renseignements à y inscrire parviendront au contrôle central.

« La colonne 12, dont le titre sera modifié à la main, servira à inscrire, au moment même où le décès sera porté à la table, la date à laquelle expirera le délai que la loi accorde aux héritiers ou légataires pour souscrire la déclaration.

« La colonne 13 sera utilisée pour l'inscription du nom du bureau où auront été transmis les documents mentionnés dans la colonne 10, ainsi que la date de cet envoi.

« Les renvois de toute nature, reçus au contrôle central après l'avis de la déclaration de succession ou de la décision fixant le bureau auquel les droits devront être versés, seront transmis au bureau compétent avec les autres renvois mensuels. Il sera inutile, dans ce cas, d'annoter la table de ces divers documents.

« Mais, si des renvois parviennent au contrôle central avant l'avis de la déclaration ou de la décision prorogeant le délai, il conviendra de mentionner, dans la colonne 10, pour chacun de ces documents le bureau expéditeur (localité et département), ainsi que la date et la nature du renvoi reçu. Provisoirement classés dans une chemise spéciale établie au nom du défunt, ces documents seront dirigés sur le bureau compétent, dès que ce dernier sera connu, et seront compris dans le plus prochain envoi de renvois mensuels qui suivra la réception au contrôle central de l'avis, soit de la déclaration, soit de la décision fixant le bureau où cette déclaration sera souscrite.

« Si, à l'expiration du délai légal, aucun avis de ce genre n'est parvenu au contrôle central, les renvois et documents provisoirement conservés seront envoyés, dans les mêmes conditions, au 1er bureau des successions de Paris, devenu seul compétent pour poursuivre le recouvrement des droits exigibles et recevoir la déclaration. Il conviendra, dans ce but, de reviser la table tous les mois.

« Les bulletins d'avis des déclarations et des décisions de prorogation de délai seront conservés au contrôle central après avoir été classés par ordre alphabétique et émargés du folio et du numéro de la table des décès. »

COMMUNICATION DES LIVRES DE COMMERCE

1599. On a vu que l'art. 3, L. 25 fév. 1901, autorise les agents du service du contrôle à prendre une fois, pendant les deux années qui suivent la déclaration et sans déplacement, communication des livres de commerce du défunt, lorsque des dettes commerciales ont été déduites pour la perception.

1600. Les conditions dans lesquelles ce droit de communication doit être exercé ont été indiquées plus haut; nous ne pouvons qu'y renvoyer. — V. nos 1227 et s., 1296 et s. ;

RENSEIGNEMENTS A PUISER DANS LES LIVRES
ET TITRES COMMUNIQUÉS

1601. Par une juste réciprocité, dit l'Instr. gén., 3058, la loi a accordé à l'Administration le droit de se prévaloir, pour établir la consistance de l'actif héréditaire, des indications résultant des titres et en particulier des livres de commerce invoqués par les redevables pour justifier l'existence du passif dont ils réclament la déduction. (Rapport Monestier au Sénat, 31 déc. 1900. *J. O., doc. parl.*, p. 977; Sénat, 22 janv. 1901, *J. O., débats*, p. 77.)

Ledit art. 3 dispose, à cet effet, que « l'Administration aura le droit de puiser dans les titres ou livres produits les renseignements permettant de contrôler la sincérité de l'actif dépendant de la succession ».

1602. Les receveurs ont donc le devoir d'examiner à ce point de vue les titres produits, et, en particulier, les livres de commerce qui leur sont représentés soit spontanément, soit sur leur demande, et de porter notamment leur attention sur le livre-journal et plus particulièrement sur le livre des inventaires qui présente annuellement le résumé de la situation active et passive du commerçant. S'il leur semble que la consistance de l'actif déclaré est incomplète ou atténuée, ils doivent avoir le soin de prendre, d'une façon précise, les renseignements de nature à justifier une réclamation ultérieure, à moins que les héritiers consentent à rectifier séance tenante leur déclaration. — V. I. G., 3058 ;

1603. Les employés supérieurs sont tenus, de leur côté, d'utiliser, pour le contrôle de la sincérité de l'actif déclaré, la communication des livres de commerce qu'ils sont autorisés à requérir, postérieurement à la déclaration, dans les conditions qui ont été spécifiées. — V. I. G., 3058.

1604. Le texte de l'art. 3 ajoute qu'en cas d'instance, la production des titres ou livres ne peut être refusée.

Cette disposition a spécialement pour objet d'obliger les héritiers ou légataires à représenter en justice les livres de commerce du défunt en dehors des cas prévus limitativement par l'art. 14, C. comm. — V. I G., 3058.

CERTIFICATS D'ACQUIT DES DROITS

1605. L'art. 15, L. 25 fév. 1901, modifie l'art. 25, L. 8 juill. 1852, relatif au transfert ou à la mutation des inscriptions de rentes sur l'Etat, provenant de titulaires décédés ou déclarés absents, — de la manière suivante :

« Le transfert ou la mutation au grand-livre de la dette publique d'une inscription de rentes provenant de titulaires décédés ou déclarés absents ne pourra être effectué que sur la présentation d'un certificat délivré sans frais par le receveur de l'enregistrement, constatant l'acquittement du droit de mutation par décès. — Il en sera de même pour les transferts ou conversions de titres nominatifs des sociétés, départements, communes et établissements publics. »

1606. Ce texte étend ainsi aux transferts ou conversions de titres nominatifs des sociétés, départements, communes et établissements publics une prescription qui résultait déjà dudit art. 25 pour les transferts ou mutations de rentes sur l'Etat ; il ne reproduit pas toutefois les parties de cette disposition qui exigeaient que le certificat délivré par le receveur fût visé par le directeur et que, dans les départements autres que celui de la Seine, la signature de ce chef de service fût légalisée par le préfet ; cette double formalité cesse donc d'être requise pour les certificats se rapportant à des inscriptions au grand-livre de la dette publique et n'a pas à l'être pour les certificats relatifs aux titres des sociétés, départements,

communes et établissements publics ; sous
cette réserve, les receveurs doivent se conformer pour la rédaction et la délivrance des
certificats dont il s'agit, aux dispositions des
I. G., 1933 et 2508, § 6, et avoir soin d'apposer
sur ces certificats, à côté de leur signature,
l'empreinte de la griffe du bureau (I. G., 2260).
— V. I. G., 3051.

1607. On remarquera que le texte est général et ne comprend pas seulement les transferts individuels qui sont opérés au nom de
personnes désignées nominativement, mais
encore les transferts collectifs, qui sont effectués au nom « des héritiers de », ou « de la
succession de », sans désignation individuelle.
— V. I. G., 3051.

1608. Le certificat est indispensable même
à défaut d'exigibilité d'aucun droit de mutation ;
si le fait se produit parce que le décès a eu
lieu hors de France, il faut, pour obtenir ce
certificat, passer une déclaration pour ordre à
l'un des bureaux désignés. — V. Sol., 29 mars
1902. — V. également ci-après :

ᴏʙʟɪɢᴀᴛɪᴏɴꜱ ᴅᴇꜱ ᴀɢᴇɴᴛꜱ ᴅ'ᴀꜰꜰᴀɪʀᴇꜱ, ᴀɢᴇɴᴛꜱ ᴅᴇ
ᴄʜᴀɴɢᴇ, ʙᴀɴQᴜɪᴇʀꜱ, ᴄʜᴀɴɢᴇᴜʀꜱ, ᴄᴏᴍᴘᴀɢɴɪᴇꜱ,
ᴇꜱᴄᴏᴍᴘᴛᴇᴜʀꜱ, Éᴛᴀʙʟɪꜱꜱᴇᴍᴇɴᴛꜱ ᴅᴇ ᴄʀÉᴅɪᴛ, ᴏꜰꜰɪ-
ᴄɪᴇʀꜱ ᴘᴜʙʟɪᴄꜱ ᴏᴜ ᴍɪɴɪꜱᴛÉʀɪᴇʟꜱ, ꜱᴏᴄɪÉᴛÉꜱ, ᴇᴛᴄ.,
— Qᴜɪ ꜱᴇ ᴛʀᴏᴜᴠᴇɴᴛ ᴅÉʙɪᴛᴇᴜʀꜱ, ᴅÉᴘᴏꜱɪᴛᴀɪʀᴇꜱ
ᴏᴜ ᴅÉᴛᴇɴᴛᴇᴜʀꜱ ᴅᴇ ꜱᴏᴍᴍᴇꜱ ᴏᴜ ᴛɪᴛʀᴇꜱ ᴇᴛ ᴠᴀʟᴇᴜʀꜱ
ᴇɴᴠᴇʀꜱ ᴜɴᴇ ᴘᴇʀꜱᴏɴɴᴇ ᴅÉᴄÉᴅÉᴇ.

1609. Aux termes du même art. 15, §§ 3 et 4,
L. 25 févr. 1901 :

« Les sociétés ou compagnies, agents de
change, changeurs, banquiers, escompteurs,
officiers publics ou ministériels, ou agents
d'affaires qui seraient dépositaires, détenteurs
ou débiteurs de titres, sommes ou valeurs
dépendant d'une succession qu'ils sauraient
ouverte devront adresser, soit avant le payement, la remise ou le transfert, soit dans la
quinzaine qui suivra ces opérations, au directeur de l'enregistrement du département de
leur résidence la liste de ces titres, sommes
ou valeurs. Il en sera donné récépissé. — Ces
listes seront établies sur des formules imprimées, délivrées sans frais par l'Administration
de l'enregistrement. »

1610. Sans que le principe de la non-
rétroactivité en soit enfreint, ces obligations
s'appliquent à toutes les opérations spécifiées
par le texte et accomplies par les collectivités
ou personnes y désignées, à partir du jour où
la loi du 25 févr. 1901 est devenue exécutoire,
quelle que soit la date de l'ouverture de la
succession à laquelle elles se rapportent. —
V. I. G., 3049 et 3051.

1611. Constatons d'abord qu'il s'agit exclusivement de titres, sommes ou valeurs au nom
d'un défunt ; la loi est étrangère et par conséquent inapplicable à ce que des héritiers ont
pu faire en leur nom personnel.

1612. Toutes les sociétés quelles qu'elles

soient, sont soumises aux dispositions sus re-
latées, aussi bien les sociétés civiles que les sociétés commerciales, les sociétés de personnes
que les sociétés de capitaux, puisque la loi
n'établit aucune exception. — V. I. G., 3051.

1613. Les coulissiers ne sont pas visés
expressément par le texte, ils n'en sont pas
moins assujettis à la loi comme faisant partie
de la catégorie des personnes désignées sous
le nom de banquiers ou sous celui d'agents
d'affaires (*Rapport Cordelet au Sénat, 9 juill.
1896 ; J. Off. Doc. parl. Sénat,* p. 283 et s.),
— V. I. G., 3051.

1614. De même les commissaires-priseurs,
en leur qualité d'officiers ministériels, à raison des sommes qu'ils détiendraient au compte
d'un défunt, et remises à ses héritiers, mais
non pour les ventes effectuées après décès à
la requête des héritiers eux-mêmes. — V. Sol.,
13 déc. 1902 ; I. G., 3102, § 5. ;

1615. L'obligation est la conséquence nécessaire de la profession du débiteur, du dépositaire ou du détenteur ; elle existe donc quel
que soit le motif du dépôt, de la détention ou
de la dette, et ne vinssent-ils que d'avoir lieu.
— V. Defrénois, *Comment.,* n° 367 ;

Et eussent-ils été constatés par acte authentique. — V. Defrénois, *Rép. gén. prat.,*
n° 12312 ;

1616. Tous les paiements, remises ou
transferts prévus par l'alin. 3 de l'art. 15 de
la loi doivent être portés à la connaissance de
l'Administration dans le délai imparti, sous
peine de l'amende édictée par le dernier §, du
même article. Le mot *transfert* ne doit pas s'entendre ici, comme dans les §§ 1 et 2 de l'art. 15,
du changement d'immatricule d'un titre nominatif ; il désigne l'opération par laquelle le
compte ouvert au nom du défunt est porté au
nom de l'héritier. — V. I. G., 3051.

1617. On a été amené par une interprétation bienveillante à décider que, au lieu de
donner à l'Administration un avis séparé de
chaque paiement effectué à des héritiers d'employés ou de retraités, à titre soit de prorata de salaires ou de traitements, soit d'arrérages de pensions, les sociétés, compagnies,
etc., peuvent, si elles le préfèrent, adresser
dans les quinze premiers jours des mois de
janvier, avril, juillet et octobre une liste comprenant le détail des paiements de l'espèce
effectués au cours du trimestre précédent. —
V. I. G., 3051.

1618. La combinaison des diverses dispositions de l'art. 15 conduit à reconnaître que
les sociétés ou compagnies n'ont pas à fournir
l'avis prescrit par le § 3 pour les opérations
qui sont subordonnées par les §§ 2 et 5 à la
représentation d'un certificat constatant soit
l'acquittement, soit la non-exigibilité de l'impôt de mutation par décès (transfert ou conversion de titres nominatifs, paiement de
sommes, rentes ou émoluments quelconques
dus par les compagnies d'assurances sur la

vie à des bénéficiaires autres que le conjoint survivant ou les successibles en ligne directe), Mais la dépense ne s'applique qu'à l'opération même pour laquelle le certificat est produit. — V. I. G., 3051.

1619. Enfin, il a été entendu, au cours de la discussion, que les établissements de crédit qui mettent en location des coffres-forts n'ont pas à aviser l'Administration du décès du locataire, alors même que les héritiers de celui-ci auraient dû le leur notifier pour être autorisés à ouvrir eux-mêmes le coffre-fort (Chambre des dép., 16 nov. 1900; *J. O.*, *Débats*, p. 2105. — V. I. G., 3051.

1620. L'avis à donner au directeur de l'enregistrement est, d'ailleurs, subordonné par la loi elle-même à la condition que les sociétés, compagnies, agents de change, etc., sachent que les titres, sommes ou valeurs faisant l'objet de la remise, du paiement ou du transfert dépendent d'une succession; la connaissance que le législateur a voulu que ces sociétés ou personnes eussent de l'ouverture de la succession ne saurait résulter ni de la notoriété publique, ni d'une information indirecte, mais seulement du fait que pour obtenir la remise, le paiement ou le transfert des titres, sommes ou valeurs, l'intéressé a dû invoquer sa qualité d'héritier ou se prévaloir du décès. — V. I. G., 3051.

1621. Ainsi, les titres dépendant d'une communauté conjugale et que le mari aurait déposés à son propre nom dans une banque peuvent lui être remis, même après le décès de la femme, sans qu'il y ait lieu d'en informer l'Administration, si cette remise lui est faite sur sa simple décharge et sur la seule justification de son identité, dans l'ignorance légale du décès de la femme et des droits qu'elle pouvait avoir sur les titres. — V. I. G., 3051.

1622. De même lorsque le prix de vente d'un immeuble a été remis au notaire pour être payé par lui aux créanciers inscrits; quoique le vendeur soit décédé avant le payement, du moment que les créanciers ont pu toucher directement, sans l'intervention des héritiers du vendeur, attendu que le décès leur restait absolument étranger, le notaire n'est tenu d'aucune déclaration à la Régie. — V. Defrénois, *Comment.*, nº 362; Garnier, *Comment.*, nº 210; Maguéro, *Suppl.*, vº *Succ.*, nº 432 *bis*;

Une décharge eût-elle été donnée aussitôt après par les héritiers au notaire, car elle ne constitue par une condition du paiement accompli, dont elle n'est qu'une simple suite, un complément non nécessaire. — V. Defrénois. *Rép. gén. prat.*, nº 12312.

1623. A plus forte raison en est-il ainsi de fonds laissés aux mains du notaire pendant l'accomplissement des formalités hypothécaires, relativement à un emprunteur ou à un vendeur, c'est-à-dire malgré le décès intervenu de l'acquéreur ou du prêteur;

1624. De même encore si les valeurs ont été déposées au nom d'une société en nom collectif, l'établissement dépositaire n'a pas à donner avis du retrait opéré postérieurement au décès de l'un des associés, si rien ne lui démontre que la société a cessé d'être propriétaire de ces valeurs. — V. I. G., 3051.

1625. Mais, du moment que les conditions mêmes de la remise, du payement ou du transfert révèlent que les titres, sommes ou valeurs faisant l'objet de l'opération dépendent d'une succession, les sociétés et personnes énumérées au § 3 de l'art. 15 doivent fournir la liste de ces titres, sommes ou valeurs, quels que soient le lieu du décès et la nationalité du défunt. ce qui ne saurait d'ailleurs préjuger la question de l'exigibilité du droit de mutation par décès ; il était évidemment impossible d'imposer aux dépositaires, débiteurs ou détenteurs l'obligation de trancher cette question à leurs risques et périls ; il appartient à l'Administration de la résoudre d'après les principes généraux et les circonstances particulières de chaque affaire. — V. I. G., 3051.

1626. Les sociétés de personnes indiquées au texte n'ont pas à rechercher si elles sont dépositaires, débitrices ou détentrices de titres, sommes ou valeurs autres que ceux faisant l'objet de la remise, du paiement ou du transfert qui leur est actuellement demandé. — V. I. G., 3051.

1627. Lors donc qu'elles ne remettent qu'une partie de ce qu'elles détiennent en fonds ou valeurs, la déclaration peut s'y borner ; mais chaque opération successive engendre pour elles une obligation nouvelle et doit faire l'objet d'un avis particulier. — V. I. G., 3051.

1628. La loi laisse les sociétés, compagnies, agents de change, etc., libres de fournir soit avant la remise, le paiement ou le transfert, soit dans la quinzaine qui suit ces opérations, la liste des titres, sommes et valeurs qu'ils savent dépendre d'une succession.

Pour que le but poursuivi soit atteint, il est indispensable que cette liste permette d'identifier les titres ou valeurs et qu'elle détermine, avec toute la précision possible, la cause du paiement ou la remise des sommes ; en conséquence, elle devrait mentionner outre la nature et le nombre, les numéros des titres. — V. I. G., 3051 ;

Mais, afin d'alléger dans une large mesure la tâche imposée aux sociétés et personnes ci-dessus désignées, l'Administration a décidé de leur accorder la faculté de ne pas porter les numéros des titres sur les listes dressées par elles ; il appartient néanmoins aux agents de réclamer ultérieurement ces numéros dans le cas où ils le jugent nécessaire. — V. I. G., 3056.

1629. Les listes sont dressées sur des formules imprimées, tenues gratuitement à la disposition des intéressés dans les bureaux d'enregistrement.

Les sociétés et compagnies peuvent les faire établir, à leur gré, soit à leur siège social, soit à la succursale ou agence chargée de la remise, du paiement ou du transfert, à la condition bien entendu qu'elles soient signées par un agent qualifié à cet effet.

Elles doivent être adressées par les sociétés ou compagnies au directeur de l'enregistrement du département de leur siège social ou du siège de l'agence qui les a rédigées, et par les agents de change, changeurs, banquiers, etc., au directeur de l'enregistrement du département de leur résidence.

Ce chef de service leur en délivre récépissé ; la formule préparée à cet effet au bas de l'imprimé est complétée par l'indication de la date de la liste.

Toutefois, dans les localités qui ne sont pas le siège d'une direction, il est loisible aux intéressés de faire parvenir les listes au directeur départemental, par l'intermédiaire du receveur de leur canton ayant dans ses attributions la recette des droits de succession, à la condition de faire reprendre les récépissés au bureau de cet agent, auquel le directeur les renvoie dans le plus bref délai. — V. I. G., 3051.

1630. Les listes fournies en exécution du § 3 de l'art. 15 sont comprises par le directeur dans le plus prochain envoi des renvois mensuels, elles font, de la part des receveurs, l'objet des mêmes annotations et rapprochements que les autres renvois relatifs à des successions ; celles de ces listes qui ne peuvent être utilisées au bureau qui les a reçues, notamment parce que le défunt était domicilié dans le ressort d'un autre bureau, sont extraites de la liasse et réexpédiées, conformément aux prescriptions de l'I. G., 2320, § 2, après avoir été émargées des indications de nature à permettre de tirer parti des renseignements qu'elles contiennent.

1631. Au cours de leurs opérations au siège des sociétés ou compagnies et chez les personnes assujetties aux vérifications de l'Administration, les employés supérieurs doivent utiliser les récépissés qui leur seraient représentés pour s'assurer que les prescriptions du § 3 de l'art. 15 L. 25 févr. 1901 ont été exactement remplies. Il a été spécifié, d'ailleurs, au cours de la discussion et des travaux préparatoires (Chambre des dép., 19 nov. 1895, *J. O.*, p. 2428; Rapport Cordelet au Sénat, 9 juill. 1896, *J. O.*, *doc. parl.*, Sénat, p. 283 et s.), que cette disposition n'entraîne aucune extension du droit de communication accordé à l'Administration par les lois en vigueur, ni quant aux personnes assujetties à l'exercice de ce droit, ni quant aux documents dont la représentation peut être requise.

1632. Constatons que si la prescription aux susnommés d'adresser à la Régie une liste des titres et valeurs en leur possession est générale et doit être observée quel que soit le lieu du décès ou la nationalité du défunt, elle n'apporte pour cela aucune modification à la législation antérieure d'après laquelle, d'une part, les valeurs étrangères dépendant de la succession d'un étranger ayant son domicile à l'étranger sont exemptes de tout droit de mutation par décès, et d'autre part, les valeurs françaises dépendant de la succession d'un étranger, domicilié à l'étranger, sont les seules qui soient atteintes par la loi française. — V. Lettre min. Fin., 8 mai 1901.

1633. De plus, les agents d'affaires, agents de change, banquiers, officiers publics ou ministériels, sociétés et autres qui vont être plus complètement énumérés tout à l'heure, ne peuvent se dessaisir des sommes, titres et valeurs dont ils sont débiteurs, dépositaires ou détenteurs, dépendant d'une succession qu'ils sauraient ouverte et dévolus à un ou plusieurs héritiers, légataires ou donataires ayant à l'étranger leur domicile de fait et de droit, alors même qu'il s'agirait du conjoint survivant ou d'un successible en ligne directe, sans se faire remettre un certificat d'acquit du droit de mutation par décès, ou sans conserver les fonds nécessaires au payement de ce droit sur ce qu'ils ont en mains (L. 30 déc. 1903, art. 3).

1634. Faisons observer toutefois qu'aux termes d'une décision ministérielle des Finances du 13 nov. 1905 les prescriptions édictées par l'art. 3 de la loi du 30 déc. 1903 ne sont pas applicables aux successions des sujets russes morts en France dont l'administration et la liquidation appartiennent aux agents consulaires de Russie (Convention du 1er avril 1874. — L. 17 juin 1874). — Inst. Gén., 3185, § 12.

1635. Il reste à signaler quelques particularités relatives aux comptes-joints.

« Les dépositaires, dit l'art. 7 L. 31 mars 1903, devront dans les trois mois au plus tard de l'ouverture d'un compte indivis ou collectif avec solidarité ...... faire connaître au directeur de l'enregistrement du département de leur résidence les nom, prénoms et domicile de chacun des déposants, ainsi que la date de l'ouverture du compte, sous peine d'une amende de 500 francs à 5.000 francs. — Ils devront, de plus, dans la quinzaine de la notification, qui leur sera faite par l'Administration de l'enregistrement, du décès de l'un des déposants et sous la sanction édictée par le dernier alinéa de l'art. 15 L. 25 févr. 1901, adresser au directeur de l'enregistrement de leur résidence la liste des titres, sommes ou valeurs existant, au jour du décès, au crédit des cotitulaires du compte. »

1636. L'I. G. 3117, § 2, sur le fonctionnement du contrôle des comptes-joints, s'exprime ainsi :

L'art. 15, § 3. de la loi du 25 février 1901 a prescrit aux sociétés ou compagnies, agents de change, changeurs, banquiers, escompteurs, officiers publics ou ministériels ou agents d'affaires qui seraient dépositaires, détenteurs ou débiteurs de titres, sommes ou valeurs dépendant d'un succession qu'ils sauraient ouverte, d'adresser, soit avant le payement, la remise ou le transfert, soit dans la quinzaine qui suit ces opérations, au directeur de l'Enregistrement du département de leur résidence, la liste de ces titres, sommes ou valeurs (Inst. n° 3051, p. 5 et suiv.). — Pour éluder les prescriptions de cet article, on a eu recours à la création de comptes indivis ou collectifs avec solidarité, connus plus généralement sous le nom de comptes conjoints. Les stipulations particulières de ces comptes confèrent à chacun des titulaires la faculté de retirer seul et sans l'assistance de son codéposant, la totalité des sommes ou valeurs existant au crédit d'1 compte. En cas de décès de l'un des déposants, la société ou la personne dépositaire pouvait ainsi se dispenser de notifier à l'Administration la nature et l'importance des valeurs inscrites au nom du défunt, puisque le déposant survivant a qualité pour faire fonctionner seul le compte, comme s'il en était intégralement propriétaire, sans avoir à donner connaissance du décès. — L'art. 7 de la loi de finances tend à prévenir les fraudes qui seraient commises à la faveur des comptes conjoints. — Il dispose, en premier lieu, que tous les titres, sommes ou valeurs existants chez les dépositaires désignés au troisième alinéa de l'article 15 de la loi du 25 février 1901 et faisant l'objet de comptes indivis ou collectifs avec solidarité seront considérés, pour la perception des droits de mutation par décès, comme appartenant conjointement aux déposants, et dépendant de la succession de chacun d'eux pour une part virile. La preuve contraire est réservée tant à l'Administration qu'aux redevables pour combattre la présomption de propriétés par parts égales résultant de ce texte. L'Administration est admise, en conséquence, à démontrer par tous les modes de preuves compatibles avec la procédure écrite, que les droits du défunt sont supérieurs à une part virile. Les parties peuvent, de leur côté, établir que le défunt ne possédait qu'une part inférieure ou même qu'il n'avait aucun droit à l'actif déposé; mais d'après les termes formels de l'article 7, cette preuve ne peut être fournie, en ce qui les concerne, qu'au moyen des énonciations mêmes de l'acte de dépôt ou des titres prévus à l'article 7 n° 2, de la loi du 25 février 1901, c'est-à-dire d'actes authentiques ou d'actes sous seing privé ayant acquis date certaine autrement que par le décès d'une des parties contractantes. — Il est bien entendu que les droits de la communauté conjugale, s'il en existe une, sont maintenus en cette matière, comme ils l'ont été en matière d'assurances sur la vie par l'article 6 de la loi du 21 juin 1875 (Inst. n° 2517, § 6). — On ne saurait, d'ailleurs, assimiler à un compte con-

joint le dépôt fait au nom d'une société en nom collectif, à moins qu'il ne soit démontré que les valeurs déposées, au lieu d'appartenir à la société, sont la propriété personnelle des associés (Rappr. Inst, n° 3051). — Pour permettre à l'Administration de surveiller le décès de tous les titulaires des comptes joints, le deuxième alinéa de l'article 7 impose aux dépositaires l'obligation de faire connaître au directeur de l'Enregistrement de leur résidence, « dans les trois mois au plus tard de l'ouverture d'un compte indivis ou collectif avec solidarité, et dans les trois mois de la promulgation de la présente loi pour les comptes de cette nature antérieurement ouverts, les nom, prénoms et domicile de chacun des déposants, ainsi que la date de l'ouverture du compte, sous peine d'une amende de 500 à 5.000 francs. » — Les avis relatifs à l'ouverture d'un compte conjoint devront, conformément aux règles suivies pour les listes prescrites par l'article 15 de la loi du 25 février 1901 (Inst. n° 3051), être adressés par les sociétés ou compagnies au directeur de l'Enregistrement du département de leur siège social ou du siège de l'agence qui les a rédigés, et par les agents de change, changeurs, banquiers, etc., au directeur de l'Enregistrement du département de leur résidence, soit directement, soit dans les localités où il n'existe pas une direction, par l'intermédiaire du receveur de leur canton ayant dans ses attributions la recette des droits de succession. Il en sera délivré récépissé. — Le directeur auquel ces avis auront été adressés par les dépositaires en fera établir, pour chacun des titulaires des comptes conjoints, un extrait distinct et complet qu'il comprendra dans le plus prochain envoi des renvois mensuels. Il conservera dans ses archives les avis eux-mêmes, après les avoir annotés du nom des bureaux où les extraits ont été transmis, ainsi que du mois et des numéros de renvoi. — Dans les bureaux autres que ceux des successions à Paris, les receveurs inscriront au répertoire général, à l'actif des titulaires de comptes conjoints domiciliés dans le ressort de leur bureau, les renseignements que renferment les extraits renvoyés. Dans chacun des bureaux des successions à Paris, ces renseignements seront portés sur une table alphabétique spéciale que le receveur devra tenir sur un registre du même modèle que la table des successions (n° 62 de la nomenclature), en adaptant les colonnes de ce registre aux indications qu'il doit contenir. — Dès que les receveurs auront connaissance du décès du titulaire d'un compte conjoint, soit par les rapprochements avec le répertoire général ou avec la table alphabétique spéciale, soit par tout autre moyen, ils devront en informer, sans retard, le directeur de leur département par une lettre dans laquelle ils reproduiront les énonciations du renvoi relatif à l'ouverture du compte. Cette lettre sera transmise immédiatement au directeur du département de la résidence du dépositaire. Ce chef de service notifiera par écrit le décès à la société ou à la personne qui a ouvert le compte, en lui rappelant les obligations et les pénalités édictées au troisième alinéa de l'art. 7. — Aux termes de cet alinéa, le dépositaire devra adresser au directeur de l'Enregistrement de sa résidence, dans la quinzaine de la notification, la liste des titres, sommes ou valeurs existant, au jour du décès, au crédit des cotitulaires du compte. Cette liste sera ensuite renvoyée au bureau du domicile du défunt et utilisée dans la forme tracée par l'instruction n° 3051. — Le dépositaire qui n'aura pas adressé, dans le délai de quinzaine, la liste prévue au troisième alinéa de l'article 7, encourra la sanction édictée par le dernier alinéa de l'article 15 de la loi du 25 février 1901 : il sera donc tenu personnellement des droits et pénalités exigibles du redevable, sauf recours contre ce dernier, et passible, en outre, d'une amende de 500 francs en principal (Inst. 3051, § IV).

1637. D'autre part, les dispositions ci-dessus expliquées sur les avis à donner au fisc, sont applicables ici. — V. I. G. 3117 § 2.

V. aussi Comptes-joints, n° 625.

1638. En résumé, les titulaires de comptes-joints sont présumés avoir chacun une part virile dans les sommes ou valeurs déposées, mais sauf preuve contraire, tant au profit, de la Régie que contre elle. — V. I. G. 3051 ;

1639. Le compte ouvert par un notaire aux héritiers d'une succession ne constitue pas un compte-joint au sens spécial de la loi, car ils ne sont pas dépositaires ou créanciers solidaires, mais de simples indivisaires. — V. Defrénois, *Rép. prat.*, n° 13195.

1640. D'autre part, est enjoint aux directeurs de contributions indirectes d'envoyer à l'Administration de l'enregistrement, l'indication des quantités de liquides existant au décès des débitants et marchands de boissons. — V. I. G. 2522, 2756, 2982.

1641 Enfin, les percepteurs, receveurs municipaux, receveurs des finances et trésoriers généraux sont obligés de lui adresser chaque trimestre un relevé des paiements qu'ils ont effectués entre les mains d'héritiers, donataires ou légataires. — V. Déc. min. Fin., 8 juill. 1839.

OBLIGATIONS DES COMPAGNIES D'ASSURANCES
SUR LA VIE

1642. A leur égard, l'art. 15, 5° et 6° alin., L. 25 févr. 1901, déclare :

« Les compagnies françaises d'assurances sur la vie et les succursales établies en France des compagnies étrangères ne pourront se libérer des sommes, rentes ou émoluments quelconques dus par elles à raison du décès de l'assuré à des bénéficiaires autres

que le conjoint survivant ou les successibles en ligne directe, si ce n'est sur la présentation d'un certificat délivré sans frais par le receveur d'enregistrement, dans la forme indiquée au premier alinéa du présent article, et constatant soit l'acquittement, soit la non-exigibilité de l'impôt de mutation par décès, à moins qu'elles ne préfèrent retenir, pour la garantie du Trésor, et conserver jusqu'à la présentation du certificat du receveur, une somme égale au montant de l'impôt calculé sur les sommes, rentes ou émoluments par elles dus »

Comme les obligations qui viennent d'être exposées, celles-ci sont devenues exécutoires en même temps que la loi du 25 févr. 1901, même aux successions ouvertes antérieurement. — V. I. G. 3049 et 3051.

1643. Il résulte d'abord du texte que les compagnies françaises d'assurances sur la vie et les succursales établies en France des compagnies étrangères, peuvent se libérer des sommes, rentes ou émoluments dus par elles à raison du décès de l'assuré, lorsque le conjoint survivant ou les successibles en ligne directe en sont les bénéficiaires, sans que la présentation du certificat soit nécessaire : l'Administration n'est pas, pour cela dépourvue de moyens de contrôle, son droit d'investigations au siège social des compagnies et dans leurs succursales, la protège suffisamment pour assurer son recouvrement du droit de mutation par décès. — V. Evar. Lepage, *Rev. du Not.*, n° 10717.

1644. Mais, lorsque le bénéficiaire de l'assurance, époux survivant ou héritier en ligne directe, se trouve domicilié de fait et de droit à l'étranger, comme alors le contrôle et l'action de la Régie ne sont plus assurés, la loi du 30 déc. 1903 (art. 3) est revenue sur l'exception primitive, et les compagnies ne peuvent plus, même à leur égard, se libérer valablement que conformément à l'art. 15 susrelaté, c'est-à-dire soit sur la présentation d'un certificat d'acquit ou de non-exigibilité, soit en conservant par devers elles la somme nécessaire pour l'acquit du droit sur ce qu'elles ont à remettre.

1645. Les enfants naturels sont-ils compris dans les « successibles en ligne directe » ? Nous le pensons, la loi de 1901 étant postérieure au nouvel art. 756, C. civ., d'après lequel les enfants naturels sont des *héritiers* proprement dits. — V. Evar. Lepage, *Ibid.*

1646. Il appartient aux compagnies d'assurances de se renseigner, sous leur responsabilité, avant toute remise de fonds, sur le lien de parenté existant entre le bénéficiaire et le contractant. — V. Pontoise, 26 mars 1907.

1647. La remise du certificat dont il s'agit couvre pleinement les compagnies, qui n'ont jamais à vérifier son exactitude.

1648. Le receveur compétent pour le délivrer est celui du bureau auquel la succession doit être déclarée. — V. I. G., 3051.

1649. L'I. G., 3051, rappelle à ce sujet qu'aux

termes de l'art. 16, L. 25 févr 1901 : « Les mutations par décès seront enregistrées au bureau du domicile du décédé, quelle que soit la situation des valeurs mobilières ou immobilières à déclarer. — A défaut de domicile en France, la déclaration sera passée au bureau du lieu du décès ou, si le décès n'est pas survenu en France, à ceux des bureaux qui seront désignés par l'Administration. »

Il avait été provisoirement décidé que ces dernières déclarations seraient reçues à Paris au 1er bureau des successions (I. G., no 3049). Elles peuvent à l'avenir être souscrites, au choix du redevable, soit à ce bureau, soit indifféremment dans l'une des villes ci-après désignées, au bureau chargé de la recette des droits de mutation par décès : Annecy, Annemasse (Haute-Savoie), Belfort, Bordeaux (1er bureau des succ.), Briey, Givet, Lille (1er bureau des succ.), Lunéville (succ.), Lyon (1er bureau des succ.), Marseille (1er bureau des succ.), Nancy, Nice, Paris (1er bureau des succ.), Pau, Perpignan (succ.) et Pont-à-Mousson. — V. I. G., 3049, 3051, 3056, 3058, 3067 et 3185.

Il est entendu que les valeurs dépendant d'une même succession doivent être déclarées toutes au même bureau quelle que soit leur situation.

1650. Il peut arriver, ajoute-t-elle, que les sommes, rentes ou émoluments dus à raison du décès de l'assuré ne soient point passibles du droit de succession ; le fait se produit, par exemple, lorsque l'assuré avait son domicile dans une colonie où l'enregistrement est établi, ou lorsque le bénéfice de l'assurance est affranchi d'impôt par application du § 6 de l'art 15, L 25 février 1901, ou encore lorsqu'il n'est pas acquis à titre gratuit à celui qui le recueille ; en pareil cas, le certificat n'en doit pas moins être exigé : la disposition qui le prévoit exclut, en effet, toute distinction. — V. aussi Sol., 29 juin et 9 déc. 1901.

1651. Spécialement, il ne saurait y être dérogé sous le prétexte que les ayants droit auraient obtenu la cession de l'assurance à titre onéreux.

En toute hypothèse, il doit être passé une déclaration, au vu de laquelle l'Administration tranche la question d'exigibilité ou de non-exigibilité du droit de mutation, sous le contrôle des tribunaux. Au surplus, du moment que les héritiers de l'assuré décédé ne recueillent aucune partie de l'assurance, il ne leur appartient pas de souscrire la déclaration nécessaire.

Lorsque l'avenant exprime que l'assurance a été cédée à titre onéreux, un représentant de la compagnie ou de l'agence peut valablement passer la déclaration au bureau du siège de ladite compagnie ou à celui de l'agence chargée du payement. — V. I. G., 3051, § 3.

Si l'avenant est muet sur le caractère de la cession, il incombe aux bénéficiaires soit de déclarer l'assurance en acquittant les droits,

s'ils l'ont recueillie à titre gratuit (art. 6; L. 21 juin 1875), soit de fournir toutes les justifications utiles sur le caractère onéreux de leur contrat pour la délivrance du certificat prescrit par la disposition précitée de la loi du 25 févr. 1901.

On admet seulement que les intéressés ont la faculté de produire les justifications auxquelles ils sont tenus soit au receveur compétent pour recevoir la déclaration, soit à la compagnie d'assurances, si celle-ci est disposée à souscrire elle-même la déclaration en fournissant au receveur les explications et documents nécessaires. — V. Sol., 29 juin et 9 déc. 1901 ; I. G., 3080, § 17.

1652. Actuellement, d'ailleurs, le certificat dont la production est prescrite par l'art. 25, L. 8 juill, 1852, remplacé par l'art. 15 de la loi nouvelle, doit être représenté pour le transfert ou la mutation des rentes sur l'Etat provenant des titulaires décédés, même quand l'impôt n'est pas dû sur ces rentes. L'I. G, 2058, § 6, porte à cet égard : « Toute délivrance de certificat, non précédée du paiement des droits de mutation par décès, donnera lieu à une déclaration dressée en la forme usitée et par laquelle les héritiers feront connaître les circonstances qui s'opposent à l'exigibilité des droits. Dans les cas exceptionnels où cette déclaration ne pourrait être légalement exigée par l'Administration et serait refusée par les parties, le receveur devrait inscrire et signer, sur le registre des successions, à la date courante, une mention explicative et suffisamment détaillée, qui sera considérée, pour la rédaction du certificat, comme constituant une *déclaration* proprement dite ». Ces dispositions, de même que toutes celles relatives à la délivrance des certificats prescrits pour le transfert des rentes sur l'Etat, seront applicables aux certificats exigés pour le paiement des sommes, rentes ou émoluments dus par les Compagnies d'assurances à raison du décès de l'assuré.

Lorsqu'une déclaration de mutation par décès ne pourra être légalement exigée, le certificat sera délivré — et au besoin sur la déclaration souscrite par le représentant de la Compagnie ou de l'agence — par le receveur du siège de la Compagnie ou par celui de l'agence chargée du paiement.

1653. L'I. G., 3058 et une note min. Just., mars-avril 1902, contiennent encore d'autres mesures de contrôle et de manutention intérieure : table des successions, répertoire général des enregistrements et renvois, annotation et renvoi des formules de déclaration d'immeubles, conservation des pièces déposées à l'appui des déclarations, vérification des énonciations relatives à la date et au lieu de naissance d'un usufruitier, vérification des énonciations du passif et de l'actif immobilier, relevé des legs subordonnés à autorisation administrative, recherche des polices d'assurance contre l'incendie, surveillance des créances sur débiteurs faillis ou en déconfiture, dépouillement des parts successorales, etc., etc., — mais comme ces mesures ont un caractère tout spécial et n'intéressent que le personnel de la Régie, il nous a semblé inutile de les rapporter ici.

CHAPITRE II

Pénalités

1654. Une remarque préliminaire à faire ici est que le contribuable en contravention ne peut jamais exciper de sa bonne foi, invoquer une erreur de fait ou de droit, pour échapper aux pénalités, souvent lourdes, dont il s'agit maintenant ; telle est, d'ailleurs, la règle en matière fiscale. — V. Cass., 30 janvier 1867 (S., 67. 1. 179) ;

Notamment qu'il a fait la déclaration dans un autre bureau. — V. Dict. réd., v° *Succ.*, nos 1238, 2345 ; Garnier, Rép., *eod.* v° no 561-1 ; Maguéro, *eod.* v°, no 60 ; Déc. min. Fin., 28 sept. 1841 ; I. G., 1649 ;

Qu'il est un étranger ignorant la loi française. — V. Dict. réd., v° *Succ.*, no 2340 ; Garnier, Rép., v° *Succ.*, no 561-3 ; E. Naquet, *op. cit.*, III, no 1238 ; Déc. min. Fin., 26 mai 1853 : I. G., 2003, § 2 ;

Même qu'il a déjà payé, le droit proportionnel ayant été perçu par erreur sur l'acte qui constitue son titre. — V. Garnier, Rép., v° *Succ.*, no 561-2 ; Cass., 24 déc. 1821.

1655. Néanmoins, le principe des compensations est admis ; si donc, par exemple, le déclarant a omis un bien qui appartenait à la succession et en a compris un qui n'en dépendait pas, il n'est point passible du droit en sus jusqu'à concurrence de ce qu'il se trouve avoir payé sur le droit simple. — V. Cass., 30 janv. 1855 (S., 55. 1. 130 ; D., 55. 1. 120) ; Dél., 5 nov. 1825 ; V. toutefois Annecy, 31 oct. 1889.

La compensation est également admise, jusqu'à due concurrence, entre les droits indûment payés par erreur de fait ou par excès de perception et ceux exigibles à raison d'une omission ou d'une insuffisance dans la même déclaration. — V. Dél., 5 nov. 1825 ; Sol., 28 juill. 1900.

1656. A peine est-il besoin de faire observer que les erreurs matérielles de calcul obligent seulement à les réparer. — V. Autun, 22 juill. 1833 ; Dél., 13 nov. 1833.

1657. Les pénalités dont il s'agit sont exclusivement personnelles, comme toutes les peines.

1658. Elles cessent donc d'être applicables par la mort des contrevenants. — V. Dict. réd., v° *Succ.*, no 2324 ; Garnier, Rép., *eod.* v°, nos 570. 1472 ; Maguéro, *eod.* v°, no 79 ; Seine, 29 mars 1878 ; Cosne, 3 avril 1889 ; Sol., 30 sept. 1872, 25 avril 1873, 1er avril 1874

et 28 janv. 1875 ; Seine, 29 mars 1878 ; Cpr. Cass., 8 févr. 1893 ;

Toutefois, relativement au défaut de déclaration, si le délai n'était pas expiré, le nouvel ayant droit encourt désormais l'amende pour son propre compte ; il ne pourrait donc pas invoquer le décès de son auteur. — V. Garnier, *op. et loc. cit.* ; Saint-Quentin, 21 nov. 1866 ; Déc. min. Fin., 15 juill. 1806.

Par conséquent, si un héritier vient à mourir avant l'expiration des six mois qu'il avait pour passer sa déclaration, ses représentants doivent la souscrire avant l'échéance de ce délai, à peine d'un demi-droit en sus, comme succédant aux obligations de leur auteur. — V. Mortagne, 9 mars 1899 ; Toulouse, 23 juill. 1904.

1659. Lorsqu'il y a solidarité entre les débiteurs du droit, la survivance d'un seul suffit pour maintenir en fait l'exigibilité du droit ou du demi-droit en sus à l'égard des représentants des autres, par l'effet naturel du recours. — V. Dict. réd., v° *Succ.*, no 2238 ; Garnier, Rép., v° *Succ.*, nos 1400, 1472 ; E. Naquet, *op. cit.*, no 1221 ; Neufchâteau, 8 mars 1832 ; Grenoble, 27 déc. 1847 ; Dijon, 22 août 1881 ; Lure, 29 déc. 1875 Villefranche, 2 févr. 1882 ; Déc. min. Fin., 15 juill. 1806 ; Sol., 16 janv. 1868, 20 févr. 1872, 7 févr. 1876, 2 nov. 1877 ; *Contrà* : Dict. réd., v° *Succ.*, no 2325 ; Maguéro, *eod.* v°, nos 82, 709 ;

1660. Le tout, sans préjudice du droit pour la Régie de poursuivre le recouvrement du droit simple contre les héritiers et représentants du contrevenant, chacun pour sa part héréditaire. — V. Le Havre, 29 août 1872 (S., 73. 2. 121) ; Bazas, 14 mai 1889.

1661. Enfin, l'Administration, sur la pétition qui lui est adressée dans la forme indiquée ci-dessus pour les prorogations de délai, et si elle en admet le bien-fondé, c'est-à-dire si la bonne foi invoquée par les contrevenants lui paraît démontrée, peut faire gracieusement remise de tout ou partie de la peine encourue. — V. Dél. 1er juill. 1813 ; I. G., 338 ; Cpr. Seine, 19 nov. 1892.

1662. C'est le directeur départemental qui statue, lorsque la pénalité est inférieure à 1.000 fr. (D. 8 mars 1899) ;

Le directeur général, jusqu'à 3.000 fr., et le ministre des Finances au-dessus (D. 11 janv. 1897).

1er DÉFAUT DE DÉCLARATION

1663. Aux termes de l'art. 39, L. 22 frim. an VII, les héritiers, donataires ou légataires qui n'ont pas fait, dans les délais prescrits, les déclarations des biens à eux transmis par décès paient, à titre d'amende, un demi-droit en sus de celui qui est dû pour la mutation.

On remarquera tout à l'heure que la loi est plus sévère pour les omissions et les insuffisances que pour l'absence même de déclaration ; c'est que celle-ci résulte ordinairement de l'ignorance ou d'une simple négligence, tandis que l'omission et l'insuffisance proviennent, du moins plus souvent, d'une pensée de fraude. — V. G. Demante, II, n° 812.

1664. L'héritier bénéficiaire est passible de cette pénalité comme l'héritier pur et simple. — V. Dict. réd., v° *Succ.*, n° 2350 ; Garnier, Rép., *eod.* v°, n° 579 ; Maguéro, *eod.* v°, n° 616 ; Cass., 29 germ. an XI, 15 niv. an XII, 21 avril et 28 oct. 1806, 1er févr. 1830, 12 juill. 1836 et 28 août 1837 ; I. G., 1320, § 5 ;

Même si la succession ne présente pas de fonds disponibles. — V. Tarbes, 12 nov, 1890.

1665. Le demi-droit en sus atteint aussi tous ceux qui ont à faire le versement complémentaire d'un droit précédemment perçu, aussi bien que les débiteurs originaires. — V. Garnier, Rép., v° *Succ.*, n° 566 ; Cpr. Saint-Amand, 17 mai 1866 ;

Et non une pénalité plus élevée, car le non-paiement d'un supplément de droit exigible constitue un défaut de déclaration et non pas une omission. — V. Defrénois, n° 12361 *bis*.

1666. Sans contestation possible, la peine est applicable à ceux qui auraient fait leur déclaration en apparence dans le délai, mais par dissimulation de la date véritable du décès. — V. Dict. réd., v° *Succ.*, n° 2354 ; Garnier *eod.*, v°, n° 562 ; Sol. 2 germ. an VII.

1667. Les déclarations partielles n'affranchissent pas de l'amende sur le surplus. — V. Déc. min. Fin., 11 oct. 1831 ; Dél. 25 sept. 1831.

1668. Quand un acompte provisoire a été versé dans le délai, avec prorogation, le demi-droit en sus est encouru si la déclaration n'a pas été souscrite dans le délai imparti, car l'octroi d'un délai supplémentaire ne dispense ni d'une déclaration régulière ni du paiement du droit (L. 22 frim. an VII, art. 24, 27, 28, 29). — V. Cass., 4 août 1902 (S. 03.1.53) ;

Mais le demi-droit ne doit être calculé que sur la portion du droit simple restée due. — V. Sol. 17 juill. 1899 ;

Il importe d'observer sur ce dernier point que la Régie dit n'accorder cela que par concession bienveillante, prétendant que, dans la rigueur des principes, le demi-droit en sus serait exigible sur la totalité du droit simple.

1669. La pénalité dont il s'agit est encourue par le fait seul de l'expiration du délai, sans qu'il y ait eu à la fois déclaration et paiement du droit. — V. Garnier, v° *Succ.*, n° 564 ; Maguéro, *eod.* v°, n° 69 ; Cass., 29 germ. an XI, 5 mess. an XII, 21 avril, 28 oct. 1806 et 1er févr. 1830 ; Pont-Audemer, 29 août 1876 ; Déc. min. Fin., 18 mess. an VII et 10 oct. 1831 ; I. G., 1320-5 ;

Car la déclaration, à en supposer une, faite sans paiement du droit, est considérée comme inexistante (L. 22 frim. an VII, art. 27). — V. Marseille, 13 avril 1849 ; Laon, 20 avril 1877 ; Béziers. 14 mai 1904 ;

Ou, ce qui revient au même, déclaration et paiement par une personne qui n'avait pas qualité pour les faire. — V. Sol., 6 déc. 1899.

1670. Mais le tout sous réserve, pour le répéter, d'un recours gracieux au ministre, basé sur la bonne foi du contrevenant.

2^{ent}. DÉCLARATION IMPARFAITE OU VICIEUSE

1° *Omissions.*

1671. La peine, pour les omissions qui sont reconnues avoir été faites dans les déclarations, est d'un droit en sus de celui qui était dû pour les biens omis (L. 22. frim. an VII, art. 39) ;

C'est-à-dire que, sur ces biens, il faudra payer double.

La peine est absolument la même en cas d'insuffisance, ainsi qu'on va le voir plus loin ; il n'en faut pas moins maintenir la distinction des omissions et des insuffisances, parce que le point de départ de la prescription diffère à leur égard.

L'omission consiste à ne pas porter dans la déclaration un bien qui doit y figurer ; l'insuffisance, à ne pas attribuer à un bien déclaré la valeur qu'il doit avoir. — V. E. Naquet, *op. cit.*, III, n° 1250.

1672. Jugé qu'il y a omission, notamment, dans les cas suivants :

1673. Déclaration d'actions comme appartenant pour partie à un tiers, alors qu'elles étaient au défunt pour le tout. — V. Cass., 14 août 1850 ;

1674. Déclaration d'un immeuble comme terrain, alors qu'il y existe des constructions. — V. Garnier, Rép., v° *Succ.*, n° 1498 *bis* ; Péronne, 30 nov. 1849 ;

Pour nous, il n'y a là qu'une insuffisance. — V. n° 1703 ci-après.

1675. Déclaration d'une part nette d'intérêt dans une société dissoute, au lieu des biens en nature. — V. Dict. réd, v° *Succ.*, n° 2406 ; Garnier, Rép. *eod.* v°, n° 1482 ; Maguéro, *eod.* v°, n° 687 ; Seine, 22 nov. 1849 ; Cass., 19 janv. 1881 (S. 82. 1. 275) ;

1676. Déclaration basée sur un partage erroné ou frauduleux, diminuant l'émolument du défunt. — V. Garnier, Rép., v° *Succ.*, n° 1507 ; Amiens, 12 juin 1856 ; Soissons, 2 avril 1879 ; Seine, 10 févr. 1888 ; Cass., 2 déc. 1889 ;

Spécialement, en ce que le rapport fictif à opérer pour le calcul d'un legs d'usufruit n'a pas été fait. — V. Garnier, *Ibid.*, n° 1509 ; Seine, 27 avril 1842 ; Evreux, 5 juill. 1872 et 31 mars 1874 ;

1677. Déclaration d'un propre à titre de bien de communauté. — V. Garnier, Rép., v° *Succ.*, n° 1495 ; Maguéro, *eod.* v°, n° 687 ; Vire, 6 juin 1850 ; Cpr., Lille, 11 déc. 1885 ;

1678. Délivrance, par un légataire universel de legs particuliers supérieurs à l'actif déclaré, rapprochée d'un testament fait par le testateur peu d'années auparavant et relatant une fortune suffisante. — V. Lyon, 25 mars 1903 ; Cass. Req., 5 mai 1905 (D. 1907. 1. 396) ;

1679. Non déclaration des charges en sus d'un loyer ou fermage. — V. Cass., 30 janv. 1867 (S. 67. 1. 179 ; D. 67. 1. 300) ;

1680. Non-déclaration d'une créance, en totalité ou en partie, ou déclaration pour un chiffre inférieur à sa valeur nominale. — V. Dict. réd., *v°* *Succ.*, n° 2367 ; Garnier, Rép., *eod. v°*, n° 1481 ; Maguéro, *eod. v°*, n° 687 ; Sol. 7 juill. 1880 (D. 81. 3. 87) ;

A moins que son montant ne soit indéterminé. — V. Seine, 12 août 1881 ;

Parce qu'elle serait irrecouvrable, s'il n'est pas justifié du fait. — V. Domfront, 20 juin 1879 ; Tours, 21 juill. 1904 ;

Mais non si la créance a été déclarée à tort comme irrecouvrable. — V. Chalon-sur-Saône, 18 mai 1876 ; *Contrà* : G. Demante, *op. cit.*, II, n° 683 ;

Dans le cas d'omission d'une créance réellement irrecouvrable, la Régie admet généralement les héritiers qui sont de bonne foi à faire encore la renonciation qui les affranchit de tout paiement. — V. Dict. réd., *v° Succ.*, n° 1604 ; Garnier, Rép., *eod. v°*, n° 935 ; Maguéro, *eod. v°*, n° 371 ; Sol. 10 juin 1851, 14 mars 1868, 13 juill. 1874, 7 déc. 1875, 9 juin 1876 et 22 juin 1880 ;

Au surplus, ce sont les règles sur les créances irrecouvrables, exposées ci-dessus n°ˢ 668 et s., qui restent applicables ;

Ou non-déclaration, avec une créance, de ses revenus échus. — V. Bergerac, 3 janv. 1867, *Contrà*, Seine, 11 févr. 1852, qui n'a vu là qu'une insuffisance. V. aussi, plus haut, *Coupons, Créances.*

1681. Non-déclaration d'un immeuble, sous le prétexte que, d'après l'énonciation d'un acte postérieur au décès, il aurait été aliéné par le défunt de son vivant. — V. Garnier, Rép., *v° Succ.*, n° 1573 ; Maguéro, *eod. v°*, n° 689 ; Saint-Girons, 24 déc. 1849 ; Hazebrouck, 30 août 1878 ;

1682. Non-déclaration d'un immeuble, quoique le défunt eût indiqué qu'il lui appartenait, — V. Pontarlier, 1ᵉʳ mars 1856 ; Cpr. Sarlat, 31 déc. 1856 ;

1683. Non-déclaration d'un immeuble, parce qu'il était improductif, hypothèse qui ne peut plus se réaliser fiscalement. — V. Saint-Jean-de Maurienne, 14 juin 1878 ;

1684. Non-déclaration d'une somme touchée par le défunt peu avant son décès, à moins qu'il ne soit justifié de son emploi. — V. Dict. réd., *v° Succ.*, n° 2453 ; Garnier, Rép., *eod. v°*, n° 1541 ; Maguéro, *eod. v°*, n° 735 ; Pau, 11 mai 1877 ; Le Havre, 6 mars 1880 ; Gand, 8 août 1881 ; Cass., 27 juin 1883 ; Remiremont, 3 juill. 1890 ; Dieppe, 31 déc. 1890 ; Saint-Nazaire, 25 juin 1892 ; Châtellerault, 11 juill. 1892 ; Guéret, 9 févr. 1898 ; Draguignan, 23 juin 1898 ; Cass., 9 avril 1900 ; V. *Contrà* : Caen, 6 mai 1881 ; Montbéliard, 7 déc. 1882 ; Pontarlier, 4 mars 1890 ; Mayenne, 21 juill. 1904.

Ce dernier jugement établit nettement que si la Régie est recevable à établir sa prétention par tous les moyens et voies de droit, même à l'aide de simples présomptions, il n'en reste pas moins vrai que le fardeau de la preuve lui incombe, et que si les allégations de l'héritier sont aussi vraisemblables que les siennes, il n'y a pas de raison pour préférer celles-ci. Or, il s'agissait d'une somme de 4.350 francs, touchée deux jours seulement avant le décès, mais qui était relativement modeste. Le tribunal a admis que le *de cujus* avait bien pu en disposer soit pour pourvoir à quelques dépenses, soit pour effectuer certaines libéralités, par dons manuels, soit pour rémunérer certains dévouements.

1685. Non-déclaration, dans la succession d'un mineur, d'une succession recueillie par lui, quoique son compte de tutelle soit muet à cet égard. — V. Valence, 3 juin 1878 ;

1686. Non-déclaration d'un titre nominatif, parce qu'il ferait partie d'une communauté précédente. — V. Amiens, 22 janv. 1897 ;

Ou aurait été cédé par le *de cujus* suivant acte sous seing privé, mais sans exécution du transfert ;

1687. Non-déclaration d'un titre nominatif de rente, qui n'aurait été inscrit que par erreur, sur le Grand-Livre de la dette publique au nom du défunt. — V. Agen, 22 déc. 1904 ;

A moins de preuve de l'erreur. — Cpr. Seine, 15 janv. 1904.

1688. Non-déclaration d'une valeur sous prétexte d'exagération du receveur sur les droits exigibles. — V. Guéret, 24 mai 1893 ;

1689. Non-déclaration de valeurs au porteur attribuées au *de cujus* dans un partage dressé la veille de son décès. — V. Pau, 11 mai 1877 ;

1690. Non-déclaration de titres au porteur convertis du nominatif peu de mois avant le décès par les soins de l'héritier présomptif, qui, depuis en a touché les arrérages. — V. Rodez, 15 juin 1899.

1691. Non-déclaration de valeurs diverties par le déclarant. — V. Dict. réd., *v° Recel*, n° 23 ; Garnier, Rép., *v° Succ.*, n° 797 ; Maguéro, *eod. v°*, n° 22, Cass., 22 juin 1822 ; Cpr. Auxerre, 28 févr. 1877 ; Sol. 23 nov. 1875, 28 fév. 1877, 11 sept. 1885, 2 août 1888 ;

Ou dont le recel a été découvert et constaté avant la déclaration. — V. Garnier, Rép., *v° Succ.*, n° 795 ; Maguéro, *v° Recel*, n° 20 ;

1692. Un nouveau cas possible d'omission résulte de la loi du 31 mars 1903 ; en effet, comme on l'a vu plus haut, aux termes de l'art. 6 de cette loi, est réputée inexistante, en ce qui concerne les meubles assurés contre l'incendie, toute déclaration de mutation par décès qui ne contient pas les mentions qu'il prescrit relativement à l'assurance.

1693. L'indication, dans la déclaration des immeubles, d'une contenance inférieure à la contenance réelle ne constitue point par elle seule une omission; mais elle peut avoir eu pour but de masquer une insuffisance. — V. Dict. réd., v° *Succ.*, n° 2376; Garnier, Rép., *eod.* v°, n° 1494; Maguéro, *eod.* v°, n° 688; E. Naquet, *op. cit.*, III, n° 1250; Cass., 16 mars 1814; Montmorillon, 27 déc. 1887;

Il en est de même du défaut d'indication de toutes les communes sur lesquelles s'étend un domaine. — V. Cass., 27 janv. 1828.

1694. Les omissions sont ordinairement toutes matérielles : elles peuvent résulter aussi d'une erreur de droit;

Ainsi, lorsque des époux ont doté conjointement leur enfant en biens de la communauté, sans exprimer la part pour laquelle ils entendaient contribuer à cette dot, ils sont censés, aux termes de l'art. 1438 C. civ., avoir doté chacun pour moitié; à la dissolution de la communauté par suite du décès de l'un d'eux, c'est donc seulement la moitié de la dot qui doit être précomptée sur la part revenant au défunt dans les bénéfices de cette communauté ; or, si ses héritiers déduisent à tort la dot en totalité, ils se trouvent avoir indirectement commis l'omission d'une somme égale à la moitié de cette dot. — V. Seine, 22 juill. 1887.

1695. On est admis, la Corse exceptée (V. ci-après, n° 2013), à réparer les omissions, pourvu que le délai fixé pour la déclaration de succession ne soit pas encore expiré; mais, passé le délai, une rectification, même spontanée, ne relève pas des conséquences de la contravention commise, sauf remise gracieuse, qu'on peut toujours demander. — V. Dél. 1er juill. 1813; I. G., 338.

1696. La non-déclaration d'un legs particulier constitue un défaut de déclaration et non une omission; le demi-droit en sus est donc seul encouru.

2° *Insuffisances*

1697. La peine pour les insuffisances constatées dans les estimations des biens déclarés est également, en principe, d'un droit en sus de celui qui n'a pas été perçu par suite des insuffisances, c'est-à-dire qu'il faudra payer le double de la somme qu'on est présumé avoir voulu éluder (LL. 22 frim. an VII, art. 39; 27 vent. an IX, art. 5);

1698. Notamment sur les clientèles et les fonds de commerce (LL. 28 févr. 1872, art. 8, et 25 févr. 1901, art. 11 *in fine*);

1699. Et sur les offices (L. 25 juin 1841, art. 11).

1700. Il y a insuffisance d'évaluation lorsque des arbres épars, non compris dans la location de l'immeuble, n'ont pas été déclarés. — V. Le Havre, 18 nov. 1886;

1701. De même dans l'évaluation d'une créance indéterminée à une somme moindre que celle touchée ensuite. — V. Seine, 12 aoû 1881;

1702. L'erreur commise dans l'évaluation d'une valeur mobilière, sujette à déclaration estimative, faute de cote à la Bourse, constitue aussi une insuffisance. — V. Sol. 11 nov. 1867, 7 avril et 22 sept. 1873, et 26 nov. 1879;

1703. Le fait de déclarer un immeuble sans signaler les constructions qui y sont édifiées doit être considéré comme une insuffisance, et non comme une omission. — V. E. Naquet, *op. cit.*, III, n° 1250.

1704. Quant aux meubles corporels, l'art. 3 L. 21 juin 1875 (conf. par L. 25 févr. 1901, art. 11) dispose en ces termes : « L'insuffisance dans l'estimation des biens déclarés sera punie d'un droit en sus, si elle résulte d'un acte antérieur à la déclaration. Si, au contraire, l'acte est postérieur à cette déclaration, il ne sera perçu qu'un droit simple sur la différence existant entre l'estimation des parties et l'évaluation contenue aux actes. »

Distinction équitable entre une déclaration insuffisante ou présumée telle, et celle faite sciemment inexacte.

1705. Les insuffisance peuvent être réparées, mais, comme nous l'avons dit pour les omissions, à la condition que le délai ne soit pas encore expiré, une rectification, même spontanée, ne suffisant pas pour écarter l'amende, sauf remise gracieuse à solliciter. — V. Dél. 1er juill. 1813; I. G. 338.

1706. Le pouvoir pour faire la déclaration ne comprend pas par le fait seul celui de reconnaître une insuffisance par voie de soumission. — V. Bordeaux, 20 juill. 1880.

1707. Aux insuffisances dont il vient d'être parlé, qui sont des insuffisances d'évaluation, imputables aux parties, il ne faut pas assimiler les insuffisances de perception, imputables au receveur, relevables par la Régie dans le délai de deux ans, comme on le verra, mais ne pouvant donner lieu qu'à un complément du droit simple. — V. Dict. réd., v° *Succ.*, n°s 2384 et s.; Garnier, Rép., *eod.* v°, n° 1484; Maguéro, *eod.* v°, n° 697; Cass., 14 août 1850 (S. 51, 1. 685); Seine, 10 déc. 1866; Mantes, 19 juin 1880; Cpr. E. Naquet, *op. cit.*, III, n° 1250.

1708. Ainsi, le droit en sus n'est pas encouru, lorsque les déclarants ont fourni au receveur tous les éléments nécessaires pour que la déclaration fût complète et exacte, et si c'est par son fait qu'elle ne l'est pas;

Soit, par exemple, l'inventaire qui énumère en détail des créances ou autres valeurs omises. — V. Dict. réd., v° *Succ.*, n° 2403; Garnier, Rép., *eod.* v° n° 1486; Maguéro, *eod.* v°, n° 705; Autun, 13 nov., 1833; Seine, 19 déc. 1868; Dél., 15-20 nov. 1833;

Qui mentionne une assurance sur la vie. — V. *Contrà* : Mantes, 19 juin, 1880;

Ou des legs d'usufruit. — V. Cass., 21 août 1861;

Soit les titres de créance. — V. Bergerac, 3 janv. 1867;

1709. Il en est encore de même dans les cas suivants : -

1710. Admission par le receveur comme irrecouvrable d'une créance touchée plus tard. — V. Dict. réd. v° *Succ.*, n° 2388 ; Garnier, Rép., *eod.* v°, n° 1505 ; Maguéro, *eod.* v° 693 ; Chalon-sur-Saône, 18 mai 1876 ; Cass., 4 mars 1900 ; Sol. 19 juill. 1887 ;

Mais nous n'admettons cette opinion que si l'allégation d'insolvabilité était sincère ; autrement, il en résulterait, à notre avis, une *insuffisance* qui, constatée, doit opérer le droit en sus (L. 22 frim. an VII, art. 39). — V. G. Demante, *op. cit.* II, n° 683, III ; Sol. 25 mars 1875, 9 juin 1876, 13 mars 1878 ;

1711. Condition acceptée comme suspensive, alors qu'elle n'avait pas ce caractère. — V. Sol. 5 nov. 1897 :

1712. Déclaration erronée d'un cours de Bourse pour une valeur cotée. — V. Dict. réd., v° *Succ.*, n° 2386 ; Garnier, Rép., *eod.* v°, n° 1491-1 ; Maguéro, *eod.* v°, n° 700 ; Sol. 13 juill. 1879 ;

1713. Interprétation inexacte d'un legs contenu dans un testament communiqué au receveur. — V. Dict. réd., v° *Succ.*, n° 2400 ; Garnier, Rép., *eod.* v°, n° 1484 ; Seine, 21 janv. 1859 ; Cass., 21 août 1861 (S. 62.1.15, et 315) ;

1714. Non-perception du droit sur des valeurs figurant à l'état de mobilier. — V. Garnier, Rép. v°, *Succ.*, n° 1485 ;

1715. Non-propriété admise à tort de titres inscrits au nom du défunt. — V. Dict. réd., v° *Succ.*, n° 2389 ; Maguéro, *eod.* v°, n° 699 ; Cass. 14 août 1850 ;

1716. Perception basée sur un partage non déclaratif. — V. Dict. réd., v° *Succ.*, n° 2392 ; Garnier, Rép., *eod.* v°, n° 1508 ; Maguéro, *eod.* v°, n° 705 ; Cass., 1er août 1853 ;

1717. Reprises non justifiées. — V. Dict. réd., v° *Succ.*, n° 2405 ; Garnier, Rép., *eod.* v°, n° 1512 ; Maguéro, *eod.* v°, n° 703 ; Yvetot, 23 avril 1863 ;

Etc. ;

1718. Enfin, ne constitue pas une omission, mais simplement un défaut de déclaration en temps utile, le fait de ne pas passer, dans les six mois du décès d'un codonataire ou d'un colégataire, la déclaration supplémentaire requise, à raison d'un droit précédemment perçu et qu'il faut compléter, pour la réversion d'une libéralité au profit d'un parent plus éloigné ou d'un étranger. — V. Pau. 3 janv. 1878.

1719. Les omissions donnent lieu à une déclaration complémentaire à laquelle ne suppléeraient pas, en principe, des offres réelles. — V. Dict. réd., v° *Succ.*, n° 1058 ; Garnier, Rép., *eod.* v°, n° 657 ; Maguéro, *eod.* v°, n° 14 *bis* ; Cass., 29 déc. 1841 ; Seine, 3 avril 1869 ; Nice, 11 juill. 1892.

1720. V. plus loin, pour les omissions commises par le receveur qui constituent des insuffisances de perception.

3° Inexactitude de la date de naissance d'un usufruitier

1721. Elle est passible, à titre d'amende, d'un droit en sus égal au supplément de droit simple exigible (L. 25 fév. 1901, art. 14).

V. ci-dessus n°s 1653 et s.

4° Inexactitude des déclarations et attestations de dettes

1722. Aux termes de l'art. 9, L. 25 fév. 1901 : « Toute déclaration ayant indûment entraîné la déduction d'une dette sera punie d'une amende égale au triple du supplément de droit exigible, sans que cette amende puisse être inférieure à 500 fr., sans décimes. — Le prétendu créancier qui en aura faussement attesté l'existence sera tenu solidairement avec le déclarant au paiement de l'amende et en supportera définitivement le tiers. »

1723. Il convient de faire immédiatement une première remarque sur ce texte : la pénalité qu'il porte ne saurait punir qu'une déclaration frauduleuse. — V. Ch. Defrénois, *Comment.*, n° 258 ;

Pourtant, d'après la Régie, il suffirait que le renseignement inexact, quel qu'il fût inséré dans la déclaration, ait entraîné la distraction d'une dette non déductible. — V. I. G. 3058.

En tout cas, si c'est le receveur qui a admis la déduction par erreur ou faute à lui imputable, la sanction se trouve inapplicable, conformément d'ailleurs au principe posé plus haut relativement aux insuffisances ;

1724. En conséquence, toutes les fois qu'il est reconnu qu'une dette a été déduite à tort par suite d'une déclaration inexacte des héritiers ou des légataires, corroborée ou non d'une fausse attestation, il y a lieu de réclamer, indépendamment du droit simple non perçu par suite de la déduction irrégulière, une amende qui s'élèvera à trois fois le montant de ce droit, sans pouvoir descendre au-dessous de 500 fr. — V. I. G. 3058.

1725. Les cohéritiers sont tenus solidairement au paiement du supplément de droit simple et de la pénalité ; de plus, lorsque l'existence de la dette déduite à tort a été faussement attestée par un prétendu créancier, celui-ci peut être poursuivi pour la totalité de l'amende, puisque la loi le rend, en ce qui concerne le paiement de la pénalité, solidaire des héritiers ou légataires. — V. I. G. 3058.

Dans ses rapports avec ces derniers, le prétendu créancier devra supporter personnellement le tiers de la pénalité encourue ;

Mais il n'est jamais tenu du droit simple.

1726. De la qualification d'amende donnée à la pénalité attachée aux déclarations ayant indûment entraîné la déduction d'une dette, il résulte que cette amende ne peut pas être réclamée aux héritiers des contrevenants, à moins que ceux-ci, avant leur décès, ne se soient obligés à la payer, ou qu'un jugement de condamnation ne soit intervenu contre eux. — V. Evar. Lepage, *Rev. du Not.*, *loc. cit.*

5° *Erreur de parenté*

1727. Par un oubli de la loi, la fausse qualification du degré de parenté n'est pas sanctionnée, sauf à effectuer, bien entendu, le versement complémentaire du droit dû. — V. Garnier, Rép., *v° Succ.*, n° 568; Le Puy, 31 août 1871; Périgueux, 8 mars 1873; Belfort, 26 janv. 1875; Marseille, 31 août 1877; Cass., 1er août 1878 (S., 79. 1. 231; D., 78. 1. 457); Sartène, 15 mars 1898;

1728. A plus forte raison la simple erreur commise dans l'indication du degré de la parenté des déclarants avec le défunt n'entraine-t-elle pas la peine du demi-droit en sus, le complément du droit simple est seul exigible. — V. Le Puy, 31 août 1871; Périgueux, 8 mars 1873; Belfort, 26 janv. 1875; Marseille, 31 août 1877.

6° *Bureau incompétent*

1729. Toute déclaration faite à un bureau qui n'avait pas qualité pour la recevoir est considérée comme non avenue. — V. E. Naquet, *op. cit.*, III, n° 1186; Déc. min. Fin., 23 sept. 1841; I. G., 1649.

1730. Il en résulte d'abord que les droits payés ayant été perçus sans cause sont restituables, à la condition d'être réclamés avant la prescription fixée par l'art. 61, L. 22 frim. an VII;

Puis, que la Régie peut exiger une autre déclaration au bureau compétent. — V. Dict. réd., *v° Succ.*, n° 1238; Garnier, *eod. v°*, n° 561-1; Maguéro, *eod. v°*, n° 60; Seine, 4 déc. 1850; Corbeil, 23 août 1854: Déc. min. Fin., 28 sept. 1841; I. G., 1649;

Et même strictement se prévaloir des pénalités encourues. — V. Seine, 4 déc. 1850; Corbeil, 23 août 1854; Déc. min. Fin., 28 sept. 1841;

Mais le tribunal d'Altkirch a décidé, le 29 juill. 1857, que, dans le silence de la loi, le droit en sus n'est pas encouru dans ce cas.

1731. Equitablement, l'Administration elle-même impute le droit indûment payé sur celui qui est dû et s'abstient de réclamer le demi-droit en sus, lorsque la déclaration régulière est souscrite plus de deux ans après la première et qu'ainsi la restitution est devenue impossible. — V. Dict. réd., *v° Succ.*, n° 1239; Dél., 29 juill. 1853; Sol., 11 févr. 1869, 19 mai 1877 et 29 avril 1880;

Mais non s'il y a moins de deux ans que la première a été passée, parce qu'alors il ne tient qu'aux parties de ne pas payer deux fois, en faisant les diligences nécessaires pour obtenir la restitution du premier droit versé. — V. Sol., 23 mars 1882.

1732. Aussi bien, lorsqu'il y a pu avoir doute sur le véritable domicile du *de cujus*, et que les droits exigibles ont été acquittés au bureau de l'une de ses résidences ordinaires, la Régie admet ordinairement comme régulière la déclaration, considérant que les héritiers sont les mieux qualifiés pour connaître exactement le domicile de leur auteur. — V. Sol., 9 déc. 1893, 5 janv. 1897.

INOBSERVATION DES OBLIGATIONS IMPOSÉES AUX AGENTS D'AFFAIRES, AGENTS DE CHANGE, BANQUIERS, ÉTABLISSEMENTS DE CRÉDIT, OFFICIERS PUBLICS OU MINISTÉRIELS, SOCIÉTÉS, COMPAGNIES D'ASSURANCES, ETC.

1733. « Quiconque, — porte le dernier alin. de l'art. 15, L. 25 févr. 1901, ainsi que le dernier alinéa de l'art. 3, L. 30 déc. 1903, — aura contrevenu aux dispositions du présent article sera personnellement tenu des droits et pénalités exigibles, sauf recours contre le redevable, et passible, en outre, d'une amende de 500 fr. en principal ».

1734. Il convient, toutefois, de ne réclamer le paiement des droits et pénalités exigibles aux sociétés, compagnies et personnes visées par l'art. 15, qu'autant que le recouvrement de ces sommes n'aurait pu être amiablement obtenu des héritiers, et que la solvabilité de ces derniers ne présente pas, en cas de poursuites, des garanties suffisantes pour le Trésor. — V. I. G., 3051.

1735. Lorsque les contrevenants sollicitent la remise de ces amendes, les directeurs doivent avoir soin de s'assurer si les droits et pénalités dus par les héritiers, légataires ou donataires ont été acquittés.

Une société ayant encouru plusieurs amendes de l'espèce, dans les premiers mois qui ont suivi la promulgation de la loi, le ministre a statué sur la demande en remise de ces amendes en ces termes : « Remise entière des amendes, si les héritiers ou légataires se libèrent des droits de succession et des droits ou demi-droits en sus dans les six mois de la notification de la décision ».

Les directeurs peuvent, le cas échéant, exprimer une réserve semblable quand ils sont appelés à statuer eux-mêmes (Déc., 11 janv. 1897 et 8 mars 1899; I. G., 2921 et 2980). — V. I. G., 3067, § 12.

REFUS DE COMMUNICATION

1736. Tout refus de communiquer les livres de commerce aux agents de contrôle rend l'héritier détenteur de ces livres passible d'une amende égale aux droits qui n'auront pas été perçus par suite de la déduction du passif (L. 25 fév. 1901, art. 3 al. 3).

CHAPITRE III

Poursuites

1737. En principe, l'Administration préfère une entente amiable à un procès ; aussi essaye-t-elle toujours d'obtenir de gré à gré les droits et amendes qu'elle croit exigibles.

A cet effet, elle invite d'abord le redevable à se présenter au bureau.

Là, après explications et pourparlers, une sorte de transaction peut intervenir sur l'omission ou l'insuffisance prétendue du revenu déclaré ; la partie souscrit alors à la Régie une soumission de porter cette omission, ce revenu à une somme dont on convient ;

La pièce qui la constate est adressée à la direction.

Si la Régie l'accepte, le contribuable n'a pas le droit de la retirer. — V. Toulouse, 7 juill. 1887 ; Seine, 6 juill. 1838, 2 févr. 1900 ; Sol., 12 juill. 1895 ;

Et, réciproquement, il ne saurait plus être poursuivi pour une somme supérieure, même en cas de découverte d'un bail courant révélant un revenu encore plus élevé. — V. Dict. réd., v° *Expertise*, n° 380 ; Garnier, Rép., v° *Soumission*, n° 21 ; Maguéro, v° *Insuff.*, n° 93 ; Marseille, 26 août 1873 ; Sol., 12 juill. 1895 ;

1738. Mais la soumission n'engage que celui qui la signe, elle n'est pas opposable aux autres héritiers, donataires ou légataires.

1739. Lorsque la soumission pour insuffisance a été souscrite par le notaire de la succession comme se portant fort des héritiers, il ne se constitue pas par cela même débiteur du droit ; il devient seulement passible de dommages-intérêts, s'il en est résulté de son fait pour la Régie un préjudice à lui imputable, et seulement après mise en demeure des héritiers et poursuites ordinaires demeurées infructueuses. — V. Defrénois, *Rép. prat.*, n° 13521 ; Saint-Marcellin, 14 août 1903 ;

Mais le mieux est de s'abstenir, et surtout de ne jamais signer de soumission en blanc.

1740. A défaut de soumission, ce n'est ordinairement qu'après un, deux et même trois avertissements restés infructueux que la Régie se décide à agir.

'1⁰ⁿ PERSONNES POURSUIVABLES.

1741. La Régie peut naturellement actionner, s'il y a lieu, pour le recouvrement du droit de mutation par décès exigible et des amendes encourues, ceux qui ont été indiqués plus haut comme débiteurs du droit.

A quoi il faut ajouter les observations suivantes :

1742. En cas soit de défaut de déclaration, soit d'omission ou d'insuffisances dans une déclaration concernant un mineur ou un interdit, le recouvrement du droit simple est poursuivi contre ce dernier, et celui du demi-droit ou du droit en sus contre le tuteur, parce que l'amende est alors à sa charge personnelle, comme tenu légalement de faire au besoin l'avance du droit, ce qui permet de le poursuivre pour le tout (L. 22 frim. an VII, art. 27 et 39). — V. E. Naquet, *op. cit.*, III, n° 1220 ; Cass., 25 oct. 1808 ; Bordeaux, 10 févr. 1827 ; Marseille, 22 mai 1840 ; Toulouse, 13 déc. 1877 ; Bordeaux, 1ᵉʳ juin 1892 ; Lyon, 7 juin 1895 ; Albertville, 16 nov. 1895 ; Déc. min. Fin. an XIII et 7 juin 1808 ; I. G.,386, § 34 ;

1743. De même contre le cotuteur. — V. Dict. réd., v° *Succ*, n° 2189 ; Garnier, Rép., *eod.* v°, n°ˢ 574, 575 ; Maguéro, *eod.* v°, n° 71 ; Bordeaux, 10 avril 1857 ; Seine, 22 mai 1858 ; Corte, 2 déc. 1874 ; Péronne, 17 nov. 1876 ; Château-Thierry, 9 mars 1887 ; Nancy, 16 mai 1888 ;

Et le protuteur. — V. E. Naquet, *op. cit.*, III, n°ˢ 1220 et 1238 ;

1744. Ou contre le père administrateur légal. — V. Dict. réd., v° *Succ.*, n°ˢ 2188 et 2346 ; Garnier, Rép. gén., v° *Successions*, n°ˢ 576 et s. ; Maguéro, v°, *Successions*, n° 74 ; Toulouse, 5 mars 1863 ; Marseille, 12 mars 1869 ; Pithiviers, 3 janv. 1878 ; Belley, 8 mars 1890 (D., 90. 5. 234) ; Gray, 26 nov. 1897 ; Seine, 1ᵉʳ févr. 1902 ; Béziers, 14 mai 1904 ; *Contrà* : Dalloz, Rép. gén., Suppl., v° *Enregistr.*, n° 2847 ; G. Demante, *op. cit.*, II, n° 815 ; Bellac, 14 août 1881 ; invoquant le principe qu'une disposition pénale doit s'appliquer dans ses termes mêmes, sans aucune extension ; Cpr. E. Naquet. *op. cit.*, III, n°ˢ 1220 et 1238 ; mais alors ne serait-ce pas faire retomber l'amende sur le mineur innocent ;

1745. Ou contre le curateur du mineur émancipé et le curateur au ventre, en répétant qu'il n'existe, pour décider ainsi, d'autre raison que le texte littéral de l'art. 39, L. 22 frim. an VII. dans lequel le mot curateur n'a peut-être pas le sens de curateur à l'émancipation ou au ventre. — V. Dict. réd., v° *Succ.*, n°ˢ 2195, 2196 ; G. Demante, II, n° 813 ; Garnier, Rép., *eod.* v°, n°ˢ 572, 573 ; Maguéro, *eod.* v°, n° 71 ; E. Naquet, *op. cit.*, III, n°ˢ 1220 et 1238 ; Abbeville, 16 nov. 1895 ;

1746. Sans qu'ils puissent exciper de ce qu'ils n'avaient pas, au compte de l'incapable, les sommes nécessaires pour le paiement du droit. — V. Dict. réd., v° *Succ.*, n° 2186 ; Garnier, *eod.* v°, n° 574 ; Maguéro, *eod.* v°, n° 28 ; Seine, 18 juin 1856 ; Bordeaux, 10 févr. 1857 ; Seine, 20 avril 1866, 6 juill. 1867, 2 janv. 1869 ; Gap, 10 oct. 1874 ; Corte, 2 déc. 1874 ; Péronne, 17 nov. 1876 ; Toulouse, 13 déc. 1877 ; Château-Thierry, 9 mars 1887 ; Nancy, 16 mai 1888, 20 mai 1891 ; Seine, 7 juill. 1894 ; Lons-le-Saulnier, 12 mars 1895 ; Bordeaux, 7 avril 1897 ;

Ou de ce que les valeurs étaient sous séquestre. — V. Dict. réd., v° *Succ.*, n° 2185 ; Garnier, *eod.* v°, n° 574 ; Seine, 13 juin 1855 ;

Et même, en cas de legs de simple nue propriété, alors que le mineur ou l'interdit n'a pas d'autres biens. — V. Toulouse, 5 mars 1863 ;

1747. Mais non contre l'exécuteur testamentaire, même s'il y a la saisine. — V. Dict. réd., v° *Succ.*, n° 2213; Garnier, *Rép.*, *eod.* v°, n° 580; Maguéro, *èod.* v°, n° 30; Marseille, 25 juill. 1867; *Contrà* : E. Naquet, *op. cit.*, III, n° 1220; Cass., 5 niv. an XIII;

1748. Ni contre le mari commun en biens, en tant que personnellement responsable, relativement aux successions qui sont échues à sa femme. — V. G. Demante, *op. cit.*, II, n° 815; Garnier, *Rép.*, v° *Succ.*, n° 577; Maguéro, *eod* v°, n°ˢ 32, 75; E. Naquet, *op. cit.*, III, n° 1220; Cass., 10 nov. 1874 (S., 75. 1. 132; D., 75. 1. 115); Sol., 16 janv. 1868; I. G., 2509, § 2;

Mais il peut être poursuivi, pour les droits dus par sa femme, en sa qualité d'administrateur de la communauté, sur les biens mobiliers qui dépendent de ces successions. — V. Hazebrouck, 5 déc. 1885;

1749. Ni contre le cessionnaire de droits successifs. — V. Déc. min. Fin., 24 sept. 1819;

1750. La Régie a la faculté, lorsque plusieurs sont solidairement débiteurs des droits, d'après ce qui a été dit plus haut, de n'en poursuivre qu'un à son choix, sauf recours de celui-ci contre ses codébiteurs pour ce qu'ils doivent supporter personnellement. — V. Rouen, 3 juin 1891 ;

Et les poursuites ainsi exercées ne constituent nullement une renonciation à l'égard des autres débiteurs. — V. Cass., 29 germ. an 11, et 21 mai 1806; Déc. min. Fin., 7 juin 1808; I. G., 388, § 36, et 495.

1751. La solidarité s'étend au paiement du demi-droit en sus et du double droit. — V. Neufchâteau, 8 mars 1832; Grenoble, 27 déc. 1847; Villefranche, 2 févr. 1882.

Spécialement en ce qui concerne les offices (L. 25 juin 1841, art. 11).

1752. « Il arrive souvent, dit M. E. Naquet (*op. cit.*, III, n° 1238), que des légataires viennent en concours avec des héritiers ; faut-il alors, pour éviter toute contravention, que les uns et les autres fassent la déclaration des biens qu'ils acquièrent ? Ne suffirait-il pas, pour mettre le légataire à l'abri de toute pénalité, qu'une déclaration générale émanât des héritiers et comprît les biens légués? La question ne peut se présenter sérieusement que dans le cas où les droits dus par les légataires sont plus élevés que ceux qui sont dus par les héritiers. Si, en effet, ces droits étaient identiques, ou bien si ceux que doivent acquitter les héritiers étaient supérieurs, les légataires ne pourraient être utilement poursuivis. Ils diraient, avec raison, que le fisc a été intégralement payé et que, n'étant plus créancier, il est sans autorité pour appliquer une peine qui n'est encourue qu'au cas de défaut de paiement d'une créance.

« Mais la difficulté se produit si l'on suppose que les droits dus par les légataires sont plus élevés que ceux qui sont établis par la loi à la charge des héritiers. Alors en effet, la déclaration faite par les héritiers et le paiement qui l'a accompagnée, ne font pas disparaître la créance du fisc, auquel il reste dû une somme égale à la différence qui existe entre le montant de ces deux droits, relativement à la part que recueillent les légataires.

« Je ne mets pas en doute la responsabilité des légataires. Ils sont personnellement obligés par l'art. 39 de déclarer les biens qu'ils reçoivent, et, s'ils ne le font pas, ils tombent en contravention.

« Reste à savoir comment sera calculé le demi-droit en sus dont ils deviennent redevables. Sera-t-il calculé sur le droit simple, tel qu'il était dû par les légataires au jour de l'ouverture de la succession, ou seulement sur la fraction de droit simple qui est encore exigible après le paiement, libératoire pour partie, que les héritiers ont réalisé ?

« M. Garnier enseigne que la dette des légataires se trouvant réduite de tout ce que les héritiers ont payé à leur décharge, le demi-droit n'est autre chose que la moitié de la fraction du droit simple qui reste exigible (*Rép. gén.*, v° *Succession*, n° 566).

« Cette opinion cadre assez bien avec la solution que l'on suit au cas de paiement intégral des droits par les héritiers. Puisque, dans ce cas, la responsabilité des légataires disparaît entièrement, il est logique d'admettre qu'elle disparaisse en partie lorsque le paiement est partiel. »

2^{eni} COMPÉTENCE

1753. La connaissance des contestations qui s'élèvent en matière de droit de mutation par décès appartient exclusivement au tribunal dans le ressort duquel est situé le bureau d'enregistrement compétent pour la perception. — V. E. Naquet, *op. cit.*, III, n°ˢ 1273 et s., 1324; Vire, 16 août 1883; Domfront, 18 mai 1888; Seine, 31 janv. 1890; Cass., 12 août 1890.

Sauf ce qui sera dit ci-après des expertises d'immeubles situés dans plusieurs bureaux, V. n° 1817.

3^{eni} PREUVE

1754. Puisque la Régie est demanderesse pour l'exigibilité du droit de mutation par décès, c'est à elle, comme à tout demandeur, qu'incombe la preuve des faits qu'elle allègue : soit du décès, en cas d'absence de déclaration, soit d'omission dans les biens déclarés ou d'insuffisance dans leur estimation. — V. E. Naquet, *op. cit.*, II, n°ˢ 857 et s.; III, n° 1177;

1755. Il résulterait même d'un arrêt que

la Régie n'aurait pas à justifier seulement que tels biens se trouvent dans la succession, mais encore qu'ils *appartenaient* au défunt. — V. Cass., 6 mai 1824.

1736. En tout cas, la production par la Régie d'un titre de propriété, sous seing privé aussi bien qu'authentique au nom du défunt, suffit pour justifier sa demande en paiement du droit de mutation. — V. Le Puy, 12 août 1880; V. toutefois L'argentière, 24 juin 1886;

Et même d'un acte ou d'une déclaration quelconque des héritiers impliquant la mutation. — V. Tarbes, 1er juin 1891.

1737. On se rappelle que l'acceptation de la succession ou des legs est toujours présumée.

1738. Or, quels modes de preuve la Régie peut-elle invoquer pour établir la consistance ou la valeur des biens? Il faut, à cet égard, distinguer entre les meubles et les immeubles.

1° *Meubles.*

Meubles en général.

1739. Un arrêt de cassation du 24 mars 1846 s'exprime ainsi : Il est de principe général, même en matière d'enregistrement, qu'en l'absence de dispositions spéciales, le droit commun reprend son empire; dès lors, la loi du 22 frim. an VII ne contenant aucune disposition sur les preuves spéciales à l'aide desquelles se constateront les omissions et les insuffisances dans les déclarations estimatives des objets et effets mobiliers, il faut recourir aux règles prescrites par le droit commun.

M. G. Demante (II, nos 767 et s.) réfute cette doctrine de la manière suivante :

« Le droit commun, en matière de preuve, outre le contenu aux actes, c'est l'interrogatoire de la partie et la délation du serment; de plus, quand il s'agit de fraude, ce sont encore et la preuve testimoniale et toutes les présomptions de fait, abandonnées à la prudence du magistrat (C. civ., art. 1353). Le rédacteur de l'arrêt précité va même jusqu'à reconnaître à l'Administration le recours à la *commune renommée*, la commune renommée, cette ressource extrême de la femme contre les abus de puissance du mari! (C. civ., art. 1415). Il y a là une exagération sensible. Les procédés du droit commun, quant à la preuve, seraient ici pleins de danger; ce serait entre l'Administration et les contribuables une cause perpétuelle d'irritation et de scandale. Le législateur a reculé devant ces inconvénients. L'interrogatoire, le serment, la preuve testimoniale, les présomptions de fait, tout cela, en règle générale, est incompatible avec l'économie des lois de l'enregistrement et la procédure spéciale de la matière. Reconnaissons donc avec M. Garnier (anc. édit., n° 6195) :

« Que, s'il est vrai que le législateur n'a pas voulu que les employés restassent tout à fait désarmés devant la fraude qui se glisse si activement dans les évaluations mobilières, il est également certain que leurs moyens de répression, qu'ils trouvent dans l'art. 39, L. 22 frim. an VII, consistent uniquement à saisir la preuve des fausses évaluations dans les divers faits et actes qui viennent à leur connaissance *faits et actes qui doivent faire preuve, sans avoir besoin de recourir au droit commun.*

« De tels actes seront, par exemple, un inventaire, une liquidation, un partage, en un mot un de ces actes qui, par leur nature, tombent sous le contrôle de l'Administration. Cette doctrine a été consacrée, de la façon la plus explicite, par un arrêt de *cassation* du 29 févr. 1860 (*Rép. pér.*, 1284), où on lit, entre autres, les motifs suivants :

« Attendu que la loi fiscale a voulu que la Régie pût contrôler et réprimer les déclarations fausses ou incomplètes des parties; mais, quand il s'agit des valeurs mobilières qui ne sont pas soumises à l'expertise, l'élément de preuve, en harmonie avec l'esprit de la loi, doit reposer sur des faits et actes parvenus à la connaissance de la Régie et propres à établir juridiquement les insuffisances ou omissions qu'elle allègue, tels que partages, transactions, inventaires, liquidations, répertoires de notaires et autres actes semblables, *soumis à l'enregistrement;* et il n'a pas été dans l'intention de la loi, pas plus qu'il n'est dans son texte, de permettre à la Régie de se livrer à la recherche des forces mobilières des successions par voie d'enquêtes, et de pénétrer ainsi dans l'intérieur des familles, à l'aide des preuves testimoniales toujours dangereuses et de nature à y jeter l'inquiétude et le trouble;

« Attendu, enfin, que ce mode de preuve et la procédure qu'il comporte sont incompatibles avec l'économie de la loi fiscale et avec les formes prescrites en cette matière par les art. 65, L. frim. et 17 L. 27, vent. an IX, etc.

« Les motifs de l'arrêt relatifs à la preuve testimoniale s'appliquent *à simili*, sinon *à fortiori*, à l'interrogatoire sur faits et articles, à la comparution personnelle et au serment. Ils s'appliquent aussi, par voie de conséquence, aux présomptions *de fait* abandonnées à l'appréciation des juges, puisque, d'après le droit commun, ces présomptions ne doivent être admises par le magistrat que « *dans les cas seulement où la loi admet la preuve testimoniale* » (C. civ., art. 1353). Dans ce dernier cas, il est vrai, ne se rencontre pas la raison *de forme*, tirée de la procédure spéciale de la matière; mais on y retrouve cette raison *de fond*, tirée du danger qu'il y a « de permettre à la Régie *de pénétrer dans l'intérieur et le secret des familles*, et de se livrer à des recherches qui sont de nature à y jeter l'inquiétude et le trouble* ». On a un exemple frappant de ce danger dans l'espèce d'un jugement du tribunal de Versailles, du 22 avril 1858 (*Bull. J. Pal.*, n° 528). Pour valider une contrainte, relative à des droits de mutation par décès, le tribunal, s'autorisant des principes posés par l'arrêt du 24 mars 1846, relevait, entre autres, les circonstances suivantes :

« Que la veuve T... ne se livrait pas à des spéculations de Bourse ; qu'elle n'avait pas trouvé de trésor; que les mariés T... avaient l'habitude de cacher et enfouir dans les dépendances de leur appartement des sommes considérables; *qu'il est naturel de penser* que les deux époux avaient connaissance des différentes cachettes, etc.

« De pareilles inductions, laissées au pouvoir discrétionnaire des tribunaux, n'offrent pas moins de danger que la preuve testimoniale; l'arrêt du 29 févr. 1860 y doit mettre fin. » — V. aussi Les Andelys, 16 mai 1855; Lille, 6 déc. 1872 ; Chambéry, 13 mars 1877 ; Alençon, 17 déc. 1877; Foix, 31 août 1880 ; V. toutefois Cass., 30 mars 1870.

1760. Malheureusement, la Cour suprême paraît être complètement revenue sur la jurisprudence, si raisonnable pourtant, de cet arrêt, et admet maintenant d'une manière générale que la Régie peut établir, même au moyen de simples présomptions, tirées, soit des faits constants au procès, soit des actes qui parviennent à sa connaissance par l'enregistrement ou par l'exercice de ses droits légaux de contrôle et d'investigation, notamment au siège des Sociétés (constatation de comptes-courants, de dépôts, d'encaissement de coupons, etc.), toutefois, par des moyens compatibles avec la procédure écrite, seule instituée en matière d'enregistrement, l'exigibilité des divers droits dont elle poursuit le recouvrement. — V. Dict. réd., v° *Succ.*. n° 2421; Garnier, Rép., *eod.* v°, n° 1522; Maguéro, *eod.* v°, n°ˢ 712 et s. ; Cass., 30 mars 1876, 3 déc. 1878, 29 et 30 déc. 1879, 8 mai 1882 ; 27 juin 1883, 23 janv. 1884, 18 mars et 20 nov. 1889, 19 juill. 1892, 17 mars 1896 (S., 97. 1. 102), 21 févr. 1898, 19 avril 1900 (S., 01.1. 52), 4 juill. 1901 ; *Adde :* Seine, 6 juill. 1831; Boulogne, 9 juill. 1874 ; Valenciennes, 17 août 1876 ; Le Havre, 6 mars 1880; Toulon, 19 avril 1883 ; Cass., 27 juin 1883 (D., 84. 1. 239) ; Bazas, 14 mai 1889 ; Tulle, 6 févr. 1890 ; Remiremont, 3 juill. 1890 ; Compiègne, 24 déc. 1890 ; Dieppe, 31 déc. 1890; Le Puy, 21 mai 1891; Seine, 5 juin 1891; Marseille, 22 janv. 1892; Lunéville, 21 juil. 1892; Toulouse, 1ᵉʳ févr. 1893; Corbeil, 26 avril 1893; Draguignan, 23 juin 1898, Bonneville, 23 déc. 1902; *Contrà :* Saint-Omer, 27 août 1863; Cpr. Privas, 1ᵉʳ août 1870; Toulon, 31 déc. 1885; Marseille, 22 janv. 1892 ; Seine, 12 mai 1898; Cpr. E. Naquet, *op. cit.,* III, n° 1198.

1761. Ainsi, jugé que l'omission de valeurs dans une succession résulte suffisamment d'un transport de droits successifs pour un prix supérieur à la part du cédant, d'après la déclaration, lorsque la dissimulation est corroborée par les circonstances de la cause. — V. Saint-Mihiel, 17 juin 1903.

1762. En tout cas, ces présomptions, n'étant pas des présomptions établies par la loi, ne doivent être admises qu'à la condition d'être graves, précises et concordantes, conformément à l'art. 1353 du C. civ.

Or, la loi n'a créé aucune présomption particulière pour la preuve des omissions ou des insuffisances dans les déclarations de successions.

Toutes les présomptions qui ne sont pas à la fois graves, précises et concordantes doivent donc être écartées par les tribunaux. — V. Figeac, 1ᵉʳ mars 1878 ; Verdun, 28 juin 1878 ; Vienne, 1ᵉʳ mai 1879 ; Montbéliard, 7 déc. 1882 ; Pontarlier, 4 mars 1890; Angoulème, 11 mars 1896 ; Cass., 21 fév. 1898.

1763 Ainsi, du fait bien établi que le défunt possédait dix ans avant sa mort certaines valeurs mobilières, on ne saurait présumer qu'il les avait encore au moment de son décès. Tout au plus cela peut-il donner lieu à une simple supposition, la plupart du temps impossible à justifier.

1764 Bien souvent, en effet, la Régie s'appuie sur une déclaration de succession contenant les valeurs en question. Or cette déclaration, à elle seule, s'il n'y pas eu partage, ne prouve même pas que les héritiers ont recueilli les valeurs qui y sont portées, car la déclaration n'établissant qu'un actif brut celui-ci peut très bien avoir été absorbé par le passif.

C'est pourquoi les tribunaux rejettent généralement les réclamations de la Régie lorsque celles-ci ne sont pas plus suffisamment établies.

C'est ainsi qu'il a été jugé, notamment que les valeurs mobilières, dûment inventoriées, recueillies par un mineur ou un interdit peu de temps avant sa mort, ne peuvent pas être présumées de plein droit exister au moment de son décès.

« Attendu, dit un jugement du tribunal de Privas du 1ᵉʳ août 1870, que, par la production de l'inventaire du 13 sept. 1865, la Régie prouve bien qu'un capital mobilier plus considérable que celui déclaré existait dans le patrimoine de l'interdit R..., trois ans avant le décès de ce dernier, mais qu'elle ne prouve pas que les titres et valeurs, constituant ces valeurs, existaient encore au moment du décès, trois ans après la constatation ainsi faite ; elle n'établit pas que les défendeurs ont trouvé dans la succession dudit R..., des valeurs mobilières autres que celles déclarées ; elle ne produit aucun acte de nature à faire cette justification : — Attendu que, s'il est vrai que ledit R... était en état d'interdiction, son tuteur pouvait être tenu de rendre compte tant des capitaux que des revenus dont il a eu l'administration, il n'est pas moins certain que ce compte ne peut être demandé au tuteur par la Régie, comme elle le reconnaît elle-même ». — V. Seine, 8 mai 1833; Saint-Omer, 17 août 1863.

1765. Plus généralement et en principe

le fait qu'une personne ait recueilli, un certain temps avant son décès, des successions comprenant des valeurs mobilières, ne suffit pas à faire présumer que ces valeurs existaient encore dans le patrimoine de cette personne, au moment de sa mort, et qu'elles auraient dû être comprises dans la déclaration de sa propre succession pour le paiement du droit de mutation par décès.

1766. Jugé même que si la Régie est recevable à établir, au moyen de présomptions, l'existence d'omissions dans une déclaration de succession, faut-il encore que les présomptions invoquées ne laissent aucun doute sur la réalité de la fraude prétendue. La preuve d'une omission ne résulte donc pas suffisamment du fait qu'une légataire universelle ou son mari ont depuis l'ouverture de la succession, touché les coupons de titres au porteur déposés par le défunt en son nom dans un établissement de crédit et qui en avaient été retirés quelques jours avant son décès par le mari de la légataire universelle en vertu d'un mandat non suivi de décharge, lorsqu'il résulte des circonstances de l'affaire, et notamment d'un procès-verbal d'enquête, que le *de cujus* avait fait opérer le retrait de ces valeurs afin de pouvoir en disposer de son vivant, par don manuel, comme l'affirment les parties. — V. Beauvais, 20 mai 1904.

1767. Plus généralement, les intéressés ont toujours le droit de faire tomber les présomptions invoquées par la Régie, au moyen de preuves et même de présomptions contraires. — V. Dict. réd., v° *Succ.*, n° 2482 ; Garnier, Rép. *eod.* v°, n° 1567 ; Maguéro, *eod.* v°, n° 718 ; Condom, 24 févr. 1881 ; Toulouse, 14 juin 1883 ; Dieppe, 17 mai 1888.

1768. D'ailleurs, quand la Régie n'appuie ses réclamations que sur une déclaration de succession, la jurisprudence oblige la demanderesse à établir que les valeurs dont il s'agit n'ont pas dû servir à payer le passif héréditaire, que ces valeurs sont réellement entrées dans le patrimoine de l'héritier, enfin que celui-ci les possédait encore à l'époque de son décès.

1769. Mais, jugé qu'un tribunal, pour rechercher si certaines valeurs dépendaient d'une succession, peut se fonder sur des présomptions qu'il déclare graves, précises et concordantes, et qu'il rattache à ce fait que le défunt, ayant, peu de temps avant son décès, recueilli lui-même ces valeurs dans une succession, avait constitué, comme mandataire pour en effectuer la réalisation, la personne même que peu de jours après, il a institué pour légataire universel, alors que celle-ci non seulement ne prouve pas qu'il y ait eu reddition de compte ou affectation desdites valeurs, mais encore qu'elle reconnaît formellement que le défunt n'avait fait de son vivant aucune disposition relative à l'emploi de sa fortune. — V. Draguignan, 23 juin 1898 ; Req., 9 avril 1900.

Il est vrai que, dans l'espèce, les présomptions, loin d'être détruites par les allégations de l'héritier, se trouvaient confirmées par ses propres déclarations.

1770. Pour établir l'existence d'une omission de meubles meublants et d'objets mobiliers dans la déclaration de la succession d'une personne décédée avant l'entrée en vigueur de la loi du 25 févr. 1901, la Régie n'est pas recevable à invoquer la présomption légale de l'art. 11 de cette loi, d'après lequel, à défaut d'inventaire ou d'acte de vente, la valeur des biens meubles est déterminée en prenant pour base 33 0/0 de l'estimation portée dans les polices d'assurances en cours au jour du décès et souscrites par le défunt ou ses auteurs moins de cinq ans avant l'ouverture de la succession ; mais elle peut prouver l'omission en utilisant toutes les présomptions que lui fournissent, dans le contrôle de la déclaration, les actes et faits quelconques qui parviennent légalement à sa connaissance : en conséquence, elle est fondée à se baser, à titre de présomption simple, sur les énonciations d'une police d'assurance que l'exercice de son droit de communication au siège de la compagnie lui a fait connaître, pour conclure à l'existence d'une omission certaine lorsque les meubles, déclarés d'une certaine valeur de 2.100 fr. « ont été assurés par le défunt, deux mois et demi avant son décès, pour une valeur beaucoup plus considérable ». — V. Bonneville, 23 déc. 1902.

Il en sera de même chaque fois que la police d'assurance, en cours au jour du décès, aura été souscrite plus de cinq ans avant l'ouverture de la succession.

1771. Les quantités existantes au décès en liquides, poudres et tabacs chez les débitants et les marchands en gros peuvent être contrôlées par les énonciations s'y rapportant consignées sur les registres portatifs des contributions indirectes. — V. Seine, 23 févr. 1867 ; Déc. min. Fin., 10 juill. 1875.

1772. « Quand un acte, par sa nature, dit M. Demante (n° 768), tombe sous le contrôle de l'Administration, il faut en outre, pour être utilement invoqué contre les parties, qu'il soit en contradiction directe avec leur déclaration originaire, qu'il en soit le démenti.

« Ce caractère ne se rencontre pas dans la vente publique des meubles, même quand elle est faite peu de temps après le décès. Le caprice des amateurs, le *feu des enchères*, comme on dit, peuvent avoir fait monter le prix de la vente beaucoup au-dessus de l'évaluation honnêtement déclarée par l'héritier. Tant que la question est restée sur le terrain de l'interprétation doctrinale, on ne pouvait poser en principe absolu que le prix de la vente détermine la valeur des meubles, pour la perception des droits de mutation par décès. » — V. Cass., 23 févr. et 10 mai 1858.

Mais maintenant la loi du 21 juin 1875, art. 3, mod. par L. 25 févr. 1901, a résolu la difficulté dans les termes que nous avons rapportés ci-dessus, et auxquels il nous suffira de renvoyer, en rappelant seulement que les dispositions dudit art. 3 ne sont applicables ni aux créances, ni aux rentes, actions, obligations, effets publics et tous autres biens meubles dont la valeur et le mode d'évaluation sont déterminés par des lois spéciales.

1773. Parmi ces derniers meubles, il faut maintenant ranger les clientèles et les fonds de commerce qui sont désormais soumis à l'expertise, comme nous allons l'expliquer après avoir parlé des créances.

Créances et valeurs diverses.

1774. Relativement aux créances et valeurs, voici les principales décisions rendues.

La preuve de l'existence résulte naturellement et avant tout de la représentation du titre constitutif, puis des circonstances suivantes :

1775. Apport en mariage par un héritier, hors de proportion avec sa situation antérieure. — V. Garnier, Rép., *v° Succ.*, nos 1537 et s. ; Seine, 19 juill 1873 ; Bourganeuf, 1er juin 1899 ; *Contrà :* Valenciennes, 17 août 1876 ;

1776. Aveu en justice. — V. Cass., 27 mai 1868 ; Dôle, 14 nov. 1894 ;

1777. Aveu, formel ou implicite, des héritiers,

Dans un avis de parents. — V. Garnier, Rép., *v° Succ.*, n° 1546-4 ; Marvejols, 21 juillet 1868 ;

Dans une cession ou dans une liquidation postérieures. — V. Garnier, *Ibid.*, n° 1532 ; Maguéro, *eod. v°*, n° 725 ; Châtillon-sur-Seine, 28 avril 1868 ; Seine, 13 févr. 1869 ; Boulogne, 8 juill. 1870 ; Cass., 21 mai 1873 ; Seine, 12 mai 1893 ;

Spécialement dans une cession de droits successifs pour un prix supérieur à la somme portée dans la déclaration ou aux valeurs déclarées. — V. Garnier, Rép., *v° Succ.*, n° 1532 ; Boulogne, 8 juill. 1870 ; Cass., 21 mars 1873 ; Largentière, 20 août 1873 ; Hazebrouck, 29 déc. 1876 ; Neufchâtel, 17 janv. 1877 ; Lyon, 1er avril 1887 ; Rouen, 19 avril 1887 ; Reims, 12 juin 1888 ; Seine, 5 juin 1891 ; Caen, 1er juin 1896 ; Limoges, 27 avril 1900 ; Jonzac, 13 mai 1902.

Dans une déclaration de succession postérieure. — V. Dict. réd, *v° Succ.*, n° 2430 ; Garnier, Rép, *eod. v°*, n° 1545 ; Bar-le-Duc, 15 avril 1863 ; Cognac, 12 janv. 1864 ; Louviers, 9 févr. 1877 ; Chambéry, 13 mars 1877 ; Valence, 3 juin 1878 ; Lille, 31 déc. 1897 ;

Dans les documents officiels des contributions indirectes pour les boissons. — V. Garnier, Rép., *v° Succ.*, n° 1544 ; Seine, 4 juin 1859, 23 févr. 1867 ; Hazebrouck, 13 févr. 1864 ; Arbois, 11 août 1866 ; Briey, 15 janv. 1880 ; Nîmes, 1er mars 1895 ;

Dans un état liquidatif de la communauté qui a existé entre le débiteur décédé et sa femme. — V. Bastia, 30 déc. 1891 ;

Dans un interrogatoire judiciaire. — V. Cass., 27 mai 1868 ; Dôle, 14 nov. 1894 ;

Dans un inventaire dressé soit après le décès du *de cujus*, soit après celui de l'un des cohéritiers. — V. Garnier, Rep., *v° Succ.*, n° 1546 ; Seine, 16 févr. 1856 ; Lille, 6 déc. 1872 ; Toulouse, 14 juin 1883 ;

Dans un procès-verbal de gendarmerie, relatif à la soustraction du titre de la créance. — V. Mayenne, 14 janv. 1892 ;

Dans une procuration à l'effet de recouvrer la créance, sauf le cas où un tel mandat aurait été donné par erreur. — V. Compiègne, 24 déc. 1890 ;

Ou pour toucher un livret de caisse d'épargne. — V. Vesoul, 24 févr. 1893 ;

Ou pour transporter des droits successifs. — V. Boulogne, 29 juin 1874 ; Compiègne, 24 déc. 1890 ;

Dans un protêt. — V. Brioude, 19 mars 1873 ;

1778. Comparaison du compte du défunt avec celui de son héritier, dans un établissement de crédit, et recherches dont il résulte que les coupons de certains titres, après avoir été touchés par le *de cujus*, ont continué à l'être par son héritier ; et que, pour des coupons d'autres valeurs, leur nombre était le même dans les deux comptes pour chacune des valeurs. — V. Marseille, 22 janv. 1892 ; Rodez, 21 juill. 1899 ; Cass., 4 juill. 1901 ;

1779. Conversion au porteur, peu après le décès, de titres nominatifs non déclarés. — V. Rodez, 15 juin 1899 ;

1780. Décision judiciaire postérieure. — V. Seine, 8 juill. 1871 ; Le Puy, 24 mai 1871 ;

1781. Dépôts de titres par un héritier, auparavant sans ressources les expliquant. — V. Garnier, Rép. *v° Succ.*, n° 1524 ; Maguéro, *eod. v°*, n° 727 ; Bazas, 14 mai 1889 ;

1782. Etats de frais taxés conformément à l'art. 173, D. 16 févr. 1807, et actes de poursuites à la requête de l'héritier. — V. Cass., 24 mai 1892 ;

1783. Liquidation de reprises après séparation de biens. — V. Rouen, 15 nov. 1894 ;

1784. Paiement postérieur de la créance aux mains du mandataire du défunt. — V. Liége, 14 déc. 1877 ;

1785. Placements que la situation précédente de l'héritier ne comportait pas. — V. Boulogne, 9 juill. 1874 ;

1786. Poursuites des héritiers contre le débiteur à fins de paiement. — V. Cass., 24 mai 1892 (S., 92. 1. 597) ;

1787. Présomptions tirées du fait que la créance subsistait à une époque voisine du décès, et de circonstances particulières ne permettant pas d'admettre l'allégation du remboursement de la créance. — V. Cass., 17 mars 1896.

1788. Procuration par le défunt pour vendre des titres, lorsque le mandataire n'a pas rendu compte. — V. Draguignan, 23 juin 1898 ; Cass., 9 avril 1900 ;

1789. Et reconnaissance du débiteur dans un acte authentique postérieur au décès. — V. Grenoble, 27 déc. 1847; Cass., 16 nov. 1870; Laval, 14 déc. 1874; *Contrà* : Moissac, 11 août 1863;

A moins que ce ne soit un procès-verbal de non-conciliation, même appuyé de notes d'audience. — V. Tarbes, 27 mai 1891.

1790. Sans que les héritiers soient admis à soutenir que le défunt n'était qu'un prête-nom. — V. Dict. réd., *v° Succ.*, n° 1492 ; Garnier, Rép., *eod. v°*, n° 208-1 ; Seine, 17 mars 1853 ; Dinan, 5 févr. 1858 ; Amiens, 18 mars 1868 ; Montmorillon, 12 févr. 1891 ; Cass., 18 juill. 1892 ; Déc. min. Fin., 4 nov. 1865 ; Sol., 16 nov. 1865.

1791. Situation prospère d'une société dans laquelle était intéressé le *de cujus*, dont la part a cependant été évaluée bien au-dessous de son apport. — V. Cass., 19 juill. 1892 (S., 92. 1. 533).

1792. Lorsque l'exigibilité de la créance est postérieure au décès, si les héritiers prétendent qu'elle a été néanmoins payée par anticipation et avant le décès, il faut qu'ils établissent le fait. — V. Dict. réd. *v° Succ.*, n°s 2444 ; Garnier, Rép., *eod. v°*, n° 1539 ; Maguéro, *eod. v°*, n°s 731 et s. ; Colmar 6 mai 1851; Rethel, 27 août 1852; Reims, 28 déc., 1853 ; Ploërmel, 29 juin 1855; Colmar, 23 août 1855 ; Angoulême, 28 déc. 1855 ; Sainte-Menehould, 29 avril 1856 ; Mortain, 6 juill. 1856 ; Prades, 19 nov. 1856 ; Bar-sur-Aube, 12 févr. 1857; Remiremont, 9 avril 1857; Chalon-sur-Saône, 21 janv. 1860 ; Béziers, 9 janv. 1861; Moissac, 11 août 1863; Cass., 30 mars 1870 (S. 70. 1. 319 ; D., 71. 1. 233) ; Grasse, 29 juill. 1874; Belley, 8 mars 1890 ; Besançon, 25 juin 1890 ; Le Puy, 21 mai 1891; Cass., 8 janv. 1894, 17 mars 1896; Perpignan, 19 mai 1897 ; Bordeaux, 28 oct. 1901; *Contrà* : Launion, 13 mars 1855 ; Cognac, 25 août 1856 ; Verdun, 26 août 1856 ; Briey, 19 août 1857 ; Mirecourt, 9 déc. 1864 ; Boulogne, 13 déc. 1867 ; Tours, 22 juill. 1892 ; Cpr. Mayenne, 14 janv. 1892 ;

1793. Et ce, à l'aide des titres et papiers domestiques, ou même de simples présomptions résultant des faits de la cause. pourvu qu'il s'agisse de moyens compatibles avec la procédure écrite qui est de règle en matière d'enregistrement. — V. Dict. réd., *v° Succ.*, n° 2446 ; Garnier, Rép., *eod. v°.* n° 1539 ; Maguéro, *eod. v°*, n° 731 ; Cpr. Chalon-sur-Saône, 21 janv. 1860; Béziers, 9 janv. 1861 ; Moissac, 11 août 1863 ; Boulogne, 13 déc. 1867 ; Dôle, 7 juin 1888 ; Tours. 22 juill. 1892; Perpignan, 12 mai 1897 ;

1794. Mais la représentation d'une quittance ne suffirait pas, s'il résultait des circonstances que cette quittance est simulée. — Cpr. Chalon-sur-Saône, 21 janv. 1860 : Gourdon, 1er juin 1876 ; Mayenne, 14 janv. 1892 ; Espalion, 20 déc. 1904 ;

A plus forte raison, la simple affirmation du remboursement anticipé faite dans un acte postérieur au décès, fût-il notarié, car il n'y a par constatation du notaire *propriis sensibus*. — V. Cass., 28 déc. 1904.

1795. Quant aux créances échues antérieurement au décès, mais à une époque rapprochée. — V. n° 514.

1796. Quoi qu'il en soit de ces décisions d'espèces, le principe est que la Régie doit faire une double preuve, à savoir : 1° que le défunt a été créancier ; 2° et que la créance subsistait lors de son décès.

1797. S'il s'agit de valeurs mobilières non cotées, que les parties ont déclarées pour une valeur estimative, conformément à l'art. 14 L. 22 frim. au VII, l'insuffisance de l'évaluation peut être établie par rapprochement avec des ventes contemporaines au décès ou avec les chiffres fournis par la société elle-même dans ses bilans ou pour servir de base au paiement du droit de transmission ou pour ses déclarations de dividendes ; d'après les renseignements donnés par les journaux financiers ; en capitalisant les revenus au taux usité pour les valeurs similaires, etc. — V. Garnier, Rép., *v° Succ.*, n° 1097; Cass., 10 févr. 1864 ; Versailles, 15 mars 1870 ; Lure, 9 janv. 1873 ; Seine, 28 avril 1875 ; Reims, 29 déc. 1880; Boulogne, 21 juil. 1881; Cass., 27 juin 1883 ; Seine, 22 janv. 1886 ; Nancy, 1er mars 1887 ; Marseille, 1er juill. 1888; Belfort, 12 nov. 1890; Lunéville, 21 juill. 1892, 1er août 1895, 30 nov. 1897 ; Cass., 7 juill. 1898 (S., 98. 1. 469 ; D., 99. 1. 120) ; Seine, 11 août 1898 ; Nancy, 20 juin 1900 ; Laon, 5 mars 1903 ; Montargis, 6 avril 1905 ; Seine, 12 avril 1906 ;

A l'exclusion de transactions réalisées à l'étranger ou remontant à plus d'un an, faute de pertinence suffisante. — V. Laon, 5 mars 1903; Doullens, 27 nov. 1903 ;

1798. Malgré la jurisprudence qui vient d'être rapportée, nous pensons que la preuve par commune renommée, délation du serment, enquête et interrogatoire demeure non recevable, puisqu'elle ne rentre pas dans la procédure écrite. — V. Garnier, Rép., *v° Succ.*, n° 1518; Chartres, 15 mars 1859 ; Cass., 29 févr. 1860 et 19 mars 1862 ; Saint-Etienne, 23 mai 1877 ; Cass., 27 juin 1883; Cpr. E. Naquet, *op. cit.*, III, n° 1299 ;

Enfin, l'expertise n'est pas admissible relativement aux objets mobiliers, à moins qu'il ne s'agisse de clientèles ou de fonds de commerce. — V. Tours, 7 nov. 1890 ; Lyon, 17 nov. 1891 ;

Ni aux parts de commandite dans les sociétés commerciales. — V. Montargis, 6 avril 1905 ;

1799. Contre les présomptions invoquées par la Régie, les parties ne sont pas absolument sans défense ; elles peuvent leur opposer les titres et papiers domestiques, ou autrement, pourvu qu'il s'agisse toujours de moyens compatibles avec la procédure écrite.

1800. Il a été ainsi admis par exemple :

1801. Que le défunt avait pu faire un don manuel de sommes par lui touchées peu de jours avant sa mort. — V. Beaume-les-Dames, 3 juill. 1889; Pontarlier, 4 mars 1890 ;

1802. Qu'une cession faite par le défunt à un héritier à une date très rapprochée du décès, de créances ou autres valeurs, moyennant un prix payé comptant qu'on devrait retrouver, n'était au fond qu'une libéralité déguisée, par conséquent sans prix réél. — V. Angoulême, 11 mars 1896 ;

1803. Ainsi, la preuve testimoniale n'est pas recevable pour vérifier le sort d'une créance successorale, dont l'exigibilité, postérieure seulement au décès, fait présumer qu'elle était alors encore due. — V. Cass., 29 févr. 1860 (S., 60. 1. 475 ; D., 60. 1. 139), 8 janv. 1894 (S., 94. 1. 423 ; D., 94. 1. 246).

1804. Toutefois, on verra que la preuve par témoins est admise pour établir la fraude dans les déclarations et attestations de dettes.

Expertise des clientèles et des fonds de commerce.

1805. Aux termes du dernier alinéa de l'art. 11 L. 25 fév. 1901 :

« Les dispositions des deux derniers paragraphes de l'art. 8 L. 28 févr. 1872 sont applicables aux déclarations comprenant des fonds de commerce ou des clientèles dépendant de la succession. »

Ces dispositions sont ainsi conçues :

« L'insuffisance du prix de vente des fonds de commerce ou des clientèles peut également être constatée par expertise, dans les trois mois de l'enregistrement de l'acte ou de la déclaration de la mutation.

« Il sera perçu un droit en sus sur le montant de l'insuffisance, outre les frais d'expertise, s'il y a lieu, et si l'insuffisance excède un huitième. »

1806. Il résulte donc de ces textes que les insuffisances commises dans l'évaluation des clientèles ou des fonds de commerce transmis par décès peuvent être constatées au moyen d'une expertise ;

Mais seulement par cette voie (Explic. de M. Dufoussat au Sénat et réponse du rapporteur; 28 janv. 1901, *J. O.*, *Débats*, p. 110 et s.) ;

Et ce, dans les mêmes délais que les insuffisances de prix commises en cas de mutation à titre onéreux des mêmes biens, c'est-à-dire trois mois à partir du jour de la déclaration.

La brièveté du temps accordé à l'Administration pour requérir l'expertise s'explique par la possibilité d'une transformation rapide du fonds aux mains du nouveau possesseur ; il en résulte pour les agents l'obligation de contrôler, avec la plus grande célérité, les évaluations des parties. — V. I. G., 2433, IV et 3058.

Et dans les mêmes formes.

Le cas échéant, elles sont punies des mêmes peines. — V. I. G., 2433 et 3058.

1807. En reprenant les termes « fonds de commerce ou clientèles » employés par la loi de 1872, le législateur a entendu marquer que l'objet de l'expertise serait, en cas de mutation, par décès, exactement le même qu'en cas de cession à titre onéreux, c'est-à-dire la clientèle, le matériel et le droit au bail exclusivement (Sénat, 28 janv. 1901 ; *J. O.*, *débats*, p. 110). — V. I. G., 3058.

1808. Les marchandises garnissant le fonds se trouvent donc exclues de l'expertise dans le premier cas comme elles le sont dans le second. — V. Defrénois, *Comment.*, nos 327 et s. ; Dict. réd., v° *Fonds*, n° 107 ; I. G., 3058.

2° Immeubles.

1809 Pour eux à la différence des meubles, l'expertise constitue le principe du contrôle (L. 22 frim. an VII, art. 17).

1810. Aussi bien, la faculté de requérir l'expertise n'appartient qu'à la Régie. Les parties ne pourraient y recourir pour constater, par exemple, que le revenu, tel qu'il résulte d'actes, est exagéré, purement accidentel, etc. — V. Dict. réd., v° *Expertise*, n° 219 ; Garnier, Rép., eod. v°, n° 11, et *Instance*, n° 581 ; E. Naquet, *op. cit.*, II, n° 972 ; III, n° 1308 ; Cass., 22 mess. an XI ; Langres, 25 avril 1829 ; Cass., 16 août 1847 ; Blois, 25 juill. 1848 ; Montpellier, 8 juin 1850 ; Avignon, 5 août 1850 ; Cass., 19 août 1851, 17 févr. 1852 ; Guéret, 18 juin 1855 ; Brives, 9 févr. 1860; Cass., 7 avril 1868 (S., 68. 1. 310) ; Marseille, 12 juill. 1878 (S., 79, 2. 60) ; Vienne, 23 nov. 1878 ; Bourgoin, 23 janv. 1885 ; I. G., 1203, § 8 ; Cpr. Bourganeuf, 4 mars 1871 ;

1811. C'est pourquoi, en cas de contestation portant sur une partie seulement des immeubles, les parties ne sauraient exiger que tous soient expertisés, de manière à leur ménager une compensation. — V. Annecy, 31 oct. 1889.

1812. Toutefois, l'Administration ne saurait s'emparer d'un acte qualifié bail, mais de nature trop complexe pour ne constituer qu'un bail ; tel celui par lequel le bailleur d'un moulin s'est obligé envers le meunier à élever une construction, à la charge par celui-ci de payer, en sus du loyer, à titre de location et d'amortissement, l'intérêt à 10 0/0 des dépenses pendant la durée du bail, sauf à critiquer l'estimation déclarée. — V. Oloron, 31 août 1877.

1813. La demande d'expertise doit être faite et notifiée, sous peine de déchéance, dans l'année ou les deux ans de la déclaration critiquée, suivant qu'il s'agit d'une évaluation en capital ou d'une évaluation en revenu (L. 22 frim. an VII, art. 17 et 61). — V. Defrénois, *Comment.*, n° 410 ; G. Demante, *op. cit.*, II, n° 759 ; Cass., 18 germ. an XIII ; I. G., 306.

1814. Aux termes de l'art. 18, même loi, la demande en expertise est formée au nom de la Régie devant le tribunal civil dans le ressort duquel les biens sont situés, par un exploit portant indication de l'expert qu'elle a choisi; l'expertise est ordonnée dans les dix jours; à défaut par le contribuable de désigner son expert dans les trois jours de la sommation qui lui est faite d'y satisfaire, il lui en est nommé un d'office par le tribunal; en cas de partage, ces deux experts s'adjoignent un tiers expert; s'ils ne s'entendent pas à cet égard, le juge de paix de la situation y pourvoit; le procès-verbal d'expertise doit être rapporté, au plus tard, dans le mois qui suit la remise aux experts de la décision du tribunal, ou dans le mois après l'appel d'un tiers expert.

1815. Lorsque la valeur des biens n'excède par 2.000 fr., l'expertise n'est faite que par un seul expert choisi par toutes les parties ou, en cas de désaccord, par le président du tribunal et sur simple requête (L. 23 août 1871, art. 15).

1816. Il peut y avoir lieu d'expertiser, soit le revenu, soit la valeur vénale.

Expertise du revenu

1817. C'est, en effet, par cette voie que la Régie est autorisée à contrôler le revenu des immeubles transmis par décès, lorsqu'elle ne peut établir l'insuffisance qu'elle allègue par des actes faisant connaître le véritable revenu des biens (L. 22 frim an VII, art. 19);

Mais seulement alors. — V. Garnier, Rép., v° *Expertise*, n° 56; Cass., 3 mars 1840.

1818. La déclaration des parties est d'ailleurs, seule susceptible d'expertise, et non le bail produit. — V. G. Demante, *op. cit.*, II, n° 759; E. Naquet, *op. cit.*, III, n° 1311; Cass., 7 germ. an XII, 18 févr. 1807 et 5 avril 1808;

1819. Peu importe que ce bail soit notarié ou par acte sous seing privé même n'ayant pas encore date certaine. — V. Dict. réd., v° *Expertise*, n° 20; Garnier, Rép. v° *Insuff.*, n° 11; E. Naquet, *op. cit.*, III, n° 1311; Cass., 9 déc. 1835; I. G., 1513, § 3;

1820. Quant au bail verbal, il ne peut, même depuis la loi du 23 août 1871, être opposé à l'Administration, quoique, de son côté, elle puisse l'invoquer, si bon lui semble.

En effet, si la Régie devait subir, pour l'assiette du droit de mutation par décès, les déclarations de locations verbales qui sont l'œuvre exclusive des parties, il n'y aurait plus aucune garantie pour le Trésor, le droit de succession serait complètement à la merci des contribuables, car le loyer est trop souvent minoré dans ces déclarations et, malheureusement, l'Administration reste à peu près désarmée contre les fraudes qui s'y commettent. Elle a bien, il est vrai, la faculté de demander l'expertise, mais pour aboutir à quoi? Il s'agit,

par exemple, d'un appartement loué 2.000 fr. et déclaré 1.000 fr. seulement. Si l'on suppose la fraude démontrée, la seule sanction est une pénalité dérisoire : le droit en sus sans minimum ; ici, 2 fr 50! Or la moindre expertise coûte de 150 à 200 francs. L'Administration se trouve donc, en fait, dans l'impossibilité matérielle d'accomplir son devoir, et il est triste d'être obligé de constater qu'on peut ainsi, dans les déclarations de locations verbales, la frauder à peu près impunément. Toujours les extrêmes : ou l'État spoliateur, ou l'État spolié ; jamais ce juste milieu qui seul est la justice. Dans de telles conditions, c'est bien le moins que les déclarations de locations verbales n'aient aucune valeur contre la Régie, conformément, d'ailleurs à ce principe général du droit et du bon sens que nul ne saurait se créer un véritable titre à soi-même. — Cpr., en sens divers, mais d'une manière générale appuyant bien notre opinion, Dict. réd., v° *Expertise*, n° 65 ; Garnier, Rép., v° *Insuff.*, n° 36 ; E. Naquet, *op. cit.*, II, n° 972, et III, n° 1311 ; Cass., 30 mars 1808, 2 juin 1847 ; Le Havre, 12 juill., 1849 ; Cass., 19 nov. et 19 déc. 1850 ; Vesoul, 21 juin 1876 ; Versailles, 4 déc. 1877 ; Montpellier, 25 févr. 1878 ; Limoges, 23 août 1879 ; Angers, 7 août 1880 ; Cass., 13 déc. 1882 (S., 83. 1. 479) ; Rennes, 13 déc. 1886 (S., 88. 2. 143) ; Nice, 19 déc. 1888 ; Seine, 25 oct. 1889 ; Saint-Mihiel, 10 mai 1893 ; I. G., 1883, § 4, 2680, § 3 ;

Quoiqu'il en soit, il n'est pas inutile de conserver copie des déclarations de locations verbales, afin que les héritiers et légataires puissent les invoquer dans la limite qu'elles comportent, et surtout ne se mettent pas en contradiction avec elles, bien que maintenant l'Administration soit revenue sur son refus de les communiquer. — V. Sol. 16 juill. 1887 ;

1821. Mais à la condition d'abord que le bail invoqué (notarié, sous seing privé ou verbal), soit courant lors du décès, c'est-à-dire en vigueur, non expiré ni résilié. — V. Dict. réd., v° *Expertise*, n°s 28 et 30 ; Garnier, Rép., v° *Insuff.*, n°s 18 et 19; Cass., 3 juin 1810, 7 févr. 1821, 19 août 1829 ; Rouen, 17 déc. 1850 ; Seine, 13 avril 1842 ; Châteaudun, 11 août 1847 ; Lectoure, 22 août 1851, Le Puy, 27 avril 1882; Bourgoin, 23 janv. 1885 ; Cpr. E. Naquet, *op. cit.*, II, n° 972, qui exige que le bail ait date certaine.

1822. La résiliation peut être formelle ; il faut alors, pour l'opposer, en justifier par écrit. — V. Grenoble, 23 janv. 1880.

1823. De même, si l'on prétend seulement que le fermage ou le loyer a été réduit ; la diminution se prouve au moyen d'un écrit ayant acquis date certaine antérieurement au décès. — V. Le Mans, 1er mars 1894.

1824. A l'inverse, pour que la Régie puisse s'emparer du bail, il faut que les biens qu'il avait pour objet subsistent, c'est-à-dire qu'ils n'aient pas été partiellement détruits, au point de justifier une demande en réduction du loyer. — V. Toulouse, 29 août 1878.

1825. A la condition ensuite qu'il ne soit pas simulé, mais sincère. — V. Dict. réd., v⁰ *Expertise*, n⁰ 62 ; Garnier, Rép., v⁰ *Insuff.*, n⁰ 14 ; Cass., 1ᵉʳ et 9 déc. 1835 ; Vesoul, 21 juin 1876 ; Nogent-le-Rotrou, 8 juill. 1893 ; I. G., 1513 ;

1826. Que le loyer ou fermage soit payable en argent ou en denrées cotées aux mercuriales (D. 26 avril 1808 ; L. 15 mai 1818, art. 75). — V. Garnier, Rép., v⁰ *Insuff.*, n⁰ 24, E. Naquet, *op. cit.*, II, n⁰ˢ 973 et s., 1311 ; Cass., 14 juin 1809 ; Nîmes, 18 avril 1845 ;

Ce qui exclut le bail à portion de fruits. — V. Naquet, n⁰ 1311 ; Cass., 9 mai 1826 ; I. G., 1200, § 4 ;

Et celui dont le prix, étant subordonné à diverses éventualités, a dû faire l'objet d'une évaluation. — V. Nîmes, 26 nov. 1896.

1827. Que le bail comprenne tous les biens ; autrement, l'expertise est admissible pour le surplus. — V. Garnier, Rép., v⁰ *Insuff.*, n⁰ 21 ; E. Naquet, *op. cit.*, III, n⁰ 1311 ; Cass., 18 juill. 1821 ; Gannat, 10 févr. 1877 ; I. G., 1537 ;

Et relate toutes les conditions de la location. — V. Cass., 12 févr. 1835 ; I. G. 1490, § 2.

1828. Et que le bail ne s'applique qu'aux biens transmis, car s'il en comprenait d'autres, pour un loyer ou fermage en bloc, l'expertise serait admissible. — V. Charleville, 18 sept. 1863 ; Gannat, 10 fév. 1877.

1829. La Régie n'est pas nécessairement tenue de recourir à une expertise spéciale pour combattre la déclaration estimative faite par les parties à défaut de bail courant ; s'il existe d'autres actes qui puissent faire connaître le véritable revenu des biens, elle a la faculté de les invoquer (L. 22 frim. an VII, art. 19), et les tribunaux les apprécient discrétionnairement. — V. E. Naquet, *op. cit.*, III, n⁰ 1312.

1830. Les actes qui ont été reconnus admissibles à cet égard sont notamment :

Une déclaration de location verbale. — V. Seine, 25 oct. 1889 ;

Une expertise antérieure au décès, mais, bien entendu, contemporaine, intervenue entre le défunt et la Régie, relativement aux mêmes biens. — V. Cass., 18 janv. 1825 et 1ᵉʳ déc. 1835, I. G., 1166, § 5, 1513, § 4, 1537, § 265 ;

Ou entre le défunt et un tiers. — V. Mortain, 1ᵉʳ août 1884 ;

Une expertise homologuée de ces biens, faite à la requête des héritiers eux-mêmes pour les besoins du partage. — V. Dict. réd., v⁰ *Expertise*. n⁰ 121 ; Garnier, Rép., v⁰ *Insuff.*, n⁰ 38 ; Seine, 21 août 1850 ; Lisieux, 16 nov. 1850 ; Cass., 26 févr. 1851 (S., 51. 1. 268) ; Le Havre, 14 janv. 1858 ; Brives, 9 févr. 1859 ; Avranches, 1ᵉʳ août 1884 ; Mayenne, 15 juill. 1891 ; I. G., 1883, § 8 ; Sol., 11 juin 1889 ;

Et même non homologuée, pourvu que le rapport d'expert ait été accepté par les parties. — V. Dict. réd., v⁰ *Expertise*, n⁰ 121 ; Melun, 23 juin 1843 ;

Peu importe qu'elle soit postérieure à la déclaration. — V. Cass., 18 janv. 1825 ;

Mais, dans tous les cas, en appréciant la valeur des biens à la date du décès ;

Un échange, un partage, une vente ou tout autre acte rapproché du décès dans lequel les héritiers auraient établi le revenu. — V. Dict. réd., v⁰ *Expertise*, n⁰ˢ 122 et s. ; Garnier, v⁰ *Insuff.*, n⁰ˢ 39 et s. ; Cass., 31 déc. 1823 ; Seine, 30 août 1838 ; Amiens, 17 janv. 1840 ; Cass., 13 mars 1842.

Tous éléments de cette nature faisant défaut à la Régie, il lui reste, ainsi que nous l'avons dit, la ressource de l'expertise.

Expertise de la valeur vénale.

1831. L'art. 12 précité ajoute que « les insuffisances d'évaluation en valeur vénale seront constatées par voie d'expertise, s'il y a lieu, et réprimées selon les règles actuellement en vigueur ».

Ces règles sont tracées par les art. 17 et 18, L. 22 frim. an VII ; 5, L. 28 vent. an IX ; 1 et 2, L. 15 nov. 1808, et 15, L. 23 août 1871 pour l'expertise de la valeur des immeubles transmis entre vifs à titre onéreux.

Cette expertise est donc soumise aux mêmes formes que celle du revenu.

Compétence.

Immeubles situés dans le ressort d'un même tribunal.

1832. En ce qui les concerne, la demande en expertise continue d'être portée devant le tribunal par le directeur du département de la situation des biens et elle est suivie d'après les règles actuellement en vigueur.

1833. Lorsque l'expertise a pour objet des biens situés dans le ressort d'un même tribunal, mais dans la circonscription de plusieurs cantons, il est recommandé aux directeurs de prier le tribunal de désigner celui des juges de paix devant lequel les experts devront prêter serment. — V. I. G., 3058.

Immeubles situés dans le ressort de tribunaux différents.

1834. Sous le régime actuel de la déclaration à un bureau unique de tous les biens héréditaires, cette déclaration peut comprendre un immeuble ou un corps de domaine situé dans la circonscription de plusieurs tribunaux.

1835. L'art. 17, L. 25 févr. 1901, dans le but d'éviter que l'on ne soit obligé, en cas d'expertise de tels biens, d'entamer et de suivre une procédure distincte pour chaque partie de l'immeuble ou du domaine comprise dans le ressort d'un tribunal différent, étend à cette situation l'art. 1ᵉʳ, L. 15 nov. 1808.

1836. Il prescrit à cet égard les mesures suivantes :

« Lorsqu'il y aura lieu de requérir l'expertise d'un immeuble ou d'un corps de domaine ne formant qu'une seule exploitation située dans le ressort de plusieurs tribunaux, la demande en sera portée au tribunal de première instance dans le ressort duquel se trouve le chef-lieu de l'exploitation ou, à défaut de chef-lieu, la partie des biens présentant le plus grand revenu d'après la matrice du rôle. »

1837. « Les experts et, le cas échéant, le tiers-expert, prêteront serment devant le juge de paix du canton dans lequel se trouve le chef-lieu de l'exploitation ou, à défaut de chef-lieu, la partie des biens présentant le plus grand revenu d'après la matrice du rôle ; le tiers-expert sera nommé par ce juge de paix si les experts ne peuvent en convenir ; les dispositions de l'art. 18, L. 22 frim. an VII, non contraires au présent article, sont maintenues. »

1838. L'expertise est suivie, à la requête du directeur général, par le receveur du bureau dans le ressort duquel se trouve le chef-lieu de l'exploitation ou la partie des biens présentant le plus grand revenu matriciel, et par le directeur du département qui comprend ce bureau. — V. I. G., 3058.

1839. Il importe de remarquer que ce sont les mêmes experts qui doivent procéder à l'expertise dans le ressort des diverses circonscriptions judiciaires et qu'ils n'ont à prêter serment que devant le juge de paix du canton dans lequel se trouve le chef-lieu de l'exploitation ou à défaut de chef-lieu, la partie des biens présentant le plus grand revenu d'après la matrice du rôle ; c'est aussi ce magistrat qui, en cas de désaccord, désigne le tiers expert. — V. I. G., 3058.

Observations communes.

1840. Les frais d'expertise du revenu sont à la charge de celui à qui ses résultats donnent tort, si minime que soit l'insuffisance constatée (L. 22 frim. an VII, art. 39). — V. E. Naquet, *op. cit.*, III, n° 1309 ; Seine, 30 mai 1851 ; Sedan, 11 mars 1868.

Il paraît cependant raisonnable, comme dit M. G. Demante (II, n° 762), de transporter ici la distinction faite par l'art. 18, suivant que l'estimation des experts excède, ou non, d'un huitième au moins, le capital ou le revenu déclaré ; il y a, en effet, même raison. — V. aussi Defrénois, *Comment.*, n°s 412 et s.

Cpr. Cass., 30 août 1869.

1841. Quant à l'expertise de la valeur vénale, les frais n'en sont supportés par la partie qu'au cas d'écart de ce huitième.

1842. Mais, le juge a le pouvoir de décider, d'après les circonstances, que les parties n'ont pas commis une omission passible du droit en sus. — V. Libourne, 27 janv. 1892.

Est-il lié, pour le revenu des immeubles, par le rapport des experts ? M. G. Demante (II, n° 762) n'admet pas d'exception au droit commun, tel qu'il résulte de l'art. 323, C. pr. civ. ; d'après lui, ce rapport n'est, même en matière d'enregistrement, qu'un élément de preuve soumis à l'appréciation du juge. — V. *Contrà* : E. Naquet, *op. cit.*, III, n° 1339 ; Cass., 28 mars 1831, 17 déc. 1844, 24 avril 1850 et 7 nov. 1859 (S., 59. 1. 194) et la plupart des tribunaux.

1843. Sous cette réserve, l'insuffisance constatée opère un double droit sur la différence de valeur qui résulte de l'une ou l'autre expertise (L. 27 vent. an IX, art. 5).

1844. Dans tous les cas, c'est-à-dire même s'il obtient la remise gracieuse du droit en sus, l'héritier, le donataire ou le légataire est tenu d'acquitter le droit simple sur le supplément d'estimation. (L.L. 22 frim. an VII, art. 18 ; 27 vent. an IX, art. 5).

3° *Dettes.*

1845. « L'inexactitude des déclarations ou attestations de dettes, — dit l'art. 8, L. 25 févr. 1901, — pourra être établie par tous les moyens de preuve admis par le droit commun, excepté le serment. — Il n'est pas dérogé en cette matière aux dispositions des art. 65 de la loi de frimaire an VII et 17 de la loi de ventôse an IX, sauf dans les instances ne comportant pas la procédure spéciale établie par ces articles. »

1846. La Régie se trouve ainsi autorisée à établir par tous les moyens de preuve admis par le droit commun, à l'exception du serment décisoire, l'inexactitude des déclarations ou attestations ayant pour but d'obtenir la déduction d'une dette ; l'Administration jouit donc, à cet égard, d'un pouvoir analogue à celui qui lui a été conféré par l'art. 13 L. 23 août 1871 en matière de dissimulation de prix dans les ventes d'immeubles (I. G., 2413, § 5, n° 2). — V. I. G., 3058.

Comme le fait remarquer, M. Evar. Lepage (*Rev. du Not.*, n° 10717), cet art. 8 est rédigé avec infiniment d'adresse : il dit beaucoup plus que ce qu'au premier coup d'œil il paraît exprimer.

Sous une forme détournée, la Régie acquiert le droit d'avoir recours à la procédure ordinaire, lorsqu'il s'agit de l'inexactitude des déclarations ou attestations. Du moment, en effet, qu'elle peut se servir, à ce sujet, de tous les moyens de preuve admis par le droit commun (art. 8, § 1) et que, d'autre part, lorsqu'elle suit la voie de la procédure spéciale elle ne peut, pas plus désormais que précédemment, avoir recours aux moyens de preuve que cette procédure ne comporte pas (art. 8, § 2), il est évident que la voie de la procédure ordinaire lui est ouverte. Elle pourra donc en suivant cette procédure, demander une enquête, une expertise, ou bien encore la comparution en personne des héritiers et des créanciers, qu'elle assignera conjointement avec les héritiers aux fins de faire déclarer qu'une dette est simulée. La Régie pourra tirer un parti redoutable de l'interrogatoire sur faits et articles.

1847. Il n'est pas loisible à la Régie d'exiger derechef la production du titre ou d'une copie, non plus qu'une nouvelle attestation du créancier. — V. Ch. Defrénois, *Comment.*, n° 261.

Les parties peuvent, bien entendu, soutenir l'exactitude de leur déclaration ; mais il ne faut pas oublier que c'est à la Régie de faire la preuve qu'elle est inexacte.

La Régie en prend acte par l'I. G., 3058. « Les instances, porte celle-ci, seront instruites et jugées dans la forme spéciale aux matières d'enregistrement, toutes les fois que les moyens de preuve invoqués par l'Administration seront compatibles avec la procédure instituée par les art. 64 et 65 de la loi du 22 frim. an VII et 17 de la loi du 27 vent., an IX. »

1848. Dans les autres cas, il y a lieu de suivre les formes de la procédure ordinaire et d'observer l'ordre des juridictions et des compétences ; les directeurs, avant d'engager aucune affaire comportant la procédure du droit commun, doivent d'ailleurs en référer au Directeur général par un rapport détaillé. — V. I. G. 3058.

1849. Conformément à l'art. 13 de la loi du 23 août 1871 le ministère des avoués n'est pas obligatoire, par suite les frais occasionnés par leur ministère ne pourront pas être compris dans la condamnation aux dépens.

Le même article ajoute que les parties qui n'auraient pas constitué avoué ou qui ne seraient pas domiciliées dans le lieu où siège la justice de paix ou le tribunal, seront tenues d'y faire élection de domicile, à défaut de quoi toutes significations seront valablement faites au greffe.

1850. Lorsque la procédure ordinaire sera suivie le jugement sera susceptible d'appel si la réclamation n'est pas supérieure à 1.500 fr. (même art. 13) ; si celle-ci ne dépasse pas 200 francs, le juge de paix sera compétent (même art. 13 et art. 1er, L., 5 mai 1838).

1851. Une fois que la Régie aura choisi entre la procédure ordinaire et la procédure spéciale, elle ne pourra pas abandonner celle d'abord suivie pour reprendre l'autre.

1852. L'action en omission d'un bien se prescrivant par dix ans, il convenait d'établir un délai semblable pour les inexactitudes dans les attestations ou déclarations de dette ; aussi l'art. 4 de la loi de budget du 30 janv. 1907 déclare-t-il :

« Est porté de cinq à dix ans... le délai fixé par l'art. 10 de la loi du 25 fév. 1901 pour la prescription de l'action en recouvre-ments des droits et amendes exigibles par suite de l'inexactitude d'une attestation ou déclaration de dette. »

4eme FORMES

1853. A la suite d'une expertise, l'Administration agit en vertu du jugement qui a homologué le rapport des experts ;

Dans tous les autres cas, le recouvrement du droit simple et des amendes est, après avertissement adressé aux redevables, poursuivi par voie de contrainte délivrée par le receveur ou préposé de la Régie, visée et rendue exécutoire par le juge de paix du canton où le bureau est établi et notifiée au débiteur (L. 22 frim. an VII, art. 64).

1854. Si la somme due ne peut pas être exactement fixée, la contrainte est décernée pour une somme approximative, que la Régie est fondée à évaluer d'office et provisoirement d'après les éléments d'appréciation qu'elle possède, sauf à augmenter ou à diminuer sur la déclaration à faire par les parties. — V. Dict. réd., v° *Succ.*, n° 1055 ; Garnier, Rép., *eod.* v° n° 650 ; Maguéro, *eod.* v°, n° 12, Cass., 7 juill. 1863 ; Seine, 19 août 1864, 24 fév. et 16 déc. 1865, 20 avril et 8 déc. 1866, 23 nov. 1867, 2 janv. 1869 ; Seine, 14 mai 1879 ; Nice, 7 fév. 1881 ; Pont-l'Evêque, 11 mars 1890 ; Nice, 11 juill. 1892 ; Rocroi, 9 fév. 1894 ; Seine, 13 juill. 1894 ; Toulon, 10 juill. 1895 ; Nice, 2 août 1897 ;

1855. Spécialement, toutes les fois qu'une succession non déclarée comprend un actif apparent, les agents doivent, sans rechercher si cet actif est absorbé par le passif, établir, après l'expiration du délai légal, une consignation dans laquelle ils énumèrent tous les biens de l'hérédité, ils laissent, du reste, la liquidation de l'impôt en suspens et, dans les avertissements, ils se bornent à inviter les redevables à passer au bureau et à souscrire la déclaration ; si des poursuites deviennent nécessaires, la contrainte à notifier doit procéder pour le maximum du droit simple et du demi-droit en sus calculé sur l'actif apparent, sans tenir compte du passif, et sauf à augmenter ou à diminuer d'après la déclaration à souscrire ; en cas d'opposition à la contrainte, le mémoire ne peut qu'être très bref et se borner à demander, autant que possible, qu'une déclaration soit déposée conformément aux dispositions des lois en vigueur. — V. I. G., 3067, § 10.

1856. L'exécution de la contrainte n'est arrêtée que par une opposition motivée avec élection de domicile dans la commune où siège le tribunal, et assignation à jour fixe devant le tribunal civil de l'arrondissement dans le ressort duquel est situé le bureau dont le receveur a décerné la contrainte (L. 22 frim. an VII, art. 64 ; Avis Cons. d'Et., 22 août 1810). — V. Seine, 31 janv. 1890 ;

Sans qu'on puisse, en principe, invoquer la

péremption d'instance. — V. Limoges, 5 mars 1891 ; Sol. 22 mars 1892,

L'opposition, disons-nous, doit être motivée, et ce ne serait pas la motiver que d'affirmer simplement que le droit réclamé n'est pas dû ; il faut expliquer pourquoi. — V. Cass., 1er juill. 1840 : Lyon, 7 janv. 1880 ; Marseille, 9 avril 1891 ; Toulon, 8 juin 1897 ;

En fait cependant, une semblable opposition arrête l'exécution de la contrainte. Il faut bien, en effet, que l'Administration fasse juger l'affaire en justifiant sa demande ; jamais, pensons-nous, elle n'oserait passer outre et faire saisir le contribuable. L'opposition se bornant à prétendre que le droit n'est pas dû, produit donc un effet réel ; aussi est-elle fréquemment employée.

L'opposition n'est elle-même recevable qu'après une déclaration de succession lorsqu'il n'en a pas été fait une, même s'il s'agit d'une succession prétendue nulle. — V. Dict. réd., vo Succ., no 1055 ; Garnier, Rép., eod. vo, nos 650, 660 ; Maguéro, eod. vo, no 12 ; Cass., 30 oct. 1809. 14 mars 1814, 4 août 1818 et 7 juill. 1863 (S.,63. 1. 450) ; Seine, 19 août 1864 et 24 fév, 1865 ; Cass., 3 fév. 1869 (S., 69. 1. 185 ; D., 69. 1. 356) ; Seine, 14 mars 1879 ; Pont-l'Evêque, 11 mars 1890 ; Nice, 11 juill. 1892 ; Seine, 13 juill. 1894 ; Nice, 2 août 1897 ; Dieppe, 12 janv. 1898 ; Trévoux, 26 mai 1898 ; Bourges, 20 fév. 1902 ; Perpignan, 4 août 1904 ; Contrà : Saint-Julien, 8 déc. 1886 ; Cpr. Lombez, 17 mars 1886.

1857. L'instance est instruite et jugée conformément à l'art. 65 même loi, et 17, L. 27 vent. an IX.

1858. Par conséquent, après signification respective de mémoires, sans ministère d'avoués et sans plaidoiries, le tribunal doit statuer dans les trois mois au plus tard, sur le rapport d'un juge, fait en audience publique, et sur les conclusions du ministère public ;

Son jugement n'est pas sujet à appel ;

Les seules voies de recours ouvertes contre lui sont l'opposition et le pourvoi en cassation, ainsi que la requête civile et, le cas échéant, la tierce opposition.

Il n'y a d'autres frais à supporter par la partie qui succombe que ceux du papier timbré, des significations, et de l'enregistrement du jugement.

Quand il s'agit d'une femme commune en biens, légataire universelle, la contrainte peut être décernée contre la femme et signifiée tant à elle qu'à son mari (L. 22 frim. an VII, art. 64). — V. Cass., Req., 25 nov. 1907.

1859. Quand la procédure est engagée contre un usufruitier, à raison du privilège dont nous allons parler, elle doit être suivie dans les formes du droit commun, puisque l'usufruitier n'étant pas le débiteur du droit, on n'est plus dans l'hypothèse régie par l'art. 64, L. 22 frim. an VII. — V. Defrénois, Rép. prat., no 13489.

1860. Puisque les héritiers, donataires et légataires sont débiteurs *personnels* du droit de mutation par décès, qui leur incombe, ils sont obligés *personnellement* au paiement de ce droit, et même solidairement entre cohéritiers, sur tous leurs biens mobiliers et immobiliers, présents et à venir, conformément au principe général de l'art. 2092 C. civ. — V. M. G. Demante, II, no 667.

1861. Spécialement, le recouvrement du droit de mutation relatif à une succession recueillie par une femme dotale peut être poursuivi même sur les biens dotaux de celle-ci. — V. Neufchâtel, 27 nov. 1872 ; Céret, 11 janv. 1876 ; Caen, 18 juin 1880 (S., 81. 2. 1) ; Seine, 23 juill. 1896.

1862. A plus forte raison, les héritiers, donataires et légataires sont-ils aussi tenus du droit de mutation sur les biens mêmes de la succession.

Et cela de deux manières :

Par action réelle sur les revenus des biens,

Et par action personnelle sur le capital de ces biens. — V. Demante, op. cit., II, nos 659, 667, 668 et s.; Paris, 25 mai 1835 (S. 35. 2. 272) ; Cass., 3 déc. 1839 (S., 40. 1. 28), 28 juill. 1851 (S., 51. 1. 761).

Même dotaux. — V. Caen, 18 juin 1880 (S., 81. 2. 1 ; D., Suppl., IV, p. 239 ;

1863. Ces deux actions n'ont pas la même étendue ; tandis que l'action personnelle sanctionne même les amendes encourues, l'action réelle ne garantit que le paiement du droit simple. — V. Dict. réd., vo Succ., no 2302, Garnier, Rép., eod. vo, no 1456 ; Maguéro, eod. vo, no 656 ; Bordeaux, 1er mai 1872 : Le Mans, 25 mars 1884 ; Boulogne, 29 mars 1885 ; Douai, 14 déc. 1885 ; Laval, 3 juin 1887 ; Caen, 24 janv. 1888 (S., 90. 2. 193 ; D., 88. 2. 178) ; Lyon, 23 juill. 1890 (S., 91. 2. 170) ; Pontoise, 15 janv. 1894 ; Toulouse, 24 mars 1896 ; Cass., 22 janv. 1903 ; Sol., 20 oct. 1890, 27 août 1896 ; Contrà : Gannat, 28 janv. 1876 ; Dijon, 22 août 1881 ; Lyon, 2 mai 1888 ; Bordeaux, 16 juin 1891 (S., 92. 2. 265 ; D., 92. 2. 512) ; Seine, 26 déc. 1894 ; Toulon 19 déc. 1899 (S., 01. 2. 85).

1864. L'action réelle, avons-nous dit, a pour objet les *revenus* des biens à déclarer (L. 22 frim. an VII, art. 32) ;

1865. A la condition, cela va de soi, que les biens en produisent relativement aux héritiers ou légataires du défunt, ce qui exclut les fruits des biens dont celui-ci n'avait que la nue propriété. — V. Garnier, Rép., vo Succ., no 1464 ; Cass., 21 juin 1815.

Et en remarquant, par exemple, que les récoltes d'immeubles affermés n'en constituent plus les revenus à l'égard du bailleur ; ce sont les fermages. — V. Dél. 12 oct. 1814.

Jugé aussi que les bénéfices réalisés dans l'exploitation d'un hôtel ne constituent pas des revenus au point de vue dont il s'agit. — V. E.

Naquet, *op. cit.*, n° 1224 ; Bayonne, 20 avril 1880.

1866. Mais seulement les revenus et non le capital des biens. — V. G. Demante, *op. cit.*, II, n°s 669 et 672 ; Dict. réd., v° *Succ.*, n° 2250 ; Garnier, Rép., *cod.* v°, n° 1419 ; Maguéro, *eod.* v°, n°s 615, 625 ; Dijon, 5 févr. 1848 ; Seine, 2 avril 1852 ; Amiens, 11 juin 1853 ; Seine, 6 janv. et 9 mai 1854 ; Caen, 17 déc. 1855 ; Cass., 23 et 24 juin 1857 (D., 57. 1. 242) ; Orléans, 9 juin 1860 ; Valence, 17 janv. 1866 ; Lyon, 13 déc. 1866 ; Cass., 2 janv. 1869 (S., 69. 1, 326) ; Rouen, 1er mars 1879 ; Paris, 6 janv. 1880 ; I. G. 2114, § 8 ; Cpr. E. Naquet, *op. cit.*, III, n° 1230.

1867. A l'exclusion, par conséquent, du prix de vente de valeurs remises en gage. — V. Sol., 25 janv. 1896 ;

1868. Quels revenus sont ainsi affectés à la Régie ? Seulement ceux postérieurs au décès, car ce n'est que le décès qui donne naissance à l'action de la Régie, et un effet ne saurait précéder sa cause. — V. G. Demante, *op. cit.*, II, n° 671 ; E. Naquet, *op. cit.*, III, n° 1224 ; Seine, 16 mars 1858 ; Lyon, 24 avril 1863 et 26 févr. 1864 ; Rouen, 1er mars 1879 ;

Et à la condition qu'ils ne soient pas insaisissables, tels que les arrérages de rente sur l'Etat et de rentes ou pensions alimentaires ainsi que les intérêts des obligations foncières. — V. Dict. réd., v° *Succ.*, n° 2314 ; Garnier, *eod.* v°, n° 1463 ; E. Naquet, *op. cit.*, III, n° 1225 ; Caen, 24 janv. 1888 ; Sol., 31 déc. 1895 ; V. cepend. Cass., 2 et 6 juill. 1894 ; Sol., 5 août 1814 ; Cpr., Seine, 22 janv. 1876 ;

1869. Sous cette réserve, tous les revenus, les revenus des meubles comme ceux des immeubles : arrérages de rentes, intérêts de créances, fermages, loyers, etc, — V. G. Demante, *op. cit.*, II, n° 671 ;

Ainsi, spécialement, les intérêts produits par le montant, versé à la Caisse des dépôts et consignations, d une créance héréditaire. — V. Guéret, 9 juill. 1891 ; Aix, 10 juin 1893 (S., 94. 2. 225) ; Marseille, 3 avril 1895 ; Cpr., Cass., 22 juill. 1903 ;

Et ceux des prix de vente d'immeubles de là succession, du moins jusqu'à ce que, par leur immobilisation, le privilège cesse d'être opposable aux créanciers inscrits par l'un des cas ci-après énumérés. — V. Pau, 2 déc. 1890 (S. 92. 2. 177).

1870. Et à quelque successible qu'ils appartiennent.

1871. Donc, quoiqu'il n'y ait pas solidarité entre les nus propriétaires et les usufruitiers, ceux-ci peuvent être poursuivis sur les revenus des biens, même pour les droits à la charge des nus propriétaires, ou réciproquement. — V. G. Demante, *op. cit.*, II, n° 671 ; Dict. réd., v° *Succ.*, n° 2309 ; Garnier, Rép., *eod.* v°, n°s 1454 et 1459 ; Maguéro, *eod.* v°, n° 655 ; E. Naquet, *op. cit.*, III, n° 1225 ; Cass., 9 juin 1813 ; 21 oct. 1814 et 23 juin 1857 ;

Seine, 7 févr. 1859 ; Calais, 11 août 1865 ; Cass., 3 avril 1866 ; Saint-Gaudens, 13 juin 1871 ; Pamiers, 19 déc. 1872 ; Amiens, 6 févr. 1874 ; Céret, 11 janv. 1876 ; Pont-Audemer, 29 août 1876 ; Brioude, 29 nov. 1876 ; Rouen, 27 avril 1877 ; Epinal, 30 mars 1878 ; Pontoise, 12 oct. 1880 ; Nancy, 25 avril 1881 ; Dijon, 22 août 1881 ; Pontoise, 27 avril 1882 ; Lons-le-Saunier, 8 déc. 1884 ; Meaux, 12 mai 1886 ; Lyon, 2 mai 1888 ; Aix, 28 janv. 1890 ; Saint-Lô, 26 janv. 1894 ; Cpr., Seine, 18 janv. 1887 ; Cass,. 24 janv. 1888 ; Lyon, 2 mai 1888 ; Aix, 28 janv. 1890 ; Lyon, 23 juill. 1890 (S., 91. 2. 170) ; Saint-Lô, 26 janv. 1894 ; Cpr., Issoire, 26 juin 1890 ; C. Aix, 4 déc. 1890 ; Req., Cass., 22 juill. 1903.

Et être saisis conservatoirement, même avant l'expiration du délai, à cet effet, mais avec l'autorisation du juge. — V. Lyon, 14 janv. et 2 mai 1888 ; Sol., 27 juin 1883 ;

A plus forte raison, être assignés en reddition de compte, dans les formes du droit commun. — V. Cass., 22 juill. 1903 ;

Ce serait même la seule manière juridique de poursuivre contre eux le droit de mutation dû par les nus propriétaires. — V. Saint-Gaudens, 13 juin 1871 ; Brioude, 29 nov. 1876 ; Rouen, 27 avril 1877 ; Poitiers, 12 mars 1902 ;

Sauf recours des usufruitiers comme subrogés légalement (C. civ., art. 1251-3°). — V. Dict. réd., v° *Succ.*, n° 2312 ; Cass., 9 juin 1813, 3 avril 1866 ; Paris, 19 déc. 1872 ; Seine, 19 août 1873 ; Paris 16 juin 1874 ; Brioude, 29 nov. 1876 ; *Contrà :* quant à la subrogation au privilège, Sol., 24 juill. 1895 ;

1872. De même, le bénéficiaire d'une rente viagère ou d'un usufruit, même légués à titre de pension alimentaire incessible et insaisissable, sur les revenus de cet usufruit ou sur les arrérages de cette rente, sauf au juge à déterminer dans quelle proportion. — V. Cass., 24 oct. 1814 ; Seine, 22 janv. 1876 ; Sol., 5 août 1814.

1873. Mais, lorsqu'il n'y a pas solidarité, la Régie n'a d'action, respectivement à chaque débiteur du droit de mutation, que sur les revenus des biens qui lui adviennent personnellement.

Par exemple, la moitié seulement des revenus répond du droit à la charge d'un légataire à titre universel pour moitié. — V. Garnier, Rép., v° *Succ.*, n° 1458 ; Dijon, 22 août 1881 ; *Contrà :* Amiens, 6 févr. 1874 (S., 75. 2. 118 ; D. 74. 5. 213).

1874. L'art. 32, L. 22 frim. an VII, qui institue l'action sur les revenus à déclarer, ajoute : « en quelques mains qu'ils se trouvent ». Il en résultait un privilège parfait au profit de la Régie : à la fois droit de suite et droit de préférence. — V. G. Demante, *op. cit.*, II, n° 669 ; E. Naquet, *op. cit.*, III, n°s 1222 et s.

Une interprétation plus ou moins critiquable, mais légalement obligatoire, de cet article par un avis du Conseil d'Etat, approuvé le 21 sept.

1810, a abandonné le droit de suite, pour s'en tenir au seul droit de préférence. — V. Cass., 8 mars 1811 ; Sol., 13 oct. 1808.

1875. Le tiers acquéreur de biens de la succession ne peut donc être poursuivi pour le paiement du droit de mutation par décès. — V. G. Demante, *op. cit.*, II, n° 671 ; Garnier, Rép., *v° Succ.*, n° 1433 ; Cons. d'Et., 21 sept. 1810 ; Sol., 3 juin 1872, 21 mai 1896 (S. 97. 2. 152) ;

Spécialement, le légataire à titre particulier de l'héritier. — V. Garnier, Rép., *v° Succ.*, n° 1433-3 ; Sol., 8 janv. 1883 ;

A compter du moins de la transcription, lorsqu'elle est nécessaire pour la transmission de la propriété à l'égard des tiers. — V. Dict. réd., *v° Succ.*, n° 2256 ; Garnier, Rép., *eod. v°*, n° 1447 ; Carpentras, 22 nov. 1866 ; Amiens, 6 fév. 1874 ; I. G., 809-2 ;

1876. Quant au moment à partir duquel, lorsque l'acquéreur n'a pas payé son prix comptant, les intérêts de ce prix échappent, par leur immobilisation, au privilège dont il s'agit, dans les diverses situations possibles, règlement étranger au tiers acquéreur, c'est :

1877. En cas de vente sur saisie immobilière, — la transcription de la saisie. — V. Cass., 24 juin 1857 (S., 57. 1. 457 ; D., 57. 1. 438) ; Carpentras, 22 nov. 1866 ; Seine, 27 août 1867 ; Cpr. Cass., 18 juill. 1904 (S., 04. 1. 392) ;

1878. Remarquons à ce propos que les créanciers inscrits sur un immeuble n'ayant un droit de préférence sur le prix des récoltes qu'il produit, après qu'elles ont été vendues et détachées du sol, que si elles ont conservé leur caractère immobilier, c'est-à-dire ont été immobilisées par une transcription de saisie, la Régie peut, en l'absence de cette saisie, exercer son privilège sur le dit prix, pour le paiement du droit de mutation par décès à elle dû, quand même une ordonnance de référé aurait autorisé la vente des récoltes et ordonné le versement du prix en provenant à la Caisse des dépôts et consignations, attendu que cette ordonnance ne saurait remplacer une transcription de saisie. — V. Cass., 26 nov. 1900 ;

1879. En cas de vente volontaire, — du jour de la notification de son contrat par l'acquéreur aux créanciers inscrits. — V. Dict. réd., *v° Succ.*, n° 2264 ; Garnier, Rép., *eod. v°*, n° 1437 ; Maguéro, *eod. v°*, n° 643 ; Cass., 24 nov. 1869 (S., 70. 1. 88) ; Cass., 1er mars 1870 (S., 70. 1. 193 ; D., 70. 1. 262) ; Caen, 1er fév. 1897 ;

1880. A défaut de notifications, du jour de la sommation de produire à l'ordre. — V. Garnier, Rép., *v° Succ.*, n° 1438 ; Maguéro, *eod. v°*, n° 644 ; Grenoble, 28 juin 1871 (S., 72. 2. 51 ; D., 72. 2. 45) ;

1881. A défaut de notifications et de ladite sommation ou de délégation aux créanciers inscrits acceptée par eux, la distribution effective du prix. — V. Montpellier, 13 mars 1876 ; Boulogne, 23 juin 1891 ; Pontoise, 15 janv. 1894 ; Caen, 1er févr. 1897 ;

1882. En cas de licitation, avec adjudication à l'un des colicitants, — du jour de la licitation. — V. Dict. réd., *v° Succ.*, n° 2270 ; Garnier, Rép., *eod. v°*, n° 1442 ; Langres, 26 mai 1880 ;

1883. En cas d'adjudication sur surenchère d'un sixième après une vente de biens de mineurs ou une licitation-partage, — du jour de l'adjudication. — V. Dict. réd., *v° Succ.*, n° 2273 ; Garnier, Rép., *eod. v°*, n° 1449, Maguéro, *eod. v°*, n° 649 ; Toulouse, 5 mars 1872 ; Pau, 17 mai 1877 ; *Contrà* : C. Toulouse, 29 juin 1872 (S., 73. 2. 9 ; D., 74. 2. 17) ;

1884. En cas de vente après faillite, — du jour de l'adjudication. — V. Dict. réd., *v° Succ.*, n° 2272 ; Garnier, Rép., *eod. v°*, n° 1445 ; Maguéro, *eod. v°*, n° 646 ; Cass., 6 avril 1867 (S., 68. 1. 31 ; D., 67. 1. 380) ; Villefranche, 31 juill. 1868 ;

1885. En cas d'expropriation pour cause d'utilité publique, — du jour de la transcription du jugement d'expropriation. — V. Dict. réd., *v° Succ.*, n° 2277 ; Garnier, Rép., *eod. v°*, n° 1447 ; Maguéro, *eod. v°*, n° 642 ; Nice, 22 févr. 1875 ;

1886. Mais, relativement aux créanciers simplement chirographaires, le privilège subsiste sur les revenus des biens saisis et sur les intérêts des prix de vente jusqu'à la clôture de la distribution par contribution ou de l'ordre. — V. Pau, 2 déc. 1890 (S., 92. 2. 177).

1887. Pour l'exercice de son privilège, lorsqu'il y a lieu, il faut, bien entendu, que la Régie ait fait sa production en temps utile, c'est-à-dire avant la clôture du règlement. — V. Hazebrouck, 19 mai 1899 ; Sol., 5 juill. 1884, 29 déc. 1899 ;

1888. La conséquence du droit de préférence dans les conditions où il existe est que la Régie prime, sur les revenus dont il s'agit, les créanciers de l'héritier ;

Malgré la faillite de celui-ci. — V. Seine, 6 déc. 1850 ; Cass., 28 juill. 1851 (S., 51. 1. 761) ; Grasse, 15 juin 1892 ;

Même les créanciers antichrésistes, gagistes, hypothécaires ou privilégiés du défunt. — V. G. Demante, *op. cit.*, II, n° 671 ;

Et, *a fortiori*, ses créanciers chirographaires, eussent-ils demandé la séparation des patrimoines. — V. G. Demante, *loc. cit.* ; Seine, 9 févr. 1859 ; *Contrà* : Bourgoin, 6 juill. 1864 ; Grenoble, 8 févr. 1870.

Ajoutons : même si le défunt est décédé en état de faillite. — V. Dict. réd., *v° Succ.*, n° 2296 ; Garnier, Rép., *eod. v°*, n° 1450 ; Orléans, 9 juin 1860 ; Cass., 2 déc. 1862 (S., 63. 1. 98 ; D., 62. 1. 513) ; Bourges, 24 fév. 1864 ; Grasse, 15 juin 1892 ; Aix, 19 juin 1893 ;

Ou si ses biens étaient sous séquestre. — V. Lyon, 20 févr. 1864 ; Die, 21 mars 1865 ; Rouen, 1er mars 1879 ;

Ou s'il en avait fait cession à ses créanciers, car la propriété n'en continuait pas moins à résider en sa personne. — V. Cass., 3 vend. an XII.

Ou si sa succession n'a été acceptée que sous bénéfice d'inventaire. — V. Cass., 24 nov. 1869 (S., 70. 1. 88).

1889. Observons enfin qu'aux termes de l'art. 19, L. 25 févr. 1901, le privilège dont il s'agit ne subit aucune atteinte du délai extraordinaire accordé désormais par ce texte pour les legs dont l'acceptation est soumise à une autorisation administrative.

1890. Le privilège de la Régie sur les revenus pour le paiement du droit de mutation ne vient, d'ailleurs, qu'après celui du Trésor pour l'impôt foncier. — V. Dict. réd., v° Succ., n° 2283 ; Garnier, Rép. eod. v°, n° 1431 ; Maguéro, eod. v°, n° 678 ; Avignon, 26, nov. 1879 ; Sol., 14 août 1895 ;

Qu'après également la créance pour faits de charge sur les intérêts des cautionnements, et le privilège de second ordre du bailleur de fonds. — V. Garnier, Rép., v° Succ., n° 1429 ; Maguéro, eod. v°, n° 677 ; Sol., 14 août 1895 ;

Qu'après aussi les frais de justice.

1891. Quant à l'action personnelle, l'Administration a ni plus ni moins les mêmes droits que les créanciers ordinaires d'un héritier. Donc, dirons-nous avec M. G. Demante (II, n° 673), elle ne doit pas même être admise par contribution sur les capitaux de la succession, à l'encontre des créanciers du défunt, dans tous les cas où il y a obstacle à la *confusion* du patrimoine du défunt et de celui de l'héritier. C'est ce qui arrive par l'effet de la demande en séparation des patrimoines, de l'acceptation sous bénéfice d'inventaire et de la faillite du défunt. Les créanciers de celui-ci, qui ont été vigilants, conservent leur position vis-à-vis de l'Administration, comme à l'encontre de tout autre créancier de l'héritier, par cela seul qu'aucun texte des lois fiscales ne déroge, en ces circonstances, aux principes ordinaires du droit civil. — V. aussi Bourgoin, 6 juill. 1864 ; Grenoble, 8 févr. 1870 ; *Contrà* : Garnier, Rép., v° Succ., n° 1426 ; Maguéro, eod. v°, n° 626 ; E. Naquet, op. cit., II. n° 870 ; Seine, 9 févr. 1859 ; Cass., 2 juin 1869 ; Paris, 6 janv. 1880.

1892. Ces cas exceptés, la Régie vient seulement par concurrence, c'est-à-dire au marc le franc. — V. Garnier, Rép., v° Succ., n° 1423 ; Cass., 2 juin 1869 (S., 69. 1. 326 ; D., 69. 1. 428) ;

1893. Mais elle peut toujours faire opposition sur les capitaux, comme moyen de sauvegarder ses droits sur les revenus. — V. G. Demante, loc. cit. ; Cpr. Cass., 9 vent. an XIV ;

Même si la succession n'a été acceptée que sous bénéfice d'inventaire ou lorsque la séparation des patrimoines a été demandée. — V. Le Puy, 20 nov. 1885,

Et sans être obligée d'attendre l'expiration du délai accordé pour faire la déclaration, mais alors avec l'autorisation du juge. — V. Dict. réd., v° Succ., n° 2315 ; Garnier, Rép.,

eod. v°, n° 1467 ; Maguéro, eod, v°, n° 667 ; Gien, 13 mars 1850 ; Seine, 8 mars 1854 ; Saint-Étienne, 2 août 1887 ; Lyon, 14 janv. et 2 mai 1888 ; Seine, 4 mai 1900 ; Sol., 27 juin 1885.

1894. L'Administration a également le droit, puisqu'elle jouit d'une action personnelle sur les biens mêmes de la succession, de demander la séparation des patrimoines contre les créanciers personnels de l'héritier, pour être payée par préférence à ceux-ci. — V. Cass., 9 nov. 1904.

1895. Depuis la loi du 25 févr. 1901, ce n'est plus toujours contre les héritiers, donataires ou légataires seulement que l'action personnelle appartient à la Régie ; dans certains cas, cette action s'étend à des tiers. — V. art. 9 et 15 de cette loi.

V. aussi *Tuteur, Curateur*, etc.

1896. En cas de production à une faillite, la Régie est dispensée des formalités d'affirmation et de vérification de sa créance. — V. Grasse, 15 juin 1892.

1897. Il n'est pas dû d'intérêts moratoires par les redevables en retard ou en contravention. — V. Cass., 28 févr. 1818.

DEUXIÈME PARTIE

Restitutions.

1898. Sauf les cas où une perception n'a été faite qu'à titre provisoire, — V. LL. 28 avril 1816, art. 40 ; 25 févr. 1901, art. 5 et 14, — en principe, malgré l'injustice criante et l'exemple déplorable ainsi donné par l'État, tout droit régulièrement perçu n'est pas restituable, quels que soient les événements ultérieurs (L. 22 frim. an VII, art. 60), disposition dont les effets sont souvent iniques ; réciproquement, ce qui a été perçu sans être dû, spécialement pour le droit de mutation par décès, est restituable (L. 22 frim., an VII, art. 60).

1899. Et le fait d'avoir payé le droit de mutation sans réserves et tel que le receveur l'a liquidé ne peut jamais être invoqué par la Régie comme une fin de non-recevoir contre la réclamation (Même loi, art. 28) ;

Surtout si la déclaration a été, comme il arrive pour les déclarants illettrés et non assistés d'un notaire ou autre conseil, l'œuvre exclusive du receveur. — V. Péronne, 27 mai 1892.

1900. Le cas le plus topique de restitution obligatoire serait assurément celui où le décès qui a motivé la déclaration n'aurait pas eu lieu, par suite d'une erreur sur la personne, car la perception se trouverait alors avoir été absolument sans cause. — V. Dict. réd., v° Restit., n° 200 ; Maguéro, eod. v°, n° 191 ; Sol., 17 oct. 1814.

1901. On peut presque en dire autant d'une succession déclarée au nom d'un enfant qui n'est pas né viable. — V. I. G., 1307, § 10 ;

1902. Et de l'éviction partielle ou totale de l'hérédité par suite de la découverte d'un testament. — V. Garnier, Rép., v° *Restit.*, n° 232 ; Dél. 30 avril 1825, 18 août 1826 et 2 oct. 1846.

A moins que cette découverte ne soit antérieure à la déclaration. — V. Baugé, 7 juin 1882.

1903. Il en est de même des erreurs matérielles de calcul.

1904. Sous le nouveau régime, certaines restitutions sont de droit ; par exemple : les dettes non liquides, celles conditionnelles ou litigieuses lorsqu'elles deviennent liquides ou certaines dans le délai de deux ans.

1905. Les héritiers ou légataires sont admis, dans le délai de deux ans à compter du jour de la déclaration, à réclamer, sous les justifications prescrites à l'art. 4, la déduction des dettes établies par les opérations de la faillite ou de la liquidation judiciaire, ou par le règlement définitif de la distribution par contribution postérieurs à la déclaration et à obtenir le remboursement des droits qu'ils auraient payés en trop (L. 25 févr. 1901, art. 5).

1906. Lesdites justifications consistent simplement à donner la date du jugement déclaratif de la faillite ou de la liquidation judiciaire, ainsi que la date du procès-verbal des opérations de vérification et d'affirmation de créances ou du règlement définitif de la distribution par contribution.

1907. On a vu plus haut, n° 1292, qu'en cas de rejet, faute de justifications suffisantes, d'une déduction demandée, les parties, mieux documentées, peuvent encore, en vertu du même article, se pourvoir en restitution du droit qu'elles ont été obligées de payer dans un délai de deux ans, à partir de la déclaration. — V. Angoulême, 14 févr. 1906.

1908. Mais, il faut le bien remarquer, elles n'ont le droit d'invoquer le bénéfice de cet article et de se prévaloir d'un droit à la restitution de l'impôt que dans le cas où elles ont demandé, lors de la déclaration, la déduction de la dette. — V. Defrénois, *Comment.*, n° 239 ; Seine, 12 mars 1904 ; Seine, 2 nov. 1906 ; I. G., 3067, § 11 ;

Et elles feront toujours bien de la demander dans tous les cas, son rejet fût-il actuellement certain, car une justification qui semble impossible lors de la déclaration, pourra plus tard devenir simple et facile.

1909. Les justifications à produire ne sont pas nécessairement les mêmes que celles déjà invoquées, qui peuvent naturellement être corroborées par d'autres. — V. Garnier, *Comment.*, n° 108 ;

1910. Il n'y a point lieu à restitution lorsqu'une déduction a été repoussée faute d'être appuyée par l'attestation du créancier, qui l'aurait refusée, sauf dommages-intérêts à la charge de celui-ci (L. 25 févr. 1901, art. 6). — V. Defrénois, *Comment.*, n° 242 ;

1911. La restitution est également obligatoire, lorsque le montant exact de la dette n'a été connu qu'après la déclaration ; à la condition, toujours, que l'existence de la dette ait été constatée dans la déclaration et la déduction demandée. — V. Defrénois, *Comment.*, n° 252 ;

1912. Si donc, par une erreur qui leur soit imputable, elles avaient omis de comprendre cette dette dans le passif héréditaire déclaré, la perception effectuée par le receveur serait régulière et ne donnerait pas ouverture à une action en restitution (art. 60, L. 22 frim. an VII). — V. Defrénois, *Comment.*, n° 239 ; Seine, 12 mars 1904 ; *Rev. du Not.*, n° 12092 ; I. G., 3067, § 11 ;

Toutefois, la Régie accepte alors de tempérer, selon ses appréciations, la rigueur des principes, en accordant le remboursement, pour erreur de fait, des droits acquittés par suite du défaut de déduction ; on doit considérer, en effet, que la fraction de l'actif correspondant à la dette non déduite ne faisait pas partie de la succession ; la décision de faveur du 12 avril 1808 (I. G., 386., § 30) est donc applicable ; les directeurs peuvent statuer, dans les limites établies par l'I. G. 2832, § 26, sur les pétitions en restitution fondées, en matière de non-déduction du passif, sur une erreur imputable aux parties. — V. I. G., 3067, § 11.

1913. Les pièces justificatives que les parties ont à produire à l'appui des demandes en restitution de droits de mutation par décès fondées sur des erreurs de fait doivent être préalablement soumises au timbre et à l'enregistrement, lorsque, à raison de leur nature, elles sont sujettes à ces formalités : c'est ce que décide une solution du 13 janv. 1902, qui ajoute, d'ailleurs, que la copie de la déclaration dans laquelle l'erreur a été commise ne peut être exigée des redevables dans la forme prescrite par l'art. 58, L. 22 frim. an VII, mais doit être fournie sans frais par l'Administration.

1914. Une restitution peut encore s'imposer en cas d'usufruits successifs ;

Mais, d'après la Régie, ce qui se trouve avoir été payé en trop par le nu-propriétaire ne lui serait restituable qu'après la déclaration à la charge du nouvel usufruitier. — V. I. G., 3146 § 3 ; Sol., 14 déc. 1903 ;

« Cette solution, fait observer le *Rép. prat.* Defrénois (n° 13638), est contraire au texte de la loi du 25 févr. 1901, art. 13, qui déclare que la restitution sera du droit *dû* par le second usufruitier et non du droit *payé* par celui-ci, et qui fait courir la prescription de deux ans non du *paiement* des droits, mais du *décès* du premier usufruitier. La conséquence de cette nouvelle exigence de la Régie sera de supprimer la restitution dont il s'agit ; le plus souvent, en effet, l'Administration n'aura aucun intérêt à poursuivre le paiement des droits dus par le second usufruitier, puisqu'ils se trouveront compensés par une restitution de même somme. Le nu-propriétaire n'ayant aucun pouvoir pour contraindre l'usufruitier à payer et la Régie négligeant de réclamer, aucune restitution ne serait opérée. Cette conséquence est la condamnation la plus certaine de l'interprétation actuelle. »

La critique est absolument fondée contre le système de la Régie ; mais le nu-propriétaire ne nous semble pas pour cela dénué de tout moyen d'action. En acquittant le droit à l'origine, il a payé, et même forcément, comme coobligé, pour ce qui serait ultérieurement restituable ; et, par le fait seul et de plein droit, il peut invoquer la subrogation légale ; il a donc le droit de poursuivre le nouvel usufruitier tant en vertu de l'art. 1251-3° que de l'art. 1029 C. civ., et, en outre, par analogie de l'art. 2039, ce qui obligera indirectement celui-ci à passer la déclaration à sa charge ;

Sans parler de la faculté d'interrompre en attendant la prescription biennale.

1915. Rappelons enfin la restitution possible après justification de l'âge ou du lieu de naissance d'un usufruitier. — V. n°s 1436 et 1437.

1916. A part ces cas, nous ne trouvons guère que des décisions d'espèces sans critérium vraiment déterminant ; tout ce qu'on peut dire, c'est qu'en principe les erreurs de fait et même de droit, commises par les déclarants, ne détruisant pas la régularité matérielle de la perception, n'imposent pas strictement à la Régie la nécessité d'une restitution, qui reste donc purement facultative pour l'Administration. — V. Dict. réd., v° *Restit.*, n° 198 ; Garnier, Rép., *eod.* v°, n°s 74, 99 ; Maguéro, *eod,* v°, n° 190 ; Cass., 4 juin 1817, 4 déc. 1821. 1er déc. 1835, 7 avril 1840, 10 juill. 1860 ; Seine, 4 août 1866, 8 août 1868, 19 déc. 1874 et 20 juill. 1883 ; Cass., 5 mai 1885 ; Rouen, 30 juill. 1885 ; Seine, 19 févr. 1886 ; Cass., 10 avril 1889 ; Bourgoin, 9 août 1890 ; Tarbes, 9 nov. 1891 ; Cass., 18 juill. 1892, 26 déc. 1894 ; Seine, 31 juill. 1896 ;

1917. Sous cette réserve, la restitution a été ordonnée notamment :

1918. Lorsque certains biens, déclarés comme dépendant de la succession, se trouvaient ne pas être au défunt. — V. Seine, 8 mai 1848, 11 févr. 1860 et 13 janv. 1864 ; Déc. min. Fin., 12 avril 1808 ; I. G., 386, § 30 ; *Contrà* : Bourgoin, 9 août 1890 ; Cass., 26 déc. 1894 (S., 95. 1. 424).

1919. Spécialement des titres déclarés à raison de la propriété apparente qu'il en avait, mais sous la réserve exprimée qu'ils appartenaient à un tiers. — V. Saint-Omer, 8 juin 1905 ;

1920. Ou quand le défunt n'était propriétaire que d'une partie des biens déclarés. — V. Dict. réd., v°. *Restit.*, n° 205 ; Garnier, Rép., *eod.* v°, n° 101 ; Maguéro, *eod.* v°, n° 212 ; Cass., 13 déc. 1881 ; Seine, 20 juill. 1883,

19 févr. 1886 ; Tarbes, 9 nov. 1891 ; Montmorillon, 12 févr. 1891 ; *Contrà* : Seine, 5 avril 1895 ;

1921. Spécialement que de la moitié indivise d'un bien compris dans la déclaration. — V. Dict. réd., v° *Restit.*, n° 205 ; Garnier, Rép., *eod.* v°, n° 101 ; Déc. min., Fin., 17 nov. 1821 ; Dél. 17 oct. 1821 ;

1922. Ou que des constructions édifiées sur le terrain d'autrui. — V. Dict. réd., v° *Restit.*, n° 207 ; Garnier, Rép., *eod.* v°, n° 107 ; Maguéro, *eod.* v°, n° 218 ; Seine, 13 févr. 1864 ;

1923. Ou qu'un cautionnement versé par le *de cujus* était la propriété d'un tiers. — V. Dict. réd., v° *Restit.*, n° 206 ; Garnier, Rép., *eod.* v°, n° 106 ; Dél. 12 juin 1835 ;

1924. Ou qu'une créance remboursée avait été déclarée, la croyant exister encore. — V. Dict. réd., v° *Restit.*, n° 208 ; Garnier, Rép., *eod.* v°., n° 108 ; Maguéro, *eod.* v°, n° 219 ; Déc. min. Fin. 5 déc. 1821 ; Dél. 24 oct. 1821 ;

1925. Ou que l'adjudication qui avait fait entrer un bien dans le patrimoine du défunt a été, postérieurement à la déclaration, annulée sur appel — V. I. G., 436, § 57 ;

1926. Si le même bien a été déclaré deux fois, soit dans une même déclaration, soit à deux bureaux. — V. Dict. réd., v° *Restit.*, n° 202 ; Garnier, Rép., *eod.* v°, n° 111 ; Maguéro, *eod.* v°, n° 205 ; Sol., 25 therm. an X ; Dél. 22 août 1811 ;

1927. Pour erreur matérielle d'évaluation dans le revenu d'un immeuble. — V. Dict. réd., v° *Restit.*, n° 223 ; Cass., 4 déc. 1821 et 1er oct. 1835 ; Sol., 24 avril 1832 ; Dél. 16 avril 1823 et 21 oct. 1836 ;

1928. En cas d'omission des reprises du conjoint survivant, dont il est justifié par une liquidation complète. — V. Dict. réd., v° *Restit.*, n° 231 ; Maguéro, *eod.* v°, n° 201 ; Sol., 24 nov. 1897 ;

1929. Pour déclaration de la totalité d'un legs que les héritiers avaient omis de réduire à la quotité disponible. — V. Garnier, Rép., v° *Restit.* ; n° 115 ; Dél. 23 mars 1825 et 22 déc. 1832 ; Cpr. Cass., 10 juin 1860 ; Sol., 12 mars 1894 ; Seine, 8 déc. 1906.

1930. Ou de biens légués à un autre. — Dél. 13 nov. 1840 ;

1931. Au profit d'un établissement public ayant acquitté le droit sur un leg, pour lequel l'autorisation d'accepter lui a été refusée ensuite. — V. Dieppe, 3 mars 1892 ;

1932. En cas de réduction du prix d'un office, après le paiement du droit, s'il n'y a qu'un héritier, sur l'excédant. — V. Dict. réd., v° *Office*, n° 206 *bis* ; Garnier, Rép., *eod.* v°, n° 175 ; Maguéro, *eod.* v°, n° 74 ; Cpr. Cass., 22 mars 1859 (S., 59.1.204) ; I G., 2160, § 4 ;

De même, à titre d'erreur de fait, lorsque la cession de l'office ayant eu lieu antérieurement à la déclaration, le prix a été réduit ensuite. — V. Dict. réd., v° *Office*, n° 206 ; Garnier, Rép., *eod.* v°, n° 194 ; Maguéro, *eod.* v°, n° 74 ; I. G., 36-38 ; Sol., 16 oct. 1867, 1er avril 1881, 13 juill. 1882 ;

1933. Sur des valeurs étrangères, alors que le défunt était étranger. — V. Dict. réd., v⁰ Restit., n⁰ 204; Maguéro, eod. v⁰.,n⁰ˢ 175, 208; Seine, 8 mai 1858;

1934. Enfin, quand un droit a été versé sans déclaration régulière. — V. Sol.,20 avril 1868, 6 déc. 1899, 30 avril 1901; V. toutefois Seine, 23 juill. 1904;

Par exemple, celle faite par les héritiers au nom d'un légataire particulier. — V. Sol., 30 avril 1901;

1935. Ou d'après un degré de parenté inexact. — V. Sol., 20 mai 1895; V. toutefois Seine, 3 nov. 1904.

1936. Mais la restitution a été refusée notamment :

1937. En cas de renonciation postérieure à la déclaration.—V. Garnier, Rép., v⁰ Restit., n⁰ 220 ; E. Naquet, op. cit., II, n⁰ 876; Cass., 15 janv. 1850, 10 août 1852; Dél. 4 mai 1825 et 9 août 1826 ; .

Spécialement quand la renonciation opère au profit d'héritiers soumis à un taux moins élevé, ainsi celle de frères et sœurs en cas d'existence d'ascendants. — V. G. Demante, op. cit., II, n⁰ 675 ; Cass., 15 janv. 1850; I. G. 1857, § 14; Cpr. Cass., 10 août 1852 ;

1938. Ou lorsque des légataires particuliers ont ensuite refusé les legs à eux faits, quelles que soient les réserves à cet égard de l'exécuteur testamentaire dans la déclaration. — V. Cass., 15 janv. 1850; Contrà : Sol. 30 avril 1901 ;

1939. Malgré l'annulation judiciaire d'un testament d'après lequel les droits ont été payés. — V. Dict. réd., v⁰ Restit., n⁰ 157; Garnier, Rép., eod. v⁰, n⁰ 224 ; Cass., 11 mars, 7 avril et 1ᵉʳ juill. 1840, 6 août 1849,(S. 49.1.568 ; D., 49.1.215); Seine, 15 mai 1875 ; Sol. 11 oct. 1893 ; Contrà : Pont-Audemer, 12 avril 1836 ; Seine,16 et 30 déc. 1845 ; Riom, 1ᵉʳ déc. 1865 ; Cass.,28 janv. 1890 (S. 90.1.225),V. à cet égard, n⁰ 194 ci-dessus. Cpr. G. Demante, op. cit., II, n⁰ 678 ;

1940. A des héritiers évincés d'une partie de la succession par un enfant naturel. — V. Dict., réd., v⁰ Restit., n⁰ 159; Garnier, Rép., eod. v⁰, n⁰ 228 ; Cass., 15 juill. 1840 (S., 40. 1. 589; D., 40. 1. 266); Rouen, 28 déc. 1864.

1941. Ou, réciproquement, à des enfants naturels évincés partiellement par des héritiers légitimes qui se produisent. — V. Cass., 12 mai 1834; Rouen, 14 févr. 1883;

1942. A des héritiers ayant payé sur des rapports pour avances qu'ils déclarent ensuite avoir eu lieu à titre de donation. — V. Seine, 31 juill. 1896;

1943. Ou qui avaient omis de déduire une somme dont le défunt n'avait que l'usufruit. — V. Moissac, 11 juin 1903.

1944. Ou qui avaient payé sans demander la réduction à la quotité disponible.— V. Cass., 10 juill. 1860 (S., 60. 1. 905).

1945. Aux héritiers d'une femme sur les biens de la communauté à laquelle ils ont ensuite renoncé. — V. Garnier., Rép., v⁰ Restit., n⁰ 158; Cass., 2 août 1843;

1946. A un légataire dont le legs était affecté d'une condition résolutoire qui s'est réalisée. — V. Garnier, Rép. v⁰ Restit., n⁰ 113; Cass., 30 juin 1841 ;

1947. Ou dont le legs a été réduit judiciairement. — V. Cass., 5 mars 1885 ; Niort, 16 juill. 1891 ; Cpr. Cass., 7 déc. 1886;

1948. A un légataire universel qui, bien que non solidaire, avait payé pour son colégataire universel, mais sachant qu'il n'y était pas strictement obligé, ce qui écartait bien la répétition de l'indu, mais reste contraire au principe que l'impôt irrégulièrement acquitté est restituable. — V. Seine, 23 juill. 1904.

1949. A un légataire universel ayant payé comme étranger, et se prétendant ensuite enfant naturel du défunt. — V. Cass., 27 juin 1899 ; Seine, 3 nov. 1904 (S., 1907. 2. 23) ; Cass. Req., 28 janv. 1907 (D., 1907. 1. 442).

1950. Pour des biens compris à tort dans la succession collatérale, tandis qu'ils revenaient par retour légal à un ascendant donateur. — V. Garnier, Rép., v⁰ Restit., n⁰ 112; Montargis, 22 déc. 1855 ; Contrà : Defrénois, op. cit., n⁰ 12382;

Pour des biens compris à tort dans l'usufruit de l'art. 767, alors qu'ils ne devaient pas faire partie de la masse héréditaire comme revenant par retour conventionnel à un ascendant donateur. — V. Abbeville, 8 mai 1906.

1951. Lorsqu'un office n'a été vendu à un tiers, c'est-à-dire non à un cohéritier, qu'au-dessous de l'estimation déclarée. — V. Dict. réd., v⁰ Office, n⁰ 204; Bordeaux, 20 nov.1848 ; Sol. 29 mars 1892.

Ou si le prix de vente de l'office a été réduit ensuite. — V. Dict. réd., v⁰ Restit., n⁰ 224 ; Garnier, Rép., eod. v⁰, n⁰ 87; Maguéro, eod v⁰, n⁰ 196 ; Bordeaux et Sol. précités;

1952. Lorsqu'un revenu supérieur à celui réel a été déclaré. — V. Dict. réd., v⁰ Restit., n⁰ 221; Garnier, Rép., eod. v⁰, n⁰ 88; Maguéro, eod. v⁰, n⁰ 193; Bordeaux, 7 juin 1899;

1953. Plus généralement, toutes les fois qu'un bien mobilier figure dans une déclaration pour une valeur supérieure à celle qui lui est postérieurement donnée dans des actes, le droit n'est pas restituable, ayant été régulièrement perçu. — V. I. G. 2157, § 3

1954. On a vu plus haut qu'à moins de reconnaissance amiable par son auteur ou de constatation judiciaire avant son décès d'une faute professionnelle, les dommages-intérêts pouvant en résulter n'étaient pas déductibles ; jugé également que la transaction intervenue plus tard à ce sujet constitue un événement ultérieur laissant acquise la perception faite. — V. Seine, 24 juin 1904.

1955. Le tout, sauf restitution bienveillante pour erreur de fait, à l'appréciation exclusive de la Régie, comme on l'a vu tout à l'heure, ce qui est l'arbitraire. — V. Déc. min. Fin., 12 avril 1808; Cass., 26 déc. 1894 (S., 95. 1. 424).

1956. Quoi qu'il en soit, dans tous les cas où soit des héritiers, soit des légataires sont évincés par d'autres ayants droit préférables ou dont la vocation était subordonnée à une condition suspensive, depuis réalisée, ce qu'ils ont payé s'impute sur ce que doivent les nouveaux possesseurs. — V. G. Demante, *op. cit.*, II, nº 675; Dict. réd., *vº Legs*, nº 173 et *Restit.*, nºs 148 et 365; Garnier, Rép., *vº Compens.*, nº 123, et *Succ.*, nº 992-5; Maguéro, *vº Legs*, nº 41, et *Succ.*, nº 758; E. Naquet, *op. cit.*, II, nº 879; Cass., 13 déc. 1814, 15 juill. 1840, 1er juill. 1868, 9 août 1871; Belley, 7 juin 1872; Versailles, 23 févr. 1898; Sol., 6 oct. 1871; 13 nov. 1872; 28 déc. 1875, 11 juin 1877; 20 juin 1895, 25 janv. 1899; V. toutefois Orléans, 29 juin 1891;

Et comme ils ont, par le fait, géré les affaires de ces derniers, ceux-ci doivent leur rembourser ce qu'ils se trouvent avoir payé en leur acquit. — V. Grenoble, 4 août 1869;

1957. Pourtant, la Régie n'admet pas toujours ce principe d'une manière aussi générale. D'après elle, l'imputation ne va de droit que lorsqu'il s'agit de précompter une perception provisoire sur celle définitivement exigible relativement au même acte et à la même disposition, de sorte que deux perceptions procédant d'actes distincts et de dispositions différentes n'y donneraient pas lieu. — (V. Cass., 18 juill. 1860). Par exemple, le droit de mutation par décès, acquitté par les héritiers d'un recéleur sur des valeurs que celui-ci avait détournées d'une succession dont il avait l'usufruit, ne saurait se compenser avec le droit de même nature exigible sur ces valeurs quand elles rentrent dans la première succession en vertu d'une décision judiciaire, ni par conséquent s'imputer sur ce droit. C'est ce que la Cour suprême a décidé par arrêt du 23 févr. 1898, cassant le jugement précité de Versailles. — V. aussi Cass., 23 mars 1896. Mais refuser d'imputer le droit payé par des héritiers évincés sur celui que doivent d'autres héritiers sur les mêmes valeurs, n'est-ce pas, contre toute justice, percevoir deux droits pour une seule et même mutation? Quant à invoquer à l'appui que la première perception, ayant été régulièrement opérée, n'était pas sujette à restitution, l'argument ne pourrait porter que si le nouveau droit se trouvait inférieur à l'ancien perçu et laissait un excédent; nous ne voyons pas qu'en bonne logique il s'oppose aucunement à l'imputation, basée, pour le répéter, sur ce qu'une mutation unique ne peut pas autoriser deux fois l'exigibilité du même droit de transmission. — V. Cass. 13 nov. 1814, précité.

1958. En tout cas, il se peut que les nouveaux obligés ne demandent pas l'imputation qui leur est, après tout, indifférente, et alors la Régie opposera aux héritiers ou légataires évincés le principe de la non-restitution d'un droit régulièrement perçu. — V. Defrénois, *Rép. prat.*, nº 14134; Cass., 15 juill. 1840 (S. 40. 1. 589); Rouen, 28 déc. 1864;

Ceux-ci devront donc, aussitôt qu'ils connaîtront l'éviction qui les frappe, faire opposition à leurs adversaires victorieux de payer le droit de succession en dehors d'eux de manière à les rendre responsables des conséquences.

1959. Malgré tout, si le taux des nouveaux intéressés est inférieur à celui des anciens, ces derniers, malgré toute imputation, n'en perdront pas moins la différence.

Demande en restitution.

1960. La demande en restitution, le cas échéant, doit être faite par ceux qui ont payé des droits, ou l'un d'eux seulement en cas de solidarité.

Leur notaire n'a pas qualité pour l'introduire en leur nom, sans un mandat spécial de leur part, comme lorsqu'il s'agit d'un acte de son ministère, eût-il même avancé les sommes payées. — V. Dict. réd., *vº Restit.*, nº 321; Seine, 29 mars 1843.

Jugé que lorsqu'une déclaration de succession a été faite par l'héritier et le légataire à titre universel, l'héritier peut demander la restitution du droit payé pour le légataire, sous la seule condition de justifier qu'il a payé de ses deniers personnels; il en est de même pour le tuteur qui aurait payé pour l'héritier mineur. — V. Lyon, 16 mai 1906.

1961. Par voie de pétition, elle est rédigée sur papier timbré de dimension (0 fr. 60);

Dont le coût est, du reste, remboursé si le droit réclamé a, en effet, été perçu à tort du fait de la Régie (L. 29 mars 1897, art. 42);

Mais non si c'est par suite d'une erreur de fait des parties, auquel cas les pièces produites par elles doivent être régulières au point de vue du timbre et de l'enregistrement. — V. Sol., 13 janv. 1902;

1962. Elle contient l'exposé des faits et discute la perception critiquée.

1963. La pétition est adressée au ministère des Finances, direction générale de l'Enregistrement.

1964. Le directeur général décide et la solution rendue est communiquée à l'intéressé par le directeur départemental.

1965. On peut également procéder par voie d'action en justice; alors, ajournement à fin de restitution est signifié à la Régie, au bureau du receveur qui a reçu la déclaration, devant le tribunal civil de première instance du ressort.

1966. Il n'est jamais dû d'intérêts par l'Etat sur les sommes restituées. — V. Cass., 28 févr. 1818; Vervins, 28 janv. 1887; Seine, 13 mars 1891.

TROISIÈME PARTIE

Prescription de l'exigibilité ou de la restitution

1967. On a vu plus haut que la Régie a :

Trois mois, pour faire constater par expertise l'insuffisance d'évaluation d'une clientèle ou d'un fonds de commerce ;

Un an, pour l'expertise d'une insuffisance d'évaluation en valeur vénale d'un immeuble dont la destination actuelle n'est pas de procurer un revenu ;

Deux ans, soit pour demander communication des livres de commerce du *de cujus*, soit pour l'expertise d'une insuffisance du revenu déclaré de tout autre immeuble, soit pour les insuffisances de perception ;

Dix ans, pour établir la simulation d'une dette constatée par acte authentique et non échue lors de l'ouverture de la succession.

Il nous reste à parler de la prescription du droit de mutation par décès : droit simple, demi-droit en sus, droit en sus et autres amendes et de la prescription de leur restitution.

CHAPITRE PREMIER

Exigibilité

1968. Le droit de mutation par décès, ainsi que les demi-droit et droit en sus sont susceptibles de prescription, dont la durée est plus ou moins longue et le point de départ différent, suivant les cas.

Se prescrivent :

Par deux ans :

1969. 1° Le droit simple sur les insuffisances de perception ou d'évaluation (L. 22 frim. an VII, art 61.) — V. Dict. réd., v° *Prescr.*, nos 363, 545, 596 ; Garnier, Rép., *eod.* v°, nos 359, 531 ; Maguéro, *eod.* v°, n° 104 : Sol. 16 juin 1880 ;

1970. Et ce à compter du jour même de la déclaration (L. 22 frim. an VII, art. 61). — V. Garnier, Rép., v° *Prescr.*, n° 552 ; Maguéro, *eod.* v°, n° 161 ; Cass., 1er août 1852 ; Évreux, 29 déc. 1876 ; Sol , 27 juill. 1814.

1971. Mais la prescription biennale s'applique encore aux autres créances déclarées irrecouvrables. — V. Cass., 4 mars 1890 (S., 91. 1. 33).

1972. 2° Le demi-droit pour défaut de déclaration dans le délai imparti et le droit en sus pour omission, le recouvrement du droit simple ne fût-il qu'à une prescription plus longue ; mais seulement si le receveur a été mis à même de découvrir la contravention ; autrement le délai est de cinq ou de dix ans (Av. C. d'Et. 18-22 août 1810 ; L. 16 juin 1824, art. 14). — V. Dict. réd., v° *Prescr.*, nos 456, 469, 595 ; Garnier, Rép., *eod.* v°, nos 420 et 431 : Maguéro, *eod.* v°, nos 120, 126 ; Cass., 26 avril 1826, 2 mars 1851 ; Cahors, 14 déc. 1898 ; Seine, 7 avril 1906).

Exception faite toutefois pour les rentes sur l'État, ainsi qu'on le verra ci-après.

1973. Le délai court, pour le demi-droit, non pas du jour même du décès, ni de l'événement qui fait entrer ou rentrer un bien dans l'hérédité, ou produit une réversion, mais soit du jour où l'Administration a pu constater la contravention, soit du jour auquel expire une prolongation de délai consentie, cette prolongation ne dispensant pas d'observer le délai supplémentaire accordé. — V. G. Demante, *op. cit.*, II, n° 835 ; Dict. réd., v° *Prescr.*, n° 471 ; Garnier, Rép., *eod.* v°, n° 725 ; Pont-Audemer, 29 août 1876 ; Bordeaux, 2 déc. 1891 ; Cass., 4 août 1902.

1974. Sans qu'il y ait à tenir compte d'une déclaration passée à un bureau incompétent ni d'offres verbales, faites au receveur. — V. Dict. réd., v° *Prescr.*, n° 471 ; Garnier, Rép., *eod.* v°, n° 726 ; Marseille, 19 nov. 1839 ; Seine, 24 mai 1843 ; Corbeil, 23 août 1854 ; Seine, 30 janv. 1875 ; Cass., 11 avril 1877 ;

1975. Il ne court, pour le droit en sus. qu'à partir du jour où les préposés de la Régie ont été mis à même de constater l'omission, sans recherches ultérieures, au vu d'actes présentés à l'enregistrement (L. 16 juin 1824, art. 14). — V. E. Naquet, *op. cit.*, III, n° 1266 ; Cass., 24 déc. 1860, 9 déc. 1868 (S., 69 1. 137 ; 69. 1. 109) ; Bagnères, 13 mai 1872 ; Cass., 2 déc. 1873 (S., 74. 1. 225) ; 24 août 1874, 11 avril 1877, 3 déc. 1878, 21 déc. 1887 ; Seine, 10 févr. 1888 ; Cass., 18 juill. 1888 ; Vienne, 8 févr. 1889 ; Vouziers. 25 mai 1892 ; Saint-Omer, 13 juill. 1900 ; Tours, 21 juill. 1904 ;

1976. On voit par là combien il importe aux parties, s'il a été fait un inventaire, de le produire à l'appui de leur déclaration, en ayant bien soin d'y énoncer cette production ; elles font ainsi courir à leur profit la prescription biennale, si l'inventaire permettait à la Régie de se renseigner suffisamment. — V. Cass., 14 août 1850 (S., 50. 1. 685 ; D., 50. 1. 279) ; Seine, 19 déc. 1868 (D., 69. 1. 179).

1977. Lorsqu'après une déclaration de succession souscrite par un héritier, un autre héritier passe une déclaration rectificative conforme à des dires insérés à sa requête dans l'inventaire et que le receveur n'ait pas perçu les droits exigibles sur cette rectification, la prescription biennale n'est pas applicable, la seconde déclaration devant être considérée comme ayant pour objet des droits litigieux. — V. Limoges, 27 avril 1900.

1978. La prescription du demi-droit et du droit en sus, s'accomplissant par deux années tandis que celle du droit simple peut être beaucoup plus longue, comme on va le voir. peut donc se trouver acquise alors que le droit simple restera exigible ; mais la réciproque n'existe pas : la prescription du droit simple entraîne toujours et nécessairement celle du demi-droit et du droit en sus. — V. Cass.,

20 avril 1836 (S., 36. 1. 270), 4 janv. 1844 (S., 54. 1. 601 ; D., 54. 1. 68).

Par dix ans :

1979. Le droit simple sur les biens omis dans la déclaration faite, autres que des rentes sur l'État (L. 30 janv. 1907, art. 4),

Ou qui se trouvent comme omis, quand, par suite d'une option postérieure, la valeur imposable a augmenté. — Cpr. Neufchâtel, 18 juin 1890 ;

Cette nouvelle prescription atteint les prescriptions qui étaient en cours au moment de l'entrée en vigueur de la nouvelle loi. Elles devront donc subir l'augmentation de délai et ne seront acquises aux redevables que dix ans après la déclaration de succession. — V. I. G., 3208, § 2.

1980. Et ce, à partir du jour de la déclaration primitive, sans qu'une déclaration complémentaire ou rectificative puisse modifier ce point de départ. — V. Dict. réd., v⁰ *Prescr.*, n⁰ 610 ; Garnier, Rép., *eod.* v⁰, n⁰ 594 ; Maguéro, *eod.* v⁰, n⁰ 124 ; Cass., 3 mars 1851 (S., 51. 1. 548) ; Cpr. G. Demante, *op. cit.*, II, n⁰ 835 ; Cass., 27 juill. 1853 ; I. G., 1986, § 6 ; Cpr. Seine, 8 mai 1896 ;

1981. Se prescrit également maintenant par dix ans l'action en recouvrement des droits et amendes exigibles par suite de l'inexactitude d'une attestation ou déclaration de dette, à partir de la déclaration de la succession (L., 30 janv. 1907, art. 4).

L'observation faite ci-dessus relativement à l'effet de la nouvelle loi sur les prescriptions en cours s'applique également ici.

1982. Sous l'empire de l'ancienne législation qui fixait la prescription à cinq ans, il avait été jugé que lorsqu'un époux survivant était décédé cinq ans après son conjoint, ses héritiers, pour profiter de la prescription, ne pouvaient alléguer une omission commise dans la première déclaration. — V. Châlons, 21 juin 1898 ;

1983. Le droit simple, sur les successions non déclarées (LL. 22 frim. an VII, art. 64-3⁰ ; 18 mai 1850, art 11) ;

Ainsi que sur les biens rentrés dans l'hérédité postérieurement à la déclaration, parce qu'à leur égard il n'y a eu ni omission ni insuffisance de perception, mais insuffisance de déclaration. — V. E. Naquet, *op. cit.*, III, n⁰ 1262 ; Charolles, 18 janv. 1906 ; *Contrà* : Nogent-le-Rotrou, 14 mai 1880.

1984. Et ce à compter de l'événement qui donne ouverture à l'exigibilité de ce droit, savoir :

1⁰ Décès du *de cujus* (L. 22 frim. an VII, art. 61, n⁰ 3). — V. E. Naquet, *op. cit.*, III, n⁰ 1262 ; Périgueux, 22 juill. 1891 ;

Même en cas de legs par lui de l'usufruit de biens dont il n'avait que la nue propriété. — V. Agen, 6 avril 1889 ; Sol., 5 juin 1889 ;

Et même à l'égard de valeurs diverties ou recélées par un des héritiers, à la condition qu'il n'ait pas été fait de déclaration. — V. Sol., 1ᵉʳ avril 1901.

2⁰ Changement de dévolution héréditaire, lorsque cette dévolution a pour effet de substituer aux héritiers qui ont passé la déclaration d'autres héritiers qui n'en ont passé aucune. — V. Cass., 19 juill. 1815 ;

3⁰ Décès du légataire précédent en cas d'usufruit successif ou de rente viagère réversible. — V. Dict. réd., v⁰ *Prescr.*, n⁰ˢ 543, 575 ; Garnier, Rép., *eod.* v⁰, n⁰ˢ 434, 610 ; Maguéro, *eod.* v⁰, n⁰ˢ 127, 172 ; Cass., 19 juill. 1815 et 30 janv. 1856 (S., 56. 1. 457 ; D., 56. 1. 92) ; Brignoles, 1ᵉʳ juin 1858 ; Seine, 30 mai 1868 ; Rennes, 4 août 1868 ;

4⁰ Accomplissement de la condition, en cas de legs suspensivement conditionnel. — V. Dict. réd., v⁰ *Prescr.*, n⁰ 586 ; Garnier, Rép., *eod.* v⁰, n⁰ 636 ; Maguéro, *eod.* v⁰, n⁰ 180 ; Cass., 30 déc. 1834, 30 janv. 1856, 1ᵉʳ juill. 1868 (S., 69. 1. 230 ; D., 69. 1. 105) ;

5⁰ Rentrée de biens dans l'hérédité. — V. Cass., 24 août 1841 (S., 41. 1. 771) ; Seine, 30 mai 1868 ; Auxerre, 28 févr. 1877 ;

6⁰ Mise en possession réelle d'une succession séquestrée. — V. Sol., 6 mai 1899 ; Etc.

1985. Encore faut-il que l'Administration ait eu connaissance légale du décès, soit par l'inscription de l'acte de décès sur les registres de l'état civil ou par un autre acte en tenant lieu, soit par la prise de possession des biens par les ayants droit ;

Ou bien connaissance du testament, relativement à des legs. — V. Dict. réd., v⁰ *Prescr.*, n⁰ 590 ; Garnier, Rép., *eod.* v⁰, n⁰ 626 ; Maguéro, *eod.* v⁰, n⁰ 176 ; Reims, 17 mars 1875 ; Seine, 6 déc. 1878 ;

Ou constatation de la fraude, quant aux renonciations frauduleuses. — V. Mamers, 17 mai 1899 ;

1986. En cas de décès aux colonies, le délai court du jour de l'inscription du décès sur les registres y tenus. — V. Dict. réd., v⁰ *Prescr.*, n⁰ 563 ; Garnier, Rép., *eod.* v⁰, n⁰ 634 ; Maguéro, *eod.* v⁰, n⁰ 178 ; Cass., 9 juin 1817, 21 nov. 1822 ;

1987. Si c'est à l'étranger que le décès est survenu, le délai ne commence à courir, d'après la Régie, que du moment où elle en a eu légalement connaissance. — V. Dict. réd., v⁰ *Prescr.*, n⁰ 559 ; Garnier, Rép., *eod.* v⁰, n⁰ 596 ; Maguéro, *eod.* v⁰, n⁰ 167 ; Cass., 8 mai 1809 ; Nice, 7 févr. 1881 ; Bagnères, 11 févr. 1898 ; Figeac, 9 mars 1899 ; Pau, 31 janv. 1902 ; *Contrà* : Defrénois, *Rép. gén. prat.*, n⁰ 12557 ; Cpr. Bagnères-de-Bigorre, 11 févr. 1898 ;

1988. Etant rappelé qu'une déclaration faite à un bureau n'ayant pas qualité pour la recevoir est considérée comme équivalant à un défaut absolu de déclaration, ce qui laisse subsister la prescription de dix ans. — V. Corbeil, 23 août 1854 ;

De même, la déclaration souscrite par qui n'avait pas qualité à cet égard, par exemple un héritier pour un légataire universel. — V. Saint-Etienne, 12 nov. 1851 ; Cass., 18 janv. 1888 (S , 90. 1. 179) ; Seine, 6 mars 1903 ;

Et par trente ans seulement :

1989. Le droit de mutation par décès des inscriptions de rentes sur l'État et les peines encourues en cas de retard ou d'omission de ces valeurs (L. 8 juill. 1852, art. 26 ; L. 30 janv. 1907, art. 4).

Et ce, à compter du décès (L. 8 juill. 1852, art. 26). — V. Rouen, 15 nov. 1894.

1990. Même lorsqu'il s'agit de la réversion d'un usufruit auquel est affectée une inscription pour tenir lieu d'une rente viagère. — V. Dict. réd., vº *Prescr.*, nº 555 ; Garnier, Rép., *eod.* vº, nº 530 ; Cass., 4 janv. 1871 (S., 71. 1. 82 ; D., 71. 1. 313) ; Rouen, 15 nov. 1894 ;

1991. Mais, d'après les expressions mêmes de la loi, puisqu'elle ne vise que le retard ou l'omission, la simple insuffisance de perception ou d'évaluation n'a pas été soustraite à la prescription de deux ans. — V. Sol., 16 juin 1880.

1992. Plus généralement, la prescription trentenaire s'applique dans tous les cas où la loi n'a pas établi une prescription plus courte (C. civ., art. 2262). — V. Dict. réd., vº *Prescr.*, nº 669 ; Garnier, Rép., *eod.* vº, nºs 189, 254 ; Maguéro, *eod.* vº, nº 133 et *Succ.*, nº 754 ; Cass., 29 août 1881, 21 avril 1898 ;

1993. Par exemple en cas d'erreur ou d'inexactitude dans l'indication du décès ou de degré de parenté avec le défunt. — V. Dict. réd., vº *Prescr.*, nº 602 ; Cass., 1er août 1878 (S., 79. 1. 231 ; D., 78. 1. 457) ; Chalon-sur-Saône, 23 févr. 1881 ;

En cas d'inexactitude dans la date ou du lieu de la naissance de l'usufruitier (L. 25 févr. 1901, art. 14) ;

En cas d'erreur dans la désignation du domicile du défunt. — Sol., 7 juin 1896.

1994. Enfin, la souscription d'une soumission remplace les prescriptions plus courtes par la prescription trentenaire. — V. Sol. 6 nov. 1883.

1995. Terminons à cet égard en rappelant que, conformément aux principes généraux, le jour même de la déclaration n'est pas compté dans le délai (L. 22 frim. an VII, art. 25). — V. G. Demante, *op. cit.*, II, nº 837 ; E. Naquet, *op. cit.*, III, nº 1266 ; Cass., 3 mai 1854 (S., 54. 1. 479 ; D., 54. 1. 324) ; Seine, 24 mars 1869 ; Rouen, 5 août 1873 ; I. G., 2019, § 9 ;

Le *dies ad quem* doit, au contraire, y être compris.

1996. Les prescriptions ci-dessus sont interrompues au profit de la Régie par une demande signifiée et enregistrée avant l'expiration de leur délai respectif ; elles demeurent acquises irrévocablement, si les poursuites commencées sont discontinuées pendant une année sans qu'il y ait d'instance devant les juges compétents, quand même le premier délai pour la prescription ne serait pas expiré (LL. 22 frim. an VII, art. 61 ; 18 mai 1850, art. 11). — V., sur ces étranges dispositions, G. Demante, *op. cit.*, II, nº 836 ; E. Naquet, *op. cit.*, III, nº 1253.

1997. Mais un nouvel acte de poursuite, commandement ou contrainte, dans l'année de la signification de la contrainte originaire, interromprait la péremption annale. — V. Cass., 1er avril 1834 (S., 34. 1. 248) ; Bourg, 7 juin 1887.

1998. Lorsque la Régie, après avoir réclamé par voie de contrainte le droit de mutation par décès dû sur une succession non déclarée, décerne une autre contrainte à raison des droits exigibles sur des biens omis dans la déclaration ultérieure de cette succession, on ne saurait lui opposer valablement la péremption édictée par l'art. 61, L. 22 frim. an VII, en cas d'interruption des poursuites pendant un an, comme plus d'une année s'étant écoulée entre les deux contraintes, puisque ces contraintes avaient chacune un objet différent. — V. Cass., 2 déc. 1889.

1999. En matière d'expertise, l'interruption de la prescription résulte de la requête en expertise adressée au tribunal et de la sommation faite à la partie de désigner son expert dans les trois jours. — V. Cass., 30 nov. 1833 (P., 34. 1. 93) ; *Contrà* Sol., 21 mars 1883.

2000. Quand il y a plusieurs débiteurs solidaires du droit, les poursuites exercées contre l'un d'eux interrompent la prescription à l'égard de tous (C. civ., art. 1206, 2249). — V. Seine, 17 janv. 1853 ; Nancy, 15 déc. 1869 ; Châtellerault, 21 déc. 1885 :

Réciproquement, la prescription acquise à l'un profite à tous (C. civ., art. 1208). — V. Sol., 1er avril 1901.

2001. Mais l'interruption opérée relativement à un héritier, par exemple, n'a pas d'effet contre un légataire à titre particulier ou un époux. — V. Garnier, Rép., vº *Prescr.*, nº 769 ; Cass., 7 août 1809.

Et, réciproquement encore, l'héritier ne bénéficierait pas de la prescription accomplie à leur profit. — V. Cass., 23 févr. 1890 ; I. G., 2967, § 1er ; Sol., 1er avril 1901.

Cependant, si la Régie, faisant abstraction du défaut de solidarité, s'était adressée pour le paiement de la totalité des droits à un seul légataire, celui-ci se trouverait fondé à réclamer seul la restitution, et l'assignation signifiée à sa requête suffirait pour interrompre la prescription biennale. — V. Seine, 20 avril 1905.

CHAPITRE II

Restitution

2002. Un délai de deux ans est accordé pour obtenir la restitution de ce qui aurait été payé en trop ; ce que l'art. 61, L. 22 frim. an VII, exprime en ces termes : « Les parties sont déchues, après deux années sans réclamation par elles, du droit de se faire rembourser les sommes perçues à tort sur les déclarations de succession. »

2003. Sauf indirectement, par voie d'imputation, s'il y a lieu. — V. Maguéro, *v° Restit.*, n° 416 ; Saint-Amand, 16 mars 1877 ; Sol., 18 mai et 12 nov. 1872, 24 nov. 1873, 7 mai 1874, 2 mars 1875, 5 juill. 1876, 19 févr. 1877, 26 juin 1877, 28 févr. 1900 ; *Contrà :* Villefranche, 13 août 1890.

2004. La prescription biennale s'applique notamment à la restitution du droit perçu par suite de la non-déduction d'une dette déclarée, mais rejetée, dont il a été plus amplement justifié depuis (L. 25 févr. 1901, art. 5).

2005. Ou lorsque la dette n'a été établie que postérieurement à la déclaration par les opérations d'une faillite ou d'une liquidation judiciaire (Même art. 5).

2006. Ou pour une perception faite à défaut de justification de la date de naissance d'un usufruitier (même loi, art. 14).

2007. Les deux ans courent du jour de la perception, alors même que l'irrégularité n'en serait révélée que par des faits postérieurs tels que :

Une action en revendication, exercée par un tiers contre l'héritier ou le légataire d'un bien figurant en la déclaration comme appartenant au défunt. — V. Dict. réd., *v° Prescr.*, n° 630 ; Garnier, Rép., *eod. v°.*, n° 573 ; Cass., 28 mai 1836, 23 janv. et 24 juill. 1839 ;

Une constatation judiciaire qu'un bien qu'on avait cru être un propre et déclaré à ce titre, dépendait, au contraire, de la communauté. — V. Dict. réd., *v° Prescr.*, n° 628 ; Garnier, Rép., *eod. v°*, n° 573 ; Châteaudun, 10 déc. 1856 ;

Décidé toutefois depuis, que si des biens de communauté ont été déclarés comme propres lors du premier décès, le droit perçu en trop est imputable sur le droit exigible lors du second décès, pourvu que les héritiers soient les mêmes. — V. Sol., 13 févr. 1894, 10 avril 1895, 11 sept. 1896 ;

2008. Le point de départ du délai ne change pas par le fait d'un paiement de droits complémentaires ; il n'en court pas moins du jour de la déclaration. — V. Seine, 8 mai 1896 ;

2009. Mais, en cas d'usufruit conjoint, la prescription ne courrait que du jour du décès du premier usufruitier, pour la restitution de ce qui aurait été payé en trop par le nu propriétaire. — V. Defrénois, *Comment.*, n° 592 ;

2010. Si des acomptes ayant été payés avant la déclaration régulière, celle-ci constate un excédent de perception, la restitution de la dif-

férence n'est plus soumise à la prescription biennale, mais seulement à celle de cinq ans. — V. Seine, 27 mars 1897 ;

INTERRUPTION

2011. Comme les prescriptions contre la Régie, celles qui courent à son profit ne sont interrompues que par une demande judiciaire signifiée et enregistrée avant qu'elles soient acquises (LL. 22 frim., an VII, art. 61 ; 18 mai 1850, art. 11) ; Cass., 5 févr. 1867 (S, 67.. 1. 183 ; D. 67. 1. 23) ;

Elles ne sauraient l'être par de simples demandes amiables faites à l'Administration, en d'autres termes par voie de pétition. — V. Seine, 11 août 1841 ; Clermont, 26 déc. 1862 ; Rethel, 6 nov. 1901 ; Déc. min. Fin., 8 nov. 1836 (S., 37. 2. 64).

APPENDICE GÉNÉRAL

France coloniale

1° *Corse.*

2012. Les successions de personnes domiciliées en Corse ou possédant des biens ayant une assiette déterminée dans ce département, ne suivent pas la loi commune.

2013. Un arrêté pris par l'Administrateur général Miot, le 21 prair. an IX, et qui a force de loi, a apporté en Corse les dérogations suivantes aux règles tracées par la loi du 22 frim. an VII, en ce qui concerne la liquidation et le paiement des droits de mutation par décès :

1° La valeur imposable des immeubles situés en Corse est déterminée en capitalisant par 100 le montant de la contribution foncière en principal, à l'exclusion des centimes additionnels ;

2° Tout délai est supprimé pour le paiement des droits de mutation par décès exigibles en Corse, conformément à la loi du 22 frim. an VII ; l'Administration est autorisée à poursuivre le recouvrement de ces droits aussitôt qu'elle a connaissance de l'ouverture de la succession ; réciproquement, les redevables n'encourent aucune pénalité s'ils ne les ont pas acquittés dans les six mois du décès.

Mais les omissions sont passibles du double droit, par le fait seul de la déclaration incomplète. — V. Sol., 8 juill. 1856.

2014. Les lois générales ne dérogeant pas aux lois spéciales sur les points que celles-ci ont réglés, ces dispositions particulières continuent d'être applicables sous l'empire de la loi du 25 févr. 1901 ; mais sous tous les autres rapports, notamment en ce qui concerne les *tarifs*, la *déduction du passif*, le mode d'évaluation de *l'usufruit et de la nue propriété*, la désignation du *bureau compétent* pour recevoir la déclaration et encaisser les droits, cette loi est devenue exécutoire en Corse comme

dans les autres départements français. — V.
I. G., 3058.

2015. La combinaison des règles particulières édictées par l'arrêté du 21 prair. an IX, avec les règles générales, comporte quelques explications.

Plusieurs cas peuvent se présenter :

2016. 1° *Le défunt était domicilié en Corse et ne possédait pas de biens ayant une assiette déterminée hors de ce département.* — Rien n'est changé au régime institué par l'arrêté précité en ce qui concerne la détermination de la valeur imposable des immeubles et l'absence de délai pour le paiement des droits ; on ne saurait appliquer en Corse la disposition de l'art. 12 L. 25 févr. 1901, d'après laquelle les droits de mutation par décès doivent être liquidés sur la valeur vénale en ce qui concerne les immeubles dont la destination actuelle n'est pas de procurer un revenu. — V. I. G., 3058.

Toutefois, les biens héréditaires ayant une assiette déterminée dans la circonscription de plusieurs bureaux de la Corse doivent, le cas échéant, être déclarés désormais, comme les valeurs incorporelles dépendant de la succession, au bureau du domicile du défunt. — V. I. G., 3058.

2017. 2° *Le défunt était domicilié en Corse et possédait des biens ayant une assiette déterminée dans d'autres départements.* — Toutes les valeurs héréditaires, quelle que soit leur situation, sont déclarées en Corse, au bureau du domicile du défunt. — V. I. G. 3058.

Mais tandis que les valeurs incorporelles et les biens ayant une assiette déterminée en Corse restent, en ce qui concerne la détermination de la valeur imposable des immeubles et le paiement des droits, régis par les dispositions spéciales à l'île, on doit appliquer aux biens ayant une assiette déterminée sur le territoire continental de la France la loi en vigueur au lieu de leur situation.

Par conséquent, la valeur imposable des immeubles situés en France est obtenue soit par la capitalisation du revenu par 20 et par 25, suivant qu'il s'agit d'immeubles urbains ou d'immeubles ruraux, soit par la déclaration de la valeur vénale lorsqu'il s'agit d'immeubles dont la destination actuelle n'est pas de procurer un revenu ; de plus, les redevables sont astreints, sous peine d'un demi-droit en sus, à acquitter au bureau du domicile du défunt, dans les six mois du décès, les droits applicables tant à ces immeubles qu'aux biens mobiliers corporels situés en France. — V. I. G. 3058.

2018. 3° *Le défunt était domicilié en France et possédait des biens ayant une assiette déterminée en Corse.* — Deux particularités sont à noter dans cette hypothèse :

Les immeubles situés en Corse, bien que devant être déclarés en France, au bureau du domicile du défunt, comme toutes les autres valeurs héréditaires, sont évalués pour la perception d'après le mode de capitalisation qui leur est propre ; la valeur vénale ne servira donc jamais de base à la liquidation du droit. — V. I. G., 3058.

En outre, les redevables ne sont pas obligés d'acquitter dans le délai fixé par l'art 24, L., 22 frim. an VII, les droits applicables à ces immeubles et aux objets mobiliers corporels situés en Corse ; ils n'encourent de ce chef aucune pénalité de retard. — V. I. G., 3058.

Les préposés de la Régie peuvent donc, à leur égard, accorder les sursis qu'ils jugent convenable, sans aucune pétition au ministre.

Tous les autres biens composant la succession restent soumis aux règles ordinaires. — V. I. G., 3058.

2° *Algérie.*

2019. Le droit de mutation par décès n'y est pas encore établi ;

Il n'y a donc lieu à aucune déclaration des successions ouvertes en Algérie (Ord. 19 oct. 1841, art. 4) ;

2020. Et, si des biens situés en Algérie dépendent d'une succession ouverte en France, ils sont affranchis de tout droit (Même Ord.). — V. Dict. réd., v° *Étranger*, n° 414 ; Garnier, v° *Colonies*, n° 26 ; Maguéro, v° *Étranger*, n° 252 ; Cass., 12 août 1857 ;

Mais les valeurs corporelles situées en France y restent soumises. — V. Sol., 19 juin 1875 ;

2021. Jugé néanmoins que les créances étant censées attachées à la personne même du créancier, et par conséquent sises au lieu de son domicile, les créances souscrites et payables en Algérie par des personnes y domiciliées au profit d'un créancier domicilié en France, et hypothéquées sur des immeubles qui y sont situés ne bénéficient pas de cette exemption. — V. Dict. réd., v° *Succ.*, n° 1236 ; Garnier, v° *Colonies*, n° 26 ; Maguéro, v°*Étranger*, p. 252 ; Cass., 24 févr. 1869, 16 déc. 1870 ; Agen, 12 févr. 1870 ; V. toutefois Seine, 4 déc. 1858 et 30 juill. 1867 ; Grenoble, 6 mai 1855 ; Marmande, 30 janv. 1867 ; Gray, 14 août 1891 ; Cass., 30 janv. 1893.

3° *Colonies.*

2022. Le droit de mutation par décès existe dans celles de nos colonies où l'enregistrement est établi, sans y être réglementé partout d'une manière uniforme. V. notamment :

Antilles. — Ord. 31 déc. 1828 ; D. 3 avril 1901 ; Dél., 20 déc. 1898 ;

Cochinchine. — D. 10 janv. 1862 ;

Guadeloupe. — Ord. 31 déc. 1828 ; D. 3 avril 1901 ; Dél., 20 déc. 1898 ;

Guyane. — D. 27 sept. 1854 ;

Inde. — D. 7 déc. 1866 ;

Martinique. — Ord. 31 déc. 1828 ; D. 3 avril 1901 ; Dél., 20 déc. 1898 ;

Nouvelle-Calédonie. — Arr. 1er juill. 1859 ; D. 10 mars 1877 ;

Réunion. — Ord. 19 juill. 1829 ; D. 21 sept. 1864 ;

Sénégal. — Ord. 31 déc. 1828 ; DD. 4 août 1850 et 11 fév. 1863.

2023. Les biens situés aux colonies dans lesquelles le droit de mutation par décès n'est pas établi suivent, à cet égard, le principe des biens situés à l'étranger. — V. Cass., 24 févr. 1869 et 16 nov. 1870.

2024. Il faut appliquer à ces colonies et à celles qui jouissent d'un droit de succession réduit ce qui vient d'être dit pour l'Algérie relativement aux créances.

4° Pays de protectorat.

2025. Les Etats soumis au protectorat de la France, tels que l'Annam et la Tunisie, ne sont pas des colonies ; ils continuent donc, au point de vue fiscal, à être considérés comme des pays étrangers ordinaires. — V. Sol., 4 déc. 1891.

2026. Quant à la Tunisie, il convient de signaler deux décrets beylicaux du 2 nov. 1893 et du 8 févr. 1897, qu'il importe aux Français de connaître, car beaucoup y possèdent des immeubles, spécialement des plantations d'oliviers ou autres.

Or, d'après ces décrets, voici en résumé le système établi pour l'impôt du droit de mutation par décès.

Les immeubles et plantations situés en Tunisie sont frappés d'un droit de mutation par décès s'élevant à 20 centimes 0/0 en ligne directe et de 4 0/0 en ligne collatérale ou entre étrangers.

Les cohéritiers sont solidairement tenus de cet impôt, ainsi que des amendes qui peuvent être encourues.

Le délai pour souscrire la déclaration est de trois mois ou de six mois, selon que le décès a eu lieu en Tunisie ou ailleurs.

Le bureau compétent est celui du domicile du défunt si celui-ci était domicilié en Tunisie, en cas contraire, la déclaration doit être faite au bureau de la situation des biens.

A la déclaration doit être joint un état estimatif des immeubles laissés par le défunt.

L'impôt est perçu sur la valeur vénale qui ne peut être inférieure à 16 fois le revenu.

La nue propriété et l'usufruit s'évaluent respectivement à la moitié de la toute propriété.

Toute insuffisance dans l'estimation rend l'héritier passible pendant trois ans du complément de droit sur la différence entre la valeur déclarée et celle ultérieurement reconnue.

Le recouvrement de l'impôt et des amendes encourues est poursuivi, contre les justiciables des tribunaux français, de la manière prescrite par les art. 33 et 34 du décret du 14 juin 1886 modifiés par l'art. 12 du décret du 16 mars 1892.

L'absence de déclaration dans les délais, les omissions, les insuffisances d'évaluation ou les inexactitudes donnent lieu à une amende d'un demi-droit en sus qui ne peut être inférieur à 1 0/0 pendant les trois premiers mois à partir de l'expiration du délai et ensuite d'un droit en sus qui ne peut être inférieur à 2 0/0.

Tout acte authentique contenant mutation d'immeuble doit énoncer la mention du paiement des droits de mutation. Toute infraction à cette disposition rend l'officier ministériel rédacteur personnellement tenu de l'impôt.

Tout acte contenant mutation ne peut être produit en justice qu'après que le droit de mutation a été acquitté.

Enfin sont déduites :

Les dettes hypothécaires constatées dans un acte ayant date certaine au moins trois mois avant le décès ;

Les reprises matrimoniales liquidées, par un acte authentique ;

Et le capital des rentes d'enzel grevant les immeubles évalué transitoirement à 16 fois la rente.

Enfin ne sont pas déduites les dettes quoiqu'elles soient souscrites par le défunt au profit de ses héritiers ou légataires.

2027. V. aussi Rép. de la prat. des affaires : *les mots qui suivent et Contrainte administrative. Enregistrement.*

§ 2

CONSEILS ET RENSEIGNEMENTS PRATIQUES

2028. Le fait de déclarer une succession pour le paiement des droits et même d'acquitter ceux-ci n'emporte pas à lui seul acceptation tacite de la succession, lors même que le receveur, dans sa quittance, aurait qualifié le déclarant d'héritier. — V. G. Demante, *op. cit.*, II, n° 674 ; Cass., 1er févr. 1843 et 7 juill. 1846 ; Poitiers, 31 mai 1887 ;

Mais le déclarant fera toujours bien, tant que sa résolution d'accepter n'est pas prise définitivement, d'agir dans la déclaration sans attribution de qualité ou sous la réserve de tous ses droits à cet égard.

2029. Dans le cas où, par impossible, un receveur mettrait obstacle à une déclaration, soit par un accueil inacceptable, soit par des observations inutiles et intempestives, elle pourrait être présentée par acte d'huissier. — V. E. Naquet, *Traité des droits d'enregistrement*, III, n° 1192 ; Cass., 15 août 1832 et 3 févr. 1869 (S., 69. 1. 185).

2030. Il y a toujours intérêt à payer les droits de mutation le plus tard possible, surtout s'il s'agit d'une somme importante, attendu que :

1° On gagne ainsi les intérêts ;

2° Et si le redevable vient à décéder, les droits qu'il aurait eu à payer forment un passif de sa succession et déductible ;

Sans cependant attendre le dernier jour, ce qui exposerait, en cas de contestation avec le receveur, à laisser la déclaration tomber de date.

2031. Avoir soin de mettre *certificat d'acquit* en regard des valeurs mobilières nominatives, pour que le receveur pense à le délivrer.

2032. Devant les menaces fiscales de plus en plus menaçantes, beaucoup de capitalistes, voire même maintenant des rentiers de fortune moyenne, ont pris l'habitude de déposer une partie de leur avoir à l'étranger dans des banques étrangères.

Cette pratique ne doit être employée qu'avec la plus grande circonspection.

Comme le dit très bien M. Paul Leroy-Beaulieu. (*L'art de placer et gérer sa fortune*, p. 311). « il ne faut pas risquer, en cherchant à se soustraire au fisc français, de devenir la proie d'un fisc plus vorace ou même d'être taxé à la fois par notre fisc et par le fisc du pays où l'on a des valeurs en dépôt.

« La prétention du fisc français est que toute la succession d'un Français, y compris les titres qu'il peut avoir en dépôt à l'étranger, doit être soumise à nos droits successoraux. Il en résulte que les dépôts faits à l'étranger par des Français ne pourront échapper à notre fisc que si celui-ci les ignore. Autrement, on risquera de subir à la fois les droits de succession français et les droits de succession étrangers.

« En Angleterre, les droits de succession sont très élevés, plus élevés même qu'en France. Les Anglais ensuite ont une habitude qui peut être fort gênante : ils publient dans les journaux la liste de toutes les successions d'une certaine importance ou concernant des personnes connues. Il en résulte que l'attention du fisc français peut être attirée par cette publication, de sorte que la succession, après avoir acquitté les droits de succession anglais, doive subir par surcroît les droits français. » — V. aussi Defrénois, *Rép. périodique*, nᵒˢ 15340 et 15357.

D'ailleurs, ce moyen d'échapper au fisc deviendra de moins en moins efficace. Car il faut s'attendre très sûrement et avant peu à une entente internationale, ce qui aura pour effet de supprimer toute velléité de fraude. V. à ce sujet le nouvel arrangement avec le Royaume Uni de Grande-Bretagne et d'Irlande, nᵒ 2056 ci-après.

Notons à ce sujet qu'un projet de loi est actuellement soumis à la Chambre des députés. En voici les termes :

« Article premier. — Dans tous les cas où une succession ouverte en France et régie par la loi française comprend des fonds publics, actions, obligations, parts d'intérêts, créances et généralement des valeurs mobilières de quelque nature que ce soit, déposés ou existant à l'étranger, les héritiers légitimes et naturels, l'époux survivant appelé à la succession à défaut de parents au degré successible, les héritiers à réserve en concours avec des légataires universels ou des donataires universels de

biens à venir quand il n'y a pas d'héritiers réservataires, ne peuvent justifier de leurs qualités et se faire remettre lesdites valeurs par tous tiers détenteurs, dépositaires ou débiteurs, qu'à la condition d'avoir préalablement obtenu un envoi en possession légal spécial de ces valeurs.

« Cet envoi en possession est prononcé sur requête par une ordonnance du président du tribunal de 1ʳᵉ instance dans le ressort duquel la succession s'est ouverte. Cette ordonnance contient l'énumération des créances et valeurs successorales mentionnées dans le paragraphe précédent. Elle est visée pour timbre et enregistrée gratis.

« Le jugement d'envoi en possession rendu au profit du conjoint survivant en vertu de l'article 770 du Code civil peut contenir ladite énumération. Il en est de même de l'ordonnance rendue dans les cas prévus par l'article 1008 du Code civil.

« Les dispositions de l'article 5 de la loi du 28 décembre 1895 ne s'appliquent pas aux énonciations de valeurs mobilières étrangères faites dans l'ordonnance ou le jugement prononçant l'envoi en possession de ces valeurs.

« Art. 2. Les héritiers, légataires ou donataires qui n'auront pas déclaré dans les délais prescrits par l'article 24 de la loi du 22 frimaire an VII, les valeurs mobilières successorales de toute nature déposées ou existant à l'étranger et qui en auront pris possession sans s'être conformés aux prescriptions de l'article précédent, seront passibles d'une amende égale au quart de la valeur des biens non déclarés, sans addition de décimes.

« Cette amende, qui sera recouvrée comme en matière d'enregistrement, sera payée solidairement par les contrevenants, sauf à la répartir entre eux dans les proportions de leurs droits héréditaires.

« Art. 3. Dans les inventaires et dans les actes de notoriété destinés à établir les qualités des ayants droit à une succession, mention devra être faite de l'obligation qui incombe à ceux-ci d'obtenir l'envoi en possession spécial prévu à l'article 1ᵉʳ pour justifier de leurs qualités et se faire remettre les créances et valeurs successorales déposées ou existant à l'étranger. Il ne pourra être délivré aucun extrait desdits actes, sans que cette mention y soit reproduite.

Tout officier public ou ministériel qui aura contrevenu aux dispositions du présent article sera passible personnellement d'une amende de cent francs en principal. »

2033. Quelquefois, en cas de legs, quand la différence de parentés et l'importance des sommes en jeu le comportent, il peut y avoir intérêt à mettre à la charge de la succession les droits de mutation afférents au legs, en diminuant du montant de celui-ci une somme à peu près équivalente aux droits de mutation qui auraient été payés par le légataire.

14

Supposons une succession comprenant un actif de 1.000.000 fr. et un legs de 100.000 fr.

L'héritier (supposé en ligne directe) paye sur 900.000 francs, soit...... Fr.   20.845

Le légataire (supposé étranger) paye sur 100.000 francs, soit Fr...........   16.190

L'héritier recueille donc net Fr.   879.155
et le légataire.............. Fr.   83.810

Si le testateur avait fait un legs de 85.000 fr. net de tous droits, l'héritier aurait payé d'abord, à ses taux sur 915.000 francs, soit..,.............. .... Fr.   21.220
puis aux taux du légataire sur 85.000 francs, soit................. Fr.   13.715

     Ensemble......   34.935

Il recueille ainsi 915.000 fr. — 34.935 fr., soit net 880.065 francs, soit un gain de 910 fr.

Quant au légataire, il recueille net son legs de 85.000 fr. au lieu de 83.810 fr. soit un gain de 1.190 fr.

2034. La plupart du temps les évaluations du mobilier portées dans les contrats d'assurance contre l'incendie sont très exagérées. Cédant aux sollicitations d'intermédiaires intéressés, les assurés acceptent des estimations incontestablement bien au-dessus de la réalité, dans l'espoir, en cas d'incendie, de toucher une forte indemnité.

Nous avons combattu cette erreur en traitant de l'assurance contre l'incendie et en montrant qu'en fait l'assuré ne faisait que payer une prime trop élevée.

Depuis la loi de finances du 31 mars 1903, cette tendance à souscrire des polices avec des évaluations exagérées offre l'inconvénient de faire payer aux héritiers des droits de mutation sur une somme bien supérieure à la valeur réelle du mobilier assuré.

Les héritiers auront donc presque toujours intérêt à faire sinon un inventaire complet, tout au moins un commencement d'inventaire contenant la prisée du mobilier.

2035. On ne trouve nulle part solutionné le cas — qui doit pourtant se présenter assez souvent — d'un mobilier propre confondu avec un mobilier de communauté, assurés en bloc.

Voici quelle paraît être la solution à donner.

Les modes d'estimation spéciaux à observer pour une déclaration de succession ne sauraient réagir contre des conventions de mariage incommutables. Ce qu'elles ont réservé propre reste donc propre, le surplus seulement étant commun. Par conséquent, la reprise d'un mobilier stipulé propre doit s'exercer en nature, et, à son égard, la déclaration porter, selon nous, sur un chiffre déterminé par ventilation de la police, suivant déclaration estimative de la proportion : si le mobilier propre représente, par exemple, le quart du mobilier total, les 33 0/0 se calculeront, en ce qui le concerne, sur le quart du montant de l'assurance globale.

2036. Au cas d'un époux donataire en usufruit des biens de son conjoint prédécédé, laissant pour héritiers des enfants communs mineurs de 18 ans, pour entrer en jouissance de cet usufruit, soit au jour du décès du disposant, soit à la cessation de la jouissance légale, si l'époux survivant opte pour l'ajournement de l'usufruit donné à l'extinction de la jouissance légale, le droit de mutation n'est dû sur cet usufruit, s'il se réalise, qu'à partir de cette époque.

La déclaration en sera donc à faire dans les six mois seulement de l'ouverture dudit usufruit et il sera fait imputation à ce moment des droits perçus en trop sur les héritiers.

Étant donné la différence sensible qui existe entre les taux applicables aux héritiers en ligne directe et ceux applicables à l'époux survivant, étant donné, d'autre part, que la jouissance légale est exempte d'impôts, il peut y avoir souvent avantage à ce que l'époux survivant opte pour l'ajournement de l'usufruit donné, car si la condition venait à ne pas se réaliser (mort de l'époux survivant avant que l'héritier ait atteint l'âge de 18 ans), c'est autant de droits en moins qui auront été payés.

2037. Il ne sera pas non plus inutile aux notaires de transcrire dans un registre, analogue à celui qui se tient actuellement pour les certificats de propriété, toutes les déclarations de successions qu'ils auront faites. Cela leur permettra de signaler à leurs clients les contradictions que ceux-ci pourraient commettre dans des actes postérieurs avec une déclaration de succession précédente et leur éviter ainsi une réclamation de l'enregistrement.

2038. Étant donné le rôle important que joue maintenant l'âge de l'usufruitier pour l'évaluation de l'usufruit et les sanctions sévères qu'entraîne toute erreur à ce sujet dans la déclaration, nous croyons devoir conseiller aux notaires de tenir un répertoire contenant l'âge et le lieu de naissance de leurs clients. Au moment de la déclaration, ils n'auront qu'à s'y reporter, ce qui simplifiera leur travail et leur évitera bien souvent des erreurs.

§ 3

HONORAIRES

2039. Les décrets du 25 août 1898, promulgués au *Journal officiel* des 1er au 5 septembre suivant, ont alloué au notaire rédacteur de la déclaration de succession un honoraire qui est plus ou moins élevé suivant qu'il y a ou qu'il y aura une liquidation de cette succession.

1° S'il y a liquidation faite ou en cours

Parce qu'alors le travail s'en trouve diminué ou facilité ;

Rouen : 0,10 cent. 0/0 de 1 à 100,000 fr.; 0,05 cent. 0/0 au-dessus ;

Ailleurs : — excepté Paris (*Ville de*) et Seine, ci-après indiqués — 0,05 cent. 0/0 ;

2° En cas contraire

Douai : 0,15 cent. 0/0 ;

Ailleurs : — excepté Paris (*Ville de*) et Seine, ci-après indiqués — 0,10 cent. 0/0 ;

Le tout sur les biens et valeurs énoncés dans la déclaration de succession, état de meubles compris.

Minimum :

Toulouse : 5 fr. ;

Angers : 6 fr. ;

Ailleurs : 4 fr.

2040. Rien de plus simple, lorsque la détermination de la succession n'implique dans la déclaration aucune liquidation de reprises ou de communauté : l'honoraire se perçoit sans aucun doute sur tous les biens et valeurs *énoncés*, puisqu'ils sont tous *déclarés*.

2041. Mais, en cas de liquidation pour ordre, la déclaration mentionne d'autres biens que ceux revenant à la succession et seuls soumis au droit de mutation par décès.

L'honoraire est alors dû sur tout ce qui y a figuré pour arriver à établir la succession, en d'autres termes tant les biens de la communauté que les reprises en nature de la succession.

D'abord, c'est ce qu'exprime formellement le tarif, qui parle toujours des biens et valeurs *énoncés* dans la déclaration, et jamais des biens et valeurs seulement *déclarés*, ce qui, sous la plume de ses rédacteurs, dont plus de la moitié étaient des praticiens expérimentés, incapables de prendre un mot pour un autre, est tout à fait significatif.

Et certes, ils ont eu raison de statuer ainsi, car l'allocation de l'honoraire sur l'ensemble se justifie si bien que le contraire ne serait vraiment pas équitable.

En effet, d'une part, la déclaration devient alors plus difficile à dresser, et souvent même beaucoup plus difficile, que dans l'hypothèse précédente, surtout depuis que la déduction des dettes complique encore le travail, ce qui mérite évidemment une rémunération supérieure ; aussi le tarif, tout en maintenant les mêmes bases, n'accorde-t-il qu'un taux en général moitié moindre *quand il y a déjà liquidation faite ou en cours ;*

Et, d'autre part, le service rendu aux parties est parfois incomparablement plus grand, à raison des distractions, des prélèvements, des retranchements qui s'en trouvent admis plus volontiers par le fisc, à leur grand avantage. — V. Amiaud et Voland, *op. cit.*, n° 360; Trib. Vienne, 2 nov. 1900 (*Rev. du Not.*, n° 11210); *Contrà :* Ch. Defrénois, *op. cit.*, n° 261.

Bien plus ! par identité de motifs, les valeurs *énoncées*, sur lesquelles doit se liquider l'honoraire, comprennent les récompenses, les indemnités, en un mot ce qu'en notariat on nomme *valeurs fictives*. — V. Amiaud et Voland, *op. cit.*, n° 361.

2042. Pourtant, un jugement rendu par le tribunal de Nantes, le 23 juill. 1903, (S., 08. 121), cassé depuis par la Cour de cassation ainsi qu'il sera dit ci-après, mais dont nous croyons devoir rapporter les attendus et la critique que nous en avions faite, en 1904, dans notre Commentaire approfondi du Tarif légal, avait repoussé insoucieusement cette théorie, sans même s'être donné la peine d'essayer une réfutation sérieuse des raisons susexprimées qui la motivaient.

« Attendu, disait-il, que le tarif mentionne « les valeurs énoncées dans la déclaration et « non des valeurs énoncées dans la liquidation « sommaire faite pour y parvenir ; qu'admettre « que ces mots du décret de 1898 « biens et « valeurs énoncés dans les déclarations » s'ap- « pliquent aux valeurs quelconques énoncées « à l'occasion d'une déclaration de succession « conduirait à des conséquences absurdes, « iniques ; que telle n'a pu être la pensée et la « volonté des rédacteurs de l'article et du Con- « seil d'État qui l'a approuvé ;

« Attendu qu'en effet, supposons un notaire « déclarant que le *de cujus* possédait de son « vivant un dixième dans un immeuble indivis « valant un million, est-il admissible que ce « notaire vienne percevoir 1,000 francs d'hono- « raires pour avoir simplement énoncé dans « sa déclaration que l'immeuble peut être « évalué à un million? qu'allant plus avant « dans le raisonnement par l'absurde, il suffi- « rait au notaire d'énoncer que l'héritier est « fondé pour une part infime, un cent millième, « par exemple, dans une société minière ou « une compagnie d'assurances au capital de « 100 millions pour qu'il prétende à 10,000 « francs d'honoraires, alors que la part sur « laquelle le droit successoral est perçu, n'est « que de 1,000 francs. »

Nous avions fait remarquer sur le premier attendu, et puisque le tribunal invoquait la pensée et la volonté des rédacteurs de l'article, qu'il était facile de lui répondre par le témoignage même de MM. Amiaud et Voland, qui, tous deux, en faisaient partie. Voici ce qu'ils rapportaient à cet égard (*op. cit.*, n° 360) :

« Ni la Commission du tarif, ni le Conseil d'État, en parlant des biens *énoncés* dans la déclaration, n'ont entendu désigner les biens *soumis* aux droits de mutation.

« Si telle eût été leur intention, ils l'auraient exprimée de manière à ne laisser place à aucun doute. Ils ont manifestement voulu, au contraire, autoriser la perception de l'honoraire sur la base la plus large et de la manière la plus conforme à l'équité et à la nature du travail et du service rendu.

« La liquidation préalable est l'élément principal de ce travail. Cela est si vrai que, lorsqu'elle est facilitée par un acte de liquidation antérieure, le taux de l'honoraire est réduit. Or, la liquidation préalable porte sur tous les biens communs, qu'ils soient ou non soumis à l'impôt.

« D'un autre côté, qui ne sait combien sont délicates les justifications à fournir pour faire admettre par l'enregistrement des déductions !...

« Et si, un jour (*hypothèse réalisée depuis par la loi du 25 févr. 1901*), la réforme de la loi fiscale permettait de déduire le passif pour le paiement des droits, combien ne serait-il pas injuste de ne faire porter l'honoraire que sur l'actif net, sans rétribuer le travail, certainement difficile, de la justification des retranchements à opérer sur la masse ! Si éloignée que puisse être la réalisation de cette juste réforme, cependant *elle a été prévue par la Commission du tarif* ET ELLE A ÉTÉ L'UN DES ÉLÉMENTS QUI ONT MOTIVÉ SA DÉCISION. »

Quant à l'autre attendu, nous avions manifesté la profonde stupéfaction avec laquelle nous l'avions lu et combien il nous était pénible d'être obligé d'en parler. Mais nos devoirs de juriste et l'absolue impossibilité qu'il y avait de laisser sacrifier par de telles facéties des intérêts respectables, primaient tout. Le tribunal, disions-nous, nous permettra donc de dire que ce qui est absurde ici, c'est son raisonnement, et que jamais un seul notaire n'a eu et n'aura, — nous nous en portons fort, — l'idée de pareilles énormités : le notariat est trop, pour cela, le pays du bon sens.

Autrement, le tribunal aurait eu bien tort de s'arrêter en si beau chemin. Pendant qu'il y était, pourquoi n'a-t-il pas de suite imaginé que le notaire, si on ne le refrénait point d'importance, en arriverait à énoncer, par exemple, une bicoque à Paris, ayant soin d'ajouter, à ce que nul n'en ignore, que Paris est sis dans la France, située elle-même en Europe, partie de notre terre, minuscule parcelle à son tour de l'espace sans bornes..., afin de liquider son honoraire sur la valeur (*estimative !*) de l'immensité ?

On voit que nous aurions été en plein dans l'opérette ; néanmoins, sauf l'outrance, c'était bien là le raisonnement que le tribunal de Nantes prêtait trop gratuitement au notaire de fantaisie qu'il se figurait et dont il l'accablait ensuite aisément.

Seulement ! ajoutions-nous, il est inexact, pour ne pas prendre un terme moins parlementaire, tout ce qu'il y a de plus inexact, d'avancer que ces indications complémentaires, aussi ridicules que superflues, constituent des énonciations au sens de la loi. Elle parle des biens ! mais respectivement aux parties, c'est-à-dire de *leurs* biens. Or, par rapport à celles-ci, le dixième qu'elles auraient d'un immeuble indivis, n'est qu'un *dixième* de cet immeuble, aucunement l'immeuble entier, et quand elles l'énoncent, elles

énoncent exclusivement ce *dixième ;* une action de société n'est qu'*une* action, une simple part de cette société, nullement l'intégralité du capital social, et quand elles l'énoncent, elles énoncent *uniquement* cette action, en tout et pour tout.

Ce n'est donc pas sans tristesse que nous avions dû rappeler ainsi l'*A b c* du droit, en quelque sorte, pour réfuter des objections aussi vides.

Nous faisions enfin remarquer que M. Ch. Defrénois (*Rép. gén. prat. du Not.*, nº 13363) s'en était accommodé cependant, car il avait enregistré purement et simplement le jugement critiqué, non seulement sans la moindre protestation, mais comme étant conforme à son opinion. Celle-ci, disions-nous, en recevait même un peu trop d'appui, pour l'intérêt du Notariat. Aussi, croyait-il prudemment devoir ajouter : « toutefois les dispositions de la loi du 25 févr. 1901 autorisant la déduction du passif en matière de mutation par décès, il semblerait rationnel que l'honoraire proportionnel de déclaration de succession fût perçu non sur l'actif brut de la succession, mais sur la part virile du défunt, dans l'actif de communauté, sans tenir compte des dettes dont la Régie admet la déduction. »

Effort tardif et bien chanceux pour échapper à des conséquences reprochables ! Il ne fallait pas d'abord s'enliser dans un faux principe, recélant, — si le correctif proposé n'était pas admis, — cet étrange résultat possible, à savoir que : plus, par l'existence d'un passif, une déclaration de succession se trouverait compliquée et difficile, moins le notaire se verrait rémunéré de son savoir et de ses peines ; et, ce qui est un comble, plus il aurait réussi par son habileté à faire déduire de ce passif, plus ce serait à son propre détriment, en se sacrifiant lui-même. Puisque, ajoutions-nous, le tribunal aime les raisonnements par l'absurde, le voilà : l'absurde !

Mais, disions-nous pour conclure : il ne saurait légalement, d'après les termes mêmes du tarif, exister de moyenne mesure : c'est tout l'un ou tout l'autre ; l'honoraire n'a que deux bases possibles de liquidation : soit l'ensemble des biens dont la déclaration a nécessité l'énonciation, soit seulement ceux qui, finalement, sont soumis aux droits. Dans ce dernier système, toute restriction n'est que de l'illogisme, qui ne tiendrait du reste pas un instant, si la théorie du tribunal de Nantes était vraiment fondée.

Nous étions convaincu d'avoir péremptoirement établi qu'elle était, au contraire, en opposition directe avec la loi et avec l'équité, et nous manifestions l'espérance qu'elle ne ferait pas jurisprudence ; heureusement pour le Notariat ! qui en subirait un préjudice aussi considérable qu'injustifié.

2043. Admettant notre manière de voir et consacrant notre système, la Cour de cassa-

:ion a cassé le jugement précité par un arrêt du 28 février 1906, (S., 08. 1. 121 ; D., 08. 1. 237).

« Attendu, dit cet arrêt, qu'il est constaté par le jugement attaqué qu'après le décès de la dame P..., qui laissait son mari commun en biens, et deux héritiers, le notaire P..., a reçu de ces derniers mandat d'acquitter les droits de muta-tion, et de passer déclaration à cet effet ;

« Qu'il a réclamé un honoraire calculé sur le montant total de l'actif commun, mais que le tribunal de Nantes lui a alloué seulement un honoraire calculé sur la portion de cet actif dévolue aux héritiers de la défunte ;

« En droit :

« Attendu que le décret du 25 août 1898 accorde aux notaires du ressort de la Cour de Rennes, pour les déclarations de succession « sur les biens et valeurs énoncés dans les déclarations », 0 fr. 05 0/0, s'il y a liquidation faite ou en cours, et 0 fr. 10 0/0 dans le cas contraire ;

« Attendu qu'au cas de décès d'un époux commun en biens la consistance de sa succes-sion ne peut être déterminée qu'au moyen d'une liquidation préalable de la communauté, dont les résultats doivent être insérés dans la déclaration faite au bureau d'enregis-trement ;

« Attendu que, par ce motif, le décret sus-visé a pris pour base de l'honoraire propor-tionnel non les biens et valeurs qui supportent le droit de mutation par décès, mais ceux qui sont énoncés dans la déclaration ;

« Que, pour proportionner cet honoraire au travail accompli, ledit décret distingue entre le cas où la liquidation est faite spécialement en vue de la déclaration, et celui où le notaire peut se borner à reproduire les éléments d'une liquidation déjà faite ou en cours ; que la ré-munération, qui est de 0 fr. 10 dans la pre-mière hypothèse, est réduite de moitié dans la seconde ;

« Qu'ainsi, soit en raison des termes du décret, qui définissent le mode de calcul de l'honoraire, soit en raison des dispositions qui en déterminent le taux variable, il y a lieu de reconnaître qu'il doit être établi sur tout l'actif de communauté, dont la liquidation est contenue dans la déclaration de succession,

« Attendu qu'en décidant le contraire le ju-gement attaqué a violé le texte ci-dessus visé ;

« Casse.... »

Le tribunal de Saint-Nazaire, devant lequel le litige avait été renvoyé, a consacré cette jurisprudence.

2044. Il résulte de tout cela que c'est sur l'actif brut, sans avoir à en déduire le passif, que le notaire a droit à l'honoraire de décla-ration. — V. Amiaud et Voland, *op. cit.*, n° 360.

2045. Toutefois, le principe de l'art. 18 des Dispositions générales agit ici comme à l'égard des actes proprement dits ; une même valeur n'est donc qu'une seule fois sujette à l'hono-raire, bien que revenant dans plusieurs opéra-tions successives de la déclaration. — V. Amiaud et Voland, *op. cit.*, n° 360.

Mais *de la même déclaration*, conformément audit art. 18 ;

Si donc une communauté entre époux n'a pas encore été liquidée, lorsque le survivant d'eux vient à mourir, la déclaration de la suc-cession de celui-ci entraîne l'honoraire sur tout l'actif de cette communauté, quoiqu'il ait été déjà perçu intégralement au décès du prémourant.

2046. Notre doctrine résout encore l'hypo-thèse d'une déclaration négative, au cas où, un mari étant décédé sans posséder aucun propre, l'actif de la communauté se trouve absorbé par les reprises de la femme.

Dans l'opinion contraire à la nôtre, il ne se-rait dû qu'un droit fixe : le minimum alloué mais comme ce serait souvent dérisoire en présence du travail nécessaire accompli, on propose, à la place, d'accorder des vacations, ce qui est arbitraire et illogique, du moment que le tarif prévoit un minimum. — V. Ch. Defrénois, *op. cit.*, n° 261.

Pour nous, aucune difficulté : honoraire sur les biens et valeurs de communauté, puisqu'ils sont énoncés.

2047. Pas de question, si ce sont les re-prises du mari défunt qui épuisent l'actif de la communauté, car alors tous les biens et va-leurs composant celle-ci deviennent biens et valeurs de sa succession.

Cette succession reste limitée aux propres et à l'actif commun, quand même la commu-nauté serait insuffisante pour le prélèvement des reprises, la femme survivante n'étant jamais tenue du paiement de la différence. Mais le mari est au contraire débiteur des reprises en deniers de sa femme sur la com-munauté. Dans la déclaration après le décès d'une femme qui n'est pas complètement dé-sintéressée de ses reprises par la préhension de la totalité des biens et valeurs de la com-munauté, il faut donc ajouter la créance de la succession contre le mari pour le déficit, et l'honoraire s'y étend. — V. Amiaud et Voland, *op. cit.*, n° 361.

2048. Le tarif porte : Etat de meubles com-pris ; ainsi, lorsqu'à défaut d'inventaire et de partage, cet état est exigé, l'honoraire de dé-claration le comprend.

Au point même que le pouvoir pour passer la déclaration, libellé au bas de cet état, s'en trouve lui-même affranchi d'honoraire. — V. Amiaud et Voland, *op. cit.*, n° 363.

Mais, donné en dehors, motive-t-il une ré-tribution particulière ? Le tarif n'en dit rien. Or, ce pouvoir n'est pas nécessité par la dé-claration en soi ; l'héritier ne le confère que par empêchement ou pour ses convenances personnelles ; pourquoi ne le paierait-il pas ? Donc, émolument ; à l'amiable, puisqu'il n'a pas été prévu par le tarif ; en somme, règlement suivant l'usage local. — V. Amiaud et Voland, *op. cit.*, n° 363 ; *Contrà* : Ch. Defrénois, *op. cit.*, n° 261.

2049. Quant à Paris (*Ville de*) et Seine,

S'il y a eu inventaire fait après le décès : moitié des rôles de l'inventaire ;

A défaut d'inventaire : moitié des rôles de la liquidation ;

S'il n'y a eu ni inventaire, ni liquidation : 0.125 0/0 sur les biens et valeurs énoncés dans la déclaration ;

Sans minimum.

On voit qu'on a maintenu dans cette région l'ancienne base d'un inventaire le cas échéant, sans se douter qu'il en résulterait parfois un conflit d'intérêts entre les notaires et leurs clients, car il arrive que tout le profit d'un inventaire, y compris la moitié de ses rôles pour déclaration, produit une rémunération inférieure à 0,125 0/0 sur l'actif ; nous sommes bien convaincu que les notaires ne déconseilleront jamais pour cela un inventaire utile, mais il n'était vraiment point dans le rôle du législateur de leur en donner la tentation ; il eût été préférable, de ne plus tenir compte d'un simple inventaire, ou, tout au moins, d'accorder l'option entre la moitié des rôles et l'honoraire proportionnel.

Mais supposons qu'il existe un inventaire simplement commencé, auquel les parties, pour une raison quelconque, n'ont pas donné suite ; il se borne, par exemple, à l'intitulé, ou comprend seulement en outre la prisée du mobilier : quel sera l'honoraire ? A notre avis, comme s'il n'y avait pas d'inventaire du tout, car il n'est pas au gré du notaire de le faire compléter, et, en l'état, comment s'évaluerait sans arbitraire la moitié des rôles ? On retombe donc forcément dans l'honoraire proportionnel à 0,125 0/0.

2050. C'est ainsi que le tarif a entendu rétribuer la déclaration de succession, dans les conditions naturellement où elle avait lieu lors de sa confection.

Mais, depuis la loi du 25 févr. 1901, le travail du notaire s'est trouvé bien augmenté par l'admission de la déduction des dettes, au point que souvent l'émolument primitif serait dérisoire. Equitablement, il doit en résulter un complément de rémunération à son profit. Nous considérons donc la confection des états, les attestations supplémentaires, les conférences et les démarches qu'elles peuvent nécessiter, ainsi que le transport au domicile des créanciers pour y prendre leur signature lorsqu'ils ne voudront pas venir la donner, etc., etc, comme distincts de la déclaration prévue par le tarif et justifiant dès lors un honoraire spécial (rôles de minute ou vacations), conformément à l'art. 3 des Dispositions générales ;

Par conséquent,

Attestation de créancier par acte notarié. — Honoraire évalué en rôles de minute, comme déclaration pure et simple (pour laquelle la loi ne fait aucune distinction entre les brevets et les minutes).

Soit un rôle de minute, ou 5 fr. (Art. 21).

Non notariée, moitié, soit 2 fr. 50.

Copie collationnée. —Soit droit fixe de 5 fr. plus les rôles d'expédition, soit des vacations s'il y a eu un travail de recherches, de dépouillement, par exemple en cas de livres de commerce à extraire.

État de dettes. — La loi ayant eu soin de dire que l'honoraire de déclaration comprend l'état des meubles, a, par cela même, laissé en dehors l'état des dettes ; donc honoraire évalué en rôles de minute.

En sus, pour le répéter, de l'honoraire proprement dit de déclaration de succession, susindiqué ;

Et outre des frais de voyage, le cas échéant, selon l'art. 22.

Quant à l'*engagement* de payer ultérieurement sur les dividendes à provenir d'une faillite, et à la *renonciation* de forme, par déclaration séparée, à des créances irrecouvrables, on doit les considérer comme implicitement prévus par le tarif, et dès lors compris dans l'honoraire de déclaration, puisqu'il les fallait à l'époque du tarif, et ne sont pas une exigence nouvelle de la loi du 25 février 1901.

2051. On a vu que l'honoraire diffère suivant qu'il y a ou non, lors de la déclaration, liquidation faite ou en cours.

Or, supposons qu'après le décès d'une personne laissant un conjoint et des enfants, il soit intervenu, avant la déclaration, un acte contenant donation à titre de partage anticipé pas l'ascendant survivant, père ou mère, et partage entre les enfants tant des biens donnés que de ceux hérités, ayant fait masse du tout, sans distinction de communauté et de succession, sans règlement de reprises et récompenses, sans rapports, etc., en un mot, sans liquidation au sens notarial du mot. Quel est alors l'honoraire dû sur la déclaration de succession ?

A notre avis, celui alloué pour le cas de liquidation.

C'est que si l'on peut faire une liquidation sans partage (le tarif la prévoit expressément), il ne saurait, réciproquement, exister, au fond des choses, un partage sans liquidation, car liquider, malgré l'acception courante restreinte dans les études, signifie plus généralement et en réalité *déterminer les droits respectifs des parties dans un ensemble de biens* qui leur appartenaient globalement, et tout partage l'implique ! Voilà pourquoi l'honoraire de partage ordinaire, volontaire ou judiciaire, est le même avec ou sans liquidation, *stricto sensu*.

Spécialement, une donation-partage produit sans aucun doute le résultat de fixer ce qui, sans elle, fût resté indéterminé, et, quoiqu'elle ne puisse, en principe, être prise comme base.

directe de la déclaration, celle-ci ne s'en trouvera pas moins souvent modifiée quant à l'exigibilité du droit de mutation; la donation-partage opère donc liquidation, et, par conséquent, l'honoraire alloué pour cette hypothèse, c'est-à-dire le plus faible, est seul dû.

2052. En serait-il de même au cas d'un partage quelconque, postérieur à la déclaration, et les parties pourront-elles prétendre réduire rétroactivement le notaire à l'honoraire le moins élevé? Assurément non! une fois acquis, un honoraire reste acquis. Pour qu'il en fût autrement ici, il faudrait que le tarif eût déclaré l'honoraire de déclaration de succession imputable sur celui du partage, au cas où un partage interviendrait ultérieurement : mais il ne l'a pas fait.

Pourtant, dans son commentaire (n° 261), M. Ch. Defrénois s'exprime ainsi : « L'honoraire alloué est proportionnel, mais le taux en est moins élevé s'il a été fait une liquidation *ou s'il doit en être fait une*, que s'il n'en doit être dressé aucune..... », de sorte que, toute succession étant destinée à un partage, lorsqu'il y a plusieurs parties prenantes, presque toujours alors les notaires seraient réduits au plus minime honoraire de déclaration. Or, c'est là, non pas une paraphrase adéquate du texte, mais son altération évidente et inadmissible, car (sauf pour la Seine), il porte simplement : « liquidation *faite ou en cours* », ce qui n'est point du tout la même chose. Lorsqu'il y a liquidation déjà faite ou si le notaire est en train de la préparer, son travail, pour la déclaration, s'en trouve infiniment simplifié, et la loi ne lui alloue qu'une moindre rémunération ; si tout est à faire, il est juste que la rémunération soit supérieure. Donc y a-t-il ou non, *à ce moment*, liquidation faite ou en cours? tout est là. A défaut, l'honoraire le plus élevé est dû et définitivement dû.

Prétendra-t-on qu'alors le notaire s'arrangera pour retarder la liquidation jusqu'après la déclaration passée, afin de se ménager ce dernier honoraire? Ce serait vraiment de sa part un bien mauvais calcul, car il risquerait ainsi de voir la liquidation, et l'honoraire de celle-ci, bien plus avantageux que celui de déclaration, lui échapper souvent. L'objection est donc sans valeur.

Comme, en cas de liquidation judiciaire, cette éventualité ne serait plus à craindre pour lui, on devrait considérer qu'il y a liquidation en cours par cela seul qu'il aurait été commis pour y procéder, son travail ne fût-il pas encore commencé; du reste strictement, du moment qu'il est commis, à son égard la liquidation est en cours.

2053. Sur les biens qui rentreraient postérieurement dans l'hérédité et sur tous autres points. — V. notre *Commentaire approfondi du Tarif légal*.

§ 4

LÉGISLATIONS ÉTRANGÈRES ET DROIT INTERNATIONAL PRIVÉ

1° *Législations étrangères.*

2054. D'une manière générale, elles admettent le principe de la déduction des dettes, certaines exonèrent de l'impôt dont il s'agit les enfants et descendants, ainsi que le conjoint survivant qui a des enfants issus du mariage, enfin n'élèvent pas indirectement le taux du droit par l'adjonction de décimes.

2055. ALLEMAGNE. — La loi du 3 juin 1906, loi d'Empire, par conséquent applicable à tous les États confédérés, établit le principe de l'impôt progressif basé sur le degré de parenté et sur l'importance de la succession.

Ne sont pas soumis au droit de mutation par décès :

I. Les successions inférieures à 500 marks.

II. Les successions répondant aux conditions de l'art. 1969 du C. civ., lequel décide que les héritiers doivent entretenir et loger pendant trente jours à compter du décès les membres de la famille du *de cujus* qui vivaient avec lui et étaient entretenus par lui.

III. Les sommes dues par un légataire au défunt et que celui-ci lui a léguées, connaissant sa situation précaire, à condition toutefois que ce legs n'ait pas une importance par trop considérable.

IV. 1° Les enfants légitimes et ceux y assimilés, et leurs descendants, mais non les enfants adoptés ;

2° Les enfants naturels et leurs descendants, pour les biens recueillis dans la succession de leur mère ou grands-parents maternels ;

3° Les époux ;

4° Les père et mère, les grands-parents, les enfants naturels reconnus, les enfants adoptés et les descendants de ceux-ci quand la succession ne dépasse pas 10.000 marks ;

5° Les frères et sœurs et les enfants au 1er degré, les beaux-frères, les beaux-parents et beaux-enfants, quand la succession composée de vêtements, mobilier domestique et provisions de ménage, est inférieure à 500 marks ;

6° Les parents et grands-parents pour les biens objets d'un retour légal ou conventionnel;

7° Les legs ne dépassant pas 3.000 marks, faits aux gens de service ou employés du testateur.

Le principe de la déduction des dettes est admis ; notamment sont déduits tous les frais funéraires sans exception, les frais de justice ainsi que tous ceux faits dans l'intérêt de la succession.

Les États confédérés peuvent établir en

outre, sur leur territoire, des impôts particuliers, à condition de ne pas porter atteinte au principe posé par la loi d'Empire.

2056. Angleterre. — Le taux du droit de succession, qui est de 1,50 0/0 pour les enfants, va jusqu'à 11,50 0/0 (L. 31 juill. 1894)

L'époux survivant et les legs faits à des sociétés savantes ou charitables sont exemptés de cet impôt.

Le 13 déc. 1907 (*J. Off.* du 14 déc.), a été promulgué un arrangement signé le 15 nov. 1907 entre la France et le Royaume-Uni de la Grande-Bretagne et d'Irlande en vue d'empêcher, autant que possible, la fraude en matière de déclaration de succession.

En voici le texte :

ARRANGEMENT

« Le gouvernement de la République fran-
« çaise et le gouvernement de Sa Majesté Bri-
« tannique, étant désireux d'empêcher autant
« que possible la fraude dans les cas de droits
« de succession, ont autorisé les soussignés
» à conclure l'arrangement qui suit :

« Article premier.— Le gouvernement bri-
« tannique s'engage à fournir, pour toutes
« personnes décédées dont le domicile est en
« France, un extrait de l'affidavit contenant
« les nom, prénoms, domicile, date et lieu
« de décès du *de cujus*, les renseignements
« touchant ses successeurs, et la consistance
« de l'hérédité en valeurs mobilières. Toute-
« fois, l'extrait ne sera fourni que dans le
« cas où le total de ces valeurs mobilières
« atteindra au minimum 100 livres sterling.

« Art. 2. — Le gouvernement français
« s'engage à fournir, pour toutes personnes
« décédées dont le domicile est dans le
« Royaume-Uni de Grande-Bretagne et d'Ir-
« lande, un extrait de la déclaration de muta-
« tion par décès contenant les indications
« énumérées à l'article premier. Toutefois,
« l'extrait ne sera fourni que dans le cas où le
« total des valeurs mobilières déclarées attein-
« dra au minimum 2.520 fr.

« Art. 3.— Les extraits des affidavits et des
« déclarations de mutation seront certifiés par
« les préposés chargés de recevoir ou d'en-
« registrer ces affidavits ou déclarations.

« Toutefois, lorsque l'un des deux gouver-
« nements le jugera nécessaire, ces extraits
« seront revêtus sur sa demande et sans frais,
« des certificats et légalisations de signatures
« exigées par la procédure en usage dans son
« pays.

« Art. 4. — Les extraits des affidavits et
« des déclarations reçus ou enregistrés pen-
« dant chaque trimestre seront, dans les six
« semaines suivant l'expiration de ce trimes-
« tre, adressés directement par le Board of
« Inland Revenue à la direction générale de
« l'enregistrement, et réciproquement.

« La correspondance relative auxdits extraits

« sera aussi échangée directement entre ces
« deux administrations centrales.

« Art. 5. — Le présent arrangement sera
« ratifié et les ratifications en seront échan-
« gées à Londres dans le plus bref délai pos-
« sible.

« Art. 6. — Le premier envoi effectué
« concernera le trimestre du 1er janvier au
« 31 mars 1908. »

Relativement à l'exécution de cet arrangement, la Régie a publié le 31 décembre 1907
une instruction dont voici les principales dispositions :

« L'art. 2 de cette convention stipule que
« toute déclaration souscrite en France, après
« le décès d'une personne domiciliée dans le
« Royaume-Uni de la Grande-Bretagne et
« d'Irlande fera l'objet, mais seulement lors-
« qu'elle comprendra des valeurs mobilières
« s'élevant au moins à 2.520 francs, d'un
« extrait contenant :

« 1º Les nom, prénoms et domicile du défunt ;
« 2º La date et le lieu de son décès ;
« 3º Les renseignements relatifs aux héri-
« tiers, donataires ou légataires (noms, pré-
« noms et domiciles, la date du testament, le
« nom et l'adresse du notaire rédacteur ou
« dépositaire de cet acte) ;
« 4º La consistance de l'hérédité en valeurs
« mobilières, c'est-à-dire l'énumération dé-
« taillée et complète de ces valeurs, par
« nature, numéros et séries.

« Ces extraits, d'ailleurs, ne consisteront
« pas dans une indication analytique des énon-
« ciations de la déclaration de succession,
« mais seront une copie littérale et fidèle de
« cette déclaration *parte in quâ*.

« Les receveurs les établiront sur des for-
« mules ordinaires de renvois et les adresse-
« ront, dans la même forme et à la même date
« que les renvois ordinaires du mois, au direc-
« teur (Instr. nº 2320, § 2). Celui-ci les trans-
« mettra, selon le mode adopté pour les
« renvois destinés à la Belgique et aux Colo-
« nies (même Instruction) à la Direction géné-
« rale (Bureau central), qui fera parvenir
« directement, dans les six premières se-
« maines de chaque trimestre, au Board of
« Inland Revenue, ceux qu'elle aura reçus au
« cours du trimestre précédent (art. 4,
« 1er alinéa).

« De son côté, le Board of Inland Revenue
« expédiera, dans les mêmes délais, à la Direc-
« tion générale des extraits de toutes les
« déclarations de successions, ou *affidavit*
« souscrits dans toute l'étendue du Royaume-
« Uni de Grande-Bretagne et d'Irlande, qui
« concerneront des personnes domiciliées en
« France et énonceront des valeurs mobilières
« pour un capital d'au moins 100 livres ster-
« ling.

« Ces extraits devront contenir les mêmes
« indications que ceux fournis par l'Adminis-
« tration française (art. 1er).

« La Direction générale les répartira, ac-
« compagnés d'une traduction, entre les direc-
« teurs, chargés eux-mêmes de les transmet-
« tre, avec les renvois mensuels, aux bureaux
« dans le ressort desquels les personnes
« décédées avaient leur domicile.

« Dès la réception, les receveurs recher-
« cheront si les valeurs mobilières énumérées
« dans les extraits ont fait l'objet d'une décla-
« ration de mutation par décès et, dans le cas
« de la négative, ils consigneront au sommier
« des découvertes un article destiné à assurer
« le recouvrement des droits dont ces valeurs
« sont passibles d'après notre législation
« fiscale.

« Les documents échangés entre l'Admi-
« nistration britannique et l'Administration
« française seront certifiés, en Angleterre,
« par les agents chargés de recevoir les affi-
« davit et, en France, par les receveurs
« (art. 3, 1er al.).

« Mais si une instance venait à s'engager
« entre l'Administration et les redevables au
« sujet des droits exigibles, les extraits d'affi-
« davit devraient, en outre, avant toute produc-
« tion en justice. être revêtus, par nos agents
« diplomatiques ou consulaires en Angleterre,
« des légalisations et certifications de signa-
« tures, destinées à en garantir l'authenticité.
« Ils seraient, dans ce cas, renvoyés à la Direc-
« tion générale, qui en provoquerait la régu-
« larisation.

« Les mêmes formalités pourraient, du
« reste, être requises par le gouvernement
« anglais en ce qui concerne les extraits éma-
« nés de receveurs français.

« En toute hypothèse, du reste, les légali-
« sations et certifications dont il s'agit devraient
« être accomplies sans frais (art. 3, 2e al.).

« La correspondance relative aux extraits
« sera échangée directement entre le Board
« of Inland Revenue et la Direction générale
« (art. 4, 2e al.).

« Enfin, d'après l'article 6 de la convention,
« le premier envoi d'extraits s'appliquera au
« trimestre qui s'écoulera du 1er janvier au
« 31 mars 1908. Les receveurs seront tenus,
« en conséquence, de faire le renvoi de toutes
« les déclarations spécifiées à l'article 2,
« qu'ils recevront à partir du 1er janvier pro-
« chain.

« Ils ne perdront pas de vue que les docu-
« ments qu'ils auront à créer devant être
« utilisés en pays étranger, il importe d'en
« faciliter la traduction en évitant toute espèce
« d'abréviation de mots, et en apportant
« le plus grand soin à la forme matérielle
« de la copie. Les directeurs veilleront, du
« reste, à l'exécution de ces prescriptions et
« exigeront de nouveaux extraits lorsque les
« premiers ne leur paraîtront pas suffisam-
« ment lisibles.

« Ces chefs de service devront, en outre,
« adresser à la Direction générale (Bureau

« central) dans le courant du mois de jan-
« vier 1909, un rapport faisant connaître les
« résultats de l'application de l'arrangement
« du 15 novembre 1907 dans leur département
« et les observations qu'ils auraient à pré-
« senter au sujet des modifications qu'il con-
» viendrait d'apporter aux mesures concer-
« tées entre les deux États. »

2057. AUTRICHE. — La déduction des dettes
y est consacrée par la loi du 9 févr. 1850 modifiée par une ordonnance du 16 août 1899.

2058. BELGIQUE. — Dans les successions
en ligne collatérale, les dettes hypothécaires,
les dettes chirographaires résultant d'actes
enregistrés, celles contractées par le défunt
pour l'exercice da sa profession et celles
pour frais funéraires peuvent être déduites,
les autres non.

En ligne directe, la déduction n'est autorisée que pour les dettes hypothécaires ; mais,
corréla'ivement, les immeubles seuls sont soumis à l'impôt.

L'Administration est armée de pouvoirs fort
étendus pour déjouer et réprimer la fraude.

Les immeubles payent d'après leur valeur
vénale.

Le droit s'élève de 1,30 à 13 0/0 (LL. 27 déc.
1817, 17 déc. 1851 et 28 juill. 1879).

2059. DANEMARK. — Droit de 1 à 7 0/0.

2060. ESPAGNE. — La déduction des dettes
est admise (V. L. 31 déc. 1881).

2061. ÉTATS-UNIS D'AMÉRIQUE. — Le droit
de mutation par décès n'est perçu que sur les
successions présentant un actif net supérieur à
10.000 dollars et va de 75 cents à 5 dollars 0/0.
Cet impôt est progressif. En outre les successions et legs entre époux sont dispensés de
tout droit (L. juin 1898).

New-York. — V. L. 10 juin 1885.

2062. GRÈCE. — V. L. 1877.

2063. ITALIE. — Le taux du droit varie de
0,80 à 22 0/0.

Le délai de déclaration est, en principe, de
quatre mois à compter du décès et celui du
versement des droits de deux mois après la
déclaration.

La valeur du mobilier meublant à défaut
d'inventaire est estimée aux 5 0/0 de la valeur
totale de la masse successorale.

Sont déductibles les dettes civiles certaines
et liquides résultant d'un titre authentique,
acte ou jugement, antérieur au décès ou d'un
acte sous seing privé enregistré avant cet événement, les dettes commerciales, établies
par les livres, à la condition d'être affirmées
par le débiteur et le créancier, qui sont passibles, en cas de fraude, d'une amende égale au
quintuple du droit simple, les frais funéraires
dans les limites des coutumes locales et les
frais de dernière maladie faits dans les six
derniers mois (LL. 20 mai 1897 et 23 janv.
1902).

2064. MONACO. — On ne peut déduire aucun passif pour le paiement du droit. C'est

peut-être le seul pays où cette iniquité subsiste encore.

2065. Norvège. — Lorsque les successions sont assujetties à un droit de mutation par décès, ce droit est de 4 0/0.

2066. Pays-Bas. — Le taux du droit est de 1 à 10 0/0. Les petites successions en sont exemptées. Il n'est perçu, quant aux autres, que sur l'actif net (LL. 27 déc. 1817, 31 mai 1859, 28 mai 1869, 9 juin 1878 et 31 déc. 1885).

2067. Portugal. — Même législation qu'en Espagne.

2068. Russie. — En Russie, où il existe une réglementation analogue à celle de notre art. 3, L. 30 déc. 1903, le Gouvernement a reconnu à nos consuls, en vertu d'une convention diplomatique du 1ᵉʳ avril 1874, approuvée par une loi du 17 juin suivant (*J. Off.*, 20 juin 1874, D., 75. 4. 14), le droit de retirer des maisons de banque russes, les valeurs déposées par des Français décédés, sans être astreints à justifier préalablement du paiement des droits de mutation par décès dus au Trésor russe ni à laisser en dépôt une somme égale au montant de ces droits ; il a paru que nous ne pouvions nous dispenser d'admettre, en ce qui nous concerne, la même interprétation, à titre de réciprocité ; en conséquence, le ministre des Finances a décidé, le 13 nov. 1905, que les prescriptions de l'art. 3, L. 30 déc. 1903, ne sont pas applicables aux successions des sujets russes morts en France, dont l'administration et la liquidation appartiennent aux agents consulaires de Russie. — Voir au sujet de l'application de cette convention : Nice, 7 févr. 1906 (D., 06. 2. 309) ; Aix, 19 déc. 1906 (D., 07. 2. 365) ; Paris, 23 juillet 1907 (D., 07. 2. 364).

2069 Suisse. — La déduction des dettes y est généralement admise. Dans certains cantons, les descendants et les époux sont dispensés de l'impôt dont il s'agit, ainsi que les successions modiques. Le taux est de 1 à 10 0/0.

Bâle. — V. L. 31 mai 1880.

Berne. — V. LL. 26 mai 1864 et 4 mai 1879.

Genève. — V. L. 19 juin 1866.

Glaris. — V. LL. 11 mai 1873 et 4 mars 1884.

Neufchâtel. — V. L. 29 déc. 1876.

Schaffhouse. — V. L. 25 janv. 1884.

Vaud. — V. L. 31 janv. 1889.

2° *Droit international privé.*

2070. V. parmi le § 1ᵉʳ, et particulièrement aux mots suivants du sommaire : *Agent diplomatique Assurance Biens à l'étranger. Biens étrangers. Biens régis par la loi étrangère. Conventions matrimoniales d'étrangers. Créances à l'étranger. Créances hypothécaires, etc. Décès à l'étranger. Domicile et les mots qui suivent. Étranger, et les mots qui suivent. Français, et les mots qui suivent. Legs, et les mots qui suivent. Loi étrangère. Meubles, et les mots qui suivent. Nationalité. Passage en France. Résidence accidentelle en France. Succession d'étranger. Succession de Français. Testament à l'étranger. Valeurs mobilières étrangères. Etc., etc.*

DÉCLARATION DE SUCCESSION D'ABSENT

2071. Aux termes de l'art. 40, L. 28 avril 1816, les héritiers, légataires et tous autres appelés à exercer des droits subordonnés au décès d'un individu dont l'absence est déclarée sont obligés de faire, dans les six mois du jour de l'envoi en possession provisoire, la déclaration à laquelle ils seraient tenus s'ils étaient appelés par effet de la mort, et d'acquitter les droits sur la valeur entière des biens ou droits qu'ils recueillent. — V. Dict. réd., vᵒ *Succ.*, nᵒ 1152 ; Garnier, vᵒ *Absence*, nᵒˢ 57, 68 ; Maguéro, *eod.* vᵒ, nᵒˢ 10, 29 ; Cass., 8 déc. 1856 ;

Le notaire commis pour représenter un présumé absent n'a pas qualité, à ce seul titre, pour passer la déclaration. — V. Dict. réd., vᵒ *Succ.*, nᵒ 2216 ; Garnier, *eod.* vᵒ, nᵒ 635.

2072. En cas d'appel du jugement d'envoi en possession, les six mois ne courent qu'à partir de l'arrêt confirmatif. — V. Garnier, vᵒ *Absence*, nᵒ 69 ; Maguéro, *eod.* vᵒ, nᵒ 12 ; Vervins, 20 juin 1889 ; Déc. min. Fin., 6 juin 1823.

La simple nomination des héritiers présomptifs en qualité d'administrateurs provisoires entraîne l'exigibilité du droit de mutation par décès comme l'envoi en possession. — V. Dict. réd., vᵒ *Absence*, nᵒ 8 ; Garnier, vᵒ *Succ.*, nᵒ 531 ; Seine, 8 mars 1848 ; Déc. min. Fin., 26 sept. 1817 ; *Contrà :* Garnier, vᵒ *Absence*, nᵒ 71 ; Maguéro, *eod.* vᵒ, nᵒ 14 ; E. Naquet, *Traité des droits d'enregistrement*, II, nᵒ 887.

2073. Lesdits héritiers peuvent aussi s'emparer en fait des biens laissés par l'absent sans remplir aucune formalité judiciaire. Alors, et pourvu que ce soit après que l'envoi en possession est devenu facultatif, le délai de la déclaration part de cette prise de possession (Arg. L. 22 frim. an VII, art. 12 et 24). — V. Dict. réd., vᵒ *Succ.*, nᵒˢ 218, 219 ; Garnier, vᵒ *Absence*, nᵒ 104 ; Cass., 30 avril 1821, 2 juill. 1823, 12 mai 1834 ; I. G., 1467, § 4 ; Délib. 22 nov. 1816 ; Déc. min. Fin., 27 déc. 1816 ; Cpr, E. Naquet, *op. cit.*, nᵒ 890, qui limite cette solution aux immeubles.

2074. Mais quels sont les événements qui constituent une prise de possession suffisante? Voici les plus importantes décisions rendues à cet égard :

1° *Actes qui ont le caractère d'une prise de possession.*

2075. Affectation hypothécaire des biens de l'absent au nom des héritiers. — V. Dict. réd., vᵒ *Absence*, nᵒ 9-1 ; Garnier, *eod.* vᵒ,

n° 65-1 ; Maguéro, *eod.* v°, n° 22 *bis* ; Cass.,
30 avril 1821 ;

2076. Bail de biens de l'absent passé par
les héritiers en leur nom personnel. — V. Dict.
réd., v° *Absence*, n° 9-2 ; Garnier, *eod.* v°,
n° 65-2 ; Maguéro, *eod.* v°, n° 21 ; Déc.
min. Fin., 14 août 1818 ; I. G. 386, § 32, 1200,
§ 13 ;

2077. Inscription des héritiers au rôle de
la contribution foncière aux lieu et place de
l'absent, et paiement par eux de l'impôt. — V.
Garnier, v° *Absence*, n° 65-4 ; Maguéro, *eod.*
v°, n° 20 ; Cass., 8 mai 1826 ; Bonneville,
8 avril 1878 ; I. G., 1200, § 13 ;

2078. Partage des biens appartenant à
l'absent,

Même si ses droits avaient été réservés directement ou indirectement, pour le cas où il
reviendrait,

Soit par la formation d'un lot particulier à
son profit. — V. Dict. réd., v° *Absence*, n° 9-3 ;
Garnier, *eod.* v°, n° 65-6 ; Cass., 27 avril 1807,
22 juin 1808, 2 nov. 1813, 26 juill. 1814, 12 mai
1834 (S., 34. 1. 487) ; Seine, 8 mars 1848 ;
Tarbes, 1er juin 1891 ; I. G., 1467, § 4.

Soit par l'obligation formellement prise de
l'indemniser en cas de retour. — V. Dict. réd.,
v°, *Absence*, n° 9-3 ; Garnier, *eod.* v°, n° 65-6 ;
Cass., 27 avril 1807, 22 juin 1808, 26 juill. 1814,
2 juill. 1823 ; Seine, 8 mars 1848 ; Altkirch,
7 mars 1851 ; Seine, 22 nov. 1878 ; Déc. min.
Fin., flor. an XIII et 27 déc, 1816 ;

2079. Procuration donnée pour recueillir
la succession de l'absent. — V. Dict. réd.,
v° *Absence*, n° 9-5 ; Garnier, *eod.* v°, n° 65-7 ;
Déc. min. Fin., 18 août 1814 ;

2080. Quittance à un débiteur, donnée par
les héritiers. — V. Dict. réd., v° *Absence*,
n° 9-6 ; Garnier, *eod.* v°, n°s 65-8 et 9 ; Maguéro, *eod.* v°, n° 23 ; Baume-les-Dames, 27
août 1880 ;

Ou d'un legs fait à l'absent. — V. Chambéry,
16 juin 1875 ;

2081. Remise de dette consentie par
les héritiers. — V. Dict. réd., v° *Absence*,
n° 9-6 ; Garnier, *eod.* v°, n° 65-8 et 9 ; Maguéro, *eod.* v°, n° 23 ; Baume-les-Dames,
27 août 1880 ;

2082. Transaction relative à des biens de
l'absent. — V. Dict. réd., v° *Absence*, n° 9-8 ;
Garnier, *eod.* v°, n° 65-10 ; Cass., 30 avril
1821 ;

2083. Transport par les héritiers de leurs
droits successifs. — V. Dict. réd., v° *Absence*,
n° 9-4 ; Garnier, *eod.* v°, n° 65-3 ; Cass.,
27 avril 1807, 22 juin 1808, 2 nov. 1813, 26 juill.
1814, 12 mai 1834 (S., 34. 1. 487 ; D., 34. 1. 242) ;
Seine, 8 mars 1848 ; Tarbes, 1er juin 1891 ;
Sol., 21 janv. 1877 ;

2084. Vente de biens de l'absent. — V. Dict.
réd., v° *Absence*, n° 9-7 ; Garnier, *eod.* v°,
n° 65-11 ; Maguéro, *eod.* v°, n° 22 ; Lille,
22 janv. 1875 ; Seine, 22 nov. 1878 ; Déc. min.
Fin., 12 janv. 1808 ; I. G., 386, § 32 ;

Même sous la réserve que les biens seraient
rendus et le prix restitué en cas de retour. —
V. Cass., 2 nov. 1813.

2085. Les actes qui caractérisent la prise
de possession rendant le droit exigible et
payable dans les six mois, peuvent n'émaner
que d'une partie des héritiers présomptifs ; ils
n'engagent qu'eux et jusqu'à concurrence seulement de la quotité héréditaire leur revenant.
— V. Dict. réd., v° *Succ*, n° 1154 ; Maguéro,
v° *Absence*, n° 37 ; Dél. 21 févr. 1821 ; Sol.,
30 janv. 1886 ;

À plus forte raison en est-il ainsi relativement aux successeurs, donataires ou légataires
non solidaires.

*2° Actes qui ne constituent pas une prise
de possession suffisante.*

2086. Actes conservatoires. — V. Garnier,
v° *Absence*, n° 66-1 ; Cass., 18 avril 1809 ;

2087. Appréhension, en vertu de l'art. 136
C. civ., de successions qui seraient échues à
l'absent, à moins que la Régie ne prouve qu'il
existait à l'époque de leur ouverture ; autrement, elles sont dévolues à son exclusion, de
sorte qu'aucun droit ne peut être dû de son
chef. — V. Dict. réd., v° *Succ.*, n° 1160 ;
Garnier, v° *Absence*, n°s 73, 81 ; Maguéro,
eod. v°, n°s 25, 30, 33 ; Cass., 29 avril 1818 ;

2088. Certificat de naufrage du bâtiment,
demandé au commissaire de la marine. — V.
Dict. réd., v° *Absence*, n° 10-4 ; Garnier, *eod.* v° ;
n°s 66-2 ; Cass., 9 mars 1819 ;

2089. Déclaration de succession dans
laquelle on a fait figurer l'absent. — V.
Cass., 17 févr. 1829 ; Dél. 15 déc. 1829 ; I.
G., 1293, § 5 ;

2090. Enregistrement du testament de
l'absent. — V. Dict. réd., v° *Absence*, n° 10-3 ;
Garnier, *eod.* v°, n° 66-7 ; Sol., 6 mars 1875 ;

2091. Expertise provoquée pour procéder
au partage des biens de l'absent. — V. Dict.
réd., v° *Absence*, n° 10-2 ; Garnier, *eod.* v°,
n° 66-4 ; Maguéro, *eod.* v°, n° 24 ; Florac,
19 mars 1817 ; Déc. min. Fin., 24 sept. 1817 ;

2092. Gestion pour l'absent en vertu d'une
procuration générale ne remontant pas à plus
de dix ans. — V. Dict. réd., v° *Absence*, n° 10-1 ;
Garnier, *eod.* v°, n° 66-4 ; Maguéro, *eod.* v°,
n° 24 ;

2093. Réception d'une somme due à l'absent, mais en se portant fort pour lui et avec
promesse de ratification. — V. Garnier,
v° *Absence*, n° 66-6 ; Sol., 23 déc. 1820.

2094. Au surplus, la preuve de la prise de
possession peut être établie par l'Administration conformément à l'art. 12, L. 22 frim.
an VII. — V. Cass., 30 avril 1821, 2 juill.
1823, 12 mai 1834 ; Déc. min. Fin., 27 déc.
1816 ; Dél. 22 nov. 1816.

2095. La prise de possession par les héritiers et autres successeurs est exclusive de la
continuation provisoire de la communauté,

puisque celle-ci, fondée sur la possibilité de vie de l'absent, empêche l'envoi provisoire et l'exercice provisoire de tous les droits subordonnés à la condition du décès de l'absent (C. civ., art. 124). Si donc le conjoint présent, commun en biens, opte pour cette continuation, aucun droit ne peut devenir exigible tant que subsiste son administration. — V. Garnier, *v*° *Absence*, n° 87 ; Maguéro, *eod. v*°, n° 26 ; E. Naquet, *op. cit.*, II, n° 889 ; Orléans, 22 nov. 1850.

2096. Lorsque le droit de mutation est exigible, il est dû suivant le tarif en vigueur au jour de l'envoi en possession provisoire ou de la prise de possession, tandis que la logique voudrait qu'on appliquât le tarif du jour de la disparition ou des dernières nouvelles. — V. Dict. réd., *v*° *Succ.*, n° 988 ; Garnier, *eod. v*°, n° 453 ; Maguéro, *eod. v*°, n° 574 ; E. Naquet, *op. cit.*, II, n° 886 ; Seine, 26 mars et 9 avril 1856 ; Cass., 8 déc. 1856 (S., 57. 1. 299 ; D., 57. 1. 109) ; Sol., 21 avril 1877, 3 oct. 1895 ; I. G., 2096, § 5 ; Cpr. G. Demante, *Principes de l'enregistrement*, II, n° 680.

2097. Si l'héritier présomptif d'un absent décède lui-même avant de s'être fait envoyer en possession ou d'avoir pris possession des biens de l'absent, ses propres héritiers seront passibles, à raison de ces biens et en les appréhendant, de deux droits de mutation, puisqu'il y a deux transmissions : l'un pour la dévolution de l'absent à leur auteur, le second pour celle de ce dernier à eux-mêmes. — V. Dict. réd., *v*° *Succ.*, n° 1159 ; Garnier, *v*° *Absence*, n° 85 ; Maguéro, *eod. v*° n°, 42 ; Cass., 22 brum. an XIV et 8 mai 1826 ; Châlon-sur-Saône, 23 févr. 1881 ; Sol., 3 oct. 1895.

2098. La perception n'est d'ailleurs que provisoire ; en cas de retour de l'absent, le droit payé est donc restitué, sous la seule déduction de celui auquel a donné lieu la jouissance des héritiers (L. 28 avril 1816, art. 40).

2099. Le droit à retenir pour la jouissance des héritiers se calcule d'après la durée effective de cette jouissance, comme en matière d'usufruit temporaire (L. 25 févr. 1901). — V. Defrénois, *op. cit.*, n° 12386 ; Sol., 5 août 1893 ; pour la période antérieure, Cpr., en sens divers, G. Demante, *loc. cit.*, et E. Naquet, *op. cit.*, n° 891 ; Le Havre, 12 juill. 1869 (S., 70. 2. 192) ; I. G., 290

2100. Si le droit avait été perçu en dehors de tout jugement, par suite seulement d'une prise de possession de fait, il serait restituable pour le tout, puisque le successible, devant restituer tous les fruits, se trouve n'avoir jamais eu aucune jouissance des biens de l'absent. — V. G. Demante, *op. cit.*, n° 681 ; Sol., 9 févr. 1837, 4 sept. 1872 et 20 avril 1874 ; *Contrà* : E. Naquet, *op. cit.*, n° 892.

2101. Pour le surplus, *V. Déclaration de succession.*

V. aussi *Absence*.

DÉCLARATION DE SUCCESSION D'ÉTRANGER

V. Déclaration de succession.

DÉCLARATION DE SUCCESSION D'ENFANT ASSISTÉ

2102. C'est à titre de successeurs irréguliers que les départements recueillent, en vertu de l'art. 41 de la loi du 27 juin 1904, les biens des enfants assistés décédés sans héritiers ; ils doivent donc, pour entrer en possession, accomplir les formalités prévues par l'art. 770 C. civ. — V. I. G., 2602 ; Sol., 7 févr. 1905.

Ces successions ne sont pas soumises aux droits de mutation par décès (Déc. min., Fin., 23 juin 1858 ; I. G., 2132, § 4 et 2683, § 7 ; Sol., 7 févr. 1905). Néanmoins les règlements des caisses d'épargne, relatifs au remboursement de fonds après le décès du titulaire d'un livret, ne prévoyant pas la production, au nombre des pièces justificatives, du jugement d'envoi en possession provisoire, une circulaire du min. de l'Intérieur du 5 févr. 1907 a décidé que quand la succession en déshérence d'un pupille de l'Assistance publique, dévolue au département, ne comprendrait qu'un livret de caisse d'épargne, le département n'aurait pas à exposer les frais d'envoi en possession par autorité de justice, qui sont souvent hors de proportion avec l'importance du livret, et qu'il devrait se borner à demander aux représentants de la caisse d'épargne de lui payer le montant du livret contre remise d'un engagement de restituer la somme remboursée avec les intérêts courus depuis le retrait, si cette somme venait ultérieurement à être réclamée pour quelque cause et à quelque titre que ce soit.

DÉCLARATION DE SUCCESSION DE MILITAIRES

2103. Il faut distinguer suivant que le militaire (armée de terre ou armée de mer), mort en activité de service, est ou non décédé dans son département.

2104. Dans le premier cas, rien n'est changé aux règles ordinaires. — V. Garnier, *v*° *Succ.*, n° 530 ; Déc. min. Fin., 21 juill. 1820.

2105. Mais, s'il est décédé hors de son département, comme alors la constatation du décès et, par conséquent, la connaissance qui en est donnée aux héritiers n'ont lieu que par l'inscription au registre des actes de l'état civil du lieu de son domicile, le délai ne court, en principe, qu'à partir de cette inscription et non pas du jour du décès même. — V. Dict. réd., *v*° *Succ.*, n° 1160 ; Garnier, *eod. v*°, n° 528 ; Maguéro, *eod. v*°, n° 68-3 ; Cass., 20 avril 1807, 29 avril 1818 ; Vesoul, 9 déc. 1893 ; Déc. min. Fin., 21 juill. 1820 ;

Ni de la délivrance par le ministre de la Guerre d'un certificat constatant que le militaire, étant resté en arrière de son corps dans une campagne, a été rayé des contrôles. — V. Cass., 9 mars 1819.

2106. Mais le dépôt chez un notaire de l'acte de décès dressé au corps fait courir le délai. V. Cass., 25 juin 1806 ; Sol., 28 mars 1894 ;

2107. Il en est de même, à plus forte raison, de la prise de possession des biens qu'il laisse par ses héritiers. — V. Dict. réd., v° *Succ.*, n° 1159 : Garnier, *eod.* v°, n° 528 ; Cass., 22 brum. an XIV et 8 mai 1826 ; Sol., 31 janv. 1878 ;

2108. Quant à l'appréhension, conformément à l'art. 136 C. civ., de successions auxquelles le militaire aurait été appelé, les principes sont les mêmes qu'à l'égard de tout autre absent. — V. Dict. réd., v° *Absence*, n° 16 ; Garnier, *eod.* v°, n° 88 ; Maguéro, *eod.* v°, n° 27 ; Cass., 17 févr. 1829 ; Gray, 29 août 1839 ; Dél., 26 août 1828 ;

2109. Pour le surplus, *V. Déclaration de succession.*

V. aussi *Absence de militaires et assimilés.*

DÉCLARATION DE SUCCESSION DE PERSONNES DÉCÉDÉES DANS LES HOSPICES

2110. Les effets mobiliers apportés par elles sont attribués aux hôpitaux et hospices, lorsqu'elles y ont été soignées gratuitement, à titre d'indemnité des soins reçus, ce qui est exclusif d'une dévolution successorale (D., 15 oct. et 3-8 nov. 1809), et ils sont alors affranchis de tous droits de mutation. — V. Garnier, v° *Succ.*, n° 992 ; Déc. min. Fin., 23 juin 1858 et 11 avril 1883 (S., 84. 2. 104) ; I. G., 2683, § 7.

2111. Autrement, et quant aux autres biens, la succession reste soumise aux règles ordinaires.

Il en est de même, et pour tous les biens, si le décès n'arrive qu'après la sortie de l'hospice. — V. Dalloz, v° *Hospices*, n° 229.

Règles semblables, pour les mêmes raisons, relativement aux biens des enfants assistés, y décédés mineurs et sans héritiers (L. 15 pluv. an XIII, art. 8 et 9). — V. Dict. réd., v° *Déshérence*, n° 45 ; Maguéro, v° *Succ.*, n° 311 ; I. G., 2662-6 ; Déc. min. Fin., 23 juin 1858 (D., 59. 3. 55) ; I. G., 2132, § 4.

Pour le surplus, *V. Déclaration de succession.*

DÉCLARATION DE SUCCESSION DÉVOLUE A L'ÉTAT

2112. Aucun droit n'est exigible par la Régie et les préposés des domaines n'ont pas à faire de déclaration pour les successions en déshérence;

Mais si des héritiers ou légataires surviennent et les réclament, ils sont tenus à la déclaration et doivent payer les droits.

Le délai de six mois pour le faire court à partir du jour de la notification à eux faite de la décision ministérielle autorisant leur envoi en possession. — V. Déc. min. Fin., 8 frim. an IX ; I. G., 2602.

DÉCLARATION DE SUCCESSION VACANTE

C. civ., art. 811 et s.

2113. D'après la jurisprudence qui l'emporte après controverse, cette déclaration est obligatoire. — V. Langres, 7 juill. 1886 ; Cass., 19 oct. 1886 (S., 87. 1. 389 ; D., 87. 1. 126) ; Chalon, 8 juill. 1887. — V. *Contrà* : MM. Dubois, *Rev. du Not.*, n° 7260 ; E. Naquet, *Traité des droits d'enregistrement*, II, n° 882.

2114. Même si le *de cujus* est mort en état de faillite. — V. Châtillon-sur-Seine, 6 juill. 1887.

2115. Par conséquent, elle doit être passée, en principe, dans les six mois du décès. — V. Cass., 4 août 1807 ; I. G., 2598 ;

2116. Si elle n'a pas été faite, le demi-droit en sus est-il encouru?

Il ne saurait l'être, à notre avis, par la succession même, car il constitue une peine qui ne peut dès lors être encourue que par une personne et non par une hérédité. — V. G. Demante, *op. cit.*, II, n° 667 ; Dict. réd., v° *Succ.*, n° 2202 ; Garnier, Rép., *eod.* v°, n° 571 ; Maguéro, *eod.* v°, n° 73 ; Vitry-le-François, 10 août 1854 ; Tours, 14 mars 1862 ; *Contrà* : Marseille, 25 juill. 1867 ; Cass., 2 juin 1869 ; Sol., 10 juill. 1872, 19 sept. 1873, 27 janv. 1875 et 25 août 1877 ; Déc. min. Fin., 1er jour compl. an XII.

2117. Quant au curateur, il faut distinguer suivant qu'il a été nommé avant l'expiration du délai ou seulement après.

2118. Dans ce dernier cas, comme il n'est pour rien dans le retard, on ne peut à aucun degré l'en rendre responsable. — V. Vitry-le-François, 10 août 1854,

Et il y a lieu de lui accorder un délai de six mois à compter du jour de sa nomination. — V. I. G. 2598, § 22.

2119. S'il a été nommé auparavant, le cas est plus délicat. Nous pensons d'abord qu'il est juste d'examiner, en fait, s'il a eu le temps matériel depuis la date de sa nomination, ainsi que la possibilité, d'après la consistance des biens, de se procurer les fonds nécessaires au paiement du droit, et de ne lui imputer le défaut de paiement que s'il est coupable de faute ou au moins de négligence. — V. Dict. réd., v° *Succ*, n° 2199 ; Garnier, *eod.* v°, n° 630 ; Maguéro, *eod.* v°, n° 31 ; et, en sens divers, Cass., 17 pluv. an XIII, 4 avril 1807,

4 nov. 1815 et 3 déc. 1839 ; Seine, 7 juill. 1841 ; Péronne, 18 juill. 1850 ; Seine. 12 mai 1853; Douai, 14 nov. 1856 ; Montbéliard, 22 janv. 1857 ; Seine, 11 mai 1861 ; Tours, 14 mars 1862 ; Langres, 7 juill. 1886 ; Sol., 24 nov. 1871, 12 août 1874, 27 août 1875 et 15 nov. 1876 ; I. G., 386, § 4.

C'est pourquoi le curateur fera toujours bien de prévenir l'Administration des difficultés qu'il éprouve. — V. Seine, 11 mai 1861.

2120. Et nous voudrions qu'on lui accordât toujours six mois à partir de sa nomination.

G. Demante paraît aller plus loin et ne pas admettre que le curateur puisse jamais être responsable du demi-droit en sus (II, n° 677).

2121. Enfin, la question du tarif à appliquer ne laisse pas que d'être encore très difficile, car enfin l'héritier étant inconnu, comment percevoir d'après son degré de parenté avec le défunt? Voici quelle est la pratique assez arbitraire de la Régie (V. E. Naquet, *op. cit.*, n° 883) ;

2122. Si la succession est devenue vacante par la renonciation de l'héritier le plus proche, elle exige le droit de mutation aux taux personnels de cet héritier. — V. Dict. réd., *v° Succ.*, n° 1042 ; Garnier, *v° Succ.*, n° 464-1 ; Maguéro, *v° Succ.*, n° 596 ; Seine. 7 juill. 1841, 12 juin 1850 ; Guéret, 17 oct. 1851 ; Cass., 19 oct. 1886, précité ; Sol., 19 mai 1875 et 15 avril 1876 ; I. G., 290, § 70, 2598, § 22.

2123. Si elle se trouve vacante parce qu'il n'y a pas d'héritier connu, l'Administration perçoit sur le taux fixé pour la parenté collatérale utile la plus éloignée, c'est-à-dire maintenant au 6° degré. — V. Dict. réd., *v° Succ.*, n° 1043 ; Garnier, *v° Succ.*, n° 464-1 ; Maguéro, *v° Succ.*, n° 596 ; Déc. min. Fin., 7 juin 1808 : Sol., 6 août 1831, 1er juill. 1876 et 26 sept. 1878 ; I. G., 2598. § 22 (S., 79. 2. 341) ;

Sauf restitution dans le cas où un parent à un degré plus rapproché se présente ensuite, puisqu'alors la perception se trouverait n'avoir pas été régulière (Arg. L. 22 frim. an VII, art. 60) ;

Ou complément, si c'est un parent plus éloigné ;

2124. Et même dans le cas où le défunt, à raison de son âge et de sa situation de famille, par exemple un enfant naturel non reconnu, décédé en bas âge, n'a pu laisser aucun successible ni légataire, c'est le droit entre étrangers qui est exigible. — V. Sol., 1er juill. 1876 ; I. G., 2598 et 2735.

2125. Le curateur qui a fait l'avance des droits peut, d'ailleurs, se les faire rembourser en cas d'insuffisance des biens de la succession, à la charge de l'établir. — V. Cass., 3 déc. 1839.

2126. Notons enfin que le Trésor a un privilège sur les biens composant la succession devenue vacante, pour le paiement des droits de mutation. — V. Cass., 26 nov. 1900 (D., 1901. 1. 78).

V. aussi *Déclaration de succession.*

BARÊME

POUR LE CALCUL DES DROITS DE MUTATION PAR DÉCÈS

Pour compléter notre traité des déclarations de succession, il nous a paru utile de le faire suivre d'un Barême permettant de calculer rapidement les nouveaux droits de mutation par décès établis par les lois du 25 février 1901 et du 30 mars 1902.

PART successorale nette	LIGNE directe	ÉPOUX	FRÈRES et sœurs	ONCLES ou tantes et neveux ou nièces	GRANDS-oncles ou grand'-tantes, petits-neveux ou petites-nièces et cousins germains	PARENTS aux 5e et 6e degrés	PARENTS au delà du 6e degré et personnes non parentes
			1re Tranche : de 1 à 500 francs.				
1	0,01	0,0375	0,085	0,10	0,12	0,14	0,15
2	0,02	0,075	0,17	0,20	0,24	0,28	0,30
3	0,03	0,1125	0,255	0,30	0,36	0,42	0,45
4	0,04	0,15	0,34	0,40	0,48	0,56	0,60
5	0,05	0,1875	0,425	0,50	0,60	0,70	0,75
6	0,06	0,225	0,51	0,60	0,72	0,84	0,90
7	0,07	0,2625	0,595	0,70	0,84	0,98	1,05
8	0,08	0,30	0,68	0,80	0,96	1,12	1,20
9	0,09	0,3375	0,765	0,90	1,08	1,26	1,35
10	0,10	0,375	0,85	1	1,20	1,40	1,50
11	0,11	0,4125	0,935	1,10	1,32	1,54	1,65
12	0,12	0,45	1,02	1,20	1,44	1,68	1,80
13	0,13	0,4875	1,105	1,30	1,56	1,82	1,95
14	0,14	0,525	1,19	1,40	1,68	1,96	2,10
15	0,15	0,5625	1,275	1,50	1,80	2,10	2,25
16	0,16	0,60	1,36	1,60	1,92	2,24	2,40
17	0,17	0,6375	1,445	1,70	2,04	2,38	2,55
18	0,18	0,675	1,53	1,80	2,16	2,52	2,70
19	0,19	0,7125	1,615	1,90	2,28	2,66	2,85
20	0,20	0,75	1,70	2	2,40	2,80	3
30	0,30	1,125	2,55	3	3,60	4,20	4,50
40	0,40	1,50	3,40	4	4,80	5,60	6
50	0,50	1,875	4,25	5	6	7	7,50
60	0,60	2,25	5,10	6	7,20	8,40	9
70	0,70	2,625	5,95	7	8,40	9,80	10,50
80	0,80	3	6,80	8	9,60	11,20	12
90	0,90	3,375	7,65	9	10,80	12,60	13,50
100	1	3,75	8,50	10	12	14	15
200	2	7,50	17	20	24	28	30
300	3	11,25	25,50	30	36	42	45
400	4	15	34	40	48	56	60
500	5	18,75	42,50	50	60	70	75
			2me Tranche : de 501 à 2.000 francs.				
500	5	18,75	42,50	50	60	70	75
20	0,20	0,75	1,70	2	2,40	2,80	3
40	0,40	1,50	3,40	4	4,80	5,60	6
60	0,60	2,25	5,10	6	7,20	8,40	9
80	0,80	3	6,80	8	9,60	11,20	12
100	1	3,75	8,50	10	12	14	15
200	2	7,50	17	20	24	28	30
300	3	11,25	25,50	30	36	42	45

PART successorale nette	LIGNE directe	ÉPOUX	FRÈRES et sœurs	ONCLES ou tantes et neveux ou nièces	GRANDS-oncles ou grand'-tantes, petits-neveux ou petites-nièces et cousins germains	PARENTS aux 5e et 6e degrés	PARENTS au delà du 6e degré et personnes non parentes
400	4	15	34	40	48	56	60
600	6	22,50	51	60	72	84	90
700	7	26,25	59,50	70	84	98	105
800	8	30	68	80	96	112	120
900	9	33,75	76,50	90	108	126	135
1 000	10	37,50	85	100	120	140	150
2 000	20	75	170	200	240	280	300

3me *Tranche : de 2.001 à 10.000 francs.*

PART successorale nette	LIGNE directe	ÉPOUX	FRÈRES et sœurs	ONCLES ou tantes et neveux ou nièces	GRANDS-oncles ou grand'-tantes, petits-neveux ou petites-nièces et cousins germains	PARENTS aux 5e et 6e degrés	PARENTS au delà du 6e degré et personnes non parentes
2 000	20	75	170	200	240	280	300
20	0,25	0,80	1,80	2,10	2,50	2,90	3,10
40	0,50	1,60	3,60	4,20	5	5,80	6,20
60	0,75	2,40	5,40	6,30	7,50	8,70	9,30
80	1	3,20	7,20	8,40	10	11,60	12,40
100	1,25	4	9	10,50	12,50	14,50	15,50
200	2,50	8	18	21	25	29	31
300	3,75	12	27	31,50	37,50	43,50	46,50
400	5	16	36	42	50	58	62
500	6,25	20	45	52,50	62,50	72,50	77,50
600	7,50	24	54	63	75	87	93
700	8,75	28	63	73,50	87,50	101,50	108,50
800	10	32	72	84	100	116	124
900	11,25	36	81	94,50	112,50	130,50	139,50
3 000	32,50	115	260	305	365	425	455
4 000	45	155	350	410	490	570	610
5 000	57,50	195	440	515	645	715	765
6 000	70	235	530	620	740	860	920
7 000	82,50	275	620	725	865	1 005	1 075
8 000	95	315	710	830	990	1 150	1 230
9 000	107,50	355	800	935	1 115	1 295	1 385
10 000	120	395	890	1 040	1 240	1 440	1 540

4me *Tranche : de 10.001 à 50.000 francs.*

PART successorale nette	LIGNE directe	ÉPOUX	FRÈRES et sœurs	ONCLES ou tantes et neveux ou nièces	GRANDS-oncles ou grand'-tantes, petits-neveux ou petites-nièces et cousins germains	PARENTS aux 5e et 6e degrés	PARENTS au delà du 6e degré et personnes non parentes
10 000	120	395	890	1 040	1 240	1 440	1 540
20	0,30	0,90	1,90	2,20	2,60	3	3,20
40	0,60	1,80	3,80	4,40	5,20	6	6,40
60	0,90	2,70	5,70	6,60	7,80	9	9,60
80	1,20	3,60	7,60	8,80	10,40	12	12,80
100	1,50	4,50	9,50	11	13	15	16
200	3	9	19	22	26	30	32
300	4,50	13,50	28,50	33	39	45	48
400	6	18	38	44	52	60	64
500	7,50	22,50	47,50	55	65	75	80

PART successorale nette	LIGNE directe	ÉPOUX	FRÈRES et sœurs	ONCLES ou tantes et neveux ou nièces	GRANDS-oncles ou grand'-tantes, petits-neveux ou petites-nièces et cousins germains	PARENTS aux 5e et 6e degrés	PARENTS au delà du 6e degré et personnes non parentes
600	9	27	57	66	78	90	96
700	10,50	31,50	66,50	77	91	105	112
800	12	36	76	88	104	120	128
900	13,50	40,50	85,50	99	117	135	144
1 000	15	45	95	110	130	150	160
2 000	30	90	190	220	260	300	320
3 000	45	135	285	330	390	450	480
4 000	60	180	380	440	520	600	640
5 000	75	225	475	550	650	750	800
6 000	90	270	570	660	780	900	960
7 000	105	315	665	770	910	1 050	1 120
8 000	120	360	760	880	1 040	1 200	1 280
9 000	135	405	855	990	1 170	1 350	1 440
20 000	270	845	1 840	2 140	2 540	2 940	3 140
30 000	420	1 295	2 790	3 240	3 840	4 440	4 740
40 000	570	1 745	3 740	4 340	5 140	5 940	6 340
50 000	720	2 195	4 690	5 440	6 440	7 440	7 940

5me Tranche : de 50.001 à 100.000 francs.

PART successorale nette	LIGNE directe	ÉPOUX	FRÈRES et sœurs	ONCLES ou tantes et neveux ou nièces	GRANDS-oncles ou grand'-tantes, petits-neveux ou petites-nièces et cousins germains	PARENTS aux 5e et 6e degrés	PARENTS au delà du 6e degré et personnes non parentes
50 000	720	2 195	4 690	5 440	6 440	7 440	7 940
20	0,35	1	2	2,30	2,70	3,10	3,30
40	0,70	2	4	4,60	5,40	6,20	6,60
60	1,05	3	6	6,90	8,10	9,30	9,90
80	1,40	4	8	9,20	10,80	12,40	13,20
100	1,75	5	10	11,50	13,50	15,50	16,50
200	3,50	10	20	23	27	31	33
300	5,25	15	30	34,50	40,50	46,50	49,50
400	7	20	40	46	54	62	66
500	8,75	25	50	57,50	67,50	77,50	82,50
600	10,50	30	60	69	81	93	99
700	12,25	35	70	80,50	94,50	108,50	115,50
800	14	40	80	92	108	124	132
900	15,75	45	90	103,50	121,50	139,50	148,50
1 000	17,50	50	100	115	135	155	165
2 000	35	100	200	230	270	310	330
3 000	52,50	150	300	345	405	465	495
4 000	70	200	400	460	540	620	660
5 000	87,50	250	500	575	675	775	825
6 000	105	300	600	690	810	930	990
7 000	122,50	350	700	805	945	1 085	1 155
8 000	140	400	800	920	1 080	1 240	1 320
9 000	157,50	450	900	1 035	1 215	1 395	1 485
60 000	895	2 695	5 690	6 590	7 790	8 990	9 590
70 000	1 070	3 195	6 690	7 740	9 140	10 540	11 240
80 000	1 245	3 695	7 690	8 890	10 490	12 090	12 890
90 000	1 420	4 195	8 690	10 040	11 840	13 640	14 540
100 000	1 595	4 695	9 690	11 190	13 190	15 190	16 190

PART successorale nette	LIGNE directe	ÉPOUX	FRÈRES et sœurs	ONCLES ou tantes et neveux ou nièces	GRANDS-oncles ou grand'-tantes, petits-neveux ou petites-nièces et cousins germains	PARENTS aux 5e et 6e degrés	PARENTS au delà du 6e degré et personnes non parentes
6me *Tranche : de 100.001 à 250.000 francs.*							
100 000	1 595	4 695	9 690	11 190	13 190	15 190	16 190
20	0,40	1,10	2,10	2,40	2,80	3,20	3,40
40	0,80	2,20	4,20	4,80	5,60	6,40	6,80
60	1,20	3,30	6,30	7,20	8,40	9,60	10,20
80	1,60	4,40	8,40	9,60	11,20	12,80	13,60
100	2	5,50	10,50	12	14	16	17
200	4	11	21	24	28	32	34
300	6	16,50	31,50	36	42	48	51
400	8	22	42	48	56	64	68
500	10	27,50	52,50	60	70	80	85
600	12	33	63	72	84	96	102
700	14	38,50	73,50	84	98	112	119
800	16	44	84	96	112	128	136
900	18	49,50	94,50	108	126	144	153
1 000	20	55	105	120	140	160	170
2 000	40	110	210	240	280	320	340
3 000	60	165	315	360	420	480	510
4 000	80	220	420	480	560	640	680
5 000	100	275	525	600	700	800	850
6 000	120	330	630	720	840	960	1 020
7 000	140	385	735	840	980	1 120	1 190
8 000	160	440	840	960	1 120	1 280	1 360
9 000	180	495	945	1 080	1 260	1 440	1 530
10 000	200	550	1 050	1 200	1 400	1 600	1 700
20 000	400	1 100	2 100	2 400	2 800	3 200	3 400
30 000	600	1 650	3 150	3 600	4 200	4 800	5 100
40 000	800	2 200	4 200	4 800	5 600	6 400	6 800
50 000	1 000	2 750	5 250	6 000	7 000	8 000	8 500
60 000	1 200	3 300	6 300	7 200	8 400	9 600	10 200
70 000	1 400	3 850	7 350	8 400	9 800	11 200	11 900
80 000	1 600	4 400	8 400	9 600	11 200	12 800	13 600
90 000	1 800	4 950	9 450	10 800	12 600	14 400	15 300
200 000	3 595	10 195	20 190	23 190	27 190	31 190	33 190
250 000	4 595	12 945	25 440	29 190	34 190	39 190	41 690
7me *Tranche : de 250.001 à 500.000 francs.*							
250 000	4 595	12 945	25 440	29 190	34 190	39 190	41 690
20	0,50	1,20	2,20	2,50	2,90	3,30	3,50
40	1	2,40	4,40	5	5,80	6,60	7
60	1,50	3,60	6,60	7,50	8,70	9,90	10,50
80	2	4,80	8,80	10	11,60	13,20	14
100	2,50	6	11	12,50	14,50	16,50	17,50
200	5	12	22	25	29	33	35

PART successorale nette	LIGNE directe	ÉPOUX	FRÈRES et sœurs	ONCLES ou tantes et neveux ou nièces	GRANDS-oncles ou grand'-tantes, petits-neveux ou petites-nièces et cousins germains	PARENTS aux 5e et 6e degrés	PARENTS au-delà du 6e degré et personnes non parentes
300	7,50	18	33	37,50	43,50	49,50	52,50
400	10	24	44	50	58	66	70
500	12,50	30	55	62,50	72,50	82,50	87,50
600	15	36	66	75	87	99	105
700	17,50	42	77	87,50	101,50	115,50	122,50
800	20	48	88	100	116	132	140
900	22,50	54	99	112,50	130,50	148,50	157,50
1 000	25	60	110	125	145	165	175
2 000	50	120	220	250	290	330	350
3 000	75	180	330	375	435	495	525
4 000	100	240	440	500	580	660	700
5 000	125	300	550	625	725	825	875
6 000	150	360	660	750	870	990	1 050
7 000	175	420	770	875	1 015	1 155	1 225
8 000	200	480	880	1 000	1 160	1 320	1 400
9 000	225	540	990	1 125	1 305	1 485	1 575
10 000	250	600	1 100	1 250	1 450	1 650	1 750
20 000	500	1 200	2 200	2 500	2 900	3 300	3 500
30 000	750	1 800	3 300	3 750	4 350	4 950	5 250
40 000	1 000	2 400	4 400	5 000	5 800	6 600	7 000
50 000	1 250	3 000	5 500	6 250	7 250	8 250	8 750
60 000	1 500	3 600	6 600	7 500	8 700	9 900	10 500
70 000	1 750	4 200	7 700	8 750	10 150	11 550	12 250
80 000	2 000	4 800	8 800	10 000	11 600	13 200	14 000
90 000	2 250	5 400	9 900	11 250	13 050	14 850	15 750
260 000	4 845	13 545	26 540	30 440	35 640	40 840	43 440
270 000	5 095	14 145	27 640	31 690	37 090	42 490	45 190
280 000	5 345	14 745	28 740	32 940	38 540	44 140	46 940
290 000	5 595	15 345	29 840	34 190	39 990	45 790	48 690
300 000	5 845	15 945	30 940	35 440	41 440	47 440	50 440
400 000	8 345	21 945	41 940	47 940	55 940	63 940	67 940
500 000	10 845	27 945	52 940	60 440	70 440	80 440	85 440

8ᵐᵉ Tranche : de 500.001 à 1 million de francs.

PART successorale nette	LIGNE directe	ÉPOUX	FRÈRES et sœurs	ONCLES ou tantes et neveux ou nièces	GRANDS-oncles ou grand'-tantes, petits-neveux ou petites-nièces et cousins germains	PARENTS aux 5e et 6e degrés	PARENTS au-delà du 6e degré et personnes non parentes
500 000	10 845	27 945	52 940	60 440	70 440	80 440	85 440
20	0,50	1,30	2,30	2,60	3	3,40	3,60
40	1	2,60	4,60	5,20	6	6,80	7,20
60	1,50	3,90	6,90	7,80	9	10,20	10,80
80	2	5,20	9,20	10,40	12	13,60	14,40
100	2,50	6,50	11,50	13	15	17	18
200	5	13	23	26	30	34	36
300	7,50	19,50	34,50	39	45	51	54
400	10	26	46	52	60	68	72
500	12,50	32,50	57,50	65	75	85	90
600	15	39	69	78	90	102	108
700	17,50	45,50	80,50	91	105	119	126
800	20	52	92	104	120	136	144

PART successorale nette	LIGNE directe	ÉPOUX	FRÈRES et sœurs	ONCLES ou tantes et neveux ou nièces	GRANDS-oncles ou grand'tantes, petits-neveux ou petites-nièces et cousins germains	PARENTS aux 5e et 6e degrés	PARENTS au delà du 6e degré et personnes non parentes
900	22,50	58,50	103,50	117	135	153	162
1 000	25	65	115	130	150	170	180
2 000	50	130	230	260	300	340	360
3 000	75	195	345	390	450	510	540
4 000	100	260	460	520	600	680	720
5 000	125	325	575	650	750	850	900
6 000	150	390	690	780	900	1 020	1 080
7 000	175	455	805	910	1 050	1 190	1 260
8 000	200	520	920	1 040	1 200	1 360	1 440
9 000	225	585	1 035	1 170	1 350	1 530	1 620
10 000	250	650	1 150	1 300	1 500	1 700	1 800
20 000	500	1 300	2 300	2 600	3 000	3 400	3 600
30 000	750	1 950	3 450	3 900	4 500	5 100	5 400
40 000	1 000	2 600	4 600	5 200	6 000	6 800	7 200
50 000	1 250	3 250	5 750	6 500	7 500	8 500	9 000
60 000	1 500	3 900	6 900	7 800	9 000	10 200	10 800
70 000	1 750	4 550	8 050	9 100	10 500	11 900	12 600
80 000	2 000	5 200	9 200	10 400	12 000	13 600	14 400
90 000	2 250	5 850	10 350	11 700	13 500	15 300	16 200
600 000	13 345	34 445	64 440	73 440	85 440	97 440	103 440
700 000	15 845	40 945	75 940	86 440	100 440	114 440	121 440
800 000	18 345	47 445	87 440	99 440	115 440	131 440	139 440
900 000	20 845	53 945	98 940	112 440	130 440	148 440	157 440
1 000 000	23 345	60 445	110 440	125 440	145 440	165 440	175 440

9me Tranche : de 1.000.001 francs à 2 millions.

PART successorale nette	LIGNE directe	ÉPOUX	FRÈRES et sœurs	ONCLES ou tantes et neveux ou nièces	GRANDS-oncles ou grand'tantes, petits-neveux ou petites-nièces et cousins germains	PARENTS aux 5e et 6e degrés	PARENTS au delà du 6e degré et personnes non parentes
1 000 000	23 345	60 445	110 440	125 440	145 440	165 440	175 440
20	0,60	1,40	2,40	2,70	3,10	3,50	3,70
40	1,20	2,80	4,80	5,40	6,20	7	7,40
60	1,80	4,20	7,20	8,10	9,30	10,50	11,10
80	2,40	5,60	9,60	10,80	12,40	14	14,80
100	3	7	12	13,50	15,50	17,50	18,50
200	6	14	24	27	31	35	37
300	9	21	36	40,50	46,50	52,50	55,50
400	12	28	48	54	62	70	74
500	15	35	60	67,50	77,50	87,50	92,50
600	18	42	72	81	93	105	111
700	21	49	84	94,50	108,50	122,50	129,50
800	24	56	96	108	124	140	148
900	27	63	108	121,50	139,50	157,50	166,50
1 000	30	70	120	135	155	175	185
2 000	60	140	240	270	310	350	370
3 000	90	210	360	405	465	525	555
4 000	120	280	480	540	620	700	740
5 000	150	350	600	675	775	875	925
6 000	180	420	720	810	930	1 050	1 110
7 000	210	490	840	945	1 085	1 225	1 295

PART successorale nette	LIGNE directe	ÉPOUX	FRÈRES et sœurs	ONCLES ou tantes et neveux ou nièces	GRANDS-oncles ou grand'tantes, petits-neveux ou petites-nièces et cousins germains	PARENTS aux 5e et 6e degrés	PARENTS au delà du 6e degré et personnes non parentes
8 000	240	560	960	1 080	1 240	1 400	1 480
9 000	270	630	1 080	1 215	1 395	1 575	1 665
10 000	300	700	1 200	1 350	1 550	1 750	1 850
20 000	600	1 400	2 400	2 700	3 100	3 500	3 700
30 000	900	2 100	3 600	4 050	4 650	5 250	5 550
40 000	1 200	2 800	4 800	5 400	6 200	7 000	7 400
50 000	1 500	3 500	6 000	6 750	7 750	8 750	9 250
60 000	1 800	4 200	7 200	8 100	9 300	10 500	11 100
70 000	2 100	4 900	8 400	9 450	10 850	12 250	12 950
80 000	2 400	5 600	9 600	10 800	12 400	14 000	14 800
90 000	2 700	6 300	10 800	12 150	13 950	15 750	16 650
100 000	3 000	7 000	12 000	13 500	15 500	17 500	18 500
200 000	6 000	14 000	24 000	27 000	31 000	35 000	37 000
300 000	9 000	21 000	36 000	40 500	46 500	52 500	55 500
400 000	12 000	28 000	48 000	54 000	62 000	70 000	74 000
500 000	15 000	35 000	60 000	67 500	77 500	87 500	92 500
600 000	18 000	42 000	72 000	81 000	93 000	105 000	111 000
700 000	21 000	49 000	84 000	94 500	108 500	122 500	129 500
800 000	24 000	56 000	96 000	108 000	124 000	140 000	148 000
900 000	27 000	63 000	108 000	121 500	139 500	157 500	166 500
2 000 000	53 345	130 445	230 440	260 440	300 440	340 440	360 440

10ᵐᵉ Tranche : de 2.000.001 francs à 5 millions.

	LIGNE directe	ÉPOUX	FRÈRES et sœurs	ONCLES ou tantes et neveux ou nièces	GRANDS-oncles etc.	PARENTS aux 5e et 6e degrés	PARENTS au delà du 6e degré
2 000 000	53 345	130 445	230 440	260 440	300 440	340 440	360 440
20	0,70	1,50	2,50	2,80	3,20	3,60	3,80
40	1,40	3	5	5,60	6,40	7,20	7,60
60	2,10	4,50	7,50	8,40	9,60	10,80	11,40
80	2,80	6	10	11,20	12,80	14,40	15,20
100	3,50	7,50	12,50	14	16	18	19
200	7	15	25	28	32	36	38
300	10,50	22,50	37,50	42	48	54	57
400	14	30	50	56	64	72	76
500	17,50	37,50	62,50	70	80	90	95
600	21	45	75	84	96	108	114
700	24,50	52,50	87,50	98	112	126	133
800	28	60	100	112	128	144	152
900	31,50	67,50	112,50	126	144	162	171
1 000	35	75	125	140	160	180	190
2 000	70	150	250	280	320	360	380
3 000	105	225	375	420	480	540	570
4 000	140	300	500	560	640	720	760
5 000	175	375	625	700	800	900	950
6 000	210	450	750	840	960	1 080	1 140
7 000	245	525	875	980	1 120	1 260	1 330
8 000	280	600	1 000	1 120	1 280	1 440	1 520
9 000	315	675	1 125	1 260	1 440	1 620	1 710
10 000	350	750	1 250	1 400	1 600	1 800	1 900

PART successo- rale nétte	LIGNE directe	ÉPOUX	FRÈRES et sœurs	ONCLES ou tantes et neveux ou nièces	GRANDS- oncles ou grand'- tantes, pe- tits- neveux ou petites- nièces et cousins germains	PARENTS aux 5e et 6e degrés	PARENTS au delà du 6e degré et personnes non parentes
20 000	700	1 500	2 500	2 800	3 200	3 600	3 800
30 000	1 050	2 250	3 750	4 200	4 800	5 400	5 700
40 000	1 400	3 000	5 000	5 600	6 400	7 200	7 600
50 000	1 750	3 750	6 250	7 000	8 000	9 000	9 500
60 000	2 100	4 500	7 500	8 400	9 600	10 800	11 400
70 000	2 450	5 250	8 750	9 800	11 200	12 600	13 300
80 000	2 800	6 000	10 000	11 200	12 800	14 400	15 200
90 000	3 150	6 750	11 250	12 600	14 400	16 200	17 100
100 000	3 500	7 500	12 500	14 000	16 000	18 000	19 000
200 000	7 000	15 000	25 000	28 000	32 000	36 000	38 000
300 000	10 500	22 500	37 500	42 000	48 000	54 000	57 000
400 000	14 000	30 000	50 000	56 000	64 000	72 000	76 000
500 000	17 500	37 500	62 500	70 000	80 000	90 000	95 000
600 000	21 000	45 000	75 000	84 000	96 000	108 000	114 000
700 000	24 500	52 500	87 500	98 000	112 000	126 000	133 000
800 000	28 000	60 000	100 000	112 000	128 000	144 000	152 000
900 000	31 500	67 500	112 500	126 000	144 000	162 000	171 000
3 000 000	88 345	205 445	355 440	400 440	460 440	520 440	550 440
4 000 000	123 345	280 445	480 440	540 440	620 440	700 440	740 440
5 000 000	158 345	355 445	605 440	680 440	780 440	880 440	930 440

11ᵐᵉ Tranche : de 5.000.001 francs à 10 millions.

5 000 000	158 345	355 445	605 440	680 440	780 440	880 440	930 440
20	0,80	1,60	2,60	2,90	3,30	3,70	3,90
40	1,60	3,20	5,20	5,80	6,60	7,40	7,80
60	2,40	4,80	7,80	8,70	9,90	11,10	11,70
80	3,20	6,40	10,40	11,60	13,20	14,80	15,60
100	4	8	13	14,50	16,50	18,50	19,50
200	8	16	26	29	33	37	39
300	12	24	39	43,50	49,50	55,50	58,50
400	16	32	52	58	66	74	78
500	20	40	65	72,50	82,50	92,50	97,50
600	24	48	78	87	99	111	117
700	28	56	91	101,50	115,50	129,50	136,50
800	32	64	104	116	132	148	156
900	36	72	117	130,50	148,50	166,50	175,50
1 000	40	80	130	145	165	185	195
2 000	80	160	260	290	330	370	390
3 000	120	240	390	435	495	555	585
4 000	160	320	520	580	660	740	780
5 000	200	400	650	725	825	925	975
6 000	240	480	780	870	990	1 110	1 170
7 000	280	540	910	1 015	1 155	1 295	1 365
8 000	320	660	1 040	1 160	1 320	1 480	1 560
9 000	360	720	1 170	1 305	1 485	1 665	1 755

PART successorale nette	LIGNE directe	ÉPOUX	FRÈRES et sœurs	ONCLES ou tantes et neveux ou nièces	GRANDS-oncles ou grand'-tantes, petits-neveux ou petites-nièces et cousins germains	PARENTS aux 5e et 6e degrés	PARENTS au delà du 6e degré et personnes non parentes
10 000	400	800	1 300	1 450	1 650	1 850	1 950
20 000	800	1 600	2 600	2 900	3 300	3 700	3 900
30 000	1 200	2 400	3 900	4 350	4 950	5 550	5 850
40 000	1 600	3 200	5 200	5 800	6 600	7 400	7 800
50 000	2 000	4 000	6 500	7 250	8 250	9 250	9 750
60 000	2 400	4 800	7 800	8 700	9 900	11 100	11 700
70 000	2 800	5 600	9 100	10 150	11 550	12 950	13 650
80 000	3 200	6 400	10 400	11 600	13 200	14 800	15 600
90 000	3 600	7 200	11 700	13 050	14 850	16 650	17 550
100 000	4 000	8 000	13 000	14 500	16 500	18 500	19 500
200 000	8 000	16 000	26 000	29 000	33 000	37 000	39 000
300 000	12 000	24 000	39 000	43 500	49 500	55 500	58 500
400 000	16 000	32 000	52 000	58 000	66 000	74 000	78 000
500 000	20 000	40 000	65 000	72 500	82 500	92 500	97 500
600 000	24 000	48 000	78 000	87 000	99 000	111 000	117 000
700 000	28 000	56 000	91 000	101 500	115 500	129 500	136 500
800 000	32 000	64 000	104 000	116 000	132 000	148 000	156 000
900 000	36 000	72 000	117 000	130 500	148 500	166 500	175 500
6 000 000	198 345	435 445	735 440	825 440	945 440	1 055 440	1 125 440
7 000 000	238 345	515 445	865 440	970 440	1 110 440	1 250 440	1 320 440
8 000 000	278 345	595 445	995 440	1 115 440	1 275 440	1 435 440	1 515 440
9 000 000	318 345	675 445	1 125 440	1 260 440	1 440 440	1 620 440	1 710 440
10 000 000	358 345	755 445	1 255 440	1 405 440	1 605 440	1 805 440	1 905 440

12me Tranche : de 10.000.001 francs à 50 millions.

PART successorale nette	LIGNE directe	ÉPOUX	FRÈRES et sœurs	ONCLES ou tantes et neveux ou nièces	GRANDS-oncles ou grand'-tantes, petits-neveux ou petites-nièces et cousins germains	PARENTS aux 5e et 6e degrés	PARENTS au delà du 6e degré et personnes non parentes
10 000 000	358 345	755 445	1255 440	1 405 440	1605 440	1805 440	1 905 440
20	0,90	1,70	2,70	3	3,40	3,80	4
40	1,80	3,40	5,40	6	6,80	7,60	8
60	2,70	5,10	8,10	9	10,20	11,40	12
80	3,60	6,80	10,80	12	13,60	15,20	16
100	4,50	8,50	13,50	15	17	19	20
200	9	17	27	30	34	38	40
300	13,50	25,50	40,50	45	51	57	60
400	18	34	54	60	68	76	80
500	22,50	42,50	67,50	75	85	95	100
600	27	51	81	90	102	114	120
700	31,50	59,50	94,50	105	119	133	140
800	36	68	108	120	136	152	160
900	40,50	76,50	121,50	135	153	171	180
1 000	45	85	135	150	170	190	200
2 000	90	170	270	300	340	380	400
3 000	135	255	405	450	510	570	600
4 000	180	340	540	600	680	760	800
5 000	225	425	675	750	850	950	1 000
6 000	270	510	810	900	1 020	1 140	1 200

PART successorale nette	LIGNE directe	ÉPOUX	FRÈRES et sœurs	ONCLES ou tantes et neveux ou nièces	GRANDS-oncles ou grand'tantes, petits-neveux ou petites-nièces et cousins germains	PARENTS aux 5e et 6e degrés	PARENTS au delà du 6e degré et personnes non parentes
7 000	315	595	945	1 050	1 190	1 330	1 400
8 000	360	680	1 080	1 200	1 360	1 520	1 600
9 000	405	765	1 215	1 350	1 530	1 710	1 800
10 000	450	850	1 350	1 500	1 700	1 900	2 000
20 000	900	1 700	2 700	3 000	3 400	3 800	4 000
30 000	1 350	2 550	4 050	4 500	5 100	5 700	6 000
40 000	1 800	3 400	5 400	6 000	6 800	7 600	8 000
50 000	2 250	4 250	6 750	7 500	8 500	9 500	10 000
60 000	2 700	5 100	8 100	9 000	10 200	11 400	12 000
70 000	3 150	5 950	9 450	10 500	11 900	13 300	14 000
80 000	3 600	6 800	10 800	12 000	13 600	15 200	16 000
90 000	4 050	7 650	12 150	13 500	15 300	17 100	18 000
100 000	4 500	8 500	13 500	15 000	17 000	19 000	20 000
200 000	9 000	17 000	27 000	30 000	34 000	38 000	40 000
300 000	13 500	25 500	40 500	45 000	51 000	57 000	60 000
400 000	18 000	34 000	54 000	60 000	68 000	76 000	80 000
500 000	22 500	42 500	67 500	75 000	85 000	95 000	100 000
600 000	27 000	51 000	81 000	90 000	102 000	114 000	120 000
700 000	31 500	59 500	94 500	105 000	119 000	133 000	140 000
800 000	36 000	68 000	108 000	120 000	136 000	152 000	160 000
900 000	40 500	76 500	121 500	135 000	153 000	171 000	180 000
1 000 000	45 000	85 000	135 000	150 000	170 000	190 000	200 000
2 000 000	90 000	170 000	270 000	300 000	340 000	380 000	400 000
3 000 000	135 000	255 000	405 000	450 000	510 000	570 000	600 000
4 000 000	180 000	340 000	540 000	600 000	680 000	760 000	800 000
5 000 000	225 000	425 000	675 000	750 000	850 000	950 000	1 000 000
6 000 000	270 000	510 000	810 000	900 000	1 020 000	1 140 000	1 200 000
7 000 000	315 000	595 000	945 000	1 050 000	1 190 000	1 330 000	1 400 000
8 000 000	360 000	680 000	1 080 000	1 200 000	1 360 000	1 520 000	1 600 000
9 000 000	405 000	765 000	1 215 000	1 350 000	1 530 000	1 710 000	1 800 000
20 000 000	808 345	1 605 445	2 605 440	2 905 440	3 305 440	3 705 440	3 905 440
30 000 000	1 258 345	2 455 445	3 955 440	4 405 440	5 005 440	5 605 440	5 905 440
40 000 000	1 708 345	3 305 445	5 305 440	5 905 440	6 705 440	7 505 440	7 905 440
50 000 000	2 158 345	4 155 445	6 655 440	7 405 440	8 405 440	9 405 440	9 905 440

13ᵐᵉ Tranche : au delà de 50 millions.

50 000 000	2 158 345	4155 445	6655 445	7405 440	8405 440	9405 440	9905 440
20	1	1,80	2,80	3,10	3,50	3,90	4,10
40	2	3,60	5,60	6,20	7	7,80	8,20
60	3	5,40	8,40	9,30	10,50	11,70	12,30
80	4	7,20	11,20	12,40	14	15,60	16,40
100	5	9	14	15,50	17,50	19,50	20,50
200	10	18	28	31	35	39	41
300	15	27	42	46,50	52,50	58,50	61,50
400	20	36	56	62	70	78	82

PART successo- rale nette	LIGNE directe	ÉPOUX	FRÈRES et sœurs	ONCLES ou tantes et neveux ou nièces	GRANDS- oncles ou grand'- tantes, pe- tits- neveux ou petites- nièces et cousins germains	PARENTS aux 5e et 6e degrés	PARENTS au delà du 6e degré et personnes non parentes
500	25	45	70	77,50	87,50	97,50	102,50
600	30	54	84	93	105	117	123
700	35	63	98	108,50	122,50	136,50	143,50
800	40	72	112	124	140	156	164
900	45	81	126	139,50	157,50	175,50	184,50
1 000	50	90	140	155	175	195	205
2 000	100	180	280	310	350	390	410
3 000	150	270	420	465	525	585	615
4 000	200	360	560	620	700	780	820
5 000	250	450	700	775	875	975	1 025
6 000	300	540	840	930	1 050	1 170	1 230
7 000	350	630	980	1 085	1 225	1 365	1 435
8 000	400	720	1 120	1 240	1 400	1 560	1 640
9 000	450	810	1 260	1 395	1 575	1 755	1 845
10 000	500	900	1 400	1 550	1 750	1 950	2 050
20 000	1 000	1 800	2 800	3 100	3 500	3 900	4 100
30 000	1 500	2 700	4 200	4 650	5 250	5 850	6 150
40 000	2 000	3 600	5 600	6 200	7 000	7 800	8 200
50 000	2 500	4 500	7 000	7 750	8 750	9 750	10 250
60 000	3 000	5 400	8 400	9 300	10 500	11 700	12 300
70 000	3 500	6 300	9 800	10 850	12 250	13 650	14 350
80 000	4 000	7 200	11 200	12 400	14 000	15 600	16 400
90 000	4 500	8 100	12 600	13 950	15 750	17 550	18 450
100 000	5 000	9 000	14 000	15 500	17 500	19 500	20 500
200 000	10 000	18 000	28 000	31 000	35 000	39 000	41 000
300 000	15 000	27 000	42 000	46 500	52 500	58 500	61 500
400 000	20 000	36 000	56 000	62 000	70 000	78 000	82 000
500 000	25 000	45 000	70 000	77 500	87 500	97 500	102 500
600 000	30 000	54 000	84 000	93 000	105 000	117 000	123 000
700 000	35 000	63 000	98 000	108 500	122 500	136 500	143 500
800 000	40 000	72 000	112 000	124 000	140 000	156 000	164 000
900 000	45 000	81 000	126 000	139 500	157 500	175 500	184 500
1 000 000	50 000	90 000	140 000	155 000	175 000	195 000	205 000
2 000 000	100 000	180 000	280 000	310 000	350 000	390 000	410 000
3 000 000	150 000	270 000	420 000	465 000	525 000	585 000	615 000
4 000 000	200 000	360 000	560 000	620 000	700 000	780 000	820 000
5 000 000	250 000	450 000	700 000	775 000	875 000	975 000	1 025 000
6 000 000	300 000	540 000	840 000	930 000	1 050 000	1 170 000	1 230 000
7 000 000	350 000	630 000	980 000	1 085 000	1 225 000	1 365 000	1 435 000
8 000 000	400 000	720 000	1 120 000	1 240 000	1 400 000	1 560 000	1 640 000
9 000 000	450 000	810 000	1 260 000	1 395 000	1 575 000	1 755 000	1 845 000
60 000 000	2 658 345	5 055 445	8 055 440	8 955 440	10 155 440	11 355 440	11 955 440
70 000 000	3 158 345	5 955 445	9 455 440	10 505 440	11 905 440	13 305 440	14 005 440
80 000 000	3 658 345	6 855 445	10 855 440	12 055 440	13 655 440	15 255 440	16 055 440
90 000 000	4 158 345	7 755 445	12 255 440	13 605 440	15 405 440	17 205 440	18 105 440
100 000 000	4 658 345	8 655 445	13 655 440	15 155 440	17 155 440	19 155 440	20 155 440

Soc. anon. des Imp. WELLHOFF et ROCHE, 16 et 18, rue Notre-Dame-des-Victoires, Paris.
Téléph 316-33. — ANCEAU, directeur.

www.ingramcontent.com/pod-product-compliance
Ingram Content Group UK Ltd.
Pitfield, Milton Keynes, MK11 3LW, UK
UKHW020738120726
13693UKWH00001B/396